租税訴訟における
要件事実論の展開

伊藤滋夫
岩﨑政明
編集

青林書院

はしがき

　周知のように，今日のように社会経済情勢の変動の著しいときには，租税制度もまたその例外ではなく，ほとんど毎年のように改正されている。近くは，政府の経済政策・社会政策・災害復興政策等に資するため各種税目に係る税率や課税ベースの見直しが頻繁に行われ，また，経済や人の移動のグローバル化に対応した国外財産調書制度・過大支払利子税制の導入，法人課税に係る総合所得課税主義から帰属所得課税主義への転換，外国子会社配当益金不算入制度の見直し，国境を越えた役務の提供に係る消費税課税制度の導入，国外移転をする場合の譲渡所得課税の特例の創設，BEPSプロジェクトに対応した多国籍企業情報の報告制度，さらには租税回避行為に対する個別的否認規定の整備，そして質問検査手続や納税環境整備に係る法整備等の租税手続法の改正や行政不服審査法の改正に伴う国税通則法の改正などもその重要な適例であろう。

　しかし，そのような改正がされた場合において，租税法に関する基本的考え方がいつも変わってしまうものであろうか。万が一にも「租税法律主義」といった租税法における根本原則が変わるようなことがあれば（およそそのようなことは考えられないが）ともかく，通常の場合には，租税法に関する基本的考え方は不変であって，その具体的問題への適用に関する部分が変わってくるということであろう。したがって，常に税制の変更の性質を注意深く考察して，適切に対応することが必要である。

　税制の変更があっても，不変といってもよい租税訴訟（この場合，租税法というよりも租税訴訟といったほうがより適切である）に関する基本的考え方の一つが，本書の対象とする要件事実論である。

　民事訴訟においては，以前から，要件事実論は，その基本理論の一つとして不可欠のものとされ，ときに法曹における共通言語といわれることもあるくらいであるが，特に，2014年の法科大学院制度発足以来，実務法曹や民事訴訟法学者のみならず，民法学者の関心も高くなり，今日では，ますますその研究が盛んになって，要件事実論に関する文献も，以前と比べて激増していると

いってよい現状にある（要件事実論は，理論上は，訴訟における主張立証責任論よりは広い意義を有するものであるが，とりあえず実際上は，訴訟における主張立証責任論として非常に重要な意義を有するものである）。

　これに比べて，租税訴訟においては，従来，要件事実論の重要性がほとんど認識されず，租税訴訟に於ける要件事実論に関する現状は，上記のような民事訴訟におけるそれと比べて，著しく異なるもののように思われる。確かに，租税訴訟における立証責任を各論的に論じた文献はあるが，租税訴訟における要件事実論の根本的意義についてまで理論的に掘り下げて，租税訴訟における要件事実論を検討したものは，非常に少ないと考えられる（『租税法の要件事実』法科大学院要件事実教育研究所報第9号〔日本評論社，2011〕は，その少ない例の一つではなかろうか。同書は，2010年11月27日に開催された法科大学院要件事実教育研究所主催の「租税法要件事実研究会」の成果を一冊に纏めたものである）。

　例えば，租税訴訟における主張立証責任の分配に関する学説として，個別具体妥当説ないし個別検討説といった名称の説が存在すること自体，編者（その一人としての伊藤）にとっては，不思議なことのようにも思われる。たしかに，租税法の条文は全体としてきわめて複雑で，その性質も多様であり，その上，その適用対象となる具体的事案も複雑多様である。しかし，そうだからといって，租税法の適用を，ただ具体的事案ごとに個別的に妥当なように考えて対応するというのでは不十分ではあるまいか（特に，租税制度の法的安定性・予測可能性の保持のために不十分である）。非常に困難なことであっても，そこに，租税法の制度趣旨を踏まえて，何らかの原則・例外の規範の構造を見出して，それを具体的事案の実態に応じて柔軟に適用するといった考え方が必要であるし，可能でもあるのではないかと思うのである。

　租税法の条文は，基礎になる多様な政策を背景にもちながら，多くの原則・例外の規定を設けているが，民法の条文と同じく，要件事実の面からの思考を経て関係条文が意識的に制定されたと考えることはできない（稀な例外があるとしても）。したがって，条文の構造（本文・ただし書などの条文の形式）を基準にして，いわば機械的に主張立証責任の所在を決定するわけにはいかず，どうしても，そうした多様な条文を通じて適用が可能な何らかの理論を必要とすると考える。

　もとより，租税訴訟は通常の民事訴訟とは異なる行政訴訟ではあるが，要件

はしがき

　事実論の根本は，それぞれの実体法の制度趣旨を立証ということが問題となる訴訟の場において最も適切に実現することにあって，そのことは，通常の民事訴訟と行政訴訟とで相違はないと考えられる。租税訴訟における議論の中には，ときに，一方的に納税者の権利のみを強調したり，一方的に徴税権の円滑な行使のみを強調したりする議論もなくはないように思われるが，納税者の権利と徴税権の確保の調整を適切に図った的確な租税訴訟における要件事実論が構築されることが望ましいと考えられる。多様な意見がありうるところであるが，租税実体法の制度趣旨（その的確な把握は，きわめて困難であり，個別の法律の制度趣旨が変更になることにも十分な留意を要するが，にもかかわらず，常にそうした変容の基礎にある租税実体法の制度趣旨）を立証ということが問題となる訴訟の場において最も適切に実現することを基本に据えた適切な要件事実論の構築とその具体的な展開が望まれている，と考える。租税法における「租税法律主義」，ひいては「課税要件明確主義」が租税法における極めて重要な基本原則であり，その重視されるべきことはいうをまたない。租税訴訟における要件事実論は，そうした制度趣旨の基本を踏まえて，構築されるべきであるし，そうすることは十分に可能である。

　本書における執筆者各位のお考えは，もとより多様であり編者の以上のような見解と同じであるとはいえないであろうが，租税訴訟における要件事実論の研究が深まり，それによって租税訴訟における攻撃防御の実態がいっそう充実したものとなることを期待することについては，執筆者各位も編者と想いを共にされておられると考える。

　実際，このたびの各位の執筆された素晴らしい玉稿は，いずれも，その基本において，編者らの想いと通底するところの多い，今後の租税訴訟の充実発展のために極めて有益なものばかりであると考える。この機会に，ご多忙のところ，本企画の趣旨にご賛同賜り，このような玉稿を賜った各位に対して，心からの深甚なる謝意を表する次第である。

　本書がこのようにして世に出るに至るまでには，青林書院編集部の方々にも大変にお世話になった。当初は，大塚和光氏，その後同氏が定年で退社されて以後は，長島晴美氏に，それこそ誠実かつ精力的に，ご尽力をいただいた。厚く御礼を申し上げたい。

　本書は，租税法，行政訴訟に関する研究者，弁護士・税理士・租税行政庁や

はしがき

企業の職員などの実務家に限らず，司法修習生，法科大学院生など，広く租税訴訟における要件事実論に関心を持つ方々にとって有益なものであると考えている。そうした各位が，研究に，実務に，学習に大いに本書を活用されることを期待してやまない。

2016 年 7 月

編者　伊藤　滋夫
　　　岩﨑　政明

編 集 者・執 筆 者 紹 介

編　集　者

伊藤　滋夫　　弁護士，創価大学名誉教授，
　　　　　　　法科大学院要件事実教育研究所顧問
岩﨑　政明　　横浜国立大学大学院国際社会科学研究院教授

執　筆　者

(執筆順)

伊藤　滋夫　　前掲
河村　　浩　　東京高等裁判所判事
増田　英敏　　専修大学法学部教授，弁護士
品川　芳宣　　筑波大学名誉教授，弁護士，税理士
岩﨑　政明　　前掲
井上　康一　　弁護士
大塚　一郎　　弁護士
山本　守之　　税理士
河野　良介　　弁護士
今村　　隆　　日本大学大学院法務研究科教授
高野　幸大　　東洋大学法学部教授
谷口　勢津夫　大阪大学大学院高等司法研究科教授
田中　　治　　同志社大学法学部教授
酒井　克彦　　中央大学商学部教授
山田　二郎　　弁護士
西山　由美　　明治学院大学経済学部教授
谷口　智紀　　島根大学法文学部准教授
宮崎　裕子　　弁護士

凡　例

1. 用字・用語等

　本書の用字・用語は，原則として常用漢字，現代仮名づかいによったが，法令に基づく用法，及び判例，文献等の引用文は原文どおりとした。

2. 段落構成

　本書の段落構成は，**第1**，**第2**，**第3**……，**1**，**2**，**3**……，(1)，(2)，(3)……，(a)，(b)，(c)……のような区分によっている。

3. 関係法令

　関係法令は，原則として平成27年6月末日現在のものによった。

4. 本文の注記

　判例，文献の引用や補足，関連説明は，脚注を用いた。法令の引用，例示などは，本文中に括弧書きで表した。

5. 法令の引用表示

　本文解説中における法令条項は，原則としてフルネームで引用した。

　カッコ内における法令条項のうち主要な法令名は，後掲の〔主要法令略語表〕によった。

6. 判例の引用表示

　脚注における判例の引用は，原則として次のように行った。その際に用いた略語は，後掲の〔雑誌，判例集等略語表〕によった。

　(例)

　平成16年12月16日最高裁判所判決，最高裁判所民事判例集58巻9号2458頁

　→最判平16・12・16民集58巻9号2458頁

　昭和41年6月16日大阪地方裁判所判決，判例タイムズ194号162頁

　→大阪地判昭41・6・16判タ194号162頁

7. 文献の引用表示

　脚注中に引用した文献については，著者(執筆者)及び編者・監修者の氏名，『書名』(「論文名」)，巻数又は号数(掲載誌とその巻号又は号)，発行所，刊行年，引用(参照)頁を掲記した。

　主要な雑誌等は後掲の〔雑誌，判例集等略語表〕によった。

凡　例

〔主要法令略語表〕

家事	家事事件手続法	相税	相続税法
行訴	行政事件訴訟法	租特	租税特別措置法
行手	行政手続法	租特令	租税特別措置法施行令
憲	日本国憲法	地税	地方税法
消税	消費税法	法税	法人税法
消税令	消費税法施行令	法税令	法人税法施行令
所税	所得税法	民	民法
所税令	所得税法施行令	民訴	民事訴訟法
税徴	国税徴収法	所基通	所得税基本通達
税通	国税通則法	法基通	法人税基本通達

〔雑誌，判例集等略語表〕

最	最高裁判所	最判解刑	最高裁判所判例解説刑事篇
高	高等裁判所		
地	地方裁判所	司研論集	司法研修所論集
判	判決	自正	自由と正義
決	決定	ジュリ	ジュリスト
支	支部		
民集	最高裁判所民事判例集	税大論叢	税務大学校論叢
刑集	最高裁判所刑事判例集	曹時	法曹時報
裁判集民事	最高裁判所裁判集民事	判時	判例時報
高民	高等裁判所民事判例集	判タ	判例タイムズ
高刑	高等裁判所刑事判例集		
下民	下級裁判所民事裁判例集	判自	判例地方自治
行集	行政事件裁判例集	判評	判例評論
裁時	裁判所時報		
訟月	訟務月報	民情	民事法情報
裁決事例	公表裁決事例集	民商	民商法雑誌
金判	金融・商事判例	LEX／DB	LEX／DBインターネット（TKC法律情報データベース）
最判解民	最高裁判所判例解説民事篇		

目　次

はしがき ……………………………………………………………………… i
編集者・執筆者紹介 ………………………………………………………… v
凡　　例 ……………………………………………………………………… vii

第1部　要件事実の基礎理論

第1章　民事訴訟における要件事実論の概要 ———— 3

〔伊藤　滋夫〕

第1　裁判官による法的判断の構造 ———————————— 3
第2　要件事実はどのようにして決定されるか ——————— 4
1　はじめに …………………………………………………………… 4
2　不法行為に基づく損害賠償請求事件と債務不履行に基づく損害賠償請求事件を題材とした各要件事実の比較検討 ……………………… 5
第3　最近の要件事実論における若干の重要な問題 ————— 9
1　評価的要件の重要性 ……………………………………………… 9
　(1)　はじめに　9
　(2)　事実と評価を区別する意味――事実的要件と評価的要件　9
　(3)　評価的要件における要件事実　11
2　要件事実論の機能と事案の解明 ………………………………… 12

第2章　租税訴訟における要件事実論のあるべき姿 ———— 15

〔伊藤　滋夫〕

第1　民事訴訟における要件事実論と租税訴訟における要件事実論の比較 ———————————————————————— 15
第2　租税訴訟における要件事実はどのようにして決定されるか ——— 16

目　次

1　要件事実(立証責任対象事実)の決定基準(骨子) ………………… 16
2　条文の構造(形式)は基準となるか ……………………………… 17
3　立証責任対象事実の具体的決定基準 …………………………… 18
4　課税処分取消訴訟の例 …………………………………………… 19
　(1)　一般経費　21
　(2)　特別経費　21
第3　最近の要件事実論における若干の重要な問題
　　　──租税訴訟の場合── ────────────────── 23
1　評価的要件の重要性 ……………………………………………… 23
2　要件事実論の機能と事案の解明 ………………………………… 23
第4　租税訴訟における具体的課題を通観して検討する要件事実の考え
　　　方 ──────────────────────────── 25
1　はじめに …………………………………………………………… 25
2　所得税法27条,消費税法30条,所得税法156条,固定資産の価格 … 26
　(1)　所得税法27条における必要経費と消費税法30条における仕入税額　26
　(2)　所得税法156条における推計と固定資産の価格に関する推定　27
　　(a)　所得税法156条における推計　27
　　(b)　固定資産の価格に関する推定　29
　　(c)　所得税法156条における推計と固定資産の価格に関する推定との比較
　　　　33
　(3)　所得税法156条と消費税法30条　34
3　租税法以外の分野での参考法条例 ……………………………… 36
　(1)　変則的評価的要件──民法108条,民法770条1項,会社法356条,商標法
　　　4条1項など　36

第2部	租税訴訟における要件事実論の視点からの総論的課題

第1章　要件事実論における法律の制度趣旨把握の方法論
　　　──租税特別措置法35条1項の「居住の用に供している家屋」
　　　(譲渡所得に関する特別控除)の要件事実の分析を題材として ──── 41

〔河村　浩〕

目　次

第1　はじめに ……………………………………………………………… 41
第2　法律の制度趣旨の考慮と要件事実論 ……………………………… 42
1　要件事実論の基礎をなす裁判規範としての民法説 ………………… 42
2　租税訴訟における要件事実論──侵害処分説 ……………………… 43
第3　法律の制度趣旨の考慮と法律の解釈 ……………………………… 43
1　法律の解釈の意義と解釈の主体 ……………………………………… 43
2　法律の解釈の「目的」と解釈方法論 ………………………………… 44
　(1)　条文で示される立法者意思の実現──形式的文理の尊重・文理解釈重視説　44
　(2)　条文に必ずしも現れるとは限らない立法者意思・制度趣旨の実現──具体的妥当性の重視・実質的解釈重視説　45
　　(a)　立法者意思説　45
　　(b)　目的論的解釈説　45
　　(c)　本稿の立場（目的論的解釈説）　45
第4　法律の文理（文理解釈）とその実質的正当化（実質的解釈・目的論的解釈）との関係 ……………………………………………… 46
1　法律の解釈の許容範囲に関する一般理論 …………………………… 46
　(1)　法律の解釈における富士山理論　46
　(2)　文理解釈と実質的解釈との間のフィードバック　47
2　租税法規の解釈の場合の特殊性の検討 ……………………………… 47
　(1)　租税法律主義との関係──罪刑法定主義との対比において　47
　(2)　租税法規の解釈と他の法律の解釈との関係　49
第5　文理解釈と実質的解釈（目的論的解釈）の具体的解釈手法の検討 — 49
1　文理解釈の具体的解釈手法 …………………………………………… 49
　(1)　国語辞典ルール　49
　(2)　法律用語辞典ルール　50
2　実質的解釈（目的論的解釈）の具体的解釈手法──法律の制度趣旨把握の方法論 ……………………………………………………………… 50
　(1)　立法者意思の事実としての性質──立法事実　50
　(2)　立法者意思認定の資料　50
　　(a)　法律の目的規定の内容等　51
　　(b)　国会及び委員会の会議録等　51

xi

(c)　制度の沿革・変遷　52
　　　(d)　最高裁判例　52
　　　(e)　文献の記述　52
　　　(f)　下級審判例の実証的分析　52
　　(3)　あるべき制度趣旨の確定　52
　　(4)　あるべき制度趣旨を達成するための必要十分な内容の解釈　53
第6　各論的検討——措置法35条1項の「居住の用に供している家屋」（譲渡所得に関する特別控除）の要件事実 ─────────────── 54
　1　特別控除制度の概要 ────────────────────── 54
　2　特別控除制度の制度趣旨 ──────────────────── 54
　　(1)　立法当時の立法者意思の認定　54
　　　(a)　法律の目的規定の内容等　54
　　　(b)　国会及び委員会の会議録等　54
　　　(c)　制度の沿革・変遷　57
　　　(d)　最高裁判例　58
　　　(e)　文献の記述　59
　　　(f)　下級審判例の実証的分析　59
　　　(g)　特別控除制度の立法者意思の認定　59
　　(2)　あるべき制度趣旨の確定　60
　　　(a)　特別控除制度に対する国民の法意識等　60
　　　(b)　特別控除制度のあるべき制度趣旨　61
　3　立証責任対象事実の決定——規範構造の分析 ─────────── 61
　4　「居住の用に供している家屋」の文理解釈 ───────────── 63
　5　「居住の用に供している家屋」の実質的解釈（目的論的解釈）──── 64
　6　措置法35条1項の文理（文理解釈）とその実質的正当化（実質的解釈・目的論的解釈）との関係 ────────────────────── 64
　　(1)　文理解釈重視説── A説の検討　64
　　(2)　実質的解釈重視説その1── C説の検討　65
　　(3)　実質的解釈重視説その2── B説の検討　66
　　(4)　実質的解釈重視説その3── B′説（評価的概念説）の検討　66
　7　結論──「居住の用に供している家屋」の要件事実の分析 ─────── 67
第7　おわりに ─────────────────────────── 68

目　次

第2章　課税要件明確主義と要件事実の明確性 ―― 69
〔増田　英敏〕

第1　はじめに ―― 69

第2　要件事実と要件事実論 ―― 71

第3　要件事実論と課税要件明確主義 ―― 73
1　租税法律主義と課税要件明確主義 …… 73
2　租税法における要件事実論の有用性 …… 74
3　裁判規範としての租税法と課税要件明確主義 …… 77

第4　租税訴訟における要件事実 ―― 79

第5　租税訴訟における主張立証責任の考え方 ―― 82
1　租税訴訟における主張立証責任の帰属と法律要件分類説 …… 82
 (1) 法律要件分類説　83
 (2) 個別検討説　83
 (3) 憲法秩序機能説　83
2　租税法律主義と法律要件分類説 …… 84
3　『裁判規範としての民法説』と法律要件分類説 …… 87
4　具体的裁判事例と要件事実の立証責任 …… 88

第6　むすび ―― 90

第3章　租税手続法（国税通則法・国税徴収法）における要件事実 ―― 92
〔品川　芳宣〕

第1　租税手続法における要件事実論の特質 ―― 92

第2　納税義務の成立と税額の確定手続 ―― 93
1　納税義務の成立と税額の確定方式 …… 93
2　自動確定方式 …… 94
3　申告納税方式 …… 95
4　賦課課税方式 …… 97

第3　納付・徴収の手続 ―― 97

目　次

1　納付・徴収の法的効果 97
2　国税の納付手続 97
3　国税の徴収手続 98
　(1)　納税の告知　98
　(2)　督　　促　99
　(3)　繰上請求　99
　(4)　具体的な滞納処分　101
　(5)　詐害行為取消・第二次納税義務　102

第4　更正決定等の処分と調査手続 ────────── 103

1　更正決定等と調査の関係 103
　(1)　更正決定等の前提としての調査　103
　(2)　調査の違法性と処分の効力　104
　(3)　「調査」の意義　105
　(4)　「調査」の程度等　106
2　税務調査の主要手続 107
　(1)　納税者に対する調査の事前通知　107
　　(a)　事前通知を要する事項　107
　　(b)　事前通知事項の変更　107
　　(c)　事前通知を要しない場合　108
3　調査の終了の際の手続 108
　(1)　調査終了の通知　108
　(2)　修正申告等の勧奨　109
　(3)　再調査の制限　110
4　更正決定等の理由附記 110
5　更正決定等の期間制限 111

第5　不服審査の手続 ──────────────── 112

1　総　　則 112
　(1)　不服申立ての区分　112
　(2)　不服申立てができる処分（処分性）　112
　　(a)　「処分」の意義　112
　　(b)　不服申立ての利益　113
　　(c)　不服申立てができない処分　113
　(3)　不服申立期間　114

目　次

2　再調査の請求 ……………………………………………………………… 115
3　審査請求 …………………………………………………………………… 115

第4章　租税訴訟における訴訟物の考え方 ―― 117

〔岩﨑　政明〕

第1　問題の所在 ――――――――――――――――――――― 117
1　抗告訴訟における訴訟物の特性 ………………………………………… 117
2　租税訴訟における訴訟物と立証責任の帰属 …………………………… 119
第2　処分取消訴訟の訴訟物と立証責任 ――――――――――― 121
1　取消訴訟の性質と訴訟物 ………………………………………………… 121
2　課税標準等又は税額等に係る処分取消訴訟の訴訟物――違法性一般
　の意義 ……………………………………………………………………… 123
　(1)　国税に関する法律に基づく処分の分類　123
　(2)　総額主義と争点主義との異同　124
　(3)　実額課税と推計課税との異同　129
第3　課税標準等又は税額等以外の違法を争う処分取消訴訟の訴訟物 – 131
第4　総　　括 ――――――――――――――――――――― 132

第5章　租税法における「推定」の諸相
　　　　――推計課税に関する議論の整理を中心として ――― 134

〔井上　康一〕

第1　はじめに ――――――――――――――――――――― 134
第2　要件事実論における「推定」 ――――――――――――― 136
1　「推定」の意義と種類 …………………………………………………… 136
2　「推定」と立証責任 ……………………………………………………… 137
第3　租税法における「推定」の諸相 ――――――――――― 137
1　はじめに …………………………………………………………………… 137
2　租税法規における法律上の推定規定の具体例 ………………………… 138

(1)　法律上の事実推定の具体例──国税通則法 12 条（送達の推定）　138
　(2)　法律上の評価推定の具体例　138
　　(a)　所得税法施行令 14 条及び 15 条（住所の推定）　138
　　(b)　所得税法 158 条（事業所の所得の帰属の推定）　139

第 4　租税訴訟における事実上の推定とその機能 ───────── 140

1　はじめに 140
2　事実上の推定の意義と機能 141
3　租税訴訟における事実上の推定 141
　(1)　課税処分の取消訴訟における立証責任の所在　141
　(2)　課税処分の取消訴訟における事実上の推定　143
　　(a)　東京地判平 6・6・24（税務訴訟資料 201 号 542 頁）　144
　　(b)　熊本地判平 15・6・26（税務訴訟資料 253 号順号 9378）　145

第 5　推計課税に関する考え方の整理 ───────────── 147

1　問題の所在 147
2　所得税法 156 条の推計課税に関する通説的な考え方 148
　(1)　推計課税の本質　148
　　(a)　事実上の推定説　148
　　(b)　補充的代替手段説　148
　(2)　推計の必要性と合理性　149
　(3)　実額反証　149
　(4)　ま と め　150
3　租税逋脱事案における推計 150
　(1)　問題の所在　150
　(2)　租税逋脱事案における推計と所得税法 156 条の推計課税の対比　151
　(3)　ま と め　152
4　消費税における推計課税 153
　(1)　問題の所在　153
　(2)　消費税課税事案における推計と所得税法 156 条の推計課税の対比　153
　(3)　ま と め　155
5　通説的な見解のまとめ 155

第 6　要件事実論の観点からの通説的な見解の検討と私見 ──── 156

1　問題の所在 156
2　検　　討 156

　　　　　　　　　　目　　次

- (1) 所得税法156条の推計課税の検討　156
  - (a) 事実上の推定説の矛盾　156
  - (b) 法律上の事実推定説に基づく私見　157
  - (c) 私見に基づく実額反証の整理　158
  - (d) 移転価格税制における推定課税との対比　158
  - (e) まとめ　159
- (2) 租税逋脱事案における推計の検討　160
- (3) 消費税における推計課税の検討　160
- (4) 私見のまとめ　161

第7　おわりに ──────────────────────── 162

第6章　租税法における要件事実論の課題1
──弁護士の視点から ──────────────── 163

〔大塚　一郎〕

第1　はじめに ──────────────────────── 163

第2　要件事実論の定義 ────────────────── 165

第3　租税法における要件事実 ─────────────── 165

第4　租税法に要件事実論が必要か ─────────── 166

第5　租税訴訟及び租税法に要件事実論を適用した場合の問題点 ── 168
1　立証責任の分配における問題点 ······················ 168
2　租税法の解釈における問題点 ························ 170

第6　最後に──弁護士にとって租税訴訟における要件事実論を論じる意味
があるか ─────────────────────── 173

第7章　租税法における要件事実論の課題2
──税理士の視点から ──────────────── 174

〔山本　守之〕

第1　はじめに ──────────────────────── 174

xvii

目　次

第2　租税法律主義を考える ───── 175
1　租税法律主義の意義と状態 ……………………………………………… 175
2　租税法律主義の内容 …………………………………………………… 175
3　課税要件法定主義 ……………………………………………………… 175

第3　課税要件法定主義に反すると判定された事例 ───── 177
1　事例の内容 ……………………………………………………………… 177
2　〔事例1〕の法文への当てはめ ………………………………………… 177
3　国側の更正処分と国税不服審判所の裁決の考え方 ………………… 179
4　通達による退職給与の損金算入時期及び分掌変更による退職給与と課税要件法定主義 ………………………………………………………… 181
5　一般に公正妥当と認められる会計処理の基準について …………… 184
6　租税法の要件 …………………………………………………………… 186

第4　寄附金課税における課税要件 ───── 186
1　寄附金課税がなぜ納得できないのか ………………………………… 186
2　損金不算入とする理由 ………………………………………………… 188
3　課税要件を具備しない親子会社取引 ………………………………… 189
4　課税要件を明示した判決 ……………………………………………… 193
5　国立大学に対する寄附金と取得価額との関係 ……………………… 195

第8章　租税法における要件事実論の課題3
── 国税局調査審理課における任期付職員経験者の視点から ───── 200

〔河野　良介〕

第1　はじめに ───── 200

第2　租税訴訟における要件事実論 ───── 201
1　租税訴訟における主要事実の捉え方 ………………………………… 201
2　租税訴訟における立証責任の分配 …………………………………… 201
3　規範的要件に関する考察 ……………………………………………… 203

第3　税務調査段階において要件事実論を用いる意義 ───── 204
1　課税当局による争点整理表の活用が意味するところ ……………… 204

2　課税要件事実の意義 206
　　3　要件事実論への接続を意識した税務調査ないし税務調査対応の有用
　　　性 206
　　4　理由の差替えの可否と課税要件事実 209
第4　事例検討 ─────────────────────────── 213
　1　タックスヘイブン対策税制の適用除外要件に係る主張立証責任の所
　　在が問題となった事例 213
　　(1)　事案の概要と争点　213
　　(2)　争点に係る判示内容　213
　　(3)　分析（税務調査に対する示唆）　214
　2　移転価格税制（残余利益分割法）の適用にあたり差異調整の有無が基
　　本的課税要件事実の同一性に影響を与えるか否かが問題となった事例
　　 216
　　(1)　事案の概要と争点　216
　　(2)　予備的主張に対する判示内容　217
　　(3)　分析（税務調査に対する示唆）　218
第5　おわりに ─────────────────────────── 221

第3部　租税訴訟における要件事実論の視点からの各論的課題

第1章　不確定概念に係る要件事実論 ─────────────── 225

〔今村　隆〕

第1　不確定概念の意義と規範的要件 ─────────────── 225
　1　不確定概念の意義 225
　2　不確定概念と規範的要件 226
　　(1)　規範的要件と評価的要件　226
　　(2)　租税法における規範的要件の意義　227
　　(3)　不確定概念と要件裁量　228
　　(4)　本稿における検討課題　229
第2　法人税法34条2項の「不相当に高額」─────────────── 230

1	役員給与及び役員退職給与の意義	230
2	役員給与の要件事実	230
3	役員退職給与の要件事実	232

第3　法人税法132条の2の「不当」─── 233

1　組織再編成に係る行為計算否認の意義と要件 ……………………… 233
2　「不当」の意義 ……………………………………………………………… 234
　(1)　ヤフー事件判決の事案と判旨　234
　　(a)　事案の概要　234
　　(b)　判　　旨　235
　(2)　検　　討　235
3　「不当」の判断方法 ……………………………………………………… 237
　(1)　法人税法132条の2の適用順序　237
　(2)　「不当」の具体的な判断方法　237

第4　相続税法7条の「著しく低い価額」─── 239

1　みなし贈与の意義と要件 ………………………………………………… 239
2　「著しく低い価額」の意義 ……………………………………………… 240
　(1)　相続税法7条の「著しく低い価額」　240
　(2)　国税徴収法39条の「著しく低い額」　241

第5　国税通則法65条4項の「正当な理由」─── 242

1　過少申告加算税の意義と要件 …………………………………………… 242
2　「正当な理由」の意義 …………………………………………………… 242
3　評価障害事実の有無 ……………………………………………………… 244
　(1)　申告を依頼した税理士の言動を信じた場合　244
　(2)　通達による従来の見解の変更がなされた場合　245
　　(a)　最判平18・10・24　245
　　(b)　最判平27・6・12　247
　(3)　小　　括　248
4　相続財産の帰属に争いがある場合の申告と「正当な理由」の有無 …… 249

第6　結　　び ─── 251

目　次

第2章　借用概念と固有概念に係る要件事実論 ―――― 253

〔高野　幸大〕

第1　はじめに ―――― 253

第2　租税法律主義と租税要件（理）論に関する議論の確認 ―――― 255

1　租税法における法解釈 …………………………………………… 255
2　租税法における事実認定 ………………………………………… 256
3　租税法における事実認定と「疑わしきは納税者の利益に」という命題との関係 ……………………………………………………… 259

第3　借用概念と固有概念に係る要件事実論 ―――― 259

1　借用概念と要件事実論 …………………………………………… 259
(1)　借用概念の意義　259
(2)　借用概念と事実認定　261
(3)　要件事実論と租税法　261
2　固有概念と要件事実論 …………………………………………… 263

第4　借用概念等をめぐる個別裁判例と要件事実論 ―――― 265

1　前掲最判昭63・7・19 …………………………………………… 265
2　前掲最判昭36・10・27 …………………………………………… 268
3　最判平23・2・18（裁判集民事236号71頁・判タ1345号115頁・判時2111号3頁・裁時1526号2頁）（「住所」の意義が争われた事例。いわゆる「武富士事件」） …………………………………………… 271
4　最判平9・9・9（訟月44巻6号1009頁）（「配偶者」の意義が争われた事例。私法上の形式と実質にずれがある事例） ………………… 274

第5　おわりに ―――― 275

第3章　租税回避否認規定に係る要件事実論 ―――― 276

〔谷口　勢津夫〕

第1　はじめに ―――― 276

第2　租税回避の意義及び租税回避事案における要件事実論の適用可能性 ―――― 278

1	租税回避の意義	278
2	租税回避事案における要件事実論の適用可能性	279

第3 要件事実論に基づく「裁判規範としての一般的否認規定」の創造の許容性 ── 283

1	私法上の法律構成による否認論の意義	283
2	私法上の法律構成による否認論の法創造機能	285

第4 租税回避否認規定における規範的要件に関する要件事実論のあり方 ── 287

1	規範的要件の主要事実	287
2	IBM事件における不当性要件の要件事実論的解釈の整理	289
3	IBM事件における不当性要件の要件事実論的解釈の検討	291

第5 おわりに ── 296

第4章 所得税法における要件事実論 ── 297

〔田中　治〕

第1 はじめに ── 297

第2 課税対象 ── 297

1	損害賠償金の非課税所得該当性	298
2	弁護士会役員の活動費等の必要経費該当性	300
3	外れ馬券の必要経費該当性	303

第3 納税義務者 ── 305

1	個人単位主義と所得税法56条	306
2	源泉徴収義務者と本来の納税義務者	308

第4 人的帰属 ── 311

1	人的帰属の判断基準	312
2	親族の共同事業性	314

第5 時間的帰属 ── 315

1	権利確定主義と管理支配基準	317
2	期間税の論理と年度帰属	319

第6　おわりに ───────────────────────── 323

第5章　法人税法における要件事実論 ───────────── 325

〔酒井　克彦〕

第1　はじめに──所得税法と法人税法との違い ───────── 325

第2　収益事業の範囲──法人税法施行令5条1項10号にいう「請負業」該当性を中心に ───────────────────── 327

第3　益金に係る要件事実論 ─────────────────── 329
1　規範的要件としての「権利の確定」 ─────────────── 329
2　管理支配基準 ─────────────────────── 333
3　無条件請求権説 ────────────────────── 336

第4　損金に係る要件事実論 ─────────────────── 339
1　債務確定基準 ─────────────────────── 339
　(1)　費用限定説と非限定説　339
　(2)　規範的要件としての債務確定基準　340
　　(a)　債務確定三要件説　341
　　(b)　債務確定二要件説　341
　(3)　違法支出の排除効への疑問　342
2　寄附金 ─────────────────────────── 343
　(1)　非対価説　343
　(2)　評価根拠事実　345
　(3)　評価障害事実としての経済的合理性の事実　345
3　交際費等 ───────────────────────── 348
　(1)　二要件説（旧二要件説・修正二要件説）　348
　　(a)　旧二要件説　348
　　(b)　修正二要件説　350
　(2)　三要件説（三要件説・修正三要件説）　351
　　(a)　三要件説　351
　　(b)　修正三要件説　352
　(3)　五要件説（高額＋支出効果説，高額＋冗費該当性説）　354
　　(a)　高額＋支出効果説　354

(b)　高額＋冗費該当性説　354

第5　公正処理基準 ————————————————————— 355

第6　結びに代えて ————————————————————— 357

第6章　相続税法における要件事実論 ————————————— 358

〔山田　二郎〕

第1　問題の提起 ————————————————————— 358

1　相続税法と相続税・贈与税 ………………………………………… 358
2　相続税の要件事実と特殊性 ………………………………………… 359

第2　相続税制の沿革と仕組み ————————————————— 360

第3　相続税の納税義務の発生と確定 —————————————— 360

1　相続税の納税義務の発生 …………………………………………… 360
2　相続税の申告と確定 ………………………………………………… 360

第4　相続税の納税義務者 ———————————————————— 362

1　制限納税義務者と無制限納税義務者 ……………………………… 362
2　相続税の納税義務と「住所」の意義 ……………………………… 362
3　相続税の連帯納付の義務 …………………………………………… 363
　(1)　連帯納付の義務の範囲　363
　(2)　連帯納付の義務と決定の要否　364

第5　相続税の課税財産の範囲 ————————————————— 366

1　相続税の本来の課税財産 …………………………………………… 366
2　みなし相続財産 ……………………………………………………… 368
3　相続税の非課税財産 ………………………………………………… 370

第6　遺言と遺産分割協議 ———————————————————— 370

1　遺　言 ………………………………………………………………… 370
2　遺産分割協議の諸相 ………………………………………………… 371
　(1)　遺産分割協議と家庭裁判所の調停・審判　371
　(2)　遺産分割協議による遺産の分割方法と再遺産分割協議　371
　(3)　遺留分減殺請求権の行使と承継する納付義務の範囲　372

第7 相続財産の評価 —————————————————— 374
1 評価の原則と財産評価基本通達の位置づけ ················ 374
2 評価通達と節税 ·· 374

第8 相続税の租税回避の防止 —————————————— 375
1 同族会社等を利用した行為又は計算の否認 ················ 375
2 法人組織の再編成・信託を利用した行為又は計算の否認 ········ 375
3 特別の法人から受ける利益に対する課税 ···················· 376
4 人格のない社団又は財団に対する課税 ························ 376

第9 相続税と所得税の二重課税の排除 ———————————— 376
1 二重課税排除の規定とその立法趣旨 ···························· 376
2 最判平 22・7・6（民集 64 巻 5 号 1277 頁・判タ 1324 号 78 頁・判時 2079 号 20 頁）（長崎年金事件）（破棄自判） ··· 377
　(1) 事案の概要　377
　(2) 判決の要旨　377
　(3) 検　討　378
3 東京地判平 25・6・20（〔平成 24 年（行ウ）第 243 号〕裁判所ホームページ）（請求棄却） ·· 379

第10 総　括 ———————————————————————— 380

第7章　消費税法における要件事実論 —————————————— 382

〔西山　由美〕

第1 消費税法の課題──要件事実論の観点から —————————— 382

第2 課税対象としての「資産の譲渡」———————————— 384
1 「資産の譲渡」に関する関係法令・通達 ······················ 384
2 「立退料事件」の概要 ·· 385
3 消費課税における「立退料」の機能 ···························· 386
　(1) 立退料の諸機能　386
　(2) 補償金・賠償金に関する EU 域内の共通ルール　387
　(3) 日本における補償金・賠償金　388
4 消費課税における「権利の消滅」····························· 389

5	所得税法と消費税法との整合	390
6	小　　括	392

第3　仕入税額控除の適用要件 ────── 392

1	仕入税額控除の性質と立証責任の考え方	392
2	積極要件による仕入税額控除	393
3	消極要件による仕入税額控除	394
4	帳簿の保存に関する最高裁判決	395
5	「20日判決」の反対意見	397
6	帳簿及び請求書等の記載不備の場合	399
7	小　　括	401

第4　消費税法における要件事実論の意義 ────── 401

第8章　租税特別措置法における要件事実論 ────── 403

〔谷口　智紀〕

第1　はじめに ────── 403

第2　租税訴訟における要件事実論──立証責任の分配の問題 ────── 404

第3　租税特別措置法をめぐる問題──要件事実論の視点から ────── 407

1	租税特別措置法の定義	407
2	一般法と租税特別措置法の関係	408
3	租税特別措置法をめぐる問題──規定の解釈の問題と立証責任の帰属の問題	409

第4　立法趣旨の発見・認識と所得税における譲渡所得課税の特例 ── 411

1	租税特別措置法35条の適用の可否をめぐる争い	411
2	譲渡所得課税の特例の意義と立法趣旨の発見・認識	414
3	譲渡所得課税における租税特別措置法35条の位置づけ	415
4	租税特別措置法35条3項にいう「やむを得ない事情」の意義と立証責任	416

第5　立法趣旨の変化と法人税における交際費等課税 ────── 417

1	交際費等課税の意義	417

2 交際費等の該当性と萬有製薬事件 ·· 418
 3 立法趣旨の変化と交際費等課税の規定の解釈への影響 ···················· 421
第6 結　論 ─────────────────────────── 423

第9章　国際租税法における要件事実論
──租税条約における立証責任の転換という手法の採用について── 426

〔宮崎　裕子〕

第1 国際課税の特徴 ─────────────────────── 426
 1 国際課税の法源 ··· 426
 2 国家間における立法管轄権の抵触と租税条約による課税権の配分 ···· 427
 3 租税条約による国内法に定められた課税要件の変更 ···················· 428
 4 外国には執行管轄権が及ばないこと ·· 428
 5 源泉徴収の方法による課税がわが国による最終課税になる場合があ
　 ること ··· 430
第2 国際課税事案における立証責任の分配の考え方 ─────── 431
 1 国内課税事案との比較 ··· 431
 2 租税条約に固有の問題と租税条約における立証責任の転換規定の採用 ··· 435
第3 PPT条項の内容 ────────────────────── 437
 1 新日独租税条約前文と21条8項 ··· 437
 2 PPT条項の意味とその射程 ·· 438
 (1) PPT条項の目的　439
 (2) PPT条項の特徴　440
　 (a) PPT条項の目的　440
　 (b) PPT条項の適用対象となる取引等の種類　440
　 (c) PPT条項の適用対象となる取引等の範囲　440
　 (d) PPT条項にいう「主たる目的の一つ」の意味　441
　 (e) 「判断が妥当である」の意味　442
　 (f) 立証責任の転換　443
　 (g) 「租税条約の関連する条文の目的」の意味　444
　 (h) PPT条項の特徴のまとめ　445

第4 わが国の源泉徴収制度とPPT条項 ———— 445
1 はじめに ……………………………………………………………… 445
2 問題の所在 …………………………………………………………… 446
3 わが国の源泉徴収による所得税が自動確定の税とされていることと
　PPT条項の関係 ……………………………………………………… 450
4 納税告知取消訴訟の当事者とPPT条項の関係 …………………… 451
5 還付方式の採用は解決策になるか ………………………………… 452
6 まとめ ………………………………………………………………… 454

第10章　地方税法における要件事実論 ———— 456

〔岩﨑　政明〕

第1　問題の所在 ———— 456
1 地方税法の特色と要件事実論 ……………………………………… 456
2 要件事実論に関する視座の設定 …………………………………… 457

第2　住民税に係る取消訴訟における要件事実論 ———— 459
1 住民税に係る課税要件及び賦課徴収の特色と主張立証責任の帰属の
　原則 …………………………………………………………………… 459
2 個人住民税に係る取消訴訟における要件事実 …………………… 460
　(1) 均　等　割　461
　(2) 所　得　割　462
　(3) 都道府県民税利子割　464
　(4) 都道府県民税配当割　465
　(5) 都道府県民税株式譲渡所得割　465
3 法人住民税に係る取消訴訟における要件事実 …………………… 466
　(1) 均　等　割　466
　(2) 法人税割　467
　(3) 道府県民税配当割及び道府県民税株式譲渡所得割　468

第3　事業税に係る取消訴訟における要件事実論 ———— 469
1 事業税に係る課税要件及び賦課徴収の特色と主張立証責任の帰属の
　原則 …………………………………………………………………… 469
2 個人事業税に係る取消訴訟における要件事実 …………………… 470

目　次

3　法人事業税に係る取消訴訟における要件事実 …………………… 473

第4　固定資産税に係る取消訴訟における要件事実論 ── 476

1　固定資産税に係る課税要件及び賦課徴収の特色と主張立証責任の帰属の原則 ………………………………………………………………… 476
2　課税要件（財産評価を除く）の認定判断の違法を争う取消訴訟における要件事実 ……………………………………………………………… 478
　(1)　納税義務者の認定判断の過誤　478
　(2)　課税客体の認定判断の過誤　480
3　財産評価の違法を争う取消訴訟における要件事実 ………………… 482

第5　おわりに ── 484

あとがき ……………………………………………………………………… 485
事項索引 ……………………………………………………………………… 487
判例索引 ……………………………………………………………………… 495
編者紹介 ……………………………………………………………………… 503

第1部

要件事実の基礎理論

第1章

民事訴訟における要件事実論の概要

伊藤 滋夫

第1 裁判官による法的判断の構造
第2 要件事実はどのようにして決定されるか
第3 最近の要件事実論における若干の重要な問題

第1 裁判官による法的判断の構造

　民事訴訟における判決は，訴訟物についての要件事実（請求原因・抗弁・再抗弁など）の存否の判断の組合せでされる。ごく骨子だけをいえば，例えば，売買代金請求訴訟事件では，売買契約の締結（請求原因）がされたかどうか，同契約に要素の錯誤があった（抗弁）かどうか，要素の錯誤の表意者に重大な錯誤があった（再抗弁）かどうかという形で考えるのである。

　要件事実は，簡単にいえば，法律効果の発生の直接の根拠となる事実（例えば，上記の売買契約の締結，消費貸借契約の締結[*1]）である。すなわち，上記のような請求原因，抗弁，再抗弁などと呼ばれる事実である。裁判官は，多様な当事者の主張の中から，このような要件事実の主張とそれ以外の事実（下記注（*1）記載のような，要件事実の存在を推認させる力をもつ間接事実その他の事実）の主張を区別して，要件事実について争いがあるときに，訴訟における証拠調べの結果と弁論の全趣旨に基づいて，その存否の判断をする。

　「要件事実論とは，要件事実というものが法律的にどのような性質のもので

---

*1 　被告が，いくら金銭に窮していたからといって，そのことが原告から金銭を借り受けたという事実に結びつかない限りは，それだけでは貸金返還請求権を発生させることはない。

あるかを明確に理解して，これを意識した上，その上に立って民法の内容・構造や民事訴訟の審理・判断の構造を考える理論である」*2が，ここでは，主として，「民事訴訟の審理・判断の構造を考える理論」としての主張立証責任論に焦点を当てて説明する。

したがって，要件事実論という考え方が民事訴訟において必要不可欠な理論であるということは，あまりにも当然のことである。

以上は，周知のことであるから，この程度の説明にとどめておく。

第2　要件事実はどのようにして決定されるか

1　はじめに

要件事実*3の決定基準は，最終的には，「民法などの実体法の制度の趣旨を，立証ということが問題となる訴訟という場において，最も適切に実現できるようにするということである（このことが，立証の公平〔立証責任の負担の公平と同じ意味である〕に適うということになる）」*4。

例えば，民法94条2項について，その制度趣旨を，本来無効な意思表示であるから，「その意思表示が無効であることを，原則として，第三者に対抗できる。ただし，例外として，第三者が善意のときに限って対抗できない。」というように考えるか，本来無効な意思表示ではあるが，第三者との関係は取引の安全を重視して，「その意思表示が無効であることを，原則として，第三者

---

*2　拙著『要件事実の基礎　裁判官による法的判断の構造〔新版〕』（有斐閣，2015）（以下，本稿において，拙著『要件事実の基礎〔新版〕』という）6頁参照。

*3　要件事実は，視点を変えていうと，主張立証責任の対象となる事実，すなわち，主張立証責任対象事実である。したがって，要件事実の決定基準というのは，主張立証の問題を中心として考えるときには，主張立証責任対象事実の決定基準という形で考えたほうがわかりやすい。この問題については，さらに主張立証責任の分配という形で説明されるが，漠然とある事実〔例えば，弁済に関する事実〕の主張立証責任という形で考えるのは相当ではなく，主張立証責任の対象となる事実が，「弁済した」なのか「弁済しなかった」のかという形で考えるべきである，と筆者は，考えている。

なお，私見によれば（一般的な考え方もそうである），主張責任対象事実は，立証責任対象事実と同一に決定されるのであるから，以下の説明においては，特に弁論主義に関することを問題としない限りは，要件事実のことを，「主張立証責任対象事実」といわず，「立証責任対象事実」ということも多い。

*4　そうした点については，拙著『要件事実の基礎〔新版〕』210頁以下，268頁以下など参照。その詳細を述べるとすると，裁判規範としての民法説（私見）を述べるとともに，修正法律要件分類説の批判的説明をすることになるが，ここでは，以下に，簡単にその基本的考え方を述べるにとどめる。

に対抗できない。ただし，例外として，第三者が悪意のときに限って対抗できる。」というように考えるかが問題である。前者のように制度趣旨を考えるとすれば，そのときの要件事実は，「その意思表示は，無効であることを第三者に対抗できる。ただし，第三者が善意のときに限って対抗できない。」という構造（形式）になるし，後者のように制度趣旨を考えるとすれば，そのときの要件事実は，「その意思表示は，無効であることを第三者に対抗できない。ただし，第三者が悪意のときに限って対抗できる。」という構造（形式）になる。そして，善意・悪意が存否不明の場合においては，前者の構造（形式）で要件事実を考えているときは，「第三者に対抗できる。」（すなわち第三者は保護されない）という結果となり，後者の構造（形式）で要件事実を考えているときは，「第三者に対抗できない。」（すなわち第三者は保護される）という結果となる。

　ここで，今後の具体的検討の前に，一つだけ留意の必要なことを述べておく。後記2の①事件でも，後記2の②事件でも，民法709条や415条という条文では，訴訟においてその要件に該当する事実が存否不明になるということを考えなければ，判例・学説でその要件の解釈の仕方は分かれることがあるとしても，要件の中身はきちんと定められているのであって，それと離れて要件事実というものを観念する必要はない（厳密には，このような要件の解釈の仕方に要件事実論の思考方式が影響をもつということはあるが）。しかし，訴訟では，当該要件に該当する事実が存否不明になることがあるので，そのために要件事実という問題が解決されなければならないのである。立証の問題を離れて，単に要件の中身が明確であるべきだということを論じるのみでは，要件事実の問題を論じたことにはならない*5。

2　不法行為に基づく損害賠償請求事件と債務不履行に基づく損害賠償請求事件を題材とした各要件事実の比較検討

　要件事実（主張立証責任対象事実）の決定基準はどのようなものか，その基準に基づいて具体的な事案において，どのように具体的に主張立証責任対象事実を考えていくのかは，困難な問題であるが，ここでは，不法行為に基づく損害賠償請求事件（①事件と略称する）と債務不履行（履行遅滞の事案とする）に基づく

---

*5　この点は，租税法における課税要件明確主義との関係で誤解が生じやすいところであって注意が必要である。後記第2章**第2，4**「課税処分取消訴訟の例」（22頁）の説明参照。

損害賠償請求事件（②事件と略称する）を例として考える（いずれも，Yの行為が何らかの原因となって〔過失又は帰責事由の有無は別として〕，何らかの損害がXに発生しているものとする）。そして，そのいずれの事件においても，Y（被告）の過失（民709条参照）の有無や責めに帰すべき事由（民415条参照）の有無に関係する事実を，X（原告）とYとのどちらが主張立証すべきかということ（主張責任は立証責任と一致すると考えるから，以下では，「どちらが立証すべきか」ということ）を考えてみたい。

例えば，①事件においては，XがYの過失の根拠となる事実を立証すべきか（それとも，Xに損害が発生しているのだから，YがYの無過失の根拠となる事実を立証すべきか），②事件においては，XがYに帰責事由があることの根拠となる事実を立証すべきか（それとも，Yは約束していたことをそのとおりに履行していないのであるから，YがYに帰責事由がないこと〔正確には，Yの責めに帰することのできない事由によるものであること〕の根拠となる事実を立証すべきか）という問題を考えてみることにする。

実質的にどのように考えたら，最も立証の公平にかなう正しい結論となるかを，その理由とともに，十分に考えてみることが必要である。

ここでの考え方のポイントは，紛争当事者となっているXとYとの2人が，まったく無関係の第三者という場合と，既に何らかの約束（契約）によって規律されている関係にある場合とで，どのように立証責任対象事実の決定に違いが生じるのかということである。少し表現を変えれば，<u>不法行為制度という民法の制度の趣旨，債務不履行制度という民法の制度の趣旨を，立証ということが問題となる訴訟という場において，最も適切に実現できるようにする</u>にはどのように考えるべきか，という視点から検討をすべきである。

この問題点について，結論からいうと，①事件では，XがYの過失の根拠となる事実を立証すべきであり，②事件では，YがYに帰責事由がないことの根拠となる事実を立証すべきである，ということになる（この点については，履行が遅れる形の債務不履行〔履行遅滞という〕について帰責事由が必要であるという考え方を採る限り，異説はないと考える）。

そのように考えるべき理由を次に述べることとする。

その理由は，不法行為のことを定めた民法709条が不法行為者に過失があることを積極的に必要とするような条文の形式（「故意又は過失によって他人の権利……を侵害した者は」）となっているからではない。もしそれが理由であるとする

と，民法415条が債務者に帰責事由のあることを積極的に必要とするような条文の形式（「債務者の責めに帰すべき事由によって」）となっている[*6]のに，上記のように，Yに帰責事由がないことの根拠となる事実を立証すべきであるということになる理由が説明不能となってしまうからである。民法の条文は証明のことを考えて決められているわけではない[*7]。上記のような結論が正しいと考える理由は，そこにはないと考えなければならない。

　このことを不法行為を定めた民法709条についていうと，次のようなことになる。民法709条の規定は，①事件においては，「自己の行為が原因となって他人に損害を与えた人（Y）に過失があったときは，Yには損害賠償責任がある。」と定めていることになるが，それは，Yに過失があれば損害賠償責任があるし，Yに過失がなければ損害賠償責任がないということを定めているにすぎない。すなわち，民法117条1項のような稀な例外もあるが，大多数の民法の条文は「自己の行為が原因で他人に損害を与えた人（Y）に過失があったことが証明されたときは，Yには損害賠償責任がある。」というように，証明と関係させて，その内容が定められているわけではない。もし民法の条文がこのように，「証明があったときは」と定められていれば，「過失があったかどうか不明のとき」というのは，証明があったときではないわけであるから，その民法の条文を適用しなければよい（その結果，Yには損害賠償責任があるとはいえない）ことになる。しかし，いま述べたように民法の条文は，「Yに過失があった」ときと「なかった」ときのことしか定めておらず，そのどちらかわからないときについては，どうなるか何も定めていない。したがって，裁判所で事件をいろいろ調べても，結局Yに過失があったかどうか不明の場合があるのは実際に避けられないことであるのに，そうした場合には，こうした民法の条文をそのまま前提にして考えていたのでは，裁判のしようがないということになってしまう。

　この点は，②事件の場合に適用される，債務不履行のことを定めた民法415条についても，まったく同様であって，同条は，債務不履行について債務者に帰責事由があるときは損害賠償責任があり，帰責事由がないときには損害賠償責任がないと定めているにすぎず，そのどちらかわからない場合については，

[*6] 民法415条の条文は，少しわかりにくい表現をとっているが，普通の考え方によると，この条文は，「債務者の責めに帰すべき事由によって債務不履行が生じたときには，債権者は，それによって生じた損害の賠償を債務者に請求することができる。」と定めていると考えられている。

[*7] 拙著『要件事実の基礎〔新版〕』172頁注85参照。

何も定めていないのである。したがって，②事件において，Ｙに帰責事由があったかどうか不明の場合には，こうした民法の条文をそのまま前提として考えていたのでは，民法709条の場合と同様に，裁判のしようがないということになってしまう。

　もちろん，これでは困るので，裁判所は，何らかの形で証明ということを考慮に入れて定められた民法の要件というものを考えて，それに照らして裁判をしなければならず，また実際にそうしていると考えてよいわけである。こうした民法を私は，「裁判規範としての民法」と呼んでいる[*8]。

　そうすると次に問題となるのは，こうした裁判規範としての民法の要件をどのような基準で考えるべきかということになる。上記２つの事件に関係する限りにおいて述べるとそれは次のようなことになる。

　①事件の場合には，ＸとＹとはまったくの無関係の第三者であり，その両者の間には，その２人の間の法律関係を規律する特別のものは何もない。そうだとすると，無関係の第三者（Ｙ）の不法行為によって損害を受けたとして，民法709条によって，Ｙに損害賠償責任があるとする者（Ｘ）は，Ｙに過失があって自分（Ｘ）が損害を受けたのだということを，具体的事実を挙げて立証すべきであるとすることが合理的である，と考えられる（それが普通の人の自然な考え方であろう）[*9]。

　他方，②事件の場合には，ＸとＹとは，まったく無関係の第三者ではなく，ある契約の当事者であり，ＹはＸにある日時までにある行為をすることを約束していたわけである。こうした場合の損害賠償については，民法415条によって請求をすることになるが，その場合には，いったん人にある行為を約束した者（Ｙ）が，それを破ったときは，それが自分（Ｙ）の責任でないことが原因で起きたことだと証明されない限り，損害賠償責任があると考えるのが合理的である，と考えられる（それが普通の人の自然な考え方であろう）[*10]。

　上記のことを簡単にいえば，いずれも不法行為制度，債務不履行制度の制度

[*8]　「裁判規範としての民法」については，拙著『要件事実の基礎〔新版〕』126頁以下参照。

[*9]　なお，状況によっては，Ｘにも，過失があるというべきではないかとの問題があることもあるが，これは，民法722条２項の問題として取り上げるべきもので，上述したこととは別のことである。

[*10]　内田貴『民法Ⅲ　債権総論・担保物権〔第３版〕』（東京大学出版会，2005）142頁も，表現はやや違うが，同旨を述べているものと考える。

趣旨*11を立証ということが問題となる訴訟の場において最も適切に実現する（それが立証の公平にかなうのである）ことになるかの観点から考えて，立証責任対象事実を決定しているということになる。

こうした問題を，所有権に基づく目的物返還請求権の場合，履行遅滞に基づく損害賠償請求権の場合，消費者契約法9条1号の平均的な損害の額の場合について具体的に説明することが有益である。そこでは，まず立証のことを考えないで，実体法の，あり得る複数の規範構造を検討して正しいと考えるべき規範構造を選択し，そのうえで立証の困難性を考慮して，そのようにして決めた規範構造を維持できるか，といった思考の過程を経て考えるべきである。簡単にいえば，実体法の規範構造と立証の困難性の関係などの説明も突っ込んでされることが必要であるが，ここでは，そこまでの必要はないと考えるので省略する*12。

第3　最近の要件事実論における若干の重要な問題

1　評価的要件の重要性

(1)　はじめに

評価的要件に関する理論の発展は，近時特に目覚ましいものがあり，今は，要件事実論を語るには，評価的要件の考え方を理解することが不可欠であるといってもよいほど重要なことである*13。

(2)　事実と評価を区別する意味──事実的要件と評価的要件

なにごとかを言葉に表して表現するときは，常にそれは，その表現をしている人の評価を通じてされているということに理論上はなる（例えば，「机がある」と言ったときも，それは，上に平板があり，そこに足がついていて，その平板の上でものを書いたり見たり食べたりなどするものがあると言ったことになる）が，普通は，誰でもおおむね同じ共通の具体的イメージをもつことができる限りにおいては，それ

---

*11　もとより，どのようにすれば，このような実体法の制度趣旨を正しく理解できるかは，極めて困難な問題であるが，そのことをここで説明している紙幅はない。その点については，拙著『要件事実の基礎〔新版〕』230頁注151参照。

*12　そうした点については，拙著『要件事実の基礎〔新版〕』236頁以下参照。

*13　以下の説明は，評価的要件に関する考え方の基本を理解していただくために，ごく簡単にその概要を説明しているにすぎない。同説明の詳細については，拙著『要件事実の基礎〔新版〕』281頁以下（特に，292～294頁）参照。

を事実を述べているもの（事実命題）として扱い，いちいちそのように評価した根拠を具体的に述べているもの（評価命題）にしなければならないと考えてはいない。しかし，交通事故における運転者の過失，賃貸借契約終了に基づく家屋明渡請求訴訟における正当事由，表見代理の正当理由などの場合となるとどうであろうか。

そのような場合には，それらの内容をなす具体的事実を述べないと，訴訟において，適切な攻撃防御ができないのではなかろうか。例えば，交通事故が不法行為に基づく損害賠償請求事件として問題となった場合において，単に過失があるといわれても，そういわれた運転者（被告）はどのように防御したらよいか困惑することになるであろう。わき見運転，法定速度時速50キロの道路を時速80キロで運転，信号無視などと過失と評価できる具体的な事実を主張されて，初めて適切な攻撃防御ができることになる。こうしたことは，上記の他の例においても同じである。

評価命題を内容とし，こうした評価の内容を具体的に述べる必要があると考えられる要件を「評価的要件」という（「規範的要件」という用語も使用されることがあるが，だんだんと「評価的要件」という用語が使用されることが多くなってきた，と考えられる＊14）。これに対し，事実命題を内容とする要件を「事実的要件」という。

なお，事実的要件と評価的要件との区別は，ときに微妙である（例えば，意思表示の「到達」）。さらに難しい問題は，普通は事実的要件として考えられているものが，ときには評価的要件となるということもある，ということである。

例えば，特別の事情のない限り，貸金返還請求事件における金銭の交付ということは，普通は誰もが事実として考え，金銭の交付ということから各人が同じ内容を考える（同じイメージをもつ）ことができるのであるから，そのままの形で事実扱いをしてよいものである。ここでは，特別の事情として考えられるものの例を考察することによって，通常まったくの事実として考えられているものに潜む評価性を明らかにしたい。

〔その一例〕XのYに対する貸金返還請求事件において，Yが金銭の借受けを

＊14　本文で説明したような評価を根拠づけたり妨げたりする具体的事実の主張立証が必要なのは，なにも「過失」のような規範的評価に限らず，「無資力」というような非規範的評価の場合においても，変わりはない。問題は，要件の性質が事実的要件か評価的要件かなのであって，その要件における評価の性質が，規範的か非規範的かではないからである。

第3　最近の要件事実論における若干の重要な問題

否認した場合において，XがYに金銭を交付したかどうかということは，その「交付した」という態様が，XがYの手の上に現金を置いたというようなことであれば，それはおそらくそのまま争点として認定の対象となる事実であると考えてよいであろう。しかし，同じ「交付した」といっても，例えば，いったんXがYの目の前に現金を置いたが，Yがこれを手にする間もなく，すぐ側にいたYの債権者Aがこれをその自己の債務に対する弁済のためとして持ち去ったような状況の場合には，XがYに金銭を交付したといってよいかについては，そうした状況について法的評価を加えた後，初めて決し得ることであるというべきであろう。この事案で「交付した」ということが争点になるとすれば，上記のようにAがYの債権者であったか，AとYとの間に上記のような状況について何らかの合意があったか，あったとすれば，それはどのような合意かなどの具体的事実の存否とそうした事実に対する法的評価が問題となるわけである。

(3) 評価的要件における要件事実

上記(2)で述べたように，このような評価を根拠づける上記のような具体的事実を「評価根拠事実」といい，そのような評価根拠事実（上記のような速度の出し過ぎなど）があるにもかかわらず，それと両立し，そのような評価をするのを妨げる事実（例えば，「車検を終えたばかりの車なのに速度計が故障していたこと」）を「評価障害事実」という。

また，表見代理における正当理由についても同様である。例えば，本人の実印の押してある委任状とその印鑑証明書を所持し，これを提示したことは，民法110条の「正当な理由」の評価根拠事実であり，同印鑑証明書の発行日付が2年も前であったことは，その評価障害事実である。

上記(2)で説明したような理由で，評価的要件では具体的事実として評価根拠事実，評価障害事実の主張立証が必要なのであるから，そうした具体的事実を主張立証して，初めて，それに伴う法律効果が発生するのであって，単に「過失がある」，「正当な理由がある」とのみ主張したのでは，なんの法律効果も発生しない主張（主張自体失当の主張）ということになり，必要と考える立証も許されないため，そのような主張をした当事者は敗訴となる（もとより，適切な釈明権の行使が必要である）。

既に（例えば3頁）説明したように，法律効果の発生の直接の根拠となる事実

が要件事実なのであるから，評価的要件においては，このような具体的事実が要件事実であると考えられているわけである。

したがって，訴訟代理人となった場合には，自己の主張が，上記のような意味で主張自体失当とならないように十分に注意することが必要であるとともに，相手方の主張が，その意味で不備であるときには，その不備を看過しないように裁判所に適切な釈明権の行使を求めて，具体的事実の主張を迫るべきである（そうでないと，もしも，裁判所が気づかないまま訴訟を進行するようなことがあると，自己の代理する本人の正当な利益を擁護できないで，敗訴してしまう危険がある）。

原告がその請求を根拠づけるために主張する評価根拠事実は，請求原因事実の全部又は一部を構成する事実であり，被告がその防御のために主張する評価障害事実は，抗弁事実の全部又は一部を構成する事実である。請求原因事実と抗弁事実とは，異なる事実であるが両立する事実でなければならない（正当な理由の根拠となる委任状・印鑑証明書の所持とその障害となる同証明書の古い日付は，相互に異なる事実であって両立する事実である）。

評価的要件には，典型的評価的要件と変則的評価的要件とがある。このことは，重要な問題であるが，ここでは省略する[*15]。

2　要件事実論の機能と事案の解明

事案の解明義務については，様々な議論があるが，事案の解明義務という考え方は，現代の民事訴訟を理解するためには，要件事実論と並んで非常に重要な役割を果たしている[*16]。

ここでいう「事案の解明」というのは，簡単にいえば，事案，すなわち，当該事件の内容をなしている具体的状況を明らかにすることをいう。そして，すべての当事者は，事案の内容を明らかにする義務がある（最終的には，民事訴訟法2条に基づく義務である）。

要件事実論によると，それぞれの当事者が主張立証責任を負担する事実（要件事実）は決まっている。最も簡単な例でいえば，貸金返還請求訴訟事件にお

[*15]　その点は，拙著『要件事実の基礎〔新版〕』292頁以下参照。
[*16]　以下の説明は，そのことを理解するのに必要な限りにおいて，そのような考え方の基本を，ごく簡単に説明しているにすぎない。要件事実論の機能と事案の解明義務との関係は，特に検討すべき問題が多い。このような問題の詳細については，拙著『要件事実の基礎〔新版〕』57頁以下（特に，63〜65頁の事例を中心にして）参照。

いては，原告は被告に対する金銭の貸付けの事実について，被告はこれを原告に弁済した事実について，それぞれ主張立証責任を負っている。

　被告が，被告の弁済の事実を明らかにするための立証活動をするのも，原告の貸付けの事実が立証されそうになったら，それに対する反証のための立証活動をする（そうしなければ敗訴してしまう）のも，いずれも当然のことである。これらもすべて，事案の解明のための活動である。こうした活動は，あえて義務といわなくても，当事者は，そのような活動をするであろうが，ときに不誠実な当事者がいて敗訴の危険をあまり気にしないで，民事訴訟による適正迅速な紛争の解決を妨害しないとも限らない。そのように考えると，こうした場合にも，理論上は，関係当事者に「事案の解明義務」があるというべきであろう。

　ただ，このような主張立証責任対象事実を前提とした関係当事者の活動を考えると，どのような場合においても，例えば，被告は，原告が被告に金銭を貸し付けたという主張に関係する状況については，何も主張も立証もしなくてもかまわないということになりそうである。

　しかし，そのように考えると，例えば，何らかの原告に責任のない事情で，原告ができる限りの立証活動をし，ある程度まで事案の状況を明らかにしたが，それ以上には，原告の方に当該事案に関する立証手段がまったくない一方，被告の方にはそれに関する立証手段が多くあるというような特別の具体的な事情がある場合においては，被告に，上述した一般的な「事案の解明義務」とは異なる性質の「事案解明義務」という特別の義務（「事案解明義務（狭義）」というのが相当であろう）を認めて，その義務が果たせる状況にあったにもかかわらず，その義務を果たさなかったときには，原告の当該事項に関する主張を真実と認めるというような効果を認めてもよい（このような義務を認めないまま，単なる事実上の推定のみから認め得ることには限度がある〔例えば，後記設例において，貸付額が300万円ではなく，315万円であったことまでを認めることは困難であろう〕）であろう（そこに，このような義務を認める実際的意義がある）。具体的な適用基準や同義務違反の効果などについては多様な意見があるが，ある一定の要件の下に，このような性質の義務を認めることについては，現在は異論がないものと考えられる（最高裁の判例において明確に認められているといえるかについては，疑問であり，意見が分かれている）。

　上記は，「例えば」として，被告を例に挙げたのみであって，同様なことは，

原告についても考えるべきことであるのは、いうまでもないことである。
　上記のような特別の意味での事案解明義務と要件事実の機能との関係を具体的に考えるきっかけとして、私が考えた、まったく架空の設例であるが、次のような事例が考えられるのではあるまいか（特別の義務としての「事案解明義務（狭義）」は、何も特殊な専門的訴訟に限って考え得るものではない）。

〔設例〕東日本大震災などの大災害があったような場合において、貸主がすべての証拠を失い、借主が多くの証拠をもっていると考えられる、次のような場合があろう。
　　貸主X（金融業者）は、借主Yに2010年3月15日に、弁済期を2011年3月15日として、315万円を、利息年1割5分、賠償額の予定年3割5分として（その法的効力はともかく）貸し付けた。Xの店舗とその取引先のごく小規模の信用金庫の本店は、いずれも海岸沿いの商店街にあったが、Yの住宅は高台にあった。同年3月11日に発生した東日本大震災における津波で、X及びその取引先の信用金庫のすべてのデータ（電子媒体・紙媒体を問わず）は消失したが、Y宅は、半壊はしたものの、何も消失したものはなかった。Xは、上記貸付けの主張をし、Yは2010年3月14日に50万円を借りたことはあるが、それは既に弁済ずみであり、X主張の貸付けについては、それを全部否認した。Xは、従来のYとの取引関係の概略、Yが2010年3月15日X店に来訪したこと、Yが約300万円の資金不足であったことなどについて、Xの収集し得る限りの書証・人証によって立証した。Yも、Xとの金融取引が280万円を最上限として過去にあったことを認めたが、上記のように、X主張の上記取引はまったく存在しない（当日X店を訪問したこともない）と主張した。しかし、Yは、2010年3月14日、15日当日の自己の行動、関係書類の存否などについては、裁判所から再三にわたって釈明を求められたにもかかわらず（もとより、この求釈明は、被告に対して原告の主張を認めるように求めているわけではなく、上記のように被告の行動などを明らかにするように求めているにすぎない）、単にXの主張を否認するのみで、何ら具体的な事実の主張立証をしなかった。
　　こうした場合にYは、「事案解明義務（狭義）」を果たしていないと考えるべきであろう。

第2章
租税訴訟における要件事実論のあるべき姿

伊藤　滋夫

第1　民事訴訟における要件事実論と租税訴訟における要件事実論の比較
第2　租税訴訟における要件事実はどのようにして決定されるか
第3　最近の要件事実論における若干の重要な問題——租税訴訟の場合
第4　租税訴訟における具体的課題を通観して検討する要件事実の考え方

第1　民事訴訟における要件事実論と租税訴訟における要件事実論の比較

　民事訴訟の分野は，主として，対立する平等な（もちろん，実質的格差のある人々の間の配分的正義を十分に考えながらではあるが）当事者としての市民間の紛争解決という視点からの問題解決を図る法域である。これに対して，行政訴訟（ここでは，これを租税訴訟で代表させる）の分野は，国と国民の関係，当事者と第三者との関係を常に考えなければならない法域であり，民事訴訟の分野とは多くの面で異なるところがあるのは当然である。

　しかしながら，要件事実論という視点から見る限りは，民事訴訟の分野も行政訴訟の分野も，要件事実論の考え方において異質なものはないと考える。両訴訟の分野とも，当該法制度の趣旨を立証ということが問題となる訴訟の場において，最も適切に実現できるようにするということを基準として，要件事実（立証責任対象事実）を決定すべきであるからである。

　もとより，個別の法条の制度趣旨が，民事法と行政法とで異なることは多い。例えば，租税法にしかない「租税法律主義」，さらには，その内容の一つ

である「課税要件明確主義」といったものを前提とした制度趣旨というものが，民事法にないのは当然である。例えば，課税要件明確主義の内容をなす「国民の権利を侵害する性質を有する課税処分というものは，そのための要件というものが明確に規定されなければならない。」という考え方も，民事法にはない，極めて重要な考え方である。しかし，このような考え方も，租税法における一つの制度趣旨であるのだから，その制度趣旨が，立証ということが問題となる訴訟の場において，最も適切に実現できるように要件事実（立証責任対象事実）を考えればよいのである。すなわち，民事法と租税法とでは，個別の制度趣旨は異なっても，いずれの法域においても，それぞれの法域における法条の制度趣旨を訴訟の場において具現するように立証責任対象事実を決定すべきである，という要件事実論の基本に変わりはないということである。

　以上のように考えれば，要件事実（立証責任対象事実）を決定するための具体的プロセスは，民事訴訟と租税訴訟とで異なるところはない，と考える[*1]。

　その意味で，本章で説くところは，民事法における制度趣旨を租税法における制度趣旨と読み替えれば，第1章「民事訴訟における要件事実論の概要」において説いたところと変わるところはない。裁判官の判断の構造においても変わるところはない。

　ただ，租税法における制度趣旨を具体的にどのように考えて，要件事実をどのように決めていくかについて，若干の補充的説明をしておくことが相当であるので，以下においてそのような説明をする。

第2　租税訴訟における要件事実はどのようにして決定されるか

1　要件事実（立証責任対象事実）の決定基準（骨子）

　すぐ直前に述べたように，当該法制度の趣旨が立証ということが問題となる

[*1] ただし，民事法と行政法の両分野を通じて考える場合には，似てはいるが，本質的に意味の違う用語があることにも留意しないと，思わざる間違いを犯すおそれがある。例えば，「課税要件」という租税法上よく使われる用語がある。「課税要件」は，租税法上の用語としては「税率」も含むものとされる（高橋和之ほか編集代表『法律学小辞典〔第5版〕』（有斐閣，2016）125頁）が，「税率」は要件事実論でいう要件「事実」ではない。要件事実論において，納税義務の発生要件事実という意味で，もし課税要件事実という用語を使用するとすれば，その場合には，少なくとも「税率」は，課税要件事実に含まれない。

訴訟の場において，最も適切に実現できるようにするということを基準として，立証責任対象事実を決定すべきものである。主張責任対象事実は立証責任対象事実と同一に決定すればよい。

2　条文の構造（形式）は基準となるか

条文の構造（形式）は，それが立証責任の所在を明らかにした民法現代語化法（平成16年法律第147号）のようなものを除き，行政法の分野においても，立証責任対象事実の決定基準として決定的な意味をもつということはない（参考に考えることまでを否定するわけではない）。少なくとも，一般的には，今までの租税実体法の条文では，そういうことはないと考える[*2]。ただ，極めて例外的にではあるが，本文・ただし書の構造をもって，立証責任の所在を明らかにしたという立法例もある[*3]ようであるので，そのような理解を前提としたうえ，そ

[*2] 増田英敏「租税法における要件事実論の有用性―租税法律主義の視点から」拙編『租税法の要件事実』〔法科大学院要件事実教育研究所報第9号〕（日本評論社，2011）115頁も同旨と考えられる。
　その点に関する興味ある裁判例としては，分野も租税法ではなく，裁判所も地裁のものではあるが，森林法34条5項の主張立証責任対象事実について判示した宮崎地判平6・5・30判タ875号102頁以下（特に，108頁の判示）がある。
　この点に関し，租税訴訟については，タックスヘイブン対策税制の問題について検討することが有益であるので，以下にこの点について簡単に説明する（詳しくは，拙稿「租税訴訟における主張立証責任の考え方」租税訴訟学会編『租税訴訟7号』〔財経詳報社，2014〕25頁以下参照）。
　「居住者に係る特定外国子会社等の課税対象金額等の総収入金額算入」について定めた租税特別措置法40条の4第3項の規定は，同条3項の要件が充足されるときは，同条1項の規定を適用しない旨を定めている。簡単にいえば，3項の場合は，1項の例外として，その適用が除外されるという条文の構造になっている。しかし，私見による既述の立証責任対象事実の決定基準からすれば，この適用除外という形の条文構造は特段の意味をもたない。すなわち，課税庁が3項の要件が充足されないことを立証して1項のとおり課税処分ができることになるのか，納税者が3項の要件が充足されることを立証して1項の課税処分がされることを免れることになるのかは，この条文構造からは，どちらにも解釈することが可能である。
　この問題については，東京高判平25・5・29（平成24年（行コ）第421号）所得税更正処分取消請求控訴事件判決・裁判所ホームページ）がある。同判決は，条文の構造を立証責任対象事実の決定基準とはしていない。同判決は，「条文の構造だけからでは決められない」と判示し，詳細に判決理由を説明している。その判断内容についての当否についてのコメントをここではしないが，ただ，上記判示部分の表現は，私見によれば，なお不十分であって，「条文の構造からでは決められない」と「だけ」を削除して考えるべきである。なぜなら，上記判示部分の表現からは，条文の構造も立証責任対象事実の決定基準としてある程度の意味をもつことになるが，条文の構造に関係なく，適用除外要件を充足していないことを立証責任対象事実と考える（そう考えると，同事実について課税庁に立証責任があることになる）か，適用除外要件を充足していることを立証責任対象事実と考える（そう考えると，同事実について納税者に立証責任があることになる）かは，上記のように，条文の構造と関係なく，この問題に関する法の制度趣旨から決定されるべきであるからである。

[*3] 中尾睦『改正税法のすべて〔平成13年版〕』（大蔵財務協会，2001）524～525頁の説明を前提とする限り，国税通則法9条の2の条文の構造（形式）は，立証責任の所在を意識して立法され

のような条文に限っていえば，立証責任の所在について条文の構造（形式）を基準とすべきこととなる（しかし，そうだとしても，それが極めて例外的であることも間違いのないところであるので，当該条文がそのような例外的立法例に該当することを立法資料をもって明らかにしてはじめて，同条文の構造〔形式〕のみを根拠にして，立証責任の所在を決定することができる）。

したがって，当該条文がそうした例外的立法例に該当することを立法資料をもって明らかにしない限り，租税法の条文構造（形式）のみを根拠にして主張立証責任対象事実を決定する考え方を採ることはできない。

例えば，「本法〔消費税法のこと―伊藤注記〕は，所得税法や法人税法の所得課税の規定と，その構造を大きく異にしており，それは主張・立証責任の分配にも影響を与えている。……本法は，課税売上高を課税標準とし（法28条），これに税額〔率の誤記？―伊藤注記〕を乗じて消費税額を算出する（法29条）。そのうえで，一定の条件の下で，課税仕入額に掛る消費税額を算出して控除し（法30条），納付すべき消費税額を算出することとしている。したがって，本法においては，法文の構造上，課税庁が抗弁として主張・立証を負担する内容は，課税標準たる課税売上額（所得税法や法人税法における総収入金額や益金に対応する部分）に止まるのである。そして，所得税法や法人税法においては，必要経費や損金は課税標準を算出する構成要素として課税庁が抗弁として主張・立証責任を負うのに対し，本法においては，これに対応する課税仕入〔税の語を補充すべきか―伊藤注記〕額を，仕入税額控除の再抗弁として，事業者が主張・立証すべきこととなるのである。」[4] との見解は採ることはできない[5]。

3 立証責任対象事実の具体的決定基準

それでは，上記のように，租税法における制度趣旨をふまえて，租税訴訟における立証責任対象事実の決定基準について具体的にどのよう考えるべきか。

たことになるであろう。なお，同書の記載を筆者が知ることができたのは，今村隆教授のご教示によるものである。ここに謝意を込めて記させていただく。

[4] 大江忠『要件事実租税法（下）』（第一法規，2004）564頁。

[5] 後記「必要経費」に関する主張立証責任と同様に，課税庁が控除仕入税額が〇〇万円以下であることについて主張立証責任を負う（納税者が控除仕入税額が〇〇万円＋α円以上であることについて主張立証責任を負うわけではない），と解すべきである。詳しくは，拙稿「消費税法30条における仕入税額控除に関する立証責任―租税訴訟における要件事実論の一展開」判タ1313号（2010）5頁以下参照。

第2　租税訴訟における要件事実はどのようにして決定されるか

理論上の考え方の進め方としては，既に（前記第1章**第2**「要件事実はどのようにして決定されるか」の2の末尾〔9頁〕）述べたように，まず立証のことを考えないで，実体法の，あり得る複数の規範構造を検討して正しいと考えるべき規範構造を選択し，そのうえで立証の困難性を考慮して，そのようにして決めた規範構造を維持できるか，といった思考の過程を経て考えるべきであるが，租税法における下記の関係する説明の限りでは，そこまで詳細に説明しなくても，当該租税法（租税実体法）の制度趣旨が立証ということが問題となる訴訟の場において最も適切に実現できるようにするには，どのように考えるべきかという思考の過程を説明すれば十分であると考える。もし，いったん正しいと考えた規範構造を立証の困難性を考えて逆転させなければならないような場合があれば，その場合には，既に説明したのと同様に詳しくその思考過程を説明したいと考えている。

もとより，租税法の制度趣旨をどのように理解すべきか，同趣旨をどのようにして探求すればよいかなどは，容易に解決することができることではないし，それは租税法に特有の検討課題であり，そのこと自体について要件事実論（主張立証責任論）が特別の発言権があるわけでもないが，筆者として考えるところを以下に述べることとする。

行政訴訟一般について「その訴訟物は，行政処分の違法性一般である。」といわれることが多いが，行政処分である課税処分（実際には，更正処分であることがほとんどである）の取消訴訟の訴訟物についても，同様に考えればよいであろう*6。

4　課税処分取消訴訟の例

以下，課税処分の取消請求訴訟の立証責任対象事実について考える。

当該法制度の趣旨を立証ということが問題となる訴訟の場において最も適切に実現できるようにするということを基準として，立証責任対象事実を決定すべきなのであるから，課税処分の取消しという制度の趣旨を上記のような意味で最も適切に実現できるようにするためには，課税処分の基本的な法律上の性質を考えて，その性質に適切に対応できるような立証責任対象事実を考えれば

---

*6　拙稿「要件事実論の考え方」拙編『環境法の要件事実』〔法科大学院要件事実教育研究所報第7号〕（日本評論社，2009）84〜86頁参照。

よい。

　課税処分は，原告が国民として本来有している権利を制限し義務を課する行政処分である（処分それ自体にのみ着目すれば，その性質は，国民の権利を侵害する処分という性質を有することから，「侵害処分」といわれる）から，原告は，請求原因として，当該処分を特定して，それが違法であることを指摘すれば足り，被告は，抗弁で，同処分の適法性の要件の具備を具体的事実で立証すべきである。ただ，この侵害処分の場合でも，後に述べるように，被告は，適法性の要件の具備を根拠づける原則的要件に該当する具体的事実を立証すれば足り，同処分が違法となる例外的要件に該当する具体的事実の不存在までも立証しなければならないわけではない[*7]。

　行政処分一般に問題を広げて考えると，同処分が「授益処分」の性質をもつ場合もある。すなわち，ある行政処分が，国民として一般人が有する利益に比べて，特別の利益を原告に付与することを原告が求めたのに対して，原告には当該特別の利益を受ける要件が具備されていないとして，これを拒絶した行政処分であるときは，原告は，請求原因として，当該特別の利益を受けるための原則的要件に該当する具体的事実を立証すべきであり，被告は，抗弁として，当該処分を受けることができない例外的要件に該当する具体的事実を立証すべきである。このような場合が，授益処分が問題となる場合であると考える。

　したがって，私見は，侵害処分・授益処分説といわれる説である[*8]ことになる。

　次に，課税処分に関する原則的要件・例外的要件の関係を具体的に検討する。

[*7]　このような考え方（授益処分の場合も同様である）を理解するためには，要件事実論における原則・例外の考え方，ひいては，いわゆるオープン理論という考え方を理解することが重要である。オープン理論という考え方については，拙著『要件事実の基礎　裁判官による法的判断の構造〔新版〕』（有斐閣，2015）（以下，本稿において，拙著『要件事実の基礎〔新版〕』という）260頁以下参照。

[*8]　司法研修所編『改訂　行政事件訴訟の一般的問題に関する実務的研究』（法曹会，2000）173頁も，営業許可に関し，同旨か。ただし，同頁は，「営業許可のうち，警察許可としての性質を有するものは，……侵害処分であり，行政庁において，主張立証責任を負うということになる。」と述べるのみであり，あたかも，侵害処分については，行政庁がすべての事実に主張立証責任を負うかのような印象も受けるので，その意味では疑問もある。なお，司法研修所説に関しては，次注（*9）も参照。

　もとより，筆者は，上述した2つの異なる性質の処分を区別する判断が容易であると考えているわけではない。しかし，当該処分が上記処分のいずれに属すると考えるべきかの判断は，関係する各法規の制度趣旨を総合勘案することによって，困難ではあっても，不可能ではないと考えている。こうした困難さは，法解釈において，事柄の性質上避けられないことも多く，本問題の場合も，やむを得ないものと考える。

第2　租税訴訟における要件事実はどのようにして決定されるか

(1) 一般経費

まず，このことを，頻繁に争いになる，課税所得を算定するにあたっての必要経費（以下ここでは，単に「経費」という）の問題を題材として，考えてみよう。例えば，収入額に争いはなく，経費額について，課税庁は○○○万円と主張し，納税者は，○○○万円＋α万円と主張している事案において，上記私見のような考え方を肯定するときは，課税庁は，課税所得を判断するための要件事実（立証責任対象事実）について，「収入があり，かつ，そのための経費は○○○万円以下である。」という構造（形式）で考えることとなり，上記私見のような考え方を否定するときは，課税所得を判断するための要件事実（立証責任対象事実）について，「収入がある。ただし，そのための経費が○○○万円＋α万円である。」という構造（形式）で考えることとなる。

経費が○○○万円以下であるか，同額をα万円超えているか存否不明のときには，前者の構造で要件事実を考えているときは，経費が○○○万円以下であるとまでは認めることができず，○○○万円＋α万円であるかもしれないという理由で，課税所得として確定できるのは，この意味で経費の上限の額である○○○万円＋α万円を控除した金額であることになるし，後者の構造で要件事実を考えているときは，経費が○○○万円＋α万円であるとまでは認めることができず，○○○万円＋α万円もないかもしれないという理由で，課税所得として確定できるのは，経費として確定できる○○○万円のみを控除した金額であることになる。

以上の関係で注意すべきは，上記経費というのは，あくまで一般的（原則的）経費のことをいうのであって，特別（例外的）経費のことは検討の対象となっていない，ということである。もとより，何が一般経費で何が特別経費かということは困難な問題である（単に「特別の経費」というだけで常に，ここにいう「特別経費」といってよいかには問題もある）が，次のような性質の特別の経費を，ここにいう「特別経費」と考えることにあまり問題はない，と考える。

(2) 特別経費

例えば，「納税者の経営する工場の至近距離の場所で突然に隠れて行われた違法工事があり，その工事によって，同工場の屋根のみが破損したため，その修理が必要となったが，その修理費用として○○万円を支出した。」という場合において，その修理費用は特別経費と考えるべきであろう。課税庁に，そう

した通常の業務の実行からはおよそ考えられないような特別の事態の発生までを考慮に入れて、その不発生についてまで主張立証責任があると考えるのは相当でないと考える。

立証責任対象事実の最終的な決定基準は「立証の公平」である。そして、実体法の制度趣旨を訴訟の場で最も適切に実現できるようにすることが、立証の公平にかなうことになると考える。したがって納税者だけの立場だけからいえば、上記のような特別の経費についても、国の方がその不発生を立証すべきだと考えた方が好都合ではあるけれども、それでは、やはり租税法全体の制度趣旨を考えると、課税庁の立証責任が重すぎるというべきであろう。

国は「経費は一般経費が〇〇〇万円以下である」ということについて立証責任があるが、納税者は「特別経費が〇〇万円以上である」ということについて立証責任がある、と考えられる。

もっとも、何を特別経費と考えるべきかについては、十分に検討の余地があり、貸倒損失も上記例の特別経費に比べればなお一般経費といってもよい側面を有しており、後記仙台地判平6・8・29（LEX／DB22008521・訟月41巻12号3093頁・税務訴訟資料205号365頁）（後記**第3, 2**「要件事実論の機能と事案の解明」において引用）の判示のようにいってよいかについては、なお検討を要すると考える。

なお、第1章の注＊5及び同注を付した本文で述べたように、課税要件明確主義というのみでは、課税のための要件が、実体法上も手続法上も明確に定められていなければならないということを意味するのみで、そのこと自体から要件事実を決定するための基準（ルール）までが明確になっていることを意味するものではない（換言すれば、要件に該当する具体的事実が存否不明になったときにどのように扱うべきかの基準〔ルール〕までが明確になっていることを意味するものではない）。要件に該当する具体的事実が存否不明になったときのことを考えないで、要件の明確化ということをいくら説明しても、そのことは、有益ではあるが、当然には要件事実を説明したことになるわけではない。この点は、誤解を生じやすいところであるので、強調しておきたい。

以上に述べた私見とは異なり、<u>行政法における立証責任論は、これまで、民事法における立証責任論とやや異質とも思われる展開を示しながら、各説がある</u>＊9ように思われる。筆者としては、そうした展開には違和感を覚えている。

＊9　各説の紹介は、司法研修所編『改訂　行政事件訴訟の一般的問題に関する実務的研究』（法曹会，

私見によるやや独断的見方かもしれないが，今後はそうした展開の仕方が少しずつ変わっていくのではないかと思っている（「期待している」というべきかもしれない）。

第3 最近の要件事実論における若干の重要な問題
——租税訴訟の場合[*10]

1 評価的要件の重要性

租税訴訟においても，評価的要件の問題は重要であり，租税実体法においては，評価的要件に当たる要件は数多くあり，その理解を適切にすることができなければ，租税訴訟における要件事実論を適切に活用することに支障をきたすことになるであろう。

「必要経費に算入すべき金額は，……総収入金額を得るために直接に要した費用の額及び……所得を生ずべき業務について生じた費用……の額とする。」（所税37条1項）というような極めてありふれた要件も評価的要件であるし，「役員に対して支給する給与……の額のうち不相当に高額な部分の金額」（法税34条2項）などの要件もそうであって，その例は，枚挙にいとまがない。

2 要件事実論の機能と事案の解明

基本的には，課税処分の適法であることの評価根拠事実の主張立証責任は，課税庁にあるが，要件事実のレベルにおいても，例外的な事実を根拠として納税者が自己に有利な法律効果を主張しようとするときは，そうしたことを根拠づける特別な事実の存在については，納税者に主張立証責任があると考えるべきである（例えば，課税庁は，極めて特殊な経費の不発生までについて，主張立証責任を

2000）170頁以下，南博方ほか編『条解行政事件訴訟法〔第3版補正版〕』（弘文堂，2009）213頁以下〔春日偉知郎〕，同書〔第4版〕（弘文堂，2014）238頁以下〔鶴岡稔彦〕などにおいてされている。しかし，前者は，侵害処分・授益処分説を基本とし，これに法律要件分類説や個別具体説の方法論をも取り入れて考えるというが，各説の相互の関係が不明確であって，立証責任対象事実の決定基準としては不十分な説明にとどまっている。また，後2者は，民事訴訟における要件事実論と行政訴訟における要件事実論との間に有機的に連携をつけて検討するという観点から見ると，なお検討の余地があるように思われる。ちなみに，筆者としては，上記各説の中に，立証責任対象事実の決定基準に関する説として，具体的事実によって諸般の要素を考えて決めるという「個別具体説」とか「個別説」とかいうものがあること自体にとまどいを感じざるを得ない。

[*10] 以下の説明は，単に問題点を指摘するにとどまるものである。詳しい説明は省略するが，その基本は，前記第1章第3「最近の要件事実論における若干の重要な問題」と同じである。

負うものではない）が，そうした場合に限らず，基本的には，課税庁が要件事実として主張立証責任を負う事実（例えば，一般的経費の不発生）についても，第1章**第3**の2で挙げた東日本大震災による証拠の偏在があるような特別の具体的な事情があるときには，納税者の側にも，適切な範囲内において，「事案解明義務（狭義）」があると考えるべきではあるまいか。納税者がその義務を果たさなかった場合には，納税者は，一定の不利益を事実認定のうえで受けることになる，といわざるを得ない。

　しかし，同時に注意すべきは，単に立証の困難があるからというだけの理由で，他に特段の事情もない（単に「特別の経費」であるというのみでは，前述の「特別経費」に当たるか問題もあると思われ，上記のような特別の具体的な事情があるといえるか疑問がある）のに，本来課税庁の立証責任対象事実について，実際上，その反対の事実について納税者に立証責任があるのと同様な扱いをすることにも疑問がある。

　仙台地判平6・8・29（前掲22頁）は，貸倒損失の不存在（判示では「不存在」と述べられているが「不発生」と述べるべきであったかもしれない）については，課税庁に立証責任があると判示しながら，「貸倒損失は，通常の事業活動によって，必然的に発生する必要経費とは異なり，事業者が取引の相手方の資産状況について十分に注意を払う等合理的な経済活動を遂行している限り，必然的に発生するものではなく，取引の相手方の破産等の特別の事情がない限り生ずることのない，いわば特別の経費というべき性質のものである上，貸倒損失の不存在という消極的事実の立証には相当の困難を伴うものである反面，被課税者においては，貸倒損失の内容を熟知し，これに関する証拠も被課税者が保持しているのが一般であるから，被課税者において貸倒損失となる債権の発生原因，内容，帰属及び回収不能の事実等について具体的に特定して主張し，貸倒損失の存在をある程度合理的に推認させるに足りる立証を行わない限り，事実上その不存在が推定されるものと解するのが相当である。」と判示する。

　このように考えるのが一般的であるようであるが，そのように考えるのではなく，本稿で説明している「事案の解明義務」の考え方（前記第1章**第3，2**「要件事実論の機能と事案の解明」）によるべきではなかろうか。そうではなく，上記判示のように考えるとすれば，課税庁は，本来立証責任を負っている事実について，立証の困難性というだけの理由で，何も立証活動をしなくてもよいとい

うことになって相当ではない（貸倒損失が，上記判示のような意味で「いわば特別の経費」ということも，その不存在〔又は不発生〕について立証の困難性があることも，被課税者の方が事情をよくわかっていることも，「貸倒損失」というものの性質上一般的に，立証責任の所在を決定する際に既に明らかなことなのであるのに，貸倒損失の不存在〔又は不発生〕について，課税庁に立証責任があるとしながら，上記判示のような理由で事実上の推定として考えることは，そのような立証責任を課税庁に負わせたことを，まったく無意味にするものであって許されない，と考える）。

課税庁が立証責任を負う事実について，上記のように，納税者に不利益な事実上の推定を直ちにするのではなく，本来は課税庁が立証責任を負う事実なのであるから，課税庁ができる限りの立証活動をし，ある程度まで事案の状況を明らかにしたが，それ以上には，課税庁の方に当該事案に関する立証手段がまったくない一方，納税者の方にはそれに関する立証手段が多くあるというような特別の具体的な事情がある場合においては，納税者に「事案解明義務(狭義)」を認めて，納税者がその義務を果たさなかった場合には，一定の不利益を事実認定のうえで受けることになる（この場合には，「貸倒れ損失は存在（発生）しなかった」と認定される）というように考えるべきではなかろうか。

第4 租税訴訟における具体的課題を通観して検討する要件事実の考え方

1 はじめに

要件事実論の考え方の基本的特徴は，すべての事柄について，何が最も本質的なことであり，何がその例外となり，何がそのまた例外となるかという形で，原則・例外の区別を明確に意識しながら，物事の判断を原則・例外の階層的構造で行おうとするところにある。しかも，そのような階層的判断を，常に，具体的事実のレベルで，多様な具体的事実が具体的な問題の場において，どのような具体的意味（機能）をもつか（ある法律効果を生ずるためには，何が具体的に必要かつ十分な事実か），各具体的事実のもつ意味（機能）がどのように相互に関係しあっているかなどを考えながら行うところにある。本節におけるどのような問題を考えるにあたっても，その点を常に念頭に置いて考えることが必要である。

最も基本的なものとして，次の例を挙げることができる。契約の締結におい

て，最も本質的なことは，契約締結当事者の意思表示の合致である。意思表示が合致すれば，原則として契約は有効に成立する。例外として，その意思表示に要素の錯誤があれば，原則として無効である。その例外として，要素の錯誤に陥った表意者に重過失があれば（重過失の評価根拠事実があれば），その無効を主張することができない。もっとも，その例外として，この重過失の評価を障害するような評価障害事実があれば，結果として重過失があったとはいえない。

ここで注目すべきは，何をもって，ある事柄の最も本質的なことと考えるべきかについて，基準となるものは，ある実体法（上記例の場合は，契約法）の制度趣旨である（いちいち，契約に無効原因が存在しないということを考えるべきだというのでは，契約取引の社会は成り立たない），ということである。

そうだとすれば，このような説明は，理論上すべての分野について可能であり，租税法における典型的な説明は，課税処分の制度趣旨が侵害処分であることを基本として考えるべきであるという前提から出発して，所得は，収入から必要経費を控除したものであることについてした説明（19～22頁）のとおりである。

このような考え方を，一見同一の例のようにも見えるが，必ずしもそうとばかりもいい切れない例も含めて，以下に，具体的に複数の例について検討してみたい。

こうした検討をすることの意義は，各制度をそれぞれ独立に検討していたのでは，必ずしも明らかに意識されない問題点を明確に意識に上せて検討することができ，そうすることによって，各制度に通底[*11]する本質をふまえて，各制度の趣旨をより正しく把握することができ，それによって，それぞれの具体的問題についてより正当な解決方針を見出すことができることにある。

2　所得税法27条，消費税法30条，所得税法156条，固定資産の価格

(1) 所得税法27条における必要経費と消費税法30条における仕入税額

両者に通底する考え方は，課税額を算出する基礎となる所得又は税額は，当該課税をしてもよい本質的な額のみであるということである。

[*11] 西尾実ほか編『岩波国語辞典〔第7版新版〕』（岩波書店，2011）によれば，「通底　二つ以上の事柄や考え方が，基礎の部分で互いに共通性をもつ。」と説明されており，筆者も「通底」をここで，その意味で使用している（上記「基礎の部分」を「本質的部分」と理解しているわけである）。

第4　租税訴訟における具体的課題を通観して検討する要件事実の考え方

　前者においては，収入から必要経費を控除してはじめて課税対象となる所得額が算出できるということである（このルールに違反すれば，所得でないものに課税することになる。前記21頁参照）。後者においては，仕入税額を控除してはじめて納入すべき消費税額が算出できるということである（このルールに違反すれば，消費されたものでないものに課税することになる。前記18頁参照）。

　以上の意味で，両者についての考え方は，その本質において共通している。この本質を理解することによって，後者のみを，関係する条文の構造（形式）が前記のような税額控除であることを理由に，仕入税額を納税者の立証責任対象事実と理解する危険を防止することができる。

(2)　所得税法156条における推計と固定資産の価格に関する推定

(a)　所得税法156条における推計

　所得税法156条は，納税義務者の資料の不整備，不協力などの事情があるために，所得の実額を通常の証明度をもって証明することができない場合に，ある一定の要件の下に推計課税を認めたものであって，そのような一定の要件がある場合には，この場合の証明は，通常の証明度よりも低くてもやむを得ないとしたものと考えられる。その一定の要件とは，推計課税をせざるを得ない必要性（例えば，納税者の不協力など）と真実の所得額を推計するための合理性（例えば，推計の基礎とすることが合理的と考えられる同業他者の所得額に基づく推定[*12]であること）を，いずれも充たす具体的事実の存在である。

　簡単にいえば，推計課税は，上記のような要件を充足すれば，推計された所得金額を真の所得金額と観念すること（実額としての真の所得金額とは，現実に結果としては異なるものになり得ることを許容しているが，観念としては，いずれも真の所得金額ということである）を許容した（そのような所得金額を基礎として課税処分をすること

[*12]　この「推定」が厳密な意味で，講学上推定といわれるものとまったく同じ性質のものであるか等について，検討すべき問題があるが，本稿の主題と直接には関係がないので，ここでは，その問題についての説明を省略する。
　裁判例の中には，いわゆる「実額反証」を認めるものが多い。それらの中には，「反証」と名づけながら，納税者に，実額（「必要経費額」のみならず「売上額」についても）の立証責任を負わせるものもある（例えば，東京高判平7・3・16行集46巻2＝3号280頁）。そのような解釈の基礎には，容易に実額反証を認めるべきではないとの価値判断があるのであろうが，そのような考え方は，もし推計課税の性質を事実上の推定と考えながらそうしているとすれば，その性質に合致せず，かつ，立証責任の負担の基本的考え方にも反し，理論上の説明に窮する考え方である，といわざるを得ない。私見のように解すれば，理論上も実際上も妥当な解決を得ることができると考える。裁判例の動向を紹介するものとして，楠松晴子「推計課税の適法性」奥田隆文＝難波孝一編『民事事実認定重要判決50選』（立花書房，2015）510頁以下が参考になる（同稿は，裁判例は，事実上の推定説によっているものと理解しているのではなかろうか）。

を認めた）ものと考えられる。推計課税による所得金額を課税処分の基礎とすることを許さないようにするためには，推計課税をする必要性と合理性という評価の根拠事実自体を否認して争うか，又は，この評価根拠事実と両立し，同評価を妨げる評価障害事実を立証しなければならない。

　その点を次に少し具体的に説明する。前記必要性があったとはいえない（必要性がないといえるまでは不要である）ことを示す評価障害事実としては，例えば，納税者の不協力と見えた事実には，納税者が実際には存在していた関係書類を津波などの天災により滅失していたと思い違いをするやむを得ない特別の事情があったと評価できる根拠事実を挙げることができる。また，推計課税という方法が許されるとしても，課税庁がした推計は合理性があるとはいえない（合理性がないとまでいえる必要はない）ことを示す評価障害事実としては，例えば，推計される所得金額が真の所得金額と相当程度に乖離している（単に，前者が後者と異なるというのみでは足りないが，両者の相当程度の乖離[*13]がいえれば足り，後者の額を正確に立証する必要はない）ため，それはもはや合理的推計であるとはいえないという評価ができる根拠事実を挙げることができる。このようにして，推計課税という方法が許されなくなった場合には（再度，合理的な推計をし直すという方法は，一定の要件の下にあり得るとしても），いうまでもないことであるが，課税庁は，本来の実額課税の方法によって課税処分が適法であることを明らかにしなければならず，課税庁において，「収入－一定限度以下の必要経費＝実額としての真の所得金額」を立証することによって課税処分が適法であること明らかにしなければならない（たとえそれが困難を伴うものであったとしても）。このように考えることが，いわゆる「実額反証」といわれる問題についての正しい解決方法（推計課税と実額課税の関係を，両課税の本質を正しくし理解して，これを適切に架橋する解決方法）であると考える[*14]。

　通常いわれる「実額は推計を破る」という考え方は相当ではないと考える。

　[*13]　どの程度の乖離をもって「相当程度の乖離」というべきかは困難な問題であるが，それは，推計課税の制度趣旨をふまえて，当該事案の具体的状況の下で，推計の合理性としてどの程度のものが必要とされるべきかを総合的に検討して決すべきである，というほかはない。
　[*14]　以上については，拙稿「民事訴訟における要件事実論の租税訴訟における有用性―その例証としての推計課税と実額反証の検討」『租税法の要件事実』〔法科大学院要件事実教育研究所報第9号〕（日本評論社，2011）90頁以下，岩﨑政明「研究会を終えて5」同書267頁以下（同稿も，筆者にはその趣旨がややわかりにくく思われるが，推計課税の合理性の評価を障害する事実として，所得金額の実額ではない事実である，推計の基礎とした同業他者が適切でなかったことの立証についても，実額反証の説明のところでされている）各参照。

第4　租税訴訟における具体的課題を通観して検討する要件事実の考え方

なぜなら，推計課税の必要性も合理性も具備されているとして，推計課税を認めながら，理論上は僅少の差であっても，実額が推計額を下まわるとの一事をもって，推計額による課税処分が違法となるというのは，相当ではないと考えるからである。他方，推計課税という方法によることが合理的とはいえないというためには，推計課税が認められるような場合にはその立証が困難なことも多いであろう正確な実額（しかも，見解によっては，本来は原告に立証責任がない売上額についても）についての立証責任を原告に課する（「実額は推計を破る」といわれるときの「実額」というのは，通常このように考えられていて，そのために，実際に推計が破られたと認められる実例はまれではないかと思われる）のも相当ではないと考える（上述のように，推計額と実額との相当程度の乖離が立証されれば十分というべきである）。

以上のように，評価障害事実を立証して，推計課税の適法性を争うことは，推計課税の前提となる必要性，合理性の要件が充足されているとはいえず，推計課税をすることは許されないということを意味する（通常の法律上の推定の場合でいえば，前提事実の存在に疑問をもたせ，推定が許されないということを意味する）ものであって，この前提要件が充足された場合にされる推計の結果を覆している（通常の法律上の推定の場合でいえば，推定されたことの不存在を主張立証して，推定の結果を覆している）ということを意味するものではない。このことは，この「推定」の理論上の性質を考えるうえで重要なことであるが，ここではそれ以上は説明しない。

(b)　**固定資産の価格に関する推定**　　この問題は，法律の条文に推定に関する規定がある場合ではないが，固定資産税の課税処分をするにあたっては，固定資産（ここでは，土地・家屋などの不動産を考えることとする）の評価が適正にされることが必要であるところ，当該土地・家屋の登録価格（通常は後記「基準価格」が土地・家屋課税台帳に反映されたもので，地方税法349条1項によって課税標準とされている），市町村長が同法388条1項に基づく固定資産税評価基準に基づき決定する同法403条1項の土地・家屋の価格（以下「基準価格」という），当該土地の正常な取引の実情における実勢価格（地方税法341条5号は，価格を「適正な時価」〔客観的な交換価値と同義といってよいであろう——後記最判①の730頁の判示も同旨〕と定めているが，この時価）というものの相互関係をどのように考え，課税庁と納税義務者がそれぞれどのような事実について立証責任を負うかについて，困難な問

題が存在する*15。

　筆者のここでの検討の目的は，この問題について，独自の法解釈を行って私見を示すことにあるのではなく，一連の関係する最高裁判決の採る解釈態度を念頭に置いて，そこに表われている「推定」という問題について要件事実論の視点から検討する（この趣旨の検討である限り，最高裁判決の態度に同調しないこともある）ことにある。

　関係する最高裁判決としては，通常次の各判決が挙げられる（これらの判決〔特に最判⑤〕の趣旨に従ったその後の裁判例として，東京高判平27・12・17判タ1421号111頁・判時2282号22頁がある）。

① 　最判平15・6・26（民集57巻6号723頁・判タ1127号276頁・判時1830号29頁）
② 　最判平15・7・18（判タ1139号62頁・判時1839号96頁）
③ 　最判平18・7・7（判タ1224号217頁・判時1949号23頁）
④ 　最判平21・6・5（判タ1317号100頁・判時2069号6頁）
⑤ 　最判平25・7・12（民集67巻6号1255頁・判タ1394号124頁・判時2201号37頁）

　ここで問題とする限りで必要な上記関係最高裁判決のいう趣旨をまとめる（最判⑤の冒頭のコメント〔判時2201号37〜39頁〕は，最高裁判決の整理の意味では参考になる）と，「固定資産税評価基準による評価方法によって決定された登録価格は，その評価方法が当該土地の適正な時価の算出方法として一般的な合理性を有しない又はその評価方法によっては当該土地の適切な時価を適切に算定できない特別の事情のない限り，客観的交換価値としての適正な時価以下であると推認される。」ということになる。上記登録価格を以下の説明では，「α円」ということとする。

　そして，上記最高裁判決の趣旨を前提とする限り，訴訟で問題となる普通の争い方は，上記評価基準による評価方法に一般的合理性があるとはいえないとの立証は，実際上困難であろうから，上記評価基準が一般的合理性を有するという前提で考えることになることが多いであろうが，そうすると，実際問題として，具体的事案における納税義務者の立証責任対象事実は，その評価方法に

---

*15　今村隆「税法における『価格』の証明責任」石島弘ほか編／山田二郎先生喜寿記念『納税者保護と法の支配』（信山社，2007）305頁以下は，本問題を検討するにあたって基礎として参考にすべき重要な文献であり，筆者の問題意識の出発点をなすものでもあって，ご教示を受けるところが多くあったものではあるが，後記最判⑤に至るまでの一連の判決の一部しか出ていない時期のものでもあり，なお検討を要する点があるものであるといえよう。

第4　租税訴訟における具体的課題を通観して検討する要件事実の考え方

よっては当該不動産の適切な時価を算定できるとはいえない（時価を適切に算定できないといえることまでは不要である，と考える）ことを根拠づける個別事案における具体的事実ということになるであろう。しかし，仮に上記最高裁判決の趣旨を全体として前提とするとしても，ここで，筆者が強調しておきたいのは，この「個別事案における具体的事実」というのは，最判④の事案で問題とされたような「市街化区域内農地の適正な時価を判定することを妨げるような同区域内の市街化の程度」といった性質の「特別の事情」に限られると考えるべきではない，ということである。最も肝要なことは，固定資産税評価基準による評価額が適正な時価を推認させる合理的理由があるとはいえない特別の事情（その特別の事情を合理的理由なく限定することは許されない）があることが立証されれば，それで十分なはずである。それが立証されても，なおかつ上記評価額の方が適正な時価であるとする合理的理由を見出すことはできない[*16]。

そして，本稿の問題意識からすると，上記の「推認」の意味が問題となる。評価額がいくらかが問題となっている対象不動産の隣の不動産が現実に評価基準日の直近の時点において売却されたとすると，その売買価格が β 円であったということの性質は，事実である。これに対し，「客観的交換価値としての適正な時価」を α 円であるとする判断の性質は，事実の認定ではなく，不動産に関する専門的知見に基づく判断の結果である評価であろう。

そうだとすると，同様に不動産の専門的知見によって当該不動産について「$\alpha - \gamma$」円という評価がされた場合において，α 円という評価と「$\alpha - \gamma$」円という評価のいずれが，当該不動産の時価として真に適正であるかということをどのようにして決めるのかが問題とされなければならない。

被告は α 円が適正な時価であるとして，それを根拠に課税処分をしているとすると，α 円が適正な時価であることを立証しなければならず，そのためにその評価根拠事実について立証責任を負う。これに対して，原告は，α 円が誤った評価であることについて立証責任を負うのではなく，α 円が適正な時価であ

[*16] その点については，田中治「判批」判評665号〔判時2220号〕(2014) 27頁以下（「固定資産課税台帳に登録された土地の価格の違法性判断基準」と題する最判⑤の判例批評）中の「基準価格および登録価格が客観的な交換価値を上回る価格を算定することまでも委任されていない」ことを理由に，「実体法上の時価概念の検証とは別に，あるいはこれに先立って，必ず，評価基準によることが適当ではない特別の事情等を納税者が主張立証しなければならないとまでいうことは，解釈論としては，言い過ぎだと思われる。」との指摘（32頁）が正当である，と考える。

るとの評価を揺るがすような，換言すれば，α円以外を適正な時価とする評価の根拠事実を立証することによって，α円が適正な時価とはいえないという裁判所の判断を導くことに成功すれば足りる（α円が適正な時価であるとの評価とα円以外の金額が適正な時価であるとの評価が同等であれば足りるのであって，後者の評価が前者の評価を上回る必要はないのである）。民法110条の表見代理における正当理由，借地借家法6条・28条における更新拒絶の正当事由と同じ判断構造である。

　ここで問題となるのは，固定資産税評価基準による評価としてされる基準価格に優位性を認めるのかどうかであるが，その優位性を認めなければ，上記正当理由，正当事由の判断の場の判断の構造と異なることはない。例えば，賃貸人が当該不動産を必要とする評価根拠事実（「前者の事実」という）と賃借人が当該不動産を必要とする評価根拠事実（前者の事実との関係を考えていえば，前者の事実に対する評価障害事実。「後者の事実」という）を総合判断して，賃貸人の当該不動産を必要とする正当事由が賃借人の当該不動産を必要とする正当事由を上回らない限り（前者の事実又は後者の事実による各正当事由が同等であれば足りるのであって，後者の事実による正当事由が前者の事実による正当事由を上回る必要はないのである），正当事由があると判断することはできない。

　固定資産税評価基準にある種の優位性を認めるとしても，その程度をどの程度に考えるかについては，大いに問題があろう。仮に，その程度はともかく，なんらかの優位性を認めるとしても，それは，原告の方で，そのような優位性を認められた評価を誤っていると判断させるところまで裁判所の判断を導く必要はなく，同評価が正しいとはいい切れないとの判断をさせるところまで裁判所の判断を導けば足りる（評価的要件における判断構造として，通常考えられている上記の判断構造に従えば，そうなるのである）。

　そして，例えば，当該土地についてされた「$α-γ$」円という評価のあること及び，極論すれば，当該土地とまったく同一の価値を有すると考えられる同土地に直近の土地数筆の売買実例における代金額がいずれも「$α-γ$」円であったことが立証されれば，α円という評価が正しいとの上記優位性のある判断を揺るがすことができよう（あるいは，対象土地についての権威ある不動産鑑定人として定評のある不動産鑑定士5名の一致した対象土地の鑑定評価額が，いずれもα円よりも相当程度低額であったという事実〔これを事実レベルで観念することが重要であって，この鑑定評価額自体を評価障害事実として考えるべきではない〕でも，同様に，α円という評価

第4 租税訴訟における具体的課題を通観して検討する要件事実の考え方

が正しいとの上記優位性のある判断を揺るがすことができよう）。

ここで留意すべきことは，当該土地についての優位性を認められる評価額α円が抗弁の内容をなす判断である評価であり，抗弁事実は，その評価根拠事実（同評価が固定資産税評価基準による評価方法によって決定された登録価格であること）であるとすると，再抗弁の内容をなす判断である評価は，適正な評価額はα円とはいい切れないということであるが，再抗弁事実は，その評価根拠事実，すなわち抗弁の評価障害事実（上記の例でいえば，対象土地についての権威ある不動産鑑定人として定評のある不動産鑑定士5名の一致した対象土地の鑑定評価額が，いずれもα円よりも相当程度低額であったという事実）であるということである。抗弁の内容をなす評価と再抗弁の内容をなす評価とが矛盾することは，正当事由などの通常の評価的要件において常にあることであって，背理なことでは決してない（抗弁の内容をなす事実と再抗弁の内容をなす事実が矛盾しているわけではないのであって，この点を誤解してはならない）。

(c) 所得税法156条における推計と固定資産の価格に関する推定との比較

前述のように，推計課税の場合は，法律の特別の規定に基づいて，推計による真の所得金額と実額としての真の所得金額とは，現実に結果としては異なるものになり得ることを許容しているのであるから，このような推計課税の方法によることが許されないというためには，単に実額としての真の所得金額が推計課税によって認定された真の所得金額と異なるということを立証するのみでは不十分であって，推計課税を許す前提要件である必要性又は合理性という評価に疑問をもたせることが必要であった。それをしないで，単に実額としての真の所得金額を証拠によって立証することは意味がないという判断の構造であった。

これに対し，不動産の評価に関する推定の場合はどうであろうか。ここでは，客観的交換価値としての適正な時価の評価をめぐる争いであって，客観的交換価値としての適正な時価が特別なものとして想定されているわけではなく，まったく同一の性質をもつ，一つしかないはずの適正な時価をどのようにして評価するかという問題である。固定資産税額の算出のための評価であるからといって，さらには，それが固定資産税評価基準による評価であるからといって，それが客観的交換価値としての適正な時価でなくてよいなどということが想定されているわけではまったくなく，むしろそうした適正な時価であることが積

極的に求められている（地税341条5号）のである。したがって，上記推計課税の場合とは問題の性質が異なる。

　上記のような適正な時価という評価の判断構造は，通常の評価的要件である正当理由，正当事由と同じ判断構造である。しかし，固定資産税の額の算出のための固定資産の評価における特別の問題は，固定資産税評価基準による適正な時価の評価に優位性が認められることを前提とした場合に，その評価を揺るがせるためには，相当に高い程度で適正な評価の立証が必要となる，ということである。

　このような優位性を認めてよいのか，認めるとしてどの程度認めるかは大いに問題であるが，そこまでは，判断構造を示す本稿の課題ではないので，触れないこととする。本稿における結論としていい得ることは，推計課税の場合と異なり，固定資産の評価の場合においては，実額に当たる当該固定資産の適正時価を原告（納税義務者）の方で明らかにする（適正な時価について原告に立証責任があるという意味ではない）こと自体に重要な意味があるということで，この点は，推計課税の場合との重要な差異であると考える。この差異は，両者の判断構造の上述のような相違をよく理解することによって，はじめて正当に指摘できることなのである。

　最判⑤における千葉勝美裁判官の補足意見[*17]は，評価基準による評価の適正性について，非常に強い「推定力」を認めている。同意見は，固定資産税評価基準による評価の優位性をあたかも推計課税における法律上の特別の定めの場合と同様に考えているように思われ，強い疑問がある[*18]。

(3) 所得税法156条と消費税法30条

　前記のように，所得税法156条は，同条にいう推計課税をする合理的必要性がある場合において，合理的根拠に基づき当該所得の額と近似している額を推計課税における所得の額としている（推計課税の必要性と合理性がある限りにおいて，その推計された額が実額とは異なることをその性質上許容しているものであるから，これは，一種の政策的意味の強い特別の定めである）。私見によれば，課税処分取消訴訟の段

[*17] 民集67巻6号1262頁以下，判時2201号41頁以下。
[*18] 山田二郎「固定資産税課税台帳の登録価格の判断枠組みと最高裁判決の動向」租税訴訟学会編『租税訴訟8号』（財経詳報社，2015）3頁以下も，最高裁判決が固定資産税評価基準に認める強い優位性について強い疑問を呈している。なお，同論文3頁注1には，最判⑤に関する多くの判例評釈が紹介されている。

第4　租税訴訟における具体的課題を通観して検討する要件事実の考え方

階において，単に，課税庁の認定した経費の額が実際の額（実額）と違うということを立証しても，同課税処分を覆すことはできないが，反面，推計課税による額が相当程度に実額と乖離しているということを立証して，同課税処分を覆すこともできる，ということになる。

消費税法30条7項については，同項にいう「保存しない」の意味について周知のとおりの見解の相違がある[*19]が，ここでは，その問題ではなく，納税者は，税務調査時には7項所定の関係帳簿等を保存していなかった（同項ただし書所定の事由もなかったとする）が，その後関係業者らを調査した結果，実際の仕入税額が判明したとすると，その仕入税額を考慮しないでされた課税処分の取消訴訟において，その判明した仕入税額を立証して，同課税処分の取消しを求めることが許されるかという問題を考えてみたい。

実際にされた課税処分は，消費税法30条7項に従ってされたものであるから，その当時において違法であったわけではない。そのように当時適法であった課税処分を後に違法として取り消すことは許されないとする考え方も，当然あるであろう。しかし，他方，課税処分取消訴訟の段階においてみると，その課税処分は，実際に消費がされなかった部分に対して課税したことになっているので，同訴訟においては，当該部分に対する仕入税額を控除しないで消費税額を計算して行われた課税処分を違法とすべきだとの考え方も成り立ち得る[*20]。

このように考えると，消費税法30条は，所得税法156条と同旨の規定といえるかについては，検討の余地があり，課税処分の取消訴訟において，仕入税額の実額の立証と必要経費の実額の立証とを同様に位置づけて考えてよいかについても，なお検討の余地があることになる。

ここで問題となっている場合は，前記(1)「所得税法27条における経費と消費税法30条における仕入税額」の場合のように，比較される法条の本質が同一であると明言できる場合とはいえないし，前記(2)「所得税法156条における推計と固定資産の価格に関する推定」の場合のように，比較される問題の本質が同一でないといえるかについても検討の余地がある場合である，と考えられ

[*19] 最判平16・12・16民集58巻9号2458頁〔調査官解説番号38（高世三郎・最判解民平成16年度792頁以下）〕，岩品信明『租税法判例百選〔第5版〕』〔別冊ジュリ207号〕（2011）86事件162頁以下各参照。

[*20] こうした点については，拙稿「消費税法30条における仕入税額控除に関する立証責任」判タ1313号（2010）11頁参照。

る。その本質を他の場合と比較することが非常に難しい場合ではあるが，そうした比較検討をすることによって，より適切に問題の本質に迫り得る場合であると考えられ，その意味で，ここで検討してみた次第である。

3　租税法以外の分野での参考法条例

(1)　変則的評価的要件——民法 108 条，民法 770 条 1 項，会社法 356 条，商標法 4 条 1 項など

　変則的評価的要件という考え方[21]によると，次のように，一見まったく関係のないように見える条文の判断構造が，その根底において共通する性質を有することを理解することができ，その条文の判断構造を理解するのに役立つことがわかるであろう。

　そのような例は相当数ある[22]が，ここでは，民法 108 条，民法 770 条 1 項 5 号（いずれも変則的評価的要件）という 2 つの条文を比較する例のみを挙げて，その説明をしておこう。

　まず，民法 108 条（自己契約と双方代理）は，本文において，本人の利益を害する危険が典型的に高い行為を利益相反行為の評価根拠事実として挙げるとともに，ただし書において，そうした行為でありながらも，特段の事情として，本人の利益を害する危険が典型的に低い行為を例外として，評価障害事実として挙げている。さらに，このように条文で法定されていないものであっても，解釈上例外として認められるものもある。例えば，売買契約に基づく所有権移転登記を売主と買主の双方の代理人となって司法書士が行う場合には，この評価障害事実が存在するものとして，問題なく許されている。判断の構造として留意すべき点は，この場合に，その司法書士の行為は，双方代理には該当する（双方代理に該当しないわけではない）が，本人の利益を害する危険がないという理

---

[21]　拙著『要件事実の基礎〔新版〕』292〜294 頁参照。なお，同書 292 頁第 3 段中の説明には，一部本稿の表現と異なる表現があるが，その点については，本稿の表現の方が適切である，と今は考えている。

[22]　会社法 356 条 1 項に関する問題については，拙稿「商事法要件事実研究会を終えて 1　会社法 356 条 1 項 2 号と同法 423 条 3 項の規範構造―利益相反行為と任務懈怠の推定の関係について」拙編『商事法の要件事実』〔法科大学院要件事実教育研究所報第 13 号〕（日本評論社，2015）214 頁以下，商標法 4 条 1 項に関する問題については，拙稿「問題提起メモ　民法と知的財産法一般との関係及び知的財産法各法に共通する特質―主として後者に関する要件事実論の視点から見た検討」拙編『知的財産法の要件事実』〔法科大学院要件事実教育研究所報第 14 号〕（日本評論社，2016）90 頁以下，拙稿「知的財産法要件事実研究会を終えて 1　要件事実論の視点からする知的財産法各法に通底する特質（補論）」同書 209 頁以下，各参照。

第4　租税訴訟における具体的課題を通観して検討する要件事実の考え方

由から許されるのである。

次に，民法108条とは，一見何の関係もない民法770条1項（裁判上の離婚）の判断構造を考えてみよう。

民法770条1項1号ないし4号は，同項5号を念頭に置いて考えると，変則的評価的要件である。770条1項5号の「その他婚姻を継続し難い重大な事由」の意味は，「第1号から第4号に掲げるもののほか婚姻を継続し難い重大な事由」ということであり，換言すれば，「婚姻を継続し難い重大な事由（第1号から第4号に掲げるものを除く）」という意味である。

そして，民法770条1項1号の場合について具体的に問題を考えてみると，「一方の配偶者に不貞な行為があった」のであれば，それだけで「婚姻を継続し難い重大な事由がある」ことになり，それ以上のことを主張立証することは過剰な主張立証である。そして，「一方の配偶者に不貞な行為があった時期が10年も前の1回だけのことであって，その後，他方配偶者がそれを知りながら，それを許して最近まで円満な家庭生活を送ってきたこと」は，不貞な行為があったが婚姻を継続し難い重大な事由がない特段の事情があるときに該当する，と考えることもできよう。そう考えた場合に，不貞な行為があったのではある（不貞な行為がなかったことになるわけではない）が，なお「婚姻を継続し難い重大な事由」はないことになるのである（なお，このような判断構造は，同条2項の裁量的棄却の問題とは別の性質のことであることを，念のため付言しておく）。

民法770条1項の判断構造は，民法108条のように，本文・ただし書の関係になって，評価根拠・評価障害の関係が出ていないために，108条のようにわかりやすいというわけではないが，両条の判断構造は同じなのである。

このように，当面の問題となっている条文の判断構造，意味などがよく理解できない場合に，いままでに自分が理解してきた他の条文の判断構造，意味など，その基本において共通のものがないかを考えてみることが有益なことが多い，と考える。これも，要件事実論的思考の有益なことを示すものということができる。

以上のような考察が，会社法356条1項の性質や商標法4条1項10号から14号と同項15号との関係を考えるうえで有益であることは明らかであろう。

第2部

租税訴訟における要件事実論の視点からの総論的課題

第1章

要件事実論における法律の制度趣旨把握の方法論
―― 租税特別措置法 35 条 1 項の「居住の用に供している家屋」（譲渡所得に関する特別控除）の要件事実の分析を題材として

河村　浩

第1　はじめに
第2　法律の制度趣旨の考慮と要件事実論
第3　法律の制度趣旨の考慮と法律の解釈
第4　法律の文理（文理解釈）とその実質的正当化（実質的解釈・目的論的解釈）との関係
第5　文理解釈と実質的解釈（目的論的解釈）の具体的解釈手法の検討
第6　各論的検討――措置法 35 条 1 項の「居住の用に供している家屋」（譲渡所得に関する特別控除）の要件事実
第7　おわりに

第1　はじめに

本稿は，租税特別措置法（以下「措置法」という）35 条 1 項の「居住の用に供している家屋」*1 の要件事実の分析を題材として，法律の制度趣旨把握の方法論を要件事実論の一般理論として論じようとするものである。

法律の制度趣旨*2 は，立証責任対象事実（要件事実）を A と考えるのか，そ

---

*1　本稿では，「居住の用に供している家屋」（措置法 35 条 1 項。「主としてその居住の用に供している」〔措置法施行令 23 条 1 項による 20 条の 3 第 2 項の準用〕の解釈を含む）について絞って論ずることとし，その他の特別控除制度の要件については触れないこととする。
*2　本稿では，「制度趣旨」とは，歴史的な立法者意思をふまえながら，ある制度の法律の体系の中に占める位置づけを正しく把握し，かつ，社会的実態を正しく考察して，そのうえで考えられる多様な利益状況の適正な調整を図るために当該制度が予定していると考えるべきあるべき制度趣旨のことをいうと定義しておきたい（伊藤滋夫編著『要件事実講義』（商事法務，2008）224 頁注(62)〔伊藤滋夫〕参照）。本稿では，立法当時の立法者意思については，「立法者意思」と表記して，制度趣旨（あるべき立法者意思）と区別することとする（後掲注（*5）参照）。なお，上

第2部　租税訴訟における要件事実論の視点からの総論的課題
第1章　要件事実論における法律の制度趣旨把握の方法論

れとも，not A と考えるのか（原則・例外の構造において，A を例外と考えるのか，それとも，not A を原則と考えるのか），仮に，それを A という形で考える場合，A の内容をどのように解釈するのかといった際，その検討の前提として明らかにされなければならない事項である（この点の詳細は，後記**第6**で検討する）。

　ただし，法律の制度趣旨は何かという問題自体に法律の解釈とは何かという法哲学的な問題に連なる深い問題点を含んでおり，筆者の能力に照らして，これを深く掘り下げて論ずることはとてもできない。そこで，本稿では，差し当たり，裁判実務を念頭に置いて，実践的な観点から，要件事実論における制度趣旨把握の方法論を検討し（法律の解釈の一般論については，上記方法論の検討に必要な限度で言及するにとどめる），それを租税訴訟の要件事実の分析に応用するとどうなるかという一つの未熟な習作を示してみたい。

　本稿では，法律の制度趣旨把握の方法論及びこれに基づき把握された制度趣旨に基づく解釈は，租税法律主義（憲84条）が支配するため特殊性を有するといわれる租税法規の解釈及び租税訴訟の要件事実の分析にも妥当する汎用性の高い思考の枠組みであることを明らかにしたいと考える。その際，罪刑法定主義（憲31条参照）が支配するため特殊性を有するといわれる刑法学の解釈も参考にしつつ検討する（後記**第4**の**2**(1)参照）。

第2　法律の制度趣旨の考慮と要件事実論

1　要件事実論の基礎をなす裁判規範としての民法説

　立証責任対象事実の決定基準については，諸説あり，ここでは，その検討を省略せざるを得ないが，「裁判規範としての民法説」が妥当であると考える。裁判規範としての民法説とは，民法（実体法の代表例の意味である）の制度趣旨を

記の制度趣旨の定義からもうかがわれるように，制度趣旨には，当該制度のみに着目した制度趣旨（ミクロ制度趣旨）と，法体系全体から見た場合の体系的な制度趣旨（マクロ制度趣旨）の2つの側面に分けることが可能であるところ（河村浩＝中島克巳『要件事実・事実認定ハンドブック―ダイアグラムで紐解く法的思考のヒント』（日本評論社，2015）50頁，なお，石田穣『法解釈学の方法』（青林書院新社，1976）23〜24頁も参照），本稿では，ミクロ制度趣旨の観点からその把握の方法論を論ずることとする。マクロ制度趣旨については，本稿で検討するミクロ制度趣旨の制度趣旨把握の方法論を基礎として，これを関係する複数の制度（どの範囲までを体系的な法律と関連する制度に含めるのかは一つの問題である）に適用した結果をさらに総合（帰納的一般化）して把握することになると考えるが，その点の検討は，本稿の応用編として他日を期したい。

基礎として，立証の困難性（ここでの立証の困難性は，一般的・類型的観点からのものである）も考慮に入れて，その制度趣旨に沿うように（それが立証の公平にかなうということでもある）規範構造を分析し，「裁判規範としての民法」という実質的観点から立証責任対象事実を決定する考え方のことをいう（同説では，上記の立証の困難性という一般的・類型的観点からの事実認定の問題を民法解釈学の守備範囲に含めて考えているが，この点については，難しい問題がある）*3。

2 租税訴訟における要件事実論──侵害処分説

これを課税処分取消訴訟で考えた場合，典型的な侵害処分である課税処分については，原告において，請求原因として，それが違法であると主張して取消しを求める処分の存在を主張・立証すれば，被告である課税庁（国，地方公共団体）において，抗弁として，課税処分の課税要件（適法要件）を基礎づける事実の主張立証責任を負うと考えることが，行政庁に課税処分を課すことを認めている租税法規の制度趣旨（ここでは，一般的な理解に従っておく）にかなうことになろう（侵害処分説*4。課税の特例については，特例という制度趣旨から，さらに，原告において，再抗弁として，課税処分の適法性の評価を妨げる事実の立証責任を負うと解する余地がある。この点については，後記**第6の3**参照）。本稿では，以上の基本的な考え方に立って検討することとしたい。

第3 法律の制度趣旨の考慮と法律の解釈

1 法律の解釈の意義と解釈の主体

法律の解釈とは，法律の受け手の側から法律の意味内容を明らかにし，その

---

*3 伊藤滋夫『要件事実の基礎─裁判官による法的判断の構造〔新版〕』(有斐閣，2015) 225頁以下，河村＝中島・前掲注（*2）20頁。本稿で登場する評価的概念，評価根拠事実，評価障害事実等の評価的要件理論の詳細については，伊藤・上掲『要件事実の基礎〔新版〕』291頁以下，河村＝中島・前掲注（*2）78頁以下を参照。立証困難性については，本文で述べた立証責任対象事実（要件事実）を決定する際に考慮される一般的・類型的観点から問題となるものと，当該事案に即した個別的・具体的観点から問題となるもの（例えば，証明度軽減で問題となる当該事案における立証の困難性など）とを区別する必要がある（伊藤・上掲『要件事実の基礎〔新版〕』113頁以下，河村＝中島・前掲注（*2）21頁の（注）(2)，505頁以下参照。上記の立証の困難性という事実認定の問題を民法解釈学の守備範囲に含めて考え得ることにつき，伊藤滋夫「事実認定と実体法」司研論集97号〔創立50周年記念特集号〕(1997) 1頁以下を参照。
*4 伊藤滋夫「税務訴訟と要件事実の考え方」税大ジャーナル20号（2013）41頁以下，特に55頁参照。

適用範囲を画定することをいうが，ここでは，法律の受け手である解釈者が依拠すべき方法論の意味で用い，解釈主体としては，裁判官を念頭に置く。

2　法律の解釈の「目的」と解釈方法論

法律の解釈の「目的」には，種々の考え方があり得るが，憲法の依拠する三権分立（憲41条・65条・76条1項）という権力構造を念頭に，解釈の「目的」を考えると，大きく分けて，次の2つの「目的」があり，その「目的」から2つの方法論が帰結されると思われる（もっとも，私見では，以下の各説は，重点の置き方の違いにすぎず，対立的なものと捉えるべきではないと考えている〔後記**第4**参照〕）。

(1)　条文で示される立法者意思の実現――形式的文理の尊重・文理解釈重視説

一つは，主権者国民が選挙によって直接選んだ国会議員によって構成される国権の最高機関（憲41条）である国会の制定した法律の解釈においては，裁判官は，憲法及び法律にのみ拘束されるから（憲76条3項），立法当時の国会の意思（以下「立法者意思」*5という）が具現化された条文の文理をできる限り，尊重し，これを解釈において実現することを「目的」とする考え方である（以下，差し当たり，「文理解釈重視説」という）。

この文理解釈重視説によれば，裁判官は，その言葉の通常の意味を基準として立法者意思を読み取って法律を解釈し（後記**第5**の2(2)(a)のとおり，条文の文言自

---

*5　立法者意思は，立法府という集合体の意思のことであるから，誰の意思を指すのかについて，極めて困難な問題がある（なお，法律で最高裁規則に委任されている例（例えば，道路運送車両法97条2項は，自動車の強制執行に必要な事項は，最高裁規則で定めるとしていることなど）では，その規則の解釈に際しての立法者意思とは，最高裁規則制定者の意思（最高裁裁判官会議における裁判官の意思）となるが，その会議議事録は公開されていないため（ただし，最高裁規則制定諮問委員会の議事録については，最近のものはインターネット上で公開されている），本稿で述べる議論がそのままは当てはまらないが（法律で政令等に委任されている例でも同様の問題がある），ここでは，その検討を省略する）。日本国憲法の下では，原則として両議院の出席議員の過半数の意思（憲59条1項・56条2項）をいうことになろうが，委員会中心主義の下での委員会の意思との関係，起草者意思（現行民法でいえば，梅謙次郎，富井政章及び穂積陳重である。現代の立法でいえば，法務省に設置されている法制審議会の委員の意思，担当省庁の国務大臣，政府委員の意思などがこれに該当しよう）との関係など難しい問題があるのである（石田・前掲注（*2）16頁以下，伊藤滋夫『民事法学入門―法学の基礎から民事実務までの道しるべ』（有斐閣，2012）154～155頁参照）。本稿では，立法当時の歴史的な立法者意思とは，多分に擬制的にならざるを得ないことを承知しつつ，原則として各議院の出席議員の過半数の意思をいうものとし（ただし，憲法59条2項参照），内閣提出法案の場合，国会・委員会での審議経過に照らして，特段に異なる意思を示したといえる事情がうかがえないかぎり，法案提出者である内閣（国務大臣，政府委員等）の意思（起草者意思）をもって，立法者意思と推認することにしたい（本文の**第6**の2(1)(g)参照）。なお，立証責任に関する立法者意思もあり得ると考えるが，この立法者意思は，こと租税法規に関しては，通常考えにくいように思われる（後掲注（*18）参照）。

第3 法律の制度趣旨の考慮と法律の解釈

体から立法者意思を推知し得る場合がある），できる限り，事件ごとにばらばらにならないように画一的に解釈して法律を適用すべきことになるから，その法文を読んだ一般国民の意味理解と裁判官の法律の解釈の結果との間の乖離が少なく，一般国民の予測可能性が高く，一般的確実性・法的安定性に資する法律の適用がなされることになろう。

(2) 条文に必ずしも現れるとは限らない立法者意思・制度趣旨の実現——具体的妥当性の重視・実質的解釈重視説

他の一つは，法律を適用し，紛争を裁定する国家作用である司法権（憲76条1項）の本質・機能に照らすと，裁判官が法律を解釈するに際しても，事件ごとに正義・公平が実現し，具体的妥当性が確保されるようにすることを「目的」とする考え方である（以下，差し当たり，「実質的解釈重視説」という）。この実質的解釈重視説でいう「実質的」には，2通りの考え方があり得ると思われる。

(a) **立法者意思説** 一つは，司法権の機能を重視しつつも，法律の解釈における民主制の原理も重視し，法律の文理によっては立法者意思が明確にならず，法律の文理にこだわると，かえって，具体的妥当性を欠く場合，法律が制定された時点での立法者意思を何らかの方法で明らかにして，その立法者意思を基準として，具体的妥当性を図るよう解釈する方法である（立法者意思説と呼ばれている）。

(b) **目的論的解釈説** 他の一つは，立法当時の立法者意思という観点からではなく，法律を適用する時点での法律のあるべき制度趣旨を客観的に探究し（それが立法当時の立法者意思であることもあり得る），その制度趣旨を基準として，具体的妥当性を図るよう解釈する方法である（目的論的解釈説と呼ばれている）。

(c) **本稿の立場**（目的論的解釈説） 法律の条文の文言だけでその意味内容を明らかにすることは困難であるから，実質的解釈は不可避であるし，立法当時の立法者意思を基本的に尊重しなければならないとしても，その歴史的な立法者意思に絶対的に拘束されると考えることは，司法の紛争解決機能に照らし，相当とはいいがたい。そこで，本稿では，実質的解釈重視説・目的論的解釈説に立って検討することとしたい。

このように考えると，裁判規範としての民法説（前記**第2**の1）は，この実質的解釈・目的論的解釈の一つの系に位置づけられることになる。後記**第4**及び**第5**で述べるとおり，法律の解釈は，まずは，文理解釈から始めるべきもので

あるから，裁判規範としての民法説においても，文理解釈を軽視するものではないが，法律は，通常，立証責任のことまで考えて規定されていないので（これも一種の立法者意思である），立証責任対象事実を決定するうえでは，条文の文言は参考程度にしかならず，常にあるべき制度趣旨に基づく実質的解釈による必要があるのである。

第4　法律の文理（文理解釈）とその実質的正当化（実質的解釈・目的論的解釈）との関係

1　法律の解釈の許容範囲に関する一般理論

(1)　法律の解釈における富士山理論

　一般に法律の解釈の許容範囲は，法律の条文の文言（言葉）の中心的意味（核心部分）からの距離に反比例し，実質的な正当化の必要性に比例する。これを言い換えれば，言葉の本来的意味からの距離に比例して実質的正当化の必要性が求められるということになろう[*6]。これを法律の解釈における富士山理論と命名する説[*7]もある。すなわち，法律の解釈の姿は，富士山のような姿をしており，頂上が条文の中心的意味であり，山の裾野に近づくにつれ，言葉の中心から離れていく。そして，その距離に比例して，実質的正当化が要求されるのである。

　ある文言を言葉の中心的意味から拡張していく場合には，言葉の中心的意味が円の中心に当たり，円の中心から円の外周に向かって距離が延びていくイメージである（図①）。

　逆に，文言を言葉の中心的意味から縮小（限定）していく場合には，言葉の中心的意味が円の外周に当たり，円の外周から円の中心に向かって距離が延びていくイメージである（図②）。

　本稿において，後記**第6**の**5**で検討する課税の特例の要件（特別控除制度）の文言の限定は，円の外周から円の中心に向かって距離が延びていく図②のイメージである。

[*6]　前田雅英『刑法総論講義〔第6版〕』（東京大学出版会，2015）60〜61頁。
[*7]　長尾龍一『法哲学入門』（講談社学術文庫，2007）171頁以下。なお，松浦好治『法と比喩』（弘文堂，1992）96〜97頁に長尾説の解釈の正当化に関する距離の比喩が挙げられている。

第4　法律の文理（文理解釈）とその実質的正当化（実質的解釈・目的論的解釈）との関係

図①　文言を言葉の中心的意味（円の中心）から拡張していくイメージ

図②　文言を言葉の中心的意味（円の外周）から縮小（限定）していくイメージ

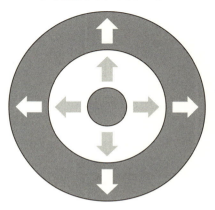
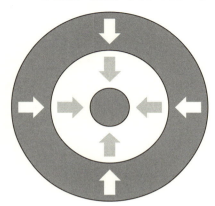

　いずれの場合でも，法律の解釈は，解釈の対象となる言葉の中心的意味からの距離が遠くなって，言葉の本来的意味である円の中心から円の外周に達したり（図①），言葉の本来的意味である円の外周から円の中心に達したりして（図②），言葉の本来の意味の範囲外となると（一種の法律の欠缺），その解釈は，拡張解釈ではなく，類推解釈に相当することになる（法律の欠缺補充の手法としての類推解釈が禁止される場合には，そのような解釈は，許容範囲外となる）。

(2)　文理解釈と実質的解釈との間のフィードバック

　解釈者（裁判官）は，以上の《形式的解釈＝文理解釈》と《実質的解釈＝目的論的解釈》とをフィードバックさせつつ，相関的な総合考慮の結果，1つの解釈命題に収斂させていくことになる。つまり，法律の解釈においては，形式的な文理解釈で済む場合でも，原理的には，常に実質的解釈とのフィードバックによってレビューされていることになる（この点につき，借用概念に関する後掲注（＊25）参照）。そして，上記フィードバックによって獲得された解釈命題は，解釈技法（拡張解釈・類推解釈，縮小解釈・反対解釈等）を駆使して正当化されることになる。

2　租税法規の解釈の場合の特殊性の検討

(1)　租税法律主義との関係――罪刑法定主義との対比において

　憲法84条は，「あらたに租税を課し，又は現行の租税を変更するには，法律

第 2 部　租税訴訟における要件事実論の視点からの総論的課題
第 1 章　要件事実論における法律の制度趣旨把握の方法論

又は法律の定める条件によることを必要とする。」として租税法律主義（課税要件法定主義）を定めている（なお，憲法 30 条も参照）。この租税法律主義から，その系として課税要件明確主義が帰結されるが，上記の原則は，条文上は法律制定時に問題となるルールである（憲法 84 条の文理解釈）。しかし，憲法 84 条の制度趣旨は，法律で租税の内容・条件を明確に定めることによって，国民に予測可能性を与え，法律の適用につき，法的安定性を実現する点にあると解されるから（本来ならば，この制度趣旨の確定にも，本稿で述べる制度趣旨把握の方法論〔後記**第 5 の 2**〕による検討を要するところであるが，ここでは，一般的な理解に従っておく），法律制定後の解釈に際しても，租税法律主義（課税要件明確主義）の制度趣旨は妥当し，これらは，尊重されなければならない（憲法 84 条の実質的解釈）。このことから，租税法規の解釈においては，——それが，課税の特例であったとしても——，類推解釈は禁止されると解されるのである（この点では，罪刑法定主義〔明確性の原則〕が支配し，類推解釈が禁止される刑法学と同様であるといえよう）。このように，租税法律主義（課税要件明確主義）の制度趣旨から，通常の判断能力を有する一般国民の理解能力において予想外の解釈は許されないし，一般国民にとって不意打ちとなる類推解釈も許されないことになる。

しかし，一般国民からみて，予想外のものでなければ，言葉の通常の意味の範囲内である限り，複数の解釈のうち，最も良い解釈は何かを選択する場面では，実質的解釈（目的論的解釈）は許される[*8]。

したがって，租税法規の解釈において，文理解釈が基本であるとはいっても，実質的解釈が許されないわけではなく，また，一般国民からみて最も予想しやすい明確な解釈しか許されないわけでもなく，国民が条文からは当然に導き得ない解釈を示すこともまた，条文の示した枠内である限り，許されるのである[*9]（この意味で，立法時〔事前〕のルールである本来の意味での明確性の原則と解釈時〔事後〕に尊重されなければならない明確性の原則とは，その意味内容や機能を異にすることに

[*8]　刑法学でも目的論的解釈は許容されている（前田・前掲注（*6）60 頁）。もっとも，租税法規の解釈のうち，課税要件規定ではなく，課税の特例規定（減免税規定。本稿の譲渡所得に関する特別控除制度も含まれよう）については，課税の例外であるから，特に狭義に厳格に解釈されなければならないとする説（新井隆一「租税法の適用と解釈」金子宏ほか編『租税法講座(1)租税法基礎理論』（帝国地方行政学会，1974）もある。しかし，一般国民にとって予想外の解釈でない限り，言葉の通常の意味の範囲内において，常に狭義に言葉の意味を選択しなければならない理由はないから，本稿では，このような見解をとらない（もっとも，そうであるからといって，租税法規の類推解釈及び拡張解釈を推奨するものではない）。

[*9]　前田雅英『刑法総論講義〔第 5 版〕』（東京大学出版会，2011）71〜72 頁参照。

なる)。以上の解釈態度を標語的にいえば，条文の文言との関係で「離れず，かつ，こだわらず」解釈するということになろう。

(2) 租税法規の解釈と他の法律の解釈との関係

このように見てくると，租税法規の解釈でいわれる特殊性は，他の法律における解釈との質的な違いによるものではなく，租税法律主義という憲法原理の趣旨に照らして，法律の文理の拘束性が強く，実質的解釈の余地が小さい（前記1(1)の富士山理論でいえば，言葉の本来的な中心的意味から解釈で延長していくことが可能な距離が他の法律と比較して短くなる）という量的な違いによるものであるといえよう（このことは，次の例を考えれば明らかであろう。すなわち，民事法の一般の解釈においては，類推解釈が禁止されないため，当該解釈が文言の通常の範囲内に含まれるのかの厳密な検討を経ないことが多いが，例えば，条文にある事項が制限列挙されており，その立法者意思〔制度趣旨〕に照らして，類推解釈が禁止される場合〔例えば，民事執行法131条各号列挙の差押禁止動産は制限列挙であり，各号の類推解釈が禁止されている場合を挙げることができる〕，当該解釈が文言の通常の範囲内に含まれるのかの厳密な検討を必要とし〔もとより，この範囲内では，実質的解釈の余地はある〕，民事法の解釈においても，租税法規の解釈と同様の問題は生ずるのである）。

したがって，租税法規の特質（租税法律主義）に留意すれば，租税法規の解釈，すなわち，裁判規範としての租税法規の解釈においても，実質的解釈・目的論的解釈の一つの系である要件事実論の一般理論（原則・例外による規範構造の分析理論）がそのまま適用されてよいことになり，その点には，租税法規の特殊性はなんら存在しないことになる。

第5 文理解釈と実質的解釈（目的論的解釈）の具体的解釈手法の検討

1 文理解釈の具体的解釈手法[*10]

(1) 国語辞典ルール

文理解釈は，民主制の原理の尊重に照らすと，法律の解釈にとって最も原則的かつ基本的な解釈手法となる。条文の文言の通常の意味を明らかにするための基準は，まずは，法律が基本的には一般国民を名宛人とするものであるから，

[*10] 河村＝中島・前掲注（＊2）50頁。

文言の通常の意味を原則的に国語辞典（日常用語）の意味で解釈することになる（国語辞典ルール）。

(2) 法律用語辞典ルール

次いで，法律で特殊なルールを定めている場合（法律の中に定義規定を置いたり，法制上独特のルールに従ったりする場合〔「その他」と「その他の」，「及び」と「並びに」，「場合」と「とき」の使い分け等〕）は，それに従い，例外的に法律用語辞典の意味で解釈することになる（法律用語辞典ルール）。

2 実質的解釈（目的論的解釈）の具体的解釈手法──法律の制度趣旨把握の方法論

(1) 立法者意思の事実としての性質──立法事実

法律の解釈に際して，斟酌すべき立法者意思は，いわゆる立法事実である。立法事実とは，立法や法解釈を支える社会学的事実のことをいい，要件事実や間接事実等の判決事実（司法事実）とは区別される[*11]。両者の区別の実益は，立法事実は，いわゆる司法的確知で足り，厳格な証明を要しないという点にある[*12]。立法者意思は，一種の事実である以上，その認定の性質は，事実認定であるが，上記のとおり，厳格な証明を要しないので，立証責任が働かず，有利な解釈を得ようとする者が事実上立証の負担を負うにすぎない（これに対し，後記(3)のあるべき制度趣旨の確定の性質は，一種の法律判断であろう）。

ただ，立法事実に関する資料は，弁論主義の要請である当事者に対する不意打ち防止の観点からは，顕著な事実（後記(2)(a)の法律の目的規定の内容等）を除き，できる限り，書証等で提出されることが望ましいといえよう。

(2) 立法者意思認定の資料

以下では，立法者意思認定の資料を列挙するが，その相互関係は，(a)(b)が一次的資料（直接証拠），(c)以下が二次的資料（間接証拠〔事実〕）という関係に立つ。一般的には，(a)(b)から検討し，(c)以下の資料によって，(a)(b)の立法者意思の認定を検証するということになろうが，(a)(b)の資料がないか，不十分な場合があ

[*11] 本稿の立法事実の定義は，憲法学のそれより広い。立法事実につき，太田勝造『社会科学の理論とモデル(7)法律』（東京大学出版会，2000）125頁以下，渡辺千原「法を支える事実─科学的根拠付けに向けての一考察」立命館法学333 = 334号（2010）1803頁以下，土屋文昭『民事裁判過程論』（有斐閣，2015）146頁以下参照。

[*12] 佐藤幸治『憲法〔第3版〕』（青林書院，1995）372〜373頁。

第5　文理解釈と実質的解釈（目的論的解釈）の具体的解釈手法の検討

り，この場合には，(c)以下の資料も加えた総合判断によって立法者意思を推認するほかない（ここでは，事実認定の一般理論*13 が妥当するものと考える）。

(a) **法律の目的規定の内容等**　最近の立法には，立法目的を規定しているものが多く，この目的規定の内容は，立法者意思を推知するうえで非常に重要である。しかし，この目的規定と趣旨規定とを区別する必要がある。趣旨規定は，立法内容を要約した規定であり，立法目的をうたった目的規定とは区別されるものである。法律では，目的規定を置くのが原則であるが，立法目的をうまく書けないときや，立法目的を書くことが必ずしも適当でないときには，趣旨規定が置かれる*14。また，条文の文言自体から立法者意思を推知し得る場合がある。例えば，民事保全法25条1項は，仮処分解放金は，被保全権利が金銭の支払を受けることをもってその目的を達することができるものであるときに「限り」定めることができると規定するが，この「限り」の文言は，立法者意思が，同条所定の場合に上記の定めを限定する趣旨にあることをうかがわせるものである。

(b) **国会及び委員会の会議録等**　憲法57条2項は，「両議院は，各々その会議の記録を保存し，秘密会の記録の中で特に秘密を要すると認められるもの以外は，これを公表し，且つ一般に頒布しなければならない。」と規定している。憲法57条2項の「会議の記録」とは，本会議の会議録を指すが，委員会の会議録も，これに準じて作成されている（衆議院では，委員会議録，参議院では，委員会会議録と呼ばれる）。会議録は，召集日を第1号とし，順次番号が付されて官報号外に掲載され，インターネット上でも公開されている*15。会議録は，国立国会図書館のホームページにある国会会議録検索システムから検索することができる。また，国立国会図書館の「日本法令索引」というサイト上の「制定法令」から法令名を入れて検索すると，廃止法令を含め法令の内容と併せて審議経過に関する会議録を検索することができ，便宜である。なお，明治時代の民法制定時には，法典調査会が設けられていたので，法典調査会の速記録も参考になる。そして，現代の起草者意思に関しては，法制審議会の議事録も参考になる（最近の議事録は，法務省のホームページから見ることができる）。

---

*13　河村＝中島・前掲注（*2）441頁以下，特に444頁参照。
*14　林修三『法令作成の常識〔第2版〕』（日本評論社，1975）146～147頁。
*15　浅野一郎＝河野久編著『新・国会事典〔第3版〕』（有斐閣，2014）102～103頁。

第2部　租税訴訟における要件事実論の視点からの総論的課題
第1章　要件事実論における法律の制度趣旨把握の方法論

　(c)　**制度の沿革・変遷**　　制度の沿革・変遷も重要である。特に，租税法規の場合，社会的事情の変化によって制定と廃止とが繰り返されることがあり，その背景にある社会的事情（立法事実）とその制度改正に対する立法者意思（さらには，あるべき制度趣旨確定のための立法事実の有無，国民の法意識）を読み取ることが重要である。

　(d)　**最高裁判例**　　最高裁判例において，ある制度の立法者意思が端的に説示されることがある[*16]。

　(e)　**文献の記述**　　立案担当者（行政庁の所管部署担当者，法制審議会の委員）の著作物の記述は，立法者意思を考えるうえで参考になる資料である[*17]。現行民法でいえば，梅謙次郎博士の『民法要義巻之一』ないし『民法要義巻之五』が参考になる。また，定評のある研究者の手になる概説書の立法者意思に関する記述も参照に値する。ただし，租税法規については，「税法の立法史を探ろうとしても，政府提案により税法の改正案が出され，これに対して条文の目的，文言の意味，法の適用範囲等についてほとんど十分な議論を経ずして法案が可決成立し，その後，主税局の幹部職員の手になる『改正税法のすべて』によって改正の趣旨を概括的に理解することができるにすぎない」[*18]との指摘もあるので，国会の審議の経過（前記(b)参照）をきちんとフォローすることが肝要であろう。

　(f)　**下級審判例の実証的分析**　　最高裁判例において，ある制度の立法者意思が明らかにされていなくとも，下級審判例の実証的分析を通じて，その立法者意思を明らかにすることができる場合がある（いわゆる判例評釈が重要となるゆえんである）。

　(3)　**あるべき制度趣旨の確定**

　実質的解釈重視説（目的論的解釈説）を採る場合，前記(1)(2)を通じて認定した立法当時の立法者意思（立証責任に関する立法者意思〔前掲注（*5）参照〕とは異なり，制度の目的に関する立法者意思がまったく不明であるということは，通常考えにくい）とあるべき制度趣旨との関係をどのように考えたらよいのであろうか。差し当た

[*16] 後記第6の2(1)(d)の最判平元・3・28裁判集民事156号435頁・判タ695号107頁・判時1309号76頁参照。

[*17] ただし，立案担当者の意思が必ずしも立法者意思ではないとする最判平19・12・18民集61巻9号3460頁・判タ1262号76頁・判時1995号121頁に注意が必要である。

[*18] 田中治「租税訴訟において法の趣旨目的を確定する意義と手法」伊藤滋夫編『租税法の要件事実』〔法科大学院要件事実研究所報第9号〕（日本評論社，2011）129頁。

り，要件事実論の評価的要件理論に準えて，次のように原則・例外の構造で考えておきたい[19]。

まず，あるべき制度趣旨の評価根拠事実としては，立法当時の立法者意思が考慮されるべきである。なぜならば，民主制の原理に照らすと，目的論的解釈を採るからといって，解釈者の自由な制度趣旨の設定が許されるわけではなく（このことは，目的論的解釈は，解釈者の願望を制定法に読み込むことを認めるものではないと表現されることもある），原則として，立法当時の立法者の意図に従うのが相当だからである。

次に，その評価障害事実としては，立法当時の立法者意思によったのでは不合理となる例外的な場合には，その特段の事情が考慮されるべきである。なぜならば，紛争を適正・妥当に裁定すべき司法の役割に照らすと，立法当時の立法者意思に絶対的に拘束されると考えるべきではなく，その合理的な例外事情があれば，客観的に妥当と思われる制度趣旨に従うのが相当だからである。ここでは，立法を支える社会的事実（立法事実）の変化及び国民の制度に対する法意識の変化が重要である（もっとも，刑罰や租税などの理性的な議論が必要な分野において，国民の法意識をどこまで重視するのかについては困難な問題があるが，ここでは，触れる余裕がない）。上記の例外的事情のうち，国民の法意識の変化は，前記(2)(C)の制度の沿革・変遷から推測されることも多い。また，内閣府（旧総理府）がそのときどきの施策の参考にするために行う大規模な世論調査や近時の立法で行われる，いわゆるパブリックコメントの内容も参考になるであろう。

以上の評価根拠事実と評価障害事実との総合による一種の法律判断として，あるべき制度趣旨を確定するのが相当と思われる。

(4) あるべき制度趣旨を達成するための必要十分な内容の解釈

前記(3)で確定したあるべき制度趣旨に基づき，目的・手段的に考え，必要十分な内容の解釈を行う。その目的・手段関係（因果関係）については，社会科学的知見が参照される場合もある[20]。

---

[19] 本文の考え方は，以下の文献に示唆を受けている。広中俊雄『民法解釈方法に関する十二講』（有斐閣，1997）の第1講ないし第3講，伊藤滋夫「民事訴訟法248条の定める『相当な損害額』の認定（上）」判時1792号（2002）3頁，広中俊雄『新版民法綱要(1)総論』（創文社，2006）64頁以下，星野英一『法学入門』（有斐閣，2010）149頁以下。

[20] 亀本洋「法的思考の諸相」田中成明編『現代理論法学入門』（法律文化社，1993）128頁の注(3)，平野仁彦ほか『法哲学（有斐閣アルマ）』（有斐閣，2002）243頁〔亀本洋〕参照。

第6 各論的検討──措置法35条1項の「居住の用に供している家屋」(譲渡所得に関する特別控除)の要件事実

1 特別控除制度の概要

措置法35条1項は,個人が,その居住の用に供している家屋で政令において定めるものの譲渡等をした場合,譲渡所得からの3000万円の特別控除を認めている。

措置法施行令23条1項は,同施行令20条の3第2項の規定を措置法35条1項に規定する政令で定める家屋について準用すると規定しており,同施行令20条の3第2項は,政令で定める家屋として,個人がその居住の用に供している家屋(当該家屋のうちにその居住の用以外の用に供している部分があるときは,その居住の用に供している部分に限る)とし,その者がその居住の用に供している家屋を二以上有する場合には,これらの家屋のうち,その者が主としてその居住の用に供していると認められる一の家屋に限るものとする,としている。

2 特別控除制度の制度趣旨

(1) 立法当時の立法者意思の認定

(a) **法律の目的規定の内容等**　措置法1条には,「趣旨」という見出しの下に,「この法律は,当分の間,所得税……その他の内国税を軽減し,もしくは免除し,もしくは還付し,又はこれらの税に係る納税義務……につき,所得税法……の特例を設けることについて規定するものとする」とあるが,これは,いわゆる趣旨規定であって,目的規定ではない(前記**第5**の**2**(2)(a)参照)。したがって,この1条の規定からは,措置法が所得税法等の特例であるということ以上にその目的を読み取ることはできない。また,措置法35条1項には,制度の目的に関して立法者意思推知の手掛かりとなるような文言は見当たらない。

(b) **国会及び委員会の会議録等**　現行制度の3000万円の特別控除制度に近い形になったのは,後記(c)の昭和44年の法改正(租税特別措置法の一部を改正する法律〔昭和44年法律第15号〕による法改正。以下,上記改正法を「昭和44年改正法」という)の時点であるから,このときの立法者意思を検討する。昭和44年の法改正時の趣旨説明については,昭和44年2月25日に開かれた衆議院・本会議

第6　各論的検討——措置法35条1項の「居住の用に供している家屋」（譲渡所得に関する特別控除）の要件事実

における福田赳夫大蔵大臣は，次のように説明されている。

「買いかえ制度の縮減合理化であります。すなわち，……居住用財産を取得するための買いかえ制度は昭和44年12月31日限りで廃止し，これにかえて，現に居住している土地，家屋を譲渡した場合について新たに1000万円の特別控除を設けることといたしております。」（第61回国会衆議院会議録第8号144頁）

昭和44年改正法において，買換えの特例を廃止するに至った理由（その弊害）については，昭和44年3月19日に開かれた衆議院・大蔵委員会での吉國二郎政府委員は，次のように説明されている。

「従来の居住用資産の買いかえは，自分の所有している居住用の資産，貸し家であっても，場合によっては裸の土地つまりさら地であっても，それを自分の居住の用に供するために売って買いかえをした場合にはいいという制度をとっておったわけでございますが，このために，土地を売っても税金を回避するためにさらに他の土地を買ってしまうという結果が生じております。さらに極端にいえば，住宅改〔政〕策とは申しながら，資産を持っている人だけの住宅政策だ，勤労者その他が自分の貯蓄で家を建てる場合には，税金を取られたあとで家を建てるわけでございますから，その意味では住宅政策としても片手落ちな点がございましたので，今回はそれをやめるということにいたしました。」（第61回国会衆議院大蔵委員会議録第13号（その1）3～4頁）

昭和44年改正法において，1000万円の特別控除制度を設けた理由について，昭和44年3月18日に開かれた衆議院・大蔵委員会での吉國二郎政府委員は，次のように説明されている。

「居住用資産の買いかえをやめました関係で，居住用資産，実際に自分が住まっている家を売るという場合には，必ず他に代替の資産を求めることが普通であろうということから，普通の家屋程度のものを取得するものはそれを可能にするという意味で，1000万円の特別控除を新しくつくったわけでございます。」（第61回国会衆議院大蔵委員会議録第12号3頁）

また，上記の特別控除制度を設けた理由について，昭和44年3月19日に開かれた衆議院・大蔵委員会での吉國二郎政府委員は，次のように説明されている。

第2部　租税訴訟における要件事実論の視点からの総論的課題
第1章　要件事実論における法律の制度趣旨把握の方法論

「今回は居住用——さら地とかそういうことではなくて，自分が現に住まっている家を何らかの理由で売り払った場合に限って，最小限自分が住まう程度のものが買えるように1000万円という控除をつくり，手続の簡素化と同時に，最小限の住宅需要をまかなえる程度のものにとどめるということにいたしたわけでございます。」（第61回国会衆議院大蔵委員会議録第13号（その1）4頁）

　上記特別控除の適用を受けた年の翌年及び翌々年においては，この特別控除の適用を認めないものとした（以下「連年適用の否定」ともいう）理由として，昭和44年3月19日に開かれた衆議院・大蔵委員会での吉國二郎政府委員は，次のように説明されている。

「年がかわれば毎回1000万円控除だということになると，これは極端なことでございますけれども，幾つか家を持っている人が，まず自分が住まって譲渡をし，翌年は今度は隣の家に住まってまた譲渡をしということで，3年間に3000万円の譲渡所得の控除を受けてしまうということも実際的に可能でございますし，買いかえについてはそういうことが実に多く起こっておったわけでございます。そういう意味で，少なくとも家を売って新しく家を取得した場合に，それを3年以内に売るというような事情は考えられないし，またほんとうにそうであった場合には，3年間くらいでは譲渡益はたいして出ないであろう。古い家を何軒も持っていて売る場合には，毎回大きな譲渡益が出ますが，自分が売って新しい家を買った，それを3年以内に売った場合には，そうたいした譲渡益は出ないし，最初からそれを目途として買った場合ではございませんから，その譲渡益の部分が幾らか課税されても，これは特に過酷でもないであろう。そうすれば，むしろこの1000万円控除を巧妙に使って大きな譲渡益の脱漏をはかるものを防ぐほうがいいではないかということで，3年間に1回1000万円は適用するのであるという考え方をとったわけでございます。」（第61回国会衆議院大蔵委員会議録第13号（その1）4頁）

　昭和44年改正法は，内閣提出法案であり，上記各説明は，いずれも国務大臣及び政府委員の説明であるが，その審議経過を見ても，上記内閣の意思と異なる意思を立法者が有していたことをうかがわせる資料はない（前掲注（*5）参照）。

第6　各論的検討——措置法35条1項の「居住の用に供している家屋」（譲渡所得に関する特別控除）の要件事実

したがって，昭和44年改正法における内閣の意思及び立法者意思は，上記の会議録のような内容であったと推認することができよう（後記(c)の昭和48年及び昭和50年の法改正は，いずれも控除額の上限額の引上げの法改正であるから，その基本的趣旨は，上記昭和44年の法改正と同様であると解される）。

なお，措置法35条の立法経過を見ても，立証責任に関して議論された形跡はうかがえない。

(c)　**制度の沿革・変遷**　居住用不動産の譲渡所得の特例の沿革[21]を検討するにあたっては，買換えの特例（課税の繰延べ）と特別控除制度（免税）を並行して理解しておくことが重要である（措置法35条・36条の2）。

昭和27年には，居住用財産の譲渡所得の課税に関し，戦後の不足する住宅事情の下，住宅建設を促進するという観点から，「自家用住宅……を売却又は交換して，1年以内に新たにこれらと同種の資産を取得した場合の譲渡所得の課税を免除する」こととされ，いわゆる居住用財産の買換えの特例が創設された。この買換えの特例は，居住用財産を譲渡した場合，1年以内に新たな居住用財産を取得することを条件として，その譲渡収入金額が新たに取得した居住用財産の取得価額以下であるときは譲渡がなかったものとするもので，この買換え特例は，課税の繰り延べであり，特別控除制度のような完全な免税制度ではなかった。このように，買換えの特例の適用を受けるためには，取得財産が居住用不動産であるだけでなく，譲渡財産も，居住用不動産でなければならないという制限があった。

昭和36年には，居住用財産の譲渡所得につき，特別控除制度（このときの上限額は，35万円であった）が新たに設けられた。

昭和38年には，前記の買換えの特例の要件が緩和され，買換えによって取得する資産が居住用であれば，譲渡資産は単に土地又は家屋で足りるようになり，適用対象が拡大された。

昭和44年には，課税の繰延べによる買換えの特例は全面的に廃止されることになり，その反面，従来の特別控除制度による完全な免税制度が拡大された。すなわち，居住の用に供していた土地・家屋を譲渡した場合には，新たな居住

---

[21]　大柿晏己「戦後住宅税制史概説（第4回）（第5回）―居住用財産の譲渡特例を中心として―」土地総合研究18巻3号50頁以下，同4号12頁以下（いずれも2010年），岸英人ほか『平成10年度版新しい土地税制Ⅰ』（税務研究会出版局，1998）3頁以下・279頁以下・309頁以下参照。

用財産の取得に関わりなく，従来の 35 万円の特別控除制度に代えて，1000 万円の特別控除制度が導入されることになり，現行制度の 3000 万円の特別控除制度に近い形になったのである。

ただし，特別控除の適用を受けた年の翌年及び翌々年においては，この特別控除の適用を認めないもの（連年適用の否定）とした。

昭和 48 年には，特別控除の上限額がこれまでの 1000 万円から 1700 万円に引き上げられ，昭和 50 年には，特別控除の上限額がこれまでの 1700 万円から 3000 万円に引き上げられ，現行法に至っている。このような特別控除制度の拡充にあたって，居住用財産の譲渡に際して，特別控除制度の立法事実自体に疑義が示された形跡はうかがえない。

なお，昭和 57 年には，3000 万円の特別控除制度では，限界があるとして，昭和 44 年に廃止された買換えの特例が，所有期間 10 年を超える一定の要件を満たすものに限って復活することになったが，昭和 63 年には，いわゆるバブル経済による首都圏を中心とする土地価格上昇に伴い，土地価格抑制の観点から，原則として廃止されるに至った（しかし，平成 5 年の税制改正で，期限を 2 年間に限定して買換えの特例が再び復活し，その後も，適用年限が逐次延長されてきている。この点，措置法 36 条の 2 参照）。

以上の制度の沿革・変遷に照らすと，特別控除制度は，昭和 44 年に買換えの特例の廃止の代替措置として免税制度を拡大する形で創設されたものであるから，立法者としては，居住用不動産の取得者の保護を意図していたことは明らかであろう。

(d) **最高裁判例**　　措置法（昭和 57 年法律第 8 号による改正前のもの）35 条 1 項にいう「その居住の用に供している家屋」及びその敷地に供されている土地を「これらの家屋が当該個人の居住の用に供されなくなった日から同日以後 3 年を経過する日」までに譲渡した場合の 3000 万円までの特別控除制度の適否について，前掲注（＊16）の最判平元・3・28（裁判集民事 156 号 435 頁・判タ 695 号 107 頁・判時 1309 号 76 頁）は，措置法 35 条 1 項の立法者意思（制度趣旨）を次のように説示した。

「租税特別措置法 35 条 1 項所定の居住用財産の譲渡所得の特別控除は，個人が自ら居住の用に供している家屋及びその敷地等を譲渡するような場合には，これに代わる居住用財産を取得するのが通常であるなど，一般の資

第6 各論的検討——措置法 35 条 1 項の「居住の用に供している家屋」(譲渡所得に関する特別控除)の要件事実

産の譲渡に比して特殊な事情があり,担税力も高くない例が多いこと等を考慮して設けられた特例であ」る。

(e) **文献の記述**　代表的な文献[*22]は,前記(c)の創成期の特別控除制度(昭和 36 年の 35 万円の特別控除制度)に係る立法者意思(制度趣旨)につき,居住用財産の譲渡所得につき,一般的に見て資産の譲渡に比して特殊な事情にあること等を考慮した点にあるとしている。

(f) **下級審判例の実証的分析**　本稿で取り上げる特別控除制度については,前記(d)のとおり,最高裁判例によって端的に立法者意思が明らかにされているので,下級審判例の実証的分析までは特に必要はないと考えるが,念のため検討すると,本件の特別控除制度を取り扱う下級審判例(前掲最判平元・3・28 後のもの)は,上記最高裁判例と同様の制度理解を示している[*23]。

(g) **特別控除制度の立法者意思の認定**　以上検討したところによれば,①措置法 1 条の趣旨規定からは,所得税法等の特例という以上に特別控除制度の立法者意思を読み取ることは困難である。そこで,一次的資料である国会・委員会の会議録を見ると,②政府委員の説明によれば,特別控除制度を設けた理由は,実際に自分が住んでいる家を売るというのは,他に代替の資産を求めることが普通であろうということから,普通の家屋程度のものを取得するものはそれを可能にするという点にあるとされ,その審議経過において,特にこの点に異論が差し挟まれた形跡はうかがえないから,立法者意思は,このような委員の説明のとおりであると,一応,認定してよいことになろう。そこで,二次的資料によってこのような立法者意思を検証していくと,③制度の沿革・変遷から推測される居住用不動産取得者の保護という立法者意思,④措置法 35 条 1 項は,個人が自ら居住の用に供している家屋等を譲渡する場合には,これに代わる居住用財産を取得するのが通常であること等から,一般の資産の譲渡に比して特殊な事情があり,担税力も高くない例が多いこと等を考慮して設けられた特例であるとの前掲最判平元・3・28 の説示,⑤前掲最判平元・3・28 の趣旨と同旨を述べる文献の記述,⑥下級審判例も,前掲最判平元・3・28 と同様の制度理解を示していること,以上の事情を総合して考えると,前記②の立

[*22] 武田昌輔監修『DHC コンメンタール所得税法』(第一法規,加除式) 6404 頁 (措置法 §§22〜36 の 5),岸ほか・前掲注 (*21) 279 頁参照。

[*23] 奥谷健「居住用財産の譲渡所得に関する特例とその適用要件について」水野武夫先生古稀記念『行政と国民の権利』(法律文化社,2011) 485 頁以下参照。

第2部　租税訴訟における要件事実論の視点からの総論的課題
第1章　要件事実論における法律の制度趣旨把握の方法論

法者意思の内容が裏づけられているといえる。

したがって，特別控除制度の立法者意思は，「実際に自分が住んでいる家を売るというのは，他に代替の資産を求めることが普通であろうということから，担税力が高くない例が多いという事情を考慮した譲渡所得の特例である」という点にあると認定することができよう。

(2)　あるべき制度趣旨の確定

(a)　特別控除制度に対する国民の法意識等　　それでは，特別控除制度について，立法当時の立法者意思によったのでは不合理となる特段の事情が存在するのであろうか。前記(1)(c)の制度の沿革・変遷を，その時々の時代背景をもとに，買換え特例（課税の繰延べ）と特別控除制度（免税）の観点から整理すると，次のとおりである[*24]。

買換えの特例は，戦後の住宅事情の悪化に伴い住宅建設の促進の観点から，昭和38年には，居住用家屋を取得しさえすれば，特例の適用が認められるまでに拡大された。しかし，昭和40年代に入ると，おおむね住宅建設を終え，今度は，都市再開発によって，土地の有効活用を図り，平家からビル建設へという時代になると，買換え特例は廃止され，その代替措置として，居住用財産の取得者に対する特別控除制度が創設され，次第に拡充されていった（買換えの特例は，昭和57年に都市再開発の推進の観点から復活したものの，昭和63年に原則的に廃止され，平成5年に再び復活して今日に至っている）。

上記のその時々の時代背景に応じて，制度に対する国民の法意識も異なるものと思われる。すなわち，昭和27年に創設された買換えの特例は，終戦後の生活から脱却し，住宅を取得した者に譲渡所得税の課税の特例を認めるということには，その当時の国民の理解が得られていたものといえよう。しかし，高度成長期に入り，都市再開発が進められるようになると，複数の不動産を順次処分して譲渡所得についての課税を免れるといった事態（前記(1)(b)の政府委員の説明参照）に対する国民の批判が高まり，買換えの特例が廃止され（その後，都市再開発の観点から一時復活したり，廃止されたり，再び復活したり，制度の改廃を繰り返している），他方で，特別控除制度の拡充が図られ，同制度は，今日に至っているものである。そして，特別控除制度の拡充にあたって，居住用財産の譲渡に際して，特別控除制度の立法事実自体に疑義が示された形跡はうかがえない。

[*24]　和田正明「譲渡所得と居住用不動産」『租税判例百選〔第3版〕』〔別冊ジュリ120号〕71頁。

第6　各論的検討――措置法35条1項の「居住の用に供している家屋」(譲渡所得に関する特別控除)の要件事実

　このように見てくると，廃止と復活を繰り返した買換えの特例については，その時々の社会情勢(戦後と高度成長期)を背景として国民の理解は様々であると思われるが，特別控除制度については，その制度創設以来，次第に拡充され，一貫して国民の支持・理解が得られてきたものといえ，これが特別控除制度に対する国民の法意識であると解される。また，特別控除制度の裏づけとなる立法事実が，今日では，喪失しているといった事情も見当たらない。

　(b)　**特別控除制度のあるべき制度趣旨**　これまでの検討を総合してみると，特別控除制度については，その立法当時の立法者意思をそのままあるべき制度趣旨として確定してよいことになる。すなわち，特別控除制度のあるべき制度趣旨は，前記(1)(g)の立法者意思と同様，「実際に自分が住んでいる家を売るというのは，他に代替の資産を求めることが普通であろうということから，担税力が高くない例が多いという事情を考慮した譲渡所得の特例である」という点にあるものと判断することができる。

　以上は，なぜこの制度を創設したのかという特別控除制度の積極的な制度趣旨であるが，「居住の用に供している家屋」の実質的解釈にあたっては，このような積極的な制度趣旨に加えて，措置法35条1項の連年適用の否定の趣旨，すなわち，制度の適用を除外するという消極的な制度趣旨も重要である。この点は，前記(1)(b)の政府委員の説明では，特別控除制度を巧妙に使って大きな譲渡益の脱漏を図る事態(制度の濫用)を防ぐという趣旨であり，前記の特別控除制度の積極的な制度趣旨の確定と同様，その政府委員の説明どおり，あるべき制度趣旨として確定してよいと考えられるから，この制度の濫用防止という消極的な制度趣旨(目的)をどの程度強いものとして利益衡量するのかも検討されなければならない。

3　立証責任対象事実の決定――規範構造の分析

　さて，以上の特別控除制度のあるべき制度趣旨を前提として，裁判規範としての民法説(前記**第2の1**)に立って，《立証責任対象事実の決定―規範構造の分析》を検討する。これは，訴訟における証明の対象は，当該家屋が，「居住の用に供している家屋」かという形(後記①)で問題とされるべきか(「居住の用に供している家屋」が評価的概念か否かは，後記6(4)で検討し，ここでは，差し当たり検討の対象外とする)，それとも，「居住の用に供している家屋」ではないことという

第２部　租税訴訟における要件事実論の視点からの総論的課題
第１章　要件事実論における法律の制度趣旨把握の方法論

形（後記②）で問題とされるべきかという問題である。上記を規範構造に即していえば，正しい規範構造は，①「当該家屋の譲渡につき，譲渡所得課税の適法要件を充足すれば（抗弁），譲渡所得について租税債権が発生する。ただし，当該家屋が『居住の用に供している家屋』であった場合（再抗弁）は，この限りではない。」という形か，②「当該家屋の譲渡につき，譲渡所得課税の適法要件を充足し，かつ，『居住の用に供している家屋』でなかったならば（抗弁），譲渡所得について租税債権が発生する。」という形かという問題である。

　措置法35条には，上記の規範構造分析の手掛かりとなる文言は見当たらない（文理解釈。なお，同条２項は，後記のとおり，確定申告に際しての記載及び資料の提出を求めるものにすぎず〔しかも，その例外（同条３項）が定められている〕，立証の困難性の判断の手掛かりにはなるとしても，立証責任の所在そのものを推知する手掛かりにはならないものと考える）。そして，措置法35条の立法経過を見ても，立証責任に関して議論された形跡はうかがえず（前記２(1)(b)参照），特別控除制度の立証責任に関する立法者意思は不明である。そこで，特別控除制度のあるべき制度趣旨（前記２(2)(b)）に遡ってこれに沿うように，目的・手段的に規範構造の分析をすると（実質的解釈・目的論的解釈），家屋という財産を譲渡すれば，譲渡所得が発生し，それに課税されるのが原則であるところ，居住用家屋の譲渡は，譲渡後他に代替資産を求めるのが通常であり，担税力も高くない事情が多いという特殊性を有し（積極的な制度趣旨），かつ，特別控除制度によって利益を受けるのは，納税者であるから，正しい規範構造は，被告の行政主体（課税庁）側において，譲渡所得に係る更正処分の課税要件（適法要件）を基礎づける事実に加えて，当該家屋が「居住の用に供している家屋」ではなかったこと（特別控除制度の適用がないことを基礎づける事実）の立証責任を負う（前記②の規範構造。被告の抗弁）というものではなく，譲渡所得に係る更正処分の課税要件を基礎づける事実（抗弁）に対する再抗弁として，納税者側において，当該家屋が「居住の用に供している家屋」であることを基礎づける事実について立証責任を負う（前記①の規範構造。原告の再抗弁）というものであろう。

　このように解しても，「居住の用に供している家屋」か否かは，一般的・類型的に見て，納税者において最も容易に立証し得る事項であり，このことは，措置法35条２項及び同法施行規則18条の２が，確定申告に際して，納税者に居住用財産であることを示す事情等の記載及び譲渡日以後に交付を受けた住民

第6 各論的検討——措置法35条1項の「居住の用に供している家屋」(譲渡所得に関する特別控除)の要件事実

票の写しの提出を求めていることからもうがえるところであり，一般的に立証の困難性を来すことはないから，上記構造を修正する必要はない。

したがって，訴訟における証明の対象（立証責任対象事実）としては，当該家屋が，「居住の用に供している家屋」か否かという形で，原告の再抗弁として問題とされるべきであろう。

4 「居住の用に供している家屋」の文理解釈

訴訟における証明の対象が，「居住の用に供している家屋」か否かという形で問題になるとすると，「居住の用に供している家屋」の意義が問題となる。この「居住の用に供している家屋」(措置法35条1項)の文言を国語辞典ルールに従って解読し，「主としてその居住の用に供している」(措置法施行令20条の3第2項)の文言も併せ参照すると，「居住の用に供している家屋」とは，生活の本拠・生活の拠点である家屋という意味であろう（措置法通達31の3─2が生活の拠点として利用することを求めているのが参考になる）。これは，民法22条が，「各人の生活の本拠をその者の住所とする。」と規定している生活の本拠に相当するものである[25]。

「生活の本拠」か否かは，定住事実と定住意思の双方を総合的・相関的に判断して（つまり，定住意思が強ければ，定住事実が弱くとも，生活の本拠といえるし，定住意思が弱くとも，定住事実が強ければ，生活の本拠といえることになる），決定するのが相当であろう[26]。

よって，「居住の用に供している家屋」とは，国語辞典ルールによる文理解釈としては，「生活の中心場所とする意思をもって，その場所に客観的に所在している場合の当該家屋」を意味するものと解すべきことになろう（以下「A説」という。このA説は，後記6(4)のB′説とは異なり，「生活の本拠」を事実的概念と捉える考え方であるとしておく）。

---

[25] これは，いわゆる税法上の借用概念の問題である。借用概念の内容は，その本来の意味で使用する場合を含めて，原理的には，（自覚的か，無自覚的かは別として）常に税法の制度趣旨の観点からレビューしたうえで，その意味内容を確定していることになる（伊藤編・前掲注（*18）33〜35頁の〔伊藤滋夫発言〕参照）。このことは，法律の解釈において，形式的な文理解釈で済む場合でも，原理的には，常に実質的解釈とのフィードバック（第4の1(2)）によってレビューされているのと同様の関係である。本稿で取り上げる「生活の本拠」は，民法22条の概念に依拠しても，特に不都合が生じない例である。

[26] 石田穣『民法総則』（信山社，2014）243頁参照。また，最判昭27・4・15民集6巻4号413頁参照。

5 「居住の用に供している家屋」の実質的解釈（目的論的解釈）

前記4の文理解釈で示した「居住の用に供している家屋」の解釈（当該家屋を生活の本拠〔民22条参照〕として使用していること。A説）に加えて，あるべき制度趣旨（積極的な制度趣旨）に照らして解釈すると，当該個人が，当該家屋を，譲渡所得の帰属者の立場において，すなわち，「その所有者として，生活の本拠に利用していた家屋」を意味するものとする解釈（以下「B説」という）があり得る[*27]。B説は，「居住の用に供」するか否かにつき，文言の通常の意味よりは，所有者要件を付加する限度で，その意味を限定して解釈する考え方である。

さらに，上記の積極的な制度趣旨に加えて，連年適用の否定についての消極的な制度趣旨（制度の濫用の防止）を重く見る価値判断・利益衡量をして，「当該家屋を，真に居住の意思をもって，ある程度の期間継続して生活の本拠とするもととに，相当の期間その家屋の所有者であった家屋」を意味するものとする解釈（以下「C説」という）があり得る[*28]。C説は，「居住の用に供」するか否かにつき，文言の通常の意味よりは，所有者要件，さらには，「真の居住意思」及び「相当の期間所有者であること」を付加する点で，B説よりその意味を限定して解釈する考え方である[*29]。

A説ないしC説の関係を前記図②に準えれば，次のとおりである（図③）。

6 措置法35条1項の文理（文理解釈）とその実質的正当化（実質的解釈・目的論的解釈）との関係

(1) 文理解釈重視説——A説の検討

当該家屋の所有関係を問うことなく（この所有関係の有無は，措置法35条1項の文理上は明瞭ではない），生活の本拠とする家屋であれば足りるとするA説は，文理から自然に導かれるものであって，一般国民の予測可能性を害することもない。したがって，文理解釈重視説からは，A説が支持されることになろう。

[*27] 前掲注（*16）最判平元・3・28は，居住用家屋の譲渡の事案ではないが，一般論として，このような解釈を示す。
[*28] 横浜地判平8・3・25税務訴訟資料215号1072頁は，このような解釈を示す。
[*29] 本文のA説ないしC説の考え方及び各説に関する裁判例の分析については，奥谷・前掲注（*23）を参照。

第6　各論的検討――措置法35条1項の「居住の用に供している家屋」（譲渡所得に関する特別控除）の要件事実

図③　言葉の中心的意味（円の外周）とA説ないしB説への距離

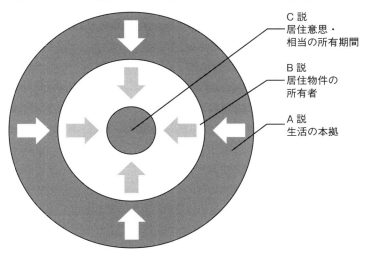

しかし、その一方で、あるべき制度趣旨という観点からは、①納税者は当該家屋の所有者（譲渡所得の帰属者）である必要はないのか、②当該家屋とその居住意思や居住事実との関係をどのように考えるのかといった問題があり、文理解釈だけでは、「居住の用に供している家屋」の意味内容は必ずしも明らかにならないといえる。

(2)　実質的解釈重視説その1――C説の検討

それでは、実質的解釈重視説からはどうであろうか。C説は、積極的な制度趣旨のみならず、連年適用の否定についての消極的な制度趣旨（制度の濫用の防止）から価値判断・利益衡量をして、目的・手段的にその結論を導くものであるが、前記**第4の1(1)**の法律の解釈における富士山理論に照らすと、C説の内容は、措置法35条1項の文理により自然に導かれるA説の結論からは相当に距離があって概念としてはかなり限定されたものである（前記図②、図③参照）。C説は、特別控除制度の適用を受けようとする一般国民から見て予想外の解釈であり（特に、相当の所有期間という要件は、所有期間が法定されている措置法36条の2第1項の条文と比較しても、予想外となるように思われる）、租税法律主義（課税要件明確主義）の趣旨に反して許されないのではなかろうか。また、C説は、上記の消極的な制度趣旨により実現される利益（制度が濫用されないことによる利益）を価値判断・

利益衡量として重視するのであるが，その制度の濫用の防止は，連年適用の否定によって十分その目的を達成し得るのであるから，積極的な制度趣旨の規範目的の強さを考えるうえで，制度の濫用防止に重きを置いて，その規範目的を制限的なものとすべきではない（したがって，そのことから「居住の用に供している家屋」を限定的に解釈すべきではない）と解される。

したがって，C説の解釈は，文理解釈の限界（租税法律主義）の観点及び実質的解釈の妥当性の観点から見て相当ではないと考える。

(3) 実質的解釈重視説その2 ── B説の検討

これに対して，B説はどうであろうか。B説は，「居住の用に供している家屋」の文言を，当該家屋が単に生活の本拠であるだけでなく，特別控除制度の適用を受けようとする個人の所有物である家屋と解釈するのであるが，このような解釈は，措置法35条1項の文理から明瞭ではないものの，あるべき積極的な制度趣旨（譲渡所得の課税の特例）から目的・手段的に合理的に導かれるものであり，この程度の文言の限定は，通常の判断能力を有する一般国民の理解能力からして，決して予想外の解釈ではなく（特別控除制度の適用を受けようとする者は，通常，当該家屋の所有者であることを当然の前提として確定申告をする者である），租税法律主義の趣旨に反するものではない。そして，前記(2)のとおり，制度の濫用の防止という消極的な制度趣旨の観点から，「居住の用に供している家屋」の文言をさらに限定して解釈する合理性は見当たらない。

したがって，B説が，一応，妥当性を有する解釈であるということができる。

(4) 実質的解釈重視説その3 ── B′説（評価的概念説）の検討

以上のとおり，C説を排して，B説に一応，立つとしても，「居住の用に供している家屋」という概念に含まれる「生活の本拠」は，当事者が共通のイメージを抱きにくい，一種の評価的概念であるから，定住事実と定住意思という主観的・客観的要素を総合的・相関的に判断して決定されるべきであろう（B′説[30]）。

このようなB′説に立つと，「生活の本拠」の根拠事実として，C説のいう居住意思や継続的居住の事実が，さらには，所有者となった時点以降の「生活の

---

[30] B′説に近いのは，筆者が裁判長を務めた松江地判平25・12・26税務訴訟資料263号順号12365である。同判決では，「生活の本拠」を評価的概念ではなく，事実的概念であると位置づけ，定住意思及び定住事実をその間接事実としているが，現在では，本文のとおり，「生活の本拠」を評価的概念とするのが妥当であると考えている。

第6 各論的検討——措置法35条1項の「居住の用に供している家屋」(譲渡所得に関する特別控除)の要件事実

本拠」性として,一定の所有期間継続の事実が,それぞれ考慮されることになるから,B′説とC説との違いが問題となる。そこで,この点を以下の事例で検討する。

例えば,銀行ローンを組んで自宅を購入した者が,その直後,やむを得ない急な事情で自宅を他へ譲渡し,短期間の所有・居住にとどまったとする。B′説からは,銀行ローンを組んでまで自宅を購入している点で居住意思が強いから,短期間の所有・居住でも,両者の相関的衡量の結果,当該家屋は「生活の本拠」と認められる余地がある(これは,C説の考慮要素をそれぞれ独立の要素として考慮するのではなく,生活の本拠性に係る総合考慮の一事情として斟酌するにとどまることによる)。しかし,C説からは,所有期間を「生活の本拠」とは別の独立の要件と捉えるので,たとえ当該家屋が「生活の本拠」と認められたとしても,それとは別の相当の所有期間の継続という要件を充足せず,全体として居住用家屋に当たらないと解釈される余地がある。この点で,B′説とC説の帰結が異なる可能性があるから,B′説とC説とは,異なる考え方であるといわざるを得ない。そして,上記事例についてのB′説の帰結は,上記事例では,納税者に制度の濫用はなく,連年適用の否定の趣旨に照らしても,特別控除制度の適用を否定する理由はないから,連年適用の否定の趣旨を重んじるC説の帰結よりも妥当なものといい得るのである。

なお,B′説のように,「生活の本拠」を一種の評価的概念と捉えても,それは,経験概念として解釈によってその内容を明確にすることができるから,租税法律主義(課税要件明確主義)の趣旨に反するものとはいえない[*31]。

7 結論——「居住の用に供している家屋」の要件事実の分析

以上の措置法35条1項の解釈に基づく要件事実の分析結果をまとめると,次のとおりである。措置法35条1項の特別控除制度の適否に関しては,「居住の用に供している家屋」ではないことという形ではなく,「居住の用に供している家屋」であることという形で規範構造を考え(前記3の①の規範構造。原告の再抗弁),その内容は,文理解釈と実質的解釈とを総合して「当該家屋の所有者が生活の本拠としている家屋」であると解釈したうえで,その概念に含まれる「生活の本拠」性を一種の評価的概念と捉え,その評価根拠事実と評価障害事

[*31] 金子宏『租税法理論の形成と解明(上)』(有斐閣,2010)135〜136頁。

実の総合判断により決定すべきである，という結論となる。つまり，前記3の①の規範構造は，正確にいえば，再抗弁に引き続き，その例外である再々抗弁があることになり，「当該家屋の所有者が，当該家屋を『生活の本拠』としていると評価し得る場合（再抗弁）は，特別控除制度が適用される。ただし，『生活の本拠』とはいえない特段の事情がある場合（再々抗弁）は，この限りではない。」となる（図④。ただし，下記ブロック・ダイアグラムでは，特別控除制度の他の要件については，記載を省略している）。

図④　譲渡所得に関する特別控除の攻撃防御の構造

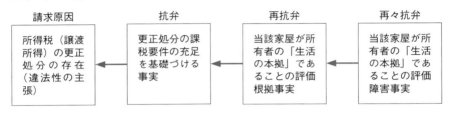

第7　おわりに

本稿では，要件事実論における制度趣旨把握の方法論（前記第5）を検討し，その方法論の各論への適用例として，措置法35条1項の特別控除制度の解釈（前記第6）を論じてみた。租税法規の解釈は，特殊であるといわれることが多いが，民法の解釈一般と質的な違いはなく，その制度趣旨把握の方法論も，他の法律の解釈にも妥当するものであると考える。ただ，租税法律主義が支配する租税法規については，その文理の拘束性が強いので，租税法規の解釈にあたっては，この点への考慮が常に必要であろう。

本稿で述べた法律の制度趣旨把握の方法論は，まことに拙いものであるが，これが裁判実務にいくばくかでも資する点があれば，筆者としては望外の幸せである。

第2章
課税要件明確主義と要件事実の明確性

増田　英敏

第1　はじめに
第2　要件事実と要件事実論
第3　要件事実論と課税要件明確主義
第4　租税訴訟における要件事実
第5　租税訴訟における主張立証責任の考え方
第6　むすび

第1　はじめに

　憲法は，30条において，「国民は，法律の定めるところにより，納税の義務を負ふ」と定め，また，84条は「あらたに租税を課し，又は現行の租税を変更するには，法律又は法律の定める条件によることを必要とする」と定めることにより租税法律主義を宣言している。租税法律主義は，国家と国民の租税をめぐる租税法律関係は法律の規定によってのみ発生・変更・消滅することを要求している。

　国民は租税法の規定に基づいて自己の納税額を計算し，申告手続により納税義務の範囲を確定することができる，いわゆる申告納税制度は租税法律主義を前提に機能している。

　申告の適法性の判断は，納税者も租税行政庁も等しく租税法の解釈・適用を通してなされるのであるから，租税法の規定は一義的かつ明確でなければならない。課税要件の明確性の要請は，課税要件明確主義として租税法律主義の中核的な内容を構成する。この課税要件明確主義の要請に対応した租税法の存在により，租税法律関係における予測可能性は確保される。

第2部　租税訴訟における要件事実論の視点からの総論的課題
第2章　課税要件明確主義と要件事実の明確性

　ところで，金子宏名誉教授は，「租税の確定と徴収が違法に行われることは，決して少なくない。たとえ，建前として租税法律主義がとられていても，違法な租税の確定または徴収が行われた場合に，納税者がそれを争い，その権利の保護を求めることが保障されていなければ，租税法律主義は『画にかいた餅』にすぎなくなってしまう。その意味で，租税争訟は，納税者の権利保護の観点から，きわめて重要な意味をもっており，租税争訟制度の確立は，租税法律主義の不可欠の要素である。」[*1]と述べられて，租税法律主義が，租税争訟制度によって担保されていることを明確にされている。

　そうすると，課税要件が明確であるとは，単に課税要件規定が一義的かつ明確であるか否かにとどまらず，課税要件規定の法律効果の発生・変更・消滅の行方について最終的には裁判所がいかに判断するかをも予測可能であることが，求められることになろう。すなわち，租税訴訟において裁判官が租税法の法律効果について，いかに判断するかを予測することができるか否かが課税要件明確主義の実質的要請といえるのではないか。これが筆者の問題意識である。

　この問題意識を発露として，裁判官による法的判断の構造の理論ともいえる要件事実論が租税法律関係における予測可能性の確保に有用であるとの視点から要件事実論に関心を抱いてきた[*2]。

　租税法における要件事実論の検討は，租税訴訟の行方をも見据えた租税実体法の緊張感のある法解釈を促し，租税法解釈の精緻化に寄与するはずである。租税実体法の解釈を精緻化することにより，租税法律主義の機能である租税法律関係における予測可能性の精度は高まるから，課税要件明確主義の要請に要件事実論は直接的に寄与する。

　本稿は，課税要件明確主義の要請と要件事実論の関係性を検討することを目的とする。とりわけ，課税要件明確主義の視点から，要件事実論の有用性を論証することを本稿の目的とする。

[*1] 金子宏『租税法〔第21版〕』（弘文堂，2016）959頁。
[*2] 筆者は，既に次の論考を公表している。要参照。増田英敏「租税訴訟における要件事実論」伊藤滋夫編『要件事実の現在を考える』（商事法務，2006）172頁以下及び増田英敏「租税法における要件事実論の有用性」伊藤滋夫編『租税法の要件事実』〔法科大学院要件事実教育研究所報第9号〕（日本評論社，2011）101頁の2つの論考である。

第2　要件事実と要件事実論

　まず，本稿の議論の前提として，要件事実と要件事実論についてその内容を確認しておきたい。

　要件事実とは，一定の法律効果（権利の発生・障害・消滅・阻止の効果）を発生させる法律要件（構成要件）に該当する具体的事実をいう[*3]。したがって，民法学上，一般に，実体法の条文の法律要件（構成要件）に記載されている類型的な事実が要件事実であり，このような要件事実に当てはまる具体的事実が主要事実であると解されている。例えば，売買契約における要件事実の場合，実体法上の条文である民法555条が定める要件事実は，「財産権移転の約束」と「代金支払の約束」という事実，すなわち「売買契約の締結」という事実を指す[*4]。

　次に，要件事実論とは，「要件事実というものが法律的にどのような性質のものであるかを明確に理解して，これを意識した上，その上に立って民法の内容・構造や民事訴訟の審理・判断の構造を考える理論である。」[*5]と定義づけることができるから，別言すれば，要件事実論とは「裁判官による法的判断の構造を考える理論」ともいえる[*6]。

　実体法は権利の体系として構成されており，ある一定の事実関係（法律要件もしくは構成要件）が存在する場合には，ある一定の法律的に意味のある効果（法律効果）が発生するという形で構成されている[*7]。したがって，要件事実とは，実体法上の法律要件を充足させるのに必要な具体的な事実である，ということができる。

　これらの定義をふまえて，さらに要件事実論を普遍化すると，次のように理解することができよう。

　要件事実論とは，民法等の実体法の定める個々の条文や，判例・学説におい

[*3] 司法研修所編『改訂　問題研究要件事実―言い分方式による設例15題』（法曹会，2006）5頁，村田渉＝山野目章夫編『要件事実論30講』（弘文堂，2007）6頁。
[*4] 村田＝山野目編・前掲注（*3）5頁以下参照。
[*5] 伊藤滋夫『要件事実の基礎〔新版〕』（有斐閣，2015）6頁。
[*6] 伊藤滋夫教授の著書，前掲注（*5）『要件事実の基礎』のサブタイトルが「裁判官による法的判断の構造」とされており，要件事実論のまさに本質を示されている。
[*7] 原田和徳「要件事実の機能―裁判官の視点から」伊藤滋夫＝難波孝一編『民事要件事実講座(1)総論1』（青林書院，2005）79頁。

第2部　租税訴訟における要件事実論の視点からの総論的課題
第2章　課税要件明確主義と要件事実の明確性

て論じられてきた法律要件の意味内容を分析するとともに，民事裁判における攻撃防御方法として，原告・被告がそれぞれ主張・立証すべき事実は何かを考察する理論あるいは手法をいう[*8]，と定義することができる[*9]。

　要件事実論は，事実認定論と極めて密接な関係にあるといえるが，両者はその本質を異にする。要件事実論の対象が，「民事裁判における裁判官の法的判断の構造」であるのに対して，事実認定論の対象は，「民事裁判における裁判官による事実判断の構造」であるから，両者を区別しておく必要がある。

　ところで，要件事実論の有用性は，民事訴訟の適正迅速な審理判断をするために不可欠であるという点にある[*10]。

　伊藤滋夫教授は，その有用性について以下のように整理されておられる[*11]。

① 要件事実を的確に考えることにより，ある法律効果の発生のために直接必要な事実とは，どのような事実が主張・立証されれば必要かつ十分なのかが明確になる。

② 要件事実論は，訴訟上問題となる種々の事実が，訴訟物との関係でどのような性質をもっているかを明確にすることができる。すなわち，要件事実を請求原因，抗弁，再抗弁，再々抗弁などと性質づけをすることができる。この性質づけにより，どちらの当事者がある事実について主張立証責任を負うべきかが明確になる。

　民事訴訟は，原告が訴訟物として主張する権利の存否について判断し，原告の訴えの当否について判断するものであるから，法律上の権利もしくは法律効果の発生要件に該当する具体的事実，すなわち要件事実について検討し，その考え方を考察することが有益であることは当然であろう[*12]。

[*8]　村田渉「要件事実論の課題」ジュリ1290号（2005）38頁。
[*9]　要件事実論の目的は，一定の法律効果を発生させる法律要件を確定したうえで，その法律要件に該当する事実の主張立証責任を訴訟当事者にいかに分配すべきか，といった攻撃防御方法の配列——請求原因・抗弁・再抗弁——等を明らかにすることにある（山本敬三「民法改正と要件事実」自正67巻1号（2016）33頁以下）。
[*10]　要件事実論の考え方に対する批判に反論する形で，要件事実論の有用性について裁判官自らの経験に基づき次のように高く評価する意見として，「要件事実は，民事訴訟の審理の過程において，当事者の攻撃防御の焦点となり，当事者の主張立証の要となるものであり，訴訟提起の段階から判決書の作成に至るまで，民事訴訟の充実した審理を実現し，紛争の適正迅速な解決を図るために大いに貢献している。要件事実は，当事者にとっても裁判所にとっても，訴訟の適正迅速な解決のために必要不可欠なものであ」るとされている（原田・前掲注（[*7]）88頁）。なお，同論文では，要件事実の機能について具体的かつ詳細に列挙しており参考になる。
[*11]　伊藤・前掲注（[*5]）13頁以下参照。
[*12]　さらに，裁判官の原田和徳氏は，裁判を担当する実務家の視点から要件事実論の具体的機能

第3 要件事実論と課税要件明確主義[*13]

1 租税法律主義と課税要件明確主義

　歴史的にみれば国家権力による恣意的課税を阻止することに租税法律主義の本質はあったが，現代国家においては租税負担の増大と経済取引の複雑化に伴い，国民の経済生活に租税負担の予測可能性と法的安定性を与えることが重要な機能とされる。租税負担は，経済取引における意思決定において重要な考慮要素とされている。例えば，土地などの財産を移転する際に課税関係は考慮すべき主要な要素となっている。

　租税法律主義は，課税要件が法定されていること（課税要件法定主義），法定された課税要件は一義的かつ明確でなければならないこと（課税要件明確主義），租税行政庁は法律のとおりに租税を付加・徴収しなければならず減免も過大徴収も許されないこと（合法性の原則），そして，租税の賦課・徴収は公権力の行使であるから適正な手続によることが保障されていなければならないこと（手続保障の原則）を要請する租税法の基本原則である[*14]。憲法84条を法的根拠とする憲法原理でもある。

　予測可能性の確保の視点からすると，単に課税要件が法定されていればよいのではなく，明確かつ一義的に定められた課税要件規定が必要とされるのであり，租税法律主義の内容の中でも課税要件明確主義は最も重要な原則と位置づけられている。

　所得税法や法人税法といった課税要件法が明確に定められることにより，その法の適用による法律効果の及ぶ射程の予測が容易になる。すなわち，租税法律関係の予測可能性と法的安定性は確保されるのである。

　租税は法律に基づいて法律のとおりに課税されるという租税法律主義の要請

　　　について，次の点を列挙されている。すなわち，①適切な訴訟物選択，②争点整理，③真の争点の早期把握，④争点整理のあり方，⑤無駄のない審理，⑥充実した証拠調べの実施，⑦不意打ちの防止，⑧事件の筋，⑨現代型訴訟，⑩判例の正確な理解，⑪判決書の作成，⑫民事紛争の予防，といった点で，要件事実論の思考は極めて有益であるとされている（原田・前掲注（*7）89頁以下参照）。

[*13]　この章の内容は，増田英敏『リーガルマインド租税法〔第4版〕』（成文堂，2013）の第6章以下の記述に多くを負っている。

[*14]　金子・前掲注（*1）76頁以下。

が担保されていることを前提に，納税者は租税法に基づいて自ら納税義務の範囲を計算し，納税申告する，いわゆる申告納税制度により税を納付することが可能となる。一方，租税行政庁は，その申告納税額が法律のとおりに申告されたか否かをチェックし，適法な申告でない場合には申告を是正することをその任務とする。違法な申告を放置すれば租税法律主義に違反するばかりでなく，担税力に応じた課税を要請する租税公平主義にも反する結果を招く。

したがって，申告の適法性がいかに検証されるべきかという問題は，租税法律主義の最も重要な論点とされる。申告の適法性をチェックする機関が租税行政庁であり，納税者の申告が違法であると判断すれば租税行政庁は更正処分を行う。納税者が更正処分の適法性を争うとすれば，当然その処分の違法性を根拠に処分の取消訴訟を提起することになろう。

そうすると，法律のとおりの申告であるか否かは税務調査を経由して最終的には訴訟により裁判所の判断に委ねられることになる。

課税要件明確主義は，課税要件が一義的かつ明確であることを要請すると説明される。明確性の実質的な意義は，租税法の条文を取引事実に適用し，結果として生じる法律効果が容易に予測可能であるという意味での明確性にあるといえよう。すなわち，課税要件が明確であるとは，いかなる事実が存在すれば租税法の法律効果が発生し，もしくは発生しないのかといった，要件事実が何かを決定できるように法が定められているか否かが，実質的な明確性の問題となるのである。

残念ながら，現行の租税法の条文は，要件事実が何かを容易に決定することができるように定められているとは限らない。むしろ，不確定概念と思われる文言が多用されており，課税要件明確主義が求める租税法の法律効果の予測可能性の確保は十分とはいえない。

そこで，要件事実が何かを法解釈により導出し，その要件事実の存否の主張立証責任の分配のあり方を分析する要件事実論は，課税要件明確主義の要請に有用であるといえよう。

2 租税法における要件事実論の有用性

私人間の権利関係を規律する民事法と，国家と国民の法律関係を規律する行政法，とりわけ租税法は，異なる法律関係を構成するものであり異質な法であ

第3 要件事実論と課税要件明確主義

る。にもかかわらず,なぜ民事法において展開されてきた要件事実論が租税法にも援用できるのかという点をここで確認しておく必要がある。

この点をクリアにせずに租税法における要件事実論の有用性を論じることはできない。

この租税法における要件事実論を論じるうえで最も大きなハードルともいえる問題について伊藤滋夫教授は,次のように説明される。すなわち,「要件事実論という視点から見る限りは,民事法の分野も行政法の分野も,その考え方において異質なものはないのではないかと考える。両法の分野とも,当該法制度の趣旨が主張立証責任対象事実の決定基準であると考えるべきである。すなわち,当該法制度の趣旨が,裁判における主張立証を通じて,最も的確に具現できるように,主張立証責任対象事実を考えればよい」[*15]と述べられている。

そのうえで,民事法と租税法と,その制度趣旨が異なる点が多いことが問題になるのではないかという点についても,同教授は,「個別の法条の制度趣旨が,民事法と行政法とで異なることは多い。例えば,行政法(租税法)にしかない『租税法律主義』,更には,その内容の一つである『課税要件明確主義』といったものを前提とした制度趣旨というものが,民事法にないのは当然である。例えば,課税要件明確主義の内容をなす『国民の権利を侵害する性質を有する課税処分というものは,そのための要件というものが明確に規定されなければならない。』という考え方も,民事法にはない。しかし,このような考え方も,租税法における一つの制度趣旨であるのだから,その制度趣旨が裁判における主張立証を通じて,最も的確に具現できるように,主張立証責任対象事実を考えればよいのである。すなわち,民事法と行政法(租税法)とでは,個別の制度趣旨は異なっても,いずれの法域においても,それぞれの法域における法条の制度趣旨を具現するように主張立証責任対象事実を決定するべきである,という要件事実論の基本に変わりはないということである。立証責任対象事実を決定し,それに一致するように主張責任対象事実を考えるわけであるが,立証責任対象事実の決定は,立証に関することであるから,立証の公平ということを離れては考えることはできない。そして,当該法制度の趣旨に適うように立証責任対象事実を決定することが,立証の公平に適うことになると考

[*15] 伊藤滋夫「民事事件・租税事件の判決を読む(下)―要件事実論の視点から」税経通信912号(2009)26頁以下。

第2部　租税訴訟における要件事実論の視点からの総論的課題
第2章　課税要件明確主義と要件事実の明確性

える。そして，立証責任対象事実を決定するための具体的プロセスは，民事法と行政法（租税法）とで異なるところはない」[*16]と述べられている。

　要件事実論とは，主張立証責任対象事実（要件事実）を決定する基準を，その法条の制度趣旨に求め，立証責任分配の基準を立証の公平の視点から考察するといった裁判官の判断の構造を分析する理論であるということができる[*17]。

　そうすると，「民事法と行政法（租税法）とでは，個別の制度趣旨は異なっても，いずれの法域においても，それぞれの法域における法条の制度趣旨を具現するように主張立証責任対象事実を決定するべきである，という要件事実論の基本に変わりはない」ということになるのは当然である。

　租税法は租税公平主義（担税力に応じた課税）を立法目的としてその法体系が構築されており，その制度趣旨をふまえて要件事実を決定することに異議をさしはさむ余地はない。

　租税法は民事法とは異なる法領域ではあるが，その独自性をふまえて要件事実論の考え方を租税実体法の解釈に取り込むことは十分に可能であり，むしろ租税実体法の解釈に要件事実論的な考察を導入することにより租税法解釈の精緻化が図られるのである，ということができる[*18]。

　要件事実論の思考は，緊張感のある精緻な実体法の解釈理解を促す[*19]のであるから，租税実体法の解釈・適用に有用であることは明らかである[*20]。

[*16]　伊藤・前掲注（*15）26頁以下。
[*17]　要件事実論をふまえた法解釈においては次のような視点が極めて重要となる。すなわち「ある法律効果の発生要件が何か，法文にある一定の要件を権利（又は法律関係）の発生要件又は障害要件のいずれと理解すべきかというような要件の確定の問題は，いずれも実体法の解釈によって決められるべき事柄である。そして，この解釈は，立証責任の分配という視点に立ったものでなければならない。この意味における実体法規の解釈に当たっては，各実体法規の文言，形式を基礎として考えると同時に，立証責任負担の面での公平・妥当性の確保に常に考慮すべきである。具体的には，法の目的，類似又は関連する法規との体系的整合性，当該事件の一般性・特別性又は原則性・例外性及びその要件によって証明事実となるべきものの事実的態様（……）とその立証の難易などが総合的に考慮されなければならない」（司法研修所編『増補 民事訴訟における要件事実第1巻』（法曹会，1986）10頁以下）ことを法解釈において意識せざるを得ない。
[*18]　村田＝山野目編・前掲注（*3）56頁。
[*19]　村田＝山野目編・前掲注（*3）56頁。
[*20]　なお，要件事実論の租税法における有用性を論じる可能性について言及した租税法学者の見解として次の見解がある。すなわち，「課税要件は，少なくても一面において私的自治の原則が支配する私法における契約と同様に，権利義務の純然たる成立要件であると考えることができる。ここに，課税要件法の解釈において要件事実論を展開する可能性が認められるのである。」（谷口勢津夫『税法基本講義〔第5版〕』（弘文堂，2016）50頁，として租税法における要件事実論を論じる視点を提供している。

3 裁判規範としての租税法と課税要件明確主義

　課税要件明確主義の要請に対応しているはずの租税法であるが，個別租税法の具体的な規定が明確な規範を提供しているとはいえない場合が多い。
　例えば，租税法には，所得税法の所得区分の規定に象徴されるように，それが定義規定であるにもかかわらず，その範囲を画定するための判断の基準が条文上に明示されているとはいえない場合が多くみられる。所得税法28条は，給与所得とは，「俸給，給料，賃金，歳費及び賞与並びにこれらの性質を有する給与」であると規定しているが，「これらの性質を有する給与」の該当性の判断の基準については明確な定めを置いていない。
　同条は，「俸給，給料，賃金，歳費及び賞与並びにこれらの性質」を有する給与と定めるのみであり，俸給や給料等に共通の性質は何かについては，法解釈に委ねているのである。
　ある金銭の授受が給与所得に該当するかどうかの判断の基準は，まさに裁判規範としての租税法の視点から租税法を解釈することにより導き出す以外にない。
　実際には，納税者は裁判規範としての租税法の再構成を判例の検証により行うことになる。給与所得の根拠規定の法解釈について，最判昭56・4・24（民集35巻3号672頁・判タ442号88頁・判時1001号24頁）では，次のようにその性質を明確に判示して，判断基準を示した。この判決は，弁護士の顧問料収入が事業所得か給与所得のいずれに区分されるかを争点とした事案であるが，最高裁は，「給与所得とは雇傭契約又はこれに類する原因に基づき使用者の指揮命令に服して提供した労務の対価として使用者から受ける給付をいう。」と判示した。この給与所得の性質づけは，その後の給与所得の範囲を確定する基準として踏襲されている。
　このように申告所得を測定し，税額を計算するためのマニュアルとして租税法を捉えるのではなく，裁判規範としての租税法と位置づけることにより，租税法律主義の下における租税法解釈のあり方が厳格に問われることにもなる。
　ところで，松沢智教授は，「裁判所は，法解釈の最終結論者である。……従って，裁判官は，法律に拘束されるから，紛争を解決するための裁判の前提は『法律』であるので，裁判の前提たる法命題から具体的判断基準を引き出さねばな

らない。裁判官は，具体的事件を処理するに当たっては，立法府たる国会の定立した法のなかから判断基準たる規範を探し出さなければならないことが要請されるのである。……右のような，<u>裁判規範としての性格をもつ租税法は，平常においては潜在化しており，顕在化しない。租税行政庁と納税者とが法解釈をめぐって争うときに初めて顕在化するのであり，それは補充的性格をもつということができる。</u>これは，申告納税制度のもとにおいてこそ明確に裁判規範の性格が現われるものということができる。けだし，申告納税制度のもとにおいては，租税実体法，すなわち納税要件法の法解釈を第一に行うのは，まず納税者たる国民であって租税行政庁ではないから，法解釈の争いが生ずるということは，法の当然に予定しているところといいうるからである。しかし，かつてのような，賦課課税制度のもとでは，法解釈は課税行政庁が行い，納税者において，右の処分に不服があるときにのみ取消を求めるのであるから，行政処分に適法性の推定が働くとする行政法学の通説に従う限りは，あえて補充的な裁判規範たるの性質を論ずる必要はなかったからである。これまで，租税法が補充的にも裁判規範をもつという本質を看過していたのは，申告納税制度こそ租税法の基礎であるとする納税者主権主義の本質を理解していなかったからである。」(下線は引用者による)[*21]と述べておられる。

　同教授のこの指摘は，我々納税者にとって極めて重要な意義をもつ。すなわち，賦課課税制度の下では，行為規範としての租税法のみが強調された。しかし，申告納税制度の下においては，租税法の第一次的解釈権は納税者にあるから，それをチェックする機関としての租税行政庁との関係は常に緊張関係にあり，租税法の解釈・適用をめぐる紛争が生じることは，不可避である。両者の間で紛争が生じた場合に初めて顕在化する裁判規範としての租税法の重要性を認識すべきであることを指摘されている。

　裁判規範としての租税法の視点を軽視すると，納税者の租税法律関係における予測可能性は低下する。現代の租税法律主義の第1の機能は納税者の予測可能性を確保することにある。裁判規範としての租税法は，紛争を裁判官が裁断する際に示した，個別租税法規の法解釈により導出した判断基準にほかならない。

　[*21]　松沢智『租税法の基本原理』(中央経済社，1983) 122頁。

第4 租税訴訟における要件事実

　まず課税処分取消訴訟を前提に租税訴訟における主要事実，すなわち要件事実について確認しておこう。ここでは，要件事実は主要事実と同義とし，さらに要件事実は課税要件事実とも同義として扱う。

　なお，租税法上は課税要件とは，租税法律主義の課税要件法定主義や課税要件明確主義の対象となる納税義務の成立要件を意味するものである。個別租税法に共通する課税要件とは，具体的には，①納税義務者，②課税物件，③課税物件の帰属，④課税標準，⑤税率の5つであるとされる[*22]。これを「広義の課税要件」と称することにする。これに対し，租税訴訟における立証責任の対象となる「課税要件」は，上記のような広義の課税要件ではなく，更正処分を租税債権の発生原因と考えた場合，租税債権の発生・障害・消滅・阻止の各要件のことであり，これを「狭義の課税要件」と称して区別して用いることにする。本稿では，狭義の課税要件を検討の対象としていることを明確にしておく。なお，上記5つの課税要件のうちの⑤の税率は税額を計算するうえでの基準にすぎないことから，以下では，⑤の税率を除いた4つを狭義の課税要件として論じることにする。

　課税要件事実は租税実体法の具体的な定めにより具体化する。主要な国税である所得税法や法人税法は所得に担税力を見出し，担税力の適正な測定構造を重層的に構築している。課税要件事実とは，この担税力の指標である所得測定のための主要事実ということができよう。

　実額課税の場合に限ると，この課税要件事実である主要事実の捉え方について，①主要事実を総所得金額又は課税所得金額とする「所得説」，②各種所得の金額が収入金額から必要経費を控除して算定するところから，この両者を主要事実とする「収入・必要経費説」，そして，③所得金額の算定に必要とされる所得発生原因となる具体的な諸事実を主要事実とする「具体的事実説」の3種の有力な学説が存在する[*23]。

　まず，要件事実を総所得金額又は課税所得金額と見る①の所得説は妥当ではない。なぜならば，租税行政庁が所得金額を過少であるとして課税処分した場

[*22] 金子・前掲注（*1）146頁。
[*23] 今村隆ほか『課税訴訟の理論と実務』（税務経理協会，1998）132頁。

合には，所得金額をダイレクトに要件事実として立証の対象とすることは現実的には不可能であるからである。所得金額の正当性は，その構成要素である収入金額と必要経費の正当性を立証することにより可能となるのである。売上高及び必要経費の両者を要件事実として過少な所得金額であることを立証しなければならないということができる[*24]。

ところで，この主要事実としての課税要件事実について松沢智教授は，「課税要件事実とは，ある年分または事業年度における納税義務者たる特定の個人または法人に帰属する課税所得の存在を組成する具体的な法律要件事実をいい，それは個々の収益の存在および損費の不存在ということになる。すなわち，課税要件事実とは，国家が個人または法人に対し一定額での租税債権を取得するために必要な法律要件事実である。それは，所得税法についていえば，一定期間（年分）における総収入金額から必要経費を控除した金額が課税所得であるから，したがって，収入金額，必要経費が課税要件事実（主要事実）ということになる。法人税法についていえば，一定期間（事業年度）における益金から損金を控除した金額が課税所得であるから（法人税法22条1項），したがって，益金，損金が課税要件事実（主要事実）ということになる。」[*25]とされ，所得税法では収入金額と必要経費，そして，法人税法では益金と損金を課税要件事実であると述べられている。松沢説は，先の分類によれば②の収入・必要経費説に属するであろう。

租税訴訟の訴訟類型の大部分は課税処分の取消訴訟であり，取消訴訟の争点の多くは税額確定に関するものである[*26]。したがって，所得税法も法人税法もその税額が所得を基準に税率を乗じて決定されるため，所得の決定要素である収入金額と必要経費（所得税法），そして，益金と損金（法人税法）が課税要件事実に集約されることになるのであるから，②の収入・必要経費説は有力な見解といえよう。

③の具体的事実説は，所得税額や法人税額が重層的な具体的事実の累積により算定されることに着目した説である。

所得税法の課税所得及び所得税額の算定構造を見ると，次の5つのステップ

[*24] 岡村忠生「税務訴訟における主張と立証」芝池義一ほか編『租税行政と権利保護』（ミネルヴァ書房，1995）299頁以下。

[*25] 松沢智『租税争訟法〔新版〕』（中央経済社，2001）385頁。

[*26] 石島弘「納税者の救済と訴訟類型」芝池ほか編・前掲注（*24）236頁以下参照。

第4 租税訴訟における要件事実

を踏んで税額は確定する。すなわち，①発生源泉による所得区分，②各種所得金額の計算及び損益通算，③所得控除，④課税所得金額に税率を乗じて所得税額を計算，そして，⑤税額控除を経て所得税額を算定するといった，5段階のステップにより所得税額を算定する構造を所得税法は定めている。

課税要件事実は，このそれぞれの段階において存在する。所得が発生すると，その発生源泉を証明する事実が認定され，その事実に基づいて各種所得の区分が行われる。各種所得の金額は，例えば事業所得についてみれば，収入金額を構成する個別事実と必要経費を構成する個別事実を会計帳簿や領収証といった証明資料により認定し，測定されることになる。さらに，所得控除や税額控除が可能であることを示す諸事実を確認する資料等により，控除が可能となる。このような各段階を経て所得税額が確定される。

このように租税法の適用対象となる事実は納税者の個別取引に始まり，税額に至る多様な段階を経て構成されており，租税法における要件事実の特徴は，段階的な層状構造をなしているところに求められる[*27]。

租税訴訟においては税額が争点とされたとしても，これらの層状構造をなすいずれの段階の事実が，要件事実として証明対象となるのかが整理・確認されなければならない。その意味からすると③の具体的事実説が，より妥当性を有する説として支持できよう。

③の具体的事実説は今日では多数説とされるが，その理由はさらに次の2点にあるとされる。すなわち，「一つは，主要事実とは，直接証拠により証明できる事実をいうが，所得，収入や経費が，収入の計上時期や所得区分等の法的判断を経た上，計算の結果として算出される金額であって，直接証拠による証明ができる具体的事実ではないこと，もう一つは，相手方の防御すなわち不意打ち防止の観点からしても個別具体的な事実が望ましいこと」[*28]の2つの理由を挙げることができる。

[*27] 岡村・前掲注（*24）298頁。
[*28] 田中二郎『新版 行政法上巻〔全訂第2版〕』（弘文堂，1985）345頁。

第5　租税訴訟における主張立証責任の考え方

1　租税訴訟における主張立証責任の帰属と法律要件分類説

　課税処分も行政処分であるから，まず行政処分の取消訴訟における立証責任の分配の基準について整理し，そのうえで租税訴訟の特質もふまえた課税処分取消訴訟の立証責任の分配の基本的考え方を確認することにする[*29]。

　行政処分の取消訴訟における立証責任の分配基準として従来から2つの説の対立があった。すなわち，行政行為の公定力を理由としてすべて原告が立証責任を負うとする公定力根拠説[*30]や，法治行政の原則を根拠として被告行政庁が行政行為の適法性すべてにわたり立証責任を負うとする法治主義根拠説などの見解が見られたが，公定力と立証責任が，そして，法治主義と立証責任が論理的に結びつかないといった点から，いずれの説もその根拠と立証責任の分配の基準とが合理的に結びつかないとする批判を解消することはできなかった[*31]。

　一方，立証責任に関する近時の有力な見解として次の3説を取り上げることができる[*32]。

[*29]　租税訴訟における立証責任の帰属の問題については，松沢・前掲注（*25）72頁以下が，基本的な立証責任の分配の基準に対する考え方を簡潔に整理されている。すなわち，「課税要件事実についての実質的立証責任が課税庁と納税者のいずれに在るかにつき，従来から二個の基本的な対立がある。
　　　第一説は，課税処分の取消訴訟は形成訴訟であり，しかも行政処分には公定力が働き適法性が推定されるので，取消権（形成権）の存在を主張する原告に立証責任があるとする。これに対し第二説は，課税処分取消訴訟の実質は民事訴訟における債務不存在確認訴訟に類するものとみて，係争年度における租税債務の存否として捉え，したがって，民事訴訟における法律要件分類説により，租税債権の発生要件事実たる課税要件事実は，租税債権者たる課税庁が負うべきであるとする。ただ，第二説をとるとしても，民事訴訟の理論をそのまま借用せず，権利障害要件・権利消滅要件たる事実であっても直ちに租税債務者たる納税者が立証責任を負うものとはせず，課税要件事実の存否および課税標準については原則として課税庁が立証責任を負うこととなるが，租税法規ならびに税務訴訟の特殊性を考慮して，民事訴訟法上の原則を，この特殊性に相応してある程度修正しようとする第三説がある」と整理されている。
[*30]　この説は，田中二郎博士の初期の見解に見られる。田中二郎『行政争訟の法理』（有斐閣，1954）107頁参照。なお，後にこの説を改め，田中博士は個別的検討説を採用するに至っている。田中二郎『新版行政法（上）〔全訂第2版〕』（弘文堂，1974）345頁参照。
[*31]　今村ほか・前掲注（*23）134頁。なお，ドイツの立証責任論の詳細な議論については，木村弘之亮『租税証拠法の研究』（成文堂，1987）47頁以下の記述が参考になる。
[*32]　藤山雅行「行政事件と要件事実」伊藤滋夫＝長秀之編『民事要件事実講座(2)総論Ⅱ』（青林書院，2005）322頁以下。

第5　租税訴訟における主張立証責任の考え方

(1)　**法律要件分類説**[*33]

民事訴訟における法律要件分類説を抗告訴訟にも導入しようという考え方である。この説は，行政処分の根拠規定を権限行使規定と権限不行使規定に分類し，前者については権限行使を主張する者（積極処分の取消訴訟では被告，消極処分の取消訴訟では原告）が，後者については権限を行使すべきではないと主張する者（積極処分の取消訴訟では原告，消極処分の取消訴訟では被告）がそれぞれ既定の要件事実について立証責任を負うとする見解である[*34]。この説は，先の公定力根拠説に対抗して主張された説であるとされる。

(2)　**個別検討説**[*35]

統一的な基準によることなく，適用すべき法規の立法趣旨，行政行為の特性，当事者間の公平，事案の性質，事物に関する立証の難易等によって具体的事案についていずれの当事者の不利益に判断するかを決定するとの見解で，第一次的には立証責任を行政庁に負担させるが，反証責任などについて個別具体的に検討し国民の側にも負担させるというものである。この説は(1)の法律要件分類説を批判する形で登場したものである。

(3)　**憲法秩序機能説**[*36]

基本的人権の尊重及び法治主義という憲法上の原則から，国民の権利を制限する侵害的行政処分については行政庁が，国民の側から権利の拡張を求める場合は当該国民（原告）が立証責任を負うとする見解である。

以上の説が有力説とされるが，訴訟実務で受け入れられ通説とされるのは，(1)の法律要件分類説といえよう[*37]。いずれの説にも批判が存在する[*38]。例え

[*33]　代表的論者は滝川叡一博士である。滝川叡一「行政訴訟における立証責任」岩松裁判官還暦記念『訴訟と裁判』（有斐閣，1956）471頁参照。
[*34]　藤山・前掲注（*32）322頁。
[*35]　雄川一郎『行政争訟法』（有斐閣，1957）214頁。
[*36]　高林克巳「行政訴訟における立証責任」田中二郎ほか編『行政法講座(3)行政救済』（有斐閣，1965）301頁。
[*37]　春日偉知郎「行政訴訟における証明責任」南博方編『条解行政事件訴訟法』（弘文堂，1987）254頁。
[*38]　これら最近の有力な見解についても次のような批判が加えられている。すなわち，「法律要件分類説に対しては，行政法規は公益と私益の調整を目的とするもので裁判規範としての意味よりも行政機関に対する行為規範としての意味が強く，必ずしも訴訟における立証責任の分配を考慮して立法していないとの批判があり，個別検討説に対しては，基準として不明確であるとの批判がある。憲法秩序帰納説に対しては，立証責任分配法則の指標として適用すべき法規の立法趣旨と行政行為の性質のみをよりどころとして一律に割り切るのは疑問であるとの批判が

第2部　租税訴訟における要件事実論の視点からの総論的課題
第2章　課税要件明確主義と要件事実の明確性

ば，(1)の法律要件分類説に対しては，公法規定は私法規定とは規律の対象・目的などを異にしているにもかかわらず，民事訴訟における証明責任の分配基準を行政訴訟に類推させようとするのは妥当とはいえないとか，権限行使・権限不行使の両規定の分類が実際に可能かといった批判が加えられている。(2)の個別検討説は立証責任の分配について統一的な基準を提示しているとはいえず，基準たり得ないもので，立証責任について法的安定性にも寄与しない説といえる。また，(3)の憲法秩序機能説は，具体的事案について立証責任の分配を決し得る基準とはなり得ないし，生存権保障の立証責任を一般的に国民に負担させるということについては原理的にも問題があるといえる。さらには，国民の自由権の制限と権利付与の区別が困難である点も批判の対象とされよう[39]。

以上が，行政処分の取消訴訟における立証責任の分配の基準をめぐる考え方の概観である[40]。

2　租税法律主義と法律要件分類説

ところで，課税処分には一般行政処分に見られない特殊性が存在する[41]。しかし，課税処分自体は行政処分の一つであるから，課税処分をめぐる租税訴訟においても，一般の行政訴訟における立証責任の分配の基準は当てはまるといえる。

租税法律主義は，納税者の予測可能性と法的安定性の確保を憲法規定により保障した租税法の重要原則である。この租税法律主義の機能を担保する制度と

　　　ある。」（今村ほか・前掲注（＊23）134頁）とされる。
*39　山村恒年「主張責任・立証責任」雄川一郎ほか編『現代行政法大系(5)行政争訟Ⅱ』（有斐閣，1984）200頁以下。
*40　なお，行政訴訟における立証責任をめぐる議論の詳細は，春日・前掲注（＊37）254頁以下参照。
*41　課税処分の具体的特殊性としては次の点が挙げられる。
　①　個々の納税者において一定の課税期間中に生じた多様な所得発生事実の存否・数額を認定しなければならないという困難さを伴う。
　②　課税が大量・反覆的に行われる性質のものであり，しかも，租税確定権には除斥期間が定められているため，所得発生事実の存否や数額の認定が極めて短期間のうちに行われなければならないという時間的制約を伴う。
　③　課税処分時の事実認定の困難さや時間的制約にもかかわらず，訴訟が提起されれば，訴訟物が数額に関するものだけに，争点が著しく拡大するおそれが生ずる。
　④　納税者の所得計算の基礎となる帳簿書類等の直接資料を実際に調査把握し，これに基づき課税標準等又は税額等を認定したうえで行われるいわゆる実額課税処分と，種々の間接的資料．方法を用いて課税標準等又は税額等を推定計算して課税するいわゆる推計課税処分の二種が存在する。岩崎政明「立証責任」小川英明ほか編『新・裁判実務大系(18)租税争訟』（青林書院，2005）204頁参照。

第5　租税訴訟における主張立証責任の考え方

して位置づけられているのが，まさに租税争訟制度である。したがって，租税訴訟における立証責任の分配の基準についても，納税者の予測可能性と法的安定性を保障する租税法律主義の要請にかなうことが求められる。とりわけ，租税訴訟においては，予測可能性と法的安定性の視点から立証責任の分配についてもその基準の優劣が論じられねばならないといえる。

それでは，課税処分の取消訴訟における課税要件事実の立証の分配の基準はどう考えられようか。

法律要件分類説の立場に立つ古典的かつ代表的見解として瀧川叡一博士の見解を少し長くなるが紹介しておこう。この見解は，課税処分取消訴訟における主張立証責任の問題の議論の出発点に位置づけることができる見解といえる。

すなわち，「法は一定の要件事実の存在するときに限って徴税官庁に対し課税処分をなすことを授権するものであるから，原則として，被告徴税官庁において右の要件の存在を立証する責任を負うことは当然である。所得税法についていえば，納税義務者たる原告に課税標準たる一定の所得が存在したことは被告徴税官庁の立証責任に属する。所謂必要経費の立証責任については争いがあるが，法律上課税標準となる所得の額は，総収入から必要経費を控除した額と定められているのであるから（所得税法第9条第1項第4号，第7号，第10号），被告行政庁の立証責任に属すると解すべきである。即ち行政庁としては必要経費が行政庁の認定した額しかないことを立証しなければならないのである。訴訟当事者間の公平の見地から必要経費の立証責任を原告に負担させるべきであるという見解，及び後記所得税法第11条の3乃至6の場合と類似していることを理由に原告が必要経費の立証責任を負うと説く見解もあるが，いずれも法規の要件事実の定め方を無視したものであって，不当である。これに反し，所得税法第11条の3乃至6（災害等による損失，医療費，生命保険料，扶養親族の控除）所定の事実は，課税処分の権利障碍事実として原告の立証責任に属するのである。裁判例は比較的早くからこの種の訴訟の立証責任が原則として被告行政庁にあることを認め，最近では殆ど例外を見ない。これは行政訴訟のうちこの種訴訟の形態が債務不存在確認訴訟に最も類似していたためであろう」（引用文中の条文は，論文が執筆された当時のものである）[*42]と課税処分取消訴訟における主張立証責任について説明されている。

[*42] 瀧川・前掲注（*33）487頁以下。

第2部　租税訴訟における要件事実論の視点からの総論的課題
第2章　課税要件明確主義と要件事実の明確性

　そもそも，この法律要件分類説は，「要件事実の特定とその証明責任の分配，すなわち『誰が，何を，証明すべきか』について裁判所と当事者との共通の理解の下で訴訟遂行を可能ならしめることを主眼にしている。したがって，当事者の主張立証活動における予測可能性，法的安定性という点で優れており，この説による証明責任の分配は，訴訟追行過程における指針として非常に有効である。」[*43] との評価がなされているように，租税法律主義の視点からも妥当な見解といえる。

　すなわち，法律要件分類説によれば，租税行政庁と納税者の立証責任について，次のように明確に整理できる。

　例えば，課税処分の取消訴訟では，課税処分の適法・違法が訴訟物であり，租税行政庁の課税処分は，その権限行使規定（「この行為をしたときにはこの処分を行う」といった規定）により行われるために，被告租税行政庁が，この権限行使規定の要件事実について立証責任を負うことになる。一方，納税者が租税債権の消滅を主張する場合には，権限不行使規定（「この行為をしたときにはこの処分を行わない」といった規定）の要件事実は，納税者である原告が立証責任を負うことになる。

　要するに，課税処分の根拠である租税債権の存在に係る要件事実については被告租税行政庁が，租税債権の発生を妨げる特別の事情あるいは消滅に係る要件事実については原告納税者が，立証責任を負うことになる。

　法律要件分類説によれば，課税処分の要件事実の立証責任の所在が明確になり，裁判所も納税者を含む訴訟当事者も立証責任の所在の予測可能性と法的安定性が確保されるということができよう。

　金子宏教授も，「租税行政庁が確定処分を行うためには，課税要件事実の認定が必要であるから，原理的には第二の見解〔筆者注―法律要件分類説〕が正当であり，課税要件事実の存否および課税標準については，原則として租税行政庁が立証責任を負う，と解すべきである。ただし，課税要件事実に関する証拠との距離を考慮に入れると，この原則には利益状況に応じて修正を加える必要があろう。」[*44] として，原則的には法律要件分類説に立脚しながら，個別的な事情をも考慮して立証責任の転換をも許容するという立場をとられている。

---

*43　春日・前掲注（*37）265頁以下。
*44　金子・前掲注（*1）1000頁。

3 『裁判規範としての民法説』と法律要件分類説

　ところで，本書の編者である伊藤滋夫教授は，法律要件分類説に対して，《裁判規範としての民法説》を提唱され，有力説と評価されている。同説の「基本的趣旨は，立証の公平が最終的な基準であるが，立証の困難性をも考慮に入れて当該実体法制度の趣旨が訴訟において，最も適切に実現できるように立証責任対象事実を決定し，それに一致するように主張責任対象事実（要件事実）を考えようとするものである。そのように主張立証責任対象事実（要件事実）を決定することが，立証の公平に適うものとする考え方である。このようにして，立証責任対象事実を決定するための具体的プロセスは，民事法と行政法（租税法）とで異なるところはないであろう」[45]と同教授は説かれる。この説は，法律要件分類説の限界を克服する優れた見解であると評価することができる。

　課税要件明確主義は租税法の立法段階においても要請されているのであるから，立法者は租税法の立法段階で，租税法の条文は明確に規定しなければならないという，立法統制を受けているはずである。一義的かつ明確な条文は，文理解釈によって容易に主張立証対象事実である要件事実を解明できるように定められているはずであるから，法律要件分類説により要件事実を容易に導出できるはずである。

　しかし，実際は租税法には不確定概念が多用されており，さらには評価的要件が数多く規定に盛り込まれている。租税法の条文を文理解釈することにより要件事実を導出することが困難な場合が多い。ここに，法律要件分類説の限界を見出すことができる。また，租税法も民法と同様に，証明のことを考えないで要件を定めているために，法律要件をそのまま裁判規範としての租税法の要件と考えることはできないという限界に直面する[46]。そこで，租税法の解釈問題として裁判規範としての租税法の要件を構成しなければならないことになる。

　その裁判規範としての租税法の要件を構成する基準として，伊藤教授の提唱される《裁判規範としての民法説》が有用となるのである。すなわち，立証の公平を最終的な基準としつつ，立証の困難性も考慮に入れて当該実体法の制度趣旨を訴訟に最も適切に実現できるよう立証責任対象事実を決定する《裁判規

---

[45]　伊藤編・前掲注（＊2）89頁。
[46]　伊藤滋夫「要件事実論の現状と課題」伊藤＝難波編・前掲注（＊7）5頁。

範としての民法説》が，法律要件分類説の限界を克服する考え方として評価できるものといえる。

ところで，租税法は強行法規であり，侵害規範であるから租税法律主義の統制下におかれ，その解釈は，文理解釈によるべきであるとされる[*47]。ここに文理解釈とは，「法令の文言，すなわち文字や文章の意味に主眼をおいて法令を解釈する態度」をいうが，「文理解釈」においても，その法規の趣旨・目的に照らした解釈は広く認められているところであり，これを無視した解釈はあり得ないから，租税法を解釈するに際しては，租税法規の立法趣旨・目的に沿った「文理解釈」でなければならないことはいうまでもない[*48]。そうすると，侵害規範である租税法の解釈原理としての文理解釈と，当該実体法の制度趣旨を訴訟に最も適切に実現できるよう立証責任対象事実を決定する《裁判規範としての民法説》とは整合性が維持されることになる[*49]。

本稿では，《裁判規範としての民法説》の卓越性を指摘することにとどめる[*50]。

4　具体的裁判事例と要件事実の立証責任

それでは，具体的な要件事実をふまえてその立証責任について若干の整理を試みよう。

租税訴訟における主たる要件事実は前述したように，課税所得又は総所得金

[*47]　谷口勢津夫『税法基本講義〔第5版〕』（弘文堂，2016）39頁以下。
[*48]　占部裕典『租税法における文理解釈と限界』（慈学社出版，2013）はしがき4頁以下。
[*49]　厳格な文理解釈によるとしても，文理解釈によって規定の意味内容を明らかにすることが困難な場合は，規定の趣旨目的に照らしてその意味内容を明らかにしなければならない，とされるが，「問題は，そこにいう規定の趣旨目的とは何か，それをどのように発見または認識するのか，規定の趣旨目的の理解と事案への当てはめが適切かどうかについては，何を基準または根拠として判断しうるのか，である。とりわけ，租税法の解釈において法の趣旨目的を確定することの積極的な意味は何か，その必要性と合理性は，どのような場面において認められるのか。法の趣旨目的を確定することによってどのような効果が生じるのか（法の趣旨目的を軽視することによってどのような問題が生じるのか）が問題となる。」（田中治「租税訴訟において法の趣旨目的を確定する意義と手法」伊藤編・前掲注（*2）127頁）との田中治教授の指摘は重要であり，この問題意識は要件事実論を議論するうえでとりわけ不可避の論点となる。
[*50]　今村隆教授は，裁判規範としての民法説について，裁判規範の構造を制度趣旨に基づき立証の困難性をも考慮に入れて決定した結果の裁判規範がそのように修正されていると考えるべきとするものであり，いわゆる修正法律要件分類説を鋭く批判する説であり，非常に魅力的な見解であり示唆に富んでいるとしながらも，「そもそも法規の規範構造のとらえ方など法律の解釈方法論についての根本的な問題を検討する必要があり，論者によっては異論のあり得る問題である」として慎重な検討が必要であるとされる（今村隆『課税訴訟における要件事実論〔改訂版〕』（日本租税研究協会，2013）10頁以下）。

第5　租税訴訟における主張立証責任の考え方

額と，その構成要素である収入金額及び必要経費ということができるが，これらの要件事実の存否に関する立証責任は租税行政庁にある[*51]。

ただし，所得の減額要因である必要経費については，法律要件分類説によっても，租税債権の減額もしくは消滅をもたらす特別な事情に該当する場合があると考えられる。ゆえに，必要経費を通常の必要経費と特別の経費に分類し，通常の必要経費の立証責任は，租税行政庁の側にあると解すべきであるが，特別経費については，原告に立証責任があると解すべき場合が想定される。

例えば大阪高判昭46・12・21[*52]は「必要経費の点を含め，課税所得の存在については，課税庁たる被控訴人に立証責任があることは，さきに述べたとおりであるが，必要経費の存在を主張，立証することが納税者にとって有利かつ容易であることに鑑み，通常の経費についてはともかくとして，控訴人らの主張する利息のような特別の経費については，その不存在について事実上の推定が働くものというべきであり，その存在を主張する納税者は，右推定を破る程度の立証を要するものと解するのが公平である。」として，立証責任の分配の基準を法律要件分類説に立脚しながら，証拠との距離と公平性などを考慮に入れた判断を下しており，参考になる。

貸倒損失も通常の経費とは異なり特別な経費に該当すると思われる。例えば，仙台地判平6・8・29[*53]は，「貸倒損失は，通常の事業活動によって，必然的に発生する必要経費とは異なり，事業者が取引の相手方の資産状況について十分に注意を払う等合理的な経済活動を遂行している限り，必然的に発生するものではなく，取引の相手方の破産等の特別の事情がない限り生ずることのない，いわば特別の経費というべき性質のものである上，貸倒損失の不存在という消極的事実の立証には相当の困難を伴うものである反面，被課税者においては，貸倒損失の内容を熟知し，これに関する証拠も被課税者が保持しているのが一般であるから，被課税者において貸倒損失となる債権の発生原因，内容，帰属及び回収不能の事実等について具体的に特定して主張し，貸倒損失の存在をある程度合理的に推認させるに足りる立証を行わない限り，事実上その不存

[*51]　最判昭38・3・3訟月9巻5号668頁は「所得の存在及びその金額について決定庁が立証責任を負うことはいうまでもないところである。」と明確に立証責任の所在を示している。
[*52]　大阪高判昭46・12・21税務訴訟資料63号1233頁。神戸地判昭53・9・22訟月25巻2号501頁以下参照。
[*53]　仙台地判平6・8・29訟月41巻12号3093頁。

在が推定されるものと解するのが相当である。」として，貸倒損失は特別経費に属しているゆえに一定程度の立証責任は納税者も負担すべきであると判示している。本件の判断は，控訴審及び上告審[54]においても維持された。

第6 むすび

　租税法律主義の実効性は，租税争訟制度により担保されるという構造にありながら，裁判規範としての租税法の役割を軽視してきた。ゆえに，租税訴訟における課税要件事実は何か，またその立証責任はいかに分配されるかといった，裁判官の法的判断の構造については，本稿で引用したように優れた研究は見られるが，研究が十分になされてきたとはいいがたい。

　本稿の目的は，要件事実論は租税法律主義の内容である課税要件明確主義の要請にとって有益であることを確認することにあった。すなわち，要件事実論が裁判規範としての租税法の不備を補完する理論であり，租税訴訟における納税者の予測可能性と法的安定性の確保に有益であるという，まさにこの命題を検証することが本稿の目的であった。

　詳細は本論に譲るが，本稿ではこの命題について以下のとおり検証ができた。

① 租税法は行為規範であるとともに裁判規範でもあるが，裁判規範としては法規定が不完全であり，法規定から要件事実は何か，そして，その立証責任の分配について容易に判別できないという法的な問題が存在する。要件事実論は，その規定の不備を補完する。

② 裁判規範としての租税法の機能を高めることは，租税訴訟における納税者を含めた訴訟当事者の裁判の行方に対する予測可能性の確保に有益である。

③ 租税訴訟における予測可能性の確保は，納税者が違法な課税処分を是正するための裁判を受ける権利を保障し，その結果は租税法律主義の機能を担保することになる。

④ 租税法の特殊性を理解したうえで租税訴訟における要件事実は何か，そして，その要件事実の立証責任の分配の基準について明らかにできた。

　最後に，租税訴訟における要件事実の主張立証責任の分配は，法律要件分類

---

[54] （控訴審）仙台高判平8・4・12税務訴訟資料216号44頁，（上告審）最判平8・11・22税務訴訟資料221号456頁。

第6 むすび

説が通説とされるが，有力説とされる伊藤滋夫教授の立証の公平を最終的な基準としつつ，立証の困難性も考慮に入れて当該実体法の制度趣旨を訴訟に最も適切に実現できるよう立証責任対象事実を決定する《裁判規範としての民法説》が法律要件分類説の限界を克服する考え方として評価できるものといえる。そして，侵害規範である租税法の解釈原理である文理解釈とも同説は融和する説といえることを指摘して本稿の結びとしたい。

第3章

租税手続法（国税通則法・国税徴収法）における要件事実

品 川　芳 宣

第1　租税手続法における要件事実論の特質
第2　納税義務の成立と税額の確定手続
第3　納付・徴収の手続
第4　更正決定等の処分と調査手続
第5　不服審査の手続

第1　租税手続法における要件事実論の特質

　「要件事実」については，租税法律主義における課税要件法定主義又は課税要件明確主義と称されるように，主として，課税関係すなわち実体法の見地から論じられる場合が多い。そのことは，租税訴訟の要件事実論においても変わりはない。

　しかしながら，租税法の法律関係の前提となる租税の債権債務関係は，実体法における課税要件（要件事実）が充足されたからといって，それのみで成立するわけではない。その債権債務関係は，実体法上の課税要件の充足後における税額の確定手続と確定税額の弁済（消滅）手続（納付，徴収等）によって確定し，変更する。更には，争訟手続において債権債務関係が変更することがある。

　そして，その確定手続と弁済手続には，債権債務関係の成立・消滅における固有の法律要件（それが，手続法上の要件事実にもなる）を有することになる。その法律要件を充足しないと，債権債務関係の基となる税額の確定と消滅に違法性を帯びることになる。その違法性は，主として，実体法上の要件事実の充足が争われる租税訴訟においても固有の争点となることがある。例えば，主要な

税額確定手続である更正・決定については，その更正・決定の手続について違法性（調査手続の違法性等）があれば，実体法上の課税要件の充足いかんにかかわらず，争訟手続の中で，当該更正・決定が取り消されることもある。その違法性の有無の判断は，手続法上の要件事実について行われることになる。

このような手続法上の要件事実は，主として，国税通則法，国税徴収法等の共通法[*1]と称される法律において定められる場合が多い。また，国税通則法においては，租税手続のみが定められているわけではなく，各種加算税の賦課決定（要件）のように，実体法としての性質を有するものも定められている。もっとも，各種加算税の賦課決定手続においては，各種加算税が行政制裁としての性質を有する[*2]がゆえに，実体法的な要件事実のほか手続法上の要件事実も問題になることがある。

なお，国税通則法，国税徴収法等に定められている手続法上の要件事実は，多種多様であるが，本稿では，紙幅の都合上，次の重要事項に限定して論じることとする。

① 納税義務の成立と税額の確定手続
② 納付・徴収の手続
③ 更正決定等の処分と調査手続
④ 不服審査の手続

第2　納税義務の成立と税額の確定手続

1　納税義務の成立と税額の確定方式

国税通則法 15 条 1 項は，「国税を納付する義務（源泉徴収による国税については，これを徴収して国に納付する義務。以下『納税義務』という。）が成立する場合には，その成立と同時に特別の手続を要しないで納付すべき税額が確定する国税を除き，国税に関する法律の定める手続により，その国税について納付すべき税額が確定されるものとする。」と定めている。

この規定により，税額の確定の前提として「納税義務の成立」があり，税額

[*1] 国税の代表的な共通法として，国税通則法，国税徴収法，国税犯則取締法等がある。
[*2] 国税についての行政制裁として課される附帯税には，不誠実な申告行為に対する各種加算税のほか，納付遅延に対する延滞税がある。

の確定手続には，「納税の義務の成立と同時に特定の手続を要しないで納付すべき税額が確定する」方法（以下「自動確定方式」という）と「国税に関する法律の定める手続」により確定する方法がある。

この場合の「納税義務の成立」について，国税通則法15条2項は，「納税義務は，次の各号に掲げる国税……については，当該各号に定める時（当該国税のうち政令で定めるものについては，政令で定める時）に成立する。」と定めている。同項には，1号から14号までに，税目（各種加算税を含む）別に納税義務の成立の時が定められている。例えば，所得税（源泉徴収による所得税を除く）は，暦年の終了の時であり，源泉徴収による所得税は，利子，配当，給与等の支払の時であり，法人税は，事業年度の終了の時であり，相続税及び贈与税は，財産の取得の時である。

また，国税通則法16条は，税額の確定手続について，前述の自動確定方式以外に，申告納税方式及び賦課課税方式が存することを定めている。以下，それぞれの確定方式の内容を確認する。

2　自動確定方式

自動確定方式について，国税通則法15条3項は，「納税義務の成立と同時に特別の手続を要しないで納付すべき税額が確定する国税は，次に掲げる国税とする。」と定めている。この自動確定方式が適用される国税は，次のとおりである。

① 予定納税に係る所得税
② 源泉徴収による国税
③ 自動車重量税
④ 印紙税（申告納税方式による印紙税を除く）
⑤ 登録免許税
⑥ 延滞税及び利子税

これらの国税のうち，争訟事件のおいて最も問題となるのが，源泉徴収による国税である。その中でも，給与所得に係る所得税の源泉徴収である。この点につき，所得税法183条1項は，「居住者に対し国内において第28条第1項……に規定する給与等……の支払をする者は，その支払の際，その給与等について所得税を徴収し，その徴収の日の属する月の翌月10日までに，これを国

に納付しなければならない。」と定めている。

　この源泉徴収義務を怠った者（源泉徴収義務者）は，税務署長から，「納税の告知」を受け（税通36条1項），不納付加算税（税通67条）と延滞税（税通60条1項）が徴収される。これらの処分に不服がある源泉徴収義務者は，それらの取消しを求めて争うことになるが，その場合には，自動確定方式の適法性[*3]，「給与等」の意義[*4]，「支払」の有無等が問題（争点）となる。

　このうち，「支払」については，納税義務が成立する「支払」（税通15条2項2号）と共通する手続法上の要件事実に関する論点である。例えば，大阪高判平15・8・27（税務訴訟資料253号順号9416）[*5]では，社会福祉法人理事長が同法人の資金を私的に流用（横領）した場合に，当該利得が所得税法28条1項に定める「給与等」に当たるか否かとともに，当該流用が「支払」に該当するか否かが争われたところ，同判決は，当該利得が「給与等」に当たると認定したうえで，当該流用を「支払」と認定している。その支払を認定する事実（論拠）が，要件事実となる。

3　申告納税方式

　国税通則法16条1項1号は，申告納税方式の意義について，「納付すべき税額が納税者のする申告により確定することを原則とし，その申告がない場合又はその申告に係る税額の計算が国税に関する法律の規定に従っていなかった場合その他当該税額が税務署長又は税関長の調査したところと異なる場合に限り，税務署長又は税関長の処分により確定する方式をいう。」と定めている。そして，国税通則法16条2項1号は，申告納税方式によって税額が確定する国税について，「納税義務が成立する場合において，納税者が，国税に関する法律の規定により，納付すべき税額を申告すべきものとされている国税」[*6]と

[*3]　自動確定方式の適法性については，同方式に基づく税額確定が一義的で明確であるということで，判例でも支持されている（最判平22・3・2民集64巻2号420頁・判タ1323号77頁・判時2078号8頁・税務訴訟資料260号順号11390）が，源泉徴収の対象となる所得の区分等が困難であるため，必ずしも明確とはいいがたい。
[*4]　給与所得の意義については，最判昭56・4・24民集35巻3号672頁・判タ442号88頁・判時1001号24頁等参照。
[*5]　詳細については，品川芳宣「重要租税判決の実務研究〔第3版〕」（大蔵財務協会，2014）486頁等参照。
[*6]　申告納税方式の起源については，品川芳宣『国税通則法講義』（日本租税研究協会，2015）20頁等参照。

定めている。

　このような申告納税方式について留意すべきことは、「納税申告」の法的性格を明らかにすべきであり、また、「申告納税」であるからといっても、納税者の申告行為によってのみ税額が確定するのではなく、申告内容によって、「税務署長又は税関長の調査」があり、当該調査に基づく「処分」によっても税額が確定することがあり得ることである。

　この「納税申告」の法的性格について、税制調査会の「国税通則法の制定に関する答申」(昭和36年)は、「納税者たる私人によってされる行為であり、その行為に納税義務の確定等公法上の法律効果が付与されることは疑いがない。……これを法律的にみた場合に、どのように解釈するかについては、種々の考え方がある。この申告の主要な内容をなすものは課税標準と税額であるが、その課税標準と税額が租税法の規定により、すでに客観的な存在として定まっている限り、納税者が申告するということは、これらの基礎となる要件事実を納税者が確認し、定められた方法で税額を確定してそれを政府に通知するにすぎない性質のものと考えられるから、これを一種の通知行為と解することが適当であろう。」[*7]と述べている。

　この答申の考え方を前提として、一般的には、納税申告とは「私人による公法行為」である、と解されている。要するに、納税申告は、納税者が自己の税額を税務署長に通知するものであるから、それが私人の行為であることには変わりはないが、それにより税額が確定するという公法上の効力が生じることになる。

　この場合問題となるのは、課税標準等を決定する実体法上の要件事実の有無とは別に、争訟上、納税申告の効力、納税申告の処分性等が問題となる。納税申告の効力については、納税申告が私人の行為であるがゆえに、民法上の意思の欠缺に関する規定がどこまで適用されるかが問題となる。この点については、種々の解釈問題が生じるのであるが[*8]、重要な点では、提出した納税申告書の撤回は認められず[*9]、錯誤に基づく納税申告については、「その錯誤が客観

[*7] 税制調査会「国税通則法の制定に関する答申（税制調査会第二次答申）及びその説明」(昭和36年7月) 52頁。
[*8] 品川・前掲注 (*6) 39頁等参照。
[*9] 鳥取地判昭44・6・19税務訴訟資料57号27頁、広島高松江支判昭45・9・28税務訴訟資料60号478頁等参照。

的に明白かつ重大」でない限り，当該申告の無効を主張できないと解されている[*10]。このような無効事由については，一つの要件事実と考えられる。

4 賦課課税方式

国税通則法16条1項2号は，賦課課税方式の意義について，「納付すべき税額がもっぱら税務署長又は税関長の処分により確定する方式をいう。」と定めている。この賦課課税方式によって税額が確定する国税は，前述の自動確定方式及び申告納税方式が適用される国税以外の国税に限られており（税通16条2項2号），具体的には，各種加算税と特定の間接税である。また，賦課課税方式に基づく処分について争訟上問題とされるのは，各種加算税の賦課決定に限られるが，その場合には，主として，実体的な要件事実の有無が問題とされる。

第3 納付・徴収の手続

1 納付・徴収の法的効果

租税法の法律関係の基となる債権債務関係については，前記第2で述べた税額確定手続によって国の債権が確定するが，納税者の債務たる確定税額は，原則として，その弁済によって消滅する。しかし，その弁済については，私法上の債務弁済とは異なって，税法（国税通則法，国税徴収法等）が定める所定の手続（納付・徴収）によって行われる。よって，その手続が適法でなければ（違法であれば），その弁済の効力が失われることになる。

2 国税の納付手続

国税通則法34条1項は，「国税を納付しようとする者は，その税額に相当する金銭に納付書……を添えて，これを日本銀行（国税の収納を行う代理店を含む。）又は国税の収納を行う税務署の職員に納付しなければならない。」と定めている。

このように，国税の納付については，金銭で所定の場所で納付しなければならないのであるが，所定の手続を経て，印紙，物納等によっても納付することができる（税通34条1項～3項）。また，その納付は，所定の手続によって，口

[*10] 最判昭39・10・22民集18巻8号1762頁・判タ169号134頁・判時391号5頁等参照。

座振替納付（税通34条の2）やコンビニエンス・ストア等の納付受託者に納付を委託することによってもできる（税通34条の3～34条の7）。

なお，国税通則法41条1項は，「国税は，これを納付すべき者のために第三者が納付することができる。」と定め，「納付すべき者」の同意がなくても第三者が納付できることを定めている。これは，民法474条1項が，「債務の弁済は，第三者もすることができる。ただし，その債務の性質がこれを許さないとき，又は当事者が反対の意思を表示したときは，この限りでない。」と定めていることに対する特則である。このように，国税通則法は，当該納税者の権利よりも，国税収入の確保を優先していることに留意を要する。

3 国税の徴収手続

(1) 納税の告知

前記**第2の2**で述べたように，源泉徴収による国税等は，自動確定方式によって税額が確定することになっているので，その確定した税額が法定納期限までに納付されないときには，直ちに差押え等の具体的な滞納処分が実施される前に，納税の請求が行われることになる。それが，納税の告知である。

すなわち，国税通則法36条1項は，「税務署長は，国税に関する法律の規定により次に掲げる国税……を徴収しようとするときは，納税の告知をしなければならない。」と定めている。

この納税の告知の対象になる国税は，①不納付加算税（それに代わる重加算税を含む），②源泉徴収による国税，③自動車重量税，及び④登録免許税である。この納税の告知については，争訟上，それが課税処分か徴収処分か，徴収処分の場合にそれが不服申立て（取消訴訟）の対象になるか否かが争われたことがある。この場合，課税処分であれば[*11]，不服申立て期間（処分を知った日の翌日から3月以内）を経過すれば，当該処分は無効事由がない限り不可争となるが，徴収処分であれば，その処分に係る誤納金について，それを請求することができる日から5年間争うことができる（税通74条）。

これらの問題については，最判昭45・12・24（民集24巻13号2243頁・判時616

[*11] 課税処分としての性質を有するものと判示したものとして，最判昭48・9・28税務訴訟資料71号388頁等参照。

第3　納付・徴収の手続

号28頁・金判250号2頁)*12が，納税の告知が徴収処分であることを明確にし，それが確定した税額が幾許であるかということの意見を税務署長が初めて公にしたものであるがゆえに，不服申立て（取消訴訟）の対象になる旨判示したことにより，その解釈が確定した。

なお，納税の告知についての要件事実は，手続上は，当該国税が「その法定納期限までに納付されなかった」か否かであるが，実質的には，自動確定方式で述べたところの「支払」の有無等が争いの対象になる。

(2)　督　　促

国税について確定した税額及び納税の告知を受けた税額がその納期限までに納付されないときには，原則として，税務署長による督促が行われる。すなわち，国税通則法37条1項は，「納税者がその国税を第35条……又は前条第2項の納期限……までに完納しない場合には，税務署長は，その国税が次に掲げる国税である場合を除き，その納税者に対し，督促状によりその納付を督促しなければならない。」と定めている。

この督促は，後述する具体的な滞納処分の前提となるものであるが，後述する繰上請求のように，督促を待つまでもなく，具体的な滞納処分が行われることがある。かくして，督促については，争訟上，処分性の有無が問題とされるところであるが，最判平5・10・8（裁判集民事170号1頁・判タ863号133頁・判時1512号20頁・訟月40巻8号2020頁）は，納税者は一定の日までに督促に係る国税を完納しなければ滞納処分の地位に立たされる（不利益を受ける）から，処分性はある旨判示している。

(3)　繰上請求

前記(2)で述べたように，当該国税の納期限までに納付されなかった場合には，督促を経て，具体的な滞納処分が開始されることになるが，徴収当局（税務署長）は，そのような手続を経ていたら当該国税の納期限までに完納が覚束ないと判断したときは，当該納期限を繰り上げてその納付を請求し，あるいは，確定していない税額について滞納処分に必要な金額を決定して具体的な滞納処分を開始することができる。

すなわち，国税通則法38条1項は，「税務署長は，次の各号のいずれかに該当する場合において，納付すべき税額の確定した国税……でその納期限までに

---

*12　評釈については，村上義弘・租税判例百選〈第3版〉〔別冊ジュリ120号〕170頁等参照。

完納されないと認められるものがあるときは，その納期限を繰り上げ，その納付を請求することができる。」と定めている。「次の各号」には，以下のように定められている。

① 納税者の財産につき強制換価手続が開始されたとき。
② 納税者が死亡した場合において，その相続人が限定承認したとき。
③ 法人である納税者が解散したとき。
④ その納める義務が信託財産責任負担債務である国税に係る信託が終了したとき。
⑤ 納税者が納税管理人を定めないでこの法律の施行地に住所及び居所を有しないこととなるとき。
⑥ 納税者が偽りその他不正の行為により国税を免れ，もしくは免れようとし，もしくは国税の還付を受け，もしくは受けようとしたと認められるとき，又は納税者が国税の滞納処分の執行を免れ，もしくは免れようとしたと認められるとき。

以上の①から⑥までの事実が，繰上請求の主たる要件事実となる。

この繰上請求は，確定した税額が納期限までに完納されないことが認められるときには，例えば，更正又は決定によって確定した税額の納期限は当該更正通知書等が発せられた日の翌日から起算して1月を経過する日である（税通35条2項1号）ので，その納期限までの1月を繰り上げることにとどまる。

これに対し，税額が確定していない国税についても，繰上請求が行われることがある。すなわち，国税通則法38条3項は，「第1項各号のいずれかに該当する場合において，次に掲げる国税（納付すべき税額が確定したものを除く。）でその確定額においては当該国税の徴収を確保することができないと認められるものがあるときは，税務署長は，その国税の法定申告期限……前に，その確定すると見込まれる国税の金額のうちその徴収を確保するため，あらかじめ，滞納処分を執行することを要すると認める金額を決定することができる。この場合においては，その税務署の当該職員は，その金額を限度として，直ちにその者の財産を差し押さえることができる。」と定めている。この繰上請求の対象となる国税は，次のとおりである（税通38条3項1号～3号）。

① 納税義務の成立した国税（課税資産の譲渡等に係る消費税を除く）
② 課税期限が経過した課税資産の譲渡等に係る消費税

③　納税義務の成立した消費税の中間申告の規定による申告書に係る消費税

　この国税通則法38条3項に基づく繰上請求は，例えば，申告所得税であれば，12月31日が経過すると，その日を含む年分の所得税について，翌年3月15日の法定申告期限を待つまでもなく，見積り年税額を決定し，直ちに具体的な滞納処分を執行できることになる。

　以上の繰上請求のうち国税通則法38条1項については，税額が確定した国税の納期限を繰り上げるだけであるので，そのこと自体特に問題になることも少ないであろう。しかし，前記同項6号の「……偽りその他不正の行為により国税を免れ……」の要件事実については，国税通則法上の延滞税の賦課期間（税通61条1項），更正決定等の期間制限（税通70条4項），及び徴収権の消滅時効（税通73条3項）又は各税法上の罰則規定（所税239条1項）と同じ用語が使用されているので，その解釈の共通性の有無とそれぞれの解釈のあり方や事実認定のあり方が問題となる[*13]。

　また，国税通則法38条3項に基づく繰上請求については，確定税額を見積って滞納処分に必要な金額を決定するわけであるが，その決定においては，それぞれの税法に定める課税要件事実に基づき，それぞれの税額を見積って決定をする必要がある。

(4) 具体的な滞納処分

　国税通則法40条は，「税務署長は，第37条……の規定による督促に係る国税がその督促状を発した日から起算して10日を経過した日までに完納されない場合，第38条第1項……の規定による請求に係る国税がその請求に係る期限までに完納されない場合，その他国税徴収法に定める場合には，同法その他の法律の規定により滞納処分を行なう。」と定めている。

　国税がそれぞれの納期限までに完納されない場合又は完納されないと見込まれる場合には，前述したように，国税通則法では督促又は繰上請求により，当該国税の納付を請求するが，それでも完納されないときは，具体的な滞納処分が行われることになる。具体的な滞納処分については，主として，国税徴収法に定めるところによるが，主要な処分として，財産の差押え（税徴47条～81条），交付要求（税徴82条～88条），財産の換価（税徴89条～127条），換価代金等の配

---

*13　これらの解釈論については，品川芳宣『附帯税の事例研究〔第4版〕』（財経詳報社，2012）397頁等参照。

当（税徴128条〜135条）等がある。

　このような滞納処分のうち，財産の差押えについては，前述の督促や繰上請求による所定の日までに当該国税が完納されないことを差押えの要件とし（税徴47条1項），各財産について差押方法が定められている（税徴56条〜74条）。また，所定の財産について差押えが禁止されているが，例えば，「滞納者及びその者と生計を一にする配偶者……，その他の親族……の生活に欠くことができない衣服，寝具，家具，台所用具，畳及び建具」（税徴75条1項1号）が禁止されているところ。その場合に，「生活に欠くことができない衣服」等の要件事実の認定が問題となる。

(5) 詐害行為取消・第二次納税義務

　国税の徴収手続には，前述の通常の徴収手続のほか，滞納者が滞納処分等を免れること等のためにした資産の譲渡等につき，税務署長が，当該資産の譲渡等を取り消したり（詐害行為の取消し），当該資産の譲渡等における譲受者等に納税義務を課す（第二次納税義務）ことによって，当該滞納税額の回収を図ることがある。これらの場合には，実体法における課税要件事実に共通する要件事実が問題になることがある。

　すなわち，国税通則法42条は，「民法第423条……及び第424条（詐害行為取消権）の規定は，国税の徴収に関して準用する。」と定めている。そして，民法424条1項は，「債権者は，債務者が債権者を害することを知ってした法律行為の取消しを裁判所に請求することができる。ただし，その行為によって利益を受けた者又は転得者がその行為又は転得の時において債権者を害すべき事実を知らなかったときは，この限りでない。」と定めている。

　この民法の規定を準用して詐害行為を取り消す場合には，客観的要件として，納税者が国税を害する法律行為をしたこと，主観的要件として，納税者及び受益者又は転得者が悪意であるということが必要となる。また，詐害行為の取消しについては，通常，滞納税額に係る財産処分等の法律行為が対象になるが，特に，国税の徴収手続においては，国税の納税義務成立前の法律行為が対象になるか否かが問題となる。

　例えば，法人がその清算にあたり，事業年度の途中において土地等の残余財産を譲渡して，その代金の全部を関係会社の債務の弁済に充てた場合，当該事業年末に当該譲渡に係る法人税の納税義務が成立し，税額の確定手続（申告又

は決定)を要することもあるが,当該納税義務の成立前又は税額の確定前の弁済につき,当該弁済を取り消すことができるかという問題が生じる。この点については,既に,佐賀地判昭32・12・15(訟月4巻2号163頁),大阪高判平2・9・27(訟月37巻10号1769頁)[*14]等によって,当該納税義務の成立前においても,当該弁済を取り消すことができることが容認されている。よって,特に,このような場合に,前述の詐害行為取消要件についての要件事実の認定が問題となる。

次に,詐害行為取消権の行使に類似した制度として,国税徴収法32条以下に定める第二次納税義務がある。しかも,前述の詐害行為取消権の行使が裁判所の手続を要することもあって,徴収実務においては,第二次納税義務による請求が優先して行われている。特に,詐害行為の取消しと競合する場合が多い国税徴収法39条は,「滞納者の国税につき滞納処分を執行してもなおその徴収すべき額に不足すると認められる場合において,その不足すると認められることが,当該国税の法定納期限の1年前の日以後に,滞納者がその時点につき行った政令で定める無償又は著しく低い額の対価による譲渡……,債務の免除その他第三者に利益を与える処分に基因すると認められるときは,これらの処分により権利を取得し,又は義務を免れた者は,これらの処分により受けた利益が現に存する限度……において,その滞納に係る国税の第二次納税義務を負う。」と定めている。

この場合にも,当該第二次納税義務を課すための要件事実として,「無償又は著しく低い額の対価による譲渡,債務の免除その他第三者に利益を与える処分」に該当するか否かがそれぞれの事実関係の下で問題となる。

第4　更正決定等の処分と調査手続

1　更正決定等と調査の関係

(1)　更正決定等の前提としての調査

税務署長は,国税の税額の決定又は徴収の手続において,更正,決定,賦課決定,納税の告知等の多くの処分を行う。この場合,当該処分の前提として,調査を伴うことが多い。例えば,国税通則法24条は,「税務署長は,納税申告

[*14]　評釈については,品川芳宣・租税判例百選〈第3版〉〔別冊ジュリ120号〕172頁等参照。

書の提出があった場合において、その納税申告書に記載された課税標準等又は税額等の計算が国税に関する法律の規定に従っていなかったとき、その他当該課税標準等又は税額等がその調査したところと異なるときは、その調査により、当該申告書に係る課税標準等又は税額等を更正する。」と定めている。

また、納税申告書の提出が存しない賦課決定についても、国税通則法32条1項は、「税務署長は、賦課課税方式による国税については、その調査により、課税標準申告書を提出すべき期限（課税標準申告書の提出を要しない国税については、その納税義務の成立の時）後に、次の各号の区分に応じ、当該各号に掲げる事項を決定する。」と定めている。

このような税務署長による処分は、多くの場合、その調査を前提としている（税通16条1項1号・23条4項・25条・26条・27条・65条5項・66条5項・67条2項・68条1項等参照）。

かくして、税務署長による処分は、調査が前提になっているにもかかわらず、調査がなかったとき、その調査の手続・内容が違法であったときに、当該処分の効力（違法性）が問題となる。その場合には、調査それ自体の意義、調査が違法となる場合の手続上の瑕疵等が問題となる。

(2) 調査の違法性と処分の効力

前述の処分と調査との関係からすると、調査を欠いた処分の効力（違法性）と調査が不当又は違法性がある場合の処分の効力（違法性）が問題となるが、これらの点につき、名古屋高判昭51・4・19（税務訴訟資料94号134頁）は、次のとおり判示している。

「更正処分をなすにあたり、税務署長において全く調査をなすことを怠った場合には、当該更正はこれをなしうべき前提要件を欠くことになるので違法となるものと解すべきであり、また質問検査権の行使が社会通念上相当と認められる限度を超えて濫用にわたった場合など調査手続に重大な違法があり、しかもその調査のみにもとづいて更正がなされたような場合には、当該更正は調査せずになされたものと同視すべきであり、違法として取消されるものと解すべきである。」

このような調査と処分の効力（違法性）については、従前の裁判例（判例）において共通している[15]。かくして、調査とは何かという調査の意義、調査の手

---

[15] 名古屋高判昭51・9・29税務訴訟資料89号792頁、大阪地判昭49・1・31訟月20巻7号108

第4　更正決定等の処分と調査手続

続（質問検査権の行使の方法，程度等）が問題となる。以下，それらの点について述べる。

(3)　「調査」の意義

　税務署長のどのような行政手続をもって「調査」と定義するかは，税務署長又は納税者の利害に関わることになる。すなわち，前述したように，「調査」があったか否かによって「処分」の効力に関わったり，あるいは，各種加算税の免除・軽減の前提となる（税通65条5項等）ので，税務署長にとっては，「調査」の範囲を広く解したいところであろうし，納税者にとってはその逆であろう。そのため，従前の裁判例においても，「調査」の意義について税務署長と納税者との間で争われてきた。

　かくして，大阪地判昭45・9・22（行集21巻9号1148頁・判タ259号283頁・訟月17巻1号91頁）が，次のとおり判示したことにより，結着をみてきた。

　「そもそも通則法24条にいう調査とは，被告住吉税務署長の主張するように，課税標準等または税額等を認定するに至る一連の判断過程の一切を意味すると解せられる。すなわち課税庁の証拠資料の収集証拠の評価あるいは経験則を通じての要件事実の認定，租税法その他の法令の解釈適用を経て更正処分に至るまでの思考，判断を含むきわめて包括的な概念である。」

　この考え方は，税務署が納税者の申告の適否や申告の要否について行うすべての作業（手続）を含むことになるから，税務署の実務に照らし妥当なものと解せられる。よって，「調査」の有無についても，当該作業（手続）があったか否かがその要件事実となる。

　ところが，国税庁は，平成23年12月の国税通則法の改正で税務調査手続を大幅に改正したことに対応し，平成24年9月12日付で，「国税通則法第7章の2（国税の調査）関係通達の制定について（法令解釈通達）」（以下「調査通達」という）を発出し，その中で，「調査」の意義を明らかにし，従来の考え方を大きく変えた。

　すなわち，調査通達1-1(1)は，「法第7章の2において『調査』とは，国税……に関する法律の規定に基づき，特定の納税義務者の課税標準等又は税額等を認定する目的その他国税に関する法律に基づく処分を行う目的で当該職員が行う一連の行為（証拠資料の収集，要件事実の認定，法令の解釈適用など）をいう。」

頁，大阪地判昭46・9・14訟月18巻1号44頁・税務訴訟資料63号529頁等参照。

と定め，前掲大阪地判昭45・9・22の考え方を踏襲したかのようであるが，次のように，「調査」の範囲を大幅に縮小した。

すなわち，調査通達1-2は，「当該職員が行う行為であって，次に掲げる行為のように，特定の納税義務者の課税標準等又は税額等を認定する目的で行う行為に至らないものは，調査には該当しないことに留意する。」と定め，納税者が提出した納税申告書の審理において，添付資料の欠落，計算誤り，適用誤り等について指摘し，その是正（修正申告書の提出等）を求める行為，納税申告書の提出がないことについて関係資料を確認したうえでその是正（期限後申告書の提出等）を求める行為等は，「調査」には該当しないとした。これは，前掲大阪地判昭45・9・22の考え方を大幅に変更するものである。そのため，調査通達発出後は，「調査」の有無については，当該通達が定めた「調査」に該当しない事項（要件事実）の該非によって判断されることになる。

(4) 「調査」の程度等

前記(2)で述べたように，調査手続に重大な違法性があれば，当該調査に基づく更正等の処分は違法性を帯びることになる。この場合，調査手続の重大な違法性は，当該調査がどのような程度等で行われたかが問題となる。この調査の程度等の解釈については，平成23年12月の国税通則法改正までは，最決昭48・7・10（刑集27巻7号1205頁・判タ298号114頁・判時708号18頁）[*16]が，次のとおり判示したことにより，それが判例法として機能していた。

「この場合の質問検査の範囲，程度，時期，場所等実定法上特段の定めのない実施の細目については，右にいう質問検査の必要があり，かつ，これと相手方の私的利益との衡量において社会通念上相当な限度にとどまるかぎり，権限ある税務職員の合理的な選択に委ねられているものと解すべく，また，暦年終了前または確定申告期間経過前といえども質問検査が法律上許されないものではなく，実施の日時場所の事前通知，調査の理由及び必要性の個別的，具体的な告知のごときも，質問検査を行なううえの法律上一律の要件とされているものではない。」

しかし，前述の国税通則法改正において，具体的な調査手続が同法に規定されたことによって，前掲最判昭48・7・10の考え方は，大幅に変更されることになった。その調査手続等の主要な事項は，次のとおりである。

  *16　評釈については，小早川光郎・租税判例百選〈第3版〉〔別冊ジュリ120号〕166頁等参照。

2　税務調査の主要手続

(1)　納税者に対する調査の事前通知
(a)　事前通知を要する事項

　国税通則法74条の9第1項は、「税務署長等……は、国税庁等又は税関の当該職員……に納税義務者に対し実地の調査……において第74条の2から第74条の6まで……の規定による質問、検査又は提示若しくは提出の要求……を行わせる場合には、あらかじめ、当該納税義務者……に対し、その旨及び次に掲げる事項を通知するものとする。」と定めている。この規定により、事前通知を要する事項は、次のとおりである（税通74条の9第1項1～7号）。

① 　質問検査等を行う実地の調査（以下「調査」という）を開始する日時
② 　調査を行う場所
③ 　調査の目的
④ 　調査の対象となる税目
⑤ 　調査の対象となる期間
⑥ 　調査の対象となる帳簿書類その他の物件
⑦ 　その他調査の適正かつ円滑な実施に必要なものとして政令で定める事項

　上記⑦の「政令で定める事項」は、国税通則法施行令30条の4第1項が、①調査の相手方である納税義務者の氏名及び住所又は居所、②調査を行う当該職員の氏名及び所属官署、③調査の日時及び場所を変更する場合にはそれらの事項、及び④通知した事項以外に調査できる旨の規定（税通74の9第4項）の趣旨、である。

　これらの事前通知を要する事項については、それらが適切に通知されたか否かが、原則として、当該調査の適法性の要件（要件事実）になるものと考えられる。

(b)　事前通知事項の変更

　国税通則法74条の9第2項は、「税務署長等は、前項の規定による通知を受けた納税義務者から合理的な理由を付して同項第1号又は第2号に掲げる事項について変更するよう求めがあった場合には、当該事項について協議するよう努めるものとする。」と定めている。

　この規定により、事前通知した日時及び場所は変更可能であるが、同規定に

いう「合理的な理由」については,「納税義務者等（税務代理人を含む。……）の病気・怪我等による一時的な入院や親族の葬儀等の一身上のやむを得ない事情，納税義務者等の業務上やむを得ない事情」（調査通達4-6）等と解されている。

次に，国税通則法74条の9第4項は，「第1項の規定は，当該職員が，当該調査により当該調査に係る第3号から第6号までに掲げる事項以外の事項について非違が疑われることとなった場合において，当該事項に関し質問検査等を行うことを妨げるものではない。この場合において，同項の規定は，当該事項に関する質問検査等については，適用しない。」と定めている。

この規定は，調査の進展において必然的に通知事項以外の事項の調査の必要性が生じることを予測して定めたものであろうが，税務調査の特質に照らし当然のことであると考えられる。その意味では，国税通則法74条の9第1項3号から6号までの事項は，事前通知の例示的事項と解することができる。

(c) 事前通知を要しない場合

国税通則法74条の10は，「前条第1項の規定にかかわらず，税務署長等が調査の相手方である同条第3項第1号に掲げる納税義務者の申告若しくは過去の調査結果の内容又はその営む事業内容に関する情報その他国税庁等若しくは税関が保有する情報に鑑み，違法又は不当な行為を容易にし，正確な課税標準等又は税額等の把握を困難にするおそれその他国税に関する調査の適正な遂行に支障を及ぼすおそれがあると認める場合には，同条第1項の規定による通知を要しない。」と定めている。

この規定により，事前通知をしない調査について違法性が阻却されることになるが，上記の阻却事由（要件事実）について税務署長等が立証責任を負うものと解される。なお，調査通達は，当該阻却事由が合理的に推認される場合としている（調査通達4-9）。

3　調査の終了の際の手続

(1)　調査終了の通知

国税通則法74条の11第1項は，「税務署長等は，国税に関する実地の調査を行った結果，更正決定等……をすべきと認められない場合には，納税義務者であって当該調査において質問検査等の相手方となった者に対し，その時点において更正決定等をすべきと認められない旨を書面により通知するものとす

第4　更正決定等の処分と調査手続

る。」と定めている。

また，国税通則法74条の11第2項は，「国税に関する調査の結果，更正決定等をすべきと認める場合には，当該職員は，当該納税義務者に対し，その調査結果の内容（更正決定等をすべきと認めた額及びその理由を含む。）を説明するものとする。」と定めている。

上記の調査終了後の各通知は，特に，2点について留意する必要がある。一つは，後述するように，一度調査を終了すると，「新たに得られた情報」（税通74条の11第6項）がない限り，再調査が事実上不可能になるということである。二つは，通知される更正決定等の金額及びその理由は，税務署長等のその調査における最終的判断が示されることになるから，後の更正決定等を拘束するということになる。よって，それらに反する場合には，当該調査手続について違法性を惹起することも考えられる。そして，そのことが，最近の税務調査が遅延する最大の理由になっているものと考えられる[17]。

(2) 修正申告等の勧奨

国税通則法74条の11第3項は，「前項の規定による説明をする場合において，当該職員は，当該納税義務者に対し修正申告又は期限後申告を勧奨することができる。この場合において，当該調査の結果に関し当該納税義務者が納税申告書を提出した場合には不服申立てをすることはできないが更正の請求をすることはできる旨を説明するとともに，その旨を記載した書面を交付しなければならない。」と定めている。

この規定は，税務調査後一般的に修正申告等が慫慂されている実務を法的にオーソライズしたものであろうが，国税通則法は，もともと，同法24条が「税務署長は，……その調査により，当該申告書に係る課税標準等又は税額等を更正する。」[18]と定めるなど，税務調査後の更正決定等の処分を原則としているところであるので，それらの間の整合性が問題になる。

なお，修正申告等につき「不服申立てをすることはできない」とする点については，当該修正申告等に無効事由があれば[19]，不服申立て又は無効等確認の訴え（行訴3条4項）の提起も可能であることに留意する必要がある。

---

[17] 品川・前掲注（*6）92頁等参照。
[18] 青色申告書の更正に係る理由附記の程度について裁判所の考え方が厳しくなるまで（昭和40年代前半）は，税務調査後，法律どおり更正が行われていた。
[19] 前掲注（*10）の判決等参照。

(3) 再調査の制限

　国税通則法74条の11第6項は，「第1項の通知をした後又は第2項の調査……の結果につき納税義務者から修正申告書若しくは期限後申告書の提出若しくは源泉徴収による所得税の納付があった後若しくは更正決定等をした後においても，当該職員は，新たに得られた情報に照らし非違があると認めるときは，第74条の2から第74条の6まで……の規定に基づき，当該通知を受け，又は修正申告書若しくは期限後申告書の提出若しくは源泉徴収による所得税の納付をし，若しくは更正決定等を受けた納税義務者に対し，質問検査等を行うことができる。」と定めている。

　この規定が平成23年12月に制定されるまでは，税務署長は，更正決定等の期間制限（税通70条・71条）内においては，納税申告書を提出し，又は提出しなかった納税者に対し，任意に調査し，非違を発見した時には更正決定等ができる（税通16条・24条～27条等参照）と解されていた。ところが，上記規定の制定により，税務署長は前記(1)の調査終了の通知等を行った時には，税務署長は，「新たに得られた情報」がない限り，再調査も，それに基づく更正決定等もできないものと解される余地を残す（違法性が生じる）こととなった。その場合には，「新たに得られた情報」とは何か，「非違があると認めるとき」とはどのような条件があるときか，という要件事実が問題となる。

　もっとも，国税通則法16条，24条ないし27条，70条等の各規定は，平成23年改正前と同じ規定であるから，同法74条の11第6項の規定を再調査を慎重に行うべしとする訓示的規定と解することができれば，「新たに得られた情報」がない場合の再調査も違法性が生じないことになる。

4　更正決定等の理由附記

　平成5年に制定された行政手続法は，行政庁が，申請により求められた許認可等を拒否する処分又は不利益処分（行手2条4号）をする場合には，それぞれの処分について書面により理由を示さなければならない旨定めている（行手8条・14条）。これらの規定については，平成5年の国税通則法の改正により，国税に関する法律に基づき行われる処分には適用除外とされていた（平成23年12月改正前の税通74条の2）。しかし，平成23年12月の国税通則法の改正により，前述の行政手続法8条及び14条の各規定が国税に関する法律に基づき行われ

る処分に全面的に適用されることとなった（税通74条の14第1項）。

そのため，青色申告に係る更正（所税155条，法税130条）等において求められてきた理由附記の趣旨，程度等が，国税に関するすべての処分にも求められることとなる。この点につき，青色申告に係る更正の理由の趣旨，程度等を判示し，その判例法の基となった最判昭38・5・31（民集17巻4号617頁・判タ146号151頁）[20]は，次のとおり判示している。

「一般に，法が行政処分に理由を附記すべきものとしているのは，処分庁の判断の慎重・合理性を担保してその恣意を抑制するとともに，処分の理由を相手方に知らせて不服の申立に便宜を与える趣旨に出たものであるから，その記載を欠くにおいては処分自体の取消を免れないものといわなければならない。ところで，どの程度の記載をなすべきかは，処分の性質と理由附記を命じた各法律の規定の趣旨・目的に照らしてこれを決定すべきであるが，所得税法（……）45条1項の規定は，申告にかかる所得の計算が法定の帳簿組織による正当な記載に基づくものである以上，その帳簿の記載を無視して更正されることがない旨を納税者に保証したものであるから，同条2項が附記すべきものとしている理由には，特に帳簿書類の記載以上に信憑力のある資料を摘示して処分の具体的根拠を明らかにすることを必要とすると解するのが相当である。」

かくして，国税に関する各処分の理由附記の適法性（違法性）については，上記最判昭38・5・31の考え方に照らして判断されることになる。

5 更正決定等の期間制限

国税の更正決定等は，法定申告期限等から一定期間を経過すると，それをすることはできないとされている。これを期間制限というが，この期間制限は，時効のような中断・停止がなく，それが期間経過により絶対的に制限されるので，除斥期間とも称される。

この期間制限は，原則として，法定申告期限から5年を経過する日までである（税通70条1項）が，偽りその他不正の行為により税額を免れている場合には7年（税通70条4項）等の例外が設けられている（税通70条1項括弧書・2項・3項・71条等）。

かくして，これらの期間制限の前提となる要件に照らして，当該更正決定等

---

[20]　評釈については，高柳信一・租税判例百選〈第2版〉〔別冊ジュリ79号〕156頁等参照。

が期間制限を経過した違法なものであるか否か等が判断されることになる。

第5　不服審査の手続

1　総　　則

(1)　不服申立ての区分

国税通則法75条1項は，「国税に関する法律に基づく処分で次の各号に掲げるものに不服がある者は，当該各号に定める不服申立てをすることができる。」と定め，「次の各号」は，次のとおり定めている。

「一　税務署長，国税局長又は税関長がした処分……　次に掲げる不服申立てのうちその処分に不服がある者の選択するいずれかの不服申立て
  イ　その処分をした税務署長，国税局長又は税関長に対する再調査の請求
  ロ　国税不服審判所長に対する審査請求
二　国税庁長官がした処分　国税庁長官に対する審査請求
三　国税庁，国税局，税務署及び税関長以外の行政機関の長又はその職員がした処分　国税不服審判所長に対する審査請求」

以上のように，不服申立ては，すべての処分について国税不服審判所長又は国税庁長官に対する審査請求が可能であり，税務署長，国税局長又は税関長がした処分に限り，再調査の請求を選択できることとされている。また，国税庁等以外の行政機関には，登録免許税を処理（処分）する登記機関がある。なお，平成28年3月31日まで施行されていた国税通則法の下では，原則として，原処分庁に対する異議申立てと国税不服審判所長に対する審査請求の二審制が採用されていた。

(2)　不服申立てができる処分（処分性）

(a)　「処分」の意義

前記(1)で述べたように，「国税に関する法律に基づく処分」に不服がある者は，不服申立てができるが，当該「処分」の意義（処分性）をめぐる争いは多い。例えば，国税通則法37条に定める「督促」については，かつては処分性が否定されていた[21]が，最判平5・10・8（裁判集民事170号1項・判タ863号133頁・判時1512号20頁・税務事例26巻1号27頁）は，督促を受けたときは一定の日まで

---

[21]　東京高判昭47・5・17税務訴訟資料65号968頁等。

に完納しなければ滞納処分を受けるということで，その処分性を認めている。

　また，自動確定方式によって確定している税額についての納税の請求である源泉所得税に係る納税の告知（税通36条1項）については，課税庁が初めて税額を確認して通知するものであるということで処分性が認められている[*22]が，同じく自動確定方式の下での確定税額に係る延滞税の催告通知については，その処分性が否定されている[*23]。

　そのほか，国税通則法57条に定める「充当」については，かつては，処分性が否定されていた[*24]が，その後，処分性が認められるようになった[*25]。また，税務調査後の税務署長等による申告是認通知につては，従来，処分性が否定されてきた[*26]が，平成23年12月改正後の国税通則法の下では，調査後の法定事項とされている（税通74条の11第1項）ので，今後法的性格が変わる可能性がある。

　以上のように，何が「国税に関する法律に基づく処分」に該当するかは，その該当性（解釈論）が不服申立て適法性（違法性）の要件事実となる。

(b) **不服申立ての利益**

　形式的には，「国税の法律に関する処分」であっても，その処分によって納税者の権利又は法律上の利益が害されていなければ，当該処分について不服申立てができないものと解されている。例えば，減額更正については，不服申立ての利益がないとする裁判例[*27]とその内容によって不服申立ての利益を認める裁判例[*28]に分かれている。この場合にも，処分性と同様に考えることができる。

(c) **不服申立てができない処分**

　以上の処分性等の解釈論とは別に，国税通則法の規定によって，不服申立てができない処分がある。すなわち，国税通則法76条1項は，「次に掲げる処分については，前条の規定は，適用しない。」と定め，①国税通則法第8章第1

[*22] 最判昭45・12・24民集24巻13号2243頁・判時616号28頁・金判250号2頁等参照。
[*23] 東京地判昭41・6・16判タ194号162頁・税務訴訟資料44号789頁，最判平6・9・13税務訴訟資料205号405頁等。
[*24] 東京地判昭34・11・11下民10巻11号2410頁・判時210号14頁・税務訴訟資料29号1161頁он
[*25] 最判平6・4・19裁判集民事172号363頁・判タ864号204頁・判時1513号94頁等。
[*26] 東京地判昭35・12・21行集11巻12号3315頁等。
[*27] 最判昭46・3・25裁判集民事102号329頁・訟月17巻8号1348頁等。
[*28] 東京高判昭49・4・24税務訴訟資料75号203頁等。

節(不服審査)又は行政不服審査法の規定による処分その他国税通則法75条の規定による不服申立てについてした処分，及び②行政不服審査法7条1項7号(国税犯則取締法等に基づく処分)に掲げる処分を，国税通則法が定める不服審査の対象から除外している。

また，国税通則法76条2項は，「この節の規定により処分その他不服申立てについてする処分に係る不作為については，行政不服審査法第3条(不作為についての審査請求)の規定は，適用しない。」と定めている。

かくして，国税通則法の定めによる再調査の請求に係る決定，国税不服審判所の裁決等は，それらの処分に不服があるときには，直接，裁判所に対して裁決の取消しの訴え(行訴3条3項)を提起することを要し，各処分に係る不作為については，行政不服審査法に定める手続によることになる。

(3) 不服申立期間

次に，不服申立ての適法性が問題となるのは，当該不服申立てが法定の期間内に行われたか否かである。この点について，国税通則法77条1項は，「不服申立て……は，処分があったことを知った日(処分に係る通知を受けた場合には，その受けた日)の翌日から起算して3月を経過したときは，することができない。ただし，正当な理由があるときは，この限りでない。」と定めている。

また，国税通則法77条2項は，「第75条第3項の規定による審査請求は，第84条第10項……の規定による再調査決定書の謄本の送達があった日の翌日から起算して1月を経過したときは，することができない。ただし，正当な理由があるときは，この限りでない。」と定め，同条3項は，「不服申立ては，処分があった日の翌日から起算して1年を経過したときは，することができない。ただし，正当な理由があるときは，この限りでない。」と定め，同条4項は，「第22条(郵送等に係る納税申告書等の提出時期)の規定は，不服申立てに係る再調査の請求書又は審査請求書について準用する。」と定めている。

かくして，不服申立ての適法性が争われる前提となる不服申立て期間は，初回の不服申立ては処分があったことを知った日の翌日から起算して3月以内であり，再調査の請求を経て審査請求をするときは，再調査決定書の謄本の送達があった日の翌日から起算して1月以内である。この場合，期間の計算や「3月」又は「1月」の例外については，「処分があったことを知った日」，「処分があった日」(不服審査基本通達77-4等)，「正当な理由」(同通達77-1等)，国税通則法22

第5 不服審査の手続

条の規定等についての解釈である*29。したがって，不服申立ての適法性が問題となる争訟事件において不服申立期間が争点となる場合には，上記の各解釈による「正当な理由」等の該非が要件事実となる。

2 再調査の請求

前述したように，平成28年4月1日施行の現行法の下では，国税についても，不服申立制度における二審制が廃止され，原則的には，国税不服審判所長（又は国税庁長官）に対する審査請求に一本化された。しかし，原処分庁に対する処分の見直しを求めるため，税務署長，国税局長又は税関長がした処分に限って，当該各処分庁に対して当該処分の見直しのための再調査の請求を求めることができるとされた（税通75条1項1号）。

また，前述したように，再調査の請求に対する決定は，それに不服があっても，それ自体について不服申立ての対象にはならず，それに不服があれば，直接，裁判所に対して，裁決の取消しの訴えを提起せざるを得ない。しかも，当該決定が取り消されたとしても，原処分それ自体に違法性が生じるわけではなく，当該原処分に対しては，別途，処分の取消しの訴え（行訴3条2項）を提起せざるを得ない。

他方，再調査の請求については，決定の方法（税通83条），決定の手続等（税通84条）等について，不服申立人の権利救済のため詳細な規定が設けられており，それらの手続規定に反した場合には，当該決定について違法（取消し）事由が生ずる。しかし，当該違法事由を理由にして当該決定の取消訴訟を提起できるとしても，当該決定が取り消された場合にも，原告にとっても，さほど実益があるわけでなく，そのような取消訴訟自体極めて限定的に提起されているにすぎない。

よって，本稿では，再調査の請求についての諸手続については，その詳述を省略することとする。

3 審査請求

前述したように，現行法の下では，国税についても，不服申立制度は，原則的には審査請求に一本化された。しかも，審査請求人の権利救済を図るため，

*29 これらの解釈論については，品川・前掲注（*6）207頁等参照。

第2部　租税訴訟における要件事実論の視点からの総論的課題
第3章　租税手続法（国税通則法・国税徴収法）における要件事実

現行法の下で，審理手続の計画的進行（税通92条の2），答弁書の提出等（税通93条），担当審判官等の指定（税通94条），反論書等の提出（税通95条），口頭意見陳述（税通95条の2），審理のための質問，検査等（税通97条），審理手続の計画的遂行（税通97条の2），審理関係人による物件の閲覧等（税通97条の3），審理手続の終結（税通97条の4），裁決の方法等（税通98条・101条），国税庁長官の法令の解釈と異なる解釈等による裁決（税通99条）等について詳細な規定が設けられている。

　したがって，これらの手続規定等に反した裁決が行われる機会も多くなり，当該違法裁決について，裁決の取消しの訴え（行訴3条3項）を提起することが多くなることも考えられる。しかし，当該取消訴訟については，前記2で述べた再調査の請求の決定に対する取消訴訟と同様にその実益が乏しいことは同じである。よって，本稿では，審査請求についての諸手続の詳細は，省略することとする。

第4章

租税訴訟における訴訟物の考え方

岩﨑　政明

第1　問題の所在
第2　処分取消訴訟の訴訟物と立証責任
第3　課税標準等又は税額等以外の違法を争う処分取消訴訟の訴訟物
第4　総　括

第1　問題の所在

1　抗告訴訟における訴訟物の特性

　民事訴訟及び行政訴訟における「訴訟物」とは，一般的に，訴えを提起する者によって特定される審判の対象をいい，具体的には，訴状における請求の趣旨ないし請求原因に示された事項を指す。言い換えれば，それは，訴訟によって解決すべき紛争の内容であり，訴えの基礎をなす実体法上の権利義務又は法律関係を意味する。

　訴訟物の意義をこのように画定することにより，訴訟における当事者の攻撃防御方法は訴訟物の範囲に限定され，また判決主文も訴訟物に対応する判断結果となり，それは同時に本案判決の既判力その他の効力にも対応することになる（民訴114条2項・115条1項，行訴7条・32条1項・33条1項）。それゆえ，同一の訴訟物については重複して訴えを提起することはできないので（民訴142条），ある訴訟手続において同種の別の訴訟物を加えるのであれば請求の併合（民訴136条），異なる訴訟物に変えるのであれば訴えの変更（民訴143条）の手続がそ

第2部　租税訴訟における要件事実論の視点からの総論的課題
第4章　租税訴訟における訴訟物の考え方

れぞれ必要となる[*1]。

　また，どのような内容の訴訟を提起するか，すなわち訴訟類型は，原告の請求の趣旨，すなわち訴訟物によって決まってくる。逆にいえば，提起した訴訟類型により，訴訟物の内容も変わってくるともいえる。

　民事訴訟においては，給付訴訟，確認訴訟，形成訴訟の3類型が認められている。すなわち，金銭又は物の引渡し（＝給付）を求める訴え，権利の有効無効，物の存在不存在について裁判所による公権的確定を求める訴え，そして，法律関係の変動や新たな形成を生じさせるための訴えである。民事訴訟は，これらの訴訟類型のうち，給付訴訟を中心として構成されており，請求や抗弁という概念も給付訴訟を前提として構築され，これが他の訴訟類型にも拡充されていったといわれている[*2]。給付訴訟においては，原告の給付を求める目的は，給付判決自体により達成されるわけではなく，最終的には強制的手段（強制執行）がとられることにより実現することが予定されている。確認訴訟においては，判決内容の強制的実現はもともと予定されておらず，権利関係の公権的確定を通じて私的紛争の解決が図られることをが期待されているにすぎない。これらに対して，形成訴訟においては，形成判決自体によって，直ちに一定の法律関係の変動又は形成の効果が発生し，原告の目的が達成される点に特色があり，判決後における目的達成のための強制的実現手段は予定されていない[*3]。

　行政事件訴訟においては，抗告訴訟，当事者訴訟，民衆訴訟，機関訴訟の4類型が法定されており（行訴2条），また，行政事件訴訟の中心となるのは「行政庁の公権力の行使に関する不服の訴訟」，すなわち抗告訴訟である。その類

[*1] 訴訟物の意義や特性については，多くの基本書において解説されている。本稿では，民事訴訟における考え方については，三ケ月章『民事訴訟法〔第3版〕』（弘文堂，1992）83～152頁を参照。また，行政事件訴訟における考え方については，南博方原編著／高橋滋ほか編著『条解行政事件訴訟法〔第4版〕』（弘文堂，2014）211頁以下〔人見剛〕（「訴訟物」），同上書221頁以下〔深沢龍一郎〕（「審理の範囲」）を参照。さらに，課税処分取消訴訟における考え方については，宮崎直美「課税処分取消訴訟の訴訟物（審判の対象）」小川英明＝松沢智編『裁判実務大系⑳租税争訟法』（青林書院，1988）37頁以下，占部裕典『租税債務確定手続』（信山社，1998）135頁以下，中尾巧『税務訴訟入門〔第5版〕』（商事法務，2011）199頁以下，占部裕典「租税訴訟における審理の対象」小川英明ほか編『新・裁判実務大系⑱租税争訟〔改訂版〕』（青林書院，2009）125頁以下，山田二郎「租税訴訟の訴訟物と租税法の要件事実」伊藤滋夫編『租税法の要件事実』〔法科大学院要件事実教育研究所報9号〕（日本評論社，2011）166～184頁，今村隆『課税訴訟における要件事実論〔改訂版〕』（日本租税研究協会，2013）20～35頁，酒井克彦『クローズアップ課税要件事実論〔第4版〕』（財経詳報社，2015）128頁以下を参照。
[*2] 三ケ月・前掲注（*1）48～49頁。
[*3] 訴訟類型ごとの特質については，三ケ月・前掲注（*1）44～56頁。

第1 問題の所在

型としては，処分又は裁決の取消しの訴え（以下，「取消訴訟」という），無効等確認訴訟，不作為違法確認訴訟，義務付け訴訟，差止め訴訟という法定訴訟とそれ以外の法定外訴訟（無名抗告訴訟）がある（行訴3条）。

行政事件訴訟の中心は抗告訴訟であるが，この抗告訴訟の各訴訟類型が民事訴訟における訴訟類型のどれに相当するかについての議論を整理する。まず，無効等確認訴訟及び不法行為違法確認訴訟がその名のとおり民事訴訟における無効確認訴訟と性質を同じくすることについては異論がない。ところが，取消訴訟については形成訴訟説と確認訴訟説との両説があり，また，義務付け訴訟と差止め訴訟については，給付訴訟説と形成訴訟説との両論がある[*4]。本稿の考察対象は，租税訴訟の典型である処分取消訴訟を中心として検討するのであるが，前述したとおり，訴訟類型の性質に関する見解の違いは，訴訟物の考え方にも影響を与えることがあるので付言しておく。

2 租税訴訟における訴訟物と立証責任の帰属

訴訟類型及びそこで審判される訴訟物の違いは，当事者が当該訴訟において主張し，立証すべき事実は何かという点にも影響を与えるし，もし当該主張や立証が成功せず，裁判官に当該事実の存否に関する確証を得られなかったときにどのような結果となるかにも影響を与える。すなわち，租税訴訟における訴訟物の考え方は，立証責任の帰属の問題とも密接な関係をもつといえよう。

租税訴訟における立証責任の帰属については，既に別稿において分析をしたことがある[*5]。諸説提唱されてはいるものの，判例及び多数説は，不利益処分の典型である課税処分及び徴収処分に係る処分取消訴訟の立証責任は，原則として国又は公共団体が負うとしながら，個別具体的な処分の性質に応じて，証明の難易度や証拠との距離を考慮して，例外的に原告納税義務者にも主張立証責任を負担させるという，民事訴訟法学説における修正法律要件分類説[*6]に類

[*4] 南原編著／高橋ほか編・前掲注（*1）213頁〔人見〕及びそこに掲げる文献を参照。

[*5] 岩﨑政明「租税訴訟における証明責任」南原編著／高橋ほか編・前掲注（*1）252頁以下参照。なお，行政訴訟における立証責任の議論については，同書234頁以下〔鶴岡稔彦〕も参照。

[*6] 修正法律要件分類説の代表的学説として，青山善充教授の説が挙げられよう（中野貞一郎ほか編『新民事訴訟法講義〔第2版補訂2版〕』（有斐閣，2008）372〜373頁〔青山〕）。なお，修正法律要件分類説の特色とこれに対する批判としては，伊藤滋夫「民事訴訟における要件事実論の租税訴訟における有用性—その例証としての推計課税と実額反証の検討」同編・前掲注（*1）85〜87頁，同『要件事実の基礎〔新版〕』（有斐閣，2015）268〜274頁以下に詳しい分析がある。

似した個別検討説[*7]をとっているといわれてきた。筆者も，従前においては，こうした修正法律要件分類説ないし個別検討説の見解に沿った立場をとってきた。

　しかしながら，同時に，もともと立証責任の分配を前提とした規定ぶりになっていない，行為規範を中心とする租税法規の多くにおいては，そもそも法律要件分類説（いわゆる規範説）を厳密に採用することが困難であるにもかかわらず，これに加えて，明確な基準なく立証責任の分配原則を「修正」したのでは，訴訟当事者が何を主張・立証しなければ敗訴の負担を負うのかはっきりせず，不利益を受けるおそれがあるという疑問をもっていた。行政法学説にいう個別検討説については，なおさら立証責任の分配が不明確になり，租税法律主義に基づく法的安定性や予測可能性を尊重すべき租税法律関係に関する立証責任分配原則としては支障が生ずることもある。このような疑問に関連して，2010〔平成22〕年に法科大学院要件事実教育研究所主催「租税法要件事実研究会」に参加し[*8]，伊藤滋夫教授の「裁判規範としての民法説」[*9]による立証責任の帰属判定方法，そして，主張立証責任対象事実の考え方を吸収した結果，この考え方は，行政法規や租税法規のような行政規範にも対応可能ではないかと考えるようになった。「裁判規範としての民法説」の考え方は，およそ次のように説明されている。

　まず，裁判において民法の条文の要件に該当する具体的事実が存否不明になることがあった場合には，そのような場合を想定して定められていない民法の規定の条文を，民法の制度趣旨に照らして解釈し，裁判規範として用いることができるように規定内容を明確化する作業をすべきである[*10]。そのような作業をしてもなお，要件に該当する事実が存否不明であるときには，「当該事実を

[*7] 個別検討説については，雄川一郎『行政争訟法』（有斐閣，1957）214頁，萩原金美「行政訴訟における主張・証明責任論」成田頼明先生退官記念『国際化時代の行政と法』（良書普及会，1993）218頁，塩野宏『行政法Ⅱ〔第5版補訂版〕』（有斐閣，2013）162～168頁，南原編著／高橋ほか編・前掲注（＊1）240～241頁〔鶴岡稔彦〕（「行政訴訟における証明責任」）を参照。なお，個別検討説という名称は，萩原金美論文で用いられ，その後，多くの人に使われている（「個別説」と呼ばれることもある）。

[*8] その研究成果をとりまとめたものが，伊藤編・前掲注（＊1）の『租税法の要件事実』〔法科大学院要件事実教育研究所報9号〕である。

[*9] なお，この見解を詳述しているのが，伊藤・前掲注（＊6）126頁以下である。なお，伊藤教授は，2000年に刊行された同書の初版以来，一貫して「裁判規範としての民法説」を提唱しておられる。

[*10] 伊藤・前掲注（＊6）82頁。

存在したものとは扱わず同要件の充足を前提とする法律効果の発生を認めない」*11。これを立証責任の定義に照らしていうならば，主張立証責任対象事実をもって要件事実とするのである。

そして，主張立証責任対象事実を決定する具体的プロセスを租税法にあてはめて考えると，①まずは主張・立証という問題を考慮しないで，処分に係る根拠条文を法の規範構造に照らして解釈し，当該租税法規の制度趣旨を明らかにする。そのうえで，②その規範構造に係る解釈から導かれる主張立証責任対象事実が，立証の困難性を考慮しても，租税法規の制度趣旨に合致する（制度の趣旨の実現に適う）かどうかを考える。その結果として，③当事者のうち，どちらがいかなる事実について主張立証責任を負うかが決まり，当該事実を主張・立証できない場合には，最終的に敗訴のリスクを負担するかも決定される，ということになる*12。

伊藤教授は，このような作業が民法の適用に限定されるものではなく，行政法規や租税法規の適用にあたっても妥当すると主張しておられる*13。そこで，本稿においては，租税訴訟，特にその中心とされる課税処分取消訴訟における訴訟物の考え方について，請求内容に係る主張立証責任の帰属の観点からも検討をすることにする。

第2　処分取消訴訟の訴訟物と立証責任

1　取消訴訟の性質と訴訟物

行政庁の処分その他公権力の行使は，公権的機関（行政庁又は裁判所等）によって取り消されない限り，有効なものとして取り扱われる。この効力を一般に公定力と呼ぶが，このような効力が生ずるのは，処分の効力を排除するための手段が職権取消し又は争訟取消しに限られている結果である。それゆえ，被処分者の立場からすると，公権力の行使に関する不服がある場合には，法定の期間内に争訟を提起しなければ原則として処分の効力の取消しを求める手段がなくなる（不可争力）。すなわち，最終的に取消訴訟を提起することができなくなる

---

*11　伊藤・前掲注（*6）83頁。
*12　伊藤・前掲注（*6）84〜85頁。
*13　伊藤滋夫「民事事件・租税事件の判決を読む—要件事実論の視点から（上）」税経通信64巻8号（2009）24〜34頁，伊藤・前掲注（*6）88〜89頁。

第 2 部　租税訴訟における要件事実論の視点からの総論的課題
第 4 章　租税訴訟における訴訟物の考え方

という，いわゆる取消訴訟の排他的管轄と呼ばれる制限が及ぶのである（この例外が，無効等確認訴訟である）。

このように，取消訴訟は，行政処分の公定力を排除し，その効力を遡及的に失わせるためのものであり（行訴 3 条 2 項），しかも，取消判決には，いわゆる第三者効（行訴 32 条）や拘束力（行訴 33 条）が法定されている。よって，取消判決には，判決自体によって，直ちに一定の法律関係の変動又は形成の効果が発生し，原告の目的を達成させる力があることから，現在では，一般的に形成判決であると解されており[*14]，私見においてもこの考え方が相当であると考える。

行政処分の効力は，法律による行政の原理の下では，根拠法令に規定された個々の処分要件を充足することにより発生する。裁量処分の場合には，処分要件の充足に加えて，裁量権の行使に逸脱濫用がないことが必要となる。これらを適法性要件と呼ぶならば，これを欠く行政処分が違法となり，違法性の有無が取消訴訟における審判の対象，すなわち訴訟物となる。

取消訴訟においては，行政処分に複数の違法事由があったとしても，そのすべてについて審判しなくとも，一つの違法事由を認識できれば，取消判決をすることができる。当該違法性が極めて軽微であるとか，瑕疵の治癒が認められれば別として，一つの違法事由の存在により，処分全体が取り消され，かつ，その違法性については第三者効や拘束力も認められる。それゆえ，取消訴訟の訴訟物は，行政処分に含まれる個々の違法事由ではなく，適法性を失わせる事由があるという意味での「行政処分の違法性一般」であると解されてきたのである[*15]。この考え方によれば，個々の違法事由は攻撃防御方法として位置づけられることになる。

訴訟物は既判力の及ぶ範囲に対応するから，同一の訴訟物については重複して訴えを提起することができなくなる。この点で，取消訴訟の訴訟物の同一性は，処分の同一性により判断される[*16]。そして，処分の同一性は，当該処分の根拠とされる個別法規の解釈により判断される。具体的には，処分の同一性は，根拠法規に規定された処分要件の内容・趣旨・性質・処分の効果等を考慮する

[*14]　塩野・前掲注（*7）88～89 頁。
[*15]　判例・通説である。最判昭 49・4・18 訟月 20 巻 11 号 175 頁，最判昭 49・7・19 民集 28 巻 5 号 897 頁・判タ 313 号 242 頁・判時 752 号 22 頁など。南原編著／髙橋ほか編・前掲注（*1）213 頁〔人見〕参照。なお，判例・通説とは異なる見解については，同書 214 頁以降参照。
[*16]　司法研修所編／中込秀樹ほか『改訂行政事件訴訟の一般的問題に関する実務的研究』（法曹会，2000）154 頁，中尾・前掲注（*1）200 頁。

ことによって定まると解されている*17*18。それゆえ，判例・通説の立場によれば，取消訴訟の訴訟物の範囲については，争われている処分の種類・性質に関する個別法規の解釈により異なることがあるということができる。

この点で，国税に関する法律に基づく処分に係る訴訟物はどのように判断されるであろうか。次に詳述するように，国税に関する法律に基づく処分の具体的内容としては，課税標準等又は税額等に関する更正，決定又は再更正の処分や更正すべき理由がない旨の通知等の処分と，それ以外の所得税法等の個別租税法規に基づく青色申告承認処分等の租税行政手続に係る処分があり，それぞれ性質を異にする。以下，それぞれについて，訴訟物の考え方を検討する。

2 課税標準等又は税額等に係る処分取消訴訟の訴訟物──違法性一般の意義

(1) 国税に関する法律に基づく処分の分類

国税に関する法律に基づく処分は，大別すれば，2種類に分類することができる。第1に，国税通則法に定義される決定（税通25条）・更正（税通24条）・再更正（税通26条）のいわゆる課税処分のうち，課税標準等又は税額等に関する処分である。更正の請求に対して，税務署長が行う更正すべきでない旨の通知（処分）も結局は課税標準等又は税額等に関する処分の一種ということができる（税通23条4項）。ここでは，いわゆる課税処分に係る取消訴訟の訴訟物は，課税標準等又は税額等に関する過誤一般が違法性一般ということになる。

課税処分の過誤の原因としては，課税要件事実とされる納税義務者の認定，課税物件の認定，課税物件の帰属の判定，課税標準額又は税額の計算に過誤があり得るが，これらはいずれも評価事実である。評価の前提には，課税要件事実の過誤の直接的基因となった具体的事実が存在するはずであり，それらが主張立証責任対象事実となる。

ただし，上記の課税要件事実のうち，納税義務者の認定，課税物件の認定及び課税物件の帰属の判定の3つと，課税標準額又は税額の計算には，性質の違いがある。前三者は，それぞれの処分要件に係る法令の解釈と，当該解釈により特定される事実への法令の適用の問題であって，その意味では，後述する租

---

*17 最判昭42・4・21裁判集民事87号237頁・訟月13巻8号985頁。
*18 中尾・前掲注（*1）200頁。

税手続に係る個別の処分要件に係る法令の解釈と適用の問題と類似する。

　これに対して、課税標準等又は税額等は結果的な数額にすぎないから、これらも評価事実であるが、ある租税に係る課税標準額又は税額の計算は、普通、一定の課税期間における複数の収入金額の基因となった個別事実と複数の支出金額の基因となった個別事実の精算の結果として算出される数額にすぎない。税額計算の基礎とされる課税標準額は、特定の事実と直接的な対応関係にあるわけではなく、間接的な対応関係しかないという特徴がある。

　国税に関する法律に基づく処分の第2は、租税行政手続に関連する処分である。この種の処分としては、課税に係る不利益処分として、課税処分に伴う「理由の附記」、青色申告承認取消処分、各種加算税等賦課決定等の処分等がある。また、処分の違法理由が質問検査手続違反等である場合には、行政処分そのものではないものの、当該質問検査手続要件を充足していたかどうかもここに含めて考えることができる。また、徴収に係る不利益処分として、督促、納税の告知、充当等の処分があり、さらに申請に対する処分として、納税猶予の不許可、延納・物納の不許可といった処分がある。これらの処分をするためには、法令に定める処分要件を充足している必要があり、それゆえ、当該処分要件の充足に係る過誤一般が、処分の違法性一般として、訴訟物になると解される。

(2) 総額主義と争点主義との異同

　まず、課税標準等又は税額等に係る処分について検討すると、この種の処分に対する取消訴訟の訴訟物を、当該処分の違法性一般であると解したとしても、**第2の1**で述べたとおり、当該審判は処分の同一性の及ぶ範囲に限られることになる。そして、当該処分の同一性は、処分要件の内容・趣旨・性質・処分の効果等を考慮して決定される。

　処分の同一性の判断をめぐっては、2つの相対立する見解がある[19]。それぞれの考え方の特徴を整理すると、次のようになる。

　第1は、総額主義と呼ばれる見解で、これによれば、処分の同一性は、その処分によって確定される租税債務の同一性、すなわち課税標準額又は税額という数額が同じであることと解される。それゆえ、訴訟物すなわち審判の対象は、

---

[19] 総額主義と争点主義については、多くの論稿がある。筆者が参照したものとして、宮崎・前掲注（＊1）39頁以下、中尾・前掲注（＊1）199頁以下、占部裕典『租税法と行政法の交錯』（慈学社出版、2015）418頁以下、今村・前掲注（＊1）21〜23頁、金子宏『租税法〔第21版〕』（弘文堂、2016）964頁以下。

第2　処分取消訴訟の訴訟物と立証責任

処分により確定された「納付すべき税額」が客観的に存在するはずの（真実の）税額を超えるか否かにあり[20]，当該金額の基因となった理由のいかんを問わない[21]。結果として，課税庁は，訴訟段階において，処分時の処分理由とは異なる理由を主張して当該処分の適法性を維持することもできる[22][23]。いわゆる理由の差替えも可能ということになる。

反面，課税処分金額が違法であるとして，一定金額を超える部分の金額が取り消された場合には，取消判決の拘束力は，訴訟で主張・立証しなかった理由又は事実にも及ぶことになるから，それら主張・立証しなかった理由又は事実に基づき，取り消された金額に係る課税処分を新たに行うこともできないことになる。

第2は，争点主義と呼ばれる見解で，これによれば，処分の同一性は，処分時における処分理由又はその根拠事実の同一性にあり，訴訟物は，当該処分理由又はその根拠事実との関係における税額の当否と解される。この見解の代表的提唱者である金子宏教授によれば，争点主義によれば，理由の差替えは原則として認められないことになるが，例外的に，「原処分の理由とされた基本的課税要件事実の同一性が失われない範囲では理由の差替は認められる，と解すべきである」[24]。それゆえ，処分時における基本的課税要件事実と異なる事実が発見された場合には，租税確定件の除斥期間内に，新たな処分（再更正）をすべきことになる。また，「原告の側でも，処分理由たる基本的課税要件事実と無関係な事実を処分の違法理由として提出することはできないことになる（そのような事実の主張は更正の請求を通じて行うべきこととなる）」[25]。

これらの2つの立場があるが，判例は上述したように総額主義の立場をとってきたといえる[26]。決定・更正・再更正といった処分が，国税通則法上，調査により判明した「課税標準等又は税額等」に関するものであることからして（税

---

[20]　最判平5・5・28訟月40巻4号876頁。
[21]　最判平4・2・18民集46巻2号77頁・判タ803号68頁・判時1438号46頁。
[22]　前掲注（*15）最判昭49・4・18。
[23]　宮崎・前掲注（*1）39頁，中尾・前掲注（*1）201～202頁，占部・前掲注（*19）418頁参照。
[24]　金子・前掲注（*19）966頁。なお，総額主義の立場からも類似の見解をとるものとして，司法研修所編／泉徳治ほか『租税訴訟の審理について〔改訂新版〕』（法曹会，2002）138頁がある。
[25]　金子・前掲注（*19）966頁。
[26]　このような認識については，中尾・前掲注（*1）203頁。

第2部　租税訴訟における要件事実論の視点からの総論的課題
第4章　租税訴訟における訴訟物の考え方

通24条・25条・26条)，当該処分取消訴訟の審判の対象をこれらの数額の当否と解する総額主義の見解は，法文に忠実な解釈であると思われる。

しかしながら，この見解において審判の基準とされる，「客観的に存在するはずの（真実の）税額」という数額は，神のみぞ知る抽象的な数額である。むしろ，訴訟においては，証拠に基づき認定された数額こそが，ここにいう客観的に存在するはずの税額になるというべきであろう。これを明らかにするためには，処分により確定された納付すべき税額の基礎となる個別の数額（例えば，総収入金額に算入されるべき個々の取引における個別の収入金額や，当該収入を得るために客観的に必要と判断される個別の必要経費額や損失額など）が証拠により明らかにされる必要がある。それゆえ，訴訟物，ないし訴訟物の同一性を，「納付すべき税額等」の当否であるといってみたところで，当該金額はその基礎とされる処分理由やその根拠事実と無関係には成立し得ないのである。ここに総額主義の論理的弱点がある。

これに対して，争点主義の論拠は，手続的保障の考え方に求められてきた。金子宏教授は，憲法30条及び84条に根拠をもつ租税法律主義の内容の一つとして，手続的保障原則を掲げ，「租税の賦課・徴収は公権力の行使であるから，それは適正な手続で行われなければならず，またそれに対する争訟は公正な手続で解決されなければならない」[27]と主張されてきた。争点主義の考え方は，従前においては，とりわけ青色申告に対する更正処分に係る理由附記の趣旨，すなわち処分庁の判断の慎重・合理性を担保し，その恣意を抑制する機能と処分理由を示すことにより争訟に便宜を付与する機能を重視すること[28]との関係から，当該処分理由を争訟段階で自由に差し替えることを認める総額主義の考え方は，上記租税法律主義の要請や個別手続法規の趣旨目的に合致しないとして，いわば総額主義に対するアンチテーゼとして提唱されたものであった。

このような手続的保障原則を重視する考え方は，いわゆる納税環境の整備を目的とした平成23年12月の国税通則法改正により，より強められてきている。すなわち，現行法においては，白色申告・青色申告を問わず，また課税標準等又は税額等に係る処分以外の租税行政処分についても理由附記が求められるようになった（税通74条の14第1項）。また，質問検査権の行使に関する法改正に

---

[27]　金子・前掲注（*19）83頁。
[28]　最判昭38・5・31民集17巻4号617頁・判タ146号151頁。

第2　処分取消訴訟の訴訟物と立証責任

より，調査終了手続が導入され，終了に際しては，将来的に処分が行われるときには，その数額と理由を事前に開示されることになった（税通74条の11）。さらに，審査請求手続の一環として，口頭意見陳実や処分庁側の処分理由の開示及びその根拠事実に関する閲覧謄写権が認められるようになったこと（税通97条の2・97条の3），などを挙げることができよう。

以上のことからすれば，租税法令の趣旨として，処分理由を一般的に重視する方向にシフトしたと考えられる。そうすると，訴訟物に関する解釈においても，租税法令の趣旨を前提とすれば，総額主義から争点主義へのシフトが予想され，またそのような転換には合理性があると解されるのである。

ただし，争点主義の考え方を採用したとしても，現在では，理由の差替えをまったく認めないとする見解はない。争点主義の代表的提唱者である金子教授も前述したように「原処分の理由とされた基本的課税要件事実の同一性が失われない範囲では理由の差替は認められる」[*29]と軌道修正をしておられる。他方，総額主義を支持する見解からも，最判昭56・7・14（民集35巻5号901頁・判タ452号86頁・判時1018号66頁）が，「一般に青色申告書による申告についてした更正処分の取消訴訟において<u>更正の理由とは異なるいかなる事実をも主張することができると解すべきかどうかはともかく</u>，被上告人〔国―筆者注〕が本件追加主張を提出することは妨げないとした原審の判断は，結論において正当として是認することができる。」（下線は筆者による）と判断したことを契機に，青色申告の場合でも，附記理由と新たな理由との間に基本的な課税要件事実の同一性があれば，原告の訴訟上の防御活動に実質的不利益を与えることにはならないので，理由の差替えは許されるとの見解が示され[*30]，さらに，具体的には，「理由の差替えを認めたのでは，青色申告に対する更正の理由附記制度を全く無意義ならしめるような場合，若しくは，これを認めることが納税者の正当な利益を害するような特段の事情がある場合以外は，広く差替えは認められるというべき」[*31]であるとの見解が示されるようになっている。

それゆえ，手続的保障原則が重視されてきた現行法の下では，総額主義と争点主義との対立は，基本的課税要件事実の同一性の有無をどのように判断する

[*29]　金子教授はもともとは厳格な争点主義の立場をとっており，理由の差替えを認めておられなかったが，現在は本文記載のとおりに軌道修正をしておられる。金子・前掲注（*19）966頁。
[*30]　司法研修所編／泉ほか・前掲注（*24）138頁。
[*31]　中尾・前掲注（*1）210頁。

かという問題に止揚されてきていると解することができよう*32。

そして，上記判例によれば，この基本的課税要件事実の同一性が認められる場合には，処分理由というのは，攻撃防御方法の一種と位置づけられていると解されるので，その追加・差替えが課税要件事実の同一性の範囲内かどうかは，当該処分理由を根拠づける主張立証責任対象事実に係る立証責任の帰属の問題に帰着するように思われる。

「裁判規範としての民法説」によれば，主張立証責任対象事実の決定のための最終的基準は立証責任の負担の公平であり，それは民法の制度趣旨に従って決定される*33。法の制度趣旨から主張立証責任対象事実を決定する具体的プロセスは，まず，①「立証という問題を考慮に入れないで，民法全体を体系的に検討し，民法の規範全体のもつ相互関係を基準として，何が正しい民法の規範構造かを判断」し，次いで，②その「民法の規範構造を，立証の困難性を考慮に入れてもなお維持できるかどうかを検討する」*34 というものである。

このような判断方法は，租税法における主張立証責任対象事実の決定基準としても有効であると考える*35。もちろん，租税法上は，租税法律主義の原則からして，文理解釈が基本となるが，立証責任の帰属を明文で規定している条文は極めて少ないから，結局は，処分の根拠法規を体系的に解釈して，制度趣旨に合致した主張立証責任対象事実を決定していけばよい。

課税標準等又は税額等のような処分金額についての争いにおいては，まずは，当初処分金額について，被告処分行政庁が抗弁として評価根拠事実を主張・立証する。いわゆる理由の追加・差替えも，当初処分金額の範囲内であれば，基本的課税要件事実の同一性があるものとして許されるが，被告処分行政庁は，当該追加・差替えに係る評価根拠事実を主張・立証しなければならない。これに対して，原告納税者は，被告課税庁側の抗弁事実と両立しない事実を主張することになるが，これは抗弁事実の否認であり，反証でよいということになる。被告処分行政庁は，追加・差替えに係る評価根拠事実の主張・立証に失敗すれば，敗訴のリスクを負うことになるということができよう。

---

*32 この同一性の判断を広く緩やかに認める解釈をとれば，理由の差替えも広く認められ，結果として従前の総額主義の立場に近くなり，逆に，同一性の判断を厳格に認める解釈をとれば，従前の争点主義の立場に近くなるわけである。
*33 伊藤・前掲注（*6）83頁。
*34 伊藤・前掲注（*6）84〜85頁。
*35 伊藤・前掲注（*6）88頁。

(3) 実額課税と推計課税との異同

　課税標準等又は税額等に係る処分であっても，租税法においては，当該数額の認定方法の違いから，実額課税処分と推計課税処分との違いがある。それぞれの処分に対する取消訴訟の訴訟物である，当該処分の違法性一般とは何であろうか。また当該審判の対象となる処分の同一性は，どのように判定されるのであろうか[*36]。

　まず，実額課税は，課税標準等又は税額等という数額に係る処分であることから，当該処分の違法性の有無は，処分金額という抽象的な評価事実について，その数額の範囲内で，被告課税庁が認定した個々の評価根拠事実を示して証明できるかどうかという問題に帰着する。そこで，上記**第2の2(2)**に述べたように，まずは，当初処分金額について，被告処分行政庁が抗弁として評価根拠事実を主張・立証する。これに対して，原告納税者は，被告課税庁側の抗弁事実と両立しない事実を主張することになるが，これは抗弁事実の否認であり，反証でよいということになる。被告処分行政庁は，追加・差替えに係る評価根拠事実の主張・立証に失敗すれば，敗訴のリスクを負うことになるということができよう。

　これに対して，推計課税は，課税標準等又は税額等という数額に係る処分ではあるものの，その数額の認定方法について，法令上（所得税法156条，法人税法131条により推計方法が規定されていること），判例・通説上（適法要件として，推計の必要性及び推計方法の合理性が認められなければならないと解されていること），制約ないし要件が加重されているので，当該加重要件について，誰が何をどの程度主張・立証しなければならないのかという問題が追加される。

　この立証責任の帰属をめぐる問題については，筆者は別稿において詳述した[*37]。その結論を簡潔にまとめておくと，立法論としては，推計課税を実額課税とはまったく異なる性質の処分と構成すること（いわゆる別世界論）が行為規範としても裁判規範としても明確になると解されるところ，現行法上は，所得税法156条にせよ法人税法131条にせよ，数額に係る更正・決定の特例として位置づけているだけで，処分の性質を区別しているわけではなく，数額認定の

[*36] 私見とは異なるものの，注目すべき具体的分析として，今村・前掲注（*1）26〜35頁がある。
[*37] 岩﨑政明「実額課税・推計課税の取消訴訟における立証責任」伊藤編・前掲注（*1）185頁以下。

第2部　租税訴訟における要件事実論の視点からの総論的課題
第4章　租税訴訟における訴訟物の考え方

方法（すなわち，裁判規範としては，攻撃防御方法）に一定の違いを設けているにすぎない。それゆえ，推計課税のための加重要件について，いわゆる修正法律要件分類説に基づいて（いわゆる実額反証の問題も含めて），立証責任の帰属を判定すればよいと解していた。

しかしながら，修正法律要件分類説においては[*38]，当該「修正」を加える理由及びどのように修正をするのかという基準については深く検討をすることができなかった。本稿執筆にあたって様々な検討をした結果，租税法律主義（これは行為規範としても裁判規範としても等しく妥当する租税法の基本原理である）の下においては，立証責任の帰属を事案ごとに個別に判断するというのでは，法的安定や予測可能性に反する結果が生ずるおそれがあることに鑑み，いわば「修正」の方法をより明確化し，ルール化している「裁判規範としての民法説」に準拠して租税法に係る立証責任の帰属を判定すべきであると考えるに至った。

そこで，推計課税処分に係る取消訴訟の訴訟物は何かを考える。推計課税処分であれ，前述したように，課税標準等又は税額等という数額に係る処分であることから，当該処分の違法性の有無は，処分金額という抽象的な評価事実について，その数額の範囲内で，被告処分行政庁が認定した個々の評価根拠事実を示して証明できるかどうかに帰着する。問題は，処分行政庁は，この評価根拠事実となる実額資料（収入や支出の根拠となる事実と金額）を提出することができないことにある。

そこで，推計課税においては，被告処分行政庁は，この実額資料に代えて，①推計の必要性に係る評価根拠事実（すなわち，確立した裁判例によれば，(i)納税義務者が収入や支出を具体的に証明する帳簿書類等を備え付けていないという事実，(ii)帳簿書類等を備え付けてはいるが，その内容が不正確で信頼性に乏しいことを明らかにする事実，又は(iii)納税義務者本人又は反面調査対象者が調査に協力しなかった事実のいずれかが存在することである）[*39]及び②推計方法に合理性[*40]に係る評価根拠事実（推計方法には，純資産増減法，比率法又は効率法があり得るが，いずれであれ，処分行政庁が具体的に採用した推計方法が真実の資料に基づき作成されていることである）を証明することにより，

[*38] 行政法の世界では，しばしば被告処分行政庁に立証責任があるとの原則をとったうえで，これに当事者間の公平，事案の性質，事物に関する立証の難易等によって個別具体的に変更を加えるという個別検討説と呼ばれる見解に近くなる。南原編著／高橋ほか編・前掲注（*1）240頁〔鶴岡〕参照。
[*39] 金子・前掲注（*19）853～854頁参照。
[*40] 金子・前掲注（*19）856～857頁。

通常の証明度（高度の蓋然性をもつ証明，すなわち実額資料に基づく証明）による証明と「等価値」と考えるという論理的操作をすることになる[*41]。このように考えれば，訴訟物及び立証責任の帰属の問題としては，実額課税と推計課税との異同は，止揚されることになろう。

なお，推計課税に対する実額反証の可否という問題についても，被告処分行政庁が推計課税に係る上記①及び②の評価根拠事実を証明したのに対して，原告納税者が実額の収入金額又は必要経費額・損失額を主張・立証しようとするのであれば（これを「実額反証」という），それは再抗弁であって，それを裏づける数額は評価障害事実として高度の蓋然性をもつ程度に主張・立証（すなわち，本証）しなければならない。とはいえ，いわゆる実額反証は，立証責任を転換するものではないから，「推計方法が不合理であり，その基礎となる数字が不正確である」というための評価障害事実であればよいと考えられるのである[*42]。

第3　課税標準等又は税額等以外の違法を争う処分取消訴訟の訴訟物

課税要件事実のうち，納税義務者の認定，課税物件の認定又は課税物件の帰属（人的帰属・時間的帰属）の過誤を違法事由として課税処分の取消しを争う場合や，課税処分や徴収処分の租税行政手続上の過誤を違法事由としてこれらの取消しを争う場合，当該処分取消訴訟における訴訟物は何と考えるべきであろうか[*43]。

これらの処分要件事実の認定判断権は第一次的に処分行政庁にあるので，訴訟物は当該認定判断権の行使に係る過誤一般ということになろう。そして，処分取消訴訟においては，被告処分行政庁は抗弁として処分要件事実の基礎となる個々の評価根拠事実を主張・立証しなければならないことになる。この証明自体は高度の蓋然性があることを証明しなければならない。

これに対して，原告納税者は，再抗弁として，被告処分行政庁の主張・立証した評価根拠事実に対する評価障害事実を主張・立証して争うことになる。こ

[*41]　伊藤編・前掲注（*1）91頁によれば，「立証の困難性の評価根拠事実（推計課税の必要性の評価根拠事実）＋所得税法156条の予定する低い証明度による証明」＝通常の高度の蓋然性をもった証明と等価値と考えられると表現されている。伊藤教授の等価値理論ともいわれる考え方である。また，同書45頁の岩﨑発言及び同書51頁以下の伊藤発言を参照。
[*42]　伊藤編・前掲注（*1）98～99頁，100頁。
[*43]　詳しくは，岩﨑・前掲注（*5）264～265頁参照。

の評価障害事実については，原告納税者は，再抗弁であるから，被告処分行政庁の行った認定判断とは両立しない事実について高度の蓋然性のある証明をしなければならないと解される。

第4 総　　括

　本稿においては，課税処分取消訴訟における訴訟物について，要件事実論の観点から考察を加えてきた。

　本稿において行った新しい試みは，①いわゆる課税処分を，課税標準等又は税額等に係る処分とそれ以外の課税要件事実や租税行政手続に係る処分とに分類し，それぞれの取消訴訟における要件事実は何か，主張立証責任の帰属はどうなるかを検討したこと，②要件事実や主張立証責任の帰属に関する検討にあたっては，「裁判規範としての民法説」の考え方が課税処分取消訴訟においても妥当するかどうかを検討したこと，にある。

　そして，その結果として，「裁判規範としての民法説」に準拠して，課税処分取消訴訟における要件事実論を考えていくと，従来論じられてきた総額主義と争点主義との対立や実額課税と推計課税との異同は，現在の手続的保障原則の重視の観点から進められてきた納税環境が法的に整備された状況の下においては，こうした制度趣旨をふまえて解釈をしていくことにより，ほとんど差異がなくなるようなほどに止揚され得るということが明らかとなったし，また，同時に，「裁判規範としての民法説」の考え方は課税処分取消訴訟においても十分機能するということができた（その意味では，「裁判規範としての租税法説」も十分に成り立ち得るということができよう）。

　もっとも，本稿の検討は，いわば総論的検討であって，「裁判規範としての民法説」が完全に機能するかどうかを証明するためには，所得税法や法人税法等の個別租税法規の処分根拠法令ごとに，主張立証責任対象事実は何か，それを誰が証明すべきなのかを判断していかなければならないはずである。この作業は，本稿においては行うことができなかった。また，本稿で検討対象にした訴訟類型は，処分取消訴訟だけであったが，行政事件訴訟法に規定するその他の訴訟類型についても，「裁判規範としての民法説」に準拠して，主張立証責任対象事実はないかを検討する必要もあろう[*44]。これらは，将来の検討課題と

　＊44　立証責任の帰属については，かつて様々な訴訟類型について検討したことがある。岩﨑政明

第4 総　　括

させていただきたいと思う。

「租税訴訟における証明責任」南博方編『条解行政事件訴訟法〔初版〕』（弘文堂，1987）291～294頁参照。この部分は，〔第2版〕以降，紙数の関係から削除した。

第5章

租税法における「推定」の諸相
―― 推計課税に関する議論の整理を中心として

井上　康一

第1　はじめに
第2　要件事実論における「推定」
第3　租税法における「推定」の諸相
第4　租税訴訟における事実上の推定とその機能
第5　推計課税に関する考え方の整理
第6　要件事実論の観点からの通説的な見解の検討と私見
第7　おわりに

第1　はじめに

　所得税法156条[*1]は，「税務署長は，居住者に係る所得税につき更正又は決定をする場合には，その者の財産若しくは債務の増減の状況，収入若しくは支出の状況又は生産量，販売量その他の取扱量，従業員数その他事業の規模によりその者の各年分の各種所得の金額……を推計して，これをすることができる。」と規定し，いわゆる推計課税を認めている。かかる推計課税が認められる根拠は，課税庁が直接資料による所得の実額が把握できない場合（特に納税者の帳簿書類が不備もしくは不正確で信用できない場合や納税者が帳簿書類の提出を拒む場合）に，課税を放棄することは，租税負担の公平の観点から許容できないことに求められている[*2]。

[*1] 所得税法156条に関する本稿の議論は，同条とほぼ同内容の法人税法131条についても当てはまると考えられるため，本稿では，特段の注釈を付すことなく，法人税法131条に関する裁判例や学説を適宜引用する。ただし，推計課税に関する議論の中で，条文に言及する場合には，もっぱら所得税法の条文を引用する。

[*2] 司法研修所編『租税訴訟の審理について〔改訂新版〕』（法曹会，2002）199頁，金子宏『租税法〔第21版〕』（弘文堂，2016）852頁，水野忠恒『租税法〔第5版〕』（有斐閣，2011）56頁，

第1 はじめに

　このような推計課税は，所得税法156条の明文で要求されているわけではないけれども，推計の必要性と合理性が認められる場合に限り許されるという点においては基本的に意見の一致をみていると考えられる。しかし，それ以外の点，例えば，推計課税の本質をどのように捉え，納税者にいかなる反論を許すかについては，近時の裁判例や学説においてもなお議論が錯綜しているという感を否めない。

　そこで，本稿は，近時の要件事実論の知見に照らし，推計課税に関する主要な論点を整理し，それらをより整合的かつ統一的に説明するための試論を示すことを目的としている。そのために，本稿は，以下の順に検討を行う。

　第1に，近時の要件事実論において，「推定」の問題がどのように整理されているかを要約する。

　第2に，上記整理の枠組みに照らし，租税法規や租税訴訟において，どのような形で「推定」の問題が立ち現れるかを具体例を示しながら概観する。

　第3に，推計課税の本質論との関係では，特に事実上の事実推定がどのように機能し，いかなる特色を有しているかが重要となるので，その点を中心に検討するとともに，この点が争点となった租税訴訟の裁判例に言及する。

　第4に，上記をふまえ，所得税法156条の定める推計課税に関する裁判例や学説の大きな流れを素描するとともに，それとの対比のために，租税逋脱事案における推計及び消費税の推計課税についての通説的な見解を取り上げる。

　第5に，要件事実論の観点から，所得税の課税事案，租税逋脱事案及び消費税の課税事案に関する通説的な見解の問題点を指摘したうえで，その克服のための試論を提示する。

　なお，推計課税については，膨大な裁判例の集積と多数の先行文献があるが，本稿は，それらの網羅的な検討を経たものではないことを最初にお断りしておく*3。

　谷口勢津夫『税法基本講義〔第5版〕』（弘文堂，2016）152〜153頁。
　*3　推計課税に関する学説と裁判例の紹介については，例えば岩崎政明「実額課税・推計課税の取消訴訟における立証責任」伊藤滋夫編『租税法の要件事実』〔法科大学院要件事実教育研究所報9号〕（日本評論社，2011）185頁以下参照。おおむね平成9年まで（一部平成10年から12年までのものを含む）の推計課税に関する裁判例については，最高裁判所事務総局行政局監修『主要行政事件裁判例概観(2)──租税関係編〔改訂版〕』（法曹会，2001）173頁以下参照。

第2 要件事実論における「推定」

1 「推定」の意義と種類

そもそも「推定」には，以下のとおり，様々な種類があるといわれているが，その基本的な機能は，ある事実（又は評価，権利）を直接に証明する証拠がない場合に，他の事実からその事実（又は評価，権利）の推認を認めることによって，立証の軽減を図るところにあると考えられる*4。

	「推定」の種類	意　義
①	事実上の事実推定	ある事実甲の存在から，経験則を適用して他の事実乙が存在することを推定すること
②	事実上の権利推定	ある事実の存在から，経験則を適用してある権利が存在することを推定すること*5
③	法律上の事実推定	法が，ある法律効果Aの発生の立証を容易にする目的で，甲事実があるときには法律効果Aの発生要件事実乙があると推定する旨の規定を設けている場合に，甲事実を立証し，右推定規定を適用して乙事実の存在を推定させること*6
④	法律上の評価推定	法が，立証軽減のために甲事実があるときには，ある評価の存在を推定する旨の規定を設けている場合に，甲事実を立証し，右推定規定を適用して当該評価の存在を推定させること*7
⑤	法律上の権利推定	法が，立証軽減のために甲事実があるときには，ある権利又は法律効果の存在を推定する旨の規定を設けている場合に，甲事実を立証し，右推定規定を適用して当該権利又は法律効果の存在を推定させること*8

*4 伊藤滋夫『要件事実の基礎〔新版〕』（有斐閣，2015）77〜78頁。
*5 事実上の権利推定自体を認める余地を極めて慎重に考えるべきであるとしながら，例外的にそれを肯定する見解（特に登記の推定力の場合）として，伊藤・前掲注（*4）79〜81頁参照。
*6 司法研修所編『増補 民事訴訟における要件事実（第1巻）』（法曹会，1986）24〜25頁，伊藤・前掲注（*4）90頁。法律上の事実推定の例としては，破産者に対して弁済する者の破産手続開始に関する善意と悪意を，同手続開始の公告の前後によって推定する破産法51条を挙げることができる。
*7 今出川幸寛「商事法要件事実研究会を傍聴して　法律上の評価推定」伊藤滋夫編『商事法の要件事実』〔法科大学院要件事実教育研究所報13号〕（日本評論社，2015）242頁以下参照。法律上の評価推定の例としては，他人の特許権等を侵害した者は，その侵害行為について過失があったものと推定する特許法103条を挙げることができる。なお，伊藤・前掲注（*4）102〜103頁参照。
*8 司法研修所編・前掲注（*6）26頁，伊藤・前掲注（*4）94頁以下。法律上の権利推定の例

2　「推定」と立証責任

　上記1のとおり整理し得る「推定」は，立証責任の転換の有無という観点から，①及び②と③ないし⑤に区分することができる。すなわち，前者は，間接事実と経験則を用いて事実認定を行う過程そのものであり，立証責任の変更を伴うものではないのに対し，後者（以下まとめて「法律上の推定」という）は，その推定の根拠が法にあり，一種の政策的な観点から立証責任を転換するという特徴を有している[*9]。

　後に**第4**で詳しく述べるとおり，同じく事実の推定でありながら，①事実上の事実推定（以下単に「事実上の推定」という）においては，立証責任がやや軽減されるだけで，その転換は生じないのに対し，③法律上の事実推定では，一種の政策的な考慮から設けられた法の規定によって，立証責任が転換される[*10]という相違があることが特に重要である。

第3　租税法における「推定」の諸相

1　はじめに

　立証の軽減という共通の機能を有する「推定」は，上記**第2**の**1**のように整理されるが，それが租税法の分野でどのような形で具体的に現れるかを次に概観する。このような概観によって，推計課税について定める所得税法156条の位置づけを明らかにすることがその目的である。

　「推定」に関する上記整理とは逆の順序になるが，まず**2**において，法律上の推定を取り上げ，租税法規の中にいかなる具体例を見出し得るかを説明する。次に，**第4**で，事実上の推定の意義と機能をより詳細に確認したうえで，租税訴訟において，事実上の推定がどのように機能しているかを，近時の裁判

　　　としては，境界標等が相隣者の共有に属するものと推定する民法229条を挙げることができる。
*9　伊藤・前掲注（*4）78頁。
*10　前記③「法律上の事実推定」の定義に沿ってこの点を敷衍して説明すると，以下のとおりとなる（司法研修所編・前掲注（*6）24〜25頁）。法律上の事実推定規定に基づかないで法律効果Aの発生を主張する当事者は，その要件事実乙について主張立証責任を負うのに対し，かかる推定規定に基づいて法律効果Aの発生を主張する当事者は，乙事実の主張・立証に代えて甲事実を主張・立証すれば，乙事実の存在が推定される。ただし，かかる推定規定の適用によって，乙事実の存在が証明されるわけではないから，相手方が乙事実の不存在を主張・立証することによって，右推定は覆される。

例（特に必要経費及び損金の不存在についての事実上の推定が争点となった所得税又は法人税の課税処分の取消訴訟の裁判例）の検討を通じて明らかにする。

なお、**第2の1**において、「推定」の種類として掲げたうちの②事実上の権利推定と⑤法律上の権利推定については、租税訴訟や租税法規の中で適切な具体例を挙げることができないため、本稿ではこれ以上立ち入らない。

2　租税法規における法律上の推定規定の具体例

実際に租税法規を通覧してみると、法律上の推定規定の具体例は必ずしも多くないようにうかがえる。以下では、③法律上の事実推定、及び、④法律上の評価推定の例と考えられる条文を列挙する。

(1) 法律上の事実推定の具体例——国税通則法12条（送達の推定）

国税通則法12条は、国税に関する法律の規定に基づき税務官庁が発する書類の一般的な送達手続を定めており、同条2項は、書類を通常の取扱いによる郵便等で発送したときには、通常到達すべきであった時に送達されたものと推定し、同条3項は、この推定規定を適用するための要件として、書類の発送を確認するに足りる記録の作成を義務づけている[*11]。この推定規定によって、国（課税庁）が、①郵便等による書類の発送と②書類の発送の確認記録の作成という事実の立証をすれば、通常到達すべきであった時に書類が送達されたという事実の存在が推定されることになる[*12]。

なお、上記と同様の規定は、地方税法20条4項及び5項にもある。

(2) 法律上の評価推定の具体例

(a) 所得税法施行令14条及び15条（住所の推定）

所得税法は、居住者を「国内に住所を有し、又は現在まで引き続いて1年以上居所を有する個人」と定義し（所税2条1項3号）、非居住者を「居住者以外の個人」と定義している（所

[*11] 税務官庁の発する書類が多数の納税者に対し数多く送達される実態があるため、個々に交付送達や書留郵便等による送達を行うことは繁雑にたえず、費用もかかる反面、郵便組織等が整備・確立されている実態に鑑み、極力国及び納税者等にとっても簡単な手法で書類の送達の効果を確保しようとする趣旨に基づいて国税通則法12条2項及び3項が定められていることにつき、志場喜徳郎ほか編『国税通則法精解〔平成28年改訂版〕』（大蔵財務協会、2016）228頁参照。

[*12] 志場ほか編・前掲注（*11）231頁は、「推定であるから、その時より遅く送達があったとか、送達の事実がなかったという反証があれば、前記の推定はくつがえされるものである。」と述べている。しかし、法律上の事実推定の効果を覆すためには、単なる反証では足らず、納税者側が送達の遅延や不存在の事実を立証しなければならないと考えられる（伊藤・前掲注（*4）92頁参照）。

第3　租税法における「推定」の諸相

税2条1項5号）。そのうえで，所得税法は，居住者と非居住者の課税対象となる所得の範囲や課税の方法を区別して規定している。すなわち，居住者がすべての所得に対して所得税を課されるのに対し，非居住者は，一定の国内源泉所得に限って所得税を課されるのが原則である（所税5条1項・2項1号）し，両者に対する課税の方式も異なっている（所税120条・164条参照）。

このように，居住者と非居住者の区分は，所得税の納税義務の範囲と課税の方式を決定するうえで重要な意義を有している。しかし，租税法自体は「住所」を定義していない[*13]ため，特に国の内外にわたって居住の場所が異動する個人の住所が国内にあるかどうかが問題となることがある。その判定に関し，所得税法施行令は，以下のような推定規定を置いている。

　(ア)　14条（国内に住所を有する者と推定する場合）　国内に居住することになった個人が国内において継続して1年以上居住することを通常必要とする職業を有する場合等には，当該個人は国内に住所を有する者と推定される。

　(イ)　15条（国内に住所を有しない者と推定する場合）　国外に居住することになった個人が国外において継続して1年以上居住することを通常必要とする職業を有する場合等には，当該個人は国内に住所を有しない者と推定される。

上記所得税法施行令14条を例にとって説明すると，国（課税庁）が，ある個人について，①国内居住の事実と②一定の要件を満たす職業への従事という事実を立証すると，同規定によって，当該個人が国内に住所を有するという評価が推定されることになる[*14]。したがって，納税者がかかる推定の効果を覆すためには，当該個人が国内に住所を有するという評価を妨げる具体的な事実を立証する必要がある[*15]。

　(b)　**所得税法158条（事業所の所得の帰属の推定）**　所得税法158条は，法人に15以上の事業所があり，その3分の2以上の事業所について，その事業所の主宰者（その特殊関係者を含む）が以前に当該事業所において個人として同

[*13]　所得税基本通達2－1は，「住所とは各人の生活の本拠をいい，生活の本拠であるかどうかは客観的事実によって判定する。」と規定している。

[*14]　ある個人が国内に住所を有するかどうかは，それが争点となる事案においては，法的な評価を経て初めて決し得るから，「国内に住所を有する者」は，一種の評価概念であると考えられる。なお，そもそも何が「事実」で何が「評価」かの区別は，相対的なものであって明確な線を引きにくいこともあるが，一般論としては，ある命題について普通人が共通のイメージをもつことができるものを「事実」とし，そうでないものを「評価」として区別すべきと考えられる（伊藤・前掲注（＊4）286～290頁参照）。

[*15]　伊藤・前掲注（＊4）113頁参照。

第2部　租税訴訟における要件事実論の視点からの総論的課題
第5章　租税法における「推定」の諸相

一事業を営んでいた事実があるときには，当該法人の各事業所における取引のすべてがその法人の名で行われている場合を除き，税務署長は，当該各事業所の主宰者が当該各事業所から生ずる収益を享受する者であると推定して，更正又は決定をすることができると規定している。この規定は，昭和24年に制定された中小企業協同組合法に基づき設立された企業組合の中には，実際には組合としての事業活動を行わず，各組合員が従来どおり個人で事業を営んでいるにもかかわらず，事業所得に係る所得税を免れるために，組合員の事業用資産及び負債のすべてを組合が引き継ぎ，組合員が組合から給与を受ける給与所得者であるかのように仮装する例が多く，課税庁がその仮装法人性を立証するのに非常な困難を伴ったために設けられたものといわれている[*16]。

このように，所得税法158条は，同条所定の要件を満たしていることが立証されると，所得が法人ではなく，その各事業所の主宰者である個人に帰属することを推定するもの[*17]であり，しかも「所得の帰属」は一種の評価概念である。したがって，同条は，法律上の評価推定の一例とみることができる。所得税法158条が掲げる事実が立証され，同条に基づく推定がなされた場合に，その効果を覆すためには，納税者は，所得が個人に帰属するという評価を妨げる具体的な事実の立証を要する[*18]。

第4　租税訴訟における事実上の推定とその機能

1　はじめに

冒頭にも述べたとおり，本稿の最終的な目的は，近時の要件事実論の知見に照らし，推計課税に関する議論の整理を試みることにある。後に，**第5の2(1)**で述べるように，裁判例や学説の多くは，所得税法156条の規定する推計課税は事実上の推定そのものと捉えていると考えられるので，上記目的を達成するには，事実上の推定の意義と機能を明確にしておくことが極めて重要である。

そこで，まず，要件事実論において，事実上の推定がどのように一般的に説

[*16] 金子・前掲注（*2）175頁，武田昌輔編『DHC コンメンタール所得税法(4)』（第一法規，加除式）7123頁。
[*17] 金子・前掲注（*2）175頁。
[*18] なお，金子・前掲注（*2）175〜176頁は，この点につき，「もちろん，所定の要件がみたされていても，納税者は，反証をあげて推定をくつがえすことができる。」と述べているが，より正確には，反証ではなく，評価障害事実の立証（本証）であると思われる。

明されているかを改めて確認する。そのうえで，租税訴訟における事実上の推定の現れ方を示すいくつかの裁判例を取り上げる。これらの裁判例を通じて，課税処分の取消訴訟における立証責任の原則に対し，事実上の推定が実際にどのように働いているのかを明らかにする。

2 事実上の推定の意義と機能

　ある事実甲の存在から，経験則を適用して他の事実乙が存在することを推定することを事実上の推定と呼んでいる[19]。事実上の推定は，自由心証主義が適用される事実認定の一過程そのものと捉えられており，心証形成の仕方は一応裁判官の自由ではあるけれども，それは経験則に合致した合理的なものでなければならないとされている[20]。

　かかる事実上の推定によって立証責任の転換が生じることはないと一般に考えられている[21]が，事実上の推定は，直接証拠による程度の高い証明がなくても，間接事実からの推認だけで十分であるとするため，微妙な程度であるにしても，立証の程度を軽減したものということができる。ただし，事実上の推定によって立証責任が転換されない以上，この立証の軽減はそれほど大きなものではないと考えられる[22]。

3 租税訴訟における事実上の推定

(1) 課税処分の取消訴訟における立証責任の所在

　課税処分の取消訴訟の訴訟物は，課税処分の違法性一般であるとされている[23]。そして，課税処分の取消訴訟において，原告たる納税者は，訴えの対象

---

[19] 伊藤・前掲注（＊4）78頁。なお，高橋和之ほか編『法律学小辞典〔第5版〕』（有斐閣，2016）533頁は，「宝石盗難事件の発生したホテルで，事件直後に隣室の客がその宝石をスーツケースの奥にしまい込んでいた事実が証明されたとすれば，彼が窃取したのだという推定が可能であろう。」という例を挙げている。

[20] 高橋ほか編・前掲注（＊19）533頁。

[21] 司法研修所編・前掲注（＊6）26頁は，「事実上の事実推定は法律効果Aの発生要件事実乙の存在を間接事実から経験則によって推認させる立証技術であって，立証命題は終始乙事実であり，乙事実の不存在の主張は否認にすぎない。」と述べる。司法研修所編『民事訴訟における事実認定』（法曹会，2007）33頁も「事実上の推定は，間接事実と経験則を用いた事実認定の過程そのものであり，これによって証明責任の転換は生じない。」と明記している。

[22] 伊藤・前掲注（＊4）79頁は，「相手方が，この推定と反対方向の推定をさせる事実の存在を証明する必要はなく，場合によりその存在の蓋然性，可能性を証明することによって，揺るがされることになる程度のものである。」と述べる。

[23] 最判昭49・4・18訟月20巻11号175頁は，所得税の課税処分の取消訴訟の訴訟物が当該年

第2部　租税訴訟における要件事実論の視点からの総論的課題
第5章　租税法における「推定」の諸相

たる課税処分の存在と，それが違法であることを指摘すれば足りるのに対し，国（課税庁）は，当該課税処分が適法であることを基礎づける具体的な事実を主張・立証しなければならないと一般に考えられている[*24]。

このように考える根拠は，課税処分が，納税者の本来有する財産権を制限し，義務を課す侵害処分の一つであることに求めることができる[*25]。すなわち，仮に課税処分の適法性を基礎づける事実の全部又は一部の立証責任を納税者が負う立場に立つと，かかる事実の存否不明の場合にまで課税を認めるという結論が導かれてしまう。しかし，課税処分の適法性を基礎づける事実の全部又は一部の存否が不明ということは，当該課税処分の適法性が不明ということにほかならない。そうであるにもかかわらず，課税処分の適法性を認めるとすれば，それは，適法か否か不明の課税処分によって，納税者の財産権の侵害を許容するものといわざるを得ない。このような結論は明らかに不当であるが，その原因は，課税処分の適法性を基礎づける事実の全部又は一部の立証責任を納税者が負うという立場を出発点にしたことに求められる。したがって，課税処分が侵害処分と認められることに照らし，課税処分の適法性を基礎づける事実の全部又は一部の立証責任を納税者が負うという立場は正当視し得ない。かかる立証責任は，あくまでも国（課税庁）が負うと考えるべきである。

課税処分の適法性を基礎づける具体的な事実の立証責任を国（課税庁）が負うという上記の考え方は，判例においても一般に支持されている[*26]。

例えば，最判昭38・3・3（訟月9巻5号668頁）は，所得税の決定処分の取消訴訟において，「所得の存在及びその金額について決定庁が立証責任を負うことはいうまでもないところである。」と判示している。したがって，所得税の課税処分の取消訴訟において，国（課税庁）は，所得金額の算定に必要な個々

　　分の総所得金額に対する課税の違法一般であると述べている。司法研修所編・前掲注（*2）72頁参照。

[*24]　司法研修所編・前掲注（*2）73頁，伊藤滋夫「租税訴訟における主張立証責任の考え方」租税訴訟7号（2014）3頁以下・18頁。

[*25]　本文で掲げた説明について，伊藤滋夫「租税訴訟と要件事実の考え方」税大ジャーナル20号（2013）55～56頁，伊藤・前掲注（*24）18頁，伊藤滋夫「要件事実・事実認定論の根本的課題—その原点から将来まで(1)本連載の目指すもの」ビジネス法務15巻9号（2015）51頁以下・54頁参照。

[*26]　東京地判平23・5・17（平成21年（行ウ）第333号）裁判所ホームページも，上記最判昭38・3・3を引用したうえで，相続税に関する課税処分の取消訴訟において，相続財産の存在及びその金額について課税庁（国）が立証責任を負うことは明らかであると判示している。

の所得発生の原因事実[*27]，すなわち，納税者に一定額の収入のあることのみならず，同収入を得るための必要経費が主張額を超えて存在しないことを，その発生原因事実をもって立証する責任を負うことになる。後者についても国（課税庁）に立証責任を負わせる根拠は，一般に収入を得るためにはなにがしかの経費を必要とするものであり，しかも所得税は純所得を対象としている[*28]から，必要経費の存否不明の場合に，この部分にまで課税すべきでないという当然の考え方に求めることができる[*29]。このことは，所得税とまったく同様に純所得を課税対象とする法人税にも当てはまる。すなわち，法人税の課税処分の取消訴訟において，益金の存在のみならず，損金が主張額を超えて存在しないことの立証責任を負うのは，国（課税庁）と考えるべきである。

さらに，民事訴訟において，事実の存在については高度の蓋然性があると認められる程度の証明が必要であると一般に考えられている[*30]ことからすると，国（課税庁）が上記課税要件事実の存在について高度の蓋然性があると認められる程度に立証できないときには，その不利益は国が負うことになる。

(2) 課税処分の取消訴訟における事実上の推定

以上のとおり，所得税又は法人税の課税処分の取消訴訟において，判例は，国（課税庁）が，収入金額又は益金の存在だけでなく，必要経費又は損金が主張額を超えて存在しないことの立証責任を負うという原則に立っている。しかし，裁判例の中には，事案により，事実上の推定を働かせることによって，国（課税庁）の立証の軽減を図ろうとする場合がある。このような事実上の推定は，前記**第４の２**のとおり，間接事実と経験則を用いて行う事実認定の過程そのものであるから，特別の規定なく常に認められるべきものである。

かかる事実上の推定が問題となった近時の裁判例としては，例えば，以下のものを挙げることができる。

[*27] 名古屋高判平４・10・21行集43巻10号1260頁は，「課税取消訴訟における主要事実は，所得金額の算定に必要な個々の所得発生原因事実をいうと解するのが相当である。」と述べている。
[*28] 所得税法27条２項が必要経費の控除を認めているのは，いわば投下資本の回収部分に課税が及ぶことを避けることにほかならず，原資を維持しつつ拡大再生産を図るという資本主義の要請に沿うものである（金子・前掲注（*２）288頁参照）。
[*29] 司法研修所編・前掲注（*２）171頁，伊藤・前掲注（*24）24頁。
[*30] 最判昭50・10・24民集29巻９号1417頁・判タ328号132頁・判時792号３頁。

(a)　**東京地判平 6・6・24（税務訴訟資料 201 号 542 頁）** [*31]

(ア)　**事案の概要と裁判所の判断の要約**　　上記判決は，証券外務員である原告が，自己の取扱いに係る株式取引の受取手数料収入を増やすために，顧客の株式取得資金を原告名義等で証券金融機関から借り入れ，右借入金から生じた利息を負担したことを理由として，右支払利息が，原告の事業所得の計算上必要経費に算入されるべきである旨主張した事案に関するものである。

同判決は，「具体的な支出が必要経費に該当するか否かが争われている場合には，所得の存在について被告に主張，立証責任がある以上，原則として，被告において，収入のみならず経費についても，被告の主張額以上に経費が存在しないことを立証すべき責任があると解すべきではあるが，更正時には存在しない，あるいは提出されなかった資料等に基づき，原告が当該支出が必要経費に該当すると主張するときは，当該証拠との距離からみても，原告において経費該当性を合理的に推認させるに足りる程度の具体的な立証を行わない限り，当該支出が経費に該当しないとの事実上の推定が働くものというべきである。右のように，原告において積極的な反証を要するとすることは，顧客が，証券金融機関から株式取得資金の融資を受ける場合であっても，当該顧客名義で資金を借り入れ，当該顧客が利息を負担するのが通常の形態であると考えられるのみならず，前記規則〔引用者注—日本証券業協会の定めた「証券従業員に関する規則（公正慣習規則第 8 号）」〕によれば，外務員が，有価証券の売買その他の取引等について，顧客に対し特別の利益供与行為をしたり，顧客と金銭，有価証券等の貸借を行うことが禁止されている……ことに照らせば，原告の右借入れ及び本件支払利息の支払が，直ちに事業に関連するもの，すなわち，受取手数料収入を得るためのものと判断すべき経験則は存在しないと考えられることからも明らかである。」と述べ，「必要経費の不存在」について事実上の推定が働くことを肯定している。

そして，かかる一般論に基づき，同判決は，原告が証券金融機関から原告名義で資金を借り入れたことは認めたものの，①原告がその顧客に資金を貸し付

[*31]　同判決の控訴審である東京高判平 8・4・26 税務訴訟資料 216 号 311 頁は，原判決を引用するとともに，控訴審における追加提出書証及び本人尋問等の結果によっても，株式取引が控訴人（原告）の特定する顧客名義で行われ，控訴人が当該顧客に借入金を貸付け，その借入利息を控訴人が負担したとの事実をうかがわせるに足る客観的証拠資料は見当たらないとの判断を示し，控訴を棄却している。さらに，その上告審である最判平 9・10・28 税務訴訟資料 229 号 340 頁は，上告を棄却したうえ，原審の判断は，前掲最判昭 38・3・3 に抵触しない旨判示している。

けたこと，②原告と当該顧客との間に，原告が右借入金の利息を負担する旨の約定が存在したこと，及び③当該顧客が外務員である原告を通じて株式を取得し，右借入金をその取得資金に当てたこと，のいずれの事実も客観的証拠をもって認められないとして，「本件支払利息は，原告の業務に直接の関連性を有しないものというべきである」という結論を導いている。

　(ｲ)　若干のコメント　　上記事案では，証券外務員としての一定の必要経費に加えて，証券外務員たる原告が，日本証券業協会の公正慣習規則に反し，通常とは異なる取引形態で行った借入れによって生じたと主張する特殊な経費 (自己の取扱いに係る株式取引の受amm手数料収入を増やすために，上記規則に反し，顧客の株式取得資金を原告名義等で証券金融機関から借り入れたことによって原告が負担した利息) の存否が問題となっている。上記のような特殊な経費については，単に原告による借入れと原告による本件利息の負担の事実が立証されているだけでは足りず，「原告において経費該当性を合理的に推認させるに足りる程度の具体的な立証を行わない限り，当該支出が経費に該当しないとの事実上の推定が働く」という判断をなすことも相当と考えられよう。ただし，あくまでも事実上の推定にとどまるのであるから，上記判決は，原告に必要経費が存在することの立証責任を負わせたのではなく，原告が上記の特殊な経費に関し満足な立証をできなかったという事実そのものを勘案して，本件支払利息が原告の必要経費に該当しないことを推認したものであると考えられる。そうとすれば，同判決の結論は是認できよう。

(b)　**熊本地判平 15・6・26**（税務訴訟資料 253 号順号 9378）

　(ｱ)　事案の概要と裁判所の判断の要約　　上記判決は，法人税の事案であるが，原告が帳簿外で支払ったと主張する外国車の輸入仕入れに係る諸経費 (船舶輸送代・消費税)，ビデオテープの仕入れ及び店舗の改修等に係る諸費用の存否が争点となっている。

　同判決は，「税務訴訟において課税処分の取消を争う場合，所得の存在及びその金額についての立証責任は課税庁が負い，必要経費の有無についても，原則として課税庁がその不存在につき立証責任を負うと解すべきであるが，必要経費の支出は納税義務者が行う行為であって，その内容は自らの行動として当然熟知しているものであり，これに関する証拠も納税義務者が保持しているものであるから，必要経費が存在すると主張する納税義務者が，必要経費がない

という課税庁の主張を単に争うだけで，必要経費として支出した金額，支払年月日，支払先及び支払った内容につき一切具体的に特定して主張しないときは，公平の観点から事実上必要経費は存在しないものと推定するのが相当である。」と述べたうえで，上記3つの簿外経費の主張について，以下のとおり判示している。

第1に，外国車の輸入仕入れに係る諸経費（船舶輸送代・消費税）について，上記判決は，原告がその代表者の記憶と総勘定元帳の記載を基に上記諸経費の存在を主張しているが，その金額，支払年月日，支払先及び支払った内容を具体的に特定して主張せず，客観的資料も提出せず，被告の反面調査等によっても裏づけられなかったことを根拠に，必要経費の存在を否定している。同判決は，「原告が簿外であると主張している車両輸入仕入諸掛は，原告の総勘定元帳の何らかの勘定科目で処理されているか，又は車両の仕入れ代金に含まれている可能性が高いというべきである。」と付言している。

第2に，ビデオテープの簿外仕入れの存否について，上記判決は，原告の主張に照らし，必要経費として支出した金額，支払年月日，支払先及び支払った内容が具体的に特定されていないこと，原告主張の仕入先が存在自体を公にできない業者であることから，公正妥当と認められる会計処理の基準に従って計算された金額とはいえないことを理由に，その存在を認めることはできないという結論を導いている。

第3に，簿外の店舗の改修費用等の存否について，上記判決は，原告の簿外費用の主張は，これを裏づける客観的な資料がなく，原告代表者自身の供述も曖昧であることと，他の経費として処理されている可能性を具体的に指摘したうえで，その存在を認めることはできないとしている。

　　(イ)　若干のコメント　　上記の判示事項からも明らかなように，上記判決でその存否が争われた簿外経費は，それに関する原告の具体的な主張がなく，客観的な資料も欠いているという意味で，いずれもその存在自体に疑問があり，帳簿に記載されている他の経費（既に必要経費と認定されているもの）の項目に紛れ込んでいるのではないかという疑問を払拭できないとされたものである。

確かに，簿外の経費で，原告の具体的な主張もなく，客観的な資料を欠いているもの，あるいは反面調査等の結果によりその存在が否定されるものについては，事実上必要経費は存在しないものと推定することは，経験則に照らし合理

的であるといえよう。しかし，事実上の推定は，あくまでも立証責任の転換を認めるものではないから，簿外経費に関する原告の主張の具体性や裏づけ資料の客観性を厳格に求めることには問題があると考えられる。特に原告の主張する簿外経費が，帳簿に記載済みのほかの経費項目に紛れ込んでいる可能性があるという一事をもって，必要経費該当性を否定することは，原告に立証責任を転換したに等しいとの非難を免れないであろう。

第5　推計課税に関する考え方の整理

1　問題の所在

これまでの検討をふまえ，次に，要件事実論の知見に照らし，推計課税に関する議論を整理する。具体的には，以下のとおり，所得税法156条の定める推計課税に関する重要論点についての近時の主要な学説や裁判例を簡単に説明するとともに，それと対比するために，租税逋脱の刑事事件及び消費税課税事案における推計の問題を取り上げる。

第1に，推計課税の本質をどのように捉えるかについて，主として事実上の推定説と補充的代替手段説の対立があるので，その点を明らかにする（下記2(1)参照）。

第2に，推計課税の適法要件と一般に考えられている推計の必要性と推計の合理性の意義を簡単に確認する（下記2(2)参照）。

第3に，課税庁が行う推計課税に対して，納税者が訴訟等の段階になって実額反証を試みることがあるので，この点に関する議論を概観する（下記2(3)参照）。

第4に，租税逋脱の刑事事件においても，所得金額の推計が問題となる場合があるから，その場合の推計と所得税法156条の推計課税の異同について検討する（下記3参照）。

第5に，消費税法には，所得税法156条に相当する規定を欠いているけれども，消費税の課税事案においても，推計課税を肯定する裁判例が確立していることを確認する（下記4参照）。

第6に，上記検討をふまえ，所得税法156条に基づく推計課税の事案，租税逋脱事案における推計及び消費税の推計課税の事案が，近時の主要な裁判例が支持すると思われる通説的な見解によってどのように捉えられているかを整理

する（下記5参照）。

2　所得税法156条の推計課税に関する通説的な考え方

(1)　推計課税の本質

推計課税の本質については，大別して以下の2つの見解があるとされ，それぞれの立場に立った裁判例がある[*32]。

(a)　**事実上の推定説**　　推計課税は，間接的な資料と経験則を用いて真実の所得額を事実上の推定により認定するという見解。

(b)　**補充的代替手段説**　　推計課税は，課税標準を実額で把握することが困難で推計の必要性がある場合に，税負担の公平の観点から，実額課税の代替手段として，合理的な推計の方法で課税標準を算定することを課税庁に許容した実体法上の制度であるとする見解。したがって，真実の所得金額と推計課税によって認められた実額近似値とは合致する必要はない。

上記のうち，事実上の推定説が通説的な見解であるといわれており，同説が最判昭39・11・13（裁判集民事76号85頁）の判旨[*33]に沿うものと一般に考えられている[*34]。なお，補充的代替手段説に対しては，①実額近似値をもって第2の課税標準とし，新たな課税要件を認めるものであるから租税法律主義に反する疑いが強いこと，②所得税法156条を同説のように読むことには無理があること，③同説が上記最判昭39・11・13の趣旨に沿わないこと等の批判がある[*35]。

[*32]　司法研修所編・前掲注（*2）200頁以下，楠松晴子「46　推計課税の適法性」奥田隆文＝難波孝一編『民事事実認定重要判例50選』（立花書房，2015）510頁以下・514頁以下，今村隆『課税訴訟における要件事実論〔改訂版〕』（日本租税研究協会，2013）30頁以下。

[*33]　所得計算を推計によって行い，課税処分をなすことを認める根拠規定を欠いていた昭和25年改正前の所得税法の下で，農業所得を実態調査によらず所得標準率をもって推算したことが違法であると納税者が主張したのに対し，最高裁は，「所得税法が，信頼しうる調査資料を欠くために実額調査のできない場合に，適当な合理的な推計の方法をもって所得額を算定することを禁止するものでないことは，納税義務者の所得を捕捉するに十分な資料がないだけで課税を見合わせることの許されないことからいっても，当然の事理であり，このことは，昭和25年に至って……所得推計の規定が置かれてはじめて可能となったわけではない。」と判示し，納税者の主張を排斥している。

[*34]　司法研修所編・前掲注（*2）202頁。なお，補充的代替手段説を明示的に否定する近時の裁判例として，東京地判平16・4・28税務訴訟資料254号順号9643（東京高判平16・9・21税務訴訟資料254号順号9754，最決平17・3・10税務訴訟資料254号順号9955により維持され確定）がある。また，後に第5の4で引用するとおり，仙台高判平18・4・12及び名古屋地判平17・3・10は，消費税法に明文の規定がないにもかかわらず，推計課税が認められる根拠を，前掲最判昭39・11・13に求めている。

[*35]　司法研修所編・前掲注（*2）202頁。

第5　推計課税に関する考え方の整理

(2) 推計の必要性と合理性

所得税法156条に明記されているわけではないけれども，推計課税の適法要件として，推計の必要性*36と推計の合理性*37*が必要であることについては，一般的に認められていると思われる*38。

(3) 実額反証

課税庁が推計課税による課税処分を行った後に，納税者が，訴訟等の段階になって，帳簿等に基づく反論を行うことがあるが，これを一般に「実額反証」と呼んでいる*39。

事実上の推定説に立つ通説的な見解からすると，推計課税，実額課税といっても別個独立の課税方式があるわけではなく，所得の認定方法の差にすぎないとされているため，推計課税がされた場合でも，実額の主張が直ちに排斥されることはない。裁判実務も同様に実額反証を一般的に認める立場に立っていると考えられる*40。

このように，推計課税に対しては，実額反証を認めるのが一般的と考えられるが，それが文字どおり「反証」で足りるのか，それとも納税者の側が立証責任を負うのかについては学説上争いがある*41。近時の裁判例においては，実額

---

*36　推計課税の必要性につき判断を示した裁判例は極めて多いが，類型ごとに例示すると，①帳簿書類等の不備の場合，②帳簿書類等の記載内容が不正確な場合，③納税者が課税庁の調査に非協力的な態度をとる場合の3つに分類できることについて，最高裁事務総局行政局監修・前掲注（*3）175頁参照。

*37　推計課税は実額を把握する資料がないときに，やむを得ず間接的資料により所得を推計するものであるから，推計の方法は最もよく実際の所得に近似した額を算出し得る合理的なものでなくてはならないとされており，これが「推計の合理性」の問題である（司法研修所編・前掲注（*2）204頁）。なお，推計の合理性の意義と程度に関する裁判例につき，最高裁事務総局行政局監修・前掲注（*3）177～179頁参照。

*38　司法研修所編・前掲注（*2）203～208頁，金子・前掲注（*2）853～858頁，谷口・前掲注（*2）155～156頁。

*39　司法研修所編・前掲注（*2）214頁。同書は，実額反証の例として，事業所得につき，課税庁が反面調査等により収入金額を把握し，これに売上原価及び一般経費の同業者率を乗じて売上原価及び一般経費を算出し，実額で把握した特別経費とともに収入金額から控除して所得金額を推計して行った課税処分の適法性を主張するのに対し，納税者の方で，収入金額を認め（あるいはこれが立証できたことを前提として），売上原価及び一般経費の実額を主張し，その証拠を提出する場合を挙げている。

*40　最高裁事務総局行政局監修・前掲注（*3）196～197頁，司法研修所編・前掲注（*2）214～217頁，楮松・前掲注（*32）520頁参照。今村・前掲注（*3）33頁は，大阪高判昭62・9・30高民40巻3号117頁・判タ653号249頁・訟月34巻4号811頁が契機となって実額反証が許されることが明確になったと述べている。なお，国税通則法116条により，原告の実額反証のための主張・立証が時機に後れた攻撃防御方法として却下され得ることにつき，青森地判昭61・10・14訟月33巻7号1993頁参照。

*41　司法研修所編・前掲注（*2）217頁・221頁。

反証を再抗弁と位置づける見解の方が多いように見受けられる*42。

さらに，再抗弁説の下でも，納税者が実額をもって主張・立証すべき範囲について見解が分かれているが，近時の裁判例においては，収入金額及び必要経費の双方を納税者が主張・立証すべきとするものが少なくない*43。

(4) まとめ

以上より，近時の主要な裁判例に沿って，所得税法156条の定める推計課税についての通説的な考え方をまとめると，以下のとおりになると考えられる。

推計課税の本質は，事実上の推定であるから，課税庁が推計の必要な事案において，合理的な推計方法によって所得金額を推計した場合においても，納税者が実額反証をすることは常に許される。しかし，それは単なる「反証」では足りず，納税者は，収入金額及び必要経費の双方を主張・立証しない限り，推計課税を覆すことはできない。

なお，このように納税者による実額反証の立証の程度・範囲を厳格に解すると，実額反証が現実に成功する確率は極めて低くなると考えられる*44。

3　租税逋脱事案における推計

(1) 問題の所在

租税逋脱行為を処罰するために，例えば，所得税法238条1項は，「偽りその他不正の行為により，……所得税の額……につき所得税を免れ……た者は，10年以下の懲役若しくは千万円以下の罰金に処し，又はこれを併科する。」と規定している。このような規定に違反し，租税逋脱を行った者の逋脱所得の金額が，正規の帳簿等から直接に計算されることは例外的であり，計算過程の少なくとも一部において推計の方法が用いられることが少なくない。

---

*42　楠松・前掲注（*32）520～521頁。再抗弁説に立つものとして，東京高判平 6・3・30 行集 45 巻 3 号 857 頁，東京高判平 7・3・16 行集 46 巻 2 = 3 号 280 頁，東京高判平 18・9・28（平成 18 年（行コ）第 42 号）裁判所ホームページ・税務訴訟資料 256 号順号 10520，東京高判平 20・10・8（平成 20 年（行コ）第 189 号）裁判所ホームページ・税務訴訟資料 258 号順号 11047 等参照。

*43　楠松・前掲注（*32）521～523 頁。例えば，前掲注（*42）東京高判平 20・10・8 は，納税者において，①主張する収入及び各経費の金額が存在すること，②主張する収入金額がすべての取引先から発生したすべての収入金額であること，③主張する経費がその収入金額と対応するものであることの 3 点につき，合理的な疑いを容れない程度に証明される必要があると判示している。

*44　中尾巧『税務訴訟入門〔第 5 版〕』（商事法務，2011）297 頁。なお，実額反証の立証の程度・範囲を緩和して考えると，実額反証が奏功する場合があることを示す例として，例えば，東京高判平 7・7・17 税務訴訟資料 213 号 67 頁（確定）参照。

第5 推計課税に関する考え方の整理

かかる実態に鑑み，例えば，最決昭54・11・8（刑集33巻7号695頁・判タ406号113頁・判時952号131頁）は，「租税逋脱犯における逋脱所得の金額の認定にあたっては，収入と支出とを記載した帳簿書類や収入，支出に関する証言，供述等から直接これを認定する場合のほか，いわゆる推計の方法すなわち，財産・負債の増減，収入・支出の状況，取扱量，事業の規模，対比に値する同業者の業績等を示す間接的な資料から所得金額を推認して認定する方法も，その方法が経験則に照らして合理的である限りにおいては，当然に許容されるべきものであり，要は，それによって合理的な疑いをさしはさむ余地のない程度の証明が得られれば足りると解される。」と判示している。本稿の目的との関係では，同判決にいう「推計」がいかなる性質のもので，所得税法156条の定める推計課税と比べどのような異同があるのかが重要である。以下，この点に絞って検討する。

(2) 租税逋脱事案における推計と所得税法156条の推計課税の対比

租税逋脱犯に対する刑事裁判においては，所得税法156条が認める「推計課税」と同じ意味での推計が許されるわけではなく，あくまでも所得金額の実額が推認によって証明されなければならないと一般に考えられている[*45]。このことは，所得税法の条文上も明らかである。すなわち，所得税法238条1項は，犯罪構成要件として「所得税の額につき所得税を免れる」ことを要求しているのであるから，租税逋脱犯に対する刑事裁判においては，所得実額の証明を要することは当然であり，その証明の過程で推認が問題となるにすぎない。これに対し，同法156条の定める推計課税は，あくまでも税務署長による課税処分のために認められるものであるから，同条を，刑事裁判にそのまま適用又は準用する余地はない[*46]。

前掲最決昭54・11・8が判示するように，刑事裁判における推認の手法自体

[*45] 京都地判平4・10・30税務訴訟資料226号3634頁（同判決は，大阪高判平6・6・2税務訴訟資料226号3586頁，最決平9・11・21税務訴訟資料226号3538頁により維持され確定）参照。

[*46] 東京地判昭54・2・16判タ386号151頁（確定）は，所得税法156条の推計課税が，推計によって得られた所得金額が真実の所得金額と合致するとの一応の蓋然性の存在をもって適正な課税標準として是認するものであると捉えたうえで，刑事裁判においても事実認定の方法として推認による場合があることを認めるが，両者はまったく異なる問題であると述べている。さらに，同判決は，刑事裁判における推認の多くは，間接事実を総合し経験則を適用して罪となるべき事実を認定するものであるが，その場合，推計課税のような一応の蓋然性の程度では足りず，その存在につき確実な心証を得る程度を必要とする旨判示している。

第2部　租税訴訟における要件事実論の視点からの総論的課題
第5章　租税法における「推定」の諸相

は，所得税法156条が掲げる手法と同様であってもよい[*47]けれども，その推認によって得られる数値が実額を超えていないことは，合理的な疑いを差し挟む余地のない程度まで証明されなければならない[*48]。

(3) まとめ

以上のとおり，刑事裁判における推認は，事実上の推定の一場面と捉えられているから，所得税法156条の規定する推計課税の本質を，事実上の推定と考える通説的な見解に立つ限り，両者の法的性格に基本的な違いはないことになる。しかし，両者の相違は，証明の対象と程度において顕著に現れる。前者においては，推計額が実額を超えていないことにつき合理的な疑いを差し挟む余地のない程度の証明を要する。これに対し，後者においては，証明の程度はそれよりも低く[*49]，しかも推計方法が実額に近似した数値を算出し得る合理的なものであればよく，必ずしも推計額が実額を超えないことの証明が要求されているわけではない[*50]。

[*47] 前掲最決昭54・11・8の調査官解説は，推計の方法を用いて得られる数値が実額を超えていないという保障があれば，実額の一部であるという意味において実額であるということができるから，租税逋脱事案において実額認定の要請があることは，推計の方法を用いる妨げにならないと述べている（佐藤文哉・最判解刑昭和54年度316頁以下・320頁）。なお，租税逋脱犯における逋脱所得の金額を認定する方法として，いわゆる財産増減法（一定期間の期首・期末の財産状態を比較することを基本にしてその期間の利益すなわち所得の金額を算定する方法）を用いることを明示的に許容したものとして，最決昭60・11・25刑集39巻7号467頁・判タ578号69頁・判時1178号155頁がある。また，財産増減法によって所得金額を認定するにあたっては，財産増減法による算出金額（認定金額）が実額を上回ることがないことの保障が必要であることを明言する裁判例として，東京地判昭55・12・24判時1006号117頁（東京高判昭58・1・26高刑36巻1号14頁，最決昭61・12・11税務訴訟資料156号2233頁により維持され確定）参照。

[*48] 前掲注（*45）京都地判平4・10・30参照。前掲注（*46）東京地判昭54・2・16も，その存在が確信を得る程度に推認し得ない雑収入の推計金額を，逋脱所得金額から控除している。なお，法人税法違反の逋脱所得金額の認定にあたり，検察官の主張する推計計算の方法には合理的な疑いが残るとして，被告人に無罪が言い渡された事例として，鳥取地判平6・3・23判時1520号155頁（確定）参照。

[*49] 刑事裁判における証明度が民事裁判における証明度よりも高いものであることについては異論がないと思われる（伊藤滋夫『事実認定の基礎―裁判官による事実判断の構造』（有斐閣，1996〔2000補訂〕）171～173頁参照）。ただし，事実上の推定説に立った場合，所得税法156条の定める推計課税における証明度が，前掲注（*46）東京地判昭54・2・16等が判示するように，「一応の蓋然性の程度」で足りるとする（前掲注（*46）参照）ことには，異論があろう。一般に民事訴訟においては，事実の存在については「高度の蓋然性」があると認められる程度の証明が必要であるとされており，しかも事実上の推定により認められる立証の軽減の程度は，それほど大きなものではないと考えられるからである（前記**第4の2**参照）。

[*50] 佐藤・前掲注（*47）320頁は，租税逋脱事案では，所得税法156条の推計課税事案のように，実額に近いであろうとの一応の蓋然性があれば推計によって得られた数値を実額と取り扱うことは許されないと述べている。

4 消費税における推計課税

(1) 問題の所在

所得税法が明文の推計課税の規定を置いているのに対し，消費税法には同様の条文が存在しない。しかしながら，課税実務においては，所得税等の推計課税と併せて，消費税についても推計による課税処分が行われることが少なくなく，一般に裁判所もそれを是認している。そこで，本稿の目的との関係では，消費税課税事案においていかなる根拠によって推計が認められ，それが所得税法156条の定める推計課税と同様のものか否かを明らかにすることが重要である。

(2) 消費税課税事案における推計と所得税法156条の推計課税の対比

所得税法156条のような推計課税を認める明文の規定がない消費税法の事案において推計課税をすることに対しては，納税者から租税法律主義に違反する旨の主張がなされることがある。しかし，このような主張は，例えば，仙台高判平18・4・12（税務訴訟資料256号順号10364（確定））[51]によって退けられている。すなわち，同判決は，「消費税法28条は，消費税の課税標準となるべき課税資産の譲渡等の数額を定めたものにすぎず，同条に従って決せられる課税標準の数額を，常に実額調査の方法によってのみ決定しなければならないことまでを定めたものと解することはできず，消費税法が，信頼し得る調査資料を欠くために実額調査のできない場合に，適当な合理的な推計の方法をもって課税標準の数額を算定することを禁止するものでないことは，特に納税義務者が質問検査に協力しない場合に納税義務者の課税資産の譲渡等を捕捉するのに十分な資料がないだけで課税を見合わせることが許されないことからいっても，当然の事理であり，このことは所得税法156条のような明文の規定があることによって初めて可能となるわけではないから，消費税法28条の定める課税標準の数額の決定につき，法律の許容する推計方法を用いることが租税法律主義に違反するものでないことは明らかである」と述べるとともに，所得税法に明文規定が設けられる以前に所得税の推計課税の適法性を認めた前掲最判昭39・11・

---

[51] 同判決は，消費税の課税標準額の推計にあたり，原告の年間仕入金額を反面調査によって確定し，これを売上原価の額とみなし，原告の類似同業者の平均売上原価率で除して計算した売上金額を基にして行った推計課税の方法の合理性を肯定している。

第２部　租税訴訟における要件事実論の視点からの総論的課題
第５章　租税法における「推定」の諸相

13 を引用している。

　また，名古屋地判平 17・3・10（税務訴訟資料 255 号順号 9957）*52 は，推計課税による課税処分を「実額による課税処分とは別個の課税処分ではなく，単に課税要件事実を間接的な資料から把握，認識するものにすぎないから，法律上の明文の規定がなくても推計課税を行うことは妨げられないと解されている」と述べ，同じく前掲最判昭 39・11・13 を引用している*53。

　さらに，特段の根拠を示すことなく，主として租税負担の公平の原則を強調し，推計の必要性が認められれば，消費税についても推計課税を行うことができるのが相当であると述べる裁判例もある*54。あるいは，消費税法が課税標準等の算定にあたり，必ずしも実額調査の方法によって直接資料を基にこれを決定しなければならないとは規定していないことを根拠に，同法は，信頼し得る直接資料を欠くために実額調査のできない場合に，合理的な推計の方法をもって課税標準額を算定することを禁止するものではないと解すべきと判示するものもある*55。

　なお，このように消費税につき推計による課税処分がなされる事案では，納税者が課税仕入れに係る消費税額の控除に関する帳簿等を保存していないことが多いと考えられ，その場合には仕入税額控除が認められない*56（消税30条1項・

---

*52　同判決は，名古屋高判平 17・9・14 税務訴訟資料 255 号順号 10126，最判平 18・2・7 税務訴訟資料 256 号順号 10302 により維持され確定している。なお，同判決の事案においては，消費税の課税標準の基礎となる課税売上高を，原告の預金口座への入金額の実額に基づき認定して課税処分を行っているので，そもそも推計の方法によって消費税の課税処分が行われたわけではない。したがって，消費税においても推計課税が許されるという同判決の判示は傍論にとどまる。

*53　同判決の上記判示からすると，同判決は，推計課税の本質に関し事実上の推定説に立っているものと考えられる。さらに，同判決は，所得税法 156 条が明文で推計課税を許容する規定を置いている理由を，従前明文の規定がなくても推計課税を行うことが許容されていたことを前提として，青色申告の承認を受けた納税者に対しては推計課税を行うことが許されないことを明確にするためであると説明している。

*54　山口地判平 25・4・10 税務訴訟資料 263 号順号 12194（広島高判平 25・10・17 税務訴訟資料 263 号順号 12309 も維持）参照。なお，同判決は，雑貨販売を営む原告の売上金額を把握し得る帳簿等の資料が存在しないことを理由に推計の必要性を認めたうえで，反面調査及び原告の提出資料により確定した原告の雑貨販売に係る売上原価を，類似同業者の平均売上原価率で除したうえ，平均課税売上割合を乗じて対象期間における原告の課税資産の譲渡等の対価の額を算定するという推計方法の合理性を肯定している。

*55　福岡地判平 21・11・16 税務訴訟資料 259 号順号 11313（確定）参照。なお，同判決は，コンビニエンスストアを経営する原告の売上原価を反面調査等により把握したうえで，比準同業者の平均売上原価率で除すことにより総収入金額を算出し，そこから非課税等売上を控除することによって消費税の課税標準額を推計するという方法の合理性を肯定したうえで，「推計により算出した課税標準額も真実の課税標準額に近似したものであると認めるのが相当である。」と述べている。

*56　事業者が仕入税額控除を受けるには，消費税法 30 条 7 項に規定する帳簿等を整理し，これら

第5 推計課税に関する考え方の整理

7項)と想定される[*57]。消費税が付加価値税の性質をもっており，その最も重要な要素の一つが課税の累積を防止することにあり，そのために仕入税額控除がある[*58]ことに照らせば，かかる結果は，納税者にとって過酷なものといえよう。

(3) まとめ

以上のとおり，消費税においても推計課税の必要性が認められれば，所得税法156条におけるのと同様な合理的な推計方法による課税標準額の算出を肯定するのが裁判例の一般的な傾向である。その理由づけは一様ではないものの，このような考え方の基礎には，前掲名古屋地判平17・3・10が判示するとおり，推計課税の本質を事実上の推定と捉え，所得税法156条はそれを明文化したものにとどまるという事実上の推定説があると想定される。

5 通説的な見解のまとめ

以上より，租税法における推計の問題は，所得税法156条に基づき課税処分を行う局面のみならず，租税逋脱事案や消費税の課税事案においても立ち現れることが明らかになった。これまでの検討結果をふまえ，それぞれの局面について，近時の裁判例の主要なものが支持すると考えられる通説的な見解をまとめると，次頁の図のとおりになる。結局のところ，上記すべての局面において，推計の本質は事実上の推定と捉えられており，租税逋脱事案においてのみ厳格な証明度が要請されるというのが通説的な見解であると整理することができる。

を所定の期間及び場所において，税務職員による検査にあたって適時に提示することが可能なように態勢を整えて保存することを要するのであり，事業者がこれを行っていなかった場合には，同法30条7項により，事業者が災害その他やむを得ない事情によりこれをすることができなかったことを証明しない限り，仕入税額控除の規定が適用されないと解されていることについて，最判平16・12・16民集58巻9号2458頁・判タ1175号135頁・判時1884号30頁及び最判平16・12・20裁判集民事215号1005頁・判タ1176号130頁・判時1889号42頁参照。

[*57] 大阪高判平25・3・27税務訴訟資料263号順号12185は，消費税の仕入税額控除を否認した場合には，仕入税額について推計のうえ課税すべきであるという納税者の主張を，「消費税法に仕入税額控除を否認した場合に仕入税額を推計の上課税すべき規定が存しない以上，仕入税額を推計して控除しないことが直ちに違法になるとは解されない。また，仕入税額の推計を要求できる憲法上の権利が納税者にあると解することも困難である」等と判示して，退けている。

[*58] 金子・前掲注(*2)720頁。なお，前掲注(*56)最判平16・12・20において，滝井繁男裁判官は，税制改革法の制定を受けて設けられた消費税において，課税の累積を防ぐ仕入税額控除が制度の骨格をなす本質的なものであることを強調し，消費税法30条7項にいう「保存」を，通常の意味を超えて緩やかに解釈しなければならない理由は見出しがたいとして，反対意見を述べている。

推計の諸相	通説的な見解のまとめ
所得税法156条の推計課税	所得税法に明文の規定はあるが，推計課税は事実上の推定と異ならない。推計課税に対しては実額反証が常に許されるが，単なる「反証」では足りず，納税者は，収入金額及び必要経費の双方を主張・立証しない限り，推計課税を覆すことはできない。
租税逋脱事案における推計	所得税法156条の適用又は準用が認められるわけではないが，推計は事実上の推定の一場面として認められる。しかも，推計額が実額を超えていないことについて合理的な疑いを差し挟む余地のない程度の証明を要する。
消費税における推計課税	明文の規定はないが，所得税法156条と同様な推計課税が，事実上の推定として認められる。

第6 要件事実論の観点からの通説的な見解の検討と私見

1 問題の所在

上記まとめが示すとおり，所得税法156条の推計課税，租税逋脱事案における推計及び消費税における推計課税の本質をすべて事実上の推定として捉えるのが通説的な見解である。他方，先に**第2**で確認したとおり，事実上の推定の概念は，要件事実論において「推定」の一つとして整理されている。そこで，要件事実論の観点からみて，はたして租税法における推計についての上記通説的見解に整合性があるといえるかどうかを最後に検討する。

2 検　討

結論から先にいえば，上記の通説的な見解は，「推定」に関する要件事実論と整合性を欠くといわざるを得ない。いかなる矛盾点があるかを指摘したうえで，それを克服し，より整合性の高い結論を導くための試論を示すと，以下のとおりである。

(1) 所得税法156条の推計課税の検討

(a) **事実上の推定説の矛盾**　　所得税法156条の定める推計課税の本質を事実上の推定と捉えるのが通説的見解であることは繰り返し確認したとおりである。しかし，要件事実論からみると，事実上の推定は特別な規定をまたずに，

第6 要件事実論の観点からの通説的な見解の検討と私見

事実認定においては常に認められるものであるから，事実上の推定説では，所得税法156条が特別に設けられている趣旨を説明できない*59。

特に，通説的な見解が，事実上の推定説をとりながら，実額反証が単なる「反証」では足りず，納税者側で収入金額及び必要経費の双方を主張・立証しない限り，推計課税を覆せないという立場をとることは，完全な矛盾といえよう。なぜなら，事実上の推定である限り，課税庁側の立証責任がやや軽減されるだけで，その立証責任が納税者に転換されるわけではないと一般に考えられているからである（前記**第2の2**参照）。

(b) **法律上の事実推定説に基づく私見** 要件事実論の観点から，所得税法156条を事実上の推定と捉えることができないとすると，同条をどのように位置づければよいであろうか。筆者は，前記**第2の1**で述べた「推定」の種類に照らし，同条は，国税通則法12条2項と同様に，「法律上の事実推定」の一例であると考える。私見によれば，同条は，課税庁が直接的な証拠資料を入手できないような場合に課税を全面的に断念することが租税負担の公平性の観点からみて妥当でないという考慮から，かかる事態を回避するための一種の政策的な配慮によって，課税庁による所得税の課税処分の適法性の立証を容易にする目的をもって設けられた特別の規定と捉えられる。そうとすると，課税庁としては，所得金額を認定する直接的な証拠資料が限られている状況下で，実額課税の立証に代えて，推計課税の必要性と合理性の要件を立証*60し，所得税法156条を適用することにより，合理的な推計方法によって算出された金額をもって，真実の所得金額の存在を推定させ，よって所得税の課税処分の適法性を基礎づけることが可能になる。

なお，上記私見は，推計課税の必要性がある場合に限り，合理的な推計方法によって算出された金額を，真実の所得金額と推定することが所得税法156条によって許容されると考えているから，真実の所得金額とは異なる第2の課税標準としての推計所得金額を認めるものではない。その意味で，私見は，補充的代替手段説（前記**第5の2**(1)）とも異なることを付言しておく*61。

---

*59 伊藤滋夫「民事訴訟における要件事実論の租税訴訟における有用性—その例証としての推計課税と実額反証の検討」伊藤編・前掲注（*3）80頁以下・92頁参照。
*60 推計課税の必要性も合理性も評価の要件であるから，厳密には，課税庁がそれぞれの評価根拠事実を立証し，納税者が評価障害事実を立証し，それらの総合判断によってその要件の成否が判断されることになる（伊藤・前掲注（*59）94頁以下参照）。
*61 したがって，私見に対しては，補充的代替手段説に対する前記3つの批判（前記**第5の2**(1)

(c) **私見に基づく実額反証の整理**　上記のように所得税法 156 条を法律上の事実推定の規定と捉える私見に従えば，課税庁が実額課税に代えて推計の必要性の評価根拠事実と推計の合理性の評価根拠事実を立証することによって，当該推計方法により算出された所得金額が真実の所得金額と推定されることになる。しかし，それによって真実の所得金額が証明されるわけではないから，納税者側で真実の所得金額が推計額とは異なることを主張・立証することによって，上記推定を覆すことができる。これが実額反証にほかならない。すなわち，私見によると，所得税法 156 条に従い，所得金額の立証責任が課税庁から納税者に転換される以上，納税者は，単なる反証では足りず，収入金額及び必要経費の双方を主張・立証しない限り，推計課税を覆すことはできない。このような結論は，論理の過程は異なるものの，近時の主要な裁判例がとる結論と軌を一にするものである[*62]。

(d) **移転価格税制における推定課税との対比**　移転価格税制（租特 66 条の 4）の下では，法人が国外関連者と行う取引の価格が独立企業間価格と異なることにより当該法人の所得が減少する場合には，その取引を独立企業間価格で行われたものとみなして課税所得が計算される。この独立企業間価格の算定のためには，法律の定める一定の方法によらなければならないのが原則である（同条 2 項）が，同条 6 項は，独立企業間価格の算定のために必要な書類が納税者から得られない等の一定の事情がある場合に，課税庁が，同種事業類似法人の情報に基づき独立企業間価格を推定し，課税処分を行うことを許容している。このような移転価格税制における独立企業間価格の算定による課税と推定課税の

　　参照）の内の①及び②の批判は当たらない。また，批判③に関しては，前掲最判昭 39・11・13 は，特別の規定を待たずに当然に認められる事実上の推定の許容性を確認したものであり，事実上の推定によって実額を推認したものであると捉えれば，必ずしも私見と矛盾しない。

*62　伊藤・前掲注（*59）94 頁は，推計課税の方法を適法と認めながら，特別の制限もなく，実額反証の名の下に，推計課税の方法による認定を覆すことを許すと，推計課税を認めた趣旨に反するのではないかという疑問を呈している。そのうえで，同論文（96 頁以下）は，納税者による実額反証を一般に認めず，納税者による実額の立証は，同額が推計額と著しく異なる額となることを示す限度で，推計の合理性の評価障害事実の立証としての意味をもつにすぎないと位置づけている。筆者は，かつて上記伊藤論文の考え方に賛同していたが，本稿の執筆を契機として改説し，現在は，所得税法 156 条を法律上の事実推定規定と捉え，納税者による実額反証（実際には本証）を常に許容する立場に立っている。ただし，私見によっても，納税者による実額反証の立証の程度・範囲を厳格に解する限り，実額反証が現実に成功し，推計課税を覆すことができる確率は極めて低いことが想定される（**第 5 の 2(4)**参照）。したがって，筆者は，私見に立ったとしても，所得税法 156 条が推計課税を特に認めている趣旨に必ずしも反するものではなく，私見が課税庁と納税者間のバランスをとるための一つの解決策たり得るのではないかと考えている。

第6　要件事実論の観点からの通説的な見解の検討と私見

関係は，所得税法における実額課税と推計課税の関係と類似している。そこで，移転価格税制における推定課税がどのようなものとして捉えられているかが本稿の検討との関係で特に重要となる。

　この点に関し参照に値するのが東京地判平23・12・1（訟月60巻1号94頁）をほぼ踏襲した東京高判平25・3・14（訟月60巻1号149頁）である。同判決は，「課税庁による租特法66条の4第7項[*63]に基づく処分の適法性が争われた場合には，課税庁側は，まず，同項所定の推定課税をするための要件の存在……と，推定課税の方法の適法性（同種事業類似法人の選定方法等……）について主張立証する必要があることは明らかである。そして，納税者は，上記の課税庁側の主張立証について，反証によりこれを争うことができることはもちろんであるが，自らの有する資料によって，国外関連取引に係る適正な独立企業間価格を主張立証して，推定された独立企業間価格に基づく処分を争うこともできることになる。」と判示している[*64]。

　同判決は，明言こそしていないが，その判断の構造は，先に述べた法律上の事実推定規定に関するものと同様と考えられる（第2の2，特に前掲注（*10）参照）。このような理解が正しいとすれば，上記判決は，所得税法156条を法律上の事実推定規定とみる私見と整合性をもつものといえよう。

　(e)　まとめ　　以上より，私見によると，所得税法156条は，法律上の事実推定規定と考えられるから，課税庁が推計の必要性の評価根拠事実と推計の合理性の評価根拠事実を立証することによって，当該推計方法により算出された所得金額が真実の所得金額と推定される。しかし，かかる推定によって真実の所得金額が証明されるわけではないから，納税者は，収入金額及び必要経費の双方を主張・立証し，実額を証明することによって，常に推計課税を覆すこ

[*63]　同判決の事案に適用された租税特別措置法（平成16年法律第14号による改正前のもの）においては，第7項であったが，現行法では第6項である。

[*64]　このような東京高判平25・3・14の判示に加え，同判決が是認した東京地判平23・12・1は，「推定課税を行う要件が満たされた場合，推定課税の制度が，同項に基づいて計算された価格を独立企業間価格と推定するものであることからして，納税者側が推定された金額と異なる金額が適正な独立企業間価格であることを立証すれば，推定は破られ，租特法66条の4第7項に基づいて算定された金額を独立企業間価格と推定することは許されないこととなる。しかし，法律に定められた推定を破るという法律効果が生ずるものであることからして，納税者側が主張する金額が適正な独立企業間価格であることの立証責任は，納税者側が負うと解するのが相当であり，納税者側は，その主張する金額が，同条2項に定める方法に従って計算された適正な独立企業間価格であることを立証する必要がある。」（下線は筆者による）と述べている。上記下線部分の判示は，移転価格税制における推定規定を法律上の事実推定規定と捉える考え方を前提としたものではないかと推測される。

とができる。

　なお，推計の必要性が認められる事案においても，課税庁が所得実額を事実上の推定によって立証しようとすることが妨げられないことはいうまでもない。ただし，かかる事実上の推定によって所得実額に関する立証責任が納税者に転換されるわけでないことは看過されてはならない（前記**第 4 の 3** 参照）。

(2) 租税逋脱事案における推計の検討

　既に**第 5 の 3(2)**で確認したように，所得税法 156 条は，あくまでも税務署長による課税処分のための規定であるから，同条が所得税の逋脱事案に適用又は準用される余地がないことは当然である。しかし，租税逋脱事案においても，事実認定の手法として，特別の規定を待たずに，事実上の推定を用いることができることはいうまでもないから，推計は事実上の推定の一場面として認められる。しかも，刑事事件であるがゆえに，国（課税庁）に，より高度の証明が要求され，事実上の推定によって得られる数値が実額を超えていないことが，合理的な疑いを差し挟む余地のない程度まで証明されなければならないという制約に服する。

　他方で，前記**第 5 の 3(3)**で確認したとおり，所得税法 156 条の本質を事実上の推定と考える通説的見解に従えば，租税逋脱事案における推計もこれと基本的には同質のものであり，両者の違いは，要求される証明度の厳格さの程度に帰着することになる。

　しかし，私見によれば，両者はまったく異質なものと位置づけられる。すなわち，所得税法 156 条が，課税庁に対し立証の軽減を認める特別な法律上の事実推定規定であるのに対し，租税逋脱事案における推計は，高度の証明度を要求される事実上の推定にほかならない。

(3) 消費税における推計課税の検討

　前記**第 5 の 4**で概観したように，消費税法においては明文の規定がないにもかかわらず，所得税法 156 条と同様な形で，推計課税を認め課税処分の適法性を肯定するのが裁判例の一般的な立場である。そのような立場の背後には，所得税法 156 条の本質を事実上の推定と捉え，それと同一線上の問題として，消費税における推計課税を位置づける傾向が読み取れる。

　しかし，私見によれば，両者をともに事実上の推定と捉えるのは誤りである。すなわち，所得税法 156 条が法律上の事実推定規定であるのに対し，かかる特

第6　要件事実論の観点からの通説的な見解の検討と私見

別の規定を欠く消費税法において，同条と同じような形で推計課税が許容されると解することはできない。あくまでも消費税の課税事案においては，租税逋脱事案の場合と同様に，事実認定の手法の一つとして事実上の推定が認められるにとどまると考えるべきである[*65]。消費税の課税事案の場合，事実上の推定によって立証責任が転換されるわけではないから，課税庁は，推定によって得られる数値が真実の課税標準額を超えていないことについて高度の蓋然性があると認められる程度までの証明を要するのが原則であることが看過されてはならない。ところが，先に概観した消費税の推計課税に関する裁判例は，このことを十分考慮しておらず，所得税法156条に基づく所得税の推計課税が正当化されれば，容易に消費税における推計課税も肯定してしまうのではないかという疑念を払拭できない[*66]。そうとすれば，その点は正に再考を迫られよう。

(4)　私見のまとめ

以上より，所得税の課税事案，租税逋脱事案及び消費税の課税事案に関する推計の問題は，私見によると，以下のように整理される。

推計の諸相	私見のまとめ
所得税法156条の推計課税	所得税法156条は，法律上の事実推定規定である。推計課税に対しては常に実額反証が許されるが，単なる「反証」では足りず，納税者は，収入金額及び必要経費の双方を主張・立証しない限り，推計課税を覆すことはできない。
租税逋脱事案における推計	所得税法156条の適用又は準用が認められる余地はないが，推計は事実上の推定の一場面として認められる。しかも，推計額が実額を超えないことについて，合理的な疑いを差し挟む余地のない程度の証明を要する。
消費税における推計課税	所得税法156条と同様な推計課税が認められる余地はなく，あくまでも推計は事実上の推定の一場面として認められるにすぎない。事実上の推定により立証責任が納税者に転換されない以上，課税庁は，推計額が真実の課税標準額を下回ることについての立証責任を負う。

*65　ただし，租税逋脱事案における推計の方が，消費税課税事案における推計に比べ，要求される証明度が高いことはいうまでもない。
*66　例えば，前掲注（*55）福岡地判平21・11・16は，コンビニエンスストアを経営する原告の売上原価を反面調査等により把握したうえで，比準同業者の平均売上原価率で除することにより総収入金額を算出し，そこから非課税等売上を控除することによって消費税の課税標準額を推計するという方法の合理性を肯定したうえで，「推計により算出した課税標準額も真実の課税標準額に近似したものであると認めるのが相当である。」（下線は筆者による）と判示している。この判示部分を文字どおり解すると，推計額が真実の課税標準額と近似してさえいれば，それを下回っていようが，上回っていようが構わないように読める。しかし，消費税の課税事案に

第7　おわりに

　所得税法156条を法律上の事実推定規定であるとする見解は見当たらないため，上記私見は試論の域を出ない。しかし，要件事実論における「推定」に関する議論と整合性をもつ形で，所得税の課税事案，租税逋脱事案及び消費税の課税事案における推計について通説的見解がとる結論を，できるだけ統一的かつ合理的に説明しようとすれば，私見のような考え方が導かれるように思われる。ただし，私見によっても，消費税の課税事案において，安易に推計課税を許容する裁判例の傾向を正当化することはできない。したがって，少なくともこの点については適正な歯止めをかける必要があることを最後に指摘しておきたい[*67]。

　　おける推計があくまでも事実上の推定であり，納税者に立証責任を転換するものでない以上，裁判所は，推計額が真実の課税標準額を下回るという心証を得なければいけないはずである。裁判所が，消費税の課税標準額の推計方法や実際の推計計算の合理性の検証を行う際に，このことを十分意識していないとすれば，それは事実認定の手法として誤っているとの非難を免れないと考えられる。

*67　特に，第5の4(2)で述べたとおり，消費税の推計課税事案においては，仕入税額控除のために必要な帳簿等の保存要件を満たせない場合が多いと想定され，その場合には仕入税額控除が否定されるという納税者に過酷な結果がもたらされることからすると，この点の配慮は極めて重要であると考えられる。

第6章

租税法における要件事実論の課題1
——弁護士の視点から

大 塚 一 郎

第1　はじめに
第2　要件事実論の定義
第3　租税法における要件事実
第4　租税法に要件事実論が必要か
第5　租税訴訟及び租税法に要件事実論を適用した場合の問題点
第6　最後に——弁護士にとって租税訴訟における要件事実論を論じる意味があるか

第1　はじめに

　論題には「弁護士の視点から」という副題がついているが，本論稿では，あくまで，弁護士である筆者の個人的見解を述べているにすぎず，弁護士一般としての見解を述べているものではないことを最初にお断りしたい。ただ，多数の租税訴訟事件を扱われている山下清兵衛弁護士及び他の税法を専門とする弁護士の意見をご参考にさせていただいた。

　弁護士は，租税法について納税者にその適用の有無及び解釈についてアドバイスし，租税訴訟においては，納税者の代理人となって，課税庁の処分を争うのが一般である。したがって，弁護士の視点は，納税者の視点と同一である。納税者にとって，ある行為を行うかどうかにあたっては，それについて課税されるかどうか，課税されるとしたらどのくらいの税額になるかを事前に知る必要がある。事後になってその行為について多額の税が課せられるとすればその行為を行うことができないからである。また，税務申告にあたっては，後で課税庁から更正の処分を受け，追徴されないようにすることも必要である。したがって，納税者にとって，租税法律関係は予測可能であり，法的に安定的であ

ることが最も重要である。その意味では、納税者にとって、いかなる場合にどのように課税されるかについて租税法に明確に定められていることが必須である。しかしながら、租税法の定めは抽象的な定めの規定が多く、語句についても定義されていないものが多い。また、「正当な理由」（税通65条4項等）、「必要があるとき」（税通74条の2等）、「著しく低い価額」（所税40条1項2号等）、「不相当に高額」（法税34条2項）、「不当に減少させる」（法税132条1項柱書等）などの不確定な概念も多い。租税法律関係が予測可能であり法的に安定しているためには、租税法の解釈にあたっては、厳格な文理解釈がとられるべきであり[1]、租税法の趣旨・目的による解釈（目的論的解釈）は避けられないとしても（特に不確定概念の解釈の場合等）、最小限度に行われるべきである。特に、税法の解釈にあたり課税の公平を考慮すること[2]は許されないというべきである[3]。税法の解釈にあたり、そのような課税の公正を考慮することは、課税庁な恣意的な処分を許すことになるからである。課税の公平は、あくまで立法により解決すべきであり、解釈によって解決すべきものではない。以下の、このような納税者の視点、租税法律関係の予測可能性・法的安定性重視の観点から、租税法における要件事実論を検証してみたい。

　要件事実論を租税法に適用するについては、弁護士の間では、租税法に要件事実論を適用する必要があるのか、適用すると弊害があるのではないかという意見がある。租税法では課税要件論が主として議論されてきた。課税要件論と要件事実論はどこが違うのかという批判である。また、租税法の領域に主として民法の領域で論じられてきた要件事実論を適用することは、租税法律主義に基づく課税要件明確主義や厳格な解釈の要請を損なうことになるのではないかという批判である。

---

[1] 谷口勢津夫『税法基本講義〔第5版〕』（弘文堂、2016）39頁。
[2] 下村助教授は、「租税法の解釈と適用にあたっては、租税法律主義の理念とともに、公平負担の原則が考慮されなければならない。」と主張されている。下村芳夫「租税法律主義をめぐる諸問題―税法の解釈と適用を中心として」税大論叢6号（1972）14頁。しかし、公平負担の原則は、立法の段階で考慮されなければならないとしても、課税庁が租税法の解釈において考慮することは、課税庁が恣意的に租税法を解釈することにつながり、合法性の原則に反することになろう。
[3] 大淵博「税法解釈における租税法律主義と租税公平主義との相克」TKCタックスフォーラム2014特別講演（2014）48頁。

第2　要件事実論の定義

　要件事実論を租税法に適用すべきかどうかについて論じる場合，まず，要件事実とは何か，要件事実論とは何かを，明らかにし，定義する必要がある。要件事実とは，「一定の法律効果（権利の発生・障害・消滅・阻止の効果）を発生させる法律要件に該当する具体的事実」であるとされ[*4]，「要件事実論とは，要件事実というものが，法律的にどのような性質のものであるかを明確に理解して，これを意識した上で，その上に立って民法の内容・構造や民事訴訟の審理・判断の構造を考える理論」であり[*5]，「実体法の条文や，判例・学説において論じられてきた法律要件を前提として，これらの法律要件において，その意味内容を分析するとともに，主張証明責任（主張立証責任）の公平妥当な分配を図るという基本的な観点から，民事裁判において，原告被告がそれぞれ主張証明すべき要件（事実）は何かを定めることを目的とするものである。」とされる[*6]。この定義に従えば，租税法における要件事実論とは，「租税法における法律効果を発生させる法律要件に該当する具体的事実というものが，法律的にどのようなものであるかを明確に理解して，これを認識した上で，その上に立って租税法の内容・構造や租税訴訟の審理・判断の構造を考える理論」ということになろう。本論稿では，この租税法における要件事実論の定義に基づいて，租税法における要件事実論の問題点について，述べてみたい。

第3　租税法における要件事実

　上記のように，租税法における要件事実は，租税法における法律効果を発生させる法律要件に該当する具体的事実である。租税法において民法に対比されるものは，所得税法や法人税法などの租税実体法である。租税実体法は，租税債務関係の当事者，租税債務の内容，租税債務の成立・承継・消滅等を扱うものであるとされる[*7]。そこで，租税法における法律効果とは，租税債務であり，租税法における要件事実とは，租税債務の法律要件となる具体的事実であるといえる。ところで，租税債務（納税義務）の成立要件は，租税法においては，

[*4] 村田渉「法律実務家養成教育としての要件事実の考え方について」ジュリ1288号（2005）60頁。
[*5] 村田・前掲注（*4）59頁。
[*6] 伊藤滋夫『要件事実の基礎—裁判官による法的判断の構造〔新版〕』（有斐閣，2015）6頁。
[*7] 金子宏『租税法〔第21版〕』（弘文堂，2016）27頁。

課税要件と呼ばれ，各租税に共通な課税要件として，納税義務者，課税物件，課税物件の帰属，課税標準及び税率があるとされる[*8]。そこで，租税法における要件事実論に対しては，「課税要件には，法律要件と事実要件がある。税率は課税要件であるが事実要件ではない。民事要件事実論は，事実要件以外の法律要件（課税物件の帰属・課税標準・税率）について，十分な説明がなされていない。」という批判がある[*9]。しかし，要件事実論は，「租税法における租税債務の法律要件となる具体的事実」を対象にするものであるから，課税要件のうち事実要件のみをその対象とするものと考えればよく，この批判は当たらないように思われる[*10]。そもそも，要件事実論は，「民事裁判において，原告被告がそれぞれ主張証明すべき要件（事実）は何かを定めることを目的とするものである」から，租税訴訟における原告被告がそれぞれ主張証明すべき要件（事実）は何かを議論すればよいであろう。

第4　租税法に要件事実論が必要か

租税法において，「課税要件（Steuertantbestand）とは，納税義務成立要件，すなわち，それが充足されることによって納税義務の成立という法律効果を生じる法律要件のことである。したがって，それは，私法上の債務関係の成立に必要な意思の要素に代わるものである。」とされる[*11]。その意味で，租税法における要件事実は，課税要件のうちの事実要件といえるから，課税要件の一部であるといえる。このように，租税法における要件事実は，課税要件に含まれるから，要件事実論を租税訴訟において新たに論じる意義があるのか疑問になる。

これについては，伊藤滋夫教授は，「要件事実論は，ふつうの民事訴訟とはいわれない行政訴訟事件（世に多くある租税訴訟事件も含む），知的財産権訴訟事件などにおいて有効に機能する。」とされる[*12]。伊藤教授は，要件事実論

[*8]　金子・前掲注（*7）146頁。
[*9]　山下清兵衛「租税法における課税要件」租税訴訟学会編『租税訴訟学会総会・研修会・研究会資料』(2015) 211頁。
[*10]　谷口教授は，「課税要件は，少なくとも一面において，私的自治の原則が支配する私法における契約と同様に，権利義務の純然たる成立要件であると考えることができる。ここに，課税要件法の解釈において要件事実論を展開する可能性が認められるのである。」と述べられている。谷口・前掲注（*1）48頁。
[*11]　金子・前掲注（*7）146頁。
[*12]　伊藤・前掲注（*6）8頁。

第4　租税法に要件事実論が必要か

は以下の機能をもつ点で有意義であるとされる[*13]。(1)当事者の主張が法的に必要かつ十分なものとなっているかどうかをチックするのに大いに有用である。(2)訴訟上問題となる事実が，訴訟物との関係でどのような性質をもっているか（請求原因，抗弁，再抗弁，再々抗弁か）を明確にすることができる。(3)当該訴訟における争点の正しい把握に役に立つ。しかし，課税要件のうちの事実要件は租税法における要件事実というものであり，租税訴訟事件においても同様の機能を果たすのであるから，この点で，要件事実論と課税要件論が異なるとはいえないので，要件事実論を租税法で論じる意味があるか疑問である。しかしながら，筆者が知る限り，課税要件論において，伊藤教授が指摘されるようなその機能に着目して分析的に論じられることはなかったと思われるので，その点では要件事実論を租税訴訟で論じる意義があろう[*14]。

また，今村隆教授は，「筆者としては，課税訴訟において要件事実を論じる意義は，第1に要件を抽出するに当たり，要件と効果を規定する構造を解明することとなり，当該法規の趣旨に照らして，それぞれの要件の解釈を行うことに役に立つこと（解釈論での功用），第2に，当事者の言い分から，法的に意味のある主張を抽出し，争点が何であるかを要件レベルで的確に把握することに役にたつこと（争点整理での功用），第3に，争点に対する証明責任の所在を明らかにし，また，その争点に対しどのような必要十分な最小限度の事実は何かということを確定することにより，何についての立証が最小限度必要であるかを検討することができること（立証での功用）にあるとか考えている。」とされる[*15]。課税要件論における立証責任論は，課税庁と納税者のいずれかが立証責任を負うかという点でもっぱら論じられてきており[*16]，今村教授が述べられるように，何についての立証が最小限度必要であるかを具体的に検討することができるという意味では要件事実論は有用であろう。

[*13] 伊藤・前掲注（*6）13頁以下。
[*14] 伊藤教授は，要件事実論における評価的要件の視点から推定課税と実額反証を検討されている。伊藤滋夫「民事訴訟租税法における要件事実論の租税訴訟における有用性」伊藤滋夫編『租税法の要件事実』〔法科大学院要件事実教育研究所第9号〕（日本評論社，2011）101頁。
[*15] 今村隆「再論・課税訴訟における要件事実論の意義」税大ジャーナル10号（2009）51頁。
[*16] 長島弘「租税訴訟における立証責任」租税訴訟学会編『租税訴訟学会総会・研修会・研究会資料』（2015）101頁以下。

第5　租税訴訟及び租税法に要件事実論を適用した場合の問題点

　それでは，租税訴訟及び租税法に要件事実論を適用した場合，問題ないし弊害が生じることはないのであろうか。民事訴訟における要件事実論においては，当事者間の公平が重視されるのが一般である。しかし，課税処分は，国が一方的に税金の支払を強いる権力関係である。処分行政庁と納税者は対等ではない租税訴訟において，対等の私人間の紛争の解決が求められる民事訴訟においての当事者間の公平という視点を重視するのは妥当ではない。租税訴訟の立証責任の分配において，当事者間の公平を重視するとすれば問題であろう。また，要件事実論は主として民法の解釈としても論じられてきたので，租税法の解釈においても民法の解釈方法が適用されると，租税法の租税法律主義に基づく課税要件明確主義や厳格な解釈の要請を損なうおそれがある。

　以下，これらの点について述べる。

1　立証責任の分配における問題点

　満田明彦元判事は，租税訴訟における立証責任の分配の基準に関する裁判例は，民事訴訟における従来の通説である規範説ないし法律要件分類説によるものが多いとされる。これは，「租税訴訟は大部分が税額の多寡の争いであり，租税訴訟における租税法の解釈適用が中心的争点であり，民事訴訟における債務不存在確認請求と似た側面を持ち，これと類似のものとして実務で扱われる傾向があったことからすると民事訴訟における立証責任分配の基準が比較的なじみやすい分野といえる」からであると説明される[17]。規範説ないし法律要件分類説（以下「法律要件分類説」という）は，「行政処分の権利発生事実は行政庁が，権利障害事実及び消滅事実（行政訴訟固有の領域には権利消滅事実はないが，私法上の権利の存否がその前提要件となっている場合は権利消滅事実が考えられる。）は国民が立証責任を負う説」といわれる[18]。

　もっとも，村田渉判事によれば，「現在の実務が採用する法律要件分類説は，法律効果の発生要件を実体法の本文・ただし書あるいは1項・2項等の条文の

---

[17] 司法研修所編『租税訴訟の審理について〔改訂新版〕』（法曹会，2002）167頁〔満田明彦〕。
[18] 司法研修所編・前掲注（＊17）165頁〔満田明彦〕。

第5　租税訴訟及び租税法に要件事実論を適用した場合の問題点

形式および文言だけで定めようとした初期の法律要件分類説（あるいは規範説）とは異なり，ある法律効果の発生要件が何かという問題は実体法規の解釈によって決められるべき事柄であり，この解釈は証明責任の公平な分配という視点にたったものであることが必要であると考えている。そして，この立場では，実体法規の解釈にあたり，各実体法規の文言，形式を基礎として考えると同時に，証明責任の分配の公平性・妥当性の確保を常に意識して，法の目的，類似する法規，関連する法規との体系的整合性，要件の一般性と特別性，原則性と例外性，さらに要件によって要証事実となるべきものの事実的態様とその証明の難易等を総合的に考慮して，証明責任の分配を考えることになる。」とされて，証明責任の当事者間における公平な分配という視点を重視される[19]。

この法律要件分類説に対しては，「対等者間の法領域から生まれた民事要件事実論を，行政主体と私人間の権力法律関係に持ち込むのは，多くの不適合を発生する。」[20] という批判がある。

民事訴訟においては対等の私人間の紛争の解決が求められるのであるから，紛争の衡平妥当な解決を図るという見地から，証明責任の公平な分配という視点が必要であろう。しかし，租税訴訟においては，処分行政庁と納税者は対等ではない。課税庁は強大な調査権を有し，第三者から証拠を得ることも可能である。例えば，役員の過大報酬の有無が争われる事件では，処分行政庁は容易に他の会社の役員報酬額のデータを得ることができ，そのデータを証拠として使用することができる。しかし，納税者には他の会社の役員報酬額のデータを得る手段はない。そもそも，民事訴訟の対象となる紛争は当事者が何らかの形で関与しており，その責めを当事者に負わすことができるものである。しかし，課税処分は，国が一方的に税金の支払を強いる権力関係であり，片面的な関係であり，課税処分には合法性の原則が適用されるものである。証明責任の公平

---

[19] 村田・前掲注（*4）63頁。田中宏教授は，「司法研修所における民事裁判教育や，その内容を記した各種の教材などにおいては，論理を貫けばこうなるはずであるという『原則』に対して，『公平』という観点から，さりげなく修正を加えている場面が多々ある。」と述べられている（田中宏「民法と要件事実論の同時進行教育について―民法実務演習の報告を兼ねて」大宮ローレビュー2号（2006）73頁）。そして，その例として，「①所有権に基づく妨害排除請求権の請求原因事実に『占有者の無権限』が含まれていないこと，②債務不履行責任追及の請求原因事実として，債務不履行の事実が含まれていないことが挙げられる。これらについて，司法研修所の教材では，いずれも『当事者間の公平』を理由とする」と述べられている（田中・同上注(27) 84頁）。

[20] 山下・前掲注（*9）216頁。

な分配を強調するのは問題であろう。日本国憲法において，国民は納税の義務を負い（憲30条），税金は国家財政を支える重要な制度とはいえ，国民の財産権を侵害するものであるから，国民の基本的人権を制限する国家の行為は国家自らが憲法に適合することを担保すべきであり，国民の自由を制限し義務を課する行政庁の処分の取消しを求める訴訟では，行政庁が立証責任を負うというべきである[21]。したがって，要件事実論における立証責任の分配の基準の議論を租税訴訟にそのまま適用すべきではない。

2 租税法の解釈における問題点

次に，租税訴訟においても民法の要件事実論が適用されるとすると，民法の解釈論が知らず知らずの間に租税法の解釈にも適用されるおそれがある。民法の解釈においては，必ずしも厳格な文理解釈はなされず，法の趣旨・目的から条文の文言と異なる解釈がなされることが多い。例えば，民法177条は，不動産に関する物権の得喪及び変更は，登記をしなければ第三者に対抗できないと規定しているが，条文上は「第三者」としか規定しておらず，第三者の資格について制限していない。しかし，判例は，「第三者」は「権利者の登記の欠缺を主張するにつき正当な利益を有する第三者」であるとして，その範囲を制限している[22]。

しかし，そもそも何が租税法の立法趣旨・目的か必ずしも明確とはいえない[23]。租税法の立法趣旨・目的を理由に，租税法の規定の文言とかけ離れた解釈をすることも妥当ではない[24]。三木義一教授は，税法問題において，民法的解釈方法が適用されることによって，租税法律主義を弱めてしまうとされ

---

[21] 満田元判事も同意見である（司法研修所編・前掲注（[17]）167頁〔満田明彦〕。ただし，満田元判事は，「この原則のみですべての場合を律し得るかは問題であり，何らかの補助的基準がやはり必要であろう。」と述べられている。

[22] 最判昭43・8・2民集22巻8号1571頁・判夕226号75頁・判時533号36頁。

[23] 財務省は，平成17年度の税制改正から，税制改正の解説を公表するようになったが，それ以前の税制改正については，必ずしも制度趣旨が明確に示されているわけではない。

[24] 大淵教授は，「本来の趣旨・目的を重視するというのであれば，国会の議論のときから法律の趣旨目的を国民に知らしめるような制度を措定して，開示・告示する――法案が通った後でもいいですが――制度を作り，『法律の趣旨はこういうものです』と明確にする制度的担保の仕組みの創設が先決でしょう。それがなされていない現状において，『趣旨・目的を重視しろ』というのは論外です。文理解釈による結果に妥当性・相当性があれば，法律の趣旨・目的とは無関係に，その文理により解釈されるというのが本来の解釈の基本であり常識と考えています。」と述べられている。大淵・前掲注（[3]）54頁。

第5　租税訴訟及び租税法に要件事実論を適用した場合の問題点

る[25]。民法上の法の不備は，民法改正が容易でないため，判決を通じて是正していくことが慣行化してきたし，現実的には必ずしもそれを否定できない面がある。しかし，税法は毎年税制改正があり，裁判所が違法判断を示せば，すぐにそれに対応して法改正が可能な領域であり，裁判所が条文の趣旨解釈をして課税要件を補充する必要はまったくない。課税要件が欠けていたら，課税処分できないだけであり，改正が必要なら，改正すればよいだけである。租税訴訟において，租税法の不備がある場合や，租税法立法当時予定していなかった事情の出現により，課税上の不公平が生じたとしても，それを理由に当該租税法の文言やその論理的帰結を無視して，当該租税法の趣旨・目的をもってその法令の文言の解釈を行うことは，租税法律主義に基づく課税要件明確主義や厳格な解釈の要請に反し，納税者の予測可能性と法的安定性を著しく損なうことになろう[26]。この意味で，最判平27・7・17（裁時1632号4頁・判タ1418号86頁）は，固定資産税の納税義務の有無が争点となった事件で，地方税法343条2項後段を類推適用して納税義務を認めた原審の大阪高裁判決を，「租税法律主義の原則に照らすと租税法規はみだりに規定の文言を離れて解釈すべきものではない」として破棄したが，妥当な判決というべきである。また，三木教授が指摘するように，所得税法施行令322条のホステスの報酬の源泉徴収額の計算において控除される金額の基になる計算期間の日数について，「ホステス報酬に係る源泉徴収制度における基礎控除方式の趣旨」から，「本件各集計期間ではなく，実際の出勤日数と解すべき」とした原審の東京高裁判決を「租税法規はみだりに規定の文言を離れて解釈すべきものではな」いとして破棄した最判平22・3・2（民集64巻2号420頁・判タ1323号77頁・判時2078号8頁）も，妥当というべきである。他方，法人税法22条4項が「当該事業年度の収益の額及び前項各号に掲げる額は，一般に公正妥当と認められる会計処理の基準に従って計算されるものとする。」と規定しているにもかかわらず，「現に法人のした利益計算が法

---

[25] 三木義一「ホステス報酬の源泉徴収義務／『計画（原文ママ）期間の日数』は―ホステス源泉徴収事件を考える…なぜ下級審判決は間違えたのか？」租税訴訟学会編『租税訴訟5号』（財経詳報社，2012）176頁。

[26] 谷口教授は，「課税要件法の解釈に要件事実の観点からアプローチする場合には，常に『法解釈の限界』を明確に意識した慎重な解釈態度を取るべきであろう（前掲消費税帳簿書類不提示〔渡邉リン酸〕事件・最判の滝井繁男裁判官反対意見参照）。とりわけ，課税の範囲を拡大するような要件事実論的解釈については，特に慎重な判断が必要であろう」と述べられている。谷口・前掲注（＊1）51頁。

人税法の企図する公平な所得計算という要請に反するものでない限り，課税所得の計算上もこれを是認するのが相当であるとの見地から」，収益及び費用を一般に公正妥当と認められる会計処理の基準に従って計上すべきものと定めたものと解して，一般に公正妥当と認められる会計処理の基準に従って利益計算する条件として「法人税法の企図する公平な所得計算という要請に反するものでない限り」という制限を加える最判平 5・11・25（民集 47 巻 9 号 5278 頁・判タ 842 号 94 頁・判時 1489 号 96 頁）は妥当とはいえないであろう。何ら条件も付していない条文の文言を無視しているものであり，そもそも何が「法人税法の企図する公平な所得計算」であるかは明確でなく課税庁の恣意的な処分をもたらす危険がある。そもそも，「法人税法の企図する公平な所得計算という要請」については，法人税法で「別段の定め」をすることになっているのであるから（法税 22 条 3 項），この最高裁の判決は，「法人税法の企図」に反することになろう。

また，消費税法 30 条 7 項が，消費税法 58 条の場合と同様に，当該課税期間の課税仕入れ等の税額の控除に係る帳簿又は請求書等が税務職員による検査の対象となり得ることを前提にしていることを理由に，「事業者が，消費税法施行令 50 条 1 項の定めるとおり，法 30 条 7 項に規定する帳簿又は請求書等を整理し，これらを所定の期間及び場所において，法 62 条に基づく税務職員による検査に当たって適時にこれを提示することが可能なように態勢を整えて保存していなかった場合は，法 30 条 7 項にいう『事業者が当該課税期間の課税仕入れ等の税額の控除に係る帳簿又は請求書等を保存しない場合』に当たり，事業者が災害その他やむを得ない事情により当該保存をすることができなかったことを証明しない限り（同項ただし書），同条 1 項の規定は，当該保存がない課税仕入れに係る課税仕入れ等の税額については，適用されないものというべきである。」と判示する最判平 16・12・16（民集 58 巻 9 号 2458 頁・判タ 1175 号 135 頁・判時 1884 号 30 頁）も妥当でないであろう。消費税法 30 条 7 項を読んだ者で，「事業者が当該課税期間の課税仕入れ等の税額の控除に係る帳簿又は請求書等を保存しない場合」は，「税務職員による検査に当たって適時にこれを提示することが可能なように態勢を整えて保存していなかった場合」であると考えるものは誰もいないであろう。この最高裁の判決は，租税法律関係の予測可能性・法的安定性を著しく害するものであるといわざるを得ない。

第6　最後に──弁護士にとって租税訴訟における要件事実論を論じる意味があるか

　このように，租税訴訟において，要件事実論を適用することは問題があるといわざるを得ない。それでは，弁護士は，租税訴訟及び租税法の解釈において，要件事実論の適用を否定すればそれで足りるのであろうか。むしろ，弁護士こそ，要件事実論を検討し，その租税訴訟及び租税法の解釈に対する適用を分析し，その修正を論じるべきである。最高裁判所の一部の裁判官を除いて，すべての裁判官は司法研修所で要件事実論の教育を受けており，民事裁判を担当することが多いから，裁判官が税務訴訟の立証責任の分配や租税法の解釈にあたっては，意識的にせよ無意識的にせよ，要件事実論を基礎にしていると思われる。前述のごとく，満田明彦元判事は，租税訴訟における立証責任の分配の基準に関する裁判例は，民事訴訟における従来の通説である規範説ないし法律要件分類説によるものが多いとされる[*27]。また，三木教授は，税法問題において，民法的解釈方法が適用されていると指摘される[*28]。そうであれば，弁護士は，租税訴訟への要件事実論の適用を単に否定するだけでは足りず，その適用における問題点を指摘し，その適切な修正を主張すべきである。

---

*27　前掲注（*17）参照。
*28　前掲注（*25）参照。

第7章

租税法における要件事実論の課題2
―― 税理士の視点から

山 本 守 之

第1　はじめに
第2　租税法律主義を考える
第3　課税要件法定主義に反すると判定された事例
第4　寄附金課税における課税要件

第1　はじめに

　税理士は租税に関する専門家とされているが，法律家なのか職業会計人なのかというと判然としない。

　税理士試験の科目からすると簿記論，財務諸表論は必修科目，これに比べて税法科目は法人税法と所得税法は選択必修として，いずれか1科目を選択する必要があり，他の税法科目は選択である。これによると会計科目に重点があるように思われる。

　大学における科目では「租税法」を置いている所は少なく，反面多くの大学は「税務会計」が設置され，課税庁OBか会計専門家が担当している。

　大学院の修士課程を履修すると税理士試験が免除されるが，「税務会計」を履修した場合は会計科目のうち1科目免除である。

　税務職員であった者は実質的に試験免除であるため，税理士のうち相当数が税務職員OBである。

　一般試験をまともに受けた者でも法律の素養をもっている者は少ない。こうなると，税理士は記帳代行業となってしまい，税務調査において「何が事実か」

「何が正義か」「課税要件は何か」について調査官と意見を交わすことは少ない。

調査に際して「認めてください」という発言が多く，「要件事実とは何か」「課税要件を満たしているか」などをめぐって討議することはほとんどない。

それでも，数少ない「心ある税理士」が役員退職給与の課税要件をめぐって争った事例や寄附金の課税要件をめぐって「事実とは何か」「課税要件とは」を追求した事例があるので，これを取り上げることにした。

第2　租税法律主義を考える

1　租税法律主義の意義と状態

租税の賦課，徴収は，必ず法律の根拠に基づいて行われなければならない。

これを租税法律主義という。近代法治主義では，権力の分立を前提とし，公権力の行使は法律の根拠に基づいてこれを認め，それによって国民の自由と財産の保護を保障する政治及び憲法原理であるから，国民の富の一部を国家の手に移す租税の賦課，徴収は法律の根拠なくしてこれをなし得ない。

したがって，租税法律主義は租税における近代法治主義の表れといってよいであろう。

日本国憲法84条は，「あらたに租税を課し，又は現行の租税を変更するには，法律又は法律の定める条件によることを必要とする。」と規定している。

これは，租税法律主義の諸原則のうちの課税要件法定主義を示したもので，狭義の租税法律主義と考えることもできる。

また，同法30条では，「国民は法律の定めるところにより，納税の義務を負ふ。」と規定している。

2　租税法律主義の内容

租税法律主義は，次のような内容によって構成されていると考えることができる。

3　課税要件法定主義

このうち課税要件法定主義とは，課税要件のすべてと租税の賦課・徴収の手続は法律によって規定されなければならないとするものである。もとより，税

第2部　租税訴訟における要件事実論の視点からの総論的課題
第7章　租税法における要件事実論の課題2

図①　租税法律主義

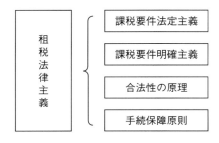

を課すという行為は国民の財産権を侵害するものであるから，国が恣意的に行うことはできず，必ず法律の根拠を必要とするというもので罪刑法定主義とともに近代民主主義の根幹を構成している。

　日本国憲法は，30条において「国民は，法律の定めるところにより，納税の義務を負ふ。」と規定するとともに，84条において「あらたに租税を課し，又は現行の租税を変更するには，法律又は法律の定める条件によることを必要とする。」と規定しているが，これは日本国憲法がいわゆる租税法律主義を採用したことを明らかにしたものと解すべきである。したがって，納税義務者，課税物件，課税物件の帰属，課税標準，税率等の課税要件についてはもちろんのこと，税徴収の手続も法律又はその委任に基づく政令等によって明確に定められていることを要するものといわなければならない。

　上記において「法律又はその委任に基づく政令等」としているので，法律と，政令又は省令との関係が問題となる。

　政令は内閣の発する命令であり，省令は各省大臣の発する命令で，日本国憲法は，これら行政権に基づく命令を排除するものではない（憲73条6号・74条）。しかし，同時に憲法41条は「国会は国権の最高機関であって，国の唯一の立法機関である。」と定めており，課税要件法定主義の考え方からみても法律の委任による命令（委任命令）と法律の規定を執行するための命令（執行命令）以外は許されないと解すべきであろう。

　もちろん，法律の委任なくして政令，省令等で新たな課税要件に関する定めを置くことも，法律に反する定めをすることはできず，これらに反した政省令は効力をもたない。

第3 課税要件法定主義に反すると判定された事例

1 事例の内容

事例の内容をまとめてみると次のようになる。

> 〔事例1〕 A社の代表取締役甲はX事業年度（X期）で代表取締役を辞任し，非常勤取締役となった（以下「分掌変更」という）。
> この際，甲の取締役報酬は月額87万円から40万円に減額になった。
> A社の取締役会（X期末開催）では，「甲氏の退職慰労金は2億5000万円とし，X期末に7500万円，残額は3年以内に支払う」としている。
> また，実際に支払ったのはX事業年度7500万円，X＋1事業年度は1億2500万円（以下「第二金員」という）で残額の5000万円はまだ支払われていない。
> これに対して，原処分庁及び国税不服審判所ではX事業年度の7500万円は甲に対する退職給与として損金の額に算入したが，X＋1事業年度に支払った1億2500万円及び未払分5000万円は損金不算入として更正及び裁決（平24・3・27）をした。
> 納税者はこれを不服として東京地裁に訴え，同地裁は平成27年2月26日〔東京地判平27・2・26（平成24年（行ウ）第592号）LEX/DB〕に第二金員を損金算入とする判決を出した。裁決が判決によって逆転した理由は何か。

2 〔事例1〕の法文への当てはめ

役員給与に係る問題では，税務調査の際に「役員退職給与を否認する」「否認された退職給与は『その他の給与』となり，法人税法34条1項で定期同額給与等ではないので損金不算入とする」という論理で課税される例が少なくない。

これは，法人税法34条が次のような論理で構築されているからである。

> （役員給与の損金不算入）
> 第34条　内国法人がその役員に対して支給する給与（退職給与及び第54条第1項（新株予約権を対価とする費用の帰属事業年度の特例等）に規定する新株予約権によるもの並びにこれら以外のもので使用人としての

職務を有する役員に対して支給する当該職務に対するもの並びに第3項の規定の適用があるものを除く。以下この項において同じ。）のうち次に掲げる給与のいずれにも該当しないものの額は，その内国法人の各事業年度の所得の金額の計算上，損金の額に算入しない。

まず，同条の括弧書の規定では，①退職給与，②新株予約権によるもの，③使用人兼務役員の使用人給与は法人税法34条1項の適用は受けないから，法人税法34条1項で損金不算入の適用を受けるのは①〜③以外の「その他の給与」だけとなるという意味である。

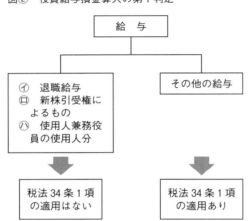

図②　役員給与損金算入の第1判定

つまり，図②のように，法人の支給した金員が退職給与とされれば，法人税法34条1項（定期同額給与，事前確定届出給与，利益連動給与以外は損金不算入）の適用は受けない。

例えば，法人が支給した給与が「退職給与」であれば，上記の第1判定で損金不算入とされることはない。しかし，課税庁が「退職給与」ではないと判定すれば，第1判定の「その他の給与」となる。つまり，法人が退職給与と判断して支給した給与は，支給形態が「定期同額給与」等になるはずはないから，結果的に第2判定の「その他の給与」となり，損金不算入となってしまう。

課税庁が税務調査で様々な理由をつけて法人の支給した役員の「退職給与」を「その他の給与」としたがるのは，このような理由からである。

第3　課税要件法定主義に反すると判定された事例

図③　役員給与損金算入の第2判定

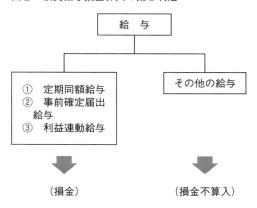

　問題になるのは，別段の定めで損金の額に算入されるものだけを掲名し，他は全額損金不算入としているところであり，それによって，課税庁は損金の額に算入される退職給与であることを否定し，原則損金不算入となる「その他給与」とする課税手法を採ることになるのである。

3　国側の更正処分と国税不服審判所の裁決の考え方

　この事例では，課税庁はもとより，審査請求を審理した国税不服審判所も国側の更正処分を支持し，裁判所の判決で初めて「課税要件法定主義」に基づく納税者勝訴とした。この判決は私が早くから主張していたものであるが，多くの税理士や学者は国側の考え方に沿った解説をしていた。

　国税不服審判所の裁決では，次の第二金員は退職給与に該当せず，法人税法

図④　裁決と判決の流れ

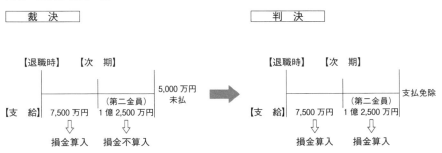

第2部　租税訴訟における要件事実論の視点からの総論的課題
第7章　租税法における要件事実論の課題2

34条1項の適用を受けて損金不算入となると裁決したが，東京地判平27・2・26では，第二金員は退職給与であるから法人税法34条1項の適用はできず，損金の額に算入されるという逆転判決を出し，国側は高裁への控訴を断念したので，納税者勝訴が確定した。

（審査請求における納税者の主張）

> 納税者は，役員の分掌変更に伴い退職慰労金を支給することを決定し，資金繰り等の都合から，その一部を当該分掌変更のあった事業年度及びその翌事業年度にそれぞれ支給したものであり，いずれも法人税基本通達9－2－32《役員の分掌変更等の場合の退職給与》（以下「本件通達」という）及び同通達9－2－28《役員に対する退職給与の損金算入の時期》が適用されるというべきであり，原処分庁が役員賞与と認定した分掌変更の翌事業年度に支給された金員（以下「本件金員」という）が退職給与として取り扱われるべきである。

（国税不服審判所の主張）

> 退職によらない役員退職給与の損金算入を例外的に認める本件通達（法基通9－2－32）は，恣意的な損金算入などの弊害を防止する必要性に鑑み，原則として，法人が実際に支払ったものに限り適用されるべきであって，当該分掌変更等の時に当該支給がされなかったことが真に合理的な理由によるものである場合に限り，例外的に適用されるというべきである。本件における退職慰労金については，納税者が主張する資金需要を認めるに足りる具体的な資料もないうえ，一部支払われた後の退職慰労金の残額については支払時期やその支払額を具体的に定めず漠然と3年以内とされており，請求人の決算の状況をふまえて支払がされていることがうかがえることからすると，本件金員をその支払日の属する事業年度において損金算入を認めた場合には，請求人による恣意的な損金算入を認める結果となり，課税上の弊害があるといわざるを得ない。
>
> 以上によれば，本件分掌変更の時に本件金員が支払われなかったことが合理的な理由によるものであると認めるに足りる証拠はなく，本件金員を退職給与として取り扱うことはできないというべきである。

4 通達による退職給与の損金算入時期及び分掌変更による退職給与と課税要件法定主義

役員退職給与の損金算入時期は，法人税基本通達において，次のように定められている（法基通9－2－28。以下「第一通達」という）。

> 9－2－28　退職した役員に対する退職給与の額の損金算入の時期は，株主総会の決議等によりその額が具体的に確定した日の属する事業年度とする。ただし，法人がその退職給与の額を支払った日の属する事業年度においてその支払った額につき損金経理をした場合には，これを認める。

つまり，損金算入時期は次のように2つの時期があるのである。
① 株主総会等で具体的に支給すべき額が確定した日の属する事業年度
② 支給日の属する事業年度（支給額を損金経理した場合）

　ここで，①の「株主総会等」とは，株主総会，社員総会その他これに準ずるものの決議又はその委任を受けた取締役会の決議を指している。

商事法の考え方からすれば，役員退職金は株主総会の専決事項である以上は，①の処理が原則となり，②はあくまで特例である。

しかし，①のみとした場合に，事実上退職給与を支給しても損金の額に算入しないとなると，次のような点で不都合が生ずる。
(ア)　支給額について所得税を源泉徴収していること。
(イ)　死亡退職金には相続税が課されていること。

このように，支給額に所得税や相続税を課しながら，株主総会の決議がないという理由で法人税の損金の額に算入しないことは説明できないので，損金算入時期について2つの選択肢を置いたのである。

まず，第一通達では，ただし書で退職給与の支給額を支給日の属する事業年度で損金経理することを認めている。役員退職の翌期に支払った第二金員も，この取扱いによれば損金の額に算入できるというのが納税者の主張である。

これに対して，国側は，第一通達のただし書は完全退職の場合のみに適用され，分掌変更のように「当該役員が実際に退職した事実がない場合には，当該給与は，原則として，当該役員に対する臨時的な給与（賞与）として取り扱われることとなる。役員退職給与の支給対象者である法人の役員が当該法人に引

第2部　租税訴訟における要件事実論の視点からの総論的課題
第7章　租税法における要件事実論の課題2

き続き役員として在職している場合には，たとえ，代表取締役を辞任したことにより会社の代表権を喪失したとしても，その者は単に役員としての分掌が変更されたにすぎないものであるから，当該会社を退職したということではない。したがって，このような場合に当該役員に対し退職給与として金員が支給されたとしても，これは本来，役員退職給与とはいえず，役員賞与に該当し，損金の額に算入することはできない。」と主張したのである。

つまり，国側は「支給額を支給日の属する事業年度で損金経理することができる」のは，完全退職の場合だけだと主張したのである。

これは，課税要件を法律によらず定めたもので，明らかに「課税要件法定主義」に反するものであるが，国税庁はこれを当然のものとして解説し，税理士もこれに疑うことなく従っていたのである。

このような国側の主張及び国税不服審判所の解説は東京地判平27・2・26により否定されている。

分掌変更の場合については，次のような取扱い（第二通達）が定められている。

（役員の分掌変更等の場合の退職給与）
9－2－32　法人が役員の分掌変更又は改選による再任等に際しその役員に対し退職給与として支給した給与については，その支給が，例えば次に掲げるような事実があったことによるものであるなど，その分掌変更等によりその役員としての地位又は職務の内容が激変し，実質的に退職したと同様の事情にあると認められることによるものである場合には，これを退職給与として取り扱うことができる。
(1)　常勤役員が非常勤役員（常時勤務していないものであっても代表権を有する者及び代表権は有しないが実質的にその法人の経営上主要な地位を占めていると認められる者を除く。）になったこと。
(2)　取締役が監査役（監査役でありながら実質的にその法人の経営上主要な地位を占めていると認められる者及びその法人の株主等で令第71条第1項第5号《使用人兼務役員とされない役員》に掲げる要件の全てを満たしている者を除く。）になったこと。
(3)　分掌変更等の後におけるその役員（その分掌変更等の後においてもその法人の経営上主要な地位を占めていると認められる者を除く。）の給与が激減（おおむね50％以上の減少）したこと。
(注)　本文の「退職給与として支給した給与」には，原則として，法人が未払金等に計上した場合の当該未払金等の額は含まれない。

第3 課税要件法定主義に反すると判定された事例

　注意したいのは，上記の通達（第二通達）は「退職給与として取り扱う」としているだけで，「損金算入，不算入」を定めたものではない。しかし，税実務の中では退職したものでなくても，退職給与を払って利益操作ができる取扱いができるものとして，節税屋を中心として誤った活用をされたものである。
　実務家は，通達で損金算入，不算入を改めることはできないことを承知しておくべきである。
　訴訟において国側は，分掌変更の場合を定めた第二通達は，次の要件が必要であるとした。

① 分掌変更等により役員としての地位又は職務の内容が激変し，実質的に退職したと同様の事情があると認められること（以下「実質退職要件」という）
② 法人が当該役員に対して退職給与を現実に支給したこと（以下「現実支給要件」という）
③ 上記②の退職給与が上記①の分掌変更等に基因して支給されたものであること（以下「基因性要件」という。）
＊ただし，分掌変更等に際し，役員に対して退職給与を現実に支給せずに未払金等に計上していることにつき，法人の資金繰りなど合理的な理由によるものであり，かつ，未払金等への計上が一時的なものである場合（以下「合理的・一時的未払の要件」という）には，例外的に，現実支給要件の充足は求められない。

　これに対して，納税者側は訴訟において次のように反論した。
　「被告〔国側〕は，法人税法上の退職給与は，完全な勤務関係の終了に基因して一時に支給される給与のみを意味し，職務分掌変更等により支払われる退職給与は，法人税法上の退職給与には含まれず，特例通達である法人税基本通達9－2－32の要件を満たし，同通達により特例的に損金算入することが認められる場合に狠って損金算入が認められ，かつ，同通達の要件は厳格に解釈，適用される必要がある旨主張している。しかしながら，同通達を特例通達と解することは，租税法律主義に反するものであるし，また，法律にない要件を通達で上乗せすることは許されないから，同通達の要件を満たさなければ，職務分掌変更等に際して支給される役員退職金を『退職給与』として損金算入することができないということはできない。なお，被告の主張を前提とした場合，職務分掌変更に基因して支払う役員退職金を損金に算入するためには，会計上

退職時に一括して費用計上し，全額を一括支給しなければならないこととなるが，このような解釈は，中小企業における事業承継の実態にも背くものである。」

これは，ともすれば課税庁は通達に勝手に要件を付加し，事例では完全退職でなければ法人税基本通達9－2－28のただし書は適用できないとしているが，これは課税要件法定主義に反するというのである。

税実務のなかで，課税庁が課税要件を勝手に追加して課税要件法定主義を尊重しないことが多く，税理士がこれに従うことは悲しむべきである。

なお，納税者反論のなかに「中小企業における事業承継の実態」があるが，これは「中小企業においては，いわゆるオーナー社長が引退するに当たり完全に退職するのはまれであり，多くの場合，円滑な事業承継のため，職務分掌変更を行った上で，数年間は平役員として残るのが実情であるところ，役員に支払われる退職慰労金が完全な退職に伴い支払われるものであるか，退職と同視し得る職務分掌変更等に伴い支払われるものであるかによって，上述した会計慣行に変わりはない。」とする納税者主張でもうなずける。

国側は通達の一部を「特例通達」として一方的に課税要件を付加することがあるが，これは「課税要件法定主義」に反するものである。納税側反論に次のようなものがある。

「被告〔国側〕は，本件通達が特例通達であることを前提として，本件通達が完全に退職した役員に支払われる退職給与にのみ適用されるものであり，本件退職慰労金に適用することができない旨主張している。しかしながら，本件通達を特例通達と解することは租税法律主義に反するものであり，また，その解釈としても，本件通達が職務分掌変更等に基因して支給される退職給与に適用されないものであると解することはできない。例えば，本件通達本文は，完全に退職した役員に支払われる退職給与の支払のみならず，完全な退職と同視し得る職務分掌変更等に伴う退職給与の支払にも適用されるべきものである。」

5　一般に公正妥当と認められる会計処理の基準について

役員の退職給与を「支給額を支給日の属する事業年度で損金経理すること」が一般に公正妥当と認められる会計処理の基準に該当するか否かについて，国側は，これは会計上の現金主義を容認するもので，発生主義，実現主義からみ

て認められないと主張したが，前掲東京地判平27・2・26は次のように述べている。

「公正処理基準とは，一般社会通念に照らして公正で妥当であると評価され得る会計処理の基準を意味すると解すべきであり，例えば，企業会計原則は，企業会計の実務において発達具体化したものを要約したものとして，公正処理基準の一つの源泉となるものではあるが，公正処理基準は，明文化された特定の会計基準自体を指すものではなく，確立した会計慣行をも広く含むものと解すべきである。なお，企業会計原則等の会計基準は，全ての企業活動について網羅的に定められたものではなく，原理的・基本的な事項に限られているのが通常であるから，ある会計基準が公正処理基準に従ったものであるかどうかについては，当該会計処理の根拠とされた会計基準や会計慣行が一般社会通念に照らして公正で妥当であると評価され得るものであるかどうかを個別具体的に判断すべきものである。」そこで検討するに，原告は，本件通達ただし書に依拠して，「本件第二金員を平成20年8月期の損金に算入するという本件会計処理を行っているところ，支給年度損金経理は，企業が役員退職給与を分割支給した場合に採用することのある会計処理の一つであり……，多数の税理士等が，本件通達ただし書を根拠として，支給年度損金経理を紹介しているのであって……，本件通達ただし書が昭和55年の法人税基本通達の改正により設けられたものであり，これに依拠して支給年度損金経理を行う会計処理は，相当期間にわたり，相当数の企業によって採用されていたものと推認できることをも併せ考えれば，支給年度損金経理は，役員退職給与を分割支給する場合における会計処理の一つの方法として確立した会計慣行であるということができる。」

なお，国税不服審判所の裁決文でも「退職によらない役員退職給与の損金算入を例外的に認める本件通達は，恣意的な損金算入などの弊害を防止する必要性に鑑み，いたずらにその適用範囲を広げるべきではなく，原則として，法人が実際に支払ったものに限り適用されるべきであって，当該分掌変更等の時に当該支給がされなかったことが真に合理的な理由によるものである場合に限り，例外的に適用されるというべきである。」として国側の処分を支持していた。

また，おそるべきことに，多くの税理士が国側処分を容認する立場で実務誌等に解説していた。

その限りでは本稿で取り上げた東京地裁判決は租税法上の正義に基づくもので，これを評価したい。

6　租税法の要件

民法等における「要件事実論」に対して，租税法上における「課税要件」は租税法において確立された論理である。

多くの実務家は，法人税基本通達9－2－28は役員退職給与の損金算入時期を定めたもので，一般的に完全退職を前提として理解していたが，同通達ただし書は完全退職を前提とするとはどこにも書かれておらず，このような条件を付すことは租税法律主義（課税要件法定主義）に反することを知らなかったとすれば，法律家として恥ずかしいことである。

また，法人税基本通達9－2－32は特例通達とすれば租税法律主義に反し，このような通達があること自体を問題としなければならない。

このような反省を課税庁だけではなく，国税不服審判所ももってほしい。

これまで取り上げた事例では，課税庁は次の理由で第二金員を損金不算入としている。

① 法基通9－2－28のただし書では，役員退職給与について，「支給額を支給日の属する事業年度で損金経理することができる」という取扱いは「完全退職」に限って適用することができ，事例のように「職務変更」の場合は適用できないという行政解釈をしている。

② 職務変更の場合は法基通9－2－32によるべきだが，これを適用するには原則としてその変更時に実際に支給していなければならず，同通達は特例を定めたものである。

しかし，①の主張は課税要件法定主義に反して行政上課税要件を付するものであり，租税法上許されない。

第4　寄附金課税における課税要件

1　寄附金課税がなぜ納得できないのか

税務調査において寄附金への課税が多発しているが，この中には法人の側が納得しないで更正処分を受け入れているものがある。

第4　寄附金課税における課税要件

　法人税の所得計算では，損金の額に算入するものは，原価・費用・損失で，これらは一般に公正妥当と認められる会計処理の基準によって計算することになっており，このほかに法律に別段の定めをおいて損金算入を規制しているものがある。

　寄附金の損金不算入を規定した法人税法 37 条 1 項では，「内国法人が各事業年度において支出した寄附金の額（次項の規定の適用を受ける寄附金の額を除く。）の合計額のうち，その内国法人の当該事業年度終了の時の資本金等の額又は当該事業年度の所得の金額を基礎として政令で定めるところにより計算した金額を超える部分の金額は，当該内国法人の各事業年度の所得の金額の計算上，損金の額に算入しない。」としているだけで，この場合の寄附金の額は資産の贈与及び経済的利益の供与としている。

　このため，無利息（又は低利）貸付け，資産の低廉譲渡等，子会社の人件費の親会社負担などが寄附金課税の対象となっている。しかし，企業がどのような理由と意図でこれを行ったかという背景を検討しなければ，贈与又は経済的利益の供与とはいえまい。

　企業取引には，それなりの考え方や意図をもって行われたものであり，表面的な取引行為で贈与等と判定されて寄附金課税がされるのではたまったものではない。

　寄附金の課税に対して企業が不満をもつのはこのような理由からであろう。

　アメリカでは，「通常かつ必要な経費」(both ordinary and necessary expenses)を損金の額に算入する要件としている規定（内国歳入法典 162 条）で取引の合理性が担保されるが，日本では法人税法が戦費調達のための立法であったため，単に「資産の贈与又は経済的利益の無償の供与」としただけであるので，取引の背景に立ち入った観察がされないのである。

　アメリカでは親会社が子会社の経営を援助しても親会社の当然の行為としているが，日本では寄附金課税をされるのは，法人税法 37 条 1 項で「内国法人が各事業年度において支出した寄附金の額のうち（損金算入限度額）を超える部分の金額は，各事業年度の所得の金額の計算上損金の額に算入しない」としているからである。

　このような規定が設けられた趣旨については「法人の支出した寄附金には，事業に関連するものと，そうでないものとが含まれている。これを一定の画一

的基準によって限度額を定めて，その限度額の範囲内であれば損金性を認め，限度額を超える場合には，その超える部分を否認しようとするのがこの規定の趣旨である。」[*1]とされている。

しかし，この規定は次のように昭和17年2月の「臨時租税措置法」の改正によって設けられたという内容を知ると，本来の考え方が浮かんでくる。

> 第1条ノ16　法人ノ為シタル寄附金（命令ヲ以テ定ムルモノヲ除ク）中命令ノ定ムル所ニ依リ計算シタル金額ヲ超過スル部分ノ金額ニ付テハ法人税法ニ依ル所得，営業税法ニ依ル純益及臨時利得税法ニ依ル利益ノ計算上之ヲ損金ニ算入セズ
> ②　政府ニ於テ必要アリト認ムルトキハ命令ノ定ムル所ニ依リ寄附金審査委員会ノ諮問ヲ経テ前項ノ超過金額ニ対シテ課セラルベキ所得ニ対スル法人税法ヲ免除スルコトヲ得
> ③　寄附金審査委員会ニ関スル規程ハ勅令ヲ以テ之ヲ定ム

実は，第二次世界大戦（太平洋戦争）が勃発したのは昭和16年12月8日であるから，その2か月後の立法は，戦争資金を調達するという意向がはっきり感じられる。

2　損金不算入とする理由

制度創設時には寄附金を損金不算入とするのは，戦時における国庫の収入増加を目的としていたが，現代における寄附金の損金不算入の趣旨は異なる。

つまり，現行法は，寄附金には反対給付がなく，個々の寄附金支出について，これが法人の事業に直接関連があるものであるか否かが明確ではなく，かつ，直接関連のあるものとないものを区分することは実務上極めて困難であるから，一種の形式基準によって事業に関連あるものを擬制的に定め（損金算入限度額），これを超える金額を損金不算入としているのである。

この点について，昭和38年12月の税制調査会の「所得税法及び法人税法の整備に関する答申」では次のように述べている。

「法人が利益処分以外の方法により支出する寄附金〔引用者注—当時は利益処分で処理した寄附金は損金不算入とされていた〕の中には，法人の業務遂行上明らかに

[*1]　武田昌輔編著『コンメンタール法人税法・租税特別措置法』（第一法規，加除式）2555頁。

第4 寄附金課税における課税要件

必要な寄附金と必要であることが明らかでない寄附金があり、後者は多分に利益処分とすべき寄附金を含むとの見地から、税法は後者に属する寄附金を税法上の寄附金とし、これについて損金算入限度額を設け形式基準による区分を行なうとともに、例外として指定寄附金及び試験研究法人等〔引用者注—現行法では「特定公益増進法人」という〕に対する寄附金の制度を設けていると考えられる。」

要するに、寄附金は事業活動に直接関連するか否かは明らかではないが、事業活動を円滑に実施し、ある種の無形の広報活動としても必要なものであるところから、全額損金算入をすることも問題があり、さりとて、事業活動に必要な部分を個々に区分することも困難であるので、形式基準（損金算入限度額）を設けて、これを超える部分だけを損金不算入とするとともに、指定寄附金等、特定公益増進法人に対する寄附金について特例を設けているのである（図⑤参照）。

図⑤ 寄附金の損金不算入部分

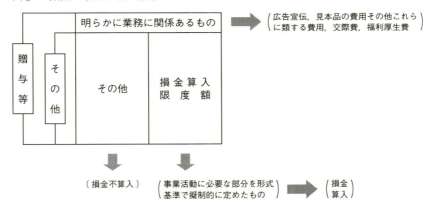

贈与のうち、明らかに業務に関係あるもの（広告宣伝のためティッシュペーパーを配付する、見本品を供与する、取引関係先にお中元、お歳暮等を配付するものなどを除いたもののうち）、営業に関連あると擬制的に定められたもの（損金算入限度額）を除いたものを損金不算入としているのである。

3 課税要件を具備しない親子会社取引

親子会社の取引でも筆者が関与した事例で課税要件を具備していないとして寄附金課税が取り消された事例を考えてみよう。

第2部　租税訴訟における要件事実論の視点からの総論的課題
第7章　租税法における要件事実論の課題2

> 〔事例2〕　A社はB社の100％子会社である。A社はB社に製品を納入しているが，その納入価額は概算による仮価額とし，期末に適正な原価計算を行い，これを基礎として適正価額としている。適正価額と仮価額の差は，期末に精算している。
> 　これに対して，課税庁は仮価額が取引額であるから精算した金額についてはA社からB社への寄附金として課税した。

課税庁が更正処分の基礎にしたのは次のような条文である。

> **法人税法37条8項**　内国法人が資産の譲渡又は経済的な利益の供与をした場合において，その譲渡又は供与の対価の額が当該資産のその譲渡の時における価額又は当該経済的な利益のその供与の時における価額に比して低いときは当該対価の額と当該価額との差額のうち実質的に贈与又は無償の供与をしたと認められる金額は，前項の寄附金の額に含まれるものとする。

注意したいのは，法人税法37条7項は寄附金の課税要件として寄附金の額を定めており，寄附金の課税要件は，「経済的な利益の贈与又は無償の供与」（同条8項）であって，すべての経済的取引における価格が問題とされるわけではない。

法人税法37条8項でも，低廉譲渡の際の対価の額と時価との差額を寄附金の額としているのではなく，対価と時価との差額のうち「贈与又は無償の供与をしたと認められる金額が寄附金の額に含まれるもの」としている。

この規定は，贈与の意思を隠匿して売買を仮装するがごとき行為に適用される。「実質的に贈与又は無償の供与であると認められる」ことが必要であるから，「時価と対価との差額」について「経済的合理性が存在せず」，「贈与又は無償の供与をした部分があること」を立証する必要があることになる。

したがって，適正な原価計算によって取引した場合は，たとえ親子会社であっても寄附金課税が発生する余地はない。

つまり，寄附金が生ずるのは時価と対価の差額がある場合のうち，「実質的に贈与又は無償の供与をした場合」でなければならない。時価との差額が存在するだけでは，寄附金と認定することはできず，課税庁は「時価との差額」と「実質的贈与」と「経済合理性の不存在」を立証しなければならない。

第4　寄附金課税における課税要件

　寄附金の課税要件は，「実質的贈与であること」だから，必ず「経済的合理性の不存在」が立証されなければならない。法人税基本通達9－4－1は，「子会社等のために……債権放棄等を……しなければ，今後より大きな損失を蒙ることになることが社会通念上明らかであると認められる……，その損失負担等により供与する経済的利益の額は寄附金の額に該当しない」ものとする。

　法人税法37条8項の主文の主語は「……と認められる金額は」の前の文章であるから「実質的に贈与又は無償の供与をしたと認められる金額」である。

　この点について大阪高判昭39・3・27（税務訴訟資料38号237頁）は「いわゆる『贈与したことを認められるとき』とは，譲渡資産の時価と譲渡価格との差額について，任意且つ無償で提供され，相手方もその差額について何らの犠牲を伴わずに受益していると認められるときであって，これに反し合理的な理由による場合は，贈与したと認められないと解すべきである。」と判示した第1審大阪地判昭38・3・30（行集41巻3号523頁）を引用して維持している。

　税実務において，課税要件を知らない課税庁職員が，単純な発想で高額又は低廉譲渡は寄附金又は受贈益と認定しようとすることがあるが，「実質的に贈与又は無償の供与がある場合（又は高額譲受け）」だけ寄附金の額が生ずる。

　また，同通達9－4－2は，子会社に対してやむを得ず行う無利息貸付け等の経済的利益の供与は寄附金と認定しないものとしている。これは，たとえ単純贈与であったとしても，経済的合理性があれば，寄附金とはならないことを意味する。したがって，寄附金認定する場合，「時価を証明すること」と「経済的合理性の不存在を証明」しなければならない。

　私的自治の下に行われている経済取引の価格に対して，課税庁は安易に介入してはならないから，法人税法37条7項及び8項と通達や判例は，寄附金認定について厳しい要件を課しているということである。

　先に挙げた〔事例2〕事件において，筆者が東京地裁に提出した「意見書」では次のように述べている。

> 　低廉譲渡の場合の寄附金の額は法人税法第37条第8項で次のように定められている。
>
>> 　内国法人が資産の譲渡又は経済的な利益の供与をした場合において，その譲渡又は供与の対価の額が当該資産のその譲渡の時におけ

> る価額又は当該経済的な利益のその供与の時における価額に比して低いときは、当該対価の額と当該価額との差額のうち実質的に贈与又は無償の供与をしたと認められる金額は、前項の寄附金の額に含まれるものとする。

　ここでも注意したいのは低廉譲渡の際の対価の額と時価との差額を寄附金の額としているのではなく、対価と時価との差額のうち「贈与又は無償の供与をしたと認められる金額」が寄附金の額に含まれるものとしている。
　この規定は、贈与の意思を隠匿して売買を仮装するがごとき行為に適用される。
　「実質的に贈与又は無償の供与であると認められる」ことが必要であるから、「時価と対価との差額」について「経済的合理性が存在せず」、「贈与又は無償の供与をした部分があること」を立証する必要があることになる。

　これに対して東京地判平26・1・24（判時2247号7頁）は次のようになっている。私の指摘のとおりである。

> 「法人税法37条8項は、内国法人が資産の譲渡又は経済的な利益の供与をした場合において、その譲渡又は供与の対価の額が当該資産のその譲渡の時における価額又は当該経済的な利益のその供与の時における価額に比して低いときは、当該対価の額と当該価額との差額のうち実質的に贈与又は無償の供与をしたと認められる金額は、前項の寄附金の額に含まれるものとすると定めている。しかし、本件において、被告〔国側〕は、同項に基づく主張はしておらず、また、A社とB社間の取引価格と、市場価格との差額の存在及び額を認めるべき証拠はないから、本件売上値引き及び本件単価変更に係る金額は37条8項の寄附金に当たるとはいえない。
> 3　まとめ
> 　以上によれば、本件売上値引き及び本件単価変更に係る金額が法人税法37条に規定する寄附金に該当するとして、P税務署長がA社に対し……本件各事業年度の法人税の更正処分のうちA社の確定申告に係る所得金額及び納付すべき税額を超える部分並びに過少申告加算税賦課決定処分及び重加算税賦課決定処分……は、いずれも違法であるから、取り消されるべきである。」

4 課税要件を明示した判決

　寄附金の課税要件を単純に表示すると「資産の贈与，経済的利益の無償の供与」ということであろう。

　現に課税庁の第一線では，無利息貸付けをしたり，子会社の支払うべき人件費を親会社が負担したり，土地を無償で貸付けたりという現象面だけを捉えて，直ちに「寄附金だ」と課税することが少なくない。

　しかし，企業の行う経済取引には，必ず背景があり，経済人の取引として妥当であれば贈与とはならない。

　例を挙げてみよう。

> 〔事例3〕　A社は下請会社Bから納入される部品に不良品が多くなっている原因を調べたところ，部品の製造機械が古くなって製品の質を維持できなくなっていることが判明した。そこで，製造機械を更新するように要求したが，その機械を取得するのに2000万円が必要であり，B社はこれを取得する資金的余裕がなかった。
> 　そこで，A社では，機械の取得の資金2000万円をB社に融資し，利子は定期預金利子と同じ年0.025％とした。
> 　　ただし，B社は部品の値上げをしないで従来どおりの単価で納入することを条件とした。

　この場合，課税庁は低利融資として寄附金課税をすることはできないだろう。A社とB社の取引は経済的合理性があるからである。

　日本の税法では贈与や経済的利益の供与は寄附金としているが，アメリカの内国歳入法典162条(a)項では，「いかなる営業もしくは事業であれ，その遂行に当たり，課税年度において支払われ又は発生したすべての通常かつ必要な経費は，控除として許容されるものとする」としている。

　〔事例3〕のような場合は，経済的合理性があるから日本でも寄附金課税をすることはできない。その意味からすれば，現象面からだけ判断して寄附金とするのは誤りなのである。

　ところで，子会社（A社）が他に販売した鋼材を親会社（X社）が時価によって買戻しを行い，これを転売したところ鋼材の相場が下落したため損失が生じ

たという取引について争われた事件がある。

この事件で原処分庁は「取引当時，鉄鋼の需要が低調で相場自体が低下傾向にあったことから，X社が買戻しを行えば売買損失が生ずることを知りながら当該買戻しを行ったのは，A社に損失が生ずることを避けるためにリスクの肩代わりをしたものである」とし，このリスクの肩代わりは「経済的利益の無償の供与であり，寄附金に該当する。」として更正したのである。

これに対して，裁判所では，「そもそも法人税法37条6項〔現37条8項〕が寄附金として取り扱うものとしている経済的な利益の無償の供与は，その取引行為の時点でみて，自己の損失において専ら他の者の利益を供与するという性質を有するような行為のみをいうものと解すべきであり，その取引行為の時点においては自己の利益を生ずる可能性があるとみられていた行為が，その後結果として自己の不利益となり，専ら他の者に利益を供与することとなったにすぎない場合にも，これをもってなお右経済的な利益の無償の供与に当たるものとすることは相当ではないものと考えられる。」として課税処分を取り消した[*2]。

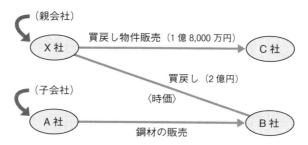

図⑥　鋼材の取引図

つまり，法人の行う取引行為にあっては，その行為が結果としては自己の不利益に帰するというリスクを伴うことは，ごく通常の事態と考えられるからである。

この事件について，X社が買い戻した物件（鋼材）は，子会社であるA社が販売したものであり，親会社であるX社に買戻しをする義務はないという指摘があるかも知れない。

確かに，結果としては，子会社であるA社の買戻しによりリスクを親会社で

[*2] 東京地判平3・11・7行集42巻11＝12号1751頁・判タ803号201頁・判時1409号52頁。

第4　寄附金課税における課税要件

あるＸ社が負ったことは疑いがない。

課税庁は「子会社が売ったものだから，買戻しは子会社が行うもの」と一方的に考えたのかも知れない。

しかし，もともと無償供与であるか否かは買戻しという取引の時点で判定すべきことであり，Ｘ社がＣ社に譲渡した取引の結果からみて無償供与の判定をすることは法的安定性の面から許されるべきことではない。

このような考え方から寄附金に該当すべき要件（課税要件）を整理してみると，次のようになる。

> ①　経済的利益の無償の供与になるためには，その取引の時点で自己の損失において他の者に利益を与える行為でなければならないこと
> ②　取引の時点で自己の損失になることが，不確実な場合はこれに該当しないこと
> ③　取引の対価の額が時価である限りは，結果として他の者が負ったであろうリスクを負った場合は寄附金とはいえないこと

交際費課税が緩和されている現在では，国税庁の行っている更正事案では寄附金とすることが多いようである。

しかし，その更正が寄附金の課税要件を正しく判断していないとすれば問題であり，税務執行の中で課税要件を厳密に捉える必要がある。

この事件の判決文のうち次の部分は課税要件を示している。

「取引行為の時点でみて，自己の損失において専ら他の者の利益を供与するという性質を有するような行為のみをいうものと解すべき」としているがこの場合の「取引の時点」は「親会社が鋼材を買い戻した時点」である。

5　国立大学に対する寄附金と取得価額との関係

> 〔事例4〕　Ａ社は，建物の建築費用の額をＰ国立大学法人に寄附した。Ａ社はこれらの寄附について「国等に対する寄附金」に該当するものとして全額損金の額に算入した。
> 　なお，Ａ社はＰ国立大学から土地の譲渡を受けている。
> 　しかし，原処分庁（Ｏ税務署長）は，「建物を寄附しない限り本件土地を取得できなかったのであり，本件寄附金の支出と本件土地の取得は一体不可

> 分のものと認められるから，本件寄附金は何ら反対給付を求めない寄附金として支出されたものとはいえず，外形上は指定寄附金に該当するとしても，本件土地の購入のために要した費用となる。」として損金算入を否認し，土地の取得価額とした。

　国又は地方公共団体（港湾法の規定による港湾局を含む）に対する寄附金（国等に対する寄附金は，国等に採納されるものをいう）は，租税と同様の意味で国等に帰属することになるから，全額損金算入の取扱いがなされる。

　このため，国立大学に対する寄附金は全額損金算入である。この限りでは法人の行った処理は容認される。

　ただし，寄附をした者がその寄附によって設けられた施設を専属的に利用することその他特別な利益がその寄附をした者に及ぶと認められるものは除かれる（法税37条3項）。これは，形式上は寄附であっても，特別な利益という反対給付を前提とする限り実質的には寄附金とはいえないからである。

　資産取得のための条件として寄附をした場合は，その寄附金が国等に対する寄附金や指定寄附金であっても，その資産の取得のために要した費用であるから，損金の額に算入できず，資産の取得価額を構成するという主張が税務の第一線からなされるが，それだけの理由で損金算入を否認してよいものであろうか。

　本件は，A社が全額損金の額に算入したP国立大学法人へ寄付した建物に係る建築費用の額（指定寄附金）について，原処分庁（O税務署長）が，指定寄附金の支出はA社がP国立大学法人から土地を取得するための条件として行われたものであるから，指定寄附金は，土地の購入のために要した費用であり，土地の取得価額に算入されるとして法人税の更正処分等を行ったのに対し，A社が，原処分庁の認定には誤りがあり違法であるとして同処分等の全部の取消しを求めた事案であり，本件寄附金が，土地の取得価額に算入されるか否かが争点である。

　法人税法施行令54条では，購入した減価償却資産の取得価額を次に掲げる金額の合計額としている。

> 　購入した減価償却資産　次に掲げる金額の合計額
> イ　当該資産の購入の代価（引取運賃，荷役費，運送保険料，購入手数料，

第4 寄附金課税における課税要件

　　関税（関税法第2条第1項第4号の2（定義）に規定する附帯税を除く。）
　　その他当該資産の購入のために要した費用がある場合には，その費用の
　　額を加算した金額）
　ロ　当該資産を事業の用に供するために直接要した費用の額

　また，法人税基本通達7－3－3では，（固定資産の取得に関連して支出する地方公共団体に対する寄附金）について次のように定めている。

> 　法人が都道府県又は市町村からその工場誘致等により土地その他の固定資産を取得し，購入の代価のほかに，その取得に関連して都道府県若しくは市町村又はこれらの指定する公共団体等に寄附金又は負担金の名義で金銭を支出した場合においても，その支出した金額が実質的にみてその資産の代価を構成すべきものと認められるときは，その支出した金額はその資産の取得価額に算入する。

　この取扱いは，固定資産の取得に関連して地方公共団体に寄附金を支出しても，単純に指定寄附金となるのではなく，寄附金を支出することが条件とされているため著しく低い価額で固定資産を購入できた等，その支出した金額が実質的にみてその固定資産の代価を構成すべきものであると認められるときは，その支出した金額を取得価額に算入しなければならないという趣旨である。
　また，法人税基本通達7－3－16の2（減価償却資産以外の固定資産の取得価額）では，減価償却資産以外の固定資産の取得価額については，別に定めるもののほか，法人税法施行令54条の規定及びこれに関する取扱いの例によるとしている。
　これらから考えれば，寄附金がその資産（土地）を取得するための条件となっている（原処分庁主張）だけではなく，〔事例4〕の場合に「指定寄附金が固定資産の代価を構成するか否かについては，その支出した金額が，寄附金を支出することが条件とされているため著しく低い価額で固定資産を購入できた等，実質的にみてその資産の代価を構成しているか否かによって判断するのが相当である。」とする考え方が正しいと考えられる。
　こうなると，寄附金を支出することが資産取得の条件となっているだけでなく，「著しく低い価額」で購入したことが，寄附金（建物の価額）を土地の取得価額と認定するための要件となる。

第２部　租税訴訟における要件事実論の視点からの総論的課題
第７章　租税法における要件事実論の課題２

　本件の場合の取引価額は，財産評価基本通達に基づく財産評価基準書路線価図による評価額及び固定資産税評価額を上回っており，不動産鑑定士の評価額から建物解体費 3,500 万円を控除した金額を基礎としたもので，適正であり，「著しく低い価額」とはなっていない。

　また，本件の取引の背景について国税不服審判所では「本件土地の売買については，Ａ社から持ちかけたものであり，Ａ社には建物建替えのために土地を取得したい希望があり相手方も会館を建て替えたい希望があったと認められ，双方の希望を実現させるべく，本件土地を時価相当額で売買することとした上で，本件寄附金を授受することに合意したものと認めるのが相当である。」と判断している（平成 21 年 5 月 21 日裁決）。

　税の実務としては，通達よりは，課税要件として次の 2 点が必要であると考えるのである。

①　寄附が土地を取得するための要件となっていること
②　取引要件が「著しく低い」対価であること

　つまり，土地等を取得するための条件になっている寄附金については，その取引条件だけでなく，「著しく低い価額」である等の立証が課税庁に求められるが，本事例ではそれがなされておらず，裁決文では次のように指摘されている。

　「指定寄附金が，固定資産の代価を構成するか否かについては，その支出した金額が，寄附金を支出することが条件とされているため著しく低い価格で固定資産を購入できた等，実質的にみてその資産の代価を構成しているか否かによって判断すべきであるところ，原処分庁は，本件土地の売買において本件寄附金が条件であったことを主張するのみで，客観的にみて妥当な金額で売買された本件土地について，寄附金が実質的にみて土地の代価を構成しているとする根拠を示していない。」（平成 21 年 5 月 21 日裁決）

　寄附を条件とした資産の売買におけるその資産の取引価額は，その条件だけではなく，「著しく低い価額」が立証されなければならない。

　資産を取得するための条件として寄附金を支払った場合でも，その寄附金の額を資産の取得価額に含めるためには，次の 3 つの要件が必要となる。

第4 寄附金課税における課税要件

> ① 寄附金が資産を取得するための要件となっていること。
> ② 資産の取得のための価額が，一般の場合に比べて著しく低く定められていること。
> ③ 寄附金を支払うことにより取引要件のバランスが保たれていること。

　A社が国立大学に建物建設費用を寄附した。A社は通常であれば国等に対する寄附金であるから全額損金の額に算入されると考えていた。

　しかし，この寄附は，国立大学の土地を払い下げる場合の条件となっていた。このため課税庁では建物建設費用の寄附部分を土地の取得価額に算入し，損金としたA社の処理を否認したというわけである。

　この更正処分の根拠は「その取得に関連して都道府県若しくは市町村又はこれらの指定する公共団体等に寄附金又は負担金の名義で金銭を支出した場合においても，その支出した金額が実質的にみてその資産の代価を構成すべきものと認められるときは，その支出した金額はその資産の取得価額に算入する。」という通達（法人税基本通達7－3－3）である。

　気をつけたいのは，通達をみる前に課税要件のあり方を考えることである。

　こうなると，通達の「その支出した金額が実質的にみてその資産の代価を構成すべきもの」という意味を考える必要がある。

第8章

租税法における要件事実論の課題3
―― 国税局調査審理課における任期付職員
　　経験者の視点から

河野　良介

第1　はじめに
第2　租税訴訟における要件事実論
第3　税務調査段階において要件事実論を用いる意義
第4　事例検討
第5　おわりに

第1　はじめに

　弁護士である筆者は，2009（平成21）年7月から2011（平成23）年7月まで，大阪国税局調査第一部調査審理課に任期付職員として勤務し（1年目は，国際調査課との併任），大規模法人を対象とする調査実務，審理実務に触れるという貴重な経験を積む幸運に恵まれた。また，国税局における任期満了後は，弁護士業務に復帰し，税務調査対応並びに審査請求及び租税訴訟といった税務争訟対応を含めて幅広く税務の仕事に関与している。

　本稿は，課税当局と納税者のそれぞれの立場から税務の仕事に携わった経験のある者として，租税法上の要件事実論が課税実務において果たし得る役割，特に，税務調査の段階で課税当局と納税者間に特定の論点に関して重大な見解の相違が発生しているような局面において，要件事実論的な分析が有用となる余地があるのかという点を中心に検討を試みることを目的とする。

　なお，本稿は，筆者の個人的見解を述べるものであって，筆者が現在所属し，又は過去に所属したことのある組織の見解ではないことを申し添える。

第2 租税訴訟における要件事実論

　本稿は，上述のとおり，租税法における要件事実論が果たす役割を，とりわけ税務調査の場面に絞って検討しようとするものであるが，その前提として，要件事実論が租税訴訟においてどのように機能しているのかについて一定の整理をしておく必要がある。ただ，紙幅の関係もあるため，以下では，租税訴訟における要件事実論の意義について概観したうえで，私見を端的に述べるにとどめたい。

1 租税訴訟における主要事実の捉え方

　実額課税の場合，租税訴訟における主要事実の捉え方について，①所得説（総所得金額又は課税所得金額を主要事実とする見解），②収入・経費説（各種の所得の収入金額と必要経費の額を主要事実とする見解），③具体的事実説（所得金額の算定に必要な所得発生原因事実を主要事実とする見解）という3つの有力説が存在する*1。所得や収入・必要経費は，「収入の計上時期や所得区分等の法的判断を経た上，計算の結果として算出される金額」であって*2，証明責任の対象とするにはあまりに具体性に欠けるため，①の所得説及び②の収入・経費説は必ずしも適切とはいえない。後述するように課税実務においては課税要件事実が具体的事実（ナマの事実）のレベルで捉えられていることとの平仄をできる限り合わせる必要があること，相手方の防御の観点からしても原則的には個別具体的な事実を前提に主要事実を捉えることが望ましいことを考慮すると，③の具体的事実説の考え方を基礎とすべきである。

2 租税訴訟における立証責任の分配

　実額課税に関する課税処分取消訴訟における立証責任については，大きくは被告帰属説，原被告分配説に分類されるところ，原被告分配説はさらに，①民事訴訟法上の法律要件分類説（規範説）の理論が当然に妥当するとの説，②法律要件分類説を基調としながらも，課税処分の特性に配慮して，被告の証明の程度を軽減すべきとする説，並びに③課税要件事実の存否及び課税標準につい

---

　*1　今村隆ほか『課税訴訟の理論と実務』（税務経理協会，1998）132〜133頁〔脇博人〕。
　*2　今村ほか・前掲注（*1）132頁〔脇博人〕参照。

第2部　租税訴訟における要件事実論の視点からの総論的課題
第8章　租税法における要件事実論の課題3

ては，原則として，被告租税行政庁が立証責任を負うとしながらも，証拠との距離を考慮し，利益状況に応じて上記原則を修正し，一定の場合には原告側に立証責任の転換を図っていこうとする説などに分かれる[*3]。

　まず，法律要件分類説を前提にしつつ立証の難易等の実質的な観点からこれを柔軟に修正しようとする見解（修正法律要件分類説）は，民事訴訟においては有力説であるものの，立証に配慮せずに決められている民法典の法条の定め方のみを基準として立証責任対象事実を決めるのは理論上の根拠を欠く，あるいは民法典の法条の定め方が不明確である場合は，立証責任対象事実を定める基準を求める拠り所を失うといった根本的な批判も受けている[*4]。さらに，租税法の条文が基本的に裁判上の立証のことを考えずに制定されており，主張立証責任の対象となる事実を定める基準として機能するだけの明確性を通常もたないことを考えると，課税処分取消訴訟に法律要件分類説ないしその派生形を持ち込む場合，上記の批判はより一層強く妥当する[*5]。

　以上をふまえれば，課税処分取消訴訟においては，国民の権利救済に関する予測可能性や法的安定性の確保の観点からも被告帰属説が適切である[*6]。仮に原被告分配説に立ったうえで，利益状況等に応じて被告が立証責任を負うとの原則を修正し，原告側に立証責任の転換を図る場合であっても（上記③の見解），その範囲は極力限定的に考えるべきであろう。

　例えば，金子宏教授は，過少申告加算税の課税除外要件である「正当な理由」（税通65条4項）の存在や，租税優遇措置の適用要件の存在は，権利障害要件に当たるから，原告の側が立証責任を負うと解すべきであるとされているものの[*7]，原告の側が立証責任を負う根拠を権利障害要件そのものに求める考え方は，立証責任の転換が安易に認められやすくなるという点で一定の危険性を伴う。タックスヘイブン対策税制の適用除外要件に関する主張立証責任の所在が

[*3]　岩﨑政明「立証責任」小川英明ほか編『新・裁判実務大系⒅租税争訟〔改訂版〕』（青林書院，2009）212～219頁。
[*4]　伊藤滋夫「民事訴訟における要件事実論の租税訴訟における有用性―その例証としての推計課税と実額反証の検討」伊藤滋夫編『租税法の要件事実』〔法科大学院要件事実教育研究所報第9号〕（日本評論社，2011）86頁参照。
[*5]　課税処分取消訴訟には納税者と公権力との争いという一般的な民事訴訟とは本質的に異なる点があることや武器対等の原則の回復の観点から，法律要件分類説を租税訴訟に適用することに否定的な見解を示すものとして，弘中聡浩「租税証拠法の発展―証明責任に関する問題を中心として」金子宏編『租税法の発展』（有斐閣，2010）466～468頁参照。
[*6]　岩﨑・前掲注（*3）213頁参照。
[*7]　金子宏『租税法〔第21版〕』（弘文堂，2016）1001頁参照。

争われた事案を例に挙げると，同事案の裁判例では，適用除外要件の主張立証責任が課税当局側にあることが明らかにされている（後述）[*8]。タックスヘイブン対策税制における適用除外要件は，一種の権利障害要件的性格を有しているにもかかわらず，上記裁判例では，立証責任が納税者側に転換されていないところをみても，権利障害要件ないし権利消滅要件であるといった理由で一律に納税者に立証責任を負担させることに合理性がないことは明らかである。

また，タックスヘイブン対策税制に係る上記裁判例において，「証拠との距離はあまり重視されるべきでなく」と判示されていることなどをふまえると（後述），証拠との距離のみを根拠として安易に立証責任を納税者に転換するという考え方についても疑問が残る。

3 規範的要件に関する考察

ある課税要件が規範的要件ないし評価的要件を含んでいる場合に，主要事実（要件事実）をどのように考えるかについては争いがある。この点，一般の民事訴訟では，規範的評価自体を主要事実とし，それを根拠づける具体的事実については間接事実とする間接事実説と，評価根拠事実と評価障害事実のいずれも主要事実であるとする主要事実説が対立しており，主要事実説が現在の通説であるとされている。しかしながら，主要事実説には様々な批判もあるところであり，実務上は間接事実説による整理が行われている事案も多いといわれている[*9]。

また，主要事実説を課税処分取消訴訟に持ち込むと，規範的要件の範囲を恣意的に広げることで，本来課税当局が証明責任を負っている対象について，納税者に証明責任を転換するのと同様の効果が容易に生じ得ること[*10]，さらには，規範的（評価的）要素を有する課税要件については，本質的にみてもそれを基礎づける事実の有無が証明責任の対象ではなく，証明責任が機能し得るのは当該規範的要件そのものであるという間接事実説の考え方がより一層強く妥

[*8] （第1審）東京地判平24・10・11税務訴訟資料262号順号12062，（控訴審）東京高判平25・5・29税務訴訟資料263号順号12220（確定）。
[*9] 規範的要件の要件事実については間接事実説を採用すべきと説くものとして，大島眞一「規範的要件の要件事実」判タ1387号（2013）24頁以下参照。同論稿によれば，主要事実説の不合理性として，「評価根拠事実や評価障害事実に証明責任を適用する必要がないこと」，「評価根拠事実と評価障害事実に分けることにより重要な事実が無視されること」など様々な根拠が挙げられている。
[*10] 弘中・前掲（*5）472頁参照。

当することからしても，課税処分取消訴訟においては間接事実説が適切である*11。なお，間接事実説に対する一般的な批判として，間接事実に弁論主義の適用がないこととの関係で，当事者が主張していない事実の認定が可能となることに伴う不意打ちの問題が指摘されるが，そもそも租税訴訟において，規範的要素を含む課税要件に係る重要な間接事実について当事者が審理過程でまったく認識していないといった状況が生じる可能性は極めて低く，仮にそのような状況が生じたとしても，裁判所が当事者に適切に弁論を促すことにより，釈明義務の観点からも不意打ちは防止し得ることから*12，そのような批判は当たらないように思われる。

第3 税務調査段階において要件事実論を用いる意義

1 課税当局による争点整理表の活用が意味するところ

調査担当者は，調査にあたり，一定の基準に該当する事実を把握した場合には，速やかに争点整理表を作成し，その争点等に係る課税要件につき，課税要件を充足していることを認定するための事実とその証拠の内容，納税者の主張等を整理し，統括官等の確認を受けることとされている*13。また，大阪国税局

---

*11 大島・前掲注（*9）32頁は，規範的要件は直接証明できないとの間接事実説に対する批判について，規範的要件の判断は，現れた事実を前提とした裁判官の評価であって，証明の対象となる事実ではないことは明らかであるものの，それを主要事実と呼ぶかは言葉の問題にすぎないと反論したうえで，主要事実を「真偽不明な場合（高度の蓋然性の証明ができない場合）に不利益を受ける当事者が証明すべき事実又は評価」とでも定義づければ，問題は解消するとしている。

*12 大島・前掲注（*9）32〜33頁参照。

*13 「署課税部門における争点整理表の作成及び調査審理に関する協議・上申等に係る事務処理手続について（事務運営指針）」（以下「争点整理表通達（署課税部門）」という）を参照した（TAINS番号 H240627 課総2－21）。なお，国税庁調査課（原則として資本金1億円以上の法人及び外国法人について，国税局調査部が行う法人税，地方法人税及び消費税の調査事務の指導及び監督を担当）の所管事案との関係については，「調査手続等に関する当面の事務実施要領（調査課事務関係）」が平成24年9月20日付で発遣されているところ（TAINS番号 H240920 査調2－73），これによれば，調査担当者は，争点整理表通達に定める作成基準に該当することとなった場合には，速やかに争点整理表を作成するものとされている。調査課所管の争点整理表通達は，本稿脱稿時において TAINS に未登載であるが，平成24年9月20日付の上記事務実施要領による限り，平成24年6月27日付査調4－5「調査課における争点整理表の作成及び調査審理に関する協議等に係る事務処理手続について」（事務運営指針）（以下「争点整理表通達（調査課）」といい，争点整理表通達（署課税部門）と併せて単に「争点整理表通達」という）が発遣されている模様である。以下の検討では，争点整理表通達（調査課）に従って作成される争点整理表も，争点整理表通達（署課税部門）に従って作成される争点整理表と同様の機能を営んでいることを前提としている。

第3 税務調査段階において要件事実論を用いる意義

で使用された研修資料*14（以下「国税局研修資料」という）によれば，争点整理表には，①調査の過程における審理専門官又は審理事務担当者との協議を通じて調査事案の争点や課税要件を整理・検討するためのツール（検討メモ）としての役割，②処分に係る最終的な処理方針の決定や争訟への対応にあたって，その処分の適法性・妥当性等の判断を適切に行うためのツールとしての役割があるとされている。

ここで注目すべきは，国税局研修資料において，争点整理表の作成における基本的作業として，①法令解釈，②事実認定及び③課税要件の充足性の判断といった法的三段論法に則った整理がなされている点である*15。国税局研修資料においては，上記①の法令解釈について，問題となっている事実の法的根拠を明らかにしたうえで，処分に係る課税要件を抽出すること，上記②の事実認定について，抽出した課税要件に照らして，調査によって抽出した証拠（相手方の主張も含む）に関して事実関係時系列表による整理を経て，直接証拠や間接証拠に基づく事実認定を行うこと，最後に上記③の課税要件の充足性について，認定された事実が課税要件を満たしているか否かの判断（課税要件事実があるか否かの判断）を行うこと，という作業手順が詳細に記載されている。また，税務当局が認定した事実及び主張する事実については，すべてその根拠（証拠）が必要であり，税務当局が立証責任を負うこととなる旨の記載もある。

以上の国税局研修資料の記載内容を総括すると，争点整理表は，課税要件の充足性，すなわち課税要件事実の有無について課税当局が争訟も見据えながら慎重に判断していくためのツールということができる。このように，「主要事実」ないし「要件事実」という言葉こそ使用されていないものの，税務調査に際して，法令解釈，事実認定というプロセスを経たうえで課税要件事実の有無を認定していこうとする課税当局の考え方は実務上大変興味深く，税務調査段階において要件事実論を持ち出す意義を考えるにあたっては，このような意味での「課税要件事実の認定」と要件事実論の関係性に重要なヒントが隠れているように思われる。

*14 「課税処分に当たっての留意点」（大阪国税局法人課税課，平成25年4月）のうち「争点整理表作成のポイント」1～3頁参照（TAINS番号H 250400 課税処分留意点）。
*15 なお，金子・前掲注（*7）849頁によれば，更正通知書に記載される更正の理由とは，①更正の原因となる事実，②それへの法の適用，及び③結論の3つを含む趣旨であるとされており，争点整理表における法的三段論法に従った上記整理はそのまま更正の理由に反映されることとなる。

2 課税要件事実の意義

　上述のような問題意識をふまえたうえで，次に課税要件事実の意義について整理しておく必要があるが，例えば，税法における事実認定において認定されるべき課税要件事実について，課税要件を組成する法律要件要素（課税要件要素）に高められ抽象化された類型的事実に該当する個々の具体的事実（いわゆる「ナマの事実」）を意味する事実概念として捉える見解がある*16。

　これに対して，租税法の規定においては，各税法の階層ごとに具体的事実と抽象的な事実が課税要件（法律要件）として定められており，これらの具体的事実と抽象的事実（評価的要件）を捉えて課税要件事実と解することができるとする見解もある*17。

　このように，課税要件事実の捉え方は論者によって異なるが，課税当局が争点整理表の作成において重視している「課税要件事実の認定」は，上述のとおり，法的三段論法の下，法令解釈，証拠による事実認定を経たうえでの課税要件充足性判断の一環として行われるものであり，課税要件事実は個々の具体的事実を意味する事実概念であるとする谷口勢津夫教授の見解に近い印象がある。

　そこで，本稿では，できる限り課税実務に沿った分析を試みる観点から，課税要件事実は，便宜的にナマの具体的事実を指すものとし，規範的要件ないし評価的要件との関係においても，当該要件を基礎づける具体的事実を課税要件事実と呼ぶこととする。

3 要件事実論への接続を意識した税務調査ないし税務調査対応の有用性

　課税処分取消訴訟を念頭に置いた場合，要件事実は主要事実と同義であって，さらに要件事実は課税要件事実とも同義であることを前提に議論を進めるのが通常であるように思われる*18。

　たしかに，規範的要件を除けば，主要事実（要件事実）と課税当局が更正処

---

*16　谷口勢津夫『税法基本講義〔第5版〕』（弘文堂，2016）51頁参照。
*17　小柳誠「租税訴訟における立証責任―裁判例の検討を通して」税大論叢50号（2006）334頁参照。
*18　増田英敏「租税法における要件事実論の有用性―租税法律主義の視点から」伊藤編・前掲注（*4）117頁参照。

第3　税務調査段階において要件事実論を用いる意義

分を行うために認定する課税要件事実は，いずれも具体的事実として捉えられることから，更正時に認定した課税要件事実は，課税処分取消訴訟に移行した場合においても主要事実と同義であるものとして要件事実論へ接続するきっかけを与えられることとなる。他方で，規範的要件に関しては，要件事実論において主要事実説と間接事実説のいずれを採用するかによって結論が異なるところ，例えば上述の私見のように間接事実説を採用する場合，課税要件事実は，取消訴訟において，主要事実の基礎となる間接事実として位置づけられることにより要件事実論へと接続されることになり，主要事実（要件事実）と課税要件事実を同一視する上記の通常の議論とはアプローチが異なってくることに留意する必要がある。

以上のように，課税当局が調査段階で課税要件事実を認定するに際しては，いずれにせよ，課税要件事実と主要事実（要件事実）の関連性，接続性を意識した対応をとることが重要であり，そのためには，調査段階から課税要件を裁判規範として捉えておくことが有益な場合があるのはいうまでもない[*19]。

しかしながら，前述の国税局研修資料による限り，税務調査において課税要件を裁判規範と捉える考え方は課税当局において必ずしも徹底されていないように思われる。例えば，争点整理表の作成との関係では，課税要件の充足性レベルではなく事実認定レベルにおいて，「税務当局が認定した事実及び主張する事実については，すべてその根拠（証拠）が必要であり，税務当局側が立証責任を負う」との考え方が示されていることからすれば，ここでいう立証責任は，「事実認定にあたっては何らかの証拠による証明が必要となる」ことを意味するにすぎないように思われる。つまり，争点整理表の作成において理解されている「立証責任」は，必ずしも要件事実を意識したものではなく，要件事実論から切り離された事実認定の枠内で機能するものでしかないともいえる。

課税当局が争点整理表において上記のようなやや曖昧な考え方を採用しているのは，争点整理表が，税務調査段階で作成される課税要件の整理のための検討メモでありながら，将来の争訟対応をにらみつつ処分の適法性等の判断を適切に行うために作成されるツールでもあることに起因しているように思われ

[*19]　要件事実論を用いて更正処分における理由の提示を行うことが，理由提示を行う方法として，最も効率的で構造的であると指摘するものとして，佐藤繁「課税処分の理由提示における実務上の諸問題」税大論叢72号（2012）255頁参照。

第2部　租税訴訟における要件事実論の視点からの総論的課題
第8章　租税法における要件事実論の課題3

る。すなわち，課税当局が作成する争点整理表においては，上記目的に応じて，課税要件の行為規範及び裁判規範としての側面が折衷的に検討されているものと考えられる[*20]。

以上のような課税当局側の問題意識はひとまず措くとして，税務調査の過程で納税者と課税当局との間に租税法の解釈・適用をめぐる見解の相違が生じ，税務争訟が見込まれる状況に至っている場合は，いずれにせよ，租税法を裁判規範として捉えるのに機は熟しているといえる[*21]。したがって，このような場合，課税当局としても，将来納税者から租税訴訟が提起される可能性も視野に入れたうえで，立証責任の分配基準等にも配意しながら要件事実論的観点から事案の整理をしておくことは有益であろう[*22]。もちろん，このような本格的な要件事実論的分析は，争点整理表通達の各種定め，あるいは国税局研修資料に記載されている「争点整理表の作成における基本的作業」のみによって直ちに可能となるわけではなく，要件事実論をふまえた立証責任の所在等について，さらに一歩踏み込んだ分析が必要になることはいうまでもない[*23]。

一方で，納税者側としても，納得のいかない更正処分が行われることが明確に予想できるようなケースにおいては，不服申立てを経て租税訴訟を提起した場合に，裁判所においていかなる要件事実論的整理がなされるかを常に念頭に置きながら税務調査対応を行うことで，より有利な結果が得られる可能性が高

[*20] 争点整理表作成事案の基準としては，形式基準と実質基準が定められており，形式基準の中には，例えば，重加算税賦課決定，増額更正・決定，青色申告承認の取消し，更正の請求に理由がない旨の通知といった処分等が見込まれる事案が含まれているところ（争点整理表通達（署課税部門）参照），これらの事案のすべてが争訟に発展するとは思われない。課税当局が，課税要件を行為規範とみて，課税要件の充足性を粛々と確認することに争点整理表を作成する主たる目的がある事案のほうが多いように思われる。ただし，争訟に発展する見込みはないと当初考えられた事案が，その後何らかの理由で争訟化することも考えられなくはないため，税務調査段階でどの程度裁判規範性を意識するかは，大量の事案を処理する課税当局として政策的に難しい判断を迫られるところでもあろう。

[*21] 増田教授は，租税行政庁が更正処分する際には，紛争に発展することを視野に入れているはずであることから，租税行政庁としては，裁判規範としての租税法の視点から，当該処分が裁判官の批判に耐え得るか否かという検証を行うのは当然であると指摘されている（増田・前掲注（[*18]）112頁参照）。

[*22] 争点整理表通達（署課税部門）においても，「特に，争訟（異議申立て，審査請求及び訴訟提起をいう。以下同じ。）が見込まれる事案については，争訟に至ったとしても，処分の適法性が維持されるよう，原処分の段階から，争訟を見据えた十分な法令面の検討，争訟の維持に向けた十分な証拠の収集等に取り組む必要がある」といった定めがある。

[*23] 争点整理表通達（署課税部門），国税局研修資料においては，課税要件を裁判規範としたうえで，立証責任の分配基準等にも配意しながら要件事実論的観点から事案を整理することまでは盛り込まれていない。

まるはずである。例えば，ある案件が訴訟に発展すると仮定した場合に主張立証責任の対象となる主要事実（要件事実）をあらかじめ明確にしたうえで，調査段階においてかかる主要事実を基礎づける証拠ないし間接事実が認められるか否かを先取り的に吟味しておくことは納税者にとっても重要な作業である。このような実務が定着すれば，訴訟になれば国側が主張立証責任を負うことになる主要事実について，調査過程で十分な整理が行われていない，あるいは証拠不足であると判断される場合，そのことを武器にして課税当局とせめぎ合い敗訴リスクを意識させることで，最終的に課税処分を断念させることも可能となるかもしれない。ただ，課税当局も事実整理や証拠収集が不十分であると判断すれば，さらに調査を展開して（課税）要件事実の立証を盤石なものにする努力を払う可能性もあるため，納税者側としても，税務調査の進捗等に応じた相当高度な交渉技術が必要となろう。

なお，要件事実論による分析が税務調査の段階から先行的に実施されるならば，調査段階で役員や従業員等が不当な内容を含む質問応答記録書に安易に署名押印するなど，要証事実との関係で課税当局に不用意に証拠を与えてしまうリスクを軽減することができるため，納税者にとっては，その後課税処分が行われたとしても，税務争訟においてより有利なポジションで争うことができるといったメリットもあるように思われる。

4 理由の差替えの可否と課税要件事実

課税処分において理由附記の対象とした課税要件事実は，審査請求あるいは訴訟における審理の段階に至って，存在性が揺らぐこともあり得る。このような場面において，処分行政庁（国）が，当該処分の適法性を維持するべく理由附記の対象となったものとは別の課税要件事実を提出することができるか否かが，いわゆる処分理由の差替えの問題として議論されることがある[*24]。

この点については，租税争訟の対象ないし税務訴訟の訴訟物の問題と関連させる形で，総額主義と争点主義が対立している。理由の差替えを自由に認めることは，理由を附記しないで処分を行うのと結果的に同じことであり，理由附記を要求した法の趣旨を没却しかねないことからすれば，少なくとも青色申告

[*24] 金子・前掲注（*7）964頁参照。

の場合は＊25，争点主義が妥当であり，それゆえに，租税争訟の審理の対象ないし訴訟物は処分理由との関係における税額の適否であって，理由の差替えは原則として認められないと解すべきである＊26。

ただ，実際のところは，裁判例をみても，青色申告事例の場合，おおむね基本的課税要件事実の同一性の認められる範囲内での理由の差替えが容認されているのが現状である＊27。そうすると，青色申告の場合，理由の差替えの可否を検討するにあたっては，基本的課税要件事実の同一性の範囲を明確にすることが実務上重要な課題となる＊28。

以上の整理を前提とする限り，課税当局は，少なくとも青色申告事案においては，将来税務争訟になったとしても自由に理由の差替えができるといった誤った考え方に基づき，複数の処分構成を視野に入れた網羅的な税務調査を実施するような試みは控えるべきである（争点主義の税務調査への投影）。仮にこのような焦点の定まらない網羅的な税務調査が実施されるとすれば，納税者は，課税当局が選択する可能性のある複数の課税要件をにらみながら，相当広範囲にわたる課税要件事実の存在・不存在をめぐる検討を余儀なくされ，まさに争点主義の趣旨を没却する。

なお，租税法的な評価が大きく異なる複数の処分構成が想定される事案では，仮にこれらの間に基本的課税要件事実の同一性が認められる場合であっても，それぞれの処分構成が税務調査段階で納税者に開示されない限り，同様に深刻な不意打ちの問題が生じ得る。

例えば，〔オウブンシャホールディング事件〕＊29 では，第１審の口頭弁論終

＊25　平成23年度税制改正により，白色申告のケースの課税処分にも理由附記が要請されるようになったことの影響等にも留意する必要がある。

＊26　金子・前掲注（＊7）966頁参照。

＊27　最判昭56・7・14民集35巻5号901頁・判タ452号86頁・判時1018号66頁参照。本最高裁判決は，「青色申告書による申告についてした更正処分の取消訴訟において更正の理由とは異なるいかなる事実をも主張することができると解すべきかどうかはともかく」と一定の留保を置きながらも，不動産の取得価額ないし販売価額に関して，当初主張した価額とは異なる価額での追加主張をすることは，納税者側に格別の不利益を与えるものではないとしており，納税者に与える格別の不利益の有無を基準に理由の差替えの可否を判断しつつ，基本的課税要件事実の同一性を判断要素の一つとして斟酌しているものと解することができる。なお，本最高裁判決が，総額主義，争点主義のうちいずれの立場を採用しているかは必ずしも明らかではない。

＊28　占部裕典「租税訴訟における審理の対象―理由附記及び理由の差替えをめぐる諸問題」小川ほか編・前掲注（＊3）136頁では，基本的課税要件事実の同一性の範囲は必ずしも明確であるとはいえないとの指摘がされている。

＊29　（第１審）東京地判平13・11・9判タ1092号86頁・判時1784号45頁（認容），（控訴審）東京高判平16・1・28判時1913号51頁（原判決取消），（上告審）最判平18・1・24裁判集民事

第3　税務調査段階において要件事実論を用いる意義

結予定日の直前に，主位的主張が法人税法22条2項を前提とするまったく新たな主張に変更され，法人税法132条の適用を前提とする従前の主位的主張が予備的主張として追加されるに至っており，納税者にとっては不意打ちともいえる理由の差替えが行われている。第1審では，このような新たな主位的主張に関して，事実関係については従前の主張に包摂され，新たになったのは法律構成のみであるなどと認定され，時機に後れた攻撃防御方法として却下されることはなかった。しかしながら，法律構成の唐突な変更は納税者に不意打ち等の不利益を与えることから，一般論としては，基本的課税要件事実の同一性自体について厳格に判定すべきであるのはもちろんのこととして[30]，仮に基本的課税要件事実の同一性が認められる場合であっても，理由の差替えによる「格別の不利益」[31]の有無は案件ごとに諸般の事情に照らして慎重に検討すべきである[32]。

一方で，上記第1審では，主張変更が行われたことは，処分前の検討がはなはだ不十分であったことを示すものであって，そのこと自体は被告の職責に悖るものといわざるを得ないとも判示されている。本件において国側は，理由（主位的主張）の差替えが基本的課税要件事実の同一性の範囲内で行われたこと（課税要件事実の包含関係）を強調したようであるが，結果としてこのような差替えが認められたとしても，上述の判示のとおり，処分前の検討が不十分との心証を裁判所に抱かせる可能性がある。そうすると，課税当局としては，税務調査段階において，将来の理由の差替えを視野に入れた網羅的な課税要件事実漁りをするのではなく，特定の課税要件の選択，あるいは選択した課税要件の裁判規範性をふまえた課税要件事実の精緻な認定というプロセスを着実に実行していくことこそが，むしろ有益であるともいえる。

これに対して，納税者は，税務調査段階で課税当局から複数の処分構成を特段の理由なく示された場合，争点主義の投影として，処分理由ないし処分に係

219号285頁・判タ1203号108頁・判時1923号20頁（原判決破棄，差戻し），（差戻し後控訴審）東京高判平19・1・30判時1974号138頁（原判決変更）（確定）。

[30] 裁判例では，ナマの具体的事実の包摂関係さえあれば比較的緩やかに同一性が認められる傾向にあるが，本来，課税要件事実は課税要件該当性という意味での法的評価を経たものであることから，要件事実論の観点から要件事実レベルでの同一性を厳密に検討することによってこそ，争点主義の趣旨を適切に反映させることができる。

[31] 前掲注（*27）最判昭56・7・14参照。

[32] 占部・前掲注（*28）138頁参照。

第２部　租税訴訟における要件事実論の視点からの総論的課題
第８章　租税法における要件事実論の課題３

る課税要件をより明確にするよう課税当局に要求し，それでも課税根拠が明確にならないのであれば，質問検査権の行使が「調査について必要があるとき」（税通74条の２第１項柱書等）には該当しないものとして，課税当局の主観的かつ曖昧な税務調査を牽制していくことも検討に値する[*33]。

　ただし，現実問題としては，税務調査段階では特に争点化されていなかった処分構成（法律構成）が，訴訟になった段階で基本的課税要件事実の同一性の範囲内と称して顕在化するリスクも否定しきれないため，納税者としては，税務調査で把握されたナマの事実関係がまったく別の課税要件に該当するとして，処分理由の差替えが行われる可能性も視野に入れながら，税務調査対応等を行うべきこととなろう。

　このように考えてくると，上述の争点整理表は，課税当局にとっていかにも都合よく運用される可能性を秘めているものである。課税当局としては，課税処分を行う最終段階で，複数の処分構成のうちいずれが最も適切であるかの確証をもつことができない場合であっても，複数の処分構成に係るそれぞれの課税要件に照らして，できる限り幅広く証拠収集を行いつつ，事実関係時系列表等に沿って事実関係を網羅的に把握しておくことができるからである。しかしながら，税務調査において要件事実論的検討が十分に行われないために，租税訴訟の段階になって，理由附記の対象とした課税要件事実について主張自体失当ないし立証不十分となることが判明し，頻繁に理由差替えの可否の問題に直面するということになれば，課税当局・納税者双方にとって決して望ましいことではない。このような観点からも，税務調査段階から要件事実論に沿った精緻な課税関係の検討を行うことが不可欠であることは明らかであろう。

[*33]　金子教授も，争点主義によれば，紛争の一回的解決は期待できなくなるものの，新しい課税要件事実が発見された場合には，更正・決定等の除斥期間が経過しない限りにおいて，あらためて確定処分をしなおすのが，結局は，納税者の利益に合致し，また租税行政の改善にも役立つことを指摘されている（金子・前掲注（＊7）966～967頁）。

第4 事例検討

1 タックスヘイブン対策税制の適用除外要件に係る主張立証責任の所在が問題となった事例

(1) 事案の概要と争点

シンガポール共和国において設立された会社が特定外国子会社等に該当し、タックスヘイブン対策税制の適用があるとして、個人である納税者に対してなされた所得税の更正処分等に係る課税処分取消訴訟に関して、第1審[34]、控訴審[35]のいずれにおいても、当該特定外国子会社等はタックスヘイブン対策税制の適用除外要件[36]を満たすと判示され、納税者が勝訴した事案がある（確定）。

上記事案においては、タックスヘイブン対策税制の適用除外要件の主張立証責任の所在が重要な争点となった[37]。そこで、以下では、かかる争点の検討を通じて、上述した「税務調査段階において要件事実論を用いる意義」を具体的に確認してみたい。

(2) 争点に係る判示内容

本件第1審では、適用除外要件の立証責任について、各適用除外要件を満たさないことを課税庁の属する被告国側において主張・立証する必要があると判示された。これに対して、国側は、控訴審において、条文構造等から、適用除外要件に関する主張立証責任は納税者が負っていると主張して本争点について明確に争ったものであるが、控訴審判決は、①条文構造、②別法人所得を株主所得に算入することの異例性、③証拠との距離、④書類等保存規定との関係、⑤過少申告加算税の除外要件等との比較を含めた複数の要素について、詳細な検討を加えたうえで、国側の上記主張を排斥した。

例えば、①の条文構造に関しては、租税特別措置法（以下「措置法」という）

---

[34] 前掲（*8）東京地判平24・10・11。
[35] 前掲（*8）東京高判平25・5・29。
[36] タックスヘイブン対策税制は租税回避の防止を目的とする制度であるとされているところ、特定外国子会社等が正常な事業活動を営んでいる場合を対象とすることは不適当であることから、①事業基準、②実体基準、③管理支配基準、④非関連者基準又は所在地国基準という適用除外要件のすべてを満たす場合に適用除外が認められている。
[37] そのほかにも、特定外国子会社等が、実体基準及び管理支配基準をそれぞれ満たすかが、本件における争点となっている。

40条の4において，4項の適用除外要件[*38]が充足されたときに1項の合算規定は適用しないと解すべきなのか，あるいは，4項の適用除外要件が充足されないときに1項の規定を適用すると解すべきなのかは，条文の構造だけからは決められない旨判示されており，租税法における要件事実論において，法律要件分類説的な発想は採用困難であることが示唆されている。

②の別法人所得を株主所得に算入することの異例性についても，税の回避を推認し得るということが，適用除外要件の充足を納税者において主張・立証する必要があるということに直ちに結びつくものではないと判示されており，タックスヘイブン対策税制自体の異例性を前提にすれば，適用除外要件を単純に権利障害要件のように考えるのは早計であるとの評価がなされているように思われる。

また，③の証拠との距離に関しては，税金訴訟では，納税者側の事情が主張・立証の対象となることが多いのであるから，主張立証責任を決めるにあたって，証拠への近さは，あまり重視すべきではないとの一般論を示したうえで，国には，外国との間の租税条約や租税協定によって，相手国の税務当局を通じて納税者の国外の子会社等の情報を収集する手段が用意されている以上，課税庁にとって，国外に所在する子会社等の実態を把握することが困難であるとはいいがたいといった個別評価がなされている。

さらに，上記⑤についても，国側が，過少申告加算税の課税を除外するための要件である「正当な理由」の主張立証責任に関する裁判例及び居住用財産の譲渡所得の特別控除を定めた措置法の規定の主張立証責任に関する裁判例との比較の観点から，外国子会社合算税制（タックスヘイブン対策税制）の適用除外要件についても，納税者に主張立証責任があると解すべきであると主張したのに対して，本判決は，前者の制度は，後者の制度とは，その趣旨，条文の構造等を異にしており，参考にできるものではない旨説示して国の上記主張を一蹴している。

(3) 分析（税務調査に対する示唆）

上述のとおり，本件では最終的に，国側が適用除外要件を満たさないことを主張・立証する必要があると判示されている。一方で，タックスヘイブン対策税制に基づく更正処分を行おうとする課税当局は，「特定外国子会社等が各適

[*38] 現行法令では，措置法40条の4第3項に移項されている。

第4　事例検討

用除外要件を充足しないこと」を基礎づける事実を課税要件事実として認定するべく，税務調査を鋭意行うべきこととなる。この点につき，上記訴訟においては，実体基準ないし管理支配基準を充足しないことについて国が関連する主張を具体的に行い，証拠を提出していることからすると，上記事案の税務調査においても，課税当局がその点に対応する課税要件事実の認定を試みていたことは明らかである。

　しかしながら，上記訴訟において，国側が各適用除外要件の主張立証責任は納税者側にあると主張したことは，逆に，各適用除外要件に係る課税要件事実の認定に向けた税務調査が甘かったことを推察させるものでもある。実際のところ，国は，原審の敗訴判決を受けるや控訴審において，日星租税条約の情報交換規定に基づきシンガポールの税務当局から得られた回答文書をいきなり証拠提出しているが，かかる回答文書に対する裁判所の信頼は極めて低いものとなっている[*39]。税務調査段階から入念な準備のもとに租税条約の情報交換規定に基づく証拠収集等を実施していれば，訴訟における立証の水準も異なっていた可能性があり，適用除外要件の立証責任の所在に関する当初の見通しの甘さも国側敗訴の一因となった可能性がある。課税要件を裁判規範として捉える意識が弱いと，租税訴訟で特定の主要事実（課税要件事実）について立証責任を負担することの意味，効果を十分に検討することなく，場当たり的に証拠収集することにもなりかねず，税務調査における証拠収集の深度に係る判断を誤らせるリスクがあるということを，上記裁判例は教訓として示しているともいえる。

　いずれにせよ，課税当局は，上記控訴審判決を受けて，今後，情報交換規定に基づく証拠収集を，より早いタイミングで，より的確に行ってくる可能性もあるため，納税者側としても，タックスヘイブン対策税制等が絡む国際税務案件については，そのような可能性にも十分に留意しながら税務調査に対応していく必要があるように思われる。

　なお，居住用財産の譲渡所得の特別控除（措置法35条）の立証責任が問題となった事案[*40]では，恩恵的，政策的に租税を減免するための要件として定めている課税要件は，課税権の発生障害要件ないし消滅要件としての性格を有し，納

[*39]　情報交換規定により取得された回答文書の「証拠価値は，薄いものといわざるを得ない」と判示されている。
[*40]　名古屋地判平18・2・23判タ1223号157頁。

税者が立証責任を負担する可能性があることを前提としたうえで，特別控除を受ける要件としての居住用財産該当性の事実は，立証の容易性，居住用財産の譲渡所得の特別控除の立法趣旨等を総合すると，納税者の主張立証責任に属する旨説示されている。しかしながら，前述のとおり，同じく権利障害要件的な性格を有するタックスヘイブン対策税制の適用除外要件については，証拠との距離等は重視されず，国側が立証責任を負うとされたことに鑑みれば，前掲注（＊40）名古屋地判平18・2・23の評価はひとまず措くとして[41]，租税優遇措置を含めた権利障害要件的性格を有する課税要件のすべてについて，納税者側に一律に立証責任を負担させる考え方は少なくとも誤りであることがわかる。それにもかかわらず，そのようなバイアスのかかった考え方に影響を受けながら税務調査を行うと，証拠収集が十分に行われず，裁判になって結果的に立証責任が国側にあると判断された場合に，思わぬ形で準備不足が露呈するということにもなりかねない。

2 移転価格税制（残余利益分割法）の適用にあたり差異調整の有無が基本的課税要件事実の同一性に影響を与えるか否かが問題となった事例

(1) 事案の概要と争点

自動二輪車，四輪車の製造及び販売を主たる事業とする内国法人が，その間接子会社であり，ブラジル連邦共和国アマゾナス州に設置されたマナウス自由貿易地域（マナウスフリーゾーン）で自動二輪車の製造及び販売事業を行っている外国法人及びその子会社との間で，自動二輪車の部品等の販売及び技術支援の役務提供取引（国外関連取引）を行い，それにより支払を受けた対価の額を収益の額に算入して，各事業年度の法人税の確定申告をしたところ，処分行政庁から，上記の支払を受けた対価の額が残余利益分割法（措置法66条の4第2項1号ニ及び2号ロ〔当時（事業年度に応じ，平成13年法律第7号による改正前，平成14年法律第79号による改正前ないし平成18年法律第10号による改正前）〕，租税特別措置法施行令（以下「措置法施行令」という）39条の12第8項〔当時（事業年度に応じ，平成13年政

---

[41] 証拠との距離を重視する考え方等に疑問を唱えつつ，各種特例措置の適用要件該当性の立証責任も，ごく例外的な場合を除き，被告にあると解すべきとするものとして，藤山雅行「行政事件と要件事実」伊藤滋夫＝長秀之編『民事要件事実講座(2)総論Ⅱ』（青林書院，2005）342～343頁参照。

第4 事例検討

令第141号による改正前ないし平成16年政令第105号による改正前)])*42 により算定した独立企業間価格に満たないことを理由に，移転価格税制を適用して法人税の更正処分等を受けたため，上記内国法人が，処分の取消しを求めて課税処分取消訴訟を提起したという事案がある。

第1審判決*43 は，本件各更正処分等は，マナウスフリーゾーンで事業活動を行うことにより享受している税制上の利益（マナウス税恩典利益）が上記各間接子会社に属することの影響を考慮せずに残余利益分割法を適用して算定した独立企業間価格に基づくものであるところ，本件国外関連取引の対価が独立企業間価格に満たないとの立証があるとは認められないから，その余の点について判断するまでもなく違法であるとして内国法人（原告）の各請求を認容した。これを不服とする国は控訴し，控訴審において，残余利益分割法の適用における必要な差異調整を行うなどすると，本件各更正等を一部取り消すことになるので，そのように原判決を変更することを求めるとの予備的主張を追加している*44。本件控訴審において，国の控訴は結局のところ棄却されているが*45，本稿で主として検討するのは，上記予備的主張に含まれる課税要件事実に係る評価である。

(2) 予備的主張に対する判示内容

控訴審において，納税者（被控訴人）は，国（控訴人）の予備的主張は，違法な理由の差替えに該当するものであって許されないと反論しつつ，その具体的根拠として，残余利益分割法において，検証対象取引と比較対象取引との間に差異がない旨の主張と，差異が存在するが調整することができるとの主張は，異なる課税要件事実に係るものであり，基本的な課税要件事実の同一性があるとはいえない点などを挙げている*46。

---

*42 残余利益分割法は，法人，国外関連者が重要な無形資産を有する場合に適用され，第1段階として分割対象利益のうち重要な無形資産を有しない非関連者間取引において通常得られる利益（基本的利益）に相当する金額を法人及び国外関連者に配分し，第2段階として，配分後の残余利益を法人，国外関連者の有する重要な無形資産の価値に応じて合理的に分割して配分することを特徴とする独立企業間価格算定方法である。
*43 東京地判平26・8・28（平成23年（行ウ）第164号）裁判所ホームページ参照。
*44 2種類の予備的主張が展開されている。
*45 東京高判平27・5・13（平成26年（行コ）第347号）裁判所ホームページ参照（確定）。
*46 そのほかにも，納税者は，被控訴人は青色申告書による申告の承認を受けた法人であり，課税処分の具体的根拠の開示を受けて，不服申立ての便宜が図られるという手続的な権利を保障されているところ，このような理由の差替えは，上記手続的権利の保障の趣旨を没却するから，許されるべきではないといった点についても主張している。

これに対して、国は、上記予備的主張は、違法な理由の差替えには該当しないと主張した。その理由として、国は、総額主義に基づく一般論をまずは展開したうえで、さらに本件との関係についても、①残余利益分割法を採用していること、比較対象法人として、同一のブラジル側比較対象企業を用いていることには変わりなく、予備的主張で控訴人が主張した事実関係は、本件各更正処分等における事実（ブラジル側比較対象企業の基本的利益の額の算定）と直接関係する、いわば本件各更正処分等の延長上にある点、②いずれも、「国外関連者から支払を受ける対価の額が独立企業間価格に満たないこと」という同一の課税要件事実に係るものである点、さらに、③予備的主張は、差異調整をすべきであるという被控訴人の各主張に対応するものである点をそれぞれ挙げている。

以上の両当事者の各主張・反論をふまえて、控訴審では、「本件国外関連取引の対価が独立企業間価格に満たないこと」という同一の課税要件事実に属し、ブラジル側比較対象企業の基本的利益の算定に直接関連するものであるとしても、マナウス税恩典が差異調整を要しないものであるとする場合と、差異調整を行うとする場合とでは、主張・立証の対象となる事実が相当程度異なることになるのであるから、納税者としては、新たな攻撃防御を尽くすことを強いられ、かつ、その負担は軽くないというべきであるなどとされ、理由附記を求めている法の趣旨に照らすと、各予備的主張は、いずれも違法な理由の差替えに該当し許されないと解すべきであると判示されている。

(3) 分析（税務調査に対する示唆）

控訴審では、上述のとおり、予備的主張で国が主張した事実関係と各更正処分等において前提とした事実が「本件国外関連取引の対価が独立企業間価格に満たないこと」という同一の課税要件事実に属することを一応前提とするかのような判示がなされており、課税要件事実をいかなる概念として捉えているのかやや不明瞭な部分もある。ただ、主張・立証の対象となる事実が相当程度異なることから、新たな攻撃防御を尽くすことを強いられる納税者の負担は軽くないとして、国側の予備的主張は違法な理由の差替えに該当すると結論づけていることに鑑みれば、主張・立証の対象となる要件事実レベルでの基本的同一性がなければ理由の差替えは許されないとの理解を示しているとみることも可能である。このように考えれば、本件との関係では、差異がないことを前提とする主位的主張と、差異があることを前提に差異調整する旨の予備的主張との

第4 事例検討

間に，要件事実レベルでの同一性は存在しないものと判示しているに等しかろう*47。

そうすると，本件のように国外関連者が現地で何らかの税恩典利益を受けている事案における残余利益分割法の基本的利益の算定にあたり，同種ないし類似の税恩典利益を受けていない比較対象取引を選定したうえで，かかる比較対象取引との差異調整をまったく行わずに更正処分を行い，租税訴訟において旗色が悪くなると理由の差替えにより差異調整を前提とする主張をするといった場当たり的な対応については，本判決が確定した以上，国税当局としても今後は慎重にならざるを得ないものと思われる。

本判決を受けた今後の展開として，国外関連者が税恩典利益を享受している取引に関して移転価格課税を行うことを検討する場合，課税当局は，第1に，税恩典利益の享受の有無を含めて比較対象取引をできる限り厳格な基準で選定し，第2に，差異調整を行って比較可能性を維持することができるか否かについてもさらに慎重に検討することで，税務争訟における理由の差替えに頼ることなく，税務調査の段階から，より厳格かつ慎重に課税要件事実を認定してくることが予想されるため，納税者としてもこれに応じた対応が必要になるように思われる*48。

なお，平成23年度税制改正前の残余利益分割法は，当時の措置法通達66の4(4)－5において利益分割法の一類型として定められていたにすぎず，基本的利益の算定方法についても事務運営指針レベルで採用可能な利益指標が示されていたにすぎない（事務運営指針3－3〔当時〕参照）。この点につき，本件控訴審判決は，差異がある場合においても，当該差異につき適切な調整を行うことができるときには，その差異により生じる割合の差につき必要な調整（差異調整）を加えた後の割合をもって事業用資産又は売上高に対する営業利益の割合等としてこれに基づき基本的利益の算定をすることができるとしており（第1審判決

---

*47 今村隆『課税訴訟における要件事実論〔改訂版〕』（日本租税研究協会，2013）184～186頁によれば，比較可能性が前提となる再販売価格基準法等の要件事実の整理において，「売手の果たす機能その他に差異が存在しないこと」と「差異が存在するが，調整が可能であり，その調整後の割合の合理性を基礎付ける具体的事実」とが，国側の抗弁として相互排他的な（「又は／or」）に整理され，これらが異なる要件事実を構成することが前提となっており参考になる。

*48 ただ，控訴審では，適法な理由の差替えであることを仮定した場合であっても，予備的主張における差異調整はいずれも適切なものとはいえないとの補足的判示がなされていることから，税恩典を受けていない比較対象取引を選定した場合の差異調整のあり方が今後の重要論点となり得る。この点については別稿を期したい。

を引用），事務運営指針3－3（当時）の定めをベースに残余利益分割法における基本的利益の算定に係る差異調整の課税要件要素を具体的に設定し，これをもとに利益分割法（措置法施行令39条の12第8項〔当時〕）の要件事実的整理を行っていると考えることもできる。

　本件課税処分当時（平成23年度税制改正前）においては，基本的利益の算定に係る差異調整は事務運営指針にすら具体的な記載がなかったことを考慮すると，残余利益分割法に係る（課税）要件事実は，関連する租税法規（利益分割法）の表面をなぞるだけでは到底整理できるものではない。そこで，利益分割法に係る条文の枠組みの中で，独立企業原則といった移転価格税制上の基本概念，関連法令の規定振りや立法趣旨，通達等のソフトローも斟酌しつつ，残余利益分割法の課税要件要素をまずは具体化し，そのうえで（課税）要件事実を認定するというプロセスを踏む必要があったといえる[*49]。本件控訴審では，残余利益分割法の要件事実に係る厳格な整理が行われ，税恩典に係る差異調整を伴う基本的利益の算定とこれを伴わない算定が要件事実のレベルで厳然と区別されたために，「主張・立証の対象となる事実」を異にし，理由の差替えが否定されたといっても過言ではなく，このような観点からも，租税法における要件事実論の重要性を改めて指摘することができる。

　いずれにせよ，本件のような事例においては，納税者，課税当局の双方にとって裁判規範としての租税法解釈を一義的に導き出すのは易しい作業ではなく，具体的な解釈基準が裁判例として公になってはじめてその後の事案に対する実務上有用な裁判規範が示されるという悩ましい問題があることにも留意する必要がある[*50]。

[*49] 藤枝純「残余利益分割法をめぐる実務上の諸問題」金子宏編『租税法の発展』（有斐閣，2010）684頁によれば，平成23年度税制改正前の残余利益分割法に根拠法定めがあるとすれば，措置法施行令39条の12第8項しかありえず，同項の解釈の範囲内においてのみ残余利益分割法の適用が認められるとされている。かかる見解の問題意識をふまえた場合，残余利益分割法の要件事実を整理するにあたっては，利益分割法（当時）に係る抽象的な条文の枠組み（「所得の発生に寄与した程度を推測するに足りる要因」に応じた利益の分配）を前提にしながらも，さらに残余利益分割法に係る個別具体的な課税要件要素を解釈の一環としてどの程度柔軟に見出し得るかが重要な課題となる。なお，移転価格税制における課税要件事実の認定に係る諸問題については，拙稿「移転価格税制における課税要件事実の認定プロセスに関する一考察」税法学570号（2013）63頁以下参照。

[*50] 本事案は，平成23年度税制改正前の法令に基づき残余利益分割法が適用された事案であるが，皮肉にも，平成23年度税制改正により，残余利益分割法は，措置法施行令39条の12第8項1号ハにおいて明確化され，基本的利益の計算についても，再販売価格基準法，原価基準法，取引単位営業利益法の考え方に基づき，差異調整を含めてより精緻に行われることが法令上明ら

第5　おわりに

　税務調査段階において要件事実論の観点から事案を分析することが，課税当局，納税者の双方にとって実務上いかに重要であるかについて，タックスヘイブン対策税制や移転価格税制に関する裁判例などもふまえながら検討を加えてきた。

　租税法における要件事実論の有用性は，これまでのところ，租税訴訟の局面において主張立証責任を原告・被告間でいかに分配するかという観点から論じられることが多かったように思われる。このような観点からの分析は，推計課税と実額反証といった特定の論点に関して，たしかに極めて重要な問題提起を行うものとなっている。

　ただ，前述のとおり，租税法における要件事実論は，租税訴訟という限定された場面においてのみその有用性が発揮されるものではなく，更正処分に係る最終判断が行われる瀬戸際のタイミングにおいて，課税当局と納税者が，事案が租税訴訟へと発展した場合のリスクもふまえながら，課税要件事実の認定の可否という共通言語を通じて激しく折衝する際にも等しく有用であるといえる。要件事実論に基づく分析を税務調査時に行うことで，課税当局は，租税訴訟に至った場合の立証責任をも意識しながら（国側に分配されることが大半である），立証責任の対象となる事実を的確に抽出し，これを十分な証拠により基礎づけることが可能となる。他方で，納税者側としても，特定の課税要件事実に関して課税当局がどの程度の証拠を掌握したうえで更正処分を行おうとしているのかについて，常に意識しながら税務調査対応を行うことにより，ときに当該課税要件事実を認定し得るだけの証拠がないことを指摘して，更正処分そのものを断念させることが可能となるかもしれない。このような交渉は，租税訴訟に発展した場合の要件事実論をふまえた立証責任の負担等を課税当局に意識させることによって，より効果的なものとなる。

　以上のような納税者と課税当局との間の税務調査時の緊張関係ないし建設的な対話によって，租税法における要件事実論が，より洗練されたものとなることを願ってやまない。

　　かになった（司条8項1号ハ(1)）。

第3部

租税訴訟における要件事実論の視点からの各論的課題

第1章

不確定概念に係る要件事実論

今村　隆

第1　不確定概念の意義と規範的要件
第2　法人税法34条2項の「不相当に高額」
第3　法人税法132条の2の「不当」
第4　相続税法7条の「著しく低い価額」
第5　国税通則法65条4項の「正当な理由」
第6　結　び

第1　不確定概念の意義と規範的要件

1　不確定概念の意義

　不確定概念とは，要件を規定する概念が，一義的ではなく，抽象的・多義的な概念が用いられているものをいう。不確定概念は，行政法の分野では，行政法規で用いられている概念に要件裁量があるか否かといった問題を解決するための前提などとして用いられている概念である*1。これに対し，租税法規の場合には，要件裁量が問題となることは少ない。しかし，租税法規の場合も，不確定概念が用いられており，例えば，法人税法34条2項の「不相当に高額」，法人税法132条1項の「不当」や国税通則法（以下「通則法」という）65条4項の「正当な理由」などがこれに当たる。

　行政法規で用いられている不確定概念には，「公益上必要あるとき」といった終局目的ないし価値概念を内容とする不確定概念と，中間目的ないし経験概念を内容とする不確定概念とがあるが，租税法においては，前者は，課税要件

---

*1　高橋和之ほか編『法律学小辞典〔第5版〕』（有斐閣，2016）1123頁。

が不明確であり、租税法律主義に反するといわれている*2。このような観点でみたとき、法人税法34条2項の「不相当に高額」、法人税法132条1項の「不当」及び通則法65条4項の「正当な理由」は、いずれも後者の概念であり、憲法84条の租税法律主義には反しないと考えられる。この点は、法人税法34条2項の「不相当に高額」については、最判平9・3・25（税務訴訟資料222号1226頁）が、同法132条1項の「不当」については、最判昭53・4・21（訟月24巻8号1694頁）がそれぞれ憲法84条に反しないとしている。

そこで、租税法におけるこのような中間目的ないし経験概念を内容とする不確定概念の要件事実をどのように考えるかが問題となる。

2　不確定概念と規範的要件

(1)　規範的要件と評価的要件

不確定概念は、その概念自体が評価そのものあるいは評価が含まれていることから、要件事実論の観点でみると、規範的要件となるかが問題となる。ここで規範的要件とは、規範的評価の成立が法律効果の発生要件となっているものである*3。これに対し、事実の存在が法律効果の発生要件となっているものを「事実的要件」という。

なお、規範的要件は、民法709条の「過失」や同法90条の「公序良俗」のように物事の善悪といった規範的評価を含むものもあるが、そこまでの要素はなく法的評価にとどまるものもある。実務上は、後者も含めて、「規範的要件」と呼んでいるが、伊藤滋夫教授は、規範的評価を含む場合に限定されないことを明らかにするため、従来から「評価的要件」との用語を用いている*4。また、伊藤教授は、このような評価的要件と区別して、かつては「価値的概念」という概念を認めていた。すなわち、価値的概念とは、評価的要件と事実的要件の中間的なものであり、一応は事実として典型的な場合を観念できるが、事実的要件より評価性が高いものであり、例えば、民法97条の「到達」などがこれに当たるとしていた（伊藤旧説*5）。このような価値的概念と評価的要件との違いは、典型的な評価的要件の場合には、当該評価を成り立たせる評価根拠事

---

*2　金子宏『租税法〔第21版〕』（弘文堂、2016）80頁。
*3　司法研修所編『増補民事訴訟における要件事実第1巻』（法曹会、1998）30頁。
*4　伊藤滋夫『要件事実の基礎』（有斐閣、2000）126頁。
*5　伊藤・前掲注（*4）124頁。

第1 不確定概念の意義と規範的要件

とこれと両立して当該評価を否定する評価障害事実の両方が観念できて、それらの総合判断で最終的な評価の成立が決定されるのに対し、価値的概念の場合には、評価根拠事実しか観念できないところにあると考えられる。もっとも伊藤教授は、評価的要件には評価根拠事実しか観念できないものもあり得るとしているようであるが、典型的な「評価的要件」と規範的要件とは同義である。本稿において、筆者は、このように「規範的要件」の用語を伊藤旧説の典型的な「評価的要件」と同義で用いている[*6]。

しかし、伊藤教授は、最近の著書では、評価的要件を「個別的法律要件の内容がなんらかの『評価』である要件をいう」と定義し[*7]、一方で、価値的概念を廃止し、価値的概念といっていた要件も評価的要件に含まれるとしている(伊藤新説)。さらに、伊藤教授は、従来から「評価的要件」といっていたものについてもさらに分析し、選択型の一般条項の場合と総合判断型の一般条項の場合があるとする[*8]。例えば、民法709条の「過失」が前者であり、借地借家法28条の「正当事由」が後者であるとして詳細に検討している[*9]。

このように規範的要件や評価的要件については、伊藤教授が深く研究しており、租税法における不確定概念の要件事実を検討するうえでも参考となる。伊藤教授が価値的概念を廃止したのは、理論的な立場を徹底したものと評価しているが、筆者としては、評価根拠事実しか観念できない「評価的要件」や「価値的概念」と評価根拠事実と評価障害事実の両方を観念できる「規範的要件」とでは、評価根拠事実については、評価の成立を主張する側に立証責任があるのに対し、評価障害事実については、評価を否定する側に立証責任があることから、実務上大きな違いがあると考えている。そこで、筆者は、このような実務的な観点から、評価根拠事実と評価障害事実の両方を観念できる規範的要件と評価障害事実を観念できない評価的要件(伊藤旧説の価値的概念を含む)とを区別することとする。

(2) 租税法における規範的要件の意義

筆者は、租税法上の不確定概念が規範的要件であるか否かを検討するにあた

[*6] 筆者は、拙著『課税訴訟における要件事実論〔改訂版〕』(日本租税研究協会、2013)でも、「規範的要件」を伊藤旧説の「評価的要件」と同義で用いている(同書12〜13頁)。
[*7] 伊藤滋夫『要件事実の基礎〔新版〕』(有斐閣、2015)291頁。
[*8] 伊藤・前掲注(*7)315頁。
[*9] 伊藤・前掲注(*7)315頁。

り，租税法上の独自の規範的要件は存在せず，要件事実論でとられている一般的な考え方で規範的要件か事実的要件かを区別すべきと考えている。

　この点，谷口勢津夫教授は，法人税法132条の「不当」と同法132条の2の「不当」の意義について検討し，前者を経済合理性で考え，後者を制度趣旨・目的違反と考えるとすると，後者は，規範的要件であるが，前者は，規範的要件でないとする。その理由について，谷口教授は，租税法律主義の下，租税法規で定めている評価を内容とするのが，「規範的要件」であるのに対し，経済合理性は，租税法の外にある事実であり租税法の解釈適用によって左右されない事実であるから，価値的な判断を含んでいるものの「規範的要件」ではないとする[*10]。

　谷口教授は，「規範的要件」の「規範」に着目して，この「規範」は租税法に基づく規範であるとする見解と思われるが，前記(1)のとおり，要件事実論で「規範的要件」といっているのは，当初，民法709条の「過失」や同法90条の「公序良俗」の規範を内容とする要件が問題となっていたからであり，「規範的要件」を伊藤旧説でいうところの典型的な「評価的要件」と同義と考えると，租税法独自の「規範的要件」は存在しないと考える。

(3) 不確定概念と要件裁量

　不確定概念は，前記1のとおり，もともとは，行政法において要件裁量の有無で問題となる概念である。これに対し，租税法の場合には，租税法律主義の要請が強く，要件裁量が認められる要件は非常に限られている。しかし，租税法の分野でも要件裁量が問題となるものものある。例えば，通則法46条2項の納税猶予である。税務署長は，納税者による納税猶予の申請に対し，納税困難な事実の一つである「納税者がその事業につき著しい損失」を受けた場合を規定している（税通46条2項4号）。

　この「著しい損失」は，不確定概念であるが，専門技術性が高く，要件裁量と考えられている[*11]。そもそも納税猶予は，納税者に利益を与える授益的処分であることから，納税猶予の各要件の該当性については，納税者に立証責任があると考えられる[*12]。そうすると，まずは，納税者は，「損失」に当たる具体

---

*10　谷口勢津夫「租税回避論の現代的課題」日本租税研究協会第67回税研究大会記録　2015（租税研究協会，2015）157～159頁。
*11　名古屋地判平22・1・18（平成20年（行ウ）第45号ほか）裁判所ホームページ。
*12　裁決平21・2・19裁決事例77集13頁。

第1　不確定概念の意義と規範的要件

事実を主張しなければならず，これに対し，「著しい」との判断に裁量があるので，税務署長は，本来であれば，抗弁として，当該損失が「著しい」とは判断しなかったのみ主張すれば足り，これに対し，納税者が，再抗弁として，税務署長の判断に裁量権の逸脱・濫用に当たる具体的事実を主張することとなる[*13]。

もっとも，この「著しい損失」に当たるか否かについては，通達による裁量基準（「納税の猶予等の取扱要領の制定について」第2章第1節4(3)ニ(イ)）で，「調査期間の直前の1年間（……）の税引前当期利益の額（……）の2分の1を超えて損失が生じていると認められる場合」とされていることから，税務署長がこの基準に基づいて，「著しい損失」には当たらないと判断した場合には，抗弁として，この基準に基づいて判断したことを主張する必要があると考える[*14]。これに対し，納税者は，再抗弁として，この基準が不合理であることや税務署長のこの基準への当てはめに誤りがあるなどの具体的事実を主張することとなる。

このように不確定概念について要件裁量が認められる場合には，通常の規範的要件ではなく，特別な立証構造となる。

(4)　**本稿における検討課題**

本稿においては，このような視点で租税法上いくつかの不確定概念を分析していくこととするが，筆者としては，第1に，これらの不確定概念が，評価障害事実を観念できない評価的要件ではなく，評価根拠事実と評価障害事実の総合判断で評価される規範的要件であるのか否かを検討し，第2に，これらの不確定概念が規範的要件である場合に，評価根拠事実や評価障害事実が複数存在することがあり得るが，そのような事実の中で，特に当該評価を成り立たしめたり，あるいは否定するにあたって，事実上の推定が成り立つものがあるかを見極めることが重要と考えることから，そのような事実上の推定が成り立つ場合があるか否かを検討することとする。

以下，具体例で検討していくこととする。

[*13]　行政訴訟の実務においては，裁量処分の場合，裁量権逸脱・濫用に該当する具体的事実は，原告である国民に立証責任があると考えられている（司法研修所編『行政事件訴訟の一般的問題に関する実務的研究〔改訂版〕』（法曹会，2000）180頁）。ただし，学説からは反対が多い（塩野宏『行政法Ⅱ〔第5版補訂版〕』（有斐閣，2013）166～167頁）。

[*14]　裁量と裁量基準の関係についての最判平4・10・29民集46巻7号1174頁参照。

第2　法人税法34条2項の「不相当に高額」

1　役員給与及び役員退職給与の意義

　平成18年の法人税法改正により，それ以前の同法上の役員報酬・賞与の制度が大きく改正され，役員報酬と役員賞与の区別がなくなり，「役員給与」という概念でくくられ，一定の例外を除き，役員給与は損金に算入しないこととされた（法税34条1項）。なお，ここでいう「役員給与」は，役員退職給与を除く概念である（法税34条1項括弧書）。そして，例外として損金算入される役員給与は，①定期定額給与，②事前確定届出給与，③利益連動給与の3つとされた（法税34条1項1号～3号）。しかし，これらの3つの給与は，法人税法34条2項の対象となり，「不相当に高額な部分」は，損金算入されないこととなる。法人税法34条2項は，「不相当に高額な部分」に当たるか否かについて，政令に委任しており，これを受けて，法人税法施行令70条1号が，実質基準と形式基準とを定めている。

　一方，役員退職給与は，法人税法34条1項に規定する役員給与からは除外されているものの（法税34条1項括弧書），同条2項の適用はあり，役員給与と同様に，「不相当に高額な部分」は損金算入されないとされ，同項の委任を受けて，法人税法施行令70条2号が実質基準を定めている。

　これら役員給与及び役員退職給与が，一定の場合を除いて，損金算入されないのは，利益処分だからである。

　このように役員給与も役員退職給与も，「不相当に高額な部分」は，損金算入されないとされているが，これは不確定概念である。しかし，役員給与と役員退職給与とでは，その基準が若干異なっていることからそれぞれ別々に論じることとする。

2　役員給与の要件事実

　役員給与については，前記1のとおり，法人税法施行令70条1号に実質基準と形式基準が定められている。実質基準としては，「当該役員の職務の内容，その内国法人の収益及びその使用人に対する給与の支給の状況，その内国法人と同種の事業を営む法人でその事業規模が類似するものの役員に対する給与の

第2　法人税法34条2項の「不相当に高額」

支給の状況等に照らし，当該役員の職務に対する対価として相当であると認められる金額を超える場合におけるその超える部分の金額」（法税令72条1号イ）と規定され，形式基準としては，定款の規定，株主総会の決議等により定められている役員供与の限度額を超える部分とされ（同号ロ），「不相当に高額」であるか否かは，いずれか多い金額とされている。

　このうち実質基準が問題となるが，同基準は，上記のとおり，①当該役員の職務内容，②当該内国法人の収益と使用人に対する給与の支給状況，③同種・類似規模の法人の役員に対する給与の支給状況等に照らして相当であると認められる金額である。上記③は，同種・類似規模の法人の役員に対する給与の支給状況と比較するのであるが，実務上，①類似役員の平均月額，②類似役員の加重平均額，③その他の方法が用いられている。そこで，「不相当に高額」であるか否かの認定は，推計課税の場合と類似した立証構造となる。

　しかし，推計課税は，可能な限り実額に近い金額であることを要するのに対し，過大役員給与においては，比較法人の役員に対する支給額はあくまでも参考資料にすぎず，そこに違いがある。そのため推計課税とは異なる面もある。前記**第**1の1で引用した最判平9・3・25の1審の名古屋地判平6・6・15（訟月41巻9号2460頁）で検討することとしよう。この事件では，被告国は，類似法人の役員報酬の平均値を基準として，原告にこれを増減すべき特別な事情がないことから上記平均値が相当な報酬の上限額であると主張した。すなわち，推計課税と同様な方法によるべきと主張した。これに対し，上記名古屋地判は，法人税法施行令69条1号（現行70条1号）からそのように解すべき合理的根拠はなく，役員報酬は法人において個別事情により多少の差があるのが通常であるとして，被告の上記主張を排斥し，当該取締役の1人について，原告の売上げの増加に貢献していることを評価して，売上金額の増加を基本とし，これに売上総利益金額の増加を加味して行うのが合理的であるとして，前年の報酬額を1.5倍した金額を相当額の上限であるとしたものの，当該更正処分がその範囲内であるとして，請求を棄却した。

　この名古屋地判を参考に分析すると，推計課税は，推計の合理性など評価を問題とするものの，評価根拠事実と評価障害事実との総合判断で決せられる規範的要件ではなく，特殊な立証構造と考えられる[15]のに対し，役員給与にお

---

*15　拙稿「税法における『価格』の証明責任」山田二郎先生喜寿記念『納税者保護と法の支配』（信

ける「不相当に高額」は，類似法人の平均値が，評価根拠事実の一つであり，当該法人の売上げの増加等の個別事情が，評価障害事実と考えられ，規範的要件であると考える。

3 役員退職給与の要件事実

役員退職給与については，法人税法施行令 70 条 2 号で，「内国法人が各事業年度においてその退職した役員に対して支給した退職給与の額が，当該役員のその内国法人の業務に従事した期間，その退職の事情，その内国法人と同種の事業を営む法人でその事業規模が類似するものの役員に対する退職給与の支給の状況等に照らし，その退職した役員に対する退職給与として相当であると認められる金額を超える場合におけるその超える部分の金額」と規定されている。すなわち，①当該役員の業務に従事した期間，②退職の事情，③同種・類似規模の法人の役員に対する退職給与の支給状況等に照らして相当であると認められる金額である。

役員退職給与の場合，同種・類似規模の他の法人と比較する場合，実務上，①功績倍率法（最終月額報酬×勤続年数×功績倍率），②1 年当たり平均額法（勤続年数 1 年当たりの平均退職給与額×勤務年数）の 2 つの方法のいずれかが用いられており，また，上記①の功績倍率法の中には，さらに，平均功績倍率法（類似法人の功績倍率の平均値を用いる方法）と最高功績倍率法（類似法人の功績倍率の最高値を用いる方法）とがある。実務上は，これらの方法のうち，平均功績倍率法が多く用いられ，最終月額報酬が低い特殊な事例では②の方法がとられている。

これらを要件事実の観点で整理すると，まず，法人税法施行令 70 条 2 号から，①当該役員の業務従事期間，②その退職の事情，③同種・類似規模の法人の役員に対する退職給与の支給状況となるが，③は，同種・類似規模の法人を抽出して，その退職給与額の平均値などと比較するのであり，(1)算定方式自体の合理性，(2)基礎資料の正確性，(3)当てはめの合理性となり，(3)は，具体的には，(i)抽出基準の合理性，(ii)抽出過程の合理性，(iii)件数の合理性，(iv)倍率，金額の合理性となる。

一般的には，平均功績倍率法が，最も合理的な算定方法であるが，推計課税の場合とは異なる問題もある。この点は，札幌地判平 11・12・10（訟月 47 巻 5

山社，2007）313〜314 頁。

号1226頁・判タ1046号112頁) で問題となった。この事件で, 原告は, 平均功績倍率法に基づくと, 比較法人のうち約半数の法人の退職給与が否認されることになり, 逆に比較法人の役員退職給与が適正額として認められたものとすると, 平均値を超える部分を不相当とする理由はなく平均功績倍率法は, 論理的に成り立ち得ないとの主張したのに対し,「しかしながら, 平均功績倍率法は, 比較法人の退職給与のうちに, 本来否認すべきであったのに実際には否認しなかったものがあり得ることを前提とするものであるところ (仮に, 比較法人の退職給与がすべて適正な額の範囲内であることを前提とするならば, 最高功績倍率法を用いるしかない。), 過去に本来否認すべきであったのに実際には否認しなかった事例が存在するからといって, 否認すべきものを発見したときにこれを否認することを妨げる理由は存在しないから, 原告の右主張は採用することができない。」として, 排斥している。推計課税の場合にも同業者との比較をするが, 役員退職給与は, 前記2の役員給与と同様, 類似法人の平均値が, あくまでも評価根拠事実の一つにとどまり, 推計課税の立証構造とは異なっており上記札幌地判の判断は相当と考える。

なお, 課税実務上, 功績倍率は3倍を超えると否認される可能性があるとされている。

第3 法人税法132条の2の「不当」

1 組織再編成に係る行為計算否認の意義と要件

法人税法132条の同族会社に係る行為計算の否認の「不当」は, 不確定概念の代表例であるが, これについては, 本書第3部第3章で詳述される。法人税法132条は, これまでの裁判例では, 主に経済合理性基準で判断されており, そこでの問題点は, 第3部第3章に委ねることとする。

一方, 法人税法132条の2は, 経済合理性基準と同一であるか否かが問題となる。この点,「ヤフー事件」の最一小判平28・2・29 (〔平成27年(行ヒ)第75号〕裁判所ホームページ) は, 法人税法132条の2の「不当」とは, 組織再編成税制に係る各規定を租税回避の手段として濫用することよりに法人税の負担を減少させるものである旨判示し, 濫用基準であることを明らかにした。これは, 要件事実論の観点でみても, 不確定概念についての新たな基準であるので, 本章

では，法人税法 132 条の 2 について論じることとする。

法人税法 132 条の 2 の要件は，下記のとおりである。なお，下記は，ヤフー事件で問題となった平成 22 年法律第 6 号による改正前のものである。

①合併等に関係する法人
　a）　合併等をした一方の法人又は他方の法人　or,
　b）　合併等により交付された株式を発行した法人　or,
　c）　a 及び B の法人の株主等である法人
②上記法人の行為又は計算であること
③上記法人の法人税の負担を減少させること
④上記減少が不当と認められること

ここで④の要件は，「不当と認められること」という評価であり，いわゆる規範的要件であって，評価根拠事実と評価障害事実との総合判断で最終的に判断される要件である。

2　「不当」の意義

(1)　ヤフー事件判決の事案と判旨

(a)　**事案の概要**　X 社は，平成 21 年 2 月 24 日，B 社の全株式を A 社から買収し（以下「本件買収」という），グループ法人にした後，同年 3 月 30 日，B 社を吸収合併しており（以下「本件合併」という），適格合併（法税 2 条 12 号の 8 イ）に該当する。しかし，X 社が B 社と資本関係が生じたのは，本件買収の時からであり，いまだ 5 年を経過していないことから，原則として，X 社において B 社の欠損金 542 億円を引き継ぐことはできない（法税 57 条 3 項）。

これに対し，X 社は，本件合併前の平成 20 年 12 月 26 日に X 社の代表取締役甲が B 社の取締役副社長に就任していて（以下「本件副社長就任」という），特定役員引継要件（法税令 112 条 7 項 5 号〔平成 22 年政令第 51 号による改正前のもの〕）を満たしており，法人税法 57 条 3 項で規定している例外の場合に当たるとして，B 社の欠損金 542 億円を引き継げると主張している。この場合，X 社の吸収合併が，特定役員引継要件に形式的に当たるとしても，法人税法 132 条の 2 が適用されるとして，X 社による B 社の欠損金 542 億円の引継ぎを否認できるかが争われた[16]。

---

[16]　ヤフー事件の詳細は，拙著『租税回避と濫用法理』（大蔵財務協会，2015）202 頁以下を参照されたい。

第3　法人税法132条の2の「不当」

(b) **判　　旨**　1審の東京地判平26・3・18（訟月60巻9号1857頁・判時2236号25頁）は，「同条〔引用者注—法人税法132条の2〕が定める『法人税の負担を不当に減少させる結果となると認められるもの』とは，(i)法132条と同様に，取引が経済的取引として不合理・不自然である場合（……）のほか，(ii)組織再編成に係る行為の一部が，組織再編成に係る個別規定の要件を形式的には充足し，当該行為を含む一連の組織再編成に係る税負担を減少させる効果を有するものの，<u>当該効果を容認することが組織再編税制の趣旨・目的又は当該個別規定の趣旨・目的に反することが明らかであるものも含む</u>と解することが相当である。」（下線は筆者による）とし，「不当」に当たると判示し，本件副社長就任は，法人税法施行令112条7項5号等の趣旨・目的に反するとして，X社によるB社の欠損金の引継ぎは認められないとした。

控訴審の東京高判平26・11・5（訟月60巻9号1967頁）も，1審の上記判断を是認した。

これに対し，前記最一小判平28・2・29は，「同条〔引用者注—法税132条の2〕の趣旨及び目的からすれば，同条にいう『法人税の負担を不当に減少させる結果となると認められるもの』とは，法人の行為又は計算が<u>組織再編成に関する税制（以下「組織再編税制」という。）に係る各規定を租税回避の手段として濫用することにより</u>法人税の負担を減少させるものであることをいうと解すべきであり，その濫用の有無の判断に当たっては，①当該法人の行為又は計算が，通常は想定されない組織再編成の手順や方法に基づいたり，実態とは乖離した形式を作出したりするなど，不自然なものであるかどうか〔筆者注・態様の不自然性〕，②税負担の減少以外にそのような行為又は計算を行うことの合理的な理由となる事業目的その他の事由が存在するかどうか等の事情を考慮した上で〔筆者注・事業目的の有無〕，当該行為又は計算が，組織再編成を利用して税負担を減少させることを意図したものであって〔筆者注・税負担減少意図基準〕，組織再編税制に係る各規定の本来の趣旨及び目的から逸脱する態様〔筆者注・態様逸脱基準〕でその適用を受けるもの又は免れるものと認められるか否かという観点から判断するのが相当である。」（下線は筆者による）と判示し，上記東京高判平26・11・5の判断が上記趣旨をいうものとして是認した。

(2) **検　　討**

上記最一小判平28・2・29は，組織再編成の形態や方法が複雑かつ多様であ

第3部　租税訴訟における要件事実論の視点からの各論的課題
第1章　不確定概念に係る要件事実論

るため，これを利用する巧妙な租税回避が行われやすく，租税回避の手段として濫用されるおそれがあることから，税負担の公平を維持するため設けられたとの法人税法132条の2の趣旨・目的から，上記(1)(b)のとおり，同条の「不当」とは，組織再編成の各規定の濫用であると判示したのである。

これは，税制調査会の法人課税小委員会（平成12年10月3日付）「会社分割・合併等の企業組織再編成に係る税制の基本的考え方」で，法人税法132条の2の趣旨目的について，「組織再編成の形態や方法は，複雑かつ多様であり，資産の売買取引を組織再編成による資産の移転とするなど，<u>租税回避の手段として濫用されるおそれがあるため</u>，組織再編成に係る包括的な租税回避防止規定を設ける必要がある。」（下線は筆者による）との考えに依拠するものであり，また，「組織再編成における各個別規定の趣旨・目的に鑑みて，ある行為又は計算が不合理又は不自然なものと認められる場合をいい，<u>租税回避の手段として組織再編における各規定を濫用し</u>，税負担の公平を著しく害するような行為又は計算と評価できる場合はこれに当たると解すべきである。」（下線は筆者による）との被告国の主張*17を基本的に是認するものである。

一方，X社は，法人税法132条の2の「不当」とは，経済不合理性を意味し，法人税法132条における金子教授の見解*18に依拠して，「私的経済取引として異常又は変則的で，かつ，租税回避以外に正当な理由ないし事業目的が存在しない場合」に限られると主張した。しかし，法人税法132条の2の立法経緯から見て，経済不合理の場合にだけ限定するのであれば，あえて同規定を立法する必要はなく，X社の主張は相当でない。そこで，前記(1)(b)のとおり，1審や控訴審判決は，経済不合理性の場合だけでなく，組織再編税制や個別規定の趣旨・目的に反する場合も含むとしたものである。

これに対し，上記最一小判平28・2・29は，法人税法132条の2の趣旨・目的により忠実に即し，端的に，組織再編成の各規定の濫用であると判示したものである。これは，租税回避をどのように捉えるかの議論にも関係しているが，租税回避を租税法規の趣旨・目的に反する濫用の場合と捉える考え方につながるものであり，筆者が世界の各国の現在の流れとしてかねてから主張している

---

*17　（控訴審）東京高判平26・11・5訟月60巻9号1926〜1927頁。
*18　金子・前掲注（*2）478頁。

第3　法人税法132条の2の「不当」

考え方であり*19，相当と考える。

3　「不当」の判断方法

(1)　法人税法132条の2の適用順序

ヤフー事件に即して，前記1で整理した法人税法132条の2の要件の具体的な適用順序を検討すると，下記のとおりとなる。

(i)　1号ないし3号の合併等に関係する法人に当たるか（要件①）。
- 適用対象法人と組織再編成行為の特定
- X社（対象法人），X社によるB社（分割後）の吸収合併（組織再編成行為）

(ii)　上記法人の法人税の負担を減少させているか（要件③）
- 租税上の便益とこれを生じさせる個別規定の特定及びこのような租税上の便益を生じさせる行為・計算の特定
- B社の欠損金542億円の繰越控除（租税上の便益），法人税法57条3項，同法施行令112条7項5号（個別規定），本件副社長就任行為（対象行為）

(iii)　1号ないし3号に掲げる法人の行為・計算に当たるか（要件②）。
- 本件副社長就任行為（当該行為）が，X社の行為かB社の行為かが問題となる。

(iv)　当該行為・計算が「不当」と認められるか（要件④）
- 本件副社長就任行為が，法人税法施行令112条7項5号の趣旨・目的に反するか。

(2)　「不当」の具体的な判断方法

法人税法132条の2の適用に当たっては，上記(iv)の「不当」に当たるか否かの判断が最も重要である。そこで，上記最一小判平28・2・29に基づいて，「不当」についての具体的な判断方法を検討することとする。

前記(1)(b)のとおり，上記最判は，法人税法132条の「不当」を組織再編成の各規定の濫用であるとし，具体的は，①当該法人の行為又は計算が，通常は想定されない組織再編成の手順や方法に基づいたり，実態とは乖離した形式を作出したりするなど，不自然なものであるかどうか（態様の不自然性），②税負担の減少以外にそのような行為又は計算を行うことの合理的な理由となる事業目的その他の事由が存在するかどうか（事業目的等の有無）等の事情を考慮したう

---

*19　拙著・前掲注（*16）5頁・46頁以下。

第３部　租税訴訟における要件事実論の視点からの各論的課題
第１章　不確定概念に係る要件事実論

えで、(i)「組織再編成を利用して税負担を減少させる意図」（税負担減少意図基準）と(ii)「組織再編成の各規定の本来の趣旨・目的から逸脱する態様」（態様逸脱基準）の２つの基準（観点）から判断するとしている[20]。

そして、上記最一小判平28・2・29は、具体的には、特定役員引継要件の趣旨・目的について、「上記②の各要件〔引用者注―法税令112条7項1号・5号〕は、同項2号から4号までの事業規模要件等が充足されない場合であっても、合併法人と被合併法人の特定役員が合併後において共に合併法人の特定役員に就任するのであれば、双方の法人の経営の中枢を継続的かつ実質的に担ってきた者が共同して合併後の事業に参画することとなり、経営面からみて、合併後も共同で事業が営まれているとみることができることから、同項2号から4号までの要件に代えて同項5号の要件（特定役員引継要件）で足りるとされたものと解される。」としたうえ、まず本件副社長就任の意図について(i)①本件買収に当たり、ｂ社の多額の欠損金を引き継ぐことが想定され、本件買収の代金に欠損金を評価した額が含まれていたこと、②本件合併が本件買収から5年以内であったため、欠損金を引き継ぐためには、特定役員引継要件を満たさなければならなかったこと、③ｆら従来のｂ社の特定役員は本件合併後に特定役員となる事業上の必要性がなく、就任の予定もなかったことから特定役員引継要件を満たすことを意図して行われたものであることを認定し、次に、態様の不自然さについて、(ii)①本件副社長就任は、本件提案が示された後に、ａ社の代表取締役社長であるｄの依頼を受けて、Ｘ社のｃ及びｂ社のｆがこれを了承するという経緯で行われたものであり、上記依頼の前からｂ社とＸ社においてその事業上の目的や必要性が具体的に協議された形跡はないこと、②本件提案、本件副社長就任、本件買収等の行為は平成21年3月31日までに本件合併を行うという方針の下でごく短期間に行われたものであって、ｃがｂ社の取締役副社長に就任していた期間もわずか3か月程度であり、本件買収により特定資本関係が発生するまでの期間に限ればわずか2か月程度にすぎないこと、③ｃは、本件副社長就任後、ｂ社の取締役副社長として一定の業務を行っているものの、その業務の内容は、おおむね本件合併等に向けた準備やその後の事業計画に関する

---

[20]　最一小判平28・2・29が、法人税法132条の2の「不当」について、税負担減少意図基準と態様逸脱基準で判断していることについては、拙稿「ヤフー事件及びIBM事件最高裁判断から見えてきたもの（上）―IBM事件は租税回避か？」税務弘報64巻7号（2016）54頁を参照されたい。

ものにとどまること，④cは，b社の取締役副社長となったものの，代表権のない非常勤の取締役であったうえ，具体的な権限を伴う専任の担当業務を有していたわけでもなく，b社から役員報酬も受領していなかったことから，「実態とは乖離した形式を作出した」ものであり，「税負担の減少以外にその合理的な理由といえるような事業目的等」があったとはいいがたいと判断し，上記「組織再編成の各規定の本来の趣旨・目的から逸脱する態様」であると認定している。

上記最一小判平28・2・29の認定をみると，まず，「組織再編成を利用して税負担を減少させる意図」というのが何を意味するかが問題となる。「意図」というのは，通常は，主観的意欲のことであるが，上記(i)及び(ii)の認定をみると，税負担減少目的と事業目的等から推認される客観的な意図の意味であると考えられる。そして，この税負担減少目的は，事業目的等と両立するものであり，税負担減少目的を基礎づける具体的事実が評価根拠事実であり，事業目的等を基礎づける具体的事実が評価障害事実であって，これらの目的を比較していずれが主であるかにより「組織再編成を利用する意図」が認定されると考えられる。

また，「組織再編成の各規定の本来の趣旨・目的から逸脱する態様」に当たる具体的事実は，上記態様の不自然性に当たる具体的事実であり，①当該法人の行為又は計算が，通常は想定されない組織再編成の手順や方法に基づいているとの事実や，②当該法人の行為又は計算が，実態とは乖離した形式を作出するものであるとの事実であり，これらは，評価根拠事実と考えられる。

このように分析すると，上記最判は，立証責任については判示していないものの，法人税法132条の2の「不当」について，上記判断基準に立ったうえで規範的要件と考えたうえで，上記のように評価根拠事実（税負担減少目的，趣旨・目的からの逸脱する態様）と評価障害事実（事業目的等）を分配しているものと考えられる。

第4　相続税法7条の「著しく低い価額」

1　みなし贈与の意義と要件

贈与税の課税対象は，本来は，贈与により取得した財産であるが（相税1条の4），相続税の「みなし相続財産」と同様，法的には，贈与によって取得した財産とはいえないが，贈与によって取得した財産と実質を同じくするため，公

平の見地から「みなし贈与財産」の規定が設けられている（相税5条～9条）。

このようなみなし贈与財産の一つに低額譲受けによる利益がある。すなわち，著しく低い価額の対価で財産の譲渡を受けた場合は，その財産の譲渡があったときに，その譲渡を受けた者が，その対価と財産の時価との差額に相当する金額を，その財産の譲渡人から贈与によって取得したものとみなされる（相税7条）。

相続税法7条の「みなし贈与財産」の要件は，同条の規定から，個人が財産の譲渡を受けたことと，「著しく低い価額の対価」であることとわかる。後者の「著しく低い価額の対価」であるが，これが，1つの要件であるか，2つの要件に分解されるのかが問題となる。この「著しく低い価額の対価」は，社会通念で判断され，所得税法59条1項2号の低額譲渡と異なり，時価の2分の1を下回る必要はないとされている[*21]。このように考えると，「著しく」に当たるか否かは，評価を伴う判断であるため，「その譲渡の対価の額が時価より低いこと」と「その低いことが著しいと評価されるものであること」との2つに分解すべきと考える。結局，相続税法7条の「みなし贈与財産」の要件は，以下のとおりとなる。

① 個人が財産の譲渡を受けたこと
② その譲渡の対価の額が時価より低いこと
③ その低いことが著しいと評価されるものであること

2　「著しく低い価額」の意義

(1)　相続税法7条の「著しく低い価額」

相続税法7条の「時価」は，客観的交換価値である。問題となっている対価の額が「著しく低い価額」に当たるかが問題となるが，東京地判平19・8・23（判タ1264号184頁）は，相続税法7条の趣旨を明らかにしたうえ，「……同条〔引用者注—相税7条〕にいう『著しく低い価額』の対価とは，その対価に経済合理性のないことが明らかな場合をいうものと解され，その判定は，個々の財産の譲渡ごとに，当該財産の種類，性質，その取引価額の決まり方，その取引の実情等を勘案して，社会通念に従い，時価と当該譲渡の対価との開差が著しいか否かによって行うべきである。」（下線は筆者による）と判示している。これは，

[*21] 横浜地判昭57・7・28訟月29巻2号321頁・判タ480号140頁。

第4　相続税法7条の「著しく低い価額」

財産評価基本通達の評価額で譲り受けた事案であり[*22]，同通達の評価額が時価とおおむね一致すると考えられる地価公示価格の80％とされていて，この価額で譲り受けるのは，必ずしも経済合理的とはいえない面もあるとしつつ，この価額で取引するのには合理性もあるとして，経済不合理であることが明白とまではいえないとして，「著しく低い価額」に当たらないとしたものである。

このような経済合理性がないことは，評価であるが，経済合理性を基礎づける事実と経済不合理性を基礎づける両方の事実があり得る。したがって，「著しく低い」とは，評価根拠事実とこれに両立する評価障害事実が考えられ，規範的要件となる[*23]。

ここで注目すべきは，上記東京地判平19・8・23は，「……相続税評価額と同水準の価額かそれ以上の価額を対価として土地の譲渡が行われた場合は，原則として『著しく低い価額』の対価による譲渡ということはできず，例外として，何らかの事情により当該土地の相続税評価額が時価の80パーセントよりも低くなっており，それが明らかであると認められる場合に限って，『著しく低い価額』の対価による譲渡になり得ると解すべきである。」と判示していることである。これは，財産評価基本通達による評価額による譲渡は，「著しく低い価額」ではないことが事実上推定されるという意味と考えられる。

(2)　国税徴収法39条の「著しく低い額」

このような譲渡対価の価額を要件とする類似の規定としては，国税徴収法39条がある。国税徴収法39条は，滞納者が滞納処分を免れるため，滞納者がその財産につき「無償又は著しく低い額の対価による譲渡」などをした場合，その譲受人に第二次納税義務を負わせるものである。国税徴収法39条の「著しく低い額の対価による譲渡」については，広島地判平2・2・15（判タ738号94頁・判時1371号82頁）は，国税徴収法39条の趣旨を明らかにしたうえ，「したがって，ここにいう『著しく低い額』に該当するか否かは，当該財産の種類，数量の多寡，時価と対価の差額の大小等を総合的に考慮して，当該取引価額が通常の取引価額，すなわち時価に比して社会通念上著しく低いと認められるか否かにより判断すべきものと解するのが相当である。」（下線は筆者による）と判

[*22]　事案の詳細は，拙著・前掲注（＊6）118頁以下を参照されたい。
[*23]　この東京地判平19・8・23の事案における具体的な評価根拠事実と評価障害事実については，拙著・前掲注（＊6）120頁のブロック・ダイアグラムを参照されたい。

示し，所得税法59条1項2号，同法施行令169条とは異なり，時価の2分の1に満たない価額である必要はないとした。

これは，「著しく低い額」に当たるか否かは，経済合理性があるか否かとの評価であるとしているものであり，相続税法7条の「著しく低い価額」と同様，規範的要件であると考える[*24]。

この国税徴収法39条の「著しく低い額」について，国税徴収基本通達39条関係7の(1)及び(2)は，上場株式の場合は，時価との差が僅差であっても，「著しく低い額」に当たり，不動産のように値幅がある財産は，おおむね時価の2分の1未満の場合には，「著しく低い額」としているが，これは，財産の種類ごとの事実上の推定を述べているものと考えられる[*25]。

第5　国税通則法65条4項の「正当な理由」

1　過少申告加算税の意義と要件

過少申告加算税は，過少申告による納税義務違反の発生を防止しようとするための行政上の措置であり，その要件は，通則法65条1項が規定していて，①期限内申告をしたこと，②この申告に係る課税標準等又は税額等について更正又は修正申告書の提出があったこと，③これらにより納付すべき税額があることである。

2　「正当な理由」の意義

一方，過少申告加算税の免除の要件は，通則法65条4項が規定しており，①納付すべき税額の計算の基礎となった事実のうちその修正申告又は更正前の税額の計算の基礎とされていなかった事実であること，②その修正申告又は更正前の税額の計算の基礎とされていなかったことについて「正当な理由」があることである。

この「正当な理由」の立証責任が課税庁にあるのか，納税者にあるのかが問題となる。この点，最判平11・6・10（裁判集民事193号315頁・判タ1010号233頁・

[*24] 拙稿「国税徴収法39条の第二次納税義務の適用範囲と要件事実」日本大学法科大学院法務研究12号（2014）11頁。
[*25] 拙稿・前掲注（*24）11頁。

第5　国税通則法65条4項の「正当な理由」

判時1686号50頁）は、「当該財産が相続財産に属さないか又は属する可能性が小さいことを客観的に裏付けるに足りる事実を認識して期限内申告書を提出したことを<u>納税者が主張立証したときは</u>、国税通則法65条4項にいう『正当な理由』があるものとして、同項の規定が適用されるものと解すべきである。」（下線は筆者による）と判示し、納税者に立証責任があるとしている。法律要件分類説の立場に立ったとき、「正当な理由」は、過少申告加算税の成立の障害要件であり、納税者にとって有利な法律効果の生じる要件であるので納税者に立証責任があると考える[26]。

この「正当な理由」の意義については、最判平18・4・20（民集60巻4号1611頁・判タ1217号107頁・判時1939号12頁）が判例であり、「過少申告加算税は、過少申告による納税義務違反の事実があれば、原則としてその違反者に対し課されるものであり、これによって、当初から適法に申告し納税した納税者との間の客観的不公平の実質的な是正を図るとともに、過少申告による納税義務違反の発生を防止し、適正な申告納税の実現を図り、もって納税の実を挙げようとする行政上の措置であり、主観的責任の追及という意味での制裁的な要素は重加算税に比して少ないものである。」としたうえ、「過少申告加算税の上記の趣旨に照らせば、同項にいう『<u>正当な理由があると認められる</u>』場合とは、真に<u>納税者の責めに帰することのできない客観的な事情があり、上記のような過少申告加算税の趣旨に照らしても、なお、納税者に過少申告加算税を賦課することが不当又は酷になる場合</u>をいうものと解するのが相当である。」（下線は筆者による）と判示している。

ここで「正当な理由」は、「真に納税者の責めに帰すべき客観的な事情」がある場合とされているが、これは、納税者が税法の解釈を誤解していたなどの単なる主観的事情を除く趣旨であると考えられるが、さらに、上記最高裁判決は、「正当な理由」は、過少申告による納税義務の発生を防止するなどの趣旨に照らしても、なお、納税者に過少申告加算税を付加することが「不当又は酷になる場合」をいうと限定している。このような見解は、上記最高裁判決のなされる以前の課税実務[27]や裁判例でも是認されていた考えであり、上記最高

---

[26]　金子・前掲注（*2）786頁も「正当な理由」の主張・立証責任は、納税者にあるとする。
[27]　平成12年7月3日付国税庁長官発出の「申告所得税の過少申告加算税及び無申告の取扱いについて」と題する事務運営指針第1の1。

裁判決は，このような従来の見解を是認するものである。

3 評価障害事実の有無

　上記のとおり，通則法65条4項の「正当な理由」は，判例でかなり限定されているため，評価障害事実を観念できない評価的要件にすぎないのではないかが問題となる。そこで，通則法65条4項の「正当な理由」に，評価障害事実があり得るのかが問題となる。これについては，前記最判平18・4・20を含めそれ以降の判例の流れを検討する必要がある[*28]

　これまでの最高裁判例の中で，「正当な理由」があると認めたのは，①最判平18・4・25（民集60巻4号1728頁・判タ1217号101頁・判時1939号17頁），②最判平18・10・24（民集60巻8号3128頁・判タ1227号111頁・判時1952号76頁），③最判平27・6・12（民集69巻4号1121頁・判タ1417号64頁・判時2273号62頁）の3件である。これらのうち上記①は，上記最判平18・4・20と類似の事案であり，納税者が申告を依頼した税理士の言動を信じて過少でないと誤解した事案である。上記②及び③は，通達が改正され，国税の従来の見解が変更されたと認められる事案である。上記①と②・③は，事案の類型を異にすることからそれぞれ分けて論じることとする。

(1) 申告を依頼した税理士の言動を信じた場合

　上記最判平18・4・20は，所得税に係る申告の委任を受けた税理士が，内容虚偽の申告書を提出したうえ，納税資金として預かっていた金員を横領したという事案で，そのような事件発覚後に納税者が修正申告をしたとの事案である。

　上記最判平18・4・20は，前記2の一般的な判示をしたうえ，①当該税理士が隠ぺい仮装行為をして脱税をすることまで予測はできなかったとしても，税理士の言動を安易に信じた点で納税者に落ち度があること，②申告書を受理した税務署職員が脱税行為に加担していないことを認定して，「不当又は酷」とはいえないとして，「正当な理由」があるとはいえないとした。

　一般的には，「正当な理由」の評価根拠事実として考えられるのは，納税者が誤解するような客観的事情であり，例えば，税務職員による誤指導や当時納税者の見解を支持する税法解釈も存在したことなどである。これに対し，本件

[*28] 判例の流れについては，進藤壯一郎「過少申告加算税」定塚誠編著『裁判実務シリーズ(7)行政関係訴訟の実務』（商事法務，2015）168頁以下が要領よく整理している。

第 5　国税通則法 65 条 4 項の「正当な理由」

では，評価根拠事実としては，税理士の言動と考えられるが，上記①及び②は，いずれもそれを減殺する事実であり，評価根拠事実と両立する評価障害事実ではなく，評価根拠事実を否定する事実と考えられる。

　一方，上記最判平 18・4・25 は，上記最判平 18・4・20 と類似の事案ではあるが，①当該税理士が隠ぺい仮装行為をして脱税をすることまで予測はできなかったとしても，税理士の言動を安易に信じた点で納税者に落ち度があるとしつつ，②納税者が適法な確定申告を行ってもらうことを前提に当該税理士に納税資金を提供していたこと，それに加えて，③申告書を受理した税務署職員が脱税行為に加担していることを認定し，特に③について，「過少申告加算税の賦課を不当とすべき極めて特殊な事情が認められる。」として，「不当又は酷」であるとして，「正当な理由」があるとした。

　本件でも評価根拠事実は，税理士の発言であり，これに対し，上記①は，評価根拠事実を減殺する事実であり，上記②は，税理士の言動との評価根拠事実を支持する間接事実であり，上記③は，税理士の言動とは，別のもう一つの評価根拠事実と考えられる。この点，上記最判平 18・4・20 は，前記2のとおり，「正当な理由」について「客観的事情があり，……不当又は酷になる場合」との判示部分の読み方にもかかわるが，客観的事情が不十分であるとしたものの，「不当又は酷」であるとしたのであるから，「客観的事情」の存在と「不当又は酷」とは，一つの要素を言い換えているのではなく，2つの要素から成り立っていると考えられる。

　上記最判平 18・4・25 が，上記最判平 18・4・20 と結論を異にするのは，上記③の特殊な事情の存在が大きいためと考えられる。

　以上，税理士の言動を信じた場合の判例を分析したが，評価根拠事実と両立する評価障害事実は，特に見出すことができない。

(2)　通達による従来の見解の変更がなされた場合

(a)　最判平 18・10・24　　上記最判平 18・10・24 は，日本の子会社の従業員等が外国会社から受けたストック・オプションの行使益を給与所得でなく一時所得として申告した事案において，「この所得区分に関する所得税法の解釈問題については，一時所得とする見解にも相応の論拠があり，最高裁平成……17 年 1 月 25 日第三小法廷判決・民集 59 巻 1 号 64 頁によってこれを給与所得とする当審の判断が示されるまでは，下級審の裁判例においてその判断が分か

第3部　租税訴訟における要件事実論の視点からの各論的課題
第1章　不確定概念に係る要件事実論

れていたのである。このような問題について，<u>課税庁が従来の取扱いを変更しようとする場合には，法令の改正によることが望ましく，仮に法令の改正によらないとしても，通達を発するなどして変更後の取扱いを納税者に周知させ，これが定着するよう必要な措置を講ずべきものである。</u>」（下線は筆者による）としたうえ，「ところが，前記事実関係等によれば，課税庁は，上記のとおり課税上の取扱いを変更したにもかかわらず，その変更をした時点では通達によりこれを明示することなく，平成14年6月の所得税基本通達の改正によって初めて変更後の取扱いを通達に明記したというのである。そうであるとすれば，少なくともそれまでの間は，納税者において，外国法人である親会社から日本法人である子会社の従業員等に付与されたストックオプションの権利行使益が一時所得に当たるものと解し，その見解に従って上記権利行使益を一時所得として申告したとしても，それには無理からぬ面があり，それをもって納税者の主観的な事情に基づく単なる法律解釈の誤りにすぎないものということはできない。」として，「正当な理由」に当たるとした。

　この事件において，評価根拠事実は，①下級審の裁判例で一時所得とするものがあったこと，②課税庁の職員による一時所得であるとの見解も公表されていたことである。本件の場合，平成14年6月に従来の取扱いを変更する通達（所得税基本通達23～35共－6注）を発出したとの事実があるが，これは，上記評価根拠事実と両立し，「正当な理由」を否定する事実であり，評価障害事実と考えられる。しかし，上記最判平18・10・24の上記判示にあるとおり，通達の発出が納税者が申告した後であったので，それでは遅かったということであり，評価障害事実が有効な事実ではなかったということと考えられる。そうすると，本件のような場合には，評価障害事実があることとなる。結局，この事件は，納税者の申告時点では，客観的に正しい解釈がまだ確立しているとはいえない状態にあったのであり，「新解釈の未定着状態」に着目して，「正当な理由」を認めた事案と考えられる[*29]。

　これに対し，最判平24・1・16（裁判集民事239号555頁・判タ1371号125頁・判時2149号58頁）は，医療法人が契約者となって締結した養老保険に係る被保険者に対する保険金の支払いが一時所得の計算上「その収入を得るために支出した金額」（所税34条2項）に該当するか否かが争われた事案において，「正当な

[*29]　増田稔・最判解民平成18年度1126頁。

第5 国税通則法65条4項の「正当な理由」

理由」を認めていない。これは，問題となった所得税基本通達34－4の文言からだけ見ると納税者の見解をとる余地もあるものの，そもそも同通達が所得税法34条2項の解釈通達であることから，同項の解釈をふまえてその意味内容が確定されるべきであり，そうする納税者の見解を否定する趣旨と解する余地もあった事案であり，さらに，当時，納税者の見解を支持する裁判例や税務当局の運用がなかったことから，評価根拠事実が認められなかったものと考えられる。結局，この最判平24・1・16の事案は，納税者が申告した時点で客観的解釈が確定可能であった事案であり，その点に着目して，「正当な理由」を否定した事案と考えられる。

(b) **最判平27・6・12**　一方，上記最判平27・6・12は，匿名組合契約に基づき匿名組合員が受ける利益の分配金の所得区分が争われた事案において，「このように，旧通達においては原則として当該事業の内容に従い事業所得又はその他の各種所得に該当するものとされているのに対し，新通達においては原則として雑所得に該当するものとされている点で，両者は取扱いの原則を異にするものということができ，また，当該契約において匿名組合員に上記のような意思決定への関与等の権限が付与されていない場合（当該利益の分配が貸金の利子と同視し得るものである場合を除く。）について，旧通達においては当該事業の内容に従い事業所得又はその他の各種所得に該当することとなるのに対し，新通達においては雑所得に該当することとなる点で，両者は本件を含む具体的な適用場面における帰結も異にするものということができることに鑑みると，<u>平成17年通達改正によって上記の所得区分に関する課税庁の公的見解は変更されたものというべきである。</u>」（下線は筆者による）としたうえ，「そうすると，少なくとも平成17年通達改正により課税庁の公的見解が変更されるまでの間は，納税者において，旧通達に従って，匿名組合契約に基づき匿名組合員が営業者から受ける利益の分配につき，これが貸金の利子と同視し得るものでない限りその所得区分の判断は営業者の営む事業の内容に従ってされるべきものと解して所得税の申告をしたとしても，それは当時の課税庁の公的見解に依拠した申告であるということができ，それをもって納税者の主観的な事情に基づく単なる法律解釈の誤りにすぎないものということはできない。」として，「正当な理由」を認めている。

この事件において問題となったのは，所得税基本通達36・37共－21である

が，上記最判平24・1・16で問題となった所得税基本通達34－4とは異なり，旧通達と新通達とでは，文言上，匿名組合員の受ける利益の所得区分の取扱いの原則が異なり，納税者は，旧通達に従って申告したと考えられる事案である。上記最判平27・6・12は，匿名組合員が受ける利益の所得区分については，新通達の解釈を支持しており，客観的な法令の解釈としては，旧通達が誤っていたあるいは不十分であったと考えられる事案である。

そうすると，この事件での評価根拠事実は，旧通達が，原則として匿名組合員の受ける利益については匿名組合契約の営業者の営む事業内容によって区分されるとしていたことであり，これと両立する評価障害事実は，平成17年の新通達による通達改正であると考えられる。上記最判平27・6・12は，平成17年の通達改正前になされた平成15年分及び16年分の申告は，「正当な理由」があるとしたものの，同改正後になされた平成17年分の申告は，「正当な理由」がないとしている。これは，新通達による改正を評価障害事実と考えることにより，新通達の改正前の申告においては，有効な事実ではないものの，改正後の申告においては，評価根拠事実を覆すに足る有効な事実であったと考えることにより説明することができよう。したがって，この事件においても，評価障害事実があることとなる。結局，この事件は，旧通達の解釈が客観的に誤っていたあるいは不十分であったことに着目して「正当な理由」を認めた事案であり，前記最判平24・1・16との違いは，納税者が申告した時点で客観的に正しい解釈を確定することが可能であったか否かによると考える。

(3) 小　括

以上，判例の流れをみると，納税者がその判断の根拠となった事情などの納税者側の事情と通達や税務署職員による解説など課税庁側の事情とがある。評価根拠事実は，納税者がその判断の根拠となった税務署職員や税理士の言動などがある。納税者が申告の依頼をした税理士の言動を信じた類型の場合は，評価根拠事実はあるものの評価障害事実は考えにくく，特殊な事実関係でしか「正当な理由」は認められていない。

これに対し，通達により従来の見解が変更された類型の場合は，評価根拠事実に対し，通達の改正という評価障害事実もあり，微妙な判断となっていると考えられる。多くの判例では，この評価根拠事実を増強したり減殺する間接事実が争われているのである。

第5　国税通則法65条4項の「正当な理由」

そのような微妙な事案であっても，前記最判平18・10・24や最判平27・6・12をみると，申告後の通達の発出や改正は，課税庁の見解の変更を意味し，「正当な理由」がないことを事実上推定する有力な事実と考えられる。

4　相続財産の帰属に争いがある場合の申告と「正当な理由」の有無

次に，いささか特殊な問題であるが，前記最判平11・6・10において争点となった相続財産の帰属に争いがある場合の相続税の申告にあたっての「正当な理由」の有無の立証責任について検討することとする。

これは，相続開始時点で，相続財産に属する特定の不動産の帰属が被相続人に属するか否かが係争中であったため，相続税の申告にあたり，当該不動産を除いて申告するとともに，「本件不動産については係争中であり，遺言書に記載されているがとりあえず相続財産から外して申告し，判決が確定次第申告する」旨を記載した文書を併せて提出したとの事案である[*30]。

そもそも相続財産の帰属に争いがある場合に，期限内申告においては，これを相続財産の対象に含めずに申告し，後に相続財産の対象となるとして修正申告が提出される場合，①期限内申告時には当該財産が相続財産に属するという外形がまったくなかったため，相続人が相続財産に属するとは考えていなかった場合には，「正当な理由」があり，②期限内申告時に当該財産が相続財産に属することが明らかであったが，申告がされなかった場合には，「正当な理由」がないと考えられる。問題は，期限内申告時には当該財産が相続財産に属するか否かが明確でなく，その後に属することが明らかとなった場合であり，上記最判平11・6・10は，この場合に「正当な理由」があるか否かが問題となった事案である。

これについては，次の3つの見解があり得る。

A) 厳格説：相続財産に属する可能性があることを認識している限り，相続財産に含めずに申告した場合には，「正当な理由」が認められないとする見解

B) 緩和説1：相続財産に属する可能性があることを認識していたとしても，その可能性が小さいことを客観的に裏づけるに足る事実を認識して相続財産に含めずに申告した場合には，「正当な理由」があ

[*30] 事案の詳細については，拙著・前掲注（*6）134頁以下を参照されたい。

第3部　租税訴訟における要件事実論の視点からの各論的課題
第1章　不確定概念に係る要件事実論

るとする見解
C）緩和説2：紛争が自己に有利に解決される可能性が大きくない限り、「正当な理由」が認められるとする見解＊31
　＊このCの見解は、Bの見解に対比する形で言い換えると、相続財産に属する可能性があることを認識していたとしても、その可能性が大きくないことを認識して相続財産に含めずに申告した場合には、「正当な理由」があるとする見解と言い換えることができよう。

　上記最判平11・6・10の1審の東京地判平7・3・28（訟月47巻5号1207頁）は、「正当な理由」について、「当該申告が真にやむを得ない理由によるものであって、単に、納税者に税法の不知や法令解釈の誤解がある場合には、これに当たらないと解するのが相当である。」としたうえ、「これを本件についてみると、前記……のとおり、本件不動産は、相続税法2条1項にいう『相続又は遺贈に因り取得した財産』に該当するものと認められるから、Xらはこれを申告すべきであったところ、<u>たとえ、Xらが、本件不動産は、所有権の帰属について別件訴訟で係争中であるから、それを申告すべき義務を負わないものと誤解したとしても、そのような事情は、Xらが法令解釈を誤解したことによるものにすぎず</u>、右事情をもって通則法65条4項にいう『正当な理由』に当たるということはできないというべきである。」（下線は筆者による）として「正当な理由」はないとし、控訴審の東京高判平7・11・27（訟月47巻5号1222頁）もこれを是認したのである。すなわち、1審も控訴審も、Xにおいて甲地がXの相続財産に属する可能性があることを認識している限り、その可能性の大小を問わず、申告義務を負わないとの法令解釈の誤解にすぎず、「正当な理由」はないとしたものであり、上記A説に立っていると考えられる。

　これに対し、上記最判平11・6・10は、前記2のとおり、「当該財産が相続財産に属さないか又は属する<u>可能性が小さいことを客観的に裏付けるに足りる事実を認識して期限内申告書を提出したこと</u>を納税者が主張立証したときは、通則法65条4項にいう『正当な理由』がある」（下線は筆者による）と判示し上記B説に立ったものの、上記事案においては、本件不動産が相続財産に属さないか又は属する可能性が小さいことを客観的に裏づけるに足りる事実を認識して期限内申告書を提出したことの主張・立証としては不十分であり、「正当

＊31　金子・前掲注（＊2）786頁。

な理由」があったとは認めないとして，原審の判断を是認したものである。

この事件は，期限内申告時には当該財産が相続財産に属するか否かが明確でなく，その後に属することが明らかとなった場合であり，単なる申告義務の有無についての法令解釈の問題ではなく，申告義務の前提となる事実をどうみるかも絡んでいる問題である。

そのような観点でみると，上記最判平 11・6・10 は，本件を単なる法令解釈の問題ではなく，事実認定も絡んでいる問題として捉えている点では相当である。しかしながら，上記最判平 11・6・10 は，X が相続財産に属せず自己に帰属しないことの立証を要求するものであるが，一方で，X は，B 社に対し，相続財産に属するということで訴訟を起こしているのであり，この訴訟におけるX の主張と矛盾した立証を要求するものである。具体的にいうと，X と B 社との争いは，民法の問題として捉えると，民法 177 条の二重譲渡の対抗問題であり，B 社に登記があるが，X は，A が B 社に対する売買契約をした時点で意思能力が欠けていて無効であるとの争いをしているのである。そうであるにもかかわらず，A が B 社に対する売買契約をした時点で意思能力があった可能性があることを X において認識していたことを立証したときに「正当な理由」があるとするのは，X に矛盾した立証を要求していることとなる。これは，相続財産の帰属について争いがある場合を事実認定も絡んでいる問題として，「正当な理由」がある場合もあると緩和する立場をとっているといっても，実際上は，納税者に無理な立証を要求するものである。

したがって，相続財産の帰属について争いがある場合を事実認定も絡んでいる問題として，「正当な理由」がある場合もあると緩和する立場をとる以上は，C 説をとるべきであり，B 社に登記があれば，A と B 社との売買契約が無効ないし取り消されない限りは，相続財産に属する可能性が大きくないのであるから，そのような事実関係を認識して，相続財産の対象としなかったのであれば，「正当な理由」があるというべきと考える。すなわち，本件においては，上記最判平 11・6・10 が認定している X の認識だけで十分に「正当な理由」があると考えるべきであろう。

第 6　結　び

以上，租税法上の不確定概念の要件事実について，特に規範的要件に当た

かとの観点で検討をしてきたが，不確定概念であるから当然に規範的要件に当たるということはできない。規範的要件に当たるか否かは，不確定概念ごとに慎重に検討すべきと考える。

　いずれにしろ，租税法上の不確定概念においても要件事実論は有用であり，今後も研究が続けられるべきと考える。

第2章

借用概念と固有概念に係る要件事実論

髙 野 幸 大

第1　はじめに
第2　租税法律主義と租税要件（理）論に関する議論の確認
第3　借用概念と固有概念に係る要件事実論
第4　借用概念等をめぐる個別裁判例と要件事実論
第5　おわりに

第1　はじめに

　民事法上,「要件事実というものが法律的にどのような性質のものであるのかを明確に理解して，これを意識したうえ，その上に立って民法の内容・構造や民事訴訟の審理・判断の構造を考える理論」[*1]を要件事実論と呼ぶことを提唱し，ここで，要件事実とは「裁判規範としての民法の要件に該当する事実をい」い[*2],「証明ということを考慮にいれて実際の裁判の場で適用するのに不都合の起きないように要件を定めた民法のこと」を「裁判規範としての民法」と呼んで[*3], 要件事実論の観点から,「裁判規範としての民法」研究の必要性がつとに主張されてきた。そして，租税法においても要件事実論研究の重要性と必要性について，2010〔平成22〕年には法科大学院要件事実教育研究所の研究報告がまとめられている[*4]。なお，裁判規範という用語は，一般に，作為・不作

[*1]　伊藤滋夫『要件事実の基礎―裁判官による法的判断の構造〔新版〕』（有斐閣，2015）6頁。村田渉「要件事実論の課題―学会論議に期待するもの」ジュリ1290号（2005）38頁等参照。
[*2]　伊藤・前掲注（*1）2〜3頁。
[*3]　伊藤滋夫『要件事実・事実認定入門―裁判官の判断の仕方を考える〔補訂版〕』（有斐閣，2005）4頁。伊藤・前掲注（*1）176頁以下参照。
[*4]　伊藤滋夫編『租税法の要件事実』〔法科大学院要件事実教育研究所報9号〕（日本評論社，

為の根拠となる行為規範という用語と対峙させて，司法を名宛人とする，紛争状況解決の根拠となる法規範を意味するが，要件事実論の観点から「裁判規範としての民法」という議論が行われる場合には，上述のとおり，これとは異なる意味を与えられて用いられているので，要件事実論においてこの用語が用いられる場合には，「裁判規範」と表記すべき意味であることに留意する必要がある。

また，納税義務の成立・変更・消滅等に関する租税実体法のうち，納税義務の成立に関する法を課税要件法と呼ぶ場合があり，上述のようなことを背景としてか，課税要件法が民事法における要件事実論と親和性をもつことを指摘し，「租税実体法，特に課税要件法の解釈に当たって，いわゆる要件事実論からアプローチすることが許容されるかどうか，という問題を検討しておく必要がある。」[5]と指摘したうえで，「課税要件は，少なくとも一面において，私的自治の原則が支配する私法における契約と同様に，権利義務の純然たる成立要件であると考えることができる。」という意味において，「課税要件法の解釈において要件事実論を展開する可能性および根拠が認められる。」[6]と租税法上も論じられている。

そして，租税法律の解釈においては，借用概念と固有概念の区別が今日の租税法学の基本構造として認識されている[7]。後に改めて論じるように，担税力のある事実を課税要件に取り込んで，租税法律を定立するに際し，担税力という経済的な観点から把握しなければならない事実について，今日では私法が規定を置いているから，租税法律は私法の概念を取り込んで課税要件を定立することとなる。その意味で，租税法律は，不可避的に私法の規定と関わりをもたざるを得ない[8]。こうしたことが，租税法の解釈において借用概念が問題となる前提である。

本稿は，「贈与」，「住所」，「配偶者」といった，借用概念について，その意義の判定において事実認定が重要な意味をもってくる場合，立証責任の帰属をどのように解すべきか等について，要件事実論の観点から検討するものである。

2011）所収の各論稿参照。
[5] 谷口勢津夫『税法基本講義〔第5版〕』（弘文堂，2016）48〜49頁。
[6] 谷口・前掲注（[5]）50頁。
[7] 例えば，金子宏『租税法〔第21版〕』（弘文堂，2016）118〜121頁。
[8] 金子・前掲注（[7]）36頁，増井良啓『租税法入門』（有斐閣，2014）313頁等。

第2　租税法律主義と租税要件（理）論に関する議論の確認

1　租税法における法解釈

　租税法学も法学の一分野であるから，法解釈による規範の確定を大前提とし，確定した法規範の事実への当てはめ（包摂）を小前提として，価値判断（結論）に至るという法的三段論法により判断を行うことについて異なるところはない。
　まず，大前提である租税法の解釈が厳格な文理解釈によるべきことは，租税法の侵害規範としての性格に求められてきた*9。このことをより前提に立ち返って考えれば，租税法律主義の民主的側面と自由主義的側面から説明をすることができる*10。すなわち，租税法律主義は，法律に基づいて租税が賦課徴収されることを求めることで課税行政を民主的にコントロールしようとするものであるから，税務行政機関及びその職員により，法律の法規創造力の原則が侵害され，また合法性の原則と抵触する結果がもたらされることは許されない*11。また，租税法律主義により納税者に予測可能性と法的安定性が付与されるのは，租税法の侵害規範としての性格ゆえに，納税者の財産権に不測の侵害を与えないためであると理解することができる。
　また，一般に法解釈をするにあたり，いかなる法規範の条文も一定の目的をもって規定されている以上，その目的に照らして合理的な解釈を行うべきであるということを目的論的解釈という*12ところ，租税法においても，文理解釈をするにあたり法令の趣旨・目的が考慮されることになる*13。
　例えば，報酬料金等に係る源泉徴収に関して，所得税法205条2号で，ホステス等の業務に関する報酬又は料金からの源泉徴収について，報酬又は料金の「金額（……）から政令で定める金額を控除した残額に100分の10の税率を乗じて計算した金額」とされているところ，所得税法施行令322条は，「政令で定める金額」を「5千円に当該支払金額の計算期間の日数を乗じて計算した金額」としていることから，「当該支払金額の計算期間の日数」が「実働の日数」を

---

*9　例えば，金子・前掲注（*7）115頁。
*10　増井・前掲注（*8）310頁。
*11　谷口・前掲注（*5）36頁。
*12　山下純司ほか『法解釈入門』（有斐閣，2013）24頁。
*13　金子・前掲注（*7）115〜116頁，谷口・前掲注（*5）40頁，増井・前掲注（*8）310頁等。

いうのか、「期間全体の日数」をいうのかが争われた事件で、最判平22・3・2（民集64巻2号420頁・判タ1323号77頁・判時2078号8頁）は、「租税法規はみだりに規定の文言を離れて解釈すべきものではなく、原審のような解釈を採ることは……文言上困難であるのみならず、ホステス報酬に係る源泉徴収制度において基礎控除制度が採られた趣旨は、できる限り源泉所得税額に係る還付の手数を省くことにあったことが、立法担当者の説明等からうかがわれるところであり、この点からみても、原審のような解釈は採用し難い。」（下線は筆者による）として「期間全体の日数」の意味である旨判示する。

2 租税法における事実認定

ここで、納税義務の確定と成立ということを基礎とする国税通則法と租税法律主義との関係について確認をしておくこととする。

納税義務の成立と確定とを峻別し、法的・経済的現象事実が租税実体要件（課税要件・非課税要件・免税要件）を充足し、その結果として、正（プラス）の金額（税額）の算出が認識されたときの理論前提的措定概念として、納税義務の成立を観念し、その実際的成果概念が、納税義務の確定であると、租税法律主義を基礎とし、その内容を法理化した理論構成を、租税要件（理）論と呼ぶことがかねて提唱され、この理論によるとき、成立の段階における納税義務は抽象的なものであり、それが確定の段階において具体的なものとなると理論構成することにより、申告納税方式と賦課課税方式という税額の確定の方式とが、いずれも相対的真実の発見の行程であるという点において異なるところはない、と解されている[*14]。そして、いずれの課税主体が、いずれの納税主体に対して、何を課税物件として、どのような評価基準（課税標準）に基づいて、いかなる割合（税率）[*15]で、どれだけの税額の負担をさせるのかを規定するのは、租税法律主義の下では、法律の任務であり、「それゆえ、納税義務の内容、すなわち、課税要件の内容を確定する意思は立法者（国会）の意思にほかならないことに

[*14] 新井隆一「青色申告の法的性格」日税研論集20号（1992）23〜24頁。新井隆一『租税法の基礎理論〔第3版〕』（日本評論社、1997）105〜112頁（以下、「新井・前掲注（*14）基礎理論」と表記する）。なお、納税義務の「成立」と「確定」とを峻別するという理解は、国税通則法が採用するものでもあり（15条・16条）、その意味で、租税要件（理）論と国税通則法の構造とは、必要十分条件の関係にある。

[*15] 印紙税におけるように、税率には「金額」をもって定められるものもある。この点について、新井・前掲注（*14）基礎理論50頁参照。

第2 租税法律主義と租税要件（理）論に関する議論の確認

なる」*16。このように納税義務の内容を確定する意思を、「立法者の意思であるとするのは、納税義務の内容が、特定の機関または人の個別の意思によって個別に確定するという納税義務の確定についての主観性を排除して、これに客観性を持たせ、法律の下における納税義務についての負担の公平と公正とを実現しようとしてのことである」*17から、このような理解による場合には、納税義務の確定の過程において、税務行政庁又は納税者、双方の効果意思の介入の余地を理論上排除することが可能となる。

もっとも、税額の確定は、上述のように、相対的真実の発見の行程であるとの理解は、租税要件を充足する、存在すると認識された事実の内容が、観念上は一個であっても、事実上それについての複数個の認識が存在する可能性・蓋然性が大であり、その複数個の認識から一個の認識が選択されることになる、という理解を背景とするものである。このことは、課税要件を構成する要素の一である課税標準（評価基準）についても同様であり、その複数個の認識から一の認識が選択される場合には、何らかの判断が必要となるが、その場合の「判断」という精神作用は効果意思ではあり得ず、租税要件における判断という精神作用は、羈束裁量行為であって、自由裁量ではあり得ないということになる*18。

それゆえ、租税要件を充足する、存在すると認識された事実の内容の認定は、これを客観的に行わなければならないということになる。

そして、課税要件を充足する、存在すると認識される事実を課税要件事実と呼ぶことができる*19。このような理解は、「要件事実論とは、要件事実というものが法律的にどのような性質のものであるかを明確に理解して、これを意識した上、その上に立って民法の内容・構造や民事訴訟の審理・判断の構造を考える理論である。」*20と論じられていることとも親和的であるし、租税法における解釈と事実認定について論じられていることとも、また親和的であると解される。

すなわち、「税法の解釈・適用（その前提として構成要件事実の認定作用を

---
*16 新井・前掲注（*14）日税研論集20号27頁。
*17 新井・前掲注（*14）日税研論集20号28頁。
*18 この段落の内容は、新井・前掲注（*14）日税研論集20号28頁・30頁による。
*19 谷口・前掲注（*5）51頁は、「課税要件事実とは、課税要件に包摂されるべき事実をいう。」とする。
*20 伊藤滋夫「民事事件・租税事件の判決を読む（上）」税経通信64巻8号（2009）26頁。

第3部　租税訴訟における要件事実論の視点からの各論的課題
第2章　借用概念と固有概念に係る要件事実論

含む。以下同じ）の基本原理は租税法律主義につきるということになる。具体的なケースにおいて租税法律主義が姿をかえて登場する。……すなわち具体的な税法解釈・適用の基準は租税法津主義の法理につきるのである。租税法律主義とは別個の租税負担の公平原則やその特殊税法学的表現である実質課税の原則（または課税における実質主義の原則）等は税法の解釈・適用の指導原理を構成しないのである。」ところ，「税法は私的取引秩序を前提としている。たとえば真実において『贈与行為』が行われたのであれば，そのような『贈与行為』を前提にしてその課税関係が論ぜられねばならない。税法に格別の個別規定がない限り，右の『贈与行為』を実質課税の原則を理由にして『売買行為』と認定して課税関係を論ずることはできない。」[21]とつとに論じられている。

また，この学説は，租税構成要件の事実の認定にあたっては，「一般に同事実の特性が指摘されなければ」ならず，「同事実は『裸の事実』ではなく，通例は，二段階の法的評価を伴った『法的事実』(legal facts) である。当事者の行った行為がまず，民事法的にいかなる行為であるか，その民事法的評価が問われなければならない。つぎに，右の民事法的に確定した行為がいかなる租税構成要件を充足するか，その税法的評価が問われなければならない。このように『税法的事実』は通例，二段階の法的評価を伴った事実である。」[22]と論じているが，「法令解釈によってその法的意味が解明されると，そのような法に導かれる構成要件を充足する事実が存在するかどうかが問題となる。税法を適用する前に，そもそも取引社会において真実どのような行為や事実が存在したか『認定』されなければならない。この場合，右の『認定』は現に存在する行為や事実を単にそのまま『確認』するものにすぎず，決して現に存在しないものを形成的・創造的に『認定』することを意味しない。」[23]と併わせて論じていることからして，課税要件事実は，「課税要件を組成する法律要件要素（課税要件要素……）に高められ抽象化された類型的事実（法的概念で法律事実とも呼ばれる）ではなく，課税要件要素としての類型的事実に該当する個々の具体的事実（いわゆる『ナマの事実』）を意味する事実的概念として，解すべき

---

[21]　北野弘久「法令解釈と事実認定の構造―租税領域を素材として」同『税法学の実践論的展開』（勁草書房，1993）103～104頁。
[22]　北野・前掲注（[21]）112頁。
[23]　北野・前掲注（[21]）105～106頁。

である。」*24 と解する学説と認識を異にするものではないと解される。

　いずれにしても，これらの学説が論じるのは，租税法が私法といかに向き合うべきかという問題意識の下に，当事者の選択した私法上の法形式，ないしその私法上の法形式により形成された私法上の法関係について，課税要件該当性をどのように解するべきかということであるから，とりわけ，後述の借用概念との関係で改めて検討されるべき問題である。

3　租税法における事実認定と「疑わしきは納税者の利益に」という命題との関係

　「疑わしきは被告人の利益に」という刑事法上の命題からの類推からか，「疑わしきは納税者の利益に」という命題が租税法で論じられるとき，この命題は，前者の刑事法の命題が特別構成要件の認定に係る命題であることから，同じ侵害規範に関する命題として，解釈原理ではなく，課税要件事実の認定に関する命題であると理解されている*25。解釈をつくしても，規定の意味内容を明確にできない場合には，当該規定は課税要件明確主義に反して無効になると解されるからである*26。もっとも，現実の訴訟において，納税者が当該規定が課税要件明確主義に反するものであることを主張していない場合で，かつ，納税者の主張する解釈も当該規定についての合理的な解釈の範囲内にあると解される場合には，「疑わしきは納税者の利益に」という命題を租税法の解釈原理として認める学説もある*27 が，上述のように，要件事実論は事実認定に関する議論であるから，本稿では，この点についてはこれ以上立ち入らない。

第3　借用概念と固有概念に係る要件事実論

1　借用概念と要件事実論

(1)　借用概念の意義

　租税法における解釈に関連して，租税法には，「他の法分野で用いられている概念である」借用概念と，「他の法分野では用いられておらず，租税法が独

---

*24　谷口・前掲注（*5）51頁。
*25　金子・前掲注（*7）116～117頁・140頁。
*26　金子・前掲注（*7）117頁。
*27　谷口・前掲注（*5）44頁。

第3部　租税訴訟における要件事実論の視点からの各論的課題
第2章　借用概念と固有概念に係る要件事実論

自に用いている概念」である固有概念の別が論じられ[*28]，租税法律主義の機能の一である法的安定性の要請から，借用概念は他の法分野におけるのと同じ意義に解すべきであるという，いわゆる「統一説」が通説となっている。借用概念は，「他の法分野で用いられている概念」であるから，雑損控除に係る所得税法72条1項の「横領による損失」というときの「横領」も刑法からの借用概念である。しかし，借用概念の問題は，租税法と私法という問題，すなわち租税法が私法とどのように向き合うのかという問題の一環であるから，借用概念の議論の中心は私法上の概念となっている。

　その意味で，統一説は，借用概念について私法の分野におけるのと同じ意義に解すべきである，ということを中心として議論を展開していると理解できる。ここにおいて，民事法上の要件事実論は，借用概念と交錯することとなる。

　また，借用概念の解釈において，厳格な文理解釈を基本として，法の趣旨・目的が考慮されることは，租税法の解釈一般について論じられているところと異なることはない[*29]。それゆえ，贈与等により取得した資産の取得費等について規定する所得税法60条の「贈与」には，「負担付き贈与」が含まれないことを判示した最判昭63・7・19（裁判集民事154号443頁・判タ678号73頁・判時1290号56頁）におけるように，借用概念について立法上の手当てが行われて概念の修正が行われていない場合にも，当該租税法令の規定の趣旨を考慮して，借用元での意義とは異なった意義に解釈される場合がある[*30]。

　そして，借用概念の解釈にあたり，留意すべきことは以下の3点に要約されることが指摘される場合がある[*31]。すなわち，

① 借用概念については，「当事者が選択した私法上の形式（取引形式）が，租税法に借用された私法上の法形式の適用にあたって尊重されるのか，あるいは否認されるのかという問題も扱われることがある。」こと。「これは，……租税法と私法とでは事実の認定および法の適用において異なった判断がなされるという問題であ」り，匿名組合の意義が争われた最判昭36・10・27（民集15巻9号2357頁）がその例である。

[*28] 金子・前掲注（*7）118頁。
[*29] 借用概念の解釈に係る問題点を検討するものとして，渋谷雅弘「借用概念解釈の実際」金子宏編『租税法の発展』（有斐閣，2010）39頁以下参照。
[*30] 増井・前掲注（*8）314頁。
[*31] 水野忠恒『大系租税法』（中央経済社，2015）23〜24頁。

②　「租税法が課税上重要な事実を私法上の法形式により記述するとはいっても，どのような特徴を課税の対象のメルクマールとするかということは，租税の種類によって異なってくる。」こと。
③　「課税要件をどのように記述するかということは立法者の判断によるべきところであるが，私法の法形式を課税要件に借用するという立法のあり方がどのような趣旨であったのかということが当然問われることになる。」こと。

の３点である。

このほか，④「住所」のように，借用元の私法でも，その意義が明確ではない場合があること，⑤「配偶者」のように，私法上，その形式と実質にずれがある場合があること，なども，借用概念の解釈上，留意しなければならない問題であろう[32]。

こうした点に関する裁判例のいくつかを例にとって，借用概念における要件事実論の有用性ないし有益性を後に改めて検討することとしたい。

(2)　借用概念と事実認定

上述のように，借用概念が課税要件に用いられている場合，課税要件事実の認定にあたり，租税法が私法を尊重し，当事者の選択した私法上の法形式について，私法の観点から法律行為の実質を評価ないし認定し，その私法上評価認定された法形式が課税要件を充足するか否かを判断するという，事実認定構造を「二段階事実認定論」と論じる学説がある[33]。第一段階で課税要件事実を認定するにあたり，私法の観点から事実を評価し認定するという意味で，民事法における要件事実論と親和的であると解される。

(3)　要件事実論と租税法

ここで，まず民事法における要件事実論について確認をしておこう。

この点について，「裁判規範としての民法」ということを提唱している学説にそって簡単にまとめると次のようなことになる[34]。

原告が当該訴訟において審理判断を求めて提示する実体法上の権利又は法律関係の主張である訴訟物について，これを根拠づける請求原因と抗弁以下の要

---

[32]　渋谷・前掲注（＊29）45〜50頁参照。
[33]　谷口・前掲注（＊5）54頁。
[34]　以下の記述は，特にことわらない限り，伊藤・前掲注（＊20）24頁以下による。

件事実（抗弁，再抗弁等）の存否の判断を組み合わせて，判断を行うということが裁判所の基本的判断の構造であり，判決ではこのような判断の内容が判断の構造に従って記載されることになる。

ここで，請求原因とは，訴訟物である権利の発生を根拠づけるに必要かつ十分な事実であり，抗弁とは，請求原因とは異なるがこれと両立する事実で請求原因から発生する法律効果を排斥するに必要かつ十分な事実であり，再抗弁とは，抗弁から発生する法律効果を排斥するに必要かつ十分な事実をいう。そして，これらの事実について，先行する事実と後行の事実との関係を原則と例外の関係と捉えるとすると，すなわち，請求原因が原則であり，抗弁が例外，抗弁が原則であり，再抗弁が例外，と捉えるのであるとすると，要件事実論は，この原則と例外の関係を見つけ出すための基準は何かを解明するための理論である。

また，要件事実論の租税訴訟における有用性についても，以下のように論じられている[35]。

裁判所の基本的判断の構造は，民事訴訟においても租税訴訟においても異なるものではなく，前者が対等な当事者間の紛争解決を目的とするものであるのに対し，後者は，行政事件訴訟法の規定から導き出される公定力や不可争力といった特殊の効力をその行う法的行為に認められることにより法制度上優越性を認められる場合がある者（課税権者）[36]を当事者の一方として納税者との紛争解決を目的とするものであるため，異なる点が少なくないものの，いずれの制度においても，訴訟における主張・立証を通じて当該法制度の趣旨が最も的確に具現できるように要件事実を考察するという点では共通する。ただし，租税訴訟においては要件事実を考察するに際し，租税法の大原則である「租税法律主義」やその内容の一を構成する「課税要件明確主義」を基礎として要件事実を考察することになる[37]。

また，立証責任の帰属についても見解は分かれているが[38]，有力学説が，「課

---

[35] 以下の記述は，特にことわらない限り，伊藤滋夫「民事事件・租税事件の判決を読む（下）」税経通信64巻10号（2009）25頁以下による。
[36] 例えば，塩野宏『行政法Ⅰ行政法総論〔第5版補訂版〕』（有斐閣，2013）144〜154頁参照。
[37] この点に関して，増田英敏「租税法における要件事実論の有用性—租税法律主義の視点から」伊藤編・前掲注（*3）101頁以下参照。
[38] この点に関して，岩﨑政明「実額課税・推計課税の取消訴訟における立証責任」伊藤編・前掲注（*3）185頁以下参照。

第 3 借用概念と固有概念に係る要件事実論

税要件事実の存否および課税標準については，原則として税務行政庁が立証責任を負う」が，「課税要件事実に関する証拠との距離を考慮に入れると，この原則には利益状況に応じて修正を加える必要があ」り，「必要経費の立証責任は，原則として行政庁の側にある」ものの，「特別経費については，原告に立証責任があると解すべき場合が多」い，と論じるのも，租税法全体の制度趣旨等を体系的に考慮してのことであると解される。このことは，要件事実決定のための最終的基準は，立証責任の負担の公平であり，「立証責任の負担の公平は，民法の定める制度の趣旨に従って決める。」[39]と説明されていることとも整合的であるように解される。

2 固有概念と要件事実論

「他の法分野では用いられてはおらず，租税法が独自に用いている概念」を上述の借用概念に対峙させて固有概念と呼び，固有概念は，「社会生活上または経済生活上の行為や事実を，他の法分野の規定を通ずることなしに，直接に租税法規の中にとりこんでいる場合であるから，その意味内容は，法規の趣旨・目的に照らして租税法独自の見地からきめるべきである」[40]と解されている。それゆえ，「固有概念」の解釈にあたっては，租税法律主義の下「厳格解釈の法理に従い制定法の意味がとらえられなければならない。」[41]と論じられている。

その意味で，租税法律主義との関係が，借用概念の場合より前面に出されることになるが，要件事実論との関係では，借用概念について上述したところと，基本的に異なるものではないと解される。

また，例えば，相続税法 22 条の「時価」という概念も，「他の法分野を通ずることなしに，租税法規の中に取り込まれた固有概念の一であると解されるが，事実認定との関係で次のようなことがいえよう。

相続税法 22 条の「時価」の算定に係る不動産鑑定評価の合理性に関して，名古屋地判平 16・8・30（判タ 1196 号 60 頁）は，「正式な不動産鑑定は，不動産鑑定評価基準……にのっとって行われるが」，「このような不動産鑑定評価基準

---

[39] 伊藤・前掲注（[20]）32 頁。
[40] 金子・前掲注（[7]）120 頁。
[41] 北野・前掲注（[21]）105 頁。

の性格や精度に照らすと，これに準拠して行われた不動産鑑定は，一般的には客観的な根拠を有するものとして扱われるべきであり，その結果が上記〔財産評価基本〕通達評価額を下回るときは，前者が『時価』に当たると判断すべきことは当然である（被告も，結論としてこれを肯定している。）。」，「したがって，ある土地について複数の異なる評価額の不動産鑑定が存在する場合は，まずそれらの合理性を比較検討した上で，より合理性が高いと判断できる鑑定の評価額をもって時価と評価すべきであり（仮に合理性について優劣の判断が全くなし得ない場合には，その平均値をもって時価と評価すべきである。），その上で通達評価額とを比較して，当該課税処分の適法性を判断すべきである。」と判示する。

この点については，「相続税法においては，『時価』と本件評価通達による評価額との間に不一致が生ずることが制度的に起こりうることから，本件評価通達に基づく評価方法とは異なるほかの方法（鑑定評価）を時価算定のために，争訟において主張立証しうることとなる。相続税法においては，個別鑑定評価による評価額と本件通達の評価基準による評価額との間に乖離が生ずる場合において当然にそのような主張立証が許されるといえよう。」[*42]と論じる学説があり，この学説も，「時価」をより合理的に体現する評価額で課税することを志向するという意味で，租税法律主義を重視する理解といえよう。

ただし，上述の名古屋地判平16・8・30は，通達に基づく課税行政の積極的意義を論じる前提として，「大量・反復して発生する課税事務を迅速かつ適正に処理する」必要性があることと，「納税者に対して申告内容を迅速に確定する便宜を与える」こと，「各課税庁における事務処理を統一すること」を挙げるが，相続税における従来の課税件数の割合が低いということを考慮すると，所得税等の場合におけるように課税行政の「大量・反復」性を根拠とすることには問題があるように解されることはおいても，名古屋地判平16・8・30が，上述の引用部分の括弧書で「仮に合理性について優劣の判断が全くなし得ない場合には，その平均値をもって時価と評価すべきである。」と判示する点については，平均値をとることにいかなる意味があるか明確ではない。この点に関しては，次のように考えるべきであろう。すなわち，侵害規範である租税法において，「課税要件事実の認定については，『疑わしきは納税者の利益に』とい

[*42] 占部裕典「評釈」租税判例百選〈第5版〉〔別冊ジュリ207号〕151頁。

う原則が妥当する」とつとに論じられてきた*43 ことからして，時価の認定という事実認定の作業において，「合理性について優劣の判断が全くなし得ない場合には」，納税者の主張する評価額によると解するべきである。

このように，固有概念については，租税法律主義との関係がより強く意識されることになるといえる。

いずれしても，過去の裁判例において，要件事実論の観点からどのように判決を理解することができるのか，ということについて，次に具体的にみてみることとしたい。

第4　借用概念等をめぐる個別裁判例と要件事実論

1　前掲最判昭63・7・19

A所有の土地を同人が第三者に対して負う債務の額の一部を同人に代わって支払う契約を締結したうえで無償取得したAの配偶者等（原告・控訴人・上告人）が，同年中に上記土地の近接地の所有者に当該土地所有権を売却して，その売却収入から債務を弁済した後，配偶者らが，所得税法60条1項1号によりAの取得費と所有期間を引き継いだとして長期譲渡所得として確定申告をしたところ，所轄税務署長（被告・被控訴人・被上告人）から同法条の適用はないとして短期譲渡所得として更正処分を受けたため更正処分の違法性が争われた事件で，最判昭63・7・19は「本件土地所有権（共有持分）移転契約は負担付贈与契約に当たるところ，所得税法60条1項1号にいう『贈与』には贈与者に経済的な利益を生じさせる負担付贈与を含まないと解するのを相当とし，かつ，右土地所有権（共有持分）移転契約は同項2号の譲渡に当たらない」と判示する。

所得税法60条1項1号は，「贈与」と規定するのみであるところ，民法は負担付贈与（民553条）も贈与の一種としているから，この判決の判断構造を要件事実論により理解するとどうなるであろうか。

1審・静岡地判昭60・3・14（行集36巻3号307頁）での当事者の主張でこのことを確認してみよう。

1審で所轄税務署長（被告）は，原告らが負担するAの「債務の額は，本件

*43　金子・前掲注（*7）140頁。

第3部　租税訴訟における要件事実論の視点からの各論的課題
第2章　借用概念と固有概念に係る要件事実論

土地所有権移転契約により……取得した土地の共有持分の相続税評価額にほぼ見合っている。」ところ，このことは，原告らが負担した債務の額が，「本件土地の所有権移転の対価であったことを示している。」し，本件特約中で意味を有するのは原告らがAのために「同特約に定められた額の金銭を支払うということに尽きる。」から，「そうだとすれば，……原告3名の支払った2600万円が本件土地の譲渡の対価そのものであったことを示している。」ため，「本件土地所有権移転契約は，……売買類似の諾成，双務の無名契約とみるべきであ」り，「したがって，原告3名は，個人に対する贈与によって本件土地を取得したものではないから，本件土地を売却したことによる原告3名の譲渡所得の計算につき，所得税法60条1項の規定が適用されないことは明白である。」と抗弁する。これに対して，原告らは，「本件土地所有権移転契約は，……本件土地を贈与するに際し，特約をもって，原告3名が，……第三者に対する債務の一部について履行の引受をすることを約したいわば典型的な負担付贈与契約であるから，右契約が売買類似の無名契約である旨の被告の主張は失当であ」り，原告らは，特約により，Aの債務を弁済すべき「負担を負ったが，これは，原告らが，Aの債務の履行を引き受けたものに過ぎず，Aの債権者との関係では右契約後も依然としてAが債務者であり，また，仮に原告らが特約上の義務を履行しなかったとしても，右契約による本件土地の所有権移転の効果には消長を来たさないのであるから，原告らが特約により負うことになった負担を本件土地所有権移転の対価とみることはできない。」旨再抗弁する。

本件東京地裁は，本件契約が負担付贈与契約であることを認定しているので，再抗弁の内容が被告の抗弁を排斥するに必要かつ十分なものであると判断したと解される。上述のように，租税構成要件の事実の認定にあたり二段階の法的評価が行われるに際し，第一段階では，「当事者の行った行為がまず，民事法的にいかなる行為であるか，その民事法的評価が問われ」[*44]ることになる。民法の解釈において，紛争解決のために，条文の解釈以外に重要な意味をもつものの典型は契約の解釈であるところ，民法が対等な当事者間の法関係であり，当事者の意思による自治を重視し，可能な限り自由に契約をすることを認めるということを根本的な思想として，契約の解釈においては，当該契約の当事者の意思を最も重要な解釈基準とし，とりわけ，契約のある条項について

---

*44　北野・前掲注（*21）112頁。

第4　借用概念等をめぐる個別裁判例と要件事実論

当事者の意思が一致している場合には，当該条項の文言より当事者の意思を優先して解釈を行うべきであると解されている[*45]。このことからして，裁判所の判断は妥当なものであると解される。そして，本件東京地裁は，上述の二段階事実認定論の第一段階で私法上の判断をした後，次に所得税法60条1項1号の該当性について税法的な判断を行っている。

すなわち，「本件土地所有権移転契約が負担付贈与契約であるとしても，本件土地を売却したことによって原告らに生じた譲渡所得の金額の計算につき，所得税法60条1項の規定は適用されない」。というのは，「譲渡所得に対する課税は，資産の値上りによりその資産の所有者に帰属する増加益を所得としてとらえ，所有者がその資産を譲渡するのを機会に，これを清算して課税する趣旨のものであるが，譲渡者側が現実に経済的利益を取得しない場合にまで譲渡者に課税することは，社会通念にそぐわない面もあるから，所得税法60条1項は，一定の場合に課税の時期を延期すると共に，後に譲受人が更に他に譲受資産を譲渡して経済的利益を取得した場合に一括して課税することを規定しているところ」，Aから原告3名への本件土地の譲渡は，「同項により取得価額の引き継ぎが認められる事由にあたらない。」旨の被告の抗弁に対して，「同項1号は，取得価額の引継ぎが認められる場合として贈与を挙げながら，負担付贈与を除外しておらず，負担付贈与も贈与そのものであるから，被告の右主張は失当である。」旨の原告の再抗弁は，所得税法60条1項1号の趣旨・目的を考慮するものではないという意味で，抗弁を排斥するに必要かつ十分なものではない。この点に関連して，本件最高裁判決がその認定判断を是認した原審・東京高判昭62・9・9（行集38巻8＝9号987頁・訟月34巻4号792頁）は，「課税時期の繰り延べが認められるためには，資産の譲渡があつても，その時期に譲渡所得課税がされない場合でなければならない」旨判示する。すなわち，東京高裁のロジックによれば，負担付贈与において，受贈者が債務を負担することによりAに生ずる債務相当額の経済的利益は所得税法36条の収入金額になるから，同法59条2項により譲渡損失がないものとされる代わりに，同法60条1項2号により譲渡所得課税を受けない場合以外には，Aに生ずる経済的利益には課税されることになるところ，Aに生ずる経済的利益に課税の繰り延べが行われない場合に，受贈者に同法60条1項1号の引き継ぎを適用することは論理が

[*45] 山下純司ほか『法解釈入門』（有斐閣，2013）31〜32頁〔山下純司〕。

一貫しないことになる*46。

　「譲渡所得に対する課税は，資産の値上りによりその資産の所有者に帰属する増加益を所得として，その資産が所有者の支配を離れて他に移転するのを機会に，これを清算して課税する趣旨のものと解すべきである。」と判示した最判昭47・12・26（民集26巻10号2083頁・訟月19巻1号91頁）を引用した後，ゴルフ会員権の贈与に関して，最判平17・2・1（訟月52巻3号1034頁・判タ1177号150頁・判時1893号17頁）は，「上記の譲渡所得課税の趣旨からすれば，贈与，相続又は遺贈であっても，当該資産についてその時における価額に相当する金額により譲渡があったものとみなして譲渡所得課税がされるべきところ（法59条1項参照），法60条1項1号所定の贈与等にあっては，その時点では資産の増加益が具体的に顕在化しないため，その時点における譲渡所得課税について納税者の納得を得難いことから，これを留保し，その後受贈者等が資産を譲渡することによってその増加益が具体的に顕在化した時点において，これを清算して課税することとしたものである」と判示する。この立法趣旨に鑑みれば，所得税法60条1項1号の「贈与」とは単純贈与と受贈者に経済的利益を生じない負担付贈与をいうと解されることになる*47。このように解すると，上述の東京高裁の判旨は妥当なものであると解される。

2　前掲最判昭36・10・27

　昭和28年法律第173号による所得税法の一部改正により，42条3項が新たに追加され，匿名組合契約等に基づく利益の分配については，源泉徴収制度を適用することとされ，その際，同法施行規則第1条において所得税法に規定する匿名組合契約等とは「営業者が10人以上の匿名組合員と匿名組合契約を締結している場合の当該組合契約その他当事者の一方が相手方の事業のために出資をなし，相手方がその事業から生ずる利益を分配すべきことを約する契約で当該事業を行う者が10人以上の出資者と締結している場合の当該契約」を指称するものであることを明らかにしていたところ，後に破産会社となるまでA社が出資又は投資目的で一般大衆から資金を集めるために行った契約が匿名組

---

*46　中里実ほか編『租税法概説〔第2版〕』（有斐閣，2015）48〜49頁〔増井良啓〕参照。
*47　中里ほか編・前掲注（*46）49頁〔増井〕。岩﨑政明「評釈」租税判例百選〈第6版〉〔別冊ジュリ228号〕81頁。

第4 借用概念等をめぐる個別裁判例と要件事実論

合契約に準ずる契約に当たるか否かが争われた事件で，最判昭36・10・27は，「法律が匿名契約に準ずる契約としている以上，その契約は，商法上の匿名組合契約に類似するものがあることを必要とするものと解すべく，出資者が隠れた事業者として事業に参加しその利益の配当を受ける意思を有することを必要とするものと解するのが相当である。」と判示した。

1審・東京地判昭33・7・3（判時160号15頁）における，本件契約は「破産会社と出資者との契約は破産会社にあっては自己の営む各種事業の資金に充てることを目的として出資者を募ってその投資金円[ママ]を自己に帰属させこれによって事業を営み，その事業から得た収益を出資者に配当して分配するものであり，他方出資者においては破産会社の申込の誘引に表示せられた目的に対応して自己の金員を破産会社の経営する事業の用に供するため投資し，これによって得た収益の分配として契約所定の割合による配当金を得ることを目的としていたものであることは明らかである。」ところ，「右投資契約による利益の分配は所得税法第1条第2項第3号，同法施行規則第1条にいう『匿名組合契約及びこれに準ずる契約』に基く利益の分配に該」り，「所得税法第1条第2項第3号同法施行規則第1条にいう匿名組合契約等に基く利益の分配とは商法上の匿名組合契約に基く利益の分配は勿論のこと広く経済上これと同視できるような形式をとり『当事者の一方が相手方の事業のために出資をなし相手方がその事業から生ずる利益を分配すべきことを約する契約』で，……換言するといわゆる匿名組合方式と称せられる金融形態をとり，もっぱら事業者が事業資金集積の手段として多数当事者から事業に対する出資を求め，これに対応する利益の分配として配当等の名目で金銭を支払うことを契約の要素とするすべての無名契約による利益の分配をも含むものと解さなければなら」ず，「このことは同法改正（昭和28年法律第173号）の立法の趣旨及び経過から自ら明らかに覗われ」，「匿名組合契約の形態をとるものについてはすべて『匿名組合契約等』としてこれに基く分配利益について支払者たる事業者に対して分配時に所得税の源泉徴収義務を課することとし同法を改正して所期の行政目的を達することとされたのである。」ため，「同法所定の匿名組合契約に類似し又はこれに準ずる契約をとるすべてのものを包含するのであつて，前記破産会社が資金集積の方法としていた出資者との投資契約もこれに該当するものであるから，破産会社は所得税法第42条第3項により同法所定の源泉徴収義務を負担するものである。」

269

第 3 部　租税訴訟における要件事実論の視点からの各論的課題
第 2 章　借用概念と固有概念に係る要件事実論

旨の所轄税務署長（被告・被控訴人・被上告人）の抗弁に対して，「匿名組合員は一面営業者に出資する義務を負い，他面営業者の営業上生じた利益の分配を請求する権利（同法〔商法〕第 538 条）と営業者の業務執行を監督する権利（同法第 542 条第 153 条）を有するものである。」が，「破産会社の貸主は出資の義務を負担するものではなく，出資するかどうかは随意であり且つ業務監督の権利などは全然なく単に約定利息の支払請求権を有するに過ぎない。」ほか，「所得税法及び同法施行規則にいう匿名組合契約に準ずる契約とは『当事者の一方が相手方の事業のために出資をなし，相手方がその事業から生ずる利益を分配すべきことを約する契約で当該事業を行う者が十人以上の出資者と締結している場合の当該契約』（施行規則第 1 条）とされている。」から，「右契約が成立するためには(イ)当事者の一方が相手方の事業のために出資をなすこと，(ロ)相手方がその事業から生ずる利益を分配すること，(ハ)出資者が十人以上あることを要件としているが，破産会社と貸主との関係をあてはめてみると(イ)及び(ハ)の要件は充足しているが(ロ)の要件は全く欠けているのであ」って，「破産会社がその事業から利益をあげていたとは到底いいえないし，破産会社がこれを分配することできないものであつた。」など，「破産会社及び貸主はいずれも匿名組合契約或いはこれに準ずる契約を締結する効果意思を有しておらず，貸付は金を貸付けて約定の利息の支払を受ける意思で破産会社は金員を借受けて利息を支払う意思で，契約を締結したものであるから，その両者の法律上の性質は純然たる金銭消費貸借契約であるといわなければならない。」と破産管財人（原告・控訴人・上告人）は再抗弁する。本件契約が匿名組合契約であることの立証責任は所轄税務署長にあるから，所轄税務署長が抗弁で主張しなければならなかったことは本件契約の法的性質が民事法上どのようなものであると解されるかということであり，上述のように「無名契約による利益の分配をも含む」ということではない。これに対して，原告は本件契約が匿名組合契約又はそれに準ずるものではないということを主張すれば足りるから，1 審・東京地判昭 33・7・3 もこの再抗弁が必要かつ十分だと判断したと解される。その他，立法趣旨を重視する所轄税務署長の抗弁が，法解釈としては十分ではない[*48]ということも東京地裁の判断に影響しているものと解される。

　商法 535 条は，「匿名組合契約は，当事者の一方が相手方の営業のために出

---

*48　山下ほか・前掲注（*12）22〜23 頁参照。

資をし，その営業から生じる利益を分配することを約することによって，その効力を生ずる。」と規定するから，出資者相互間で契約は締結されず，組合財産も形成されない契約であり，実質的には，出資者である匿名組合員と業務執行者である営業者を分離した制度とみることができると商法上説明されている[*49]。商法の説明等とは異なり，営業者から組合員に分配される利益が営業者の段階では必要経費又は損金に算入されて，営業者の段階では課税されず，匿名組合員に分配された段階で課税されるという二重課税排除効果が税制上の最も重要な利益として利用されることが少なくないことを租税法は意識し[*50]，匿名組合をめぐる課税関係を考察するにあたり，商法の学説が，匿名組合を経済的には「共同事業」であるなどと説き[*51]，また，商法の有力学説が匿名組合を従来から内的組合とみていること[*52]に注目して，可能なかぎり，民法上の組合に対する課税に準じた取扱いをすべきことが，租税法上，有力学説により提唱されてきたところ，営業に対して積極的に発言等をしない消極参加型の匿名組合も含めて，本件最高裁のいう「出資者が隠れた事業者として事業に参加しその利益の配当を受ける意思を有すること」という基準をみたして，匿名組合に該当すると解されるという意味で[*53]，「出資者が隠れた事業者として事業に参加しその利益の配当を受ける意思を有すること」という基準は，「本件のような擬似匿名組合またはそれに準ずるものの範囲から除外するための基準」[*54]であって，その射程は広くないと解されることに留意する必要がある。

3 最判平23・2・18（裁判集民事236号71頁・判タ1345号115頁・判時2111号3頁・裁時1526号2頁）（「住所」の意義が争われた事例。いわゆる「武富士事件」）

国外での事業展開のために国外に転出した子に外国法人の出資持分が贈与さ

[*49] 神田秀樹『会社法〔第18版〕』（弘文堂，2016）2頁。
[*50] この点につき，金子宏「匿名組合に対する所得課税の検討―ビジネス・プランニングの観点を含めて」『租税法の基本問題』（有斐閣，2007）153〜54頁。
[*51] 岡野敬次郎『商行為及保険法』（岡野奨学会・有斐閣，1928）107頁以下，竹田省『商行為法』（弘文堂書房，1931）85頁等。
[*52] 松本烝治『商行為法』（中央大学，1915）148頁，西原寛一『商行為法』（有斐閣，1960）178頁等。
[*53] 金子・前掲注（*50）172頁。なお，匿名組合の類型について，金子・前掲注（*50）155〜56頁参照。
[*54] 金子・前掲注（*50）172頁。

れた場合の贈与税の納税義務の有無が争われた事例で，最判平23・2・18は，相続税「法〔平成11年法律87号による改正前のもの〕1条の2によれば，贈与により取得した財産が国外にあるものである場合には，受贈者が当該贈与を受けた時において国内に住所を有することが，当該贈与についての贈与税の課税要件とされている（同条1号）ところ，ここにいう住所とは，反対の解釈をすべき特段の事由はない以上，生活の本拠，すなわち，その者の生活に最も関係の深い一般的生活，全生活の中心を指すものであり，一定の場所がある者の住所であるか否かは，客観的に生活の本拠たる実体を具備しているか否かにより決すべきものと解するのが相当である」と判示した。

1審・東京地判平19・5・23（訟月55巻2号267頁）で，「受贈者の住所がどこにあるのかは，単に住民票の記載事項により判断するのではなく，いずれが受贈者の『生活の本拠』に該当するかを，住居，職業，国内において生計を一にする配偶者その他の親族を有するか否か，資産の所在等の客観的事実に加え，本人の居住意思・目的も考慮して，総合的に判断することとなるが，定住の意思は必ずしも常に存在するものではなく，外部から認識し難い場合が多いため，本人の主観的な意思はあくまでもその判断のための一資料として考慮するにとどまるべきである。」し，「各法域においてその目的に応じた固有の住所が存在すると解されるのであるから，贈与税に関する住所の認定に当たっても，贈与税が，贈与によって財産が移転する機会に，その財産に対して課税される租税であって，相続税の補完税としての性質を持ち，相続税のみが課税されるとした場合には，生前に財産を贈与することによって，相続税の負担を容易に回避することができることになるため，このような税負担の回避を封ずることを目的としていることが考慮されてしかるべきである。」ところ，「この点について，相続税が，相続による財産の取得というかなり長期の間の偶然の一時的における事象をとらえて課税されるものであることを考えると，たまたま一時的な居住地によって課税対象財産の範囲を異にすることには問題があり，一定期間外国における勤務や外国における事業活動のため永住許可を得て外国に居住するなどの事実があっても，外国における勤務等が終わった後は日本に帰る予定である者，又は外国における勤務中も日本において家庭を持ち，社会的に定住していると認められるような者の住所は，日本にあるものとして扱われるべきであろうとされていることが参考になる。」旨の国（被告・控訴人・被上告人）の抗

第4　借用概念等をめぐる個別裁判例と要件事実論

弁に対して，「最高裁判所大法廷昭和29年10月20日判決・民集8巻10号1907頁（……）は，公職選挙法上の『住所』が争われた事例において，『およそ法令において，人の住所につき，法律上の効果を規定している場合，反対の解釈をなすべき特段の事由のない限り，その住所とは，各人の生活の本拠を指すものと解するのを相当とする』と明言し，各人の生活に関する8つの客観的事実を認定した上で，各人の生活の本拠は，学生寮であったとし，同寮の所在地を各人の『住所』であると認定した。」ところ，同判決により，「相続税法1条の2第1項の住所は，民法21条〔現行法22条〕の定める住所の意義と同様，各人の生活の本拠を指すと解される。」し，「納税者個人の『生活の本拠』とは，あくまで，納税者個人の『職業の』本拠ではなく，納税者個人の『生活の』本拠であり，個人が日々生きている生活圏内の中心を意味する。就業しているか否かを問わず，すべての納税者につき住所の認定のために一律に用いられる『生活の本拠』の意義は，納税者の仕事の内容，勤務の実態に関する諸要素により左右されるべきものではあり得ない。」と納税者（原告・被控訴人・上告人）は再抗弁する。

　こうした抗弁と再抗弁について，本件では，1審・前掲東京地判平19・5・23と控訴審・東京高判平20・1・23（訟月55巻2号244頁・判タ1283号119頁）とで反対の判断が行われているが，これは，上告審・最高裁判決も含めて，租税法が「住所」を基本的な要件としていることの意味について，わが国との場所的・生活的結びつきの強さの程度により課税権行使の許容性も正当化されるということが確認されていないことにも関連しているように解される*55。住所の意義自体については，上述の納税者の再抗弁のようにいえるとしても，公職選挙法が「住所」を要件とする趣旨と租税法とでは異なるとすれば，このことを主張することが必要だったと解される。そのように解すると，住所の意義については，今日，複数住所説が民法の多数説である*56*57，という批判にも応え

---

*55　田中治「租税訴訟において法の趣旨目的を確定する意義と手法」伊藤編・前掲注（＊3）131～132頁。

*56　渋谷・前掲注（＊29）47頁。

*57　酒井克彦『クローズアップ課税要件事実論―要件事実と主張・立証責任を理解する〔第4版〕』（財経詳報社，2015）99～100頁は，最高裁が「主観的に贈与税回避のあったとしても，客観的な生活の実体が消滅するものではない」と判示している部分に着目して，本件のような事案は越境入学目的のために住民票を異動させる問題と「同じレベルの問題と捉えるべき」であるとの認識のもとに，租税回避目的の住所移転を行ったことの意味を重視し，最高裁もそのことを認定している以上，「当事者の意思が明確であることが生活の本拠の認定に大きな認定材料とな

られるのではなかろうか。

4 最判平9・9・9（訟月44巻6号1009頁）（「配偶者」の意義が争われた事例。私法上の形式と実質にずれがある事例）

　配偶者控除の対象となる配偶者の意義が争われた事件で，最判平9・9・9は「所得税法83条及び83条の2にいう『配偶者』は，納税義務者との法律上の婚姻関係にある者に限られると解するのが相当であり，これと同旨の原審の判断は，正当として是認することができ，原判決に所論の違法はない。」と判示した。

　1審・名古屋地判平7・9・27（訟月44巻6号1015頁）において，「配偶者控除及び配偶者特別控除は，一定の要件の下で，配偶者を有する者について認められるものであるところ，ここでいう『配偶者』とは，民法に規定する婚姻の届出をした配偶者を意味し，配偶者に該当するかどうかの判定は，基準日（各年の12月31日）の現況による。Aは右基準日に配偶者ではないから，原告の平成2年ないし平成4年の各年分の課税所得金額の算出に当たって，これらの控除を認めることはできない。」旨の所轄税務署長（被告・被控訴人・被上告人）の抗弁に対して，「配偶者控除及び配偶者特別控除が設けられた趣旨からすると，婚姻の届出をしていない事実上の配偶者を有する者についても，配偶者控除及び配偶者特別控除をすべきであ」り，「法律によって婚姻の方式として届出を要するとすることは，憲法24条1項に違反する上，自己の信条により事実婚主義をとっている原告の個人の尊厳を侵すものであるから，憲法24条2項にも違反する。」ほか，「婚姻の届出をした配偶者やその者との間の子を有する者について配偶者や子に関する所得控除を認め，同様の生活を営んでいる婚姻の届出をしていない事実上の配偶者やその者との間の子を有する者に右所得控除を認めないことは，憲法14条に違反する」旨，納税者（原告・控訴人・上告人）は再抗弁する。

　本件において，当事者が主張しなければならないことは，所得税法83条及

りうると考えられる」ということを「十分に議論せず（……），借用概念の統一説から当然に帰結される結論などと捉えることに無理はなかったのかという疑問につながる」と指摘するが，越境入学の場合には住民票の異動は，生活の実体を変えずに手続上なされるにすぎない場合が少なくないと解されるほか，侵害行政である課税行政と給付行政である教育行政における問題を「同じレベルの問題」として論じることに問題がないか，なお検討を要するように解される。

び83条の2にいう「配偶者」に法解釈上「事実上の配偶者」が含まれるということと，納税者と同居するAが「事実上の配偶者」に該当するということであるから，それらのことを直接的に立証しようとしていないという意味で，納税者の抗弁は十分ではない。家族法上は，「事実上の配偶者」を「法律上の配偶者」と同視して扱う傾向にあり，また，配偶者控除等を含む人的控除が，生存権を保障する憲法25条の租税法上の現れであるとすれば，経済的実質を重視して，事実上の配偶者も「配偶者」に含まれると解する結論もあり得たとの指摘もある[*58]。もっとも，立証責任について上述したことからして，Aが「事実上の配偶者」であることの立証責任は納税者が負うことになると解されるが，そう簡単なことではないであろう。また，租税行政が大量・回帰的に行われることを考慮すると，期間税である所得税において，毎年12月31日現在の現況により（所法85条3項）「事実上の配偶者」であることの確認をすることは執行上も困難が伴うと解され，それゆえ，むしろ執行上不公平な結果が招来される可能性は小さくないと解されるので，配偶者控除等の適用対象が法律上の配偶者に限定されるとする，本件判決の結論は妥当なものであろう[*59]。

第5　おわりに

本稿は表題の問題について，検討を試みたものであるが，なお検討は不十分である。「裁判規範としての民法」という表現にならうならば，「裁判規範としての租税法」ということを議論するうえで要件事実論が有効に機能できれば，租税法律主義の観点からも，望ましいと解されるため，「法解釈の限界」を意識しつつ慎重な対応をすべく[*60]今後も検討をしていきたい。

[*58]　渋谷・前掲注（*29）50頁。
[*59]　随時税である相続税については異なる配慮が可能であるように解される。この点について，高野幸大「重婚的内縁関係をめぐる相続税法上の課税関係」税務事例研究（2015）148号44頁参照。
[*60]　谷口・前掲注（*5）51頁。

第3部 租税訴訟における要件事実論の視点からの各論的課題
第3章 租税回避否認規定に係る要件事実論

第3章

租税回避否認規定に係る要件事実論

谷口　勢津夫

第1　はじめに
第2　租税回避の意義及び租税回避事案における要件事実論の適用可能性
第3　要件事実論に基づく「裁判規範としての一般的否認規定」の創造の許容性
第4　租税回避否認規定における規範的要件に関する要件事実論のあり方
第5　おわりに

第1　はじめに

　本稿では，租税回避の意義を述べ，租税回避事案における要件事実論の適用可能性を論じ（第2），そのうえで要件事実論の法創造機能[*1]について，いわゆる私法上の法律構成による否認論を素材にして，要件事実論に基づく「裁判規範としての一般的否認規定」の創造の許容性を検討する（第3）とともに，わが国における実定税法上の租税回避否認規定の代表例である同族会社の行為計算否認規定における不当性要件の解釈論を素材にして，租税回避否認規定にお

[*1] 要件事実論は，修正法律要件分類説（司法研修所編『増補 民事訴訟における要件事実（第1巻）』（法曹会，1986）10〜11頁参照）の立場に立つにせよ，「裁判規範としての民法説」（伊藤滋夫『要件事実の基礎〔新版〕』（有斐閣，2015）126〜128頁・171頁以下参照）の立場に立つにせよ，程度の差はあれ（原田和徳「要件事実の機能―裁判官の視点から」伊藤滋夫＝難波孝一編『民事要件事実講座(1)総論Ⅰ』（青林書院，2005）70頁・85頁は，後説は前説を「理論的に基礎づけようとするもの」とする），民事実体法の解釈を通じて主張立証責任の分配の観点から民事実体法を裁判規範として再構成する機能を有するが（原田・前掲83頁は要件事実論を「立証責任の分配に合わせて，民法等の実体法の条文の書き直しをしようとする考え方」とする），この機能を本稿では「要件事実論の法創造機能」と呼ぶことにする。要件事実論の法創造機能は，裁判規範の定立（創造）だけにとどまらず，その裁判規範が実体法に「投影」されて実体法を「創造」したのと同じ結果をもたらすことをも含むものとして，本稿では理解している。

第1 はじめに

ける規範的要件に関する要件事実論のあり方を検討する（**第4**）。その際，要件事実論の内容に即して主張立証責任の分配等について検討を加える[*2]ことにではなく，要件事実論の出発点となる「裁判規範」の定立（創造）について検討を加えること（要件事実論のいわば「入口論」）に重点を置くこととし，もって要件事実論の実体法（課税要件法）的限界（課税要件法の要件事実論的解釈の限界）を明らかにすることにしたい[*3]。租税回避否認規定に係る要件事実論の特色は，後（**第2の2**）で述べるように，「入口論」における租税法律主義との抵触にあると考えるところである。

　このような主題の検討に入る前に，本稿では「要件事実論」という語を「民事法（民事訴訟）における要件事実論」の意味で用いることをお断りしておく。確かに，要件事実論は民事法（民事訴訟）の領域だけでなく，税法（租税訴訟）を含む行政法（行政訴訟）の領域においてもその「有用性」が説かれることがある。すなわち，「要件事実論という視点からみる限りは，民事法の分野も行政法の分野も，その考え方において異質なものではないであろうと考える。両法の分野とも，当該法制度の趣旨が主張立証責任対象事実の決定基準であると考えるべきである。……，民事法と行政法（租税法）とでは，個別の制度趣旨は異なっても，いずれの法域においても，それぞれの法域における法条の制度趣旨を具現するように主張立証責任対象事実を決定すべきである，という要件事実論の基本に変わりはないということである。」[*4]（下線は筆者による）しかし，ここで説かれているのは，要件事実論の「考え方」すなわち要件事実論的思考の方法論の側面についてであって，要件事実論の「入口論」（実体法の要件事実論的解釈）や前提（訴訟物論）及び内容（主張立証責任論）[*5]の側面についてではないと解される。本稿の主題である「入口論」について結論を先取りしていえば，租税回避事案における要件事実論の法創造機能は，これが租税法律主義に抵触

[*2] 本稿で扱う租税回避事案においてそのような検討を加えるものとして，井上康一「租税回避問題の要件事実論からの検証―岩瀬事件を素材として」伊藤滋夫編『租税法と要件事実』〔法科大学院要件事実教育研究所報9号〕（日本評論社，2011）206頁，今村隆『課税訴訟における要件事実論〔改訂版〕』（日本租税研究協会，2013）66〜73頁（ただし所得税事案），永石一郎「IBM事件からみた法人税法132条の要件事実の構造」租税訴訟9号（2016）345頁参照。
[*3] この問題意識については，谷口勢津夫『税法基本講義〔第5版〕』（弘文堂，2016）【55】参照。
[*4] 伊藤滋夫「民事訴訟における要件事実論の租税訴訟における有用性―その例証としての推計課税と実額反証の検討」同編・前掲注（*2）80頁・86頁。同「民事事件・租税事件の判決を読む（下）―要件事実論の視点から」税経通信64巻10号（2009）25頁も参照。
[*5] 訴訟物，主張立証責任の分配等に関する行政訴訟の特殊性については，藤山雅行「行政事件と要件事実」伊藤＝難波編・前掲注（*1）320頁参照。

する限りでは，認められないと考えるところである。

第2 租税回避の意義及び租税回避事案における要件事実論の適用可能性

1 租税回避の意義

　租税回避とは，課税要件の充足を避け納税義務の成立を阻止することによる，租税負担の適法だが不当な軽減又は排除をいう[*6]が，それは，「多くの場合，税法上通常のものと考えられている法形式（取引形式）を納税者が選択せず，これとは異なる法形式を選択することによって通常の法形式を選択した場合と基本的には同一の経済的効果ないし法的効果……を達成しながら，通常の法形式に結びつけられている租税上の負担を軽減又は排除するという形をとる」[*7]ものである。ここでいわれる「多くの場合」には，「私的自治の原則ないし契約自由の原則の支配している私法の世界においては，当事者は，一定の経済的目的を達成しあるいは経済的成果を実現しようとする場合に，どのような法形式を用いるかについて選択の余地を有することが少なくない。このような私法上の選択可能性を利用し，私的経済取引プロパーの見地からは合理的理由がないのに，通常用いられない法形式を選択する」[*8]ことが，租税回避として，税法の観点から問題にされる。

　以上の引用文でいわれる「通常の法形式」及び「これと異なる（すなわち異常な）法形式」は，租税立法者が課税要件を定めるにあたって想定していた（すなわち想定内の）法形式及び想定していなかった（すなわち想定外の）法形式を意味すると考えられるところ，いずれの法形式を選択しても私法上は原則として

[*6] 谷口・前掲注（＊3）【66】，同『租税回避論―税法の解釈適用と租税回避の試み』（清文社，2014）2頁〔初出，2010〕等参照。

[*7] 清永敬次『税法〔新装版〕』（ミネルヴァ書房，2013）42頁。清永教授は，この引用文の前に，租税回避を「課税要件の充足を避けることによる租税負担の不当な軽減又は排除」と定義しておられるところ，この定義は筆者の定義にいう「適法」という税法的評価をその要素としていないようにみえるが，清永教授は租税回避に関する解説の中で「租税回避というとき，一般に，ややもすると，租税回避行為は許されない行為であると考えられがちであるが，これを禁止するための規定がない場合には，租税回避であるからといってこれが税法上否認されることはないのであるから，租税回避行為はその限りで税法上承認されている行為にほかならないと考えるべきものである。」（前掲書44頁。下線は筆者による）と述べておられることからすると，清永教授の定義も，実質的には，「適法」という税法的評価を要素としていると解される。

[*8] 金子宏『租税法〔第21版〕』（弘文堂，2016）125頁。

第2　租税回避の意義及び租税回避事案における要件事実論の適用可能性

問題にされないにもかかわらず，異常な法形式の選択が税法上問題にされるのは，通常の法形式の選択の場合と基本的には同じ経済的成果に加えて，異常な法形式については（立法者の想定外のゆえに当然のことながら）課税要件が定められていないことから，異常な法形式の選択によって課税要件法の欠缺を突く（いわば「租税立法者の意表を突く」）ことによって，租税負担の軽減又は排除という租税利益も，得られるからである。租税回避は，このように，課税要件法の欠缺を突いて租税利益を得るものであるがゆえに，税法の観点からは，「私法上の選択可能性の濫用」と評価されるのである*9。私人が課税要件法の欠缺を突くことは，これを禁止する規定（租税回避否認規定）がない場合は，「適法」と評価されるが*10，立法者の想定どおり通常の法形式を選択していたならば得られなかったであろう租税利益の享受及びその結果（通常の法形式を選択した者と異常な法形式を選択した者との間で）生じる租税負担の不公平を考慮して，「不当」と評価されるのである。

2　租税回避事案における要件事実論の適用可能性

租税回避の概念は，以上のように，少なくともわが国では，課税要件の観念を前提にして成り立つ概念として，構成されている（租税回避の定義に関する課税要件アプローチ）。租税回避の概念それ自体は実定税法上の概念ではないが，実定税法上の課税要件の充足回避（不充足）という要素を基本的要素として構成されることから，租税回避の概念を実定税法上構成しようとすれば（このことは租税回避否認規定を定める場合に問題となる），課税要件の充足回避（不充足）を基本的要件とし，これに一定の税法的評価を含む要件を付加し，当該課税要件に対応する租税負担の軽減又は排除を法律効果とする法律要件（いわば「消極的課税要件」）として，構成することができよう*11。このように概念構成された租税

---

*9　谷口・前掲注（*3）【66】，同・前掲注（*6）14頁〔初出，2010〕，201頁〔初出，2011〕等参照。
*10　谷口・前掲注（*3）【66】【68】，同・前掲注（*6）10頁〔初出，2010〕等参照。
*11　租税回避について，「〔税負担の〕軽減の有無，軽減されない状態を，何に基づいて判断するか」という観点から「租税回避は，実在するか」が問題にされることがあるが（岡村忠生「租税回避研究の意義と発展」同編『租税回避研究の展開と課題』（ミネルヴァ書房，2015）299頁・321頁），租税回避を試みる者の「内心」には，特定の課税要件を回避しようとする意図（租税回避目的）は「実在」すると考えられる。そうであるからこそ，その意図に基づく租税回避は仮装行為とは区別されるのである（後掲注（*26）及びその本文参照）。もっとも，実定税法上その意図を要件（の少なくとも一つ）として租税回避否認規定を定めるかどうかは立法政策の問題である（清永・前掲注（*7）44〜45頁参照）。

第３部　租税訴訟における要件事実論の視点からの各論的課題
第３章　租税回避否認規定に係る要件事実論

回避を否認する規定は，租税回避に係る法律効果を（充足回避の対象である）課税要件に係る法律効果に付け替えることになる。この意味で，租税回避否認規定は補充的課税要件規定あるいは代替的課税要件規定と呼ばれる。

　課税要件は，租税に関する権利（租税債権すなわち徴収権〔税通72条1項，地税18条1項〕）及び義務（租税債務すなわち納税義務）の発生要件であり，「私法上の債務関係の成立に必要な意思の要素に代わるもの」[*12]である。課税要件が税収の確保や公平負担の実現という動機に基づく国家の一般的な意思表示であるとしても，また，課税要件の充足によって発生した納税義務の確定及び履行の過程において，それぞれの目的の実現のための法技術として権力的な手段が実定税法上採用されているとしても，課税要件それ自体には，個々の私人との関係で権力的な意味をもつ要素（要件充足義務や要件充足回避禁止）は含まれておらず，課税要件は，もっぱら租税請求のためだけの法律要件（租税請求要件）として実定税法上構成されている。

　以上のような意味で，課税要件は，基本的には，私法上の法律要件と同様，権利義務の純然たる発生要件であるから，その充足の有無（による税額の多寡）が実質的な争点となる課税処分取消訴訟（手続的違法が争われる場合を除く）は，「民事訴訟における債務不存在確認請求と似た側面を持ち，これと類似のものとして実務で取り扱われる傾向があった」[*13]のであり，ここに，課税処分取消訴訟において要件事実論を適用する可能性及びその根拠を見出すことができよう。このことは，いわば「消極的課税要件」ともいうべき租税回避が問題となる事案についても，いえることである[*14]。

　もっとも，課税処分取消訴訟において要件事実論を適用する場合，その法創造機能については，民事訴訟の場合とは異なる考慮の必要性が説かれることがある。消費税の仕入税額控除に係る帳簿等の提示拒否が帳簿等を「保存しない場合」（消税30条7項）に当たるかどうかについて，最判平16・12・20（裁判集民事215号1005頁・判タ1176号130頁・判時1889号42頁）における滝井繁男裁判官の反対意見（以下「滝井反対意見」という）は，「事業者が法の要求している帳簿

[*12]　金子・前掲注（*8）146頁。
[*13]　司法研修所編『租税訴訟の審理について〔改訂新版〕』（法曹会，2002）167頁。今村・前掲注（*2）23～26頁も参照。
[*14]　井上・前掲注（*2）211頁も，岩瀬事件における「要件事実全体の構造」を債務不存在確認訴訟の場合と「同様に」取り扱い検討している。

第２　租税回避の意義及び租税回避事案における要件事実論の適用可能性

等を保存しているにもかかわらず，正当な理由なくその提示を拒否するということは通常あり得ることではなく，その意味で正当な理由のない帳簿等の提示の拒否は，帳簿等を保存していないことを推認させる有力な事情である。しかし，それはあくまで提示の拒否という事実からの推認にとどまるのであって，保存がないことを理由に仕入税額控除を認めないでなされた課税処分に対し，所定の帳簿等を保存していたことを主張・立証することを許さないとする法文上の根拠はない（消費税法施行令66条は還付等一定の場合にのみ帳簿等の提示を求めているにすぎない。）。また，大量反復性を有する消費税の申告及び課税処分において迅速かつ正確に課税仕入れの存否を確認し，課税仕入れに係る適正な消費税額を把握する必要性など制度の趣旨を強調しても，法30条7項における『保存』の規定に，現状維持のまま保管するという通常その言葉の持っている意味を超えて，税務調査における提示の求めに応ずることまで含ませなければならない根拠を見出すことはできない。そのように解することは，法解釈の限界を超えるばかりか，課税売上げへの課税の必要性を強調するあまり本来確実に控除されなければならないものまで控除しないという結果をもたらすことになる点において，制度の趣旨にも反するものといわなければならない。」（下線は筆者による）と述べている。

同様の争点に関する東京地判平11・3・30（判タ1059号133頁・訟月46巻2号899頁）*15について，つとに，「租税法規の解釈論に対して，要件事実の観点から新風を吹き込むもの」*16という評価がされていたが，滝井反対意見も税法の解釈論において要件事実論の適用可能性をまったく認めないものとは解されない。すなわち，滝井反対意見は，先の引用部分の第1文では，帳簿等の提示拒否を「帳簿等を保存していないことを推認させる有力な事情」と認めており，しかも別の箇所で，「保存の意味を本来の客観的な状態での保管という用語の

---

*15　この判決は，「同項〔消税30条7項〕に規定する保存とは，法定帳簿等が存在し，納税者においてこれを所持しているということだけではなく，法及び令の規定する期間を通じて，定められた場所において，税務職員の質問検査権に基づく適法な調査に応じて，その内容を確認することができるように提示できる状態，態様で保存を継続していることを意味するものというべきである。」と説示し，かつ，「訴訟上の要件事実の分類を意識した」うえで，「保存の意義を既に説示したように解するのであれば，処分の適法性との関係では，法定帳簿等の保存期間のうち課税処分時までのある時点で，適法な調査に応じて提示できる状態，態様での保存がなかった事実を主張，立証すれば足りることになり，通常は，課税処分のための調査又は当該課税処分の時に法定帳簿等の提示がなかった事実を主張，立証すれば，右の意義での『保存』がなかった事実を推認することができることとなる。」と判示している。

*16　増井良啓「判批」判評486号〔判時1676号〕（1999）2頁・6頁。

第3部　租税訴訟における要件事実論の視点からの各論的課題
第3章　租税回避否認規定に係る要件事実論

持つ一般的な意味を超えて解釈することが，制度の趣旨から是認されるという場合がないわけではない。」*17 と述べていることからすると，課税処分取消訴訟について，「法条の制度趣旨を具現するように主張立証責任対象事実を決定すべきである，という要件事実論の基本」*18 に通ずる道をまったく閉ざすものとは解されないのである。

しかしながら，滝井反対意見は，先の引用部分の第2文以下では，「制度の趣旨」を強調することによって「法解釈の限界」を超えることの問題性を指摘し，最後に，「制度の趣旨を強調し，調査への協力が円滑適正な徴税確保のために必要であることから，<u>税額の計算に係る実体的な規定をその本来の意味を超えて広げて解すること</u>は，<u>租税法律主義の見地から慎重でなければならない</u>ものである。」（下線は筆者による）と述べている。これは，要件事実論の「入口論」（課税要件法の要件事実論的解釈）において，「制度の趣旨」の強調により実体法（課税要件法）を再構成する（「保存の意味を本来の客観的な状態での保管という用語の持つ一般的な意味を超えて解釈する」）ことに対して，したがって，要件事実論の法創造機能に対して，租税法律主義の見地から慎重な姿勢を示したものと解される。

このような慎重な姿勢は，租税回避事案において要件事実論を適用する場合には，より一層強く求められるであろう。というのも，租税回避事案においては，租税法律主義の下での税法の解釈適用の硬直性・形式性等を問題にし，具体的妥当性の確保のために裁判所に法創造機能を期待する見解が述べられることがあるが*19，そのための解釈方法論として要件事実論が「活用」されること

---

*17　滝井反対意見は，帳簿書類の提示拒否が青色申告承認の取消事由となるかどうかという問題を想定して，本文のように述べているが，仕入税額控除の規定を「課税要件」，青色申告承認を「単なる申告手続上の特典」とみていることからすると，本文での引用文の射程は実体法（課税要件法）には及ばないようにも思われる。しかし，青色申告は所得税・法人税に関して必要経費・損金等の要件の一つとして定められている場合があることからすると，青色申告承認を「単なる申告手続上の特典」とみるべきではなく，むしろ（少なくとも所得税・法人税の理論上・構造上認められるべき措置については）課税要件の一部（「課税要件法に組み込まれた手続法」）とみるべきであると考えられるので，本文での引用文の射程は，滝井反対意見の主観的意図はともかく，客観的には実体法（課税要件法）にも及ぶと解することができよう。なお，「課税要件法に組み込まれた手続法」については，谷口・前掲注（*3）【48】，同「課税要件法上の選択手続と法的救済」山田二郎先生古稀記念『税法の課題と超克』（信山社，2000）485頁参照。
*18　伊藤・前掲注（*4）86頁。
*19　例えば，外国税額控除余裕枠利用事件・大阪高判平14・6・14判タ1094号182頁・判時1816号30頁・訟月49巻6号1843頁において，課税庁側は，「我が国においては，租税法律主義を比較的厳格に適用すること，また，明文の租税回避否認規定がなければ否認をし得ないと解されていることなどから，ともすれば，租税法の解釈・適用が，硬直的，形式的な判断に流れやすく，そのため，もともと外国のアレンジャーにねらわれやすい面がある。また，事後的に新たな立法を行うことにより租税回避防止を図ることにも限界がある。」と述べたうえで，「したがって，こ

があるからである。しかし，租税訴訟における要件事実論それ自体の機能・有用性を否定するものではないものの，課税要件法の解釈に要件事実論の観点からアプローチする場合には，常に「法解釈の限界」を明確に意識した慎重な態度をとるべきであろう*20。以下では，このような観点から，私法上の法律構成による否認論（第3）と租税回避否認規定における規範的要件に関する要件事実論（第4）を素材にして，租税回避事案における要件事実論の法創造機能について検討することにする。

第3 要件事実論に基づく「裁判規範としての一般的否認規定」の創造の許容性

1 私法上の法律構成による否認論の意義

　私法上の法律構成による否認論*21は，契約解釈による否認論あるいは事実認定による否認論とも呼ばれることがあるが，その考え方の内容や立論の前提が論者によって必ずしも同じでも明らかでもないように思われる。ここでは，租税回避事案について要件事実論を前提として立論されたものと解される次のような考え方を取り上げることにする。すなわち，「課税要件事実を認定するに当たり，対象となる契約関係において，当事者に租税回避目的がある場合には，当事者が選択した法形式が真実の法律関係であるか否かを判断するに当

　　　のような租税回避行為の濫用事案においてこそ，具体的妥当性を確保するための司法の役割が存するのであり，具体的妥当性確保の見地から事実認定，法律解釈を展開する裁判所の活動により，一定の範囲内において正義が確保されることにこそ司法権の存在意義があるのであり，これがされないことは，正に司法の役割の自己放棄にほかならない（中里実鑑定意見書：乙20の2）。」と主張した。中里実『タックスシェルター』（有斐閣，2002）239～240頁〔初出，1999〕も同旨。
* 20　谷口・前掲注（*3）【55】参照。酒井克彦『クローズアップ課税要件事実論〔第4版〕』（財経詳報社，2015）127頁注(2)も参照。
* 21　今村隆『租税回避と濫用法理―租税回避の基礎的研究』（大蔵財務協会，2015）第1編第3章〔初出，1999, 2000〕，中里・前掲注（*19）224～225頁・246～253頁〔初出，1999〕，同「租税法における事実認定と租税回避否認」金子宏編『租税法の基本問題』（有斐閣，2007）121頁，占部裕典『租税法における文理解釈と限界』（慈学社，2013）第2章〔初出，2001, 2005〕，末崎衛「『私法上の法律構成による否認』についての一考察」税法学550号（2003）13頁，酒井克彦「二層的構造認識論と事実認定―課税の基礎となる『真実の法律関係』の模索」山田二郎先生喜寿記念『納税者保護と法の支配』（信山社，2007）255頁，岸秀光「租税回避事件の動向（『私法上の法律構成による否認』と『処分証書の法理』を中心として）」訟月55巻1号別冊（2009）133頁等参照。裁判例としては，フイルムリース事件・大阪高判平12・1・18訟月47巻12号3767頁，（私法上の法律構成あるいは契約解釈以外の場面で事実認定による否認論を採用したと解されるものとして）東京高判平19・10・25訟月54巻10号2419頁，東京高判平20・1・23判タ1233号119頁・訟月55巻2号244頁参照。

たっての重要な間接事実になろう。その意味では，課税要件事実の認定に当たり，租税回避行為であることが意味をもつといえよう。……。ここで，租税回避目的というのは，当事者の主観的な意思あるいは目的のことであるが，当事者の内心の意思は，当事者にしか分からないのではないかとの疑問をもたれる方もいるかもしれないが，ここで主観的な意思あるいは目的といっているのは，契約書の内容，当事者の供述あるいは種々の間接事実によって客観的に認定される主観的な意思あるいは目的を意味している。」[22]（下線は筆者による）この考え方の核心は，租税回避目的を，訴訟の場面で，当事者がその目的で選択した法形式が課税要件事実に係る真実の法律関係（主要事実）と異なることを強く推認させる重要な間接事実，として捉える事実認定論にあると解される[23]。

私法上の法律構成による否認論は，主要事実の捉え方だけからすると，課税要件事実の認定基準とされる「実体」ないし「実質」を私法上の真実の法律関係とする法的実質主義の単なる言い換えにすぎず，特に問題のある考え方でないようにも思われる。法的実質主義[24]は，課税要件事実の認定にあたって，「要件事実の認定に必要な法律関係についていえば，表面的に存在するように見える法律関係に即してではなく，真実に存在する法律関係に即して要件事実の認定がなされるべき」[25]であるという考え方である。

しかし，法的実質主義では，私法上の法律関係が真実であるということは，それが仮装でないということを意味するにとどまる（べきである）。租税回避事案では，仮装行為の場合とは異なり，租税回避目的に相応する真実の法律関係が形成される[26]以上，租税回避目的を，その目的で形成された法律関係が仮装であること（法的実質主義からいえば，真実でないこと）の重要な間接事実とすることはできない。したがって，私法上の法律構成による否認論を法的実質主義の単なる言い換えとみることはできないであろう。

私法上の法律構成による否認論と法的実質主義との相違点は，事実認定（判断）

---

[22] 今村・前掲注（*21）100頁〔初出，2000〕。
[23] 岸・前掲注（*21）147頁のほか，酒井・前掲注（*21）266〜269頁も参照。
[24] 法的実質主義及びこれと対立する経済的実質主義の意義については，「〈座談会〉租税回避行為と契約解釈」訟月46巻1号別冊（2000）294頁，谷口・前掲注（*3）【57】参照。
[25] 金子・前掲注（*8）139頁。
[26] この点について，岡村忠生「税負担回避の意図と二分肢テスト」税法学543号（2000）3頁・6頁，東京高判平11・6・21高民52巻1号26頁・判タ1023号165頁・判時1685号33頁・訟月47巻1号184頁等参照。

の構造にある。法的実質主義によれば，課税要件事実の認定について，論理的には，課税の基礎となる私法上の法律関係を，まずもっぱら私法の観点から法律行為・契約の解釈により，認定したうえで，その認定を尊重し，そのまま課税要件事実として受け入れる，というような二段階の事実認定構造が観念される（二段階事実認定論[*27]）のに対して，私法上の法律構成による否認論によれば，租税回避目的に相応する真実の法律関係をそのまま課税要件事実として受け入れるのではなく，租税回避目的を，当事者の選択した法形式が真実の法律関係と異なることの重要な間接事実とみて，その法形式と異なる法律関係を真実の法律関係として推認する判断構造（「間接事実から要件事実を推認する判断の構造」[*28]）が観念される。

2　私法上の法律構成による否認論の法創造機能

　私法上の法律構成による否認論の下での事実判断の構造を前述のようなものとして理解する場合，その事実判断には前提として次のような価値判断が内在しているように思われる。それは，租税回避目的という経済的に不合理・不自然な目的をもって当事者が選択した法形式は，経験則によれば，取引通念上特段の事情のない限り選択したであろう法形式とは異なる法形式（異常な法形式）であるから，取引通念に照らし通常の法形式を想定して定められた課税要件への該当性の判断においては，反証のない限り，真実の法律関係に合致しないものとして無視し，通常の法形式に引き直すべきであるというような，経験則を基点としてその名の下でなされる価値判断である。そのような価値判断を前提にすれば，当事者が租税回避目的をもってある法形式を選択した場合，その法形式が真実の法律関係と異なることが強く推認されるので，反証のない限り，その法形式とは異なる，課税要件法上想定されている通常の法形式を基準にして，課税の適否を判断すべきである，というような推論ルールが成立することになろう。

　このような推論による帰結は，租税回避の否認と原則として同じ意味をもつ。ただし，それは，実体法（課税要件法）のレベルでの租税回避の否認とは異なる[*29]。私法上の法律構成による否認論は，その狙いが租税回避事案における契

[*27]　谷口・前掲注（[*3]）【59】参照。
[*28]　伊藤滋夫『事実認定の基礎―裁判官による事実判断の構造』（有斐閣，1996）77頁。
[*29]　この点，私法上の法律構成による否認論を採用したものと解されるフィルムリース事件・前掲注（[*21]）大阪高判平12・1・18は，「課税庁が租税回避の否認を行うためには，原則的には，

第3部　租税訴訟における要件事実論の視点からの各論的課題
第3章　租税回避否認規定に係る要件事実論

約解釈あるいは契約の法的性質決定に関する裁判上のルールの確立にある[*30]ことをも考慮すると，要件事実論の観点から実体法の解釈にアプローチし，「法の目的」等の総合的考慮に基づき実体法を「立証責任の分配という視点」をふまえた「裁判規範」として再構成する考え方[*31]を，租税回避事案における課税要件法の解釈の場面に応用しようとするものであると解される。つまり，立証責任の分配を考慮して課税要件法を解釈し，その適用に関する裁判上のルールを確立するにあたって，税法の目的（特に租税負担の公平＝租税正義の実現という租税立法一般の動機を重視するのであろう）等の総合的考慮に基づき，租税回避の経済的不合理性や異常性，換言すれば，租税回避の不当性＝不公平，の見地から，課税要件法を訴訟法上再構成し，その中に前記のような裁判上の推論ルールとして租税回避の一般的否認規定（民法に関する要件事実論で説かれることがある「裁判規範としての民法」に相当するいわば「裁判規範としての一般的否認規定」）を創造しようとする考え方であると解されるのである。

　ここに，要件事実論の法創造機能が租税回避事案に関して発揮されていると考えられるが，このことは，果たして実定実体法（課税要件法）の観点からみて許容されるであろうか。確かに，私法上の法律構成による否認論は裁判上の推論ルールであり，経済的実質主義[*32]に基づき，実定実体法（課税要件法）において明文の否認規定がない場合でも租税回避の否認を正面から肯定する考え方，とは異なる[*33]。しかし，私法上の法律構成による否認論は，訴訟における主張・立証の過程で租税回避目的という経済的な動機・意図を重視することによって，結局のところ，経済的実質主義による場合と同じ結果に帰着することになると考えられる[*34]。換言すれば，明文の規定がある場合にしか租税回避の

　　　法文中に租税回避の否認に関する明文の規定が存する必要があるが，仮に法文中に明文の規定が存しない場合であっても，租税回避を目的としてされた行為に対しては，当事者が真に意図した私法上の法律構成による合意内容に基づいて課税が行われるべきである。」と判示している。
*30　今村・前掲注（*21）98頁〔初出，2000〕参照。
*31　司法研修所編・前掲注（*1）10〜11頁参照。
*32　経済的実質主義は，課税要件事実の認定については，「真実に存在する法律関係からはなれて，その経済的成果なり目的なりに即して法律要件の存否を判断する」（金子・前掲注（*8）139〜140頁）という考え方であるが（谷口・前掲注（*3）【57】参照），税法の解釈適用全般における経済的実質主義については，同【42】参照。
*33　もっとも，この推論ルールが裁判外で税務官庁によって課税のルールとして用いられる場合には，それはまさにそのような実質主義的見解に他ならないことに注意しておくべきである。この点，占部・前掲注（*21）152頁〔初出，2005〕参照。
*34　反対，今村・前掲注（*21）106〜107頁参照。

否認を許容すべきでないとする租税法律主義の要請[*35]を，訴訟法・証拠法の観点から課税要件法の解釈を通じて訴訟の場面で，潜脱することになると考えられるのである。

このことは，要件事実論の法創造機能の観点からみると，裁判上の推論ルールとしての「裁判規範としての一般的否認規定」を実定実体法（課税要件法）に「投影」させ，「実体法としての一般的否認規定」を創造したのと同じ結果になるとみることができよう。この結果は，明らかに，租税法律主義，とりわけ課税要件法定主義に抵触する。したがって，私法上の法律構成による否認論の法創造機能は，租税法律主義の下では，認められないと考えられる[*36]。このことが，本稿で明らかにしようとする，要件事実論の実体法（課税要件法）的限界の一つである。判例では，「租税回避行為につき，税法に明文の根拠のない一般的な否認法理を用いることなく，個別の税法の規定の要件解釈により対処するという方向性」[*37]が示されていると考えられるが，判例のこのような「方向性」は，以上で述べてきたことからして，妥当であると考えられる。

第4 租税回避否認規定における規範的要件に関する要件事実論のあり方

1 規範的要件の主要事実

要件事実論の実体法（課税要件法）的限界として，本稿では，もう一つ，租税回避否認規定における規範的要件の主要事実の捉え方について検討する。検討

[*35] 清永・前掲注（*7）43頁，金子・前掲注（*8）128～129頁，谷口・前掲注（*3）【72】等参照。

[*36] 私法上の法律構成による否認論については，本文で述べたような租税法律主義との抵触問題のほかにも，法律論（ここでは租税回避否認立法）で対処すべき問題を事実認定の問題として処理してはならないという，事実認定に関する一般的要請（伊藤・前掲注（*28）269頁参照）に反するという問題もある。また，経験則については，「経験則に租税回避目的がどのような影響を及ぼすかについては，『租税回避行為』は現行法では許容されているとの前提で理解する必要があろう。」（占部・前掲注（*21）94頁〔初出，2005〕）という，租税回避の適法性（前掲注（*7）参照）をふまえた正当な指摘がされているが（酒井・前掲注（*21）270頁も参照），そこで示されている「理解」によれば，課税要件法の要件事実論的解釈によって「裁判規範としての一般的否認規定」を定立（創造）することはできないであろう。

[*37] 谷口豊「判解」曹時60巻8号（2008）2529頁（最判解民事篇平成18年度（上）163頁），2550頁（同184頁）。これは，私法上の法律構成による否認論を採用したものと解されるフィルムリース事件・前掲注（*21）大阪高判平12・1・18の上告審・最判平18・1・24民集60巻1号252頁・判タ1208号82頁・判時1929号19頁に関する判例解説である。私法上の法律構成以外の場面で事実認定による否認論も含め判例の傾向については，谷口・前掲注（*6）206～215頁〔初出，2011〕参照。

第3部　租税訴訟における要件事実論の視点からの各論的課題
第3章　租税回避否認規定に係る要件事実論

の素材は，わが国の代表的な租税回避否認規定である同族会社の行為計算否認規定（法税132条等）における不当性要件（法人税等の「負担を不当に減少させる結果」にいう「不当に」）の要件事実論的解釈である。

「法律要件を記載内容の抽象度に応じ，抽象度の低いものを事実的要件，抽象度の高いもの（およそ事実と観念できないもの）を評価的要件（そのうち規範的評価を内容とするものを規範的要件）と分類することには，おそらく異論がないと思われる。」[38] といわれるが，規範的要件とは，「規範的評価の成立が所定の法律効果の発生要件となっている」法律要件をいい，それは「法文上，その発生要件を前記〔＝過失，重過失，正当理由，正当事由，背信性，信義誠実，権利の濫用，公序良俗違反など〕のような一般的・抽象的概念を用いて表現する」ものである[39]。このような理解によれば，不当性要件が「不当に」という不確定法概念を用いて規定されていることからすると，不当性要件が規範的要件に該当することにも，おそらく異論がないであろう[40]。不当性要件に関する要件事実論がおそらく初めて正面から争われたものと思われるIBM事件においても，後でみるように，当事者だけでなく裁判所も不当性要件が規範的要件であることを前提にして主張及び判断を行っている。

規範的要件において，「規範的評価を成立させるためには，その成立を根拠づける具体的事実が必要である」[41]が，そのような事実は評価根拠事実と呼ばれる。規範的要件の要件事実すなわち主要事実については，当該規範的評価それ自体を主要事実とみて，その評価に係る評価根拠事実を間接事実とみる見解（間接事実説）がかつては有力であったが，最近では，「規範的評価自体は，具体的事実が当該規範的要件に当てはまるという法的判断であり，主要事実ではない」ことから，評価根拠事実を主要事実とみる見解（主要事実説）が有力となっている，といわれている[42]。本稿における問題関心は，間接事実説と主要事実説とを一般的・抽象的に比較検討すること[43]にではなく，IBM事件における

---

[38] 難波孝一「規範的要件・評価的要件」伊藤＝難波編・前掲注（＊1）197頁・201頁。
[39] 司法研修所編・前掲注（＊1）30頁。
[40] 今村・前掲注（＊2）72頁も参照。
[41] 司法研修所編・前掲注（＊1）30頁。
[42] 司法研修所編・前掲注（＊1）31頁。村田渉＝山野目章夫編著『要件事実論30講〔第3版〕』（弘文堂，2012）90頁は主要事実説を「通説的見解」とする。
[43] 詳しくは，司法研修所編・前掲注（＊1）31〜33頁，難波・前掲注（＊38）210〜217頁，村田＝山野目編著・前掲注（＊42）89〜92頁等参照。

第4 租税回避否認規定における規範的要件に関する要件事実論のあり方

両当事者の主張や裁判所の判断に即して，不当性要件という規範的要件の主要事実の内容や評価根拠事実の位置づけを検討し，もって要件事実論の実体法的限界（課税要件法の要件事実論的解釈の限界）を明らかにすることにある。

2 IBM事件における不当性要件の要件事実論的解釈の整理

IBM 事件では，関係会社間の自己株式取得に伴うみなし配当（益金不算入）に対応する譲渡損（による繰越欠損金）の連結納税への持込みによる連結法人税額の減少に対する法人税法 132 条 1 項の適用が争われているが，以下では，まず，国，納税者及び裁判所のそれぞれによる不当性要件の解釈を要件事実論の観点から整理することにする[*44]。

第 1 審の東京地判平 26・5・9（判タ 1415 号 186 頁）は，「同項〔法人税法 132 条 1 項〕は，その趣旨，目的に照らすと，上記の『法人税の負担を不当に減少させる結果になると認められる』か否かを，専ら経済的，実質的見地において当該行為又は計算が純粋経済人の行為として不合理，不自然なものと認められるか否かを基準として判定し，このような客観的，合理的基準に従って同族会社の行為又は計算を否認する権限を税務署長に与えているものと解するのが相当である（最高裁昭和 53 年判決参照）。」として，最判昭 53・4・21（訟月 24 巻 8 号 1694 頁）（以下「昭和 53 年最判」という）を参照する判示を行ったうえで，「被告は，本件において，本件各譲渡を容認して法人税の負担を減少させることは法人税法 132 条 1 項にいう『不当』なものと評価されるべきである旨主張し，その評価根拠事実として，①原告をあえて日本 IBM の中間持株会社としたことに正当な理由ないし事業目的があったとはいい難いこと，②本件一連の行為を構成する本件融資は，独立した当事者間の通常の取引とは異なるものであること及び③本件各譲渡を含む本件一連の行為に租税回避の意図が認められることを挙げるから，順次検討を加える」こととし，その結果，いずれの評価根拠事実も認定することができないことから，「本件においては，本件各譲渡を容認

[*44] IBM 事件に関する判例評釈等は多数公表されているが，要件事実論の観点を必ずしも前面には出していないものの，本稿と共通の問題意識に基づく検討がされているように思われるものとして，太田洋「IBM 事件東京高裁判決の検討」国際税務 35 巻 9 号（2015）80 頁，同編『M&A・企業組織再編のスキームと税務―M&A を巡る戦略的プランニングの最先端〔第 3 版〕』（大蔵財務協会，2016）747～755 頁〔同〕，大淵博義＝太田洋「〈対談〉法人税法 132 条，132 条の 2 とその運用の捉え方―ヤフー事件，IBM 事件を踏まえて」税務弘報 64 巻 1 号（2016）8 頁・10～13 頁〔太田洋発言〕参照。

第3部　租税訴訟における要件事実論の視点からの各論的課題
第3章　租税回避否認規定に係る要件事実論

して法人税の負担を減少させることが法人税法132条1項にいう『不当』なものと評価されるべきであると認めるには足りないというべきである。」と結論づけた（以下で用いる①②③は上で引用した判決文中のものである）。

第1審段階における国（被告）の主張が間接事実説又は主要事実説のいずれに基づくものかは必ずしも明らかでないように思われる[*45]（東京地裁は弁論主義に従って事実認定をしたにとどまるのであろう）が，控訴審段階では，国（控訴人）は評価根拠事実について間接事実説の立場に立って主張を行っていると解される。東京高判平27・3・25（判時2267号24頁）によれば，国は「同族会社の行為又は計算が，独立かつ対等で相互に特殊な関係にない当事者間で通常行われる取引（以下『独立当事者間の通常の取引』という。）とは異なり，当該行為又は計算によって当該同族会社の益金が減少し，又は損金が増加する結果となる場合には，<u>特段の事情がない限り，経済的合理性を欠くものというべきである</u>。控訴人は，原審において，本件一連の行為の不当性を強調するあまり，上記①及び③の各評価根拠事実の主張をしたが，これを撤回する。」（下線は筆者による）と主張したが，この引用文の前段では，前記②の評価根拠事実について「特段の事情」により「経済的合理性の欠如」の推認が覆される余地[*46]を認めていることからすると，この評価根拠事実は間接事実と位置づけられていると解されるのである。

これに対して，納税者（被控訴人）は，「控訴人の主張は，法人税法132条1項の適用範囲を過度に拡大して，税務署長に包括的，一般的，白地的な課税処分権限を付与するに等しく，租税法律主義に違反するというべきである。」，「すなわち，『独立当事者間の通常の取引と異なる』ことを主張立証しさえすれば，具体的な意味で『経済的合理性を欠く』ことを主張立証する必要がなくなるというのであれば，税務署長は，<u>『純粋経済人の行為又は計算として不合理，不自然なもの』という不当性を基礎付ける事実</u>の立証負担なしに不当性を認定し得ることになる。しかし，租税回避行為の是正という法人税法132条1項の趣旨等に照らしても，そのような税務署長の立証負担を軽減するような解釈は許されない。」（下線は筆者による）と主張した。この主張は，「経済的合理性の欠如」

[*45]　第1審判決の「別紙6　被告の主張の要点」はLEX/DB【文献番号】25503893で確認した。
[*46]　伊藤・前掲注（[*28]）79頁は「間接事実による推認には，常にその推認が覆される可能性の存在することを否定できない。」と述べている。今中道信「事実認定について」司法研修所論集76号（1985）31頁・38頁も同旨。

が，不当性要件について昭和53年最判が解釈によって導き出した要件事実であり，かつ，評価根拠事実であるという理解に基づく主張であり，したがって，主要事実説に基づく主張であると解される。

両当事者の以上の主張に対して，東京高裁は，昭和53年最判と最判昭59・10・25（裁判集民事143号75頁）を参照したうえで，「同項〔法人税法132条1項〕が同族会社と非同族会社の間の税負担の公平を維持する趣旨であることに鑑みれば，<u>当該行為又は計算が，純粋経済人として不合理，不自然なもの，すなわち，経済的合理性を欠く場合には，独立かつ対等で相互に特殊関係のない当事者間で通常行われる取引（独立当事者間の通常の取引）と異なっている場合を含むものと解するのが相当であり</u>，このような取引に当たるかどうかについては，個別具体的な事案に即した検討を要するものというべきである。」（下線は筆者による）という判断を示した。これによれば，「独立当事者間の通常の取引と異なっていること」という前記②の評価根拠事実は，上記の最高裁判例が解釈によって導き出した「経済的合理性の欠如」と同じく，要件事実であると解されるので，上記の判断は主要事実説に基づく判断であると解される。このことは，次にみるように東京高裁が前記①及び③の事実を要件事実すなわち主要事実から明示的に除外する旨の判断を示していることからも，（消極的な意味においてではあるが）裏づけられるであろう。

3　IBM事件における不当性要件の要件事実論的解釈の検討

東京高裁が前記①及び③の事実を要件事実（主要事実）から除外した理由は以下のようなものである。すなわち，東京高裁は，法人税法132条1項の文言やその前身である昭和25年改正前法人税法34条1項からの改正の経緯を考慮して，「法人税法132条1項の『不当』か否かを判断する上で，同族会社の行為又は計算の目的ないし意図も考慮される場合があることを否定する理由はないものの，他方で，被控訴人が主張するように，当該行為又は計算が経済的合理性を欠くというためには，租税回避以外に正当な理由ないし事業目的が存在しないと認められること，すなわち，専ら租税回避目的と認められることを<u>常に要求し，当該目的がなければ同項の適用対象とならないと解することは，同項の文理だけでなく上記の改正の経緯にも合致しない。</u>」（下線は筆者による）と判示している。この判示のうち「他方で」の前の部分は，①及び③が要件事実

（主要事実）ではないが間接事実ではあることを認めるものと解され，その意味では妥当である。ただ，「他方で」の後の部分は，以下で述べるように，納税者の主張に関する誤解に基づくものではないかと思われる。

　納税者は，「同族会社の行為又は計算が経済的合理性を欠く場合とは，当該行為又は計算が，異常ないし変則的であり，かつ，租税回避以外に正当な理由ないし事業目的が存在しないと認められる場合であることを<u>要する旨</u>」（下線は筆者による）を主張したが，この主張は，不当性要件に関する現在の通説的見解に基づくものと解される。通説的見解は，必ずしも要件事実論を明確に意識した表現にはなっていないが，不当性要件から判例をふまえ解釈により経済合理性の欠如を「抽象的な基準」（要件事実論の観点からは要件事実・評価根拠事実）として導き出したうえで，「<u>行為・計算が経済的合理性を欠いている場合とは，それが異常ないし変則的で租税回避以外に正当な理由ないし事業目的が存在しないと認められる場合のことであり</u>，独立・対等で相互に特殊関係のない当事者間で行われる取引（アメリカ租税法で arm's length transaction（独立当事者間取引）と呼ばれるもの）とは異なっている取引には，それにあたると解すべき場合が少なくないであろう。この規定の解釈・適用上問題となる主要な論点は，当該の具体的な行為計算が異常ないし変則的であるといえるか否か，その行為・計算を行ったことにつき正当な理由ないし事業目的があったか否か，および租税回避の意図があったとみとめられるか否か，である。」[*47]（下線は筆者による）と説いている。

　納税者の主張と通説的見解の下線部とは，最後の部分（「……場合であることを要する」と「……場合のことであり」）以外は，基本的に同じ内容である。通説的見解の下線部に続く文章を要件事実論の観点から読むと，1つ目の文章は，②が経済的合理性の欠如を推認させる間接事実であることを述べていると解され，その次の文章で「この規定の解釈・適用上問題となる主要な論点」として挙げられている3つの論点は，経済的合理性の欠如を推認させる間接事実に関する論点であると解される（「当該の具体的な行為計算が異常ないし変則的であるといえるか

[*47] 本文での引用部分は，本稿脱稿時（2016年2月末）における金子宏『租税法』（弘文堂）の最新版（〔第20版〕(2015)）471〜472頁からの引用であり，本文で述べたように，同頁で示されていた見解に，IBM事件における納税者の主張は基づくものと解されるが，その引用部分の最後の文章は，金子・前掲注（*8）478頁では修正され，その後に「本書17版以降，従来の説を修正し，3つの基準を挙げてきたが，第3の基準（租税回避の意図があったか否かの基準）は，第2の基準の主観的側面であり，いわば繰り返しであるから，この版以降は削除する」との括弧書が追加されている。

第4　租税回避否認規定における規範的要件に関する要件事実論のあり方

否か」は，表現は異なるが②に関する論点であると解される）。そうすると，通説的見解の下線部は，要件事実論の観点からみると，経済的合理性の欠如という主要事実（評価根拠事実）と間接事実とを「媒介」するために挿入された，経済的合理性の欠如の「換言文（paraphrase）」であると解される*48。

　通説的見解に関する以上のような理解によれば，納税者の主張にいう「要する」は，先に引用した判示にいう「常に要求〔する〕」ことあるいは後で引用する判示にいう「要件」のような強い意味はもたないと考えられる。このことは，納税者の次のような主張からも，いえるように思われる。すなわち，納税者は「仮に，僅かでも独立当事者間の通常の取引と異なるところがあれば，取引における取引価格その他の経済条件が具体的に経済的合理性を欠くか否かの検討を要せず，また，その差異がどれほど重要なものであるかを吟味せずとも，同項の適用が可能になるとすれば，同項の適用範囲を過度に拡大することになる。そのような解釈は，課税庁の立証負担を不当に緩和し，否認されるべきでない行為を適用対象とするもので，租税法律主義に違反する。」（下線は筆者による）と主張しているが，この主張からすると，②の事実は「経済的合理性の欠如」という評価根拠事実（主要事実）を推認させる間接事実として捉えられていると解される。しかも「取引における取引価格その他の経済条件」には②だけでなく①や③の事実も含まれる（ほかにもあり得る）と解されるが，そうすると，納税者の主張は，不当性要件という規範的要件について，「経済的合理性の欠如」を主要事実，前記①②③等を間接事実とみる考え方*49に基づく主張であると解される。

---

*48　このような理解は，金子・前掲注（*8）の〔第16版〕（2011）までの叙述との対比からも成り立つように思われる。確かに，本文で「換言文」と理解した部分は，〔第16版〕では，「行為・計算が経済的合理性を欠いている場合とは，それが異常ないし変則的で租税回避以外に正当な理由ないし事業目的が存在しないと認められる場合のみでなく，独立・対等で相互に特殊関係のない当事者間で通常行われる取引（アメリカ租税法で arm's length transaction（独立当事者間取引）と呼ばれるもの）とは異なっている場合をも含む，とするのが妥当であろう。」（421頁。下線は筆者による）とされていたが，しかし，その文章に「したがって」で接続されていた文章では，本文で引用したような「この規定の解釈・適用上問題となる主要な論点」（要件事実論の観点からみると間接事実）ではなく，「否認の要件」（要件事実）が論じられていたことからすると，要件事実論の観点からすると，〔第16版〕以前は，「換言文」は，間接事実との「媒介」のために挿入されていたのではなく，それ自体の中で間接事実を記述するものであったと解される。この点について，大淵＝太田・前掲注（*44）12頁〔太田発言〕も参照。

*49　谷口勢津夫「ヤフー事件東京地裁判決と租法の解釈適用方法論—租税回避アプローチと制度（権利）濫用アプローチを踏まえて」税研177号（2014）20頁・27〜28頁参照。「経済的合理性の欠如」という概念は抽象度が高いからといって，これを事実的概念から区別して評価的概念として扱うことは，租税法律主義の下での要件事実論としては許されないことについては，谷口勢津夫「租税回避論の現代的課題」第67回租税研究大会記録2015『税制改革と国際課税（BEPS）への取組』（日本租税研究協会，2015）143頁・158頁参照。

第 3 部　租税訴訟における要件事実論の視点からの各論的課題
第 3 章　租税回避否認規定に係る要件事実論

　ところで，前記判示のうち「他方で」の後の部分（納税者の主張に関する以上で述べたような誤解）よりも問題なのは，その部分の後に段落を変えて「しかも」で接続して示された判断である。すなわち，「法人の諸活動は，様々な目的や理由によって行われ得るのであって，必ずしも単一の目的や理由によって行われるとは限らないから，同族会社の行為又は計算が，租税回避以外に正当な理由ないし事業目的が存在しないと認められるという<u>要件の存否の判断</u>は，極めて複雑で決め手に乏しいものとなり，被控訴人主張のような解釈を採用すれば，<u>税務署長が法人税法 132 条 1 項所定の権限を行使することは事実上困難になる</u>ものと考えられる。そのような解釈は，同族会社が少数の株主又は社員によって支配されているため，当該会社の法人税の税負担を不当に減少させる行為や計算が行われやすいことに鑑み，<u>同族会社と非同族会社の税負担の公平を図るために設けられた同項の趣旨</u>を損ないかねないものというべきである。」（下線は筆者による）。

　この判示からすると，東京高裁の判断のより根本的な問題は，前記 2 の最後でみたように，経済的合理性の欠如には②を「含む」とする理由すなわち②を要件事実（主要事実）に含める理由として援用されている法人税法 132 条 1 項の趣旨（「同族会社と非同族会社の間の税負担の公平を維持する趣旨」）と同じ内容の趣旨が，①及び③を要件事実（主要事実）から除外する理由として援用されている点にあると考えられる。そもそも，同じ趣旨をもって①及び③と②とを別異に扱うのはなぜであろうか。この点，①及び③に関する前記判示（特に前段）と，②に関する「上記解釈〔＝経済的合理性の欠如には②を含むという解釈〕は，当該客観的，合理的基準〔＝経済的合理性の欠如〕をより具体化するもの」という判示とを対比すると，東京高裁は，納税者が許されないと主張する「税務署長の立証負担を軽減するような解釈」に関する国の主張を採用したものと解さざるを得ない。そのような解釈は，制度趣旨の考慮に基づき立証責任の分配の観点から行われる，まさに要件事実論的解釈そのものである。

　東京高裁は②を，経済的合理性の欠如という要件事実（主要事実）を「より具体化するもの」と捉えているのであるから，経済的合理性の欠如を推認させる間接事実として②を位置づけるのが論理的かつ妥当であると考えられる。もっとも，この点については，東京高裁は国の主張との関係を考慮したのかもしれない。すなわち，国は控訴審では，「法人税法 132 条 1 項の文理解釈及び改正経

第4 租税回避否認規定における規範的要件に関する要件事実論のあり方

緯からすれば，同項の適用に当たり，同族会社に租税回避の意図があることは要件ではない。」ことを理由にして，②のみを評価根拠事実とする主張に切り替えたが，ただ，それは間接事実説に基づく主張であったため，東京高裁としては，一方では，国の主張の理由については，既にみたように，その妥当性を認めつつも，他方では，「〔間接事実説の立場に立って，攻撃防御の〕対象となった事実以外にも自由心証の場を拡張することは過度に裁判官の権限を認めることになり，相当ではない」*50 との考慮に基づき，主要事実説の立場から，②を評価根拠事実として主要事実に「格上げ」したのかもしれない。もしそうであるならば，確かに，主張立証の対象が②に限定され，「自由心証の場」の拡張は回避できるであろうが，しかし，②の主要事実への「格上げ」は別の問題を惹起することになる。それは，その「格上げ」が実体法（補充的課税要件規定としての租税回避否認規定）に「投影」され，その結果，不当性要件の要件事実を，①②③等を間接事実とする推認による総合判断を許容する「経済的合理性の欠如」という要件事実から，②の主張・立証による判断しか許容しない要件事実へと「変質・変容」させてしまう，という問題である。不当性要件の要件事実のそのような「変質・変容」は，「一足飛びに」*51 論理を飛躍させたとみられても致し方ないであろう。

東京高裁の判断は，要件事実論の観点からすれば，結局のところ，主要事実としての経済的合理性の欠如には②を「含む」としつつ，経済的合理性の欠如を「より具体化するもの」としての②が，経済的合理性の欠如に関する①や③の間接事実による推認を排除するという自家撞着に陥っているように思われる*52 だけでなく，そもそも，そこで行われている要件事実論的解釈は，不当性要件について経済的合理性の欠如を要件事実としてきた従来の学説・判例の解釈に反し，その要件事実を前述のように「変質・変容」させることによって不当性要件の射程を「大きく拡張するもの」*53 であり，納税者が主張するように，租税法律主義に違反すると考えられる。

---

*50 難波・前掲注（*38）214～215頁。
*51 内容は異なるが，ヤフー事件・東京地判平26・3・18判時2236号25頁・訟月60巻9号1857頁及び東京高判平26・11・5訟月60巻9号1967頁についても，規範的要件に関する要件事実論の観点からは，「木に竹を接いだ」ような自家撞着問題があると考えられる。この点については，谷口・前掲注（*49）27～28頁参照。
*52 太田・前掲注（*44）86頁，同編・前掲注（*44）751頁。
*53 太田・前掲注（*44）88頁，同編・前掲注（*44）753頁。大淵＝太田・前掲注（*44）11頁〔太田発言〕は，「これまで学説や実務が指針としてきた基準が全く使えない」，「租税回避行為とされる『外縁』が，無限定に拡大してしまっている」と述べている。

第5　おわりに

　以上において，租税回避事案における要件事実論の法創造機能について検討してきた。確かに，課税要件法が要件事実論的解釈によって再構成されて定立（創造）された裁判規範が，主張立証責任の分配等を通じて「租税争訟制度を有効に機能させ」，もって「租税法律主義の要請を実質的に保障する」*54ことになるので，その意味では租税訴訟における要件事実論それ自体の機能・有用性は認めるべきであろう。しかし，私法上の法律構成による否認論や租税回避否認規定における規範的要件に関する要件事実論についてみたように，課税要件法の要件事実論的解釈によって定立（創造）された裁判規範が，課税要件法に「投影」されることによって，課税要件法が「創造」されたのと同じ結果がもたらされる場合には，要件事実論の法創造機能は租税法律主義の下での厳格解釈の要請（文理解釈の重視）*55に反し許容されない。要件事実論が実体法の解釈論を前提とするものである以上，要件事実論も実体法の解釈に関する制約に服することになるが，課税要件法の解釈においては租税法律主義の下での厳格解釈の要請こそが，その制約である。

　このように，租税訴訟，とりわけ租税回避事案における要件事実論については，その機能・有用性と限界とを慎重に見極めることが必要であろう*56。要件事実論的解釈は，制度趣旨ないし法の目的を考慮して行われるものであるから，法解釈方法論の観点からは目的論的解釈の一種とみることができるが，租税回避事案における租税法規の目的論的解釈の限界は緩やかになりがちであることを考えると，特に慎重な見極めが必要であると考えるところである*57。

---

*54　増田英敏「租税法における要件事実論の有用性―租税法律主義の視点から」伊藤編・前掲注（*2）101頁・116頁。租税争訟と租税法律主義との関係については，金子・前掲注（*8）959頁参照。
*55　最判平27・7・17判タ1418号86頁・判時2279号16頁は「租税法律主義の原則に照らすと，租税法規はみだりに規定の文言を離れて解釈すべきものではない」とする。最判昭48・11・16民集27巻10号1333頁・判タ303号146頁・判時725号33頁，最判平22・3・2民集64巻2号420頁・判タ1323号77頁・判時2078号8頁も同旨。
*56　司法研修所編・前掲注（*1）2頁は，民事訴訟についてさえ，「要件事実のみで民事訴訟が行えるものでないことは当然のことであり，要件事実の意義を過大に評価することは戒めなければならない。」と述べているが，租税法律主義の下で行われる租税訴訟についてはなおさらである。
*57　租税回避事案における租税法規の目的論的解釈の限界については，谷口勢津夫「租税回避と税法の解釈適用方法論―税法の目的論的解釈の『過形成』を中心に」岡村編・前掲注（*11）1頁参照。

第4章

所得税法における要件事実論

田 中　治

第1　はじめに
第2　課税対象
第3　納税義務者
第4　人的帰属
第5　時間的帰属
第6　おわりに

第1　はじめに

　本稿は，所得税法（以下「法」という場合もある）における要件事実論の展開を検討するにおいて，実体法としての所得税の制度趣旨をどのように捉えるか，ということを中心に論じる。その際，大きく，①所得税の課税対象，②納税義務者，③人的帰属，④時間的帰属をめぐる紛争例を素材に，検討する。

　以下では，上記4つの検討対象につき，所得税法がどのように規定しているか，その制度趣旨は何か，を確認しながら考察を進める。とはいえ，紙数及び能力の関係で，所得税の基本構造に沿った全面的な制度趣旨の検討はよくするところではない。もっぱら近時において争われた事件のうち，興味深いもののいくつかを選んで叙述するにとどまらざるを得ない。

第2　課税対象

　今日，所得課税においては，包括的所得概念の下，純所得を算定する。一般に，納税者の経済力の増大をもたらすものが所得と観念される。所得税においては，所得を10の種類に分けるが，そのうえで，基本的には，原則として各

種の所得を総合して課税標準を算定し，これに税率をかけて税額を算定する。各種所得の金額の算定の基本的な仕組みは，収入金額から必要経費を控除する。以下においては，若干の具体的な紛争例を素材に検討をする。

1 損害賠償金の非課税所得該当性

非課税所得は課税物件の範囲外であって，課税所得計算に入れない。非課税所得は，社会政策的考慮，実費弁償的性格の考慮，担税力の考慮，教育文化等の奨励等の理由から所得税法等において定められている。

近時において，商品先物取引に関し商品取引員から不法行為に基づく損害賠償金として受け取った和解金が，法9条1項17号が定める，「突発的な事故により資産に加えられた損害に基因して取得するものその他の政令で定めるもの」に当たるかどうかが争われた例がある[*1][*2]。本件損害賠償金が，所得税法施行令30条2号に定める「不法行為その他突発的な事故により資産に加えられた損害につき支払を受ける損害賠償金」に該当するかどうか，非課税所得の除外規定である同令94条1項2号所定の補償金に当たるかどうか，等が争われた。課税庁は，不法行為に基づく損害賠償金は突発事故，つまり相手の合意を得ない，予想されない災害等に基因する等の限定的なものに限られる，本件損害賠償金は，所得稼得活動たる業務から得られる経済的価値の流入であって，「収入金額に代わる性質を有するもの」に当たり，それゆえ非課税所得から除外されるべきである，などとして，当該損害賠償金を雑所得として課税処分に及んだ事件である[*3]。

裁判所は，課税庁の主張を退け，基本的に納税者の請求を認めた。例えば，名古屋地判平21・9・30（判タ1359号137頁・判時2100号28頁）は次のように述べる。①「しかしながら，施行令30条2号は，『不法行為その他突発的な事故』と規定しているのであり，『不法行為その他の突発的な事故』と規定しているのではない。法令における『その他』と『その他の』の使い分けに関する一般的な用語法に照らせば，同号において『不法行為』と『突発的な事故』は並列関係にあるものとして規定されていると解されるのであって，文言上，同号に

[*1] 福岡高判平22・10・12 税務訴訟資料260号順号11530。
[*2] 名古屋高判平22・6・24 税務訴訟資料260号順号11460。
[*3] 山本洋一郎「損害賠償金の課税をめぐる実務研究」自正61巻2号（2010）26頁。

第 2　課税対象

いう『不法行為』を被告が主張するように限定的に解すべき根拠はない。また，不法行為の態様が，突発的な事故ないしそれと同様の態様によるものであるか，又はそれ以外の態様によるものであるかによって，当該不法行為に係る損害賠償金の担税力に差異が生ずるものではないから，損害賠償金が非課税所得とされている立法趣旨に照らしても，同号にいう『不法行為』は突発的な事故と同様の態様によるものに限られると解する理由はない。」

②「施行令94条1項柱書きは，『不動産所得，事業所得，山林所得又は雑所得を生ずべき業務を行なう居住者が受ける次に掲げるもので，その業務の遂行により生ずべきこれらの所得に係る収入金額に代わる性質を有するものは，これらの所得に係る収入金額とする。』と定め，同項2号は『当該業務の全部又は一部の休止，転換又は廃止その他の事由により当該業務の収益の補償として取得する補償金その他これに類するもの』と定めているから，同号所定の補償金等に該当するものは，休業補償，収益補償等の事業の遂行による得べかりし利益に代わるものであって，実損害を補てんするための損害賠償金がこれに含まれると解することはできない。

本件和解金は，原告に生じた実損害を補てんするための損害賠償金であるから，施行令94条1項2号所定の補償金等に当たるということはできず，被告の上記主張は採用することができない。」

本件損害賠償金に係る裁判所のこのような理解は，妥当と思われる。

第1に，一連の判決は，当該非課税規定の立法趣旨に照らして，「当該不法行為に係る損害賠償金の担税力に差異が」生じるものではないとする。その担税力の意味はやや不分明なところがあるが，その後に述べているように，本件損害賠償金は，納税者に生じた「実損害を補てんする」にすぎず，突発的な事故によるものであれ，それ以外の不法行為によるものであれ，いずれも課税を正当化し得る担税力をもつものではない，とするものであろう。納税者が取得した経済的価値のすべてが所得を構成するものではない。原資の維持に必要な部分は所得を構成しない。保険金や損害賠償金も損害の回復であって，所得ではないというべきである[*4]。

第2に，一連の判決は，不法行為による損害賠償金は，突発的な事故による損害でない場合であっても，それが継続的な取引において損害を受けた者との

[*4]　金子宏『租税法〔第21版〕』（弘文堂，2016）186頁。

間の合意に基づくものであっても，その損害賠償金の実質が損害を補てんするものであれば非課税所得に該当する旨を明言している。このような裁判所の態度は，広く，消費者被害を含む不法行為によって損害を被った者への被害回復金は非課税であることを裁判所が基本的に承認するものといえる[*5]。

2 弁護士会役員の活動費等の必要経費該当性

法37条は必要経費の通則的規定である。法37条1項においては，必要経費は売上原価のように収入に直接対応させる費用（個別対応）と，販売費，一般管理費のようにその年分の費用（一般対応ないし期間対応）とに分かれる。個別対応となる売上原価等については，「当該収入金額を得るため直接に要した費用の額」と定められているのに対し，販売費，一般管理費のような期間対応の費用については，「直接」性の要件は定められていない。規定のうえでは，販売費等に関する必要経費は，販売あるいは一般管理に「伴って」生じたすべての費用を意味するのであって，収入金額への対応関係は求められていないことに注意する必要がある[*6]。

昭和40年の所得税法の全文改正を経て，今日では，所得税法における必要経費の規定は，法人税法における損金の規定とほぼ平仄が合った内容（なお，所得税法上，損失については形式上別段の定めとして法51条で定めている）となっている[*7]。このような状況下において，必要経費該当性の説明の仕方には，大別して，①収入金額との直接的関連性を求める観点から「収入（金額）を得るために必要な支出」とするもの，②所得を生まない（もっぱら損失を生じる）場合において必要経費該当性を否定する傾向をもつ，「所得（金額）を得るために必要な支出」とするもの，③事業活動との何らかの結びつきがある限り必要経費該当性を認めようとする「事業遂行上必要な支出」とするもの，がある。これら三者の区分はそれほど絶対的なものではないが，所得税法の改正の歴史や必要経費に係る法の規定ぶりからすれば，上記のうち，最後の考え方に沿って必要経費該当性を検討することが適切と考える。

[*5] 山本洋一郎「ライブドア被害回復金と課税」租税訴訟8号（2015）261頁。なお，ライブドアの有価証券報告書への虚偽記載が公表されたことで株価が暴落して被害を被ったために得た損害賠償金を非課税所得と判示したものに，神戸地判平25・12・13判時2224号31頁がある。
[*6] 武田昌輔監修『DHCコンメンタール所得税法』（第一法規，加除式）3300〜3301頁。
[*7] 注解所得税法研究会編『注解所得税法〔5訂版〕』（大蔵財務協会，2011）968頁。

第2　課税対象

　事業との直接的関連が争われた事件として，弁護士会役員の立候補費用，接待交際費等をめぐる紛争がある。これに関して，第1審[*8]の判断と控訴審[*9]の判断は対立した。最終的に控訴審の判断が確定し，納税者の請求が基本的に認められた。

　本件は，ある弁護士が弁護士会の役員として活動するに際して支出した，酒食を伴う懇親会費，日弁連副会長立候補費用，日弁連副会長として支出した日弁連事務次長への香典等の費用につき，課税庁がすべてこれらを認めないとする課税処分をしたところ，納税者がその取消しを求めて提訴した事件である。これに関し，第1審判決は，課税庁の主張をほぼ認め，必要経費該当性の判断基準は，「本件各支出が原告の事業所得を生ずべき業務と直接関係し，かつその業務の遂行上必要であることを要するということになる」旨判示するとともに，弁護士会活動は，弁護士個人にとって，営利性，有償性を有するものではなく，その成果は弁護士会全体に帰するものであって，所得税法上の「事業」とはいえない，とした。

　これに対し，控訴審判決は，①法施行令96条1項が，家事関連費のうち必要経費に算入できるものについて，事業所得を生ずべき「業務の遂行上必要」であることを求めているように，「ある支出が業務の遂行上必要なものであれば，その業務と関連するものでもあるというべきである。それにもかかわらず，これに加えて，事業の業務と直接関係を持つことを求めると解釈する根拠は見当たらず，『直接』という文言の意味も必ずしも明らかではないことからすれば，被控訴人の上記主張は採用することができない。」，②弁護士会と個々の弁護士は別人格であるが，弁護士会は会員である弁護士がいわば義務的に多くの経済的負担を負うことによって成り立つものであり，その費用が，「弁護士会等の役員等の業務の遂行上必要な支出であったということができるのであれば，その弁護士としての事業所得の一般対応の必要経費に該当すると解するのが相当である。」などと判示した。そのうえで，個別的に，弁護士会等の公式行事後に催される懇親会等に出席する場合で，金額が過大であるとはいえないときは，社会通念上「その役員等の業務の遂行上必要な支出であったと解するのが相当である」，「〔弁護士会等の役員に〕立候補するために不可欠な費用であれ

[*8]　（第1審）東京地判平23・8・9判タ1383号204頁・判時2145号17頁。
[*9]　（控訴審）東京高判平24・9・19判タ1387号190頁・判時2170号20頁。

ば，その弁護士の事業所得を生ずべき業務の遂行上必要な支出に該当する」が，その余の費用（自らへの投票を呼びかける活動のための支出）はこれに該当しない，などと判示した。

上記の裁判所の考え方のうち，基本的には，高裁のそれが妥当と考える。

第1に，それぞれの判決の判断基準の法的根拠の有無に関して，第1審判決のいう「直接性」の要件は，明文の根拠規定をもたない。これに対して，高裁の判断は，法37条1項前段（個別対応）には，「直接」という文言があるが，後段（一般対応）にはないこと，法施行令96条1号には事業所得を生ずべき「業務の遂行上必要」と規定されていることに着目し，厳格な文理解釈によったものということができるであろう。控訴審判決は，このように，必要経費該当性の判断においては，業務の遂行上必要かどうかで判断すべきことを明示した点において意味がある。とはいえ，控訴審判決においては，その一部において「業務と関連する」，「密接な関係」を多少なりとも要するかのような叙述があるが，このような関連論は，高裁のいう必要論を徹底すれば本来不要なものというべきであろう。

第2に，所得課税の観点から，弁護士個人の事業と弁護士会の会務活動とをどのように区別し，あるいは関連づけるかという問題がある。第1審判決は両者を峻別し，会務活動は営利性，有償性をもたず，所得税法にいう「事業」に当たらないとする。これに関して控訴審判決は，個々の弁護士と弁護士会とは異なる人格であるとしつつ，会務活動に対する支出でも，「弁護士会等の役員の業務の遂行上必要な支出」であれば，個人としての弁護士活動の業務の遂行上必要な経費であるという。控訴審判決はややはっきりしないところがあるが，弁護士会の役員活動は，強制加入制度の下，弁護士の社会的信頼等の維持を通して，弁護士個人の利益につながるものであり，当該利益に資するための支出であれば，弁護士個人の必要経費を構成するとするものであろう。しかしながら，一定の支出が，弁護士会の役員等の業務遂行に必要であるということと，弁護士個人が行う事業所得を生ずべき業務の遂行上必要であるということとは，同視できるものではない。必要経費該当性の判断には，当該事業者が事業所得を得るうえで必要かどうか，という一点で判断をすべきだと考える。

問題は，加入強制のない団体の役員活動（医師会の活動など）において支出した金員は，必要経費に当たるかどうかである。自由業，自営業等を営むにおい

て，集団的に業界の利益を維持し，あるいはこれを主張することを目的に，業界及び社会を相手に種々の活動をすることはごく普通にみられるものである。役員等としてその活動のために支出した金員は，当該個人の利益獲得活動への寄与にとって強弱はあり得るとしても，それが基本的に，当該個人の利益獲得活動の一環を構成する限り，必要経費性をもつというべきであろう[*10]。

3　外れ馬券の必要経費該当性

　所得税においては，所得区分のいかんによって，納付すべき税額が変動する場合がある。例えば，一般に一時所得に区分される場合，2分の1課税によって税負担は軽減されるが，他方で，収入金額から「その収入を得るために支出した金額」（所税34条2項）を控除し得るにとどまり，必要経費としての控除はできないと解されている。馬券を自動的に購入できるソフトを使用してインターネットを介して長期間にわたり多数回かつ頻繁に網羅的な購入をし，当たり馬券によって多額の利益を得ていた者に関して，その所得区分が問題となった。本件は刑事事件である。納税者が競馬の払戻金に係る所得を申告していなかったところ，検察官は，これが一時所得に当たるとして，当たり馬券の購入費を控除した後に，これに対応して，納付すべき税額は約5億7000万円であると主張した。これに対して，納税者は，本件所得は雑所得であって，その所得金額は，外れ馬券の購入金額を含めた全馬券の購入金額を控除すべきであって，その結果，納付すべき税額は，約5000万円となると主張した。

　裁判所は，すべての審級において，納税者の主張を認めた[*11]。最判平27・3・10（刑集69巻2号434頁・判タ1416号73頁・判時2269号125頁）は次のように述べている。①「所得税法上，営利を目的とする継続的行為から生じた所得は，一時所得ではなく雑所得に区分されるところ，営利を目的とする継続的行為から生じた所得であるか否かは，文理に照らし，行為の期間，回数，頻度その他の態様，利益発生の規模，期間その他の状況等の事情を総合考慮して判断するのが相当である。」。②「所得税法の沿革を見ても，およそ営利を目的とする継続的行為から生じた所得に関し，所得や行為の本来の性質を本質的な考慮要素と

[*10]　田中治「家事関連費の必要経費該当性」税務事例研究143号（2015）56頁。
[*11]　第1審は，大阪地判平25・5・23刑集69巻2号470頁，控訴審は，大阪高判平26・5・9刑集69巻2号491頁・判タ1411号245頁。

して判断すべきであるという解釈がされていたとは認められない上，いずれの所得区分に該当するかを判断するに当たっては，所得の種類に応じた課税を定めている所得税法の趣旨，目的に照らし，所得及びそれを生じた行為の具体的な態様も考察すべきであるから，当たり馬券の払戻金の本来的な性質が一時的，偶発的な所得であるとの一事から営利を目的とする継続的行為から生じた所得には当たらないと解釈すべきではない。」。③「以上によれば，被告人が馬券を自動的に購入するソフトを使用して独自の条件設定と計算式に基づいてインターネットを介して長期間にわたり多数回かつ頻繁に個々の馬券の的中に着目しない網羅的な購入をして当たり馬券の払戻金を得ることにより多額の利益を恒常的に上げ，一連の馬券の購入が一体の経済活動の実態を有するといえるなどの本件事実関係の下では，払戻金は営利を目的とする継続的行為から生じた所得として所得税法上の一時所得ではなく雑所得に当たるとした原判断は正当である。」。

　第1に，本件は，一時所得か雑所得かが争われた事件であるが，総所得金額を算定するにあたり所得区分を判定する際には，①10種の所得区分のうち，利子所得ないし譲渡所得の8種類のいずれに該当するか，次に，一時所得に該当するか，最後に，雑所得に該当するか，という順番で判断することになる（所税34条1項・35条1項）。課税実務は，これまで競馬の馬券の払戻金につき，基本的に一時所得として取り扱ってきた（所得税基本通達（以下「所基通」という）34－1）。本件で争われてはいないが，本来は，通常の競馬愛好者の馬券購入とは相当に状況が異なると思われる本件のような事案については，事業所得該当性をまず判断すべきであろう。事業とは，自己の計算と危険において営利を目的とし対価を得て継続的に行う経済活動をいうものであり，種々のものが含まれる[12]。一般に，経済活動の規模が大きく，その態様が継続的，恒常的な場合等には，事業所得該当性が大きくなると思われる。

　なお，本最高裁判決の後に出された類似の事件に係る判決[13]においては，裁判所は，馬券の払戻金を一時所得とするとともに，外れ馬券の購入代金は必要経費ではないと判示した。この事案は，所得税の課税処分取消請求事件であ

---

[12] 金子・前掲注（＊4）223頁，最判昭56・4・24民集35巻3号672頁・判タ442号88頁・判時1001号24頁。
[13] 東京地判平27・5・14（平成24年（行ウ）第849号）裁判所ホームページ。

る。納税者が，予想の確度に応じて個別に馬券を購入し，その6年間の購入代金の累計額が約72億円，払戻金の累計額が約78億円という多額の金額に上るものであった。このように，競馬の払戻金に係る所得区分については，その規模や対応を考慮してもなお，その判断枠組みは不明確，不安定な状況となっている（なお，東京高判平28・4・21（平成27年（行コ）第236号）判例集未登載では，納税者が逆転勝訴）。

　第2に，一時所得は，一時的，偶発的所得であるという特徴をもつ。したがって，一時所得該当性を判断する際には，「営利を目的とする継続的行為から生じた所得」は一時所得には当たらず，結果として雑所得に該当することになる。問題は，本来的性質が一時的，偶発的な所得であれば，およそ営利を目的とする継続的行為の存在を認めることはできないのか，それとも，所得及びそれを生じた行為の具体的な態様等を考慮した結果，そのような存在を認めることが可能なのか，である。

　本最高裁判決は，後者の立場を明確に示している。検察官は，所得や行為の本来の性質を本質的な考慮要素として判断すべきであると主張したが，そこにいう「本質的な考慮要素」なるものの意味はあまりに抽象的であり，これは具体的な行為や態様から目をそらせるためにのみ用いられているといわざるを得ない。所得区分該当性の判断は現実的で合理的な法解釈を抜きに進めることは，おそらく不可能で，かつ不適切といってよい。最高裁のこのような判断は妥当というべきであり，大きな意義をもつものと思われる。

第3　納税義務者

　所得税は所得を稼得した者に課税をする。確かに，課税所得計算においては，ある場合には世帯単位主義を採用し（所税56条），ある場合には，担税力の減殺要因や消費の単位としての家計を反映した各種の所得控除（所税72条以下）を措置するなどの考慮がある。しかしながら，純所得課税という視点を徹底すれば，所得を稼得した個人に担税力があるとみてもっぱら当該稼得者に着目して課税をすることが自然であり，基本であるというべきであろう。また，租税の確定と納付という視点からいえば，源泉徴収制度は，本来の納税義務者が納付すべき税額の予納ないし前納という性格をもつというべきであろう。

第 3 部　租税訴訟における要件事実論の視点からの各論的課題
第 4 章　所得税法における要件事実論

1　個人単位主義と所得税法56条

　所得税法はかなり徹底した個人単位主義を採用している。所得を稼得した個人の担税力に即して課税をする見地（稼得者課税あるいは稼得者単位主義ということができる）からすれば，個人単位主義は最も適合的なものということができるであろう。法56条は，この個人単位主義の例外として，昭和25年に改正された。シャウプ勧告は，個人課税を原則としつつ，要領のよい納税者に対する抜け道を封じるために一定の範囲の所得について合算することを勧告し，昭和25年の改正はこの勧告に沿って「みなす事業所得」の規定を創設し，一定の改正を経て今日に至っている[*14]。

　このような立法の経緯からみると，法56条は，納税者による恣意的な所得分割を排除する意図から制定されたということができる。このような立法趣旨の理解は，これまでの学説及び判例において基本的に広く承認されてきたものである[*15]。これは，戦後，家制度が廃止されたとはいえ，わが国の個人事業においては，事業主（世帯主）による事実上の支配関係を残しつつ，所得を分散することを目的に，家族に対する適正な対価の支払によることなく，本来であれば事業主に属すべき所得を家族に分散させかねないという危惧を背景に立法されたものといってよいであろう。

　問題は，家族をめぐる社会的基盤や法56条に係る立法事実が大きく変化した今日において，法56条がなお無条件に適用されるべきかどうかである。いわゆる妻弁護士事件，妻税理士事件においては，家族（妻）は弁護士あるいは税理士として，それぞれ独立した事業を営むところ，弁護士である夫が弁護士あるいは税理士であるそれぞれの妻に対して支払った報酬について，法56条の適用が及ぶかどうかが問題となった。

　この点，事案の具体的内容に左右されるが，法56条の理解については大別して異なる2つの考え方が対立をした。一つは，法56条に関する上記の立法趣旨からみて，独立した事業者である家族に対する報酬の支払については，法

[*14]　武田監修・前掲注（*6）4191頁。
[*15]　金子・前掲注（*4）190頁，清永敬次『税法〔新装版〕』（ミネルヴァ書房，2013）80頁，松山地判昭49・1・21訟月20巻6号158頁・税務訴訟資料74号52頁，東京地判平2・11・28税務訴訟資料181号417頁等。

56条は適用できないとする考え方である*16。別の考え方は，法56条は，家族間における恣意的な所得の分散防止にとどまらず，租税負担の公平を求めるものと解して，法56条の適用を認める考え方である*17。

裁判所の大勢は後者の考え方を採用している。妻弁護士事件の前掲注（＊17）最判平16・11・2は，「所得税法56条は，事業を営む居住者と密接な関係にある者がその事業に関して対価の支払を受ける場合にこれを居住者の事業所得等の金額の計算上必要経費にそのまま算入することを認めると，納税者間における税負担の不均衡をもたらすおそれがあるなどのため」，所定の措置をとることとしているのであり，「同法56条の上記の趣旨及びその文言に照らせば，居住者と生計を一にする配偶者その他の親族が居住者と別に事業を営む場合であっても，そのことを理由に同条の適用を否定することはできず，同条の要件を満たす限りその適用があるというべきである。」と判示する。

本最高裁判決の法56条の「立法の経緯や趣旨」の理解（なお，立法の経緯にはまったく触れられていない）は必ずしも正確なものではない。規定上は，「密接な関係にある者が」という文言はなく，「生計を一にする配偶者その他の親族が」である。規定上は，その事業に「関して」対価の支払を受ける，ではなく，その事業「から」対価の支払を受ける，である。また判決は，納税者間における負担の不均衡をもたらすおそれがあることを立法目的とするが，既に述べたように，これまでの支配的な学説及び判例は，それは主として，家族間における恣意的な所得分割を防止するため，と説いてきたものである。

本最高裁判決が，法56条の趣旨として，なぜ，明文の規定内容と微妙にずれる説明をし，あるいは，伝統的に理解されてきた，家族間における恣意的な所得分割の防止ということに触れないのか，が問題となる。判決は，上記のような理解を導いた理由を明示すべきであったし，それがない限り，判決の説得力は十分なものとはいえない。

法56条の立法の歴史や背景に立ち返ってその趣旨目的を検討することが特に重要である。法の趣旨目的の範囲から外れる場合には，たとえ例外的な取扱いを許す明示的な規定がないときでも，法の文言を形式的に当てはめるのは相

---

*16　（妻税理士事件第1審判決）東京地判平15・7・16判時1891号44頁。
*17　（妻弁護士事件第1審判決）東京地判平15・6・27税務訴訟資料253号順号9382，（同控訴審判決）東京高判平15・10・15税務訴訟資料253号順号9455，（同上告審判決）最判平16・11・2裁判集民事215号517頁・判タ1173号183頁・判時1883号43頁・訟月51巻10号2615頁。

当ではない*18。法が明示的に禁じているのであればともかく，個別的妥当性を求めて適正で合理的な解釈を導き得ることが可能であるし，またそうすべきであると考える。

事案の個別的事情に左右される点があるにせよ，法56条の解釈適用に関して生じた妻弁護士事件，妻税理士事件は，法56条に関する法の合理的解釈を促すとともに，法56条の存在理由を改めて問う重要な契機となったといえるであろう。

2　源泉徴収義務者と本来の納税義務者

源泉徴収において，国，支払者（源泉徴収義務者）及び受給者（源泉納税義務者・本来の納税義務者）の三者の法律関係をどのように考えるかは，明確な規定が存在しないこともあって，見解が分かれている*19。裁判例をはじめ支配的な見解によれば，①源泉徴収制度は国と支払者との関係であり，②源泉徴収義務は，受給者の申告納税義務とは別個のものとして，成立，確定し，これと併存するものであり，③源泉徴収税額の違法な過不足は支払者を通してのみ是正をすることができる，とされている*20。しかしながら，このような見解については，少なくとも次の2つの点からの批判が可能となる。

第1に，源泉徴収の前提として，受給者の実体法上の租税債務があることを忘れてはならない。租税実体法の観点からいえば，債権債務の関係に立つのは国と受給者であり，本来的で基本的な納税の義務は当然に受給者にある。このように考えると，源泉徴収は，受給者が確定申告を通して納付すべき税額の予納ないし前納というべきである。この意味において，源泉徴収義務は，受給者の申告納税義務とまったく無関係な存在ではなく，受給者の申告納税義務と不可分のものとして考えるべきである。

必ずしも明示的ではないが，このような考え方に支持を与える方向にあるものと思われる判決，平成22年のホステス源泉徴収事件最高裁判決*21がある。所得税法204条は，報酬等の支払者の源泉徴収義務を定め，法205条2号はい

---

*18　田中治「租税訴訟において法の趣旨目的を確定する意義と手法」伊藤滋夫編『租税法の要件事実』〔法科大学院要件事実教育研究所報9号〕（日本評論社，2011）134頁以下。
*19　田中治「源泉徴収制度の存在理由」税法学571号（2014）137頁以下。
*20　最判昭45・12・24民集24巻13号2243頁・判時616号28頁・金判250号2頁，最判平4・2・18民集46巻2号77頁・判タ803号68頁・判時1438号46頁。
*21　最判平22・3・2民集64巻2号420頁・判タ1323号77頁・判時2078号8頁。

第 3　納税義務者

わゆる基礎控除額による控除として,「その金額から政令で定める金額を控除した残額に100分の10の税率を乗じて計算した金額」を源泉徴収税額と定める。所得税法施行令322条は,これを受けて,同一人に対して1回に支払われる金額について,「5000円に当該支払金額の計算期間の日数を乗じて計算した金額」を控除する旨を定める。問題は,「当該支払金額の計算期間の日数」とは何か,である。これについては,実際の出勤日数とする「実働日数説」(課税庁の主張)とホステス報酬を計算する基準となる期間の暦上の日数とする「全日数説」(納税者の主張)とが対立をした。源泉徴収は,本来の納税義務者である受給者が,その精算のための確定申告をしなくとも,源泉徴収のみで課税関係が事実上完結することを意図しているのか(課税庁の主張),それとも,受給者から過大な徴収をしそれを還付する手間をかけることなく,抑制的な徴収を意図しているのか(納税者の主張),が争われた。

最高裁判決は,以下のように述べて全日数説が妥当だと判示した。すなわち,「一般に『期間』とは,ある時点から他の時点までの時間的隔たりといった,時的連続性を持った概念であると解されているから,施行令322条にいう『当該支払金額の計算期間』も,当該支払金額の計算の基礎となった期間の初日から末日までという時的連続性を持った概念であると解するのが自然であり」,また,「原審は,……判示するが,租税法規はみだりに規定の文言を離れて解釈すべきものではなく,原審のような解釈を採ることは,上記のとおり,文言上困難であるのみならず,ホステス報酬に係る源泉徴収制度において基礎控除方式が採られた趣旨は,できる限り源泉所得税額に係る還付の手数を省くことにあったことが,立法担当者の説明等からうかがわれるところであり,この点からみても,原審のような解釈は採用し難い。」。

最高裁判決に,それほど明示的ではないが,源泉徴収義務者は,他人のために,その他人が確定申告時において支払うべき税額に限りなく近似した税額を徴収すべき義務があるとする原審判決[22]の考え方を基本的に退けている。原審の高裁判決は,申告納税制度の意義及び本来の納税義務者の責任を軽視するとともに,徴税の確保やその便宜に傾斜しすぎた解釈というべきであろう。

第2の批判は,源泉徴収は,税収の安定的,効率的確保の観点から導入されたものであり,そこにおける支払者の源泉徴収義務の内容と範囲には自ずから

[22]　東京高判平18・12・13訟月57巻2号417頁・税務訴訟資料256号順号10600。

合理的な制約があるというべきである。源泉徴収義務は，自動確定されるとされ（税通15条3項），源泉徴収すべき義務の存在とその税額が客観的に算定されることを前提とする。源泉徴収義務は，このような完結的な仕組みの下において成立するにとどまるものであり，そのような制度の前提が失われた場合（受給者に対する源泉徴収が裁判において違法として取り消されるなど）にまで支払者が源泉徴収義務を負い，あるいはこれに巻き込まれるいわれはないというべきである。

　このような視点からみて興味深い事件として，不動産を譲渡した非居住者に代金の支払をする者に対する源泉徴収義務（所税212条）に関する裁判例[23]がある。この源泉徴収義務は，国内にある不動産を譲渡した非居住者が，申告期限前に譲渡代金を国外に持ち出し，無申告のまま出国する事例が増えている事態に対して平成2年に導入されたものである。裁判においては，この場合の源泉徴収義務者は，不動産を購入した相手が非居住者かどうか，その者に対する源泉徴収義務があるかどうかを確認し，その判断を求められるが，そのような認定が極めて困難ないし不可能な場合（例えば，相手が居住者であるという虚偽の事実を作出している場合など）には，源泉徴収の義務は生じないといい得るかどうか，などが争われた。前掲注（[23]）東京地判平23・3・4は，不動産取引において，代金決済と所有権移転にとどまらず，売主の住所，居所について買主が強い関心をもつのが通常であるなどとしたうえで，売主の住所又は居所は，「売買契約の締結に当たっての調査確認等により通常容易に判定することができると考えられ，これにより源泉徴収義務の有無を決することとなったとしても買主に酷な負担を強いるものとは到底考えられない」と結論づけている。裁判所の事実認定に左右されるとはいえ，本件について，買主に酷な負担を強いるものとは「到底」考えられない，とまでいうのはおそらくいいすぎであろう。判決はまた，非居住者性に疑いがある場合には，支払者の側で源泉徴収税額相当額を留保すればよいという。しかしながらこれは，徴税の便宜に傾斜しすぎた解釈というべきであろう。源泉徴収の要否をめぐって買主と非居住者かもしれない売主との間で対立が生じ，契約が解除されるかもしれないというリスクは，当然に私人（買主）の側が負うべきなのであろうか。

---

[23] （第1審）東京地判平23・3・4税務訴訟資料261号順号11635，（控訴審）東京高判平23・8・3税務訴訟資料261号順号11727。

解釈論上，買主に対して根拠のない過酷な源泉徴収義務を負わすことになる程度に非居住者該当性の判断について客観的な困難性がある場合には，その買主に対して源泉徴収義務を求めるのは相当ではない。そのような場合には，適用違憲とするか，あるいは制限的な解釈を施して，源泉徴収義務それ自体を排除ないし軽減することが合理的で現実的な解釈というべきである。併せて，立法論としては，そのような場合において，買主の疑義につき，課税庁が適切に関与して非居住者該当性を調査する仕組みを用意すべきである。また，買主がそのような疑義を課税庁に表明ないし相談している場合には，買主の源泉徴収義務を免除ないし軽減する制度を用意することも考えられる。

第4 人的帰属

　所得税の人的帰属に関する原則的規定は法12条である。この条文は，少なくとも次の2つの点でわかりにくさを抱えている。一つは，条文は，「実質所得者課税の原則」という表題を掲げながら，そもそも，この原則なるものの意味又は内容を明文化していない。条文においては，特に問題となる資産や事業から生じる収益の帰属に関して触れるのみであって，この規定はいわば例外的規定ないし個別的規定という性格をもっている。例えば，給与所得に関する帰属の原則は何か，については明文で触れられていないが，この条文にいう「実質所得者課税の原則」は，給与所得についても妥当すると考えるべきであろう*24。その意味では，本来，この条文は，「収益は，実質的な所得の稼得者に属するものとする」旨の明確な規定を置くべきである。ここでいう「実質的」の意味は，少なくとも，所得の人的帰属の判断においては形式又は名義は，考慮要素の一つではあるとしても，決め手とはならない，という意味である。

　もう一つの条文のわかりにくさは，条文は，一定の場合，収益を享受する者が別にいる場合には，「その収益は，これを享受する者に帰属する」と定めている点である。「収益を享受する」という条文の定め方は，一見すると，当該収益を事実として支配しているというように読めなくもない。しかしながら，この理解は，所得税における帰属の関係は，納税義務者が課税物件を「取得する」ことにより成立するものであることからすると，相当ではない。事業において課税物件である所得を取得するのは，許可等の単なる名義人ではなく，当

---

*24　清永・前掲注（*15）71頁。

該事業を実際上経営している者（事業主）が「収益を享受する者」に当たり，また，資産から生じる課税物件である所得を取得するのは，登記等の単なる名義人ではなく，当該資産の真実の権利者ないし当該収益の正当な権利者が「収益を享受する者」に当たることになる[*25]。課税実務も基本的にこのような考え方を採用している（所基通12－1・12－2）。

なお，所得の帰属をめぐっては，当該資産等に関する法律上の関係を離れて帰属を決めようとする経済的帰属説の考え方[*26]がある。しかしながら，この考え方は，納税者の地位をいたずらに不安定にするなどの弊害が大きく，適切とはいえない。

以下，事業所得の人的帰属に絞って，若干の論点を検討する[*27]。

1　人的帰属の判断基準

第1に，法12条においては，所得の帰属を判定する基準として，「生計を一にする」とか，「生計を主宰する者」とかの文言を採用していないが，課税実務は必ずしもそうではない。これは法56条（事業から対価を受ける親族がある場合の必要経費の特例）と法12条との関係をどのように理解するかに関わる問題でもある。

所得税基本通達12－5は，農業を除く事業について，「生計を一にしている親族間における事業の事業主」を判定する基準として，「その事業の経営方針の決定につき支配的影響力を有すると認められる者」を事業主と推定しつつ，その判定の最後の場面では，「生計を主宰している者」を事業主と推定するものとする。事業所得は，その収益を受けるべき正当な権利者に帰属するという観点からは，その正当な権利者は，通例その事業の事業主であることにおそらく異論はないであろう。そうだとすれば，法12条の下での所得の帰属の判定においては，当該所得の「取得」は，その生産過程に関わる何者かに帰属するはずであって，その何者かがいかなる家族関係にあるかは，論理的には関係がないというべきである。また，既に述べたように，「収益を享受する者」とは，所得の消費の面（生活の場面における所得の処分の側面）をいうのではなく，生産

[*25]　清永・前掲注（[*15]）71頁。
[*26]　この考え方に立つ裁判例として，千葉地判昭45・12・25行集21巻11＝12号1460頁。
[*27]　田中治「事業所得の人的帰属」税務事例研究54号（2000）27頁以下。

の場面において、当該事業を実際に経営し、その事業の経営方針に支配的影響力を有する者を指すと解すべきである。所得の帰属を何とか判定しなければならない最後の段階で「生計の主宰者」という基準を用いるのは、便宜の観点からはわからないでもないが、これは所得の稼得者への帰属という場面においてはもともと異質な基準というべきである。このように考えた場合、上記通達の当該箇所は、改めてその合理性が問われる必要がある。

このように、事業からの所得の帰属を考える場合、生計上の関係を問わずに処理すべきであり、またそのことは可能である。例えば、妻名義のコンタクトレンズ等販売業の収益は、眼科医である夫に帰属すると認定された裁決例[*28]においては、端的に、コンタクトレンズ等の仕入れや販売等の実質的な総括責任者は夫であると認定したうえで、たとえ本件事業について医療法及び薬事法の規制があるとしても、「本件収益が〔夫に〕帰属するとの判断に何ら影響を及ぼすものではない」と結論している。

なお、親子で歯科医院を営む場合における所得の帰属に関して、特異とも極端ともいうべき判決[*29]がある。判決は親子間における事業主の判定に関する一般的な判定基準を次のように示している。すなわち、「従来父親が単独で経営していた事業に新たにその子が加わった場合においては、特段の事情のない限り、父親が経営主体で子は単なる従業員としてその支配のもとに入ったものと解するのが相当である」。父と子の「診療方法及び患者が別であり、いずれの診療による収入か区別することが可能であるとしても、〔父親〕が医院の経営主体である以上」、その経営による本件収入は、父親に帰するものというべきである。

一つは、判決は、親子間における事業主は原則として父親であるというが、その法的根拠をまったく示していない。二つは、判決は、親子間で診療方法等が異なり、いずれの診療による収入か区分することが可能であるとしても、医院から生じる収入はすべて父親に帰するとするが、その法的根拠も不明である。また、判決のこのような見解は、医師、歯科医師、弁護士等の職業専門家に対する課税実務の取扱い(収支が区分され、それぞれ独立して従事している場合は、それぞれが事業主であるとするもの。所基通12－5(2)) とも両立し得ない。三つは、課税

[*28] 国税不服審判所裁決平12・1・25裁決事例集59集67頁。
[*29] 東京高判平3・6・6訟月38巻5号878頁。

庁勝訴の後，通達等の課税実務の変化はまったく見られない。判決の判断基準は，法的根拠を示すことなく定立され，また，判決の考え方とはまったく異なる課税実務の取扱いを改める効果もない。その意味では，先例としての価値をほとんどもたないというべきであろう。

2 親族の共同事業性

　第2に，生計を一にする親族の共同事業性は否定される傾向にあるが，その法的根拠は必ずしも明確ではない。とりわけ，事業遂行に関して，出資をし，又は資産を提供した者について，自己の危険と計算においてなされる経済活動という視点から見て，共同事業者と判定される場合があり得るかどうか，が問題となる。

　夫婦が2分の1ずつ共有するゲーム場から生じる所得について，ゲーム場の運営に関する特段の専門的知識をもたない者（妻）が，共同経営によって得るべき所得の2分の1を事業所得として申告することが争われた裁決事例[*30]がある。一つの考え方は，妻は，本件収入金の収納に立ち会うなどしているが，本件ゲーム場の経営方針の決定につき支配的影響力を有しているのは夫であり，本件ゲーム場に係る所得はすべて夫が申告すべきだとするものであり，これが国税不服審判所の採用した考えである。他方，納税者である妻は，多数の不動産を所有するものであるが，その一部であるゲーム場を自らの危険と計算によって，すなわち，自己の財産の安全かつ有効な活用を図る見地から，事業の推移を定期的にチェックするとともに，夫が支払うべき費用の半分を約定により支払う旨を明確にし，これを実行しているのであるから，夫が得るべき所得の2分の1に相当する金額を，自らの事業所得として申告することが許されるべきである，と主張した。この問題は，必ずしも一刀両断できる問題ではないかもしれない。基本的には，妻がその2分の1を所有する本件ゲーム場の運営にどのように，どの程度，主体的に関わっているといい得るかに左右されるように思われる。例えば，ゲーム場の運営に関する資金の借入れの際に，妻が借入れの当事者や連帯保証人になるなどして，事業の消長と自らの財産の結びつきが強まれば強まるほど，自己の計算と危険に基づいた事業という側面が顕在化するものと思われる。事業所得が，資産と勤労の結合から成るものであり，

---

　*30　国税不服審判所裁決平4・3・11裁決事例集43集33頁。

また，事業所得の源泉という点では，資産の出資，その資産の利用，役務の提供による資産の実際的活用という諸側面が複合し，かつ未分化であると考えられるところであるが，これまでの事業主概念は，資産の利用に関する戦略的決定（経営方針の決定）の側面に重きを置いてきた。事業の実態いかんでは，事業に対する資産の出資者が，共同事業者として，事業所得を得ていると判断し得る場面も十分考えることができると思われる。

なお，別の事案においては，問題の不動産賃貸業は原告と妻が共同で営む個人事業であるとして，原告が妻に支払った給与の額は，不動産所得の金額の計算上必要経費に算入できず，「上記のような本件給与の実質は，共同事業から生ずる利益の分配にほかならないというべきである」とした裁判例[*31]がある。本件においては，「両名が各2分の1ずつの共有持分で所有する7つの建物を貸し付けて不動産賃貸業を営んでいる」との事実認定の下で，共同事業性が当然のように認められている。本件の争点が本件給与の必要経費該当性であるところから，帰属の問題が後景に退いているとはいえ，生計を一にする夫婦間での共同事業性が問題なく前提とされている点は興味深い。

第5　時間的帰属

所得の時間的帰属をめぐっては，課税のタイミングの問題と年度帰属の問題の2つを区別する必要がある。前者は「どの時点で」課税をするかという問題であり，後者は「どの年度について（対応させて）」課税をするかという問題である。後者は，複数の年度に及ぶべきものが一度に実現した場合において問題となる。その実現時にすべてを一括して課税すべきか，それとも，各暦年の所得として課税すべきかが争いとなる[*32]。

これらの問題に関する所得税法上の詳細で具体的な規定は存在しない。それゆえ，法の解釈適用上確定的な基準は存在せず，今日においてもなお種々の紛争が生じている。法36条は収入金額に関する総則的規定である。法は，収入金額は，「その年において収入すべき金額」と定める。この規定につき，所得

[*31]　東京地判平15・11・13税務訴訟資料253号順号9467。
[*32]　一般に，田中治「過年度分の遡及的支給と年度帰属」税務事例研究113号（2010）24頁，同「過払金の返還による後発的違法とその是正」税研160号（2011）12頁，同「過年度の誤った課税処理の是正方法―過年度遡及修正の可否」日本租税研究協会『消費税と国際課税への大きな潮流（第65回租税研究大会記録）』（日本租税研究協会，2013）119頁。

第3部　租税訴訟における要件事実論の視点からの各論的課題
第4章　所得税法における要件事実論

税法は，「収入した金額」と定めていないところから，所得の課税のタイミングとして現金主義を採用していないとされる。また同時に，この規定に関して，解釈上一定の言葉，すなわち「権利が確定した」という言葉を補って「収入すべき権利が確定した金額」と読み込むのが判例・通説の考え方である。これをもって，一般に，所得税法は権利確定主義を採用していると説明される。権利確定主義は，現実の収入がなくとも，収入すべき権利が確定すれば，その段階で所得の実現があり，課税の対象となるとする考え方である[*33]。

とはいえ，このような解釈の仕方は，一定の疑問や批判を免れない。第1に，法が明文の規定で「権利が確定した」と定めるのであればともかく，明文の規定がないままで，このような解釈の補充が許されるのかどうかである。第2に，権利が確定するということの意味内容は必ずしもはっきりしない。契約の締結から代金の収受までのどの段階で権利が確定したといい得るのか，また，権利確定の時点はただ一つでしかないのか，も不明である。第3に，課税実務は，通達等において，権利確定主義を明示，明言していない。通達は，より具体的で明確な日時，行為等を示している。例えば，不動産所得については，契約等により支払日が定められているものについてはその支払日，支払日が定められていないものについてはその支払を受けた日とする（所基通36－5）。事業所得については，棚卸資産の販売による収入金額についてはその引渡しがあった日，人的役務の提供による収入金額についてはその役務の提供を完了した日などとする（所基通36－8）。第4に，権利確定主義それ自体が管理支配基準という例外を認めているが，具体的な事案について，原則を適用すべきか例外を適用すべきかの区別は明らかではない。すなわち，通説・判例においては，権利の確定という法的基準ですべての場合を律するのは適当ではなく，場合によっては，利得が納税者の支配の下に入ったという意味での「管理支配基準」を適用するのが妥当な場合もある，とされる[*34]。この管理支配基準は，租税法律関係を不安定にするおそれがあるから，その適用範囲をみだりに拡大しないように注意する必要があるとされるが，その適用が適切かどうかの判断基準は明確ではない。

[*33] 金子・前掲注（*4）285頁。「この規定は広義の発生主義のうちいわゆる権利確定主義を採用したものである，と一般に解されている」とする。
[*34] 金子・前掲注（*4）286頁。

第5　時間的帰属

以下においては，特に問題と思われるいくつかの点に触れる。

1　権利確定主義と管理支配基準

駐留米軍基地として使用すべく10年の強制使用裁決を受けた者に一括して支払われた補償金について，権利確定主義によるべきか，それとも管理支配基準によるべきかが争われた[*35]。第1審判決は，本件補償金は，納税者がその所有する土地を一定期間国に使用させるという役務を提供した対価，すなわち土地使用の対価であるとして，本件補償金は，役務の提供をまって初めて収益が発生し，使用期間が経過するに従って発生するものであり，その時点で権利が確定するとした。これに対して，控訴審判決及び最高裁判決は，当該補償金を事実上支配管理している状態に至ったという事実を重視して，管理支配基準が妥当するとする。最高裁判決は，理由を示すことなく，本件「補償金は，所得税法36条1項に基づき，その払渡しを受けた日の属する年における収入すべき金額として所得の金額の計算上総収入金額に算入すべきものと解するのが相当である。」と結論した。

本件については，第1審判決と同様に，原則である権利確定主義を用いるのが適切であると考える。まず，重要な争点は，本件補償金の法的性格をどうみるかという問題である。事実認定のいかんに関わるが，第1審判決が指摘するように，①本件納税者のようないわゆる反戦地主が所有する土地と，土地の賃貸借契約に応じた契約地主が所有する土地のいずれも，一体として，駐留米軍の軍用地として使用されており，土地の利用形態は同一である，②本件補償金の算定においては，土地収用法に基づき，当該土地の賃料相当額を鑑定等により求め，それらを参考にして中間利息等を控除して算定したものである，③問題の土地を中途返還した場合において，未使用期間に対応する割合の損失補償金について返還を求めた先例がある，④従前は，1年を超える長期にわたる補償金についても，1年ごとに支払う方法が認められていたが，土地所有者の保護の観点からその方法は廃止された，などの事実が認められるならば，本件補償金は，土地の使用の対価相当分を，国が一括して前払したものといってよい

[*35]　第1審は，那覇地判平6・12・14行集47巻10号1094頁・判タ887号194頁・判時1541号72頁，控訴審は，福岡高那覇支判平8・10・31行集47巻10号1067頁・判タ929号151頁，上告審は，最判平10・11・10裁判集民事190号145頁・判タ990号124頁・判時1661号29頁。田中治「不動産所得の意義とその年度帰属」税務事例研究42号（1998）53頁。

であろう。このように，本件の基礎にあるのは，納税者による不動産の貸付けという事実である。したがって，継続的な不動産の貸付けについては，期間対応基準を適用することが最も合理的であり，また，不動産の役務の提供によって納税者の収入すべき権利は最も強固になると考えられる。

なお，控訴審判決は，土地の明渡し後は，継続的な役務の提供行為を観念することはできないとするが，国は，問題の土地そのものからの役務を継続させるためにこそ，納税者の意に反して強制使用裁決をしたのであって，事実として，問題の土地からの役務の提供は継続しているというべきである。実態に即していうならば，本件土地の所有者は，強制されつつも，その所有する土地を使用させるという役務を国に提供しているということができる。

第2の問題は，権利確定主義と管理支配基準の区別の基準がはっきりしないところから，2つの基準の不当な使い分けのおそれがあるということである。事案そのものではないが，極めて簡略化，類型化した形で示すことにする。例えば，矯正歯科医が，矯正装置の装着の日に，次年度の治療分（50万円）を含めて一括して100万円の矯正料を受領した場合，管理支配基準に基づき，当該歯科医は，100万円のすべてを本年分の収入金額に計上すべきだとされる[36]。他方，例えば，交通事故の受傷者に対する診療報酬につき，加害者に対して100万円の支払を請求したところ，加害者が支払うべき金額について加害者との間で紛争となり，翌年に至って，50万円を支払うことで合意をみた場合には，医師は患者に対する診療行為を行うことにより直ちに診療報酬請求権を行使できるから，100万円を第1年度において計上すべきだとされる[37]。前者では，一定の金員を事実上支配していることが決め手とされ，後者では，一定の金員を事実上支配していることが無視される。前者では，事業所得の基因となる診療行為の事実が無視され，後者では，診療行為の事実が決め手となる。

両者の例に共通するのは，課税の時期が早くなるという事実である。権利型の理由づけ（権利確定主義）と支配型の理由づけ（管理支配基準）を使い分けることにより，早期課税がもたらされることになるが，法は，納税者の一般的な義務として，早期課税，早期納付を義務づけているわけではない。

納税者の納得を得るためには，このような使い分けはすべきではない。基本

---

[36] 徳島地判平7・4・28行集46巻4＝5号463頁。
[37] 静岡地判昭60・3・14税務訴訟資料144号485頁。

的に，権利確定主義によって判断すべきであり，それが不可能な極めて例外的な場合（そのような場合があるとするならば）にのみ，管理支配基準を用いるべきである。

2 期間税の論理と年度帰属

第1に，複数年度に及ぶ所得が一度に実現した場合において，権利確定主義によって，適正な年度帰属を決定し得るかという問題がある。例えば，過去5年分の年金が，社会保険庁長官による裁定を経て一括して支給された場合において，当該年金は，その裁定の日又はこれを収受した年分で一括して課税すべきか，それとも過去5年の各年分に帰属せしめて課税すべきか，が争われた事案がある[*38]。この年金は，納税者本人のものではなく，納税者の妻に支給されたものである。納税者が過去の年度において配偶者控除の適用をしていたところ，課税庁は，裁定の結果妻が新たに受給した年金は，過去の年度において権利が確定したものであって，その結果妻の所得が増大し，配偶者控除の適用が認められないことになるなどとして，課税処分に及んだものである。争点は，妻が受給した老齢厚生年金の収入すべき時期は，社会保険庁長官の裁定によって年金を支給された年分か（納税者の主張），それとも，厚生年金保険法の定める支払期月が属する各年分か（課税庁の主張），である。

裁判所は，次のように述べて，納税者の主張を退けた。すなわち，裁判所は，所得税法においては権利確定主義が採用されているとした後，「社会保険庁が行う裁定は基本権たる受給権の存在を公権的に確認する行為であるにすぎず，裁定を受けることによって具体的に請求できるとされているのも，画一公平な処理により無用な紛争を防止し，給付の法的確実性を担保するためであって，厚年法〔厚生年金保険法の省略形─筆者注〕の定める年金給付に係る受給権は，同法の定める受給要件を満たした時点で基本権が発生し，その支給日が到来することにより支分権が発生し，受給権者が裁定の請求さえすればいつでも年金の支給を受けることができる状態にあるから，その支給日が到来した時点で年金の支給を受ける権利が確定したものと解される。」とした。

判決は，厚生年金保険法36条の定める支払期月において権利が確定するのであるから，その支払期月の属する年分の年金として課税すべきであるとす

[*38] 仙台高判平19・3・27訟月54巻4号983頁。

る。私は，この結論は妥当だと考えるが，その理由づけには賛成できない。一つは，判決は，支払期月が到来することにより支分権が「発生する」あるいは「確定する」ともいうが，厚生年金保険法上，客観的に支払期月が到来するだけで，受給者は年金の権利を得ることはできない。同法33条は，社会保険庁長官による裁定を求めているからである。この裁定によって初めて年金受給権（基本権）が具体化し，その基本権の下で，その後の支給期月が到来するごとに，支分権に基づき具体的な年金の支給を受けることができる。社会保険庁長官による裁定に先立つ支分権はあり得るか，が問われなければならない。二つは，判決の結論は，権利として考え得る最も弱い状態（社会保険庁長官の裁定を経ていない状態）において権利が確定する（権利が発生するともいう）という結果をもたらす。しかしこの結果は，現実妥当性の点から批判を受けるであろう。このような裁判所の解釈態度は，権利論の理論的純粋さを追うあまり，現実の制度の運用や実際の行為等とは大きく乖離するおそれが大きい。

　本件において，いつ権利が確定したかといえば，おそらく，社会保険庁長官による裁定時だというのが最も素直な見方であろう。その権利は，いわゆる失われた年金として遡及的に回復されるのであるから，暦年課税を前提とする限り，各年分の正しい所得や税額の算定という要請を重視して，各年分に帰属せしめるべきであろう。いつ課税が可能かという所得の実現時期の問題と，それをどの年分に適正に帰属させるかという問題は，論理的には区分可能であるし，問題の所得が複数の年分に及ぶ場合は，これを区別すべきである。

　このように考えると，権利確定主義は，どの年度に「おいて」権利が確定したか(権利を行使することができるか)を判断するのに適した概念であり，必ずしも，どの年度に「ついて」権利が確定したかを判断するのに適した概念とはいえないように思われる。

　第2に，一般に，事業性の所得（個人の事業所得等及び法人の所得）については，一定の後発的事由(契約の解除，取消し等，値引き，返品等の事実が生じたこと等)によって損失が生じた場合は，いわゆる前期損益修正によって処理をすることとされている。すなわち，過去の年分等に遡及して修正することをせず，その事実が生じた年分等において処理をすることとされている（所税152条，所税令274条，法人税基本通達2－2－16）。

　とはいえ，このような前期損益修正の処理方法は，事業の継続性を前提にし

ていることに注意を要する。また，会計においても，後に触れる近時の修正前は，長い間このような取扱いがなされてきたが，これは便宜的な措置というべきであろう。問題は，このような前提を欠いている場合や会計上の便宜がかえって不具合を生じさせる場合である。そのような場合には，これまで裁判例はこれを認めていないが，その年分や各年度の正しい所得及び税額を算定するために，原則に立ち返り，過去の年度の所得を修正するのが基本と考える[39]。

　法人を例とするものではあるが，法人が資産を譲渡して未収の対価を益金に計上したが，後に対価の支払がないことを理由に契約を解除し，判決により，かつて譲渡した資産の所有権を回復したという場合において，その勝訴判決時においては，休業中ないしそれに近い状況にあるため，代金債権の消滅損を当該年度の損金に算入しても，救済を得ることができない場合には，所得のないところに課税するのを避ける等の観点から，特別の更正の請求が認められるべきであるとする考え方がある[40]。これは妥当というべきである。所得課税は，期間を区切って，課税所得を正確に測定することを目的とするものであるから，上記のような場合の損失は，当然に過年度に遡及して是正すべきものと考えられる。

　またこのところ，前期損益修正に関する会計の考え方が大きく変わりつつあり，過去の会計情報の誤謬については遡及処理をする（修正再表示をする）方向が明確にされている。近時の課税実務も，このような過年度遡及会計基準に対応して，一定の方向性を示している[41]。そこでは，問1への答として，遡及処理が行われた場合でも，確定決算主義の考え方から，その過年度の確定申告において誤った課税所得の計算を行っていたのでなければ，過年度の法人税の課税所得の金額や税額に対して影響を与えない旨が述べられている。

　重要なことは，課税実務の考え方においても，「その過年度の確定申告において誤った課税所得の計算を行って」いれば，その場合には過年度の所得の修正を要するということである。また，問7の問答が示すとおり，過年度の売上げの計上漏れ，費用の過大計上は，税務上も課税所得金額を是正すべきものとされている。

---

[39] 田中治「過誤納金の還付をめぐる問題」税務事例研究125号（2012）32頁。
[40] 金子・前掲注（*4）843頁。
[41] 「法人が『会計上の変更及び誤謬の訂正に関する会計基準』を適用した場合の税務処理について」（法人課税課ほか情報，平23・10・20）。

第3部　租税訴訟における要件事実論の視点からの各論的課題
第4章　所得税法における要件事実論

　裁判例は，法人税に関する事件であるが，過年度修正を認めていない。昭和60年の横浜地裁判決[*42]においては，ある法人（宗教法人）がその所有する土地を売却したが，相手が代金を支払わないために契約を解除した際，契約を解除した事業年度においては十分な益金がないため救済の実を挙げえない場合，遡って損金処理をすることが許されるかどうかが争われたものである。原告は，ある時期は一連の土地を売買したのであるが，その後，不動産取引はせず，また当該土地を売却するにも買手が見つからない状況であると主張する。これに対して，裁判所は，次のような一般的な考え方を示して，納税者の請求を退けている。「法人の場合には，企業会計上，継続事業の原則に従い，当期において生じた収益と，当期において生じた費用，損失とを対応させて損益計算をしていることから，既往の事業年度に計上された譲渡益について当期において当該契約の解除等がなされた場合には，右譲渡益を遡及して修正するのではなく，解除等がなされた事業年度の益金を減少させる損失として取り扱われていることが認められる」。「以上の事実によれば，法人の所得の計算については，当期において生じた損失は，その発生事由を問わず，当期に生じた益金と対応させて当期において経理処理をすべきものであって，その発生事由が既往の事業年度の益金に対応するものであっても，その事業年度に遡って損金としての処理はしないというのが，一般的な会計の処理であるということができる」。

　同様に，近時，平成26年の東京高裁判決[*43]においても，過年度修正を求める更正の請求は退けられている。本件は，TFK（旧武富士であり，平成18年の過払金をめぐる最高裁判決を機に，膨大な過払金の支払を求められ，業況が悪化して清算会社となった）の管財人が，これまで国に対して法人税として納付してきた税額が，過払債権者からその過払分の支払を求められた結果，過大納付となったとして，国税通則法23条2項に基づく更正の請求（特別の更正の請求）をしたところ，これが拒否されたため，当該拒否処分の取消しを求めた事案である。控訴審判決は，第1審判決と同じく，次のように簡潔に述べて，請求を退けている。「前期損益修正の処理は，法人税法22条4項に定める公正処理基準に該当すると解される一方，本件更生会社については，これと異なり過年度所得の更正を行うべき理由があるとはいえず，通則法23条1項1号に該当するものとは認め

[*42]　横浜地判昭60・7・3行集36巻7＝8号1081頁・判時1173号51頁。
[*43]　東京高判平26・4・23訟月60巻12号2655頁・金法2004号107頁。

られず，本件更生会社が納付した法人税について法律上の原因がないともいえないことは，前記引用に係る原判決の説示のとおりであ」る。

　上記の2つの判決は，そもそも，前期損益修正は法規が命じるところなのか，どのような趣旨目的によるものか，を明示していない。このような形式的な取扱いが認められることにどのような合理性があるのか，その妥当性が失われる限界は何か，についての検証もない。判決が具体的な考察を欠いた結果，正しい課税所得の算定という要請は無視されるとともに，所得のないところでの課税が容認されることとなる。これは課税の公平を害するとともに，納税者の財産権を害するものであって，許されるべきものではない。

第6　おわりに

　所得税の実体法上の特質をどのように理解し，法の解釈適用に生かすかが問われる。その理解の仕方として種々の考え方があり得ると思われるが，本稿では次のような考え方を示した。第1に所得税の課税対象は，包括的所得概念の下で設定されている。一般に，所得課税においては，経済力の増加は課税の対象とし，経済力の減少はこれを課税対象から除外することを通して純所得を算出することを基本理念とするものである。第2に，所得税は稼得者課税である。所得を稼得した者がその者に帰属する所得に関する納税義務を負う。その意味では，わが国の個人単位課税は稼得者課税に最も適合的ということができる。源泉徴収制度は，本来の納税義務者が自らの納税義務を確定し，納付をする前段階における前納，予納の制度というべきである。第3に，所得税においては「時」の要素は重要である。これは，いつ課税が可能かという課税適状の問題であるとともに，他方では，どの年度について所得を配属すべきかという年度帰属の問題でもある。いわゆる権利確定主義は，その現実的妥当性を考慮しつつ，その限界をも意識して用いるべきである。課税のタイミングの問題と年度帰属の問題は明確に区別する必要がある[*44]。

　最後に，租税法の領域において要件事実論との接合をどのように図るか，どのように活用するかについては，種々の考え方があり得るであろう。現時点において，私に確たる考え方があるわけではない。さしあたり，本稿は，要件事

[*44] 債務の確定をめぐる問題については，田中治「必要経費判定における債務の確定の意義」税務事例研究148号（2015）14頁。

第 3 部　租税訴訟における要件事実論の視点からの各論的課題
　　第 4 章　所得税法における要件事実論

実論から示唆される考察の一般的方法として，所得税に係る租税訴訟においては，①主張・立証すべき事実は，基本的に，租税実体法上の法律効果の発生と結びつけて考えるべきこと，②所得税の制度趣旨に沿って具体的事実の意味や軽重を法的に評価すべきことが特に重要であると考えて，所得税の基本的な課税要件をめぐる争いを中心に検討を進めた。租税法の領域においても，法領域による違いは違いとして認めつつ，裁判をとおした紛争処理の合理的で適切な発展を目指して，民事訴訟等に関する要件事実論の議論や考え方を十分ふまえて，解釈方法論を深める必要があると考える。

第5章

法人税法における要件事実論

酒井　克彦

第1　はじめに——所得税法と法人税法との違い
第2　収益事業の範囲——法人税法施行令5条1項10号にいう「請負業」該当性を中心に
第3　益金に係る要件事実論
第4　損金に係る要件事実論
第5　公正処理基準
第6　結びに代えて

第1　はじめに——所得税法と法人税法との違い

　法人税法は、内国法人に対して、各事業年度（連結事業年度に該当する期間を除く）の所得に対して法人税を課すると規定している（法税5条）。これは、内国法人に係る法人税の課税物件が各事業年度の所得であることを示している。そして、内国法人の各事業年度の所得に対する課税標準は、各事業年度の所得の金額とする（法税21条）。すなわち、法人税法上、課税物件（各事業年度の所得）の課税標準は各事業年度の所得の金額（所得金額）である。

　ここにいう課税標準、すなわち各事業年度の所得の金額の計算は、法人税法22条（各事業年度の所得の金額の計算）に規定されている。したがって、法人税法22条は、法人税法上の要件事実論を理解するうえでの極めて重要な条文といえる。

　法人税法上の要件事実論を考えるうえで、同じ所得課税法である所得税法との大きな違いは、①所得区分を設けていないという点、②所得計算の基本ルールを企業会計に準拠することが明定されている点にある。資本等取引について

第３部　租税訴訟における要件事実論の視点からの各論的課題
第５章　法人税法における要件事実論

も，所得税法にはない議論が所在しているが，所得税法上も資本的取引を損益計算と峻別している（資本主勘定取引を想起されたい）という意味では同様である。

収益の計上時期についていえば，所得税法においては，各種所得の性質に差異があるため，権利確定主義という大括りの議論だけでは整理することができないのに対して，法人税法では，その法人の性質上事業活動による所得のみを課税対象としているため，権利確定主義が重視される傾向にある点で異なるともいい得る。しかし，実際のところ，法人税法においても所得区分が設けられていないというだけで，例えば，法人が主たる事業活動として棚卸資産の販売収益を得る場合，法人が利子を得る場合，法人が保険金を受け取る場合等をまとめて議論するのはやや乱暴であり，やはり，法人税法においても個別具体的な議論を要するという意味では，所得税法と同様であるといえよう。

ただし，企業会計準拠主義という考え方は，法人税法に特有のものである。

このように，所得税法上の要件事実論においては，所得区分があることのほか費用・損失の取扱いがユニークであるという点などを挙げることができるが[1]，他方で法人税法上の要件事実論では，法人税法が企業会計準拠主義を明文において採用している点（法税22条4項）が特徴的なところといえよう。とりわけ，法人税法上の所得金額の算定ルールを画する法人税法22条4項にいう公正処理基準という規範が何を指すのかという点については，多くの争いがあるところである。

なお，主張立証責任の分配に関しては，課税標準及び所得控除につき課税庁側に主張立証責任があり，税額控除につき納税者側に主張立証責任があると考えられているように，所得税法と法人税法に大きな差異はない。

ここでは，法人税法上の要件事実論のすべてについて概観することは紙幅の制限により困難であるため，まずは法人税法に特有の領域である課税所得の範囲（収益事業の範囲）を取り上げ論じたうえで，次に益金及び損金をめぐる特徴的な論点について検討することとしたい[2]。

---

[1] そのほか，所得税法では，収入については，家事上のそれであっても課税対象に取り込んでいるのに対して，必要経費や損失については，家事上の費用（一部の家事関連費を含む。一時所得等は家事上の経費を控除して所得金額の計算を行う）や生活に通常必要でない資産に係る損失を控除対象から除外ないし制限している点が特徴的である。
[2] 租税回避をめぐる論点については，他の論稿に委ねることとする。

第2　収益事業の範囲──法人税法施行令5条1項10号にいう「請負業」該当性を中心に

　法人税の課税の対象となる収益事業の範囲について、「請負業」該当性を素材に考えてみたい。法人税法は、「請負業」について定義規定を置いていないため、これをどのように理解するべきかが問題となる。すなわち、借用概念と捉えるべきか、あるいは固有概念と捉えるべきかという問題である。

　法人税法施行令5条（収益事業の範囲）は、収益事業の範囲として同条1項10号に「請負業」を掲げている。同号にいう収益事業たる「請負業」該当性を判断するにあたっては、まず、「請負」を民法からの借用概念と位置づけたうえで、通説である統一説の立場から、民法の請負契約に係る要件事実を確認することから始める構成が考えられる。そこで、民法632条（請負）を確認すると、同条は、「請負は、当事者の一方がある仕事を完成することを約し、相手方がその仕事の結果に対してその報酬を支払うことを約することによって、その効力を生ずる。」と規定する。すなわち、請負契約における要件事実は、①仕事の完成を約することと、②その仕事の結果に対して報酬を支払うことであって、報酬支払時期については請負契約の要件事実ではない。

　ところで、実際の請負契約においては、報酬の概算はおろか、その額がまったく定められていない場合もあり得るところであるが、そのような場合に請負契約の成立は否定されるべきかという問題が惹起される。この点、我妻榮博士は、「請負の報酬、すなわち請負代金は、……契約の締結に際して、その額が一定されるのが普通だが定額請負、概算額を定めるだけの場合（概算請負）や額を定めない場合もないではない」とされ、「報酬額を定めない場合には、慣行上類似の例があればそれによって定め、それがないときは、実際に必要であった費用に相当の利潤を加えるなど、各場合に応じて合理的な額を定むべきである」と論じられる[*3]。かような観点からすれば、料金があらかじめ定まっていることに請負契約の要件事実ではないといえよう。この見地からは、請負契約の要件事実は、注文主において仕事の結果の対価として報酬を支払う旨の合意が明確であることと理解することができる[*4]。

---

*3　我妻榮『債権各論（中・二）（民法講義V3）』（岩波書店、1962）643頁。
*4　後述する最判平20・9・12裁判集民事228号617頁・判タ1281号165頁・判時2022号11頁・

第3部　租税訴訟における要件事実論の視点からの各論的課題
第5章　法人税法における要件事実論

　これに対し，法人税法上の「請負」を民法からの借用概念ではなく，「事業実態という事実状態」を広く指す固有概念であるとの見解もあるが*5，上記のとおり，民法自体が請負を広く捉えていることからすると，法人税法上の「請負」とは，民法からの借用概念であるとみても問題はないように思われる。そして，法人税法施行令5条1項10号は「請負業」としていることから，かような「請負」を業として行っていることが必要となる。

　もっとも，法人税法施行令5条1項10号は，「請負業」について「事務処理の委託を受ける業を含む」としていることからすれば，よりその射程範囲は広くなる。

　いわゆるペット葬祭業事件・前掲注（*4）最判平20・9・12*6は，法人税法施行令5条1項10号の「請負業」に該当するか否かにつき，①事業に伴う財貨の移転が役務等の対価として支払われる性質のものか（対価性・非喜捨性），②その事業が宗教法人以外の法人の一般的に行う事業と競合するものか（イコール・フッティング論）等の観点をふまえたうえで，当該事業の目的，内容，態様等の諸事情を社会通念に照らして総合的に検討して判断するのが相当であると論じている。①や②の観点をふまえた総合的判断が要請されるとするこの最高裁の説示は，法人税法施行令5条1項10号の「請負業」該当性判断における間接事実を論じるものと理解されよう。そもそも，「請負業」に該当するか否かは，単なる業種分類の問題ではなく，収益事業該当性の要件であることからすれば，収益事業の認定要素として，法人税法施行令5条を位置づける必要がある。かような趣旨を念頭に置いて収益事業該当性の判断基準を措定するとなれば，①や②の事情が，主要事実である「請負業」を基礎づける間接事実となり得ると考えられる。

　　訟月55巻7号2681頁では，「料金表による一定の金額設定」が認定され，請負業と判断されているが，かかる事実認定はいかなる意味を有するのであろうか。これは喜捨等の性質判断における間接事実と捉えるべきであろう。
　*5　今村隆『課税訴訟における要件事実論〔改訂版〕』（日本租税研究協会，2013）78頁。
　*6　判例評釈として，塩崎勤・民情270号（2009）55頁，渡辺充・判評605号〔判時2039号〕（2009）154頁，一高龍司・民商141巻2号（2009）62頁，田中治・税務事例43巻5号（2011）48頁，今本啓介・租税判例百選〈第5版〉〔別冊ジュリ207号〕94頁，酒井克彦『ブラッシュアップ租税法』（財経詳報社，2011）19頁など参照。

第3 益金に係る要件事実論

1 規範的要件としての「権利の確定」

　収入又は益金に計上すべき時期（以下，便宜的に「課税のタイミング」という）については，所得税法36条（収入金額）（旧所税10条）の「収入すべき金額」該当性の議論において多くの先行業績をみているが，通説は，所得税法と法人税法における議論を区別していないように思われる。

　法人税法22条2項が「収益」という概念を用いており，所得税法が「収入」という概念を用いている点では若干の相違もあるが，基本的な点において両者に差はないと理解しておきたい。もっとも，法人税法は，同法22条4項において企業会計準拠主義を定めている点で所得税法と異なることは既述のとおりであるから，法人税法にいう「収益」と所得税法にいう「収入」に根本的な差異がないと理解したとしても，公正処理基準の影響を無視するわけにいかないことはいうまでもない（後述）。

　課税のタイミングについて，いわゆる大竹貿易事件・最判平5・11・25（民集47巻9号5278頁・判タ842号94頁・判時1489号96頁）（以下「大竹貿易事件最高裁判決」ともいう）[7]は，法人税法22条4項により，同条2項にいう「益金の額に算入すべき金額」を判断するとしたうえで，これを権利確定主義によって判断するとした。すなわち，同判決は「ある収益をどの事業年度に計上すべきかは，一般に公正妥当と認められる会計処理の基準に従うべきであり，これによれば，収益は，その実現があった時，すなわち，その収入すべき権利が確定したときの属する年度の益金に計上すべきものと考えられる。」として権利確定主義を論じている。

　この判決を基礎に要件事実論的に考えると，まずは，「権利が確定したとき」とは事実か評価かという問題がある。田中治教授が，「権利確定主義は，一般に，収入金額の計上時期を判定する際によるべき基準とされている。しかし権利確定主義といっても，権利の確定時期がいつかということについての明確な基準はなく，また権利確定主義の妥当する範囲についても明らかではない。」と指摘されるように[8]，「権利の確定」という概念は，一般に具体的イメージが

---

[7] 判例評釈として，清永敬次・民商111巻1号（1994）145頁，酒井・前掲注（＊6）252頁参照。
[8] 田中治「税法における所得の年度帰属―権利確定主義の論理と機能」大阪府立大学経済研究

第3部　租税訴訟における要件事実論の視点からの各論的課題
第5章　法人税法における要件事実論

共有される性質のものではなく評価を伴うものであるといえよう*9。事実として扱うべきか評価として扱うべきかについては，「本質として明確に区別できるとはいい難いものがあり，ある意味で程度の差による区別というほかはないもの」ではあるが*10，「権利の確定」といった場合*11，「権利」は間違いなく評価を経て確定する性質のものであって，直接に事実として扱ってよいものと考える性質のものではない*12。したがって，「権利の確定」は，規範的要件ないし評価的要件であるというべきであろう*13。

　この点，規範的要件それ自体を主要事実と捉え，評価根拠事実を間接事実とみる考え（間接事実説）によるのではなく，今日の通説である主要事実説*14，すなわち，規範的要件自体は法的判断であって，評価根拠事実こそが主要事実であるとする考え方に従えば，規範的要件たる「権利の確定」の成立を根拠づける具体的事実が主要事実である。例えば，資産の売却に係る収益の計上時期についていえば，売買代金支払請求訴訟において，原告から主張立証されるべき，財産権移転の約束（kg①）及び代金支払の約束（kg②）という要件事実に関連づけて，「権利の確定」の成立を基礎づける評価根拠事実として，①財産権移転

　　32巻2号（1987）162頁。
*9 　伊藤滋夫教授は，事実と評価の間には質的な差異はなく，「両者は一種の連続線上にある程度の差があるに過ぎない」とされる（伊藤滋夫『要件事実・事実認定入門〔補訂版〕』（有斐閣，2005）79頁）。
*10　伊藤滋夫『要件事実の基礎〔新版〕』（有斐閣，2015）286頁。
*11　「権利の確定」という概念のうち，「確定」を価値的概念として考えることも不可能ではないと思われるが，価値的概念に評価的要件の性質とは異なった本質を定義することの困難性もあることから，同概念による説明には限界があるといえよう（伊藤・前掲注（*10）299頁）。この点，伊藤滋夫教授から直接のご示唆を賜った。ここに感謝の意を表したい。
*12　伊藤・前掲注（*10）333頁。
*13　「収入の実現」を主要事実とし，「権利の確定」を間接事実と位置づける注目すべき見解もあるが（谷口勢津夫「税法における所得の年度帰属」税法学556号（2011）289頁），弁論主義の下で，要件事実が果たすべき相手方の防御の機会の保障に鑑みたとき，単に「収入の実現がある」と被告（課税庁）側が主張すれば，主張責任が尽くされたことになるというのでは，原告（納税者）側は，かような評価を基礎づけるものとしていかなる評価根拠事実が現れてくるかを知る機会が弁論等で保障されないというおそれはないであろうか。あるいは，規範的評価を主要事実と解すると相手方の防御の機会の保障ができないという主要事実説の採用理由の一つにも結果としてやや抵触のおそれがあるように思えてならないのである。谷口説に対する反論として，泉絢也「債務確定主義（債務確定基準）のレゾンデートル─権利確定主義・公正処理基準との関係，要件事実論的考察も交えて」税務事例47巻2号（2015）39頁以下参照。
*14　伊藤・前掲注（*10）295頁，高橋宏志『重点講義民事訴訟法（上）〔第2版補訂版〕』（有斐閣，2013）424頁，中野貞一郎ほか編『新民事訴訟法講義〔補訂2版〕』（有斐閣，2008）199頁〔鈴木正裕執筆〕，伊藤眞『民事訴訟法〔第4版補訂版〕』（有斐閣，2011）299頁，上田徹一郎『民事訴訟法〔第2版〕』（法学書院，1997）330頁，司法研修所編『増補民事訴訟における要件事実（第1巻）』（法曹会，1986）33頁，新堂幸司『新民事訴訟法〔第7版〕』（弘文堂，2011）476頁など参照。

第3　益金に係る要件事実論

の約束及び②代金支払の約束が考えられる。しかしながら，規範的要件の成否についての判断は，評価根拠事実と評価阻止事実ないし評価障害事実の総合判断である。ここでの評価阻止事実は，例えば「引渡し」という事実である。そこには，同時履行の抗弁権が評価阻止事実として所在すると考えられる（後述）。

　管理支配基準や無条件請求権説を肯定する立場からは，この総合判断の段階で，これらの考慮が働くと考える。すなわち，既に管理され支配されている利得については「収入の実現の蓋然性」が高いとみるべきという管理支配基準の考え方から，それを基礎づける評価阻止事実を主張することが可能であるし，請求権が成立していたとしても，なお，権利行使の条件が整わない限り「収入の実現の蓋然性」が高いとはいえないとする無条件請求権説の考え方から，それを基礎づける評価阻止事実を主張することが可能であると思われるのである。

　ここで「収入の実現の蓋然性」が判断の基準となるということと，「収入の実現」が判断の基準となるということは異なるものである。それは，現金主義と換価可能性が高い段階で課税のタイミングを考えるのとで見解が異なるのと同様である。

　大竹貿易事件最高裁判決が「その実現があった時，すなわち，その収入すべき権利が確定したときの属する年度の益金に計上すべきものと考えられる。」と説示しながらも，船積日基準という無条件請求権説に従ったあるいはそれに接近した判断を行った点を念頭に置いた場合，この判決から導出され得る課税のタイミング論をめぐっては，見解の対立があり得る。すなわち，無条件請求権説は，請求権の成立を前提としながらも，その実，「収入実現の蓋然性の高いこと」を前提とした判断枠組みであるともいい得るからである。かような意味では，請求権の成立を前提とした純粋なる権利確定主義のみでなされた判断であるとはいいがたいため，この判決をいかように理解すべきかという議論が惹起され得るのである。

　第1の見解は，「収入すべき権利の確定」が規範的要件で，それを基礎づける事実として，「収入実現の蓋然性の高いこと」という主要事実が想定され，その「収入実現の蓋然性の高いこと」を推認させる間接事実が管理支配という事実（管理支配基準）ないしは，無条件に請求できる状態にあるという事実（無条件請求権説）とみる考え方があり得る（A説）。第2に，「収入すべき権利の確定」という規範的要件の内部に「収入実現の蓋然性判断」という要素を読み込み，

331

第3部　租税訴訟における要件事実論の視点からの各論的課題
第5章　法人税法における要件事実論

これを基礎づける主要事実の一つに管理支配の事実ないし，無条件に請求できる状態にあるという事実があるとする見解もあり得よう（B説）。

　権利確定主義という抽象的あるいは概括的な理論構成の内部に，かような収入実現の蓋然性を織り込んで解釈するのが後者（B説）であり，これまでの判例の考え方である。前者（A説）の見解については，「蓋然性」という評価概念が主要事実とされるものの中に織り込まれてしまうという問題点を包蔵している点で疑問が残る。

　例えば，売買代金請求権の成立の事実（財産権移転の約束（kg①）及び代金支払の約束（kg②））が収入実現の蓋然性を基礎づける評価根拠事実であることは問題がないと思われるが，その主要事実と両立し得る抗弁の構築の理論的根拠に管理支配基準や無条件請求権説を持ち込むことが可能であると考えられる。

　もっとも，この見解に対しては次のような反論が想定される。すなわち，大竹貿易事件最高裁判決は，収益の計上時期について，「その実現があった時」として，「すなわち，その収入すべき権利が確定したとき」としているのであるから，「その収入すべき権利が確定したとき」という権利確定主義を「収入実現の蓋然性が高いとき」と理解してしまうと，「実現があった時」＝「収入実現の蓋然性が高いとき」と理解することとなり，矛盾しているのではないかとの反論である。しかし，次のようにもいえまいか。大竹貿易事件最高裁判決にいう「実現があった時」とは，その前置きとして「一般に公正妥当と認められる会計処理の基準に従うべきであり，これによれば」とされていることに鑑みれば，ここにいう「実現があった時」とは，（会計あるいは商法・会社法にいう）企業会計上の実現主義を指しているのであって，次に続く，「すなわち」は，「言い換えれば，租税法においては」という意味を有する，という整理である[15]。つまり，この説示は，収益の計上時期について，「企業会計上の実現主義，すなわち租税法上の権利確定主義に従って判断される」とする趣旨ではないかとも考えられる。同最高裁は，会計にいう実現主義に相当する租税法上の権利確定主義に従うとしながらも，その権利確定主義とは，いわば「収入実現の蓋然

---

[15]　かくして，大竹貿易事件最高裁判決は，「その実現があった時」＝「権利が確定したとき」と理解しているのではなく，「その実現があった時」＝「権利が確定したときの属する年度」に計上すべきとし，右辺は，租税法の観点からの理解を示したものであると思われるのである。そうでなければ，「実現があった時」と同様，「権利が確定した時」とすべきであり，「時」とせず「とき」としていることにはかような意味があると理解することができるのである。

第 3　益金に係る要件事実論

性が高い」レベルで収益計上を考える抽象度の高いものと考えているのではなかろうか。かように考えると管理支配基準や無条件請求権説が包蔵された権利確定主義と位置づけることができ*16, むしろ, 管理支配の事実ないし無条件に請求できる状態にあるという事実こそが主要事実であると考えることが十分に可能であると考える（B 説）。このような点から大竹貿易事件最高裁判決ロジックは,「収入の実現＝権利の確定」よりも柔軟に, 合理性の許容する一定の範囲まで収益の計上時期を早める又は遅らせることを可能にしているのではなかろうか。この立場は, 権利確定主義を広く捉える考え方であるが, 本稿では, このような権利確定主義を「広義の権利確定主義」といい, 通常の権利確定主義と区別することとする。

2　管理支配基準

判例・学説は, 原則として権利確定主義が妥当するとしながらも, 例外的に管理支配基準による収益の計上時期認定を許容する。無条件請求権説や占有権による再整理*17 も展開されているところであり, 議論の終着を見せているわけではない。

旧所得税法 10 条（現行所税 36 条）にいう「収入すべき金額」該当性が争点とされた事例において, 最判昭 46・11・9（裁判集民 104 号 197 頁・判タ 269 号 103 頁・判時 649 号 11 頁）が,「一般に, 金銭消費貸借上の利息・損害金債権については, その履行期が到来すれば, 現実にはなお未収の状態にあるとしても, 旧所得税法 10 条 1 項にいう『収入すべき金額』にあたるものとして, 課税の対象となるべき所得を構成すると解されるが, それは, 特段の事情のないかぎり, 収入実現の可能性が高度であると認められるから」であるとしているとおり, 履行

---

*16　したがって, 権利確定主義はリーガル・テストを標榜しているという意味を有するにすぎないともいえる。
*17　権利確定主義を占有事実で捉える学説がある（渕圭吾「所得課税における年度帰属の問題」金子宏編『租税法の基本問題』（有斐閣, 2007）213 頁）。これに従った場合, 占有という「事実要件」について考えると, 所持といったように, 物理的あるいは直接的な支配に限定されず, 社会通念上, 物が人の事実的支配内にあると認められる客観的関係があればよいと観念化されることになるが, 代理占有（民 181 条）などをもその射程とする占有の理解を前提とすると, かかる漠然とした相当観念化された抽象度の高いもので管理支配基準を説明することは難しいように思われる。要件事実論的に見れば, 占有は単に占有の事実を主張立証するだけでは足りず, 自主占有なのか, 他主占有なのかといった具体的主張が要請されるのであって, いわば占有という事実要件は, 同じ事実要件である売買契約を基礎づける財産権移転約束及び代金支払約束という事実によって基礎づけられる主張とは性質を異にしている。

期の到来という評価根拠事実によって，特段の事情のない限り，「収入実現の高度な可能性」を推認するという構成がとられている。ここにいう，「特段の事情」が何を指すかについては議論のあるところであるが，被告（課税庁）は，評価根拠事実として，履行期の到来を主張立証し，これに対して，原告（納税者）は「特段の事情」を抗弁として主張立証することになる。

同判決は，「利息制限法による制限超過の利息・損害金は，その基礎となる約定自体が無効であって，約定の履行期到来によっても，利息・損害金債権を生じるに由なく，貸主は，ただ，借主が，……任意の支払を行なうかも知れないことを，事実上期待しうるにとどまるのであって，とうてい，収入実現の蓋然性があるものということはでき」ないから「制限超過の利息・損害金は，たとえ約定の履行期が到来しても，なお未収であるかぎり，旧所得税法10条1項にいう『収入すべき金額』に該当しない」としながら，「もっとも，これが現実に収受されたときは課税の対象となるべき所得を構成する」とするのである。

このように，前掲最判昭46・11・9は，「収入実現の可能性」が高ければ，課税のタイミングにあるものと判示した[18]。すなわち，「実現」ではなく[19]，「実現の蓋然性」というメルクマールを用いて，緩やかな判断基準を採用したのである[20]。この判決のロジックによれば，権利がなくとも現実の収受がある以上，「収入実現の可能性」（以下，「収入実現の蓋然性」ともいう）は満たすことになるから収入に計上すべきとなる一方，権利が確定していれば現実に収受していなくとも収入に計上すべきということにもなる[21]。すなわち，同判決は，課税のタ

---

[18] この点について，植松守雄氏は，「市中の高利金融業が盛業を続けている現状からみると，制限超過利息・損害金の『収入実現の蓋然性』がないとは到底考えられず，この点の判示は，経済的実態の認識というより，裁判官の法的願望が込められたものとみるのが正当であろう。」として，結論において課税庁に厳しい判断を示したとされる（同「収入金額（収益）の計上時期に関する問題」租税法研究8号（1980）92頁）。

[19] 酒井克彦「権利確定主義はリーガル・テストとしての意味を持ち得るか(1)──法人税法に関する議論を中心として」國士舘法学41号（2009）14頁。

[20] 未実現利益の課税除外を理論的完全性に対する緩衝的なものと捉えることも可能であろう（岩﨑政明「未実現利益・帰属所得に対する所得課税」税務事例研究110号（2009）27頁参照）。画一的課税への批判的視点と捉える見解として，田中・前掲注（*8）171頁。

[21] 田中治教授は，「比較的早期の時点での収入の計上を主張する課税庁の立場を正当化するもの」と批判される（田中・前掲注（*8）195頁）。佐藤英明教授は，裁判例における「権利確定主義」は「収入を受け取る権利が確定したときに『収入すべき金額となる』」という意味に限定され，必ずしも，「収入を受け取る権利が確定していないものは『収入すべき金額』とはならない」ということまで意味するものではないとされる（同『スタンダード所得税法〔補正3版〕』（弘文堂，2014）242頁）。

イミングを，権利の確定の時期としながらも，収入実現の蓋然性が高いと判断される事実をもって課税のタイミングの到来を認めたものといえる。

なお，同最高裁判決の7日後に，法人税に関しても最高裁は最判昭46・11・16（刑集25巻8号938頁・判タ269号107頁・判時679号15頁）において上記最判昭46・11・9を引用して同様の判断を示している。

このような考え方は管理支配基準と呼ばれているが，権利確定主義と管理支配基準の適用場面の振り分けのルールが明確ではないとの批判もあるため[*22]，次の表でこのことを確認したい。表中の「請求権の成立」欄を列でみた視角が権利確定主義であり，表中の「現実の収受（管理支配）」欄を行でみた視角が管理支配基準であるといえよう。したがって，権利確定主義のスクリーンによって課税対象からこぼれているものであっても，現実の収受（管理支配）で捉える管理支配基準のスクリーンから課税対象に取り込むことを可能とするのが，権利確定主義と管理支配基準の連携であるといえよう（表①でいえば，a，bについては権利確定主義により，cについては管理支配基準により収益計上時期が到来している）。

表①　権利確定主義と管理支配基準

①権利確定主義 ➡

		請求権の成立	請求権の未成立（不存在）
現実の収受（管理支配）	あり	a　収入実現	c「収入実現の蓋然性」高い
	なし	b「収入実現の蓋然性」高い	d「収入実現の蓋然性」高くない

⬅ ②管理支配基準

このように考えると，相互補完的なものということも可能であるが[*23]，前掲最判昭46・11・9が，「履行期が到来すれば，現実にはなお未収の状態にあるとしても……課税の対象となるべき所得を構成する」と述べている点を参考とすれば，第一次的に権利確定主義が適用され，それを第二次的に管理支配基準が補完している[*24]と考えるべきであろう[*25][*26]。

[*22] 佐藤・前掲注（*21）242頁。
[*23] 谷口勢津夫「収入金額の計上時期に関する実現主義の意義―判例分析を中心に」阪大法学64巻6号（2015）1556頁，田中・前掲注（*8）195頁。もっとも，これらの学説はその実質に深く踏み込んだ見解であり，この点にこだわったものではないと思われる。
[*24] 農地に係る譲渡所得事例である最判昭60・4・18訟月31巻12号3147頁・税務訴訟資料145号65頁，及びその第1審名古屋地判昭54・1・29行集30巻1号80頁・訟月25巻5号1448頁なども参照。

このことは，換言すれば，第一次的には法的判断基準に従って権利確定を判断し，第二次的に経済的判断基準によって利得に対する現実の管理支配を判断するという二重構造による判断枠組みを意味する（前述のとおり，これらの考え方を広義の権利確定主義ということもできる）。

3　無条件請求権説

無条件請求権説[*27]についても触れておきたい。

清永敬次教授は，「確定をいうのであれば，契約の目的物を相手方に引渡すことによって，すなわち売主が自己の給付義務を履行することによって相手方が同時履行の抗弁権を失ったとき，売主の代金支払を受くべき権利は一層確実となるのであるから，そのときに権利が確定したといってもよい」とされ，その具体例について，「割賦販売の場合，売買契約の締結によって代金債権は発生する。商品は直ちに相手方に引渡されるが，代金債権全部の実現は長期にわたり支払について若干の不安がないでもない。そこで，各賦払金の支払期の到来ごとに代金債権が部分的に確定していくのである。このように考えていけば割賦基準は立派な権利確定主義である。」とされる[*28]。

福岡地判昭 42・3・17（行集 18 巻 3 号 257 頁・金判 288 号 7 頁・訟月 13 巻 6 号 747 頁）は，権利確定主義の立場から，「権利の確定の時期としては原則として法律上の権利の行使ができるようになったとき」と解するべきと説示する。このような考え方は，無条件請求権説に通じるものといえよう。

同様に，前述の大竹貿易事件最高裁判決が，「売主は，商品の船積みを完了すれば，その時点以降はいつでも，取引銀行に為替手形を買い取ってもらうこ

[*25] 金子宏教授は，「管理支配基準の適用は，租税法律関係を不安定にするおそれがあるから，その適用範囲をみだりに拡大しないように注意する必要がある。」とされる（同『租税法〔第21版〕』（弘文堂，2016）287頁）。管理支配基準を権利確定主義の補完的なものと位置づける見解として，注解所得税法研究会編『注解所得税法〔5訂版〕』（大蔵財務協会，2011）917頁。

[*26] 権利確定主義も管理支配基準も収入実現の蓋然性の高さを判定する切り口にすぎないと捉えれば，これらはさほど大きな差異をもたらす考え方ではないともいい得る（広義の権利確定主義）。いわば，権利確定主義がそもそも明確な権利の確定という厳格な判断基準ではなく，収入実現の蓋然性を判断する画一的なリーガル・テストとしての意味を有していただけであるという点に思いを致せば，広い意味での権利確定主義の枠内に管理支配基準も包蔵され得る。もっとも，実践的な要件事実論を念頭に置いた場合には，この点についての理論的手順を示す必要性を意識せざるを得ない。

[*27] 岩崎政明「所得の時間的帰属—収入すべき権利の確定時期と判断基準について」税務事例研究 140 号（2014）34 頁。

[*28] 清永敬次「権利確定主義の内容」税経通信 20 巻 11 号（1965）90 頁。

とにより，売買代金相当額の回収を図り得るという実情にあるから，右船積時点において，売買契約による代金請求権が確定したものとみることができる。」とするところにも通じる。

これを次の表で確認してみたい。表②では，a のみが収益の計上時期の到来である。

表② 権利確定主義と無条件請求権説

①権利確定主義 ⬇

請求権の条件		請求権の成立	請求権の未成立（不存在）
請求権の条件	なし	a 収入実現	c ―
	あり	b「収入実現の蓋然性」低い	d ―

②無条件請求権説 ⬆

＊なお，請求権が不存在である以上，かかる請求権の条件について検討する余地はない（表 c 及び d）。

　無条件請求権説を基礎づける事実の主張は，課税のタイミングを早める機能を有することも，遅らせる機能を有することもある。すなわち，無条件請求権説は，被告（課税庁）からの主要事実論の場面でも，原告（納税者）からの抗弁論の場面でも展開され得る。

　表②は，課税のタイミングを遅らせる機能を有する無条件請求権説を前提としている。すなわち，被告（課税庁）が権利確定主義に基づき評価根拠事実に係る主張を行った後に，原告（納税者）が抗弁として評価障害事実を主張することが考えられる。

　そこでは，例えば，商品の売主である原告（納税者）としては，商品の引渡しがいまだ済んでいないので，売買代金請求権が成立しているとはいっても，買主から同時履行の抗弁権の主張がなされ得るとして，かかる点を基礎づける事実を抗弁として主張することが想定される（表②b に相当する部分）。この整理は，課税根拠の基礎となる「収入実現の蓋然性」を障害する評価阻止事実である。

　原告（納税者）が有する売買代金請求権の根拠規定（民 555 条）を考えれば，原告（納税者）に売買代金請求権が発生しているとの主張をする被告（課税庁）において，「収入実現の蓋然性の高い」ことを基礎づける評価根拠事実の主張立証を行わなければならない。

　売買代金請求権の発生時期の要件事実は，民法 555 条の売買契約の成立時期

と符合する。すなわち，売買代金請求権の要件事実は，①財産権移転の約束（kg①）と②代金支払の約束（kg②）である。したがって，これら2つの要件事実が認定されれば，資産の譲渡人としては売買代金請求権が成立することになる。そこで，これを捉えて，法人税法22条2項にいう「当該事業年度の収益」を画する規範的要件となる同条4項にいう「一般に公正妥当と認められる会計処理の基準」に従い，商法・会社法上の実現主義，すなわち租税法上の権利確定主義の考え方に従い，「収入実現の蓋然性の高い」ことを基礎づける評価根拠事実（上記kg①及びkg②）の主張が被告（課税庁）から展開され，これに対して，原告（納税者）側から評価阻止事実として，同時履行の抗弁権を基礎づける事実の主張がなされることになる。

　なお，同時履行の抗弁権のような権利抗弁については，代金債務と目的物引渡債務とが同時履行の関係にあることが当然に基礎づけられ，履行遅滞の違法性阻却事由があることが明らかになることで同時履行の抗弁権の主張を待たずに代金請求の発生は障害される。このような抗弁権の存在効果を前提として議論を進めることが許されると思われるところ，同時履行の関係が明確である場合には，売買代金請求権が必ずしも障害なく履行できるとはいえず，無条件請求権説に従えば，かような請求権に係る障害事実ないし阻止事実が完全に撤去されるまでは，権利確定主義にいう「権利の確定」とは評価されるべきではないということになりそうである。さすれば，ここに「引渡基準」の法的根拠を見出すことが可能となるのである。

　すなわち，例えば，代金の支払遅延に係る損害賠償請求訴訟において，原告から，財産権移転の約束（kg①）及び代金支払の約束（kg②）の事実が主張されると，主張共有の原則により，被告の原告に対する売買契約に基づく目的物引渡請求権の発生も基礎づけられることになる。けだし，目的物引渡請求権の発生を基礎づける要件事実は，kg①，kg②と同じであるからである。これにより，同時履行の関係が明らかとなり，代金支払に関する履行遅滞の損害賠償請求（履行遅滞を基礎づける請求原因事実〔kg③〕を主張することが必要である）の違法性阻却事由が基礎づけられて，履行遅滞に基づく損害賠償請求権の発生は障害されることになる[*29]。このように考えると，請求原因事実たるkg①及びkg

---

[*29] もっとも，通常は，かような権利抗弁の存在効果によって，原告の主張が失当となってしまうため，被告の抗弁を待って主張すべき同時履行の抗弁権を消滅させるための主張（kg④：例

②の存在だけでは，必ずしも収入実現の蓋然性が高いとはいえないのであって，同時履行のような権利抗弁の存在効果の発生のない状況になった段階で初めて収入実現の蓋然性が高くなるということができる。すなわち，この場合は，評価阻止事実が認められる限り，規範的要件たる「収入実現の蓋然性」が高いとはいえないことになるのである。要件事実論的に，無条件請求権説を説明すればかような構成になるのではなかろうか。

第4 損金に係る要件事実論

1 債務確定基準

　法人税法22条3項2号は，損金に算入すべき項目の一つとして，「当該事業年度の販売費，一般管理費その他の費用（償却費以外の費用で当該事業年度終了の日までに債務の確定しないものを除く。）の額」を規定している。すなわち，別段の定めによるものでない限り，2号の「費用」については，償却費を除いて債務の確定しないものは損金算入が認められない。これを債務確定基準という。

(1) 費用限定説と非限定説

　もっとも，この債務確定基準が法人税法22条3項2号にのみ規定されていることを重視し，費用に係る損金算入についての規範であると捉えるべきか（費用限定説），原価や損失についても適用され得る規範と捉えるべきか（非限定説）については争いがある。この点につき，原価も費用の集合体であることから，法人税法22条3項1号にいう原価にも債務確定基準の適用があるとする見解もあるが[*30]，疑問なしとしない。

　沿革上，法人税法22条3項1号の売上原価等と同条項3号の損失について債務確定基準が規定されなかった理由として，「売上原価等は，法人税法第22条第2項の規定により『当該事業年度の収益の額』とし，当期の収益と対応する原価であって，それは原価配分による内部計算にすぎないのであるから，『債

　　えば，先履行や目的物の引渡履行の事実の主張・立証）を再抗弁（R）ではなく請求原因事実の段階で主張・立証することになる（せり上がり）。

*30　大淵博義「判例にみる法人税法上の損金計上時期を巡る諸問題の検証(2)」税経通信66巻5号（2011）46頁，吉牟田勲『新版法人税法詳説―立法趣旨と解釈〔平成9年度版〕』（中央経済社，1997）56頁，富岡幸雄『税務会計学〔第5版〕』（森山書店，1985）211頁など参照。東京地判昭45・7・15税務訴訟資料72号607頁，大阪地判昭57・11・17行集33巻11号2285頁・判時1076号45頁・税務訴訟資料128号410頁も参照。

第3部　租税訴訟における要件事実論の視点からの各論的課題
第5章　法人税法における要件事実論

務の確定』という法的テストを導入する余地は極めて乏しいと考えられたことによる。また，3号の偶発的原因による損失については，一般に発生時に計上するのが通常であり，後述するように，債務の確定するような損失は比較的少ないので，『債務の確定』したものに限るとする制限規定は特に設けられなかった」とされている[*31]。売上原価等についての損金規定である法人税法22条3項1号は，同条項2号にいう「販売費及び一般管理費等の費用」とは異なり，債務の確定をそもそも要件とはしておらず，「当該事業年度の収益に係る」と規定していることからすれば，費用収益対応の原則こそが損金算入のルールになるという文理上の説明が考えられる。収益計上と直接的あるいは個別的に対応するものについては，債務確定基準によらずとも，費用の見積計上に伴う恣意的な所得計算のおそれは排除されよう。また，むしろ，費用収益対応の原則による見積計上を認めないと，収益と直接的あるいは個別的に対応することが明らかな費用の額が，損金の額に算入されないという不合理な結果を招来することになりかねない。このような観点からすれば，売上原価に債務確定基準は採用されていないと解すべきであろう[*32][*33]。

(2) 規範的要件としての債務確定基準

　法人税法22条3項2号括弧書が債務の「確定するもの」に限るとするのではなく，「確定しないもの」を除くと規定していることからすれば，「債務の確定しないもの」の主張立証責任は被告（課税庁）にあると解される。ところで，この「債務の確定」も前述の「権利の確定」と同様，規範的要件であると考えられる。したがって，かかる規範的要件を成立させるべく，その成立を基礎づける具体的事実（評価根拠事実）の主張立証責任は，被告（課税庁）にあると考えるべきであろう。

　次に，「債務の確定しないもの」の評価根拠事実を考えてみたい。ここでは，

[*31] 黒澤清監修／富岡幸雄編『税務会計体系(3)税務費用会計』（ぎょうせい，1984）13頁〔富岡幸雄執筆〕。
[*32] 酒井克彦・会社法務A2Z59号（2010）61頁。また，谷口勢津夫『税法基本講義〔第5版〕』（弘文堂，2016）390頁，中川一郎「改正法人税法（昭和40年3月改正）等の施行に伴う法人税の取扱いについて(1)」シュトイエル45号28頁も参照。
[*33] 裁判例において，この見解に立つものとして，例えば，最判平16・10・29刑集58巻7号697頁・判タ1167号149頁・判時1876号156頁，福岡高判平13・11・15税務訴訟資料251号順号9023など参照。また，課税実務においても，この考え方が採用されているとみてよかろう。大澤幸弘編著『法人税基本通達逐条解説〔7訂版〕』（税務研究会，2014）197頁は，「売上原価等についても，すでに収益計上がある限りは，売上原価等が確定していなくとも，収益費用の対応の見地からその見積計上を認めることが必要である。」としている。

第4　損金に係る要件事実論

債務確定三要件説と債務確定二要件説について簡単に述べることとしよう。

(a) **債務確定三要件説**　債務確定基準が規定された当時,「債務の確定」の内容については,立法当事者により,「債務の確定は,権利義務の確定であるから当事者および金銭債務にあっては金額まで明確にされていることが必要であると考えられる。」と論じられていたが[*34],その後,統一的解釈として法人税基本通達2－2－12（債務の確定の判定）が発遣されるに至った。同通達は,「法第22条第3項第2号《損金の額に算入される販売費等》の償却費以外の費用で当該事業年度終了の日までに債務が確定しているものとは,別に定めるものを除き,次に掲げる要件の全てに該当するものとする。」としている。

①　当該事業年度終了の日までに当該費用に係る債務が成立していること
②　当該事業年度終了の日までに当該債務に基づいて具体的な給付をすべき原因となる事実が発生していること
③　当該事業年度終了の日までにその金額を合理的に算定することができるものであること

このように,法人税基本通達は3つの要件（以下「債務確定三要件説」という）を掲げている。かかる行政解釈は,その後の多くの裁判例においても引用されている[*35][*36]が,この立場からは,被告（課税庁）が上記三要件非該当性を基礎づける評価根拠事実を主張立証することになる。

(b) **債務確定二要件説**　金子宏教授は,債務確定基準の趣旨について,「これは,債務として確定していない費用は,その発生の見込みとその金額が明確でないため,これを費用に算入することを認めると,所得金額の計算が不正確になり,また所得の金額が不当に減少するおそれがあるという理由からである。」とし,「この趣旨に反しない限り,『債務の確定』の意義は,いくらかゆるやかに解釈しても差し支えないと考えるべきであろう。」とされたうえ

[*34] 武田昌輔「新法人税法の重要問題研究（三）―課税所得の基本規定(3)」産業経理25巻10号（1965）214頁。
[*35] 大阪地判昭48・8・27税務訴訟資料70号940頁,大阪高判昭50・4・16税務訴訟資料81号205頁,宇都宮地判昭54・8・30行集30巻8号1446頁,秋田地判昭61・5・23税務訴訟資料152号169頁,千葉地判平3・7・31税務訴訟資料186号392頁,大阪地判平4・1・22判夕803号167頁・判時1475号62頁,東京高判平4・3・26税務訴訟資料188号958頁,広島地判平4・8・6税務訴訟資料192号324頁,東京高判平6・3・24税務訴訟資料200号1121頁など参照。
[*36] この立場からの見解として,泉絢也「法人税法における債務確定主義（債務確定基準）―債務確定の判断基準を中心として」国士舘法研論集16号（2015）47頁,同・前掲注（*13）39頁参照。

で*37,「『債務の確定』というのは，……債務の発生が確実であり，かつその金額が確認できることを意味するものと解し，このような要件がみたされる限り，費用の見越は許される，と解しておきたい。」とされる*38。すなわち，「債務の発生が確実であり」，かつ「その金額が確認できること」の二要件によって「債務の確定」を判断すべきとされる（以下「債務確定二要件説」という）*39。

この債務確定二要件説に従えば，債務確定基準は，法人税法22条3項2号に限らず，およそ損金規定全般に及ぶような性質を有するものと理解することもできる。

また，この見解は，引当金の計上を比較的緩やかに解する理解に接合しやすいと思われる*40。すなわち，引当金が法人税法22条3項の「別段の定め」として同法52条ないし53条に明定されている点につき，引当金を限定する趣旨と読むものではないと整理するのであるが，かような理解については，議論が起こり得よう。すなわち，別段の定めのない引当金については，同法22条3項2号の規定の適用を受けるとの理解であるが，かような理解に立てば，引当金に関する規定は別段の定めるところに拠るのであって，同法52条ないし53条のみが同法の許容する引当金であるとの見解との衝突が起こることになるのである。

(3) 違法支出の排除効への疑問

債務確定基準の適用において，私法の考え方を尊重し，私法上の債務成立要件をトレースすることによって社会的考慮を同基準の要件とすべきとの見解がある*41。しかしながら，実定法がそのような態度を示していないことを考慮に入れると，債務確定基準に社会的考慮を織り込むことには躊躇を覚える。また，

---

*37　金子・前掲注（*25）317頁。
*38　金子・前掲注（*25）337頁。
*39　碓井光明教授も，債務確定三要件のうち，「具体的給付原因事実の発生要件」については不必要な要件であるとされ，①債務成立要件及び②金額の合理的算定可能要件という要件と論じられる（碓井光明「従業員に対する特別賞与金を，同時に発行された譲渡制限つき社債の払込金に充当した場合に，特別賞与債務は，前記社債の償還期日まで確定しないとされた事例」税務事例12巻6号（1980）10頁参照）。債務二要件説の「債務の発生」を「債務の成立」と読み替えれば（谷口勢津夫「違法支出論における債務確定主義の意義と機能」立命館法学352号（2013）280頁），同旨であると理解できる。中川一郎「新法人税基本通達の批判(1)」シュトイエル87号32頁以下，税法研究所編『法人税法コンメンタール(1)』（ぎょうせい，加除式）A1918頁〔中川一郎執筆〕も参照。批判論として，泉・前掲注（*13）44頁参照。
*40　金子・前掲注（*25）337頁。
*41　谷口・前掲注（*39）282頁。また，同・前掲注（*32）463頁も参照。

脱税経費の損金性が争点とされたいわゆるエス・ブイ・シー事件上告審・最決平6・9・16（刑集48巻6号357頁・判タ871号171頁・判時1518号146頁）においてもかような構成は採用されておらず*42，法人税法22条4項の公正処理基準によって脱税経費の損金性が否定されている。

債務確定基準を法人税法22条3項2号に係るものと限定的に理解する立場からは，上記見解にいう，違法支出排除効が原価には及ばず，費用についてのみ及ぶということとなり，体系的に不安を有する議論となりはしないかという指摘に繋がる。

2　寄附金

(1)　非対価説

法人税法37条（寄附金の損金不算入）7項は，「寄附金の額は，寄附金，拠出金，見舞金その他いずれの名義をもってするかを問わず，内国法人が金銭その他の資産又は経済的な利益の贈与又は無償の供与（広告宣伝及び見本品の費用その他これらに類する費用並びに交際費，接待費及び福利厚生費とされるべきものを除く。次項において同じ。）をした場合における当該金銭の額若しくは金銭以外の資産のその贈与の時における価額又は当該経済的な利益のその供与の時における価額によるものとする。」と規定している。この規定は「寄附金の額」を定めるものであるが，これは，「『金銭その他の資産』又は『経済的な利益』」の「『贈与』又は『無償の供与』」と読み，法人税法上の寄附金とは，①「金銭その他の資産の贈与」と②「経済的な利益の無償の供与」の2つであると解するべきであろう。ここにいう「贈与」を，民法上の贈与（民549条）の借用概念であると理解すれば，「当事者の一方が自己の財産を無償で相手方に与える意思を表示し，相手方が受諾をすることによって，その効力を生ずる」契約を意味するものと解される。これに加えて，経済的な利益の無償の供与を含むの

---

*42　同最高裁決定は，「架空の経費を計上して所得を秘匿することは，事実に反する会計処理であり，公正処理基準に照らして否定されるべきものであるところ，右手数料は，架空の経費を計上するという会計処理に協力したことに対する対価として支出されたものであって，公正処理基準に反する処理により法人税を免れるための費用というべきであるから，このような支出を費用又は損失として損金の額に算入する会計処理もまた，公正処理基準に従ったものであるということはできないと解するのが相当である。」と説示している。判例評釈として，水野忠恒・ジュリ1081号（1995）129頁，青柳勤・最判解刑平成6年度131頁，佐藤英明・租税判例百選〈第4版〉〔別冊ジュリ178号〕102頁，酒井・前掲注（*6）258頁など参照。

第3部　租税訴訟における要件事実論の視点からの各論的課題
第5章　法人税法における要件事実論

が法人税法上の寄附金であるから，その範囲は相当に広いものといえよう。無利息融資などは融資に係る利息相当額の経済的利益が無償で供与されるものと解されるので，この寄附金に含まれることになる。また，括弧書で広告宣伝費や交際費，福利厚生費等が寄附金の範囲から除外されていることからすれば，寄附金の範囲に本来的にはこれらの費用も包摂されているとみるべきであろう。

　このような広範な費用がなぜ損金算入制限を受けるのであろうか。その説明と相まって，そもそも寄附金の法的性質をどのように考えるかによって，見解の相違がみられる。すなわち，①寄附金をそもそも事業に関連性のない支出と捉える非事業関連説[*43]，②事業に関連する支出と捉える事業関連説[*44]，③事業関連性の有無を問わず，対価性のない支出と捉える非対価説[*45]に分説される。このうち，寄附金税制の沿革[*46]や支出されたものの性質を決定しづらいことから，画一的に一定の計算式に従ったところで損金算入を制限する規定とされていることなどを考慮に入れると，非対価説（③）が妥当であるといえよう。多くの裁判例もこの立場に立つ[*47]。

　非対価説は，差しあたり，二要件説（①対価性のない支出であること，②法人税法37条7項括弧書に該当しないこと）と，三要件説（①対価性のない支出であること，②法

[*43] 中川一郎「親会社の子会社に対する無利息融資」シュトイエル70号33頁，神戸地判昭38・1・16行集14巻12号2144頁。
[*44] 松澤智『新版租税実体法〔補正第2版〕』（中央経済社，2003）309頁。
[*45] 昭和38年12月6日付け政府税制調査会「所得税法及び法人税法の整備に関する答申」36頁，大淵博義『法人税法解釈の検証と実践的展開(1)〔改訂増補版〕』（税務経理協会，2013）561頁。
[*46] 寄附金規定創設時の議論において，昭和38年12月6日付け政府税制調査会「所得税法及び法人税法の整備に関する答申」は，「業務に全く関係のない贈与は，税法上の寄附金から除き，限度計算を行なうことなく損金不算入とすることが好ましいが，法令においてこれを規定すること及び執行上これを区分することが困難であることにかんがみ，無償の支出のうち業務に明らかに関係あるものとそれ以外のものに区分し，後者を税法上の寄附金として取り扱うこととする。」と論じている。
[*47] 山形地判昭54・3・28訟月25巻7号1980頁は，「寄付金の中には，法人の事業に関連を有しその収益を生み出すのに必要な費用といえるものと，そうではなくて単なる利益処分の性質を有するにすぎないものがあるところ，当該法人が現実に支出した寄付金のうち，どれだけが費用の性質をもち，どれだけが利益処分の性質をもつかを客観的に判定することは極めて困難であることから，同法〔筆者注—法人税法〕第37条第2項は，行政的便宜及び公平の見地から，統一的な損金算入限度額を設け，寄付金のうち，右限度内の金額は費用としての損金算入を認め，それを超える部分の金額は損金に算入しないものと定めている。従って，資産の無償譲渡に当ることが肯定されれば，それが除外費用に該当しない限り，仮にそれが事業と関連を有し法人の収益を生み出すために必要な費用といえる場合であっても，寄付金性を失うことはないというべきである。」とする。名古屋地判平4・11・27判タ822号205頁，名古屋高判平6・3・18税務訴訟資料200号1106頁，浦和地判平11・5・31税務訴訟資料243号61頁，熊本地判平14・4・26税務訴訟資料252号順号9117，東京地判平20・1・25税務訴訟資料258号順号10871，東京高判平20・6・26税務訴訟資料258号順号10975など参照。

人税法37条7項括弧書に該当しないこと，③経済的合理性のないこと）に見解が分かれ得る。

ところで，前述のとおり，「贈与」にしても，「無償の供与」にしても，いずれも「無償」であることから，かかる「無償」という評価概念を基礎づける評価根拠事実の主張立証が問題となる。これらの主張立証責任は，損金算入の制限を主張する被告（課税庁）にあるというべきであろう。以下では，評価根拠事実及び評価障害事実について簡単に論じる。

(2) 評価根拠事実

上述のとおり，二要件説とは，①対価性のない支出であることに加えて，②法人税法37条7項にいう括弧書（「広告宣伝及び見本品の費用その他これらに類する費用並びに交際費，接待費及福利厚生費とされるべきもの」）に該当しないことをもって寄附金に該当するとする見解である。いずれも被告（課税庁）に主張立証責任がある。二要件説としては，例えば，鳥取地判昭57・6・24（税務訴訟資料123号724頁）がある。同地裁は，「直接の対価のない支出にあたることが肯認されれば，それが同条項の括弧内のものに該当しない限り，事業との関連性いかんを問わず，寄付金性を有するものと解すべきである。」とする[*48]。その他，このような考え方による判断を示す裁判例が散見される[*49]。

(3) 評価障害事実としての経済的合理性の事実

他方，二要件説に加えて，三つ目の要件として，経済的合理性のないことという事実の主張を必要とするとの考え方もあり得る（三要件説）が，仮に経済的合理性のないことという事実について疑いのないレベルまで説得的に被告（課税庁）に主張立証させることは困難を強いることになりはしないか。主張立証責任の分配を受けた者の相手方は，積極否認を行わずとも反証において裁判官の心証を動揺させればノンリケットに持ち込めるということを考えると，むしろ，上記二要件説にいう評価根拠事実の主張に対して，事実レベルで両立する評価障害事実として，原告（納税者）側から経済的合理性があることを基礎づける事実を主張させる方が妥当であろう。

したがって，原告（納税者）が対価的意義を有すると認められる経済的利益

[*48] 控訴審広島高松江支判昭59・1・25税務訴訟資料135号8頁はこの判断を引用している。
[*49] 債権放棄について佐賀地判平4・2・14税務訴訟資料188号284頁，無利息貸付けについて前掲注（*47）浦和地判平11・5・31。

第3部　租税訴訟における要件事実論の視点からの各論的課題
　第5章　法人税法における要件事実論

の供与を受けているか又は当該支払をすることに何らかの合理的な経済目的があるとの裁判官の心証形成に成功すれば，寄附金に該当しないことになる。例えば，いわゆる清水惣事件大阪高判昭53・3・30（高民31巻1号63頁・判時925号51頁・金判546号33頁）[50]は，「本件無利息融資に係る右当事者間において通常ありうべき利率による利息相当額は，被控訴人〔筆者注—第1審原告〕が，T〔筆者注—子会社〕からこれと対価的意義を有するものと認められる経済的利益の供与を受けているか，あるいは，営利法人としてこれを受けることなく右利息相当額の利益を手離すことを首肯するに足る何らかの合理的な経済目的等のためにTにこれを無償で供与したものであると認められないかぎり，寄付金として取扱われるべきものであり，それが法37条5項〔筆者注：現行同条7項〕かっこ内所定のものに該当しないかぎり，寄付金の損金不算入の限度で，本件第一，第二事業年度の益金として計上されるべきこととなる。」と判示する。

　この三要件説は，その他の裁判例においても[51]，また課税実務においても採用されているところである。例えば，法人税基本通達9−4−1《子会社等を整理する場合の損失負担等》[52]や同9−4−2《子会社等を再建する場合の無利息貸付け等》[53]は，債権放棄や無利息貸付けについて経済的合理性（通達上は「相当な理由」）が認められる場合には，寄附金の額に算入しない旨通達している[54]。

[50]　判例評釈として，武田昌輔・判時941号（1979）164頁，水野忠恒・ジュリ686号（1979）157頁，清永敬次・税経通信33巻13号（1978）2頁，藤浦照生・租税判例百選〈第2版〉〔別冊ジュリ79号〕94頁，増井良啓・租税判例百選〈第5版〉〔別冊ジュリ207号〕98頁，酒井・前掲注（＊6）200頁など参照。
[51]　例えば，名古屋地判平27・3・5（平成24年（行ウ）第105号）裁判所ホームページなど参照。
[52]　法人税基本通達9−4−1は，「法人がその子会社等の解散，経営権の譲渡等に伴い当該子会社等のために債務の引受けその他の損失負担又は債権放棄等（以下……「損失負担等」という。）をした場合において，その損失負担等をしなければ今後より大きな損失を蒙ることになることが社会通念上明らかであると認められるためやむを得ずその損失負担等をするに至った等そのことについて相当な理由があると認められるときは，その損失負担等により供与する経済的利益の額は，寄附金の額に該当しないものとする。」と通達する。
[53]　法人税基本通達9−4−2は，「法人がその子会社等に対して金銭の無償若しくは通常の利率よりも低い利率での貸付け又は債権放棄等（以下……「無利息貸付け等」という。）をした場合において，その無利息貸付け等が例えば業績不振の子会社等の倒産を防止するためにやむを得ず行われるもので合理的な再建計画に基づくものである等その無利息貸付け等をしたことについて相当な理由があると認められるときは，その無利息貸付け等により供与する経済的利益の額は，寄附金の額に該当しないものとする。」と通達する。
[54]　両通達を肯定するアプローチには，次のようなものがある。
　　第1が「明白な費用性」に着目するアプローチである。東京地判平27・4・24判例集未登載は，法人税法37条7項括弧書について，「その費用としての性格が明白であるため，寄附金に当たらないものと解される。」とし，「資産又は経済的な利益の贈与又は無償の供与に当たるものであっ

第4 損金に係る要件事実論

しかしながら，ここにいう「経済的合理性の有無」の法的根拠は奈辺にあるのであろうか。そもそも，法人税法37条は画一的な処理をするための規定であったことを考えると，「経済的合理性」という要件の持込みには問題がありはしないか[*55]。

この点，東京地判昭61・9・29（税務訴訟資料153号839頁）は，「親会社の子会社に対する援助措置で個別的具体的に経済的合理性の認められるものは，結局のところ対価を見込んだものということができ，これを寄付金として取り扱うべきではない」として，上記法人税基本通達9－4－2の取扱いを「当然のこと」として肯定しているのである[*56]。ここでは，狭い意味での対価性ではな

ても，その費用性が明白なものであれば，同項のいう寄附金の額には該当せず」とする。要するに，この判決は，括弧書の広告宣伝費等は費用性が明白であるから寄附金から除かれるという点に着目して，したがって費用性が明白なものであれば寄附金に該当しないというロジックを導出する。そのうえで，「より大きな損失を被ることを避けるために必要な費用」も「費用性が明白」であることを示し，結論として債権放棄も寄附金から除外されるとする。しかし，法人税法37条7項は，無償の経済的利益の供与が寄附金に当たることは規定しつつも，決して費用性の明白なものが寄附金に当たらないと明記しているわけではない。あくまでも条文が除いているのは，広告宣伝以下の費用にすぎない。確かに，括弧書はその中で「これらに類する費用」としているため，そこに着目して「費用性の明白なもの」という共通項を考えることもできなくはないように一見思われる。仮に「これらに類する費用」が括弧書きの最後に付されていれば上記のような「費用性が明白」という共通項を導出することも可能であったかもしれない。しかし，「これらに類する費用」というのは，その前に掲げられている「広告宣伝の費用」と「見本品の費用」に類する費用を意味するものと捉えるべきであろう。

これに対して「無償性」に着目するアプローチもあろう。東京地判平3・11・7行集42巻11＝12号1751頁・判タ803号201頁は，「実質的にみると，これによって相手方に経済的利益を無償で供与したものとはいえない」として，上記通達を肯定する。ここでは，「無償ではない」と断言できるのかという反論もあり得よう。無償を「対価またはそれに相当する金銭等の流入を伴わないこと」という理解（金子・前掲注（*25）372頁）に反するように思われる。なお，法人税基本通達9－4－2は，①金銭の無償貸付け，②低利率の貸付け，③債権放棄等の3つの場合を想定しているが，そもそも無償性を否定するアプローチでは②③は説明できたとしても，①の説明ができないようにも思われる。金銭の「無償」貸付けの寄附金非該当性を論じる際に，無償性を否定することから始めるということは困難ではなかろうか。かろうじて②③を説明できたとしても，①が説明できないこのアプローチには，統一的な解釈の基準としての安定性・整合性に欠けるところがあるのも事実であろう。

両アプローチは債権放棄の捉え方について正反対の位置に立つ。すなわち，前者のアプローチは，債権放棄は「無償の供与に当たる」としているのに対し，後者のアプローチは，債権放棄は「無償の供与に当たらない」としているのである。いずれにも残された問題があることは否めない。

[*55] 水野忠恒「同族会社企業グループ内の拠出金支出を法人税法上の寄付金とする更正処分と附記理由」ジュリ846号（1985）134頁。

[*56] その他の理論構成として，法人税法37条7項括弧書に掲げるものの共通項として，経済的合理性を導出することが可能かもしれない（金子宏「無償取引と法人税」同『所得課税の法と政策』（有斐閣，1996）351頁，武田昌輔「関連会社に対する売上値引きの寄付金認定が支持され，右会社支援のため行われた取引より生じた売買損失の寄付金認定が取り消された事例」ジュリ1015号（1993）298頁，増井良啓「関連会社に対する売上値引きの寄付金該当性」ジュリ1044号（1994）146頁，東京地判平19・6・12税務訴訟資料257号順号10725，東京高判平20・3・6税務訴訟資料258号順号10912）。

く，広い意味での対価性を前提とした構成が展開されている[*57]。このような理論構成は，例えば，福井地判平13・1・17（訟月48巻6号1560頁）が，「〔法人税法37条7項の〕『対価』の有無は，移転された資産又は経済的利益との金額的な評価，価額のみによって決すべきものではなく，当該取引に経済取引として十分に首肯し得る合理的理由がある場合には，実質的に右『対価』はあるというべきである。」と解するのと同様である[*58][*59]。

ここでは，対価をやや広く捉えて，「経済的合理性がある＝対価性がある」ことと，「対価性のない支出＝無償」という評価根拠事実に対する障害要素であると捉えれば，原告（納税者）の側から評価障害事実として，経済的合理性のあることを基礎づける事実の主張立証が展開されなければならないことになる。

3 交際費等

租税特別措置法61条の4（交際費等の損金不算入）第4項の「交際費等」該当性については，これまで多くの議論があり，学説も分説している。ここでは，そのうちの代表的な学説である二要件説（旧二要件説・修正二要件説），三要件説（三要件説・修正三要件説），五要件説（高額＋支出効果説，高額＋冗費該当性説）について触れておきたい。

なお，これら交際費等に係る要件事実の主張立証責任は被告（課税庁）にある。

(1) 二要件説（旧二要件説・修正二要件説）

(a) 旧二要件説　　旧二要件説とは，租税特別措置法61条の4第4項が，

[*57] 今村・前掲注（*5）106頁。
[*58] なお，いわゆる日産事件東京地判平24・11・28訟月59巻11号2895頁・税務訴訟資料262号順号12098は，「〔法人税法37条〕7項に定める『寄附金』とは，民法上の贈与に限らず，経済的にみて贈与と同視し得る金銭その他の資産の譲渡又は経済的な利益の供与をいうものと解すべきであり，ここにいう『経済的にみて贈与と同視し得る金銭その他の資産の譲渡又は経済的利益の供与』とは，金銭その他の資産又は経済的な利益を対価なく他に移転する場合であって，その行為について通常の経済取引として是認することができる合理的な理由が存在しないものを指すものと解するのが相当である」とする。
[*59] このような理解は広く採用されるところであるが，経済的合理性という概念は法人税法37条7項の規定するところではない。他方，同条項括弧書から明白な費用性のあるものは寄附金に該当しないとする構成で法人税基本通達9−4−1（同9−4−2を説明する見解もある（東京地判平27・2・24判例集未登載，東京地判平27・4・24判例集未登載，東京高判平27・11・26判例集未登載など）。もっとも，同条項括弧書の記載ぶりから明白な費用性のあるものは寄附金に該当しないと一括りに性質決定することができるのかという解釈上の問題は残る（同条項括弧書の「これらに類する費用」はバスケットカテゴリーではない）。

第4　損金に係る要件事実論

　交際費等について，交際費，接待費，機密費その他の費用で，法人が，①その得意先，仕入先その他事業に関係のある者等に対する②接待，供応，慰安，贈答その他これらに類する行為のために支出するものと規定しているので，交際費等該当性の要件を，①「接待等の相手方」及び②「支出の行為」の2つと解する説である。これに対して，①の「接待等の相手方」要件については同じ立場に立ちつつも，二つ目を「支出の行為」ではなく，「支出の目的」と捉え直す考え方もあるが，いずれも旧二要件説と整理しておきたい。

　なお，以下に紹介するいずれの学説も，第1に事業関連者に対する支出であること，すなわち「支出の相手方」を交際費等該当性の要件に掲げているが，この点については疑問なしとはしない。なぜなら，租税特別措置法61条の4第4項は，文理上「支出の相手方」を要件とはしていないからである（「支出の相手方」は飲食店であったり旅行代理店であったりすることが多い）。同条項は，誰に対する接待等であるかという点を要件としているとは解されるものの，かかる接待等のための「支出」の名宛人については規定していないからである。事業関連者は接待等の名宛人ではあっても支出の名宛人ではないということをあらかじめ確認しておきたい。そこで，本稿では，「接待等の相手方」と記すこととする。

　この旧二要件説を採用したものとしては，例えば，ドライブインを営む原告が，観光バスの運転手及びバスガイドに交付したチップがいずれも交際費等に当たるとされた事案である，いわゆるドライブイン事件第1審東京地判昭50・6・24（行集26巻6号831頁）やその控訴審東京高判昭52・11・30（行集28巻11号1257頁）[*60]がある。同高裁判決は，「法人の支出が措置法63条5項〔筆者注―現行61条の4第4項〕に当たるとされるためには，同条項の規定の文理上明らかなようにその要件として，第一に支出の相手方が事業に関係のある者であること，第二に当該支出が接待，きょう応，慰安，贈答その他これらに類する行為のために支出するものであることを必要とする」と判示している。このように同高裁判決は，二要件のうちの二つ目について，「当該支出が接待，きょう応，慰安，贈答その他これらに類する行為のために支出するものであることを必要とする」と論じるのである。

[*60] 判例評釈として，荻野豊・租税判例百選〈第3版〉〔別冊ジュリ120号〕88頁，酒井・前掲注（*6）264頁など参照。

第3部　租税訴訟における要件事実論の視点からの各論的課題
第5章　法人税法における要件事実論

　租税特別措置法 61 条の 4 第 4 項が，「接待，供応，慰安，贈答その他これらに類する行為……のために支出するもの……をいう。」と規定している点を，「接待等の行為」のために支出したものと捉えるのか，あるいは「接待等の目的」のために支出したものと捉えるのかによって，見解が分かれるが[*61]，条文を素直に読めば，前者が妥当するのではないかと思われる。しかしながら，裁判例を通覧すると，後者を採用する事例が多いことに気がつく。

　(b)　**修正二要件説**　中古自動車のオークションを業とする法人が実施した抽選会の景品費用として支出した金員が，交際費等に該当するとされた事案として，いわゆるオートオークション事件がある。横浜地判平 4・9・30（行集 43 巻 8・9 号 1221 頁・訟月 39 巻 6 号 1146 頁）は，修正二要件説に立ち，次のように交際費等該当性要件を判示する。

　すなわち，同地裁判決は，「交際費等が，一般的にその支出の相手方及び支出の目的からみて，得意先との親睦の度を密にして取引関係の円滑な進行を図るために支出するものと理解されているから，その要件は，第一に支出の相手方が事業に関係のある者であること，第二に支出の目的がかかる相手方に対する接待，供応，慰安，贈答その他これらに類する行為のためであること，にあるというべきである。」と判示している。

　この修正二要件説は，旧二要件説の見解を更に進め，「支出の目的」に意味を見出し，より積極的な「支出の目的」までをも要件とする。例えば，英文添削料の一部を医薬品の製造販売業者が負担していたいわゆる萬有製薬事件東京地判平 14・9・13（税務訴訟資料 252 号順号 9189）[*62]では，かかる負担が交際費等に該当するかどうかが争われたが，そこでは，次にみるように，「取引関係の相手方との親睦を密にして取引関係の円滑な進行を図るために支出するもの」という意味合いまで含む判断が展開されている。すなわち，同地裁判決は，「『交際費等』が，一般的に支出の相手方及び目的に照らして，取引関係の相手方との親睦を密にして取引関係の円滑な進行を図るために支出するものと理解されていることからすれば，当該支出が『交際費等』に該当するか否かを判断する

[*61] 松澤智教授は，「接待，きょう応等の行為は，目的ではなく交際の目的で行われた具体的行為の類型（外形基準）に過ぎない。両者は厳に区別することを要する。従って，"慰安の目的"とか"贈答の目的"等と説くことは誤りであって，交際費概念の建設には目的と行為の態様は区別しなければならぬ。」と述べられる（松澤・前掲注（*44）325 頁）。
[*62] 判例評釈として，増田英敏・ジュリ 1244 号（2003）295 頁，酒井・前掲注（*6）229 頁など参照。

には，支出が『事業に関係ある者』のためにするものであるか否か，及び，支出の目的が接待等を意図するものであるか否かが検討されるべきこととなる。」と判示している。

ここでは，このような傾向をも含めて，「支出の目的」を要件に取り込む考え方を修正二要件説と整理しておきたい。

その他，得意先団体等を温泉旅行に招待した費用や，販売委託した相手方に支出した商品等の贈呈費用が交際費等に該当するか否かが争点とされた東京地判昭 53・1・26（判時 882 号 33 頁・訟月 24 巻 3 号 692 頁）においても，「当該支出が交際費等に該当するというためには，第一に支出の相手方が事業に関係のある者であること，第二に支出の目的が接待，きょう応，慰安，贈答等の行為により，事業関係者との間の親睦の度を密にして，取引関係の円滑な進行を図るのを目的とすることを必要とする」として，支出の目的に「親睦の度を密にして，取引関係の円滑な進行を図るのを目的とすること」まで付加しているように思われる*63。

かように，修正二要件説が，支出の目的に「親睦の度を密にして，取引関係の円滑な進行を図るのを目的とすること」まで付加して解釈することの妥当性については，文理解釈の点から疑問も惹起される。すなわち，租税特別措置法 61 条の 4 第 4 項にいう交際費等には「慰安」も含まれるところ，上記の解釈はあくまでも対外的な取引関係者のみを前提とした議論が先走っているように思えてならないからである。

(2) 三要件説（三要件説・修正三要件説）

(a) 三要件説　　三要件説とは，租税特別措置法 61 条の 4 第 4 項に規定する交際費等について，「交際費等とは，①交際費，接待費，機密費その他の費用で，法人が，②その得意先，仕入先その他事業に関係のある者等に対する③接待，供応，慰安，贈答その他これらに類する行為のために支出するもの」と解釈し，かかる交際費等に該当するためには 3 つの要件が充足される必要があるとする見解である。すなわち，①支出の目的，②接待等の相手方，③行為の形態の三要件が充足されることによって，交際費等に該当することになるというのである。

例えば，広島高判平 16・3・3（訟月 51 巻 3 号 746 頁）は，「被控訴人〔筆者注─

---

*63　さいたま地判平 16・2・4 税務訴訟資料 254 号順号 9549 もこの立場に立っている。

〔第1審原告〕が本件機械等を MTE に無償で贈与した行為は，被控訴人の事業の遂行上必要なものとして原木取引の相手方である MTE との関係を円滑にする目的で行われたものであって，租特法61条の4第3項〔筆者注─現行4項〕の『仕入先その他事業に関係のある者等に対する』『贈答その他これに類する行為』に該当し，本件機械等を取得するために要した費用は，『贈答その他これに類する行為のために支出した費用』に当たるというべきである。」とする。また，いわゆるオリエンタルランド事件東京地判平 21・7・31（判時 2066 号 16 頁）も三要件説に立ち，交際費等に該当するためには，「その支出の相手方，支出の目的及び支出に係る法人の行為の形態を考慮することが必要とされるものと解される。」とする。

(b) **修正三要件説**　　上記の三要件説を修正する形で台頭してきた学説が修正三要件説である。この学説は，①事業関係者に対する接待等，②支出の目的が接待，供応，慰安，贈答等の行為を目的とすること，③行為の形態が接待，供応，慰安，贈答その他これらに類する行為であること，を交際費等該当性の要件と解したうえで，修正三要件説は，③の行為の形態の「判断」において，客観的な相手方における認識可能性を加えるところに特徴があるといえよう。

上記萬有製薬事件の控訴審東京高判平 15・9・9（高民 56 巻 3 号 1 頁・判タ 1145 号 141 頁・判時 1834 号 28 頁）を，この修正三要件説を採用したものとして捉えることも可能である。

同高裁判決は，①接待等の相手方，②支出の目的を論じたうえで，③行為の形態の視角から，「交際費等に該当するためには，行為の形態として『接待，供応，慰安，贈答その他これらに類する行為』であることが必要であるとされていることからすれば，接待等に該当する行為すなわち交際行為とは，一般的に見て，相手方の快楽追求欲，金銭や物品の所有欲などを満足させる行為をいうと解される。」とする。そして，「英文添削のサービスをするに際し，その料金が本来，そのサービスを提供するのに必要な額を下回り，かつ，その差額〔筆者注：取引先が納税者に支払った添削料と実際に海外の添削業者に納税者が支払っていた添削料との差額〕が相当額にのぼることを相手方が認識していて，その差額に相当する金員を相手方が利得することが明らかであるような場合には，そのようなサービスの提供は金銭の贈答に準ずるものとして交際行為に該当するものとみることができる場合もあると考えられる。しかし，……本件は，研究者らにお

第4　損金に係る要件事実論

いて，そのような差額相当の利得があることについて明確な認識がない場合なのであるから，その行為態様をこのような金銭の贈答の場合に準ずるものと考えることはできない。」とするのである。

有力説は，「ある支出が交際費と認められるためには，支出する法人の側で取引関係の円滑な進行を図る目的を有していることが必要であるが，それのみでなく，それが客観的に法人の活動の一環として認められる目的のために支出されていることのほか，その相手方がそれによって利益を受けていると認識し得る客観的状況の下で支出されていることが必要と考えるべきであろう。」とする[64]。

相手方の認識を必要とするとなれば，支出側でいかに接待等の意味で経済的負担を支弁していたとしても，相手方次第で交際費等該当性が左右されるということになりはしないか。現実的な事業戦略によっては，最初は相手方の認識を得られないことも承知のうえで，いずれ認識してもらうことを目的とした接待の行為も想定し得るであろう。この場合，その相手方が気づくまで，認識を得られるまでの間の支出は交際費等に当たらないのであろうか。また，相手方が接待慣れしている場合，支出する側の思惑が伝わらず，費用負担をしてもらうことがあたり前であり，それを接待と認識しないということもあり得る。かかる状況下では，交際費等に該当しないということにもなり，かような見解を突き進めると，効果のない支出についてはその費用性が否定されることにも繋がり得る。実際，このような支出の効果が交際費等該当性に影響を及ぼすとする判決もある[65]。

しかしながら，接待等における支出の効果と支出の目的は別問題ではなかろうか。租税特別措置法61条の4第4項は「接待……のために支出するもの」（傍点筆者）と規定しており，支出の効果ではなく支出側の支出理由を要件としているのである。交際費等課税が冗費節減のために設けられた制度であるということに鑑みれば，むしろ無駄な支弁こそ損金算入制限を受けるべきということになるのではないかという疑問も浮上し得るところである。

---

*64　今村隆「課税訴訟における要件事実論の意義」税大ジャーナル4号（2006）17頁。
*65　例えば，一定の宣伝効果等は，単なるその付随的効果にしかすぎないとして広告宣伝費該当性を否定した事例として，静岡地判平13・5・3税務訴訟資料250号順号8915がある。

(3) 五要件説（高額＋支出効果説，高額＋冗費該当性説）

(a) **高額＋支出効果説**　法人の支出が交際費等に該当するか否かは，①接待等の目的，②支出の相手方，③支出金額の多寡，④支出の形態（方法），⑤支出の効果を総合して判断しなければならないという見解があり，五要件説と呼ばれている[*66]。

この見解の特徴的なところは，⑤の「支出の効果」である。そこでは，支出の目的又は意図のみならず，実際の支出の内容やその効果をも勘案して，交際費等該当性を判断すべきであるとする。

このように「支出の効果」を交際費等該当性の要件と捉えることについては，上記の批判のほか，目的意識の推認における客観的間接事実たる資料として位置づければ足りるという批判が展開され得る[*67]。

(b) **高額＋冗費該当性説**　上記とは別に，交際費等該当性を判断するにあたって，①支出の目的，②接待等の相手，③行為の具体的形態，④比較的高額な支出，⑤冗費・濫費性，という5つの要件に解する見解がある[*68]。

この点，④の比較的高額な支出であることについては，高額認定が困難であるうえ，法的根拠が明確ではなく，租税特別措置規定については特に厳格な文理解釈が求められるところ，⑤の冗費・濫費性を独立の要件として導き出すことも困難である[*69]。

④や⑤の要件については，萬有製薬事件において，上記東京高判平15・9・9が，「接待，供応，慰安，贈答その他これらに類する行為であれば，……その支出が不必要（冗費）あるいは過大（濫費）なものであることまでが必要とされるものではない。」とし，その支出が不必要なものを冗費，その支出が過大なものを濫費としたうえで，このような冗費・濫費性を交際費等該当性に係る独立の要件とすることを否定している[*70]。また，東京地判平17・1・19（税務訴訟資料255号順号9901）も，「交際費等に該当するか否かは，当該支出が『交際費，接待費，機密費その他の費用で，法人が，その得意先，仕入先その他事

[*66] 広瀬正『判例からみた税法上の諸問題〔新訂版〕』（新日本法規出版，1975）397頁。
[*67] 髙梨克彦「交際費等」税法学300号（1975）19頁。
[*68] 髙梨・前掲注（*67）29頁。
[*69] 大淵博義『法人税法解釈の検証と実践的展開(2)』（税務経理協会，2014）252頁。
[*70] もっとも，東京高裁にいう前出の相手方における認識とは，「その差額が相当額にのぼることを相手方が認識」しているか否かが論じられており，単に相手方において接待を受けている認識があるか否かが問題視されていたわけではない。「相当額」であったことに対する認識論である。

業に関係ある者等に対する接待，供応，慰安，贈答その他これらに類する行為のため』の支出であるか否かを判断すれば足り，それ以上に，個々の具体的な支出について，それが冗費，濫費に該当するか否かを検討する必要性はないというべきである。」と判示している*71。

第5　公正処理基準

　法人税法は，同法22条4項において，収益の額及び原価・費用・損失の額につき，「一般に公正妥当と認められる会計処理の基準」(いわゆる「公正処理基準」という）に従った計算を要請している。通説は，法人税法22条4項について，「法人の各事業年度の所得の計算が原則として企業利益の算定の技術である企業会計に準拠して行われるべきこと（『企業会計準拠主義』）を定めた基本規定」であるとする*72。前述の大竹貿易事件最高裁判決においても，収益の計上につき法人税法22条4項に従う態度を示しているとおりであり，エス・ブイ・シー事件最高裁決定において公正処理基準によって脱税経費の損金性が否定されたことも既述のとおりである。この点が，同じ所得課税法でありながら，法人税法と所得税法とで大きく異なるところであるといってもよかろう。

　法人税法22条は，「別段の定め」がある場合を除き*73，収益の額及び原価・費用・損失の額の計上に係る規範的要件が公正処理基準に示されることになるとしても，かかる公正処理基準が何を指すのかについては，常に議論のあるところである。

　法人税法22条4項にいう公正処理基準の対象となる会計処理の基準については，例えば，企業会計原則などの会計処理基準をいうとする見解と，商法・会社法上の会計基準を指すという見解があるが，租税法上の解釈論における通説は後者である。すなわち，通説は，商法・会社法上の会計基準が，一般に公

---

*71　この判示は，控訴審である東京高判平17・8・31税務訴訟資料255号順号10111でも維持されている。同様に冗費・濫費性を独立の要件とすることを否定する裁判例として，静岡地判平17・4・14税務訴訟資料255号順号9998及びその控訴審である東京高判平17・8・2税務訴訟資料255号順号10093がある。
*72　金子・前掲注（*25）321頁。
*73　上記の「寄附金」を規定する法人税法37条や「交際費等」を規定する租税特別措置法61条の4は法人税法22条3項にいう「別段の定め」であるから，公正処理基準を規範的要件とはしない。なお，租税特別措置法は法人税法22条の「別段の定め」であると考える（酒井克彦「租税特別措置法は法人税法22条にいう『別段の定め』か」中央ロー・ジャーナル12巻2号（2015）153頁）。

正妥当と認められる会計処理の「慣行」たる企業会計原則などの会計処理基準を前提としていることをふまえ，法人税法22条4項は，商法・会社法上の会計基準に依拠することを要請するとの理解に立つ（いわゆる三層構造論）[*74]。

次に，問題となるのは，かような見解をふまえたうえで，いかなる会計処理基準を法人税法22条4項にいう公正処理基準と認定するかという論点である。過去の裁判例等を分析すると，法人税法22条4項にいう公正処理基準該当性の判断基準としては，①その会計基準が慣行として醸成されているか否かという観点から検討するアプローチ（便宜的に「慣行該当性アプローチ」という）と，②会計基準の内容が法人税法の趣旨や同法22条の要請に合致するか否かという観点から検討するアプローチ（便宜的に「基準内容アプローチ」という）の2つがあると思われる。

上記のアプローチのうち，問題となるのは，基準内容アプローチである。これまで，多くの判決において，この基準内容アプローチが採用されてきた[*75]。例えば，前述の大竹貿易事件最高裁判決は，「ある収益をどの事業年度に計上すべきかは，一般に公正妥当と認められる会計処理の基準に従うべきであり，これによれば，収益は，その実現があった時，すなわち，その収入すべき権利が確定したときの属する年度の益金に計上すべきものと考えられる。もっとも，法人税法22条4項は，現に法人のした利益計算が法人税法の企図する公平な所得計算という要請に反するものでない限り，課税所得の計算上もこれを是認するのが相当であるとの見地から，収益を一般に公正妥当と認められる会計処理の基準に従って計上すべきものと定めたものと解される」とする。

これは，法人税法22条4項にいう「一般に公正妥当と認められる会計処理の基準」の公正妥当性の判断に，同法の趣旨である公平な所得計算を織り込んだものと理解することができよう。もっとも，法人税法1条（趣旨）は「この法律は，法人税について，納税義務者，課税所得等の範囲，税額の計算の方法，申告，納付及び還付の手続並びにその納税義務の適正な履行を確保するため必要な事項を定めるものとする。」と規定しており，「並びに」の配置からみれば，

[*74] 金子・前掲注（*25）322頁。
[*75] 基準内容アプローチを論じた裁判例を素材として，法人税法22条4項にいう公正処理基準を検討した論文として，酒井克彦「法人税法22条4項にいう『公正処理基準』該当性に係る判断アプローチ—東京高裁平成25年7月19日判決を素材として」商学論纂57巻1＝2号（2015）79頁も参照。

課税所得等の範囲についての適正性や公平な所得計算という要請を同条から読み込むことには文理上のハードルがあるのも事実である[*76]。

第6　結びに代えて

　法人税法を前提とした要件事実論の議論では，同法22条4項の「一般に公正妥当と認められる会計処理の基準」自体の認定を争う事例が近時目立つようになってきた。かような規範的要件自体が争われる中にあって，法人税法においては所得税法とは別の要件事実論の議論が展開される必要があると思われるが，その点についての検討は必ずしも充実しているとはいえない。

　今後，法人税法上の要件事実論が，公正処理基準認定論と密接な関係性をもちながらより精緻なものに構築されていくことが期待されよう。

[*76]　法人税法1条の「適正な履行」は「納税義務」に掛かると解される（この点については，酒井克彦『プログレッシブ税務会計論』（中央経済社，2014）115頁）。

第6章

相続税法における要件事実論

山田 二郎

第1 問題の提起
第2 相続税制の沿革と仕組み
第3 相続税の納税義務の発生と確定
第4 相続税の納税義務者
第5 相続税の課税財産の範囲
第6 遺言と遺産分割協議
第7 相続財産の評価
第8 相続税の租税回避の防止
第9 相続税と所得税の二重課税の排除
第10 総 括

第1 問題の提起

1 相続税法と相続税・贈与税

　相続税は，人の死亡によって財産が移転する機会に相続財産を取得した者に対して課される租税で，財産税に分類されている。生前に財産を処分することにより相続税の課税を回避できるので，このことを封ずる目的で，相続税の補完税として贈与税が設けられている。相続税法の中に相続税と贈与税が一緒に規定されているのはこのような理由によるものである。しかし，最近の税制の動向をみると，若年世代への資産の流動化を促進させるために，贈与税の補完機能を弱め，贈与税を独立税として位置づけようとする考え方が強くなってきており[1]，また一方で，相続を資産の移転であるとし，相続税を廃止し所得税を課税する国が多くなり（カナダ，オーストラリア，ニュージーランド，イタリア，スウェー

---

[1] 日本税理士連合会税制審議会「贈与税の機能と資産課税における役割について―平成25年度諮問に対する答申」（平26・3・27）。

第1　問題の提起

デン，スイスなど），アメリカやイギリスでは配偶者間の資産移転を非課税とし，フランスでは配偶者への課税の免除，基礎控除の拡大が実施され，相続税制について見直しが行われている[*2]。しかし，トマ・ピケティが2013年『21世紀の資本』を出版し，富の大きな格差を是正するためには富に対する重課を提唱して広く共感を呼び[*3]，また相続税は富の偏在を是正する効果があるとされているので，財政危機を背景として，平成27年の税制改正では，基礎控除額を引き下げ税率累進度を高くするなど相続税の課税強化がされたので，わが国では当分の間は，現行の相続税制が維持されるものと考えられる。

現行相続税制では，前述したとおり贈与税は相続税の補完税として構成されているので，本稿では，相続税に重点をおいて検討する。

2　相続税の要件事実と特殊性

実定法の多くは，権利の発生，障害，消滅という法律効果の発生要件を規定しており，この発生要件を法律要件と呼び，法律要件を充足する具体的事実を法律要件事実と呼んでいる。民事訴訟の審理では，法律要件事実を充足して法律効果が発生するかどうかが争われる。

租税法（相続税法を含む）の領域でも，課税に係る租税法規の多くは課税権（納税義務）の発生要件を定めており，発生要件を課税要件と呼び，課税要件を充足する事実を課税要件事実と呼んでいる。租税は，国が課税主体である国税と，地方自治体（都道府県と市町村）が課税主体である地方税に大別されるが，国税の場合は，課税要件事実が存在すると法律効果として課税行政庁（通常の場合，税務署長）に課税権が，他方納税者に納税義務が発生することになる。租税法律関係といっても，特別の権力支配関係ではなく，課税主体（国，地方自治体）を租税債権の債権者とし，納税者を債務者とする債権債務関係であると理解することになる。

租税法の領域，特に相続税法の領域で民商法と異なるところは，課税要件を充足する具体的な事実ではなく，相続，相続人，住所，遺言，配偶者等という民法上の法律効果が要件事実として取り込まれているものが多いことである。これを，租税法における「私法の借用概念」と呼んでいて，租税法の中に特則

[*2]　山田二郎「贈与税制の改革を考える」税経通信69巻6号（2014）2頁以下。
[*3]　トマ・ピケティ〔山形浩正ほか訳〕『21世紀の資本』（みすず書房，2014）。

（特段の定め）がなければ，私法と同じ意義に解すべきものとされてきている。

第2　相続税制の沿革と仕組み

わが国では，日露戦争の戦費の調達のために英米系の国々にならって相続税を導入しているが，明治38年に相続税を導入して以来，遺産税の体系（人が死亡した場合に，その遺産を対象として課税する税制）を用いていたが，昭和25年のシャウプ税制以来，遺産取得税の体系（人が相続により取得した財産を対象として課税する税制）に移行して現在に至っている。移行した根拠は，遺産取得税の方が，遺産税よりも担税力に応じた課税の要請によりよく適合することを理由としている。もっとも，現行の相続税制は，遺産がどのように分割されても，税額の合計額が，相続人が法定相続分で相続したと仮定した場合の税額の合計額と等しくなるように制度設計をしているので，純粋の遺産取得税ではなく，遺産税と遺産取得税との折衷方式がわが国の現行の相続税制となっている。

第3　相続税の納税義務の発生と確定

1　相続税の納税義務の発生

相続税の納税義務は，相続又は遺贈（贈与者に死亡により効力を生ずる贈与を含む。以下，これを総称して「相続」という）による財産を取得した時に成立し（税通15条2項4号），相続税にも申告納税方式がとられているので，納税者（被相続人から相続により財産を取得した個人。法人には相続は生じないので，相続税の納税者は個人に限られることになる）が納付すべき税額を申告することにより確定する（税通16条1項1号）。相続税の申告は，相続開始の事実を知った日の翌日から10か月以内（法定申告期限）に，被相続人の住所地を所轄する税務署長に相続税の申告書を提出し，かつ税額を納付しなければならない（相税27条1項）。

2　相続税の申告と確定

相続税の申告は，原則として，相続人が相続により取得した財産について課税価格及び税額を計算して申告しなければならないが，相続税の申告書の提出期限までに，遺産の分割が終らず，各相続人ら（相続税の申告義務者）の取得部分が確定していない場合には，民法に規定している法定相続分（民900条）に

第3　相続税の納税義務の発生と確定

より相続税の申告をすべきこととされている（相税55条）。そして，後日未分割財産の分割が確定したときに，相続税額が増加した時には修正申告（税通19条）を，減少した場合には更正の請求（税通23条）を，また新たに申告納税義務が発生した場合には，期限後申告（税通18条）をすることになる。

　相続税の申告をすべき者が申告をしない場合，又は相続税の申告が過少であるのに，修正申告（税通19条）をしない場合は，決定処分（税通25条）又は増額更正処分（税通24条）を受けることになり，納税者が当該決定処分又は更正処分に不服があるときは行政争訟で争うことになる。確定申告が過大であるときは，更正の請求（税通23条，相税32条）を行い，確定申告の是正を求めることができる。

　ところで，共同相続人間の相続財産の帰属に関する争いは，遺産分割協議で解決できない場合は，家庭裁判所の審判（家事191条以下）で争われることになるが，審判の確定までに長い年月がかかる場合が珍しくない。最判平15・4・25（裁判集民事209号689頁・判タ1121号110頁・判時1822号51頁）は，「Xは，自らの主導の下に，通謀虚偽表示による本件遺産分割協議が成立した外観を作出し，これに基づいて本件申告〔筆者注—法定申告期限内の昭和61年4月に相続税の申告〕を行った後，本件遺産分割協議の無効を確認する判決が確定したとして更正の請求〔筆者注—通則法24条2項2号に基づく後発的理由に基づく更正の請求〕をしたというのである。そうすると，Xが〔国税通則〕法23条1項所定の期間内に更正の請求をしなかったことにつきやむを得ない理由があるとはいえないから，同条2項1号により更正の請求をすることは許されないと解するのが相当である。したがって，本件更正処分〔筆者注—更正の請求が理由がないとする通知処分〕は適法というべきであり……。」と判示している。この事件の経緯からもわかるように，遺産分割協議の効力が争われて1年以内に判決や審判が確定するということは滅多にないことであり，現にこの事件でも判決や審判の確定まで15年以上の年月がかかっている。この判決の判断によると，相続税の申告を是正する手段は断たれてしまうことになるのでないだろうか。遺産分割協議の効力が争われた場合は，紛争の原因を誰が作ったかを問わず，遺産分割協議の効力が判決により確定した場合に当たるとして，国税通則法（以下本文中では「通則法」という）23条2項1号による更正の請求を認めるべきである[*4]。

[*4] 高橋　滋「後発的事由による更正の請求」租税判例百選〈第5版〉〔別冊ジュリ207号〕（2011）190頁。

第4　相続税の納税義務者

1　制限納税義務者と無制限納税義務者

　相続税の納税義務者は，相続によって財産を取得した個人である。その者が，財産を取得したときに日本国内に「住所」をもっている場合は，無制限納税義務者として，相続した財産の所在が日本国内であるか国外であるかを問わず，そのすべてについて，相続税の納税義務を負う（相税1条の3第1項・2条1項）。その者が，財産を取得したときに，日本国内に「住所」をもっていない場合（非居住者である場合）には，制限納税義務者として，相続した財産が日本国内にあるものについてのみ，相続税の納税義務を負う（相税1条の3第3号・2条2項）。もっとも，相続によって国外にある財産を取得した者が，取得のときに日本国内に住所をもっていなくても，日本国籍を有し，かつ財産の取得者又は被相続人が，相続の開始前5年以内に日本国内に「住所」を有したことがある場合には，取得した財産のすべてについて納税義務を負う（相税1条の3第2号イ・2条1項）。国籍要件及び居住要件は，下記の武富士事件を受けて，平成25年度税制改正で，「住所」を国外に移すことによる相続税の回避を封ずるために設けられたものである。また，同年度改正で，相続税の回避を封ずるために，相続により日本国外にある財産を取得した個人で，取得したときに日本国内に「住所」を有しない相続人の受益者又は受贈者のうち日本国籍を有しない者（被相続人が相続開始前に日本国内に「住所」を有する者に限る）も，相続税を納める義務を負うとされている（相税1条の3第2号ロ）。なお，相続時精算課税制度の適用を受ける財産を取得した個人も，相続税の納税義務者となる（相税1条の3第4号）。

　財産の所在の判定については，相続税法10条が定めている。

2　相続税の納税義務と「住所」の意義

　贈与税の納税義務者となる「住所」の意義について，最判平23・2・18（裁判集民事236号71頁・判タ1345号115頁・判時2111号3頁）（武富士事件，破棄自判）は，係争期間中，Xは消費者金融業を営む本社の取締役営業本部長に就任していたが，香港に子会社を設立し，家族を日本に残して香港に家財が備えつけられ部屋の清掃やシーツの交換などのサービスが受けられるアパートメントに単身で

滞在し，本社の月1回の取締役会の多くに出席し，香港滞在日数割合は約65％，日本の滞在日数割合は約26％であった事案について，以下のとおり判示している。

「〔相続税〕法1条の2によれば，贈与により取得した財産が国外にあるものである場合には，受贈者が当該贈与を受けた時において国内に住所を有することが，当該贈与について贈与税の課税要件とされている（同条1号）ところ，ここにいう住所とは，反対の解釈をすべき特段の事由はない以上，生活の本拠，すなわち，その者の生活に最も関係の深い一般的生活，全生活の中心を指すものであり，一定の場所がある者の住所であるか否かは，客観的に生活の本拠たる実体を具備しているか否かにより決すべきものと解するのが相当である。」

「一定の場所が住所に当たるか否かは，客観的に生活の本拠たる実体を具備しているか否かによって決すべきものであり，主観的に贈与税回避目的があったとしても，現に香港での滞在日数が本件期間中の約3分の2（国内での滞在日数の約2.5倍）に及んでいるXについて前記事実関係等の下で本件香港居宅に生活の本拠たる実体があることを否定する理由とすることはできない。このことは，法が民法上の概念である『住所』を用いて課税要件を定めているため，本件の争点が上記『住所』概念の解釈適用の問題であることから導かれる帰結であるといわざるを得ず，他方，贈与税回避を可能にする状況を整えるためにあえて国外に長期の滞在をするという行為が課税実務上想定されていなかった事態であり，このような方法による贈与税回避を容認することが適当でないというのであれば，法の解釈では限界があるので，そのような事態に対応できるような立法によって対処すべきものである。」

上記平成23年最判は，贈与税の課税要件である「住所」の意義が争われた事案であるが，これは相続税の課税要件である「住所」についても妥当する。

3 相続税の連帯納付の義務

(1) 連帯納付の義務の範囲

相続税法は，相続税の徴収を確保するために，共同相続人に連帯納付の義務を負わせている（相税34条）。その主な内容は，①同一の被相続人から相続により財産を取得した者は，その相続に係る相続税について，その相続により受けた利益の価額に相当する金額を限度として，相互に連帯納付の責任を負わせ

るものである（同条1項）。この連帯納付の義務は，連帯納税義務ではなく，同じ相続によって生じた相続税については，その受益者である共同相続人が責任を負うべきであるという考え方に基づき，他の共同相続人に対して一種の保証責任を負わせているものであると解されている。②同一の被相続人から相続により財産を取得したすべての者は，その被相続人に係る相続税について，相続により受けた利益を限度として，相互に連帯納付の責任を負わせている（同条2項）。この規定は，被相続人の相続税の納付義務は，潜在的に相続財産の全体に附着しているという考え方によるものと解されている。③相続税の対象となった財産を，贈与又は遺贈によって取得した者は，相続税の金額のうち，贈与又は遺贈によって受けた財産に対応する部分について，受けた利益の金額のうち，贈与又は遺贈を受けた財産に対応する部分について，受けた利益の価額を限度として，連帯納付の責任を負うことになる（同条3項）[5]。なお，金沢地判平15・9・8（判タ1180号201頁）は，遺留分減殺請求により共同相続人から価額弁償を受けた者は，相続税の確定行為がされていない場合においても，連帯納付の義務を負うとしているが，共同相続人の連帯納付の責任は，共同相続税の納税義務の確定を前提としているものである。

(2) 連帯納付の義務と決定の要否

最判昭55・7・1（民集34巻4号535頁・判タ426号88頁・判時982号102頁）は，共同相続人の連帯納付の義務とその範囲は，各相続人の納税義務の確定によって自動的に確定するものであり，その責任を確定するための特別の決定は必要でないと解している。しかし，他の共同相続人がその納税義務を履行しないため，連帯納付の責任まで負わされることになるかどうかは，事前に予測できることではないので，相続税法34条に基づいて連帯納付の義務者から租税を徴収する場合には，適正手続の保障の観点から，不意打ちを避けるために，担保の処分（税通52条2項）と同様に，その者に対して，納付すべき金額，納付の期限，納付の場所，その他必要な事項を記載した納付通知書による告知をし，連帯納付の義務を確定しなければならないと解すべきである[6]。この要請を受けて，平成23年度6月税制改正で手続の整備が図られ，①本来の納税義務者

---

[5] 受贈者が納付責任を履行した場合に求償権を認めているものとして，静岡地判平元・6・9行集40巻6号573頁・判タ719号151頁・判時1332号63頁。

[6] 山田二郎「相続税法34条1項の連帯納付責任の性質とその確定手続の要否」同『山田二郎著作集(1)租税法の解釈と展開(1)』所収（信山社，2007）333頁。

第4　相続税の納税義務者

の納付すべき相続税額のうちに延納又は物納の申請を行ったものがある場合には，連帯納付義務者に対し，連帯納付義務に関する規定の適用がある旨の通知をすべきこと（相続税法34条5項，平成24年度改正で相続税法34条1項2号の新設に伴い削除），②本来の納税義務者に督促状を発した場合において，1月を経過する日までに完納されないときは，連帯納付義務者に対して，当該相続税が完納されていないこと，その他一定の事項を通知をすべきこと（同条6項，平成24年度改正で5項に繰上げ），③連帯納付義務者から徴収する場合には，納付通知書を送付すべきこと（同条6項），④納付通知書を発した日の翌日から2月と経過した日までに相続税が完納されないときは，その連帯納付義務者に対して督促をすべきこと（同条8項，平成24年度改正で7項に繰上げ），⑤上述①の通知をした連帯納付義務者に繰上請求の事由（通則法38条1項各号）のいずれかに該当する事実があり，かつ相続税の徴収に支障があると認められる場合には，上述②③④にかかわらず督促をすべきこと（相税34条9項，平成24年度改正で8項に繰上げ）が定められている。

しかし，この改正によってすべての問題が解決されたわけではなく，特に相続から長期間経過後に連帯納付の義務を追及されると，連帯納付義務者がまったく予期していない不意打ちとなる場合が少ないので，平成24年度税制改正で，相続税の納税義務者の納付すべき相続税について，申告期限から5年を経過する日までに，税務署長がその相続税に係る連帯納付義務者に対して，上述の連帯納付の義務の履行を求める納付通知書の送付をしない場合には，当該連帯納付義務者は連帯納付の義務を負わないこと（平成24年改正法附則57条）などが定められている。

なお，連帯納付の義務には補充性はないが，納税義務者が十分な資力をもっている場合に，連帯納付義務者から徴収することは，権利の濫用となり違法であると解されている[7]。

---

[7] 名古屋高金沢支判平17・9・21訟月52巻8号2537頁，東京地判平10・5・28判タ1016号121頁，大阪地判平13・5・25訟月48巻8号2035頁，大阪地判平19・10・31判タ1279号165頁等。

第5 相続税の課税財産の範囲

1 相続税の本来の課税財産

相続税の本来の課税財産は，相続によって取得した財産（相続財産）である。相続財産には，被相続人が死亡した時に所有していた一切の物及び権利が含まれる。動産・不動産はもとよりのこと，特許権・著作権等の知的財産権，鉱業権・漁業権等の営業上の権利，私法上・公法上の各種の債権等，金銭に見積ることができる経済的価値のあるすべてのものが相続税の対象となる。東京高判平25・12・24（訟月60巻5号1187頁）[*8]は，税務署長が相続財産の中に含まれていた子供名義の株式について，これを名義貸の株式であると認定し，納税者（相続人）らが同人らの銀行借入金を原資として株式を取得したことを立証して，名義貸の株式でないことを反論したのに対して，判決は，株式の取得時に未成年名義の当該銀行預金を被相続人が管理していたと認定し，納税者の請求を棄却している。株式名義が相続人である子供であり株式取得時には未成年者である場合には，被相続人の相続財産に含まれると推認されることを示しているものである。

相続税の領域では，相続も遺贈も同様に相続税の課税の対象となるが，かつて登録免許税を節税するために「相続させる」旨の遺言が普及していたので，それが相続か遺贈か解釈が分れていたが，最判平3・4・19（民集45巻4号477頁・判タ756号107頁・判時1384号24頁）は，定着している登記実務を追認し，特段の事情がない限り，遺贈ではなく相続と解すべきであると判示している。

被相続人Aが生前に所得税更正処分等取消訴訟を提起していたところ，その取消判決がAの死亡後に確定し，過納金が相続人Xに還付された還付金が相続財産に含まれるか否かが争われた事例について，最判平22・10・15（民集64巻7号1764頁・判タ1337号73頁・判時2099号3頁）（上野事件，上告棄却）[*9]。は，以下のとおり判示している。

「本件は，その母Aの死亡により相続した財産に係る相続税を申告したとこ

[*8] （第1審）東京地判平25・7・30訟月60巻5号1138頁。上告不受理決定により確定。
[*9] （第1審）大分地判平20・2・4訟月56巻2号165頁（請求認容），（原審）福岡高判平20・11・27訟月56巻2号153頁（原判決取消し，請求棄却）。

第 5 　相続税の課税財産の範囲

ろ，Aが生前に提起してXが承継していた所得税更正処分等の取消訴訟において同処分等の取消判決が確定したことから，上記Aが同処分等に基づき納付していた所得税に係る過納金が還付され，所轄税務署長から上記過納金の還付請求権は相続財産を構成するとして上記相続税の更正処分を受けたため，Xにおいて，同還付請求権は相続開始後に発生した権利であるから相続財産を構成しないと主張して，同所分の一部取消しを求めている事案である。」「所得税更正処分及び過少申告加算税賦課決定処分の取消訴訟が確定した場合には，上記各処分は処分時にさかのぼって効力を失うから，上記各処分に基づいて納付された所得税，過少申告加算税及び延滞金は納付の時点から法律上の原因を欠いていたことになり，上記所得税等に係る過納金の還付請求権は，納付の時点において既に発生したことになる。このことからすると，Aが所得税更正処分及び過少申告加算税賦課決定に基づき所得税，過少申告加算税及び延滞金を納付するとともに上記各処分の取消訴訟を提起していたところ，その係争中にAが死亡したためXが同訴訟を承継し，上記各処分が確定するに至ったときには，上記所得税等に係る過納金の還付請求権は，Aの相続財産を構成し，相続税の課税財産となると解するのが相当である。」

　しかし，取消判決の効力が遡及するということと，過納金の還付請求権の帰属とは別の問題である。還付請求権は相続人に帰属しているので，過納金の還付請求権ないし過納金が相続財産を構成すると解しているのは，相続財産の範囲について判断を誤っているといえよう。

　また，最判昭61・12・5（訟月33巻8号2149頁）は，被相続人が土地の譲渡契約を締結した後，所有権が移転する前に死亡した場合の相続財産は，売買残代金債権としているが，土地の所有権は移転していないので，相続財産は，売買残代金債権ではなく，その土地であると解すべきである。逆に，被相続人が土地の譲渡を受けたのちに，所有権が移転する前に死亡して相続が開始した場合の相続財産については，最判昭61・12・5（裁判集民事149号263頁・判タ631号119頁・判時1225号56頁・訟月33巻8号2154頁）は，その土地の所有権移転請求権であると解しているが，所有権移転請求権の評価は，土地の評価額になると解される[10]。

---

　　*10 　同旨，金子宏『租税法〔第21版〕』（弘文堂，2016）599頁・633頁。

2　みなし相続財産

　民法が定める相続により取得した財産ではないが，被相続人の死亡による相続財産と同じ実質をもつ財産及び権利（経済的利益を含む）を，公平負担の見地から相続税の対象とするのが妥当であるという見地から，相続税法は，これらの財産及び権利を相続により取得したものとみなして相続税の対象となる課税財産に加えている。これを「みなし相続財産」と呼んでいる。「みなし相続財産」とされているのは，以下の10種類の財産及び権利である。

　①　生命保険保険金等（相税3条1項1号）　　被相続人の死亡によって，保険金受取人と指定された相続人その他の者が取得する生命保険契約又は損害保険契約のうち被相続人が負担した保険料に対応する部分（定期金又はこれに準ずる方法で支給される場合も含む）は，相続によって取得したものとみなされ，相続財産に加えられる。ただし，現行法では，500万円に法定相続人数を乗じた金額が非課税とされている（相税12条1項5号）。相続人その他の者は保険会社から保険金を取得するのであり，民法では相続により取得する財産とは解されていない。「みなし相続財産」とされる保険金では，保険料を負担した者が誰であるか，保険金受取人が誰であるかが課税要件として問われることになる。

　②　退職手当金等（相税3条1項2号）　　被相続人の死亡によって，相続人その他の者が被相続人に支給されるべきであった退職手当金・功労金その他これに準ずる給与（政令で定めるものを含む）で，被相続人の死亡後3年以内に支給が確定したものの支給を受けた場合は，当該給与（定期金又はこれに準ずる方法で支給される場合も含む）は，相続によって取得したものとみなされる。ただし，500万円に法定相続人数を乗じた金額までは非課税とされる（相税12条1項6号）。この規定により，「みなし相続財産」とされる退職手当金等には，死亡退職手当金等だけではなく，生前退職ののち退職手当金の支給が確定しないまま死亡し，死亡後にその支給が確定した場合も含まれると解されている。退職手当金等が「みなし相続財産」とされるのは，退職手当金等が勤務先から退職金支給規定又は勤務先の決議により相続人その他の遺族に支給されるので，本来の相続財産ではないからである[11]。

　③　生命保険契約に関する権利（相税3条1項3号）

---

　*11　公務員の死亡退職金について，鳥取地判昭55・3・27行集31巻3号727頁・判時970号149頁。

第5　相続税の課税財産の範囲

④　定期金に関する権利（相税3条1項4号）
⑤　保証期間付定期金に関する権利（相税3条1項5号）
⑥　契約に基づかない定期金に関する権利（相税3条1項6号）　　この規定に該当するものは，法令の定めによって相続人等が直接に取得する定期金に関する権利で，国家公務員共済組合法，地方公務員共済組合法，厚生年金保険法等の規定による遺族年金がこれに当たるが，これらはそれぞれの法律で課税の対象から除外されている（例えば，国家公務員共済組合法50条）。
⑦　特別縁故者への分与財産　　民法958条の3第1項の規定により，被相続人と特別の縁故があった者が相続財産の全部又は一部の分与を受けた場合には，その分与を受けた者が，分与時に財産の時価に相当する金額を被相続人から遺贈により取得したものとみなされる（相税4条）。審判の確定により特別縁故者が財産の分与を受けることになったときは，当該特別縁故者に相続税の納税義務が成立し，審判確定時の時価によって計算されることになる[*12]。
⑧　低額譲受けによる利益　　遺言によって，著しく低い対価で財産の譲渡を受けた場合において，その対価と財産の時価との差額に相当する金額を，その譲渡をした者から遺贈によって取得したものとみなされる（相税7条）。相続税法7条を適用して更正処分がされた場合は，税務署長が著しく低い対価で財産の譲渡がされたことを主張・立証しなければならない。所得税法59条の場合と異なり，時価の2分の1を下回る金額に当たることをいうものではないが，判断基準となる時価は，原則として財産評価基本通達により算定される相続税評価額と解されている[*13]。
⑨　債務免除等による利益　　遺言によって，対価を支払わずに，又は著しく低い対価で，債務の免除・引受け又は第三者のためにする債務の弁済による利益を受けた場合には，利益を受けた者が，その債務又は利益の金額を，債務の免除等をした者から遺贈によって取得したものとみなされる（相税8条・9条）。
⑩　信託の受益者が信託により取得する権利・利益　　平成19年度改正で，現行信託法の制度に伴い，相続税法の中に，受益者連続型信託の受益者を含め，適正な対価を負担せずに信託の受益者となる者は信託に関する権利・利益を贈

[*12]　特別縁故者の納税義務が死亡のときにさかのぼって成立するとするもの，大阪高判昭59・7・6行集35巻7号841頁・判タ538号118頁，大阪高判昭59・11・13訟月31巻7号1692頁。
[*13]　東京高判平13・3・15判時1752号19頁。

与又は遺贈によって取得したとみなす旨の規定が設けられている（相税9条の2〜9条の5）。これらの規定によって信託に関する権利又は利益を取得したとみなされる者は、その信託に係る信託財産に属する資産及び負債を取得し、又は承継するものとみなされ、相続税法の規定が適用される。

3　相続税の非課税財産

公益を目的とする事業を行う者が取得した財産で公益を目的とする事業の用に供することが確実なもの、その他一定の財産は、公益的ないし社会政策的理由から、非課税財産として、相続税の課税の対象から除外されている（相税12条）。また、寄附を奨励するための特別措置として、相続した財産を相続税の申告期限までに、国・地方自治体のほか公益を目的とする事業を営む法人もしくは特定公益信託のうち、教育・科学の振興、文化の向上、社会福祉への貢献、その他公益の増進に著しく寄与するものに贈与し、又は取得した財産のうち金銭を信託財産として支出した場合には、その贈与又は信託をした財産の価額は、相続税の課税の対象から除外されることにしている（租特70条1項・3項、租特令40条の3・40条の4）。ただし、贈与又は信託があった日から2年経過した日までに公益事業に供用することが要件とされている（租特70条2項・4項）。大阪高判平13・11・1（判タ1098号148頁・判時1794号39頁）では、贈与された株式についてこの2年の期間内に配当がなかった場合には、この株式は公益に供用されていないとして贈与税を課税したことを是認しているが、機械的に非課税要件事実の存否を認定すべきでなく、一時的に無配であったとしても、近いうちに復配する確実性の高い優良な株式で公共に供されることが見込まれるときには、合理的な解釈を行うべきではなかろうか。本件は、優良な株式であるのに一時的に無配であったように推認される事案である。

第6　遺言と遺産分割協議

1　遺　　言

財産の所有者は、財産をその意思によって自由に処分することができるので、被相続人が遺言を作成した場合は、まず、遺言に従って被相続人の遺産（相続財産）が相続人に分配される。もっとも、遺言は、民法の規定によって作成さ

第6 遺言と遺産分割協議

れることが要求されている厳格な要式行為となっている（民967条）。

遺言が作成されていないときは，原則として法定相続分（民900条）によって相続財産が分配されるが，共同相続人の間で遺産分割協議が成立したときには，遺産分割協議により遺産が分割されることになる。

遺言を作成するには本人に意思能力があることが必要である。成年被後見人が，事理を弁識する能力を一時回復した時において遺言をするには，医師2人以上の立会いがなければならないことになっている（民973条）。

2 遺産分割協議の諸相

(1) 遺産分割協議と家庭裁判所の調停・審判

共同相続人間で遺産分割協議が成立すれば，その内容によって遺産が分割されることになる（民906条）。遺産の分割が共同相続人間で調わないときは，家庭裁判所の調停・審判により遺産の分割が行われることになる（民907条2項）。

(2) 遺産分割協議による遺産の分割方法と再遺産分割協議

遺産の分割方法には，現物分割，換価分割，代償分割及びその混合型がある（家事196条）。土地が相続財産である場合には，代償分割が行われることが多い。長男が土地を単独で相続し，他の2人の共同相続人に代償金として，その時価の3分の1ずつを支払った場合には，その土地に係る相続税の納税義務は，現実に支払を受けた代償金の金額を基礎とするのではなく，その土地の評価額を基礎として3人で平等で負担すべきである[14]。ところで，代償金を支払った長男が土地を譲渡した場合，その取得価額について，被相続人の取得価額に他の2人の共同相続人に支払った代償金を加算した金額とするか否かについて見解が分れている[15]。

いったん遺産分割協議が成立しても，新たに遺産が発見されたり，共同相続人の見解の変化や親の扶養義務者の変更などにより，遺産分割協議がやり直されることが少なくなく，この再遺産分割協議をめぐって課税上の紛争が生ずることが少なくない。東京高判平12・1・26（税務訴訟資料246号205頁）（請求棄却）[16]

---

[14] 前橋地判平4・4・28行集43巻4号702頁・判タ803号121頁・判時1478号103頁。
[15] 加算しないとするもの，千葉地判昭55・1・30訟月26巻4号700頁。加算するとするもの，金子・前掲注（＊10）614頁。
[16] （第1審）東京地判平11・2・25税務訴訟資料240号902頁（控訴棄却。上告不受理決定〔最決平13・6・14税務訴訟資料250号順号8923〕）で確定。

は，当初の遺産分割協議により共同相続人に相続分が帰属し，相続分の移動は贈与税の対象となると解している。この判決は，下記の相続税基本通達19の2－8のただし書に影響を受けて判断しているものである。

「法第19条の2第2項に規定する『分割』とは，……その分割の方法が現物分割，代償分割若しくは換価分割であるか，またその分割手続が協議，調停若しくは審判による分割であるかを問わないのであるから留意する。

ただし，当初の分割により共同相続人又は包括受遺者に分属した財産を分割のやり直しとして再配分した場合には，その再配分により取得した財産は，同項に規定する分割により取得したものとはならないのであるから留意する。」

しかし，最判平2・9・27（民集44巻6号995頁・判タ754号137頁・判時1380号89頁）は，従来の最判を変更し，「共同相続人は，既に成立している遺産分割協議につき，その全部又は一部を全員の合意のうえ解除した上，改めて分割協議を成立させることができる。」と判示し，再遺産分割の効力はさかのぼって効力を生ずると判示している（民909条）。前掲通達は，この最判平2・9・27により前に発出されているもので改訂がされていないので，共同相続人の全員の合意のうえで当初の遺産分割がやり直された場合には，当初の遺産分割により共同相続人にはさかのぼって遺産が帰属していないから，再遺産分割による相続分の移動について贈与税の課税する余地はないものと解される。前掲東京高判平12・1・26は再検討を必要としている判決である。前掲通達も，変更後の最判平2・9・27に従い早急に改訂されるべきである。

(3) **遺留分減殺請求権の行使と承継する納付義務の範囲**

相続が開始し，相続人が数人いるときは，相続財産はその共有に属することになり（民898条），各共同相続人は，その相続分に応じて被相続人の権利義務を承継することになる（民899条）。遺留分制度は相続による潜在的な持分に対する期待を保護し，被相続人の遺産の自由な処分と相続人の相続に対する期待の保護の調和を図るためのもので，相続財産の一定割合を一定の範囲の相続人に相続させようとする制度であり，被相続人の遺言でも侵すことができない権利（不可侵相続分）である（民1028条以下）。遺留分減殺請求権の性質と権利行使による効果について，請求権説と形成権説に分かれて議論されてきたが，最決平24・1・26（裁判集民事239号635頁・判タ1369号124頁・判時2148号61頁）は形成権説を採り，今日ではこれが判例・通説となり定着している。遺留分減殺

第6　遺言と遺産分割協議

請求権の行使と共同相続人が承継する納付義務の範囲について，東京地判平25・10・18（税務訴訟資料263号順号12313）（請求認容，確定）は，以下のような判断を示している。

「遺言書において遺産のうちの特定の財産を共同相続人のうちの特定の者に相続させる意思が表明されている場合，当該遺言は……遺産の分割方法を定めたものと解するのが相当であり，……何らの行為を要せずして被相続人の死亡の時に直ちに当該財産は当該相続人に相続により承継されるものと解するのが相当であるところ（最高裁平成3年4月19日判決・民集45巻4号477頁参照），本件遺言において，……Aの全ての遺産はAの死亡の時に直ちにそれぞれ本件遺言で定められた他の相続人らのいずれかに承継されるというべきである。そして，このとおりAの全ての遺産を他の相続人らに承継されるものとすれば，おのずと原告〔X〕においてAの遺産を承継する余地が奪われることになるのは明らかであるところ，……本件遺言については，Aの共同相続人のうちXの相続分をないもの，すなわち零と定めたものと認めるのが相当である。」「本件遺言はXの相続分を零と定めるものと認められるところ，これは民法902条の遺言による相続分の指定に当たるから，Xが納める義務を承継するAの平成19年分の所得税の額は，通則法5条2項の規定に従い，Aの平成19年分の所得税の額に零を乗じて計算した額である0円となるというべきである。」

しかし，この判決には，疑問をもつ。遺言が相続人の法定相続分を侵害しているときには，当該相続人は遺留分減殺請求権を行使して侵害された相続分を侵害している共同相続人・受贈者・受遺者から取り戻すことになる。前述したとおり形成権である正当な遺留分減殺請求権が行使されると，遺留分減殺請求権の行使により法律上当然に相続分が修正されることになると解すべきである。それで，通則法5条2項により相続人が被相続人の納付義務を承継するのは，遺留分減殺請求権の行使により修正された相続分ということになる。本件判決は，遺留分減殺請求権が行使されても遺言で定められた相続分により通則法5条2項にいう被相続人の納付責任を承継すると判示しているが，本件判決は遺留分減殺請求権の性質と効果を誤解し，ひいて通則法5条2項について納付責任の範囲を誤っているものである[17]。

---

[17] 山田二郎「遺留分減殺請求権の行使と共同相続人が承継する納付義務の相続分」税研181号（2015）27頁。

第7 相続財産の評価

1 評価の原則と財産評価基本通達の位置づけ

　租税は金銭で納付すべきことになっているが（税通34条1項），相続税のみ金銭で納付することが困難である場合には，金銭納付が困難である金額の限度で，税務署長の物納の許可を受けて物納が認められている（相税41条以下）。

　物納が認められていても，相続税の税額計算の基礎となるのは，相続財産の時価である。相続税は評価の原則として，相続により取得した財産の価額は，当該財産の取得した時における時価により，当該財産から控除すべき債務の金額は，その時の現況により評価すること（いわゆる時価主義）を定めている（相税22条）。

　時価とは，客観的な交換価値のことであるが，取引市場が存在する上場株式では時価を認識することが難しいことではないが，取引市場の存在しない土地，家屋や非上場株式などについては時価を評価することは容易なことではない。相続税法では，地上権，永小作権，定期金に関する権利及び立木など一部の財産についてのみ評価について規定しているが（相税23条～26条），その他の財産については規定が存在しないので，国税庁長官によって制定された「財産評価基本通達」（平成3年12月18日課評2－4，課資1－6。以下同通達を「評価通達」という）に従って現実の評価実務が行われている。

　評価通達は画一的な評価方法を定めているものであるので，評価通達によることが不適当・不合理であると認められる場合には，国税庁長官の指示を受けて他の評価ができることになっているし（評価通達6は，実際には活用されていない），また，他の合理的な方法（私的鑑定を含む）を行うこともできると解されている。

2 評価通達と節税

　評価通達は，宅地については，毎月8月中旬頃に公表される路線価によって評価（路線価方式）すべきものとしており（同通達11以下），家屋については固定資産税の評価額によって評価することを定めているだけで（同通達），不備なものである。

　平成28年2月13日付の朝日新聞東京版は，マンション，特にタワーマンショ

ンを使った節税が行われていることを大きく報道している。時価と評価通達に従った評価額の乖離を利用して節税をしているというものである。マンションの評価では，評価通達に従って土地と建物（区分所有建物を含む）を別々に評価して合算していることと，土地の評価額はマンションの敷地を戸数で分けるために，建物は眺望や日照が考慮されず，建物の床面積（専有部分）が同じなら階層が違っても評価額はほぼ同じとなり，人気の高層階（高階層の時価は2億円であるのに，評価額は3割の6000万円）ほど時価と評価額の差額が大きくなり，この差額を相続税の節税をするのに利用されているという。マンションの建物と敷地を分けて評価することが，そもそも不合理なのではないだろうか。タワーマンションを使った相続税の不公平な課税を是正するために，評価通達を早急に改正して相続税の負担が適正・公平になるようにすべきである。

第8　相続税の租税回避の防止

相続税の回避を防止するためや，相続税の不当な減少を防止するために，相続税法にも，以下の4種類の否認規定が置かれている。

1　同族会社等を利用した行為又は計算の否認

相続税についても，同族会社の経済合理性を欠いた行為又は計算によって税負担を不当に減少することがあるので，税務署長に否認権限が与えられている（相税64条1項）。大阪地判平12・5・12（訟月47巻10号3106頁）は，被相続人がその所有する宅地について，被相続人の支配する同族会社との間で，駐車場の経営を目的として収益と比較してきわめて高い地代で地上権設定契約を結んだ場合には，否認規定を適用して地上権設定契約を否認して評価できると解している。

2　法人組織の再編成・信託を利用した行為又は計算の否認

平成13年度の改正相続税法では，法人組織再編税制の導入に伴い，法人組織の再編成によって税負担が不当に減少することを防止するために，合併等による移転法人又は取得法人の行為・計算について，税務署長に否認権限が与えられている（相税64条4項）。

法人課税信託に係る受託者及び受益者課税信託受益者等については，信託資

金等及び固定資産等ごとにそれぞれ別の者とみなして、上記の2つの否認規定を適用することとされている（相税64条5項）。

3　特別の法人から受ける利益に対する課税

自己の親族の私的支配が行われている法人に財産を遺贈することによって相続税を回避することを防止するため、相続税法は、持分の定めのない法人（公益法人，医療法人等）で、その余裕金の運用，解散した場合の財産の帰属について、設立者・社員等又はこれらの者の親族と特別の関係のある者に対して財産の遺贈があった場合には、その財産の遺贈により受ける利益の価額に相当する金額を、その遺贈者から遺贈により取得したものとみなしている（相税65条1項）。本条の納税義務者は、法人から特別の利益を受ける個人である。

4　人格のない社団又は財団に対する課税

自己の親族の支配関係のある人格のない社団又は財団や持分の定めのない法人に財産の遺贈があった場合、あるいは人格のない社団又は財団や持分の定めのない法人を設立するために財産の提供があった場合は、当該社団又は財団や法人を個人とみなして、これを相続税を課することにしている（相税66条1項〜4項）。

相続税法66条4項を適用した事件について、私的支配関係の有無が争点となり、この規定の適用を是認した例として、東京地判昭37・5・23（行集13巻5号856頁・判タ132号88頁）、東京地判昭46・7・15（行集22巻7号963頁・判タ269号307頁・判時644号29頁）、東京地判昭49・9・30（行集25巻8＝9号1141頁）、東京高判昭49・10・17（行集25巻10号1254頁）、否定した例として、東京高判昭50・9・25（行集26巻9号1023頁・判タ339号303頁・判時804号24頁）があり、裁判例が分かれ認定の難しい事例となっている。

第9　相続税と所得税の二重課税の排除

1　二重課税排除の規定とその立法趣旨

所得税法9条1項16号は、所得税の非課税所得として、「相続、遺贈又は個人からの贈与により取得するもの」と定めている。そして、その立法趣旨は、

第9 相続税と所得税の二重課税の排除

同一の経済的価値に対して相続税又は贈与税と所得税の二重課税を排除したものであると説明されている。最近，相続税と所得税の二重課税ではないかと争われた注目をひいた判決があったので，これを検討しておくことにしたい。

2 最判平22・7・6（民集64巻5号1277頁・判夕1324号78頁・判時2079号20頁）（長崎年金事件）（破棄自判）

(1) 事案の概要

本件は，年金払生命保険で相続人Xに支払われた年金に対して所得税の更正処分がされたので，その取消しを求めた事件である。被相続人Aの相続税の申告は，法定申告期限内に相続税法24条1項1号により計算した年金受給権の価額を相続税の価額に算入して相続税の申告を済ませていたが，生命保険会社からXが保険金2300万円を一時払いとして受領せず，10年間の年金払いで受領することを選択したので，Xに対して10年間にわたって230万円の年金が支払われることになり，Xが第1回目の年金10万円を受領したところ，Xが受領したこの10万円の年金に対しXが所得税の更正処分を受けたので，Xが所得税更正処分に対して年金払保険金の年金に対する課税は，所得税と相続税の二重課税（所税9条1項16号違反）であることを理由として取消しを求めた事件である。

(2) 判決の要旨

「〔相続税〕法3条1項1号は，被相続人の死亡により相続人が生命保険契約の保険金を取得した場合には，当該相続人が……相続により取得したものとみなす旨を定めている。上記保険金には，年金の方法により支払を受けるものも含まれると解されるところ，年金の方法により支払を受ける上記保険金とは，基本債権としての年金受給権を指し，これは同法24条1項所定の定期金に関する権利に当たるものと解される。」「年金の方法により支払を受ける上記保険金（年金受給権）のうち有期定期金債権に当たるものについては，同項〔相税24条1項〕1号の規定により，その残存期間に応じ，その残存期間に受けるべき年金の総額に同号所定の割合を乗じて計算した金額が当該年金受給権の価額として相続税の課税対象となるが，この価額は，当該年金受給権の取得の時における時価〔現在価値〕（同法22条），すなわち，将来にわたって受けるべき年金の金額を被相続人の死亡の時の現在価値に引き直した金額の合計額に相当

し，その価額と上記残存期間に受けるべき年金の総額との差額は，当該各年金の上記現在価値をそれぞれ元本とした場合の運用益の合計額に相当するものとして規定されているものと解される。したがってこれらの年金の各支給額のうち上記現在価値に相当する部分は，相続税の課税対象となる経済的価値と同一のものということができ，所得税法9条1項15号〔現行法では16号〕により所得税法の課税対象とならないものというべきである。」「本件年金受給権は，年金の方法により支払を受ける上記保険金のうちの有期定期債権に当たり，また，本件年金は，被相続人の死亡日を支給日とする第1回の年金であるから，その支給額と被相続人死亡時の現在価値とが一致するものと解される。そうすると，本件年金の額は，すべて所得税の課税対象とはならないから，これに対して所得税を課することは許されないというべきである。」

(3) 検　　討

相続財産の時価は，評価の原則に従い，相続開始時の時価（現在価格）で評価することが定められており（相税22条），定期金に関する権利に属する年金払保険金については，相続開始時の時価を，本件については残存期間（10年）に応じて給付金額の60％の時価を計算することが定められている。最高裁判決は，相続税法24条1項で計算される時価と残存期間に受けるべき年金の総額との差額を，後払いで支払われる年金を元本とした場合の運用益の差額の合計額に相当すると解している。この判旨は，相続税法24条1項に定めている定期金の評価規定を誤解し，相続税法24条1項が定めている評価規定の解釈を逸脱しているものである。相続税法24条1項で定めている相続財産のうち定期金に関する権利に関する評価規定は，有期定期金の残存期間に応じ，後払いによる支給金を一定の割合の減価率で減算して評価するものである。つまり，一時金を受け取る代わりに，本件でいうと10年間にわたって後日に支払を受けるので，年金受給権の現在価値を，後払いによる減価率で減算して算出しているのである。現在価値と残存期間に受けるべき年金の総額との差額は，当該年金の現在価値を元本とする運用益に相当するものではない。年金支給権は基本債権（判決のいう元本）ではなく，後払いの方法で支払われる年金（判決のいう支分権）を束ねたものである。年金受給権の評価にあたって，年金受給権を元本と支分権に区分していることは，相続税法24条1項の解釈として立法趣旨を逸脱している。年金払保険金を含めて定期金に関する権利の評価に，立法論として

ファイナンス理論を導入することは課題であるが，相続税法24条1項が定めている定期金に関する権利，つまり年金受給権の評価は，上述したとおり後払いによる減価率に基づいて評価しているのである。年金を束ねた年金受給権を相続税の相続財産として課税しながら，毎年支払われる年金について別に所得税の課税対象とすることは，所得税法9条1項15号（現行法では16号）に違反し二重課税となるものである。

3　東京地判平25・6・20（〔平成24年（行ウ）第243号〕裁判所ホームページ）（請求棄却）

相続により取得された不動産に係る譲渡所得のうち被相続人の保有期間中の増加益に相当する部分が所得税法9条1項15号（現行法では16号）所定の非課税に該当するか否かが争われた事件について，判決は，以下のとおり判断している。

「確かに，相続人が被相続人により取得した資産を譲渡した場合，当該資産の譲渡により相続人に帰属する所得は，被相続人の保有期間中に抽象的に発生に蓄積された資産の増加益と相続人の保有期間中に抽象的に発生し蓄積された増加益によって構成される……ところ，相続税の課税対象となる当該資産の相続開始の時における価額に相当する経済的価値の中には，被相続人の保有期間中に発生し蓄積された資産の増加益が未実現のまま含まれているということができるが，相続税の課税対象が，相続人が相続により取得した財産の経済的価値であるのに対して，上記譲渡所得に対する所得税の課税対象となる被相続人の保有期間中の増加益は，被相続人の保有期間中にその意思によらない外部的条件の変化に基因する資産の値上がり益として抽象的に発生し蓄積された資産の増加益……が相続人によるその資産の譲渡により実現したものであるから，当該資産の譲渡により相続人に帰属する所得に所得税を課したとしても，実質的に同一の経済的価値に対する相続税と所得税の二重課税が行われることとなるとまでいうことはできない。また，相続により取得した資産の譲渡に係る譲渡所得については，所得税法60条1項1号の規定が置かれており，同規定が，取得価額の引継ぎの方法により，相続時においては，被相続人の保有期間中の増加益に対する所得税の課税を繰り延べ，その後，相続人が相続により取得した資産を譲渡したときに，被相続人の保有期間中の増加益と相続人の保有期間中の増加益とを合わせて当該資産の譲渡に係る譲渡所得とし，相続人に課税す

るものとしていること……によれば，所得税法は，被相続人の保有期間中に抽象的に発生し蓄積された資産の増加益について，相続人により財産の経済的価値が相続人の課税対象となることとは別に，相続人に対する所得税の課税対象となることを予定しているものであるということができる。そうすると，相続により取得した資産の譲渡に係る譲渡所得のうち被相続人の保有期間中の増加益に相当する部分については，本件非課税規定〔筆者注一法9条1項15号〕の規定により所得税の課税対象から控除して所得税を課さないものとすることはできない。」

本判決は，明らかに被相続人の保有期間中の増加益の部分については，同一の経済的利益に対して相続税と所得税の二重課税が行われていることを認定しながら，所得税法60条1項1号に取得価額の引継規定が置かれていることを理由として，二重課税が許されると判断しているが，相続税と所得税の二重課税の排除は，租税法の体系の中の基本的な枠組みであり，所得税法60条1項1号に取得価額の引継規定が置かれていても，それは，相続税と所得税の二重課税を認める根拠とはならないものである。

二重課税で違法であるときは，納税者側から抗弁として主張・立証をすることになる。

第10 総 括[*18]

本稿は，相続税法の中の相続税の要件事実について，最近の最高裁判決，主要な下級審の裁判例，それに加えて評価通達を素材として，要件事実の展開を動的に捉えることを試みた。要件事実から派生する問題として，同一の経済的価値に対する相続税と所得税の二重課税の排除の問題を，最判平22・7・6（民集64巻5号1277頁・判タ1324号78頁・判時2079号20頁）（長崎年金事件）を詳しく紹介し，他の下級審の裁判例とともに検討している。

相続税の要件事実は，その要件事実が私法上の法律効果（例えば，相続，相続人，遺言など）が多いことに特色があるといえる。申告が過少であるということで，増額更正処分がされた場合には，課税庁側で要件事実が充足し，増額更正処分

[*18] 山田二郎「相続をめぐる最近の三つの最高裁判決の批判」北野弘久先生追悼『納税者権利論の課題』（勁草書房，2012）579頁，山田二郎「判批」自治研究87巻8号（2011）150頁，この最判平22・7・6の判批で他の多くの判批を紹介しているので，ここでは省略する。

による課税権が適正であることについて主張・立証責任を負うことになる。

　経済のグローバル化といった経済社会状況の変化に対応し，租税回避を防止する観点から，平成12年度改正，平成15年度改正及び平成25年度改正において，日本国外に住所がある者についても，一定の場合には，日本国外にある財産を相続税の課税対象とすることとされ，課税の公平を確保することとされている。

　富の格差の是正と財政危機から，平成25年度改正（平成27年1月1日以降の相続により取得した財産に対する相続税について適用される）により相続税の基礎控除額の引下げなどによる課税ベースの拡大と超過累進税率の引上げにより相続税の課税強化が図られ，この傾向は一層厳しくなることが予測される。

　相続税の課税が強化されると，必然的に節税策の工夫を招くことになる。このような状況を展望すると，相続税の要件事実論は，特に課税を受ける納税者にとって課税権の濫用を阻止し，節税により適正・公平な課税を受けるようにするために，従来よりも，重要な意義をもってくることになる。

第7章 消費税法における要件事実論

西山 由美

第1 消費税法の課題——要件事実論の観点から
第2 課税対象としての「資産の譲渡」
第3 仕入税額控除の適用要件
第4 消費税法における要件事実論の意義

第1 消費税法の課題——要件事実論の観点から

本稿は，消費税法（以下「法」という）の課税要件に関する立証責任の分配を中心として，同法における要件事実論の意義を考察するものである[*1]。

租税訴訟を含む行政訴訟における立証責任についてしばしば指摘されるのは，そこで適用される行政実体法の諸規定は，立証責任のことを考えて制定されていないということである[*2]。このことは，消費税法にも当てはまる。

立証責任の分配について，本稿では民事訴訟法の通説である法律要件分類説に拠り，課税要件事実の存否は，原則，課税庁側が立証責任を負うものと考えるが，これを貫くことが妥当でないときには修正の可能性を留保するという意味で，修正法律要件分類説に基づくものである[*3]。しかしながら消費税法にお

[*1] 本稿執筆にあたり，主に以下の文献及び論文を参考とした。要件事実論一般について伊藤滋夫『要件事実の基礎〔新版〕』（有斐閣，2015），租税法領域における要件事実論について今村隆『課税訴訟における要件事実論〔改訂版〕』（日本租税研究協会，2013），増田英敏『紛争予防税法学』（TKC出版，2015）62頁以下。租税法領域における立証責任を解説した最近の基本書として，金子宏『租税法〔第21版〕』（弘文堂，2016）999頁以下，水野忠恒『大系租税法』（中央経済社，2015）127頁以下，谷口勢津夫『税法基本講義〔第5版〕』（弘文堂，2016）【161】以下。

[*2] 伊藤滋夫「消費税法30条における仕入税額控除に関する立証責任—租税訴訟における要件事実論の一展開」判タ1313号（2010）5頁。

[*3] ここでいう「妥当でない」とは，例えば，課税要件事実に関する証拠との距離を考えたときに，

いて，その立法時の政治的混乱[*4]ゆえに多くの法律規定の不備があり，そもそも法律要件が欠落していることもある。

この法律要件の欠落の典型的な例は，推計課税に関する規定の欠缺である。所得税法及び法人税法では，青色申告をしていない個人及び法人を対象とした推計課税の明文規定があるが（所税156条，法税131条），消費税法は青色申告制度と連動していないこともあり，推計課税の規定がない。しかしながら現実には，消費税の領域でも推計課税が行われている。これは，公平課税の原則の観点からは，実額が把握できないことで課税を見合わせるのは妥当でないこと[*5]，また実務の観点からは，消費税の税務調査が所得税や法人税と同時に行われることが多いため，その調査により課税売上額の把握が可能であることによる。明文規定がないことを理由に課税が控えられることは不合理であるとしても，租税法律主義の要請として，消費税法又は国税通則法に推計課税の規定を置くべきであろう[*6]。

消費課税は，税額転嫁と仕入税額控除の両輪により機能し，前者は課税要件の諸規定，後者は仕入税額控除の諸規定により制度設計がなされているところ，これらの規定においても要件事実論の観点からみると，再検討が必要な課題を抽出することができる。

第1に課税要件について，国内取引における消費税の課税対象である「資産の譲渡等」（法4条1項）の「資産の譲渡」の解釈である[*7]。より具体的には，ある権利の消滅についての合意に基づき対価が支払われた場合に，消費税法上「資産（権利）の譲渡」があったとみることができるのであろうか。これが認められれば，対価を支払った事業者は，これに係る消費税相当金額を課税仕入れ

　　課税庁に立証責任を負わせることが公平でない場合である。金子・前掲注（*1）1000頁。修正法律要件分類説における修正基準の不明確性を指摘するものとして，伊藤・前掲注（*2）5頁。
[*4]　消費税導入の系譜につき，尾崎護『消費税法詳解〔改訂版〕』（税務経理協会，1991）3頁以下。
[*5]　推計課税の明文規定のない特別地方消費税における推計の是非が争われた事件で，裁判所は，「納税義務者の申告した課税標準額等を実額として採用することができず，他にこれらの実額を直接把握するための十分な資料もない場合に，納税義務者に対する課税を見合わせることは，課税負担の公平の見地から許されない。したがって，課税庁は，地方税法による課税においても，推計課税をすることが許されるというべきである。」との判断を示した（神戸地判平9・3・24行集48巻3号188頁）。
[*6]　例えば，ドイツでは国税通則法に推計課税に関する一般規定を置いている。同法161条によれば，「課税庁が課税標準を算定できないときには，推計を行うことができる。ただし，推計にとって重要なあらゆる状況が考慮されなければならない」。
[*7]　資産の譲渡の範囲について，西山由美「『資産の譲渡等』の範囲」税理56巻1号（2013）113頁以下。

(法2条1項12号*8) として控除することができる旨の主張をすることができる。

第2に仕入税額控除について、仕入税額控除の適用要件が消極要件になっているために、消費税課税処分取消訴訟において帳簿及び請求書等を「保存していないこと」(法30条7項) を、被告・国が立証しなければならないことである。被告にとって不存在の立証は難しく、また原告・事業者にとっても、いかなる抗弁をなし得るかが問題となる。

これら2つの問題は、「資産の譲渡」の解釈及び「仕入税額控除」の適用要件という、消費課税制度の根幹にかかわる問題である*9。

第2 課税対象としての「資産の譲渡」

1 「資産の譲渡」に関する関係法令・通達

現行消費税法の下では、納税義務者を「事業者」としたうえで (法5条1項)、課税対象を「国内において事業者が行った資産の譲渡等」と定める (法4条1項*10)。ここでいう「事業者」とは、「個人事業者及び法人」(法2条1項4号) であり*11、「資産の譲渡等」とは、「事業として対価を得て行われる資産の譲渡及び貸付け並びに役務の提供」(同項8号) をいう。

消費税法において「資産」の定義はないが、消費税法基本通達 (以下「通達」という) によれば、「『資産』とは、取引の対象となる一切の資産をいうから、棚卸資産又は固定資産のような有形資産のほか、権利その他の無形資産が含まれる」(通達5-1-3) とされる。また、「資産の譲渡」についても法令上の定義はないが、同通達によれば、「『資産の譲渡等』とは、資産につきその同一性を保持しつつ、他人に移転させることをいう。」(通達5-2-1)。

---

*8 法2条1項12号括弧書により、課税仕入れに該当するためには、対価の受領者側からみて当該取引が「課税資産の譲渡等」でなければならない。なお、同号が「他の者から資産を譲り受け……」となっていることから、現行消費税法の下では事業者以外の個人からの仕入れについても仕入税額控除が認められる。

*9 これらの問題以外にも、課税要件論からみた消費税の問題として、簡易課税制度における事業区分 (法37条1項、消費令57条) もある。これを論じたものとして、今村・前掲注 (*1) 129頁以下。

*10 保税地域から引き取られる外国貨物も消費税の課税対象であるが (法4条2項)、納税義務者となる「外国貨物を保税地域から引き取る者」(法5条2項) は、事業者に限らず、事業者でない者も含まれる。

*11 EU域内の付加価値税共通ルール (2006年付加価値税指令、以下「指令」という) において、その納税義務者概念は、事業者に限定する日本の概念より広い。すなわち、「納税義務者は、経済活動をあらゆる場所で独立して行う者をいい、その活動の目的又は結果を問わない」(指令9条)。

以上のような法令及び通達の下で，資産としての「権利」が取引の対象となることを前提とし，取引内容が「権利の消滅」である場合に，「権利の消滅を内容とする取引は，資産の譲渡であり，それゆえその対価は課税仕入れに該当する」という事業者の主張は成り立ち得るであろうか。この問題について，賃貸建物の立退料の課税仕入れ該当性が争われ，その前提として立退料が「資産の譲渡」の対価に当たるかどうかが判断された事件[*12]（以下「立退料事件」という）を素材として検討をする。

2 「立退料事件」の概要

X社（原告）は，その事業用資産である賃貸建物につき，賃借人らからその明渡しを受けるため，立退料として約3億3000万円を支払い，そのうちの976万円余を課税仕入れに係る消費税として申告を行った。これに対してX社の所轄税務署長は，当該立退料は課税資産の譲渡の対価に当たらないことを理由として，仕入税額控除を否認する更正処分を行った。X社はこれを不服として，訴訟を提起した。

租税訴訟において課税要件である課税対象（「資産の譲渡」）該当性が争われる場合，立証責任の分配に関する法律要件分類説に従えば，国（被告）がこれを立証しなければならない。そこで国は，通達による「資産の譲渡」の定義（「資産の同一性を保持しつつ他人に移転させること」）を論拠として，当該立退料は賃借人が有する賃借権に対する対価であり，その賃借権は，建物賃貸借契約の合意解除をもって消滅しているため，「資産の譲渡」該当しないと主張した。

これに対してX社は，「賃借権の消滅」について争うべく，第1の抗弁として，X社が立退料を対価として借家権を取得したこと，第2の抗弁として，所得税法では資産の消滅が「資産の譲渡」に含まれることから，消費税法では異なる取扱いをする理由がないことを挙げた。

裁判所の判断は，消費税が各取引段階で移転する付加価値に着目して課され

[*12] 東京地判平9・8・8行集48巻7＝8号539頁・判タ977号104頁（第1審で確定）。判例評釈として，品川芳宣「判批」TKC税研情報7巻5号（1998）17頁，朝倉洋子「判批」税務弘報46巻4号（1998）215頁，市川深「判批」税理41巻5号（1998）19頁，松本正春「判批」税経通信57巻2号（2002）5頁，福田昌子「判批」税務弘報55巻10号（2007）152頁，大川峰子「判批」税務事例47巻5号（2015）85頁，西山由美「判批」租税判例百選〈5版〉〔別冊ジュリ207号〕158頁。

る付加価値税であることをふまえ*13, 原告の第1の抗弁については通達の解釈を支持し,「資産の譲渡とは, 権利, 財産, 法律上の地位等を同一性を保持しつつ, 他人に移転することをいうものであるところ, 消費税法は, 右の資産の譲渡により譲渡人のもとで生じた附加価値が移転するのをとらえ, 消費税の課税対象としているのである。これに対し, 単に権利等の資産が消滅する場合には, 当該資産を有する者のもとで発生した附加価値が移転すると観念することはできない。」と判断した。

さらにX社の第1の抗弁に対しては, 立退料の性質が借家人らに対する補償金であることのほかに, それが高額であるがゆえに借家権の対価であることも否定できないとしつつ,「借家権はあくまで観念上のものであり, ……賃借人らに借家権なる権利が発生していると観念できるとしても, それは右合意解除により消滅するものであり, これが合意解除による本件建物の明渡しという取引に際して原告に移転するとみるのは困難である。」との判断を示した。

またX社の第2の抗弁に対しては,「〔所得税法と消費税法の〕取扱いの差異は, 消費課税と譲渡所得課税の趣旨, 課税の対象についての法律の定めが異なることに基因するものであって, 何ら不合理な点はない。」との判断を示した。

この「立退料事件」における通達を拠所とする被告・国の主張, 及びこれに対する原告・X社の抗弁のあり方について,「立退料」の機能, 消費課税における「権利の消滅」, 及び「資産の譲渡」に関する所得税法と消費税法との整合性を順次検討する。

3 消費課税における「立退料」の機能

(1) 立退料の諸機能

借地借家法によれば, 借家の更新拒絶や解約申入れには正当事由が必要であり (借地借家28条), 判例によれば, 立退料はこの正当事由を補完する*14。このように, 賃貸人からの申入れによる賃貸借契約の解除に際して支払われる立退料は, 私法上重要であるのみならず, 経済的にも様々な機能をもっている。すなわち, 賃借人が新たに家屋を借りるために負担する追加費用の補填, 引越費

---

*13 消費税が厳密な意味では付加価値税でないことは, その課税標準が「課税資産の譲渡等の対価」(法28条1項) となっていることからも明らかであろう。すなわち, 原価割れで販売することで付加価値が生じていなくても, 消費税は課される。

*14 最判昭38・3・1民集17巻2号290頁・判時338号23頁。

第2 課税対象としての「資産の譲渡」

用の補填，賃借人が当該家屋で営業をしている場合の損失の補償などの機能である。

これらの機能のうち，賃借人が新たに家屋を探して引越しをしなければならないことに伴って発生する費用の補填については，「資産の譲渡」の対価とは認められない。しかしながら，立退料の一部が賃借人の「現在の場所での営業を断念」という行為に対応している場合には，賃貸人と賃借人との間に取引が成立していると考える余地はある。例えば，EU域内の共通ルールでは，ある権利や利益の放棄する行為を「サービスの提供」として付加価値税（消費税）の課税対象としている。

(2) 補償金・賠償金に関するEU域内の共通ルール

EU域内の付加価値税（Value Added Tax）やオセアニア地域の物品・サービス税（Goods and Services Tax）は，課税の対象を「物品（goods）及びサービス（services）の提供」とし，「物品」は有形資産をいい（指令14条1項），「サービスの提供」には「ある行為を控える義務又はある行為や状況の受忍」も含まれる（指令25条b）。例えば，営業の競争相手から補償金を得てその営業から撤退する場合に，これを「サービスの提供」として課税対象に取り込み，支払側の事業者は仕入税額控除権を行使する。

ただし，ここで問題となるのが，補償金の「サービスの提供」の対価性が賠償金一般にも妥当するかどうかである。例えば，一方の過失によって他方に生じた傷害に対して損害賠償金が支払われる場合，傷害行為の受忍を「サービスの提供」と考えるのは，社会通念上，困難である。

この問題についてドイツでは，賠償金を「真正賠償金」と「不真正賠償金」に分類して課税対象の可否を決めるという伝統的な考え方[15]に対して，法令上「真正賠償金」や「不真正賠償金」という文言が用いられていない以上，これらの分類は無益であるという考え方が対峙している[16]。後者の考え方によれば，消費税の課税対象が「給付の交換」を前提としていると考え，「支払者が支払う賠償金」と「受領者が提供する経済的価値のある利用可能な利益」とが対応しているかどうかを各取引の実態に即して精査し，課税の対象とするかど

---

[15] Johann Bunjes / Reinhold Geist, *Umsatzsteuergesetz Kommentar* 15. Aufl. (C. H. Beck, 2016), §1 Rz. 45.
[16] Holger Stadie, *Umsatzsteuergesetz Kommentar* (Verlag Dr. Otto Schmidt, 2009), §1 Rz. 48.

うかを判断する*17。

　課税売上げの対価とならない典型例は，労働災害に対する賠償金の支払である。賠償金を受領した労働者は，支払者に対して何らの利益提供をしていないからである*18。旅行代金のキャンセル料もまた，もっぱら支払側の顧客の都合であって，受領者は支払者に対して何らの利益提供をしていない。

　他方，プロスポーツ選手のチーム移籍に伴う移籍先チームから現所属先チームに支払われる移籍料については，移籍先チームは移籍料を支払うことにより，現所属チームが当該選手との契約継続の権利を放棄して選手を放出してくれるという利益を取得することになり，両者間に「給付の交換」が認められる*19。

(3)　日本における補償金・賠償金

　補償金・賠償金に関する前述のEUの域内ルールに対する懸念は，補償金・賠償金を支払った事業者に仕入税額控除を認めると，これらの金員に対応する資産の中身があいまいなまま，その範囲が拡大してしまうおそれである*20。

　賠償金について日本の法令では規定はなく，通達において「心身又は資産につき加えられた損害の発生に伴い受けるものは，資産の譲渡等の対価に該当しない」とされる（通達5－2－5）。ただし，棚卸資産に損害を加えた加害者にその資産（軽微な修理により使用可能なもの）が引き渡される際に当該加害者がこれに対して支払う損害賠償金，無体財産権に侵害を加えた加害者がこれに対して支払う損害賠償金，不動産の明渡しを遅滞した者が賃貸人に支払う損害賠償金については，それが実質的には棚卸資産の対価，無体財産の使用料，不動産賃借料に当たるときには，消費税の課税対象とされる（通達5－2－5(1)～(3)）*21。

　賠償金に関するこれらの通達，及び土地収用法に基づく補償金を「資産の譲渡」の対価とする政令（消費令2条2項）の取扱いを見る限り，日本では補償金・賠償金の「資産の譲渡」の対価性の判断に際しては，具体的な資産の対価の一部を構成しているかどうかに着目している。補償金・賠償金の支払が，「権利や利益の放棄あるいは一定の状況の受忍」に対応しているという考えをとらないのは，日本では消費税の対象が「資産の譲渡等」であり，権利（無形資産）

---

*17　Stadie (fn.16), §1 Rz. 49.
*18　種々の賠償金の課税対象を検討したものとして，Bunjes / Geist (fn. 15), §1 Rz. 53。
*19　連邦財政裁判所1955年8月31日判決（BStBl III, 1955, 333）。
*20　大島隆夫＝木村剛志『消費税法の考え方・読み方〔5訂版〕』（税務経理協会，2010）13頁。
*21　資産の譲渡該当性の通達の取扱いにつき，松本正春『消費税法・理論と計算〔6訂版〕』（税務経理協会，2014）87～91頁。

が「資産」に含まれるために、権利は有形資産と同じカテゴリーのものとして考えられなければならないからである。

商品（有形資産）を消滅させることを内容とする取引は、通常、想定されないが、権利（無形資産）を消滅させることを内容とする取引はあり得る。例えば、前述のEU域内の共通ルールにおけるように、競業関係にある事業者間で、一方が他方に金員を支払うことにより、金員を受領した側が競業事業から撤退するような場合である。これは、一方がその事業のために、他方の事業活動の権利を買い取ったと考えることもでき、権利の消滅を取引の内容としているといえよう。

4　消費課税における「権利の消滅」

前述のように通達によれば、消費税法における「資産」とは、有形資産と無形資産を含み、いずれについてもその譲渡とは「同一性を保持しつつ他人に移転させること」をいう。これらの通達は、資産の存在を前提として譲渡されるという現実がない限りは課税の対象としないという考えに基づく[22]。

しかしながら、無形資産である権利と有形資産である物品との差異は、慎重に考慮するべきであろう。商品などの有形資産の場合には、取引時点でそれが存在していること、すなわち資産の同一性が保持されていることが通常である[23]。しかしながら、無形資産である権利については、これを消滅させることを条件に対価が支払われることは、しばしば起こり得る。

この差異を立退料に即して考えると、立退料の一部を対価とする賃借人らの権利として賃借権及び借家権が考えられるところ、裁判所は後者を「観念的な権利」としている。しかしながら、消費課税における「権利」は、法的に確立している権利だけでなく、商慣習上、当事者間で権利と認識されているものも含まれる[24]。加えて、借家権が取引当事者間で取引対象と認識され、かつ、そ

---

[22]　このような考えを示すものとして、大島＝木村・前掲注（＊20）14頁。したがって、土地収用法により事業者が補償金を受け取って所有権を消滅させることを「資産の譲渡」とするのは（消税令2条2項）、原則に対する例外とされる。

[23]　特別の事情により買い取った商品を直後に廃棄・解体するということもあり得るが、この場合でも対価の支払時には商品が存在していることを前提としている。

[24]　船腹調整事業を行う組合における組合員間の船舶建造のための留保トン数に関する承諾書取引が、船舶建造に係る債権類似の権利の資産の譲渡に該当するかどうかが争われた事件で、被告・国は、「〔消費税〕法における『資産』と観念できる無形資産は、商標権や特許権等の権利と同様に一般的に権利と認知され、取引の対象となり得る無形資産をいうと解するべきである」

のような取引が社会一般に行われているのであれば，借家権もまた消費課税における取引の対象となる権利である[*25]。

消費課税の観点からみれば，立退料の一部が借家権に対する対価ということが当事者間で認識され，またそれが取引慣行上認知されているものであれば，これは消費税法における「資産」とすることができる。問題は，立退料の一部が賃借権又は借家権の対価ではあっても，これらの権利が立退料の支払と同時に消滅する場合に，「資産の譲渡」が認められるかどうかである。

通達を根拠に「資産の譲渡」を否認する被告・国に対する抗弁として，原告・X社には2つの可能性があると考えられる。

第1に，法及び施行令に「資産の譲渡」の定義がなされていない限り，通達にいう「同一性の保持」は法的根拠になり得ず，同通達が有形資産には妥当しても，無形資産である権利には妥当しないという主張である。その際に，立退料の一部が賃借人らの賃借権又は借家権の放棄と対応していることを，契約書の内容等から明らかにする必要があろう[*26]。

第2に，取引後においても存続する権利の譲渡は「資産の譲渡」であるが，権利の消滅を内容とする取引は「役務の提供」とする主張である。立退料を受け取ることで円満に退去するという積極的行為，あるいは当該建物での営業継続を断念するという消極的行為を，支払者に対する「役務の提供」と位置づけるものである。

5　所得税法と消費税法との整合

所得税法施行令は，譲渡所得の収入金額とされる補償金等について，「資産

と主張した。これに対して裁判所は，「〔消費税〕法の文理に照らしても，そのような限定をすべき根拠は見当たらない」として，消費税の課税対象となる資産の譲渡の「資産」には，取引の対象となる一切の資産が含まれるとした（福岡高判平24・3・22税務訴訟資料262号順号11916〔確定〕）。

[*25]　不動産賃借権は，元来，賃借人の地位を保護するには不十分であった。賃借物件が第三者に譲渡される場合に賃借人は新所有者に対して対抗できないこと，現実には長期の賃貸借が困難であること，賃借権は賃借人が自由に譲渡・転貸ができないことなど，賃借人にとっての制約が大きかった。そこで，賃借人の地位を保護するためのいわゆる賃借権の物権化が進められ，1992〔平成4〕年に借地借家法が制定された。同法には「借家権」という文言はみられないものの，建物賃貸借契約は「正当な事由」なくして更新拒絶はできない（借地借家28条）など，借家人の地位が保護されている。不動産の賃借権，借家権及び立退料につき，内田貴『民法II債権各論〔第3版〕』（東京大学出版会，2011）163頁以下。

[*26]　消費税法は対価の妥当性を求めていないため，賃借権・借家権の放棄に対応する立退料の妥当性の考慮は不要である。

第2　課税対象としての「資産の譲渡」

の消滅を伴う……事業でその消滅に対する補償を約して行なうものの遂行により譲渡所得の基因となるべき資産が消滅をしたこと……に伴い，その消滅につき一時に受ける補償金その他これに類するものの額は，譲渡所得に係る収入金額とする。」と規定している(所税令95条)。所得税法では消滅する資産に対する補償金も譲渡資産の対価としていることから，X社の主張は，借家人らが受領する立退料のうち，消滅する資産の対価に相当する部分については所得税と同様の取扱いをするべきだというものである。

しかしながら〔立退料事件〕判決は，「所得税法における『譲渡所得』(同法33条1項)は，キャピタル・ゲインを所得としてとらえて課税するものであるところ，資産の消滅であっても，その代償たる経済的利得ないし成果が資産の譲渡による所得と異ならないものについては，譲渡所得の範ちゅうに取り入れて課税対象に取り込むべき必要性が高いことから，所得税法上は資産の譲渡の概念を拡張し，資産の消滅を伴う事業でその消滅に対する補償を約して行うものの遂行により譲渡所得の基因となるべき資産が消滅をしたことに伴い，その消滅につき一時に受ける補償金その他これに類するものの額は，譲渡所得に係る収入金額とされているのである。これに対し，消費税法上は，……『資産の譲渡』についてこれを本来の意味に解し，資産につき同一性を保持しつつ，他人に移転するという事実がない以上，資産の譲渡があったものとはみず，消費税の課税の対象としない取扱いをしているのであり，立退料の支払と引換えに建物を明け渡す取引が行われた場合において，立退料のうちに借家権の対価とみられる部分があるとしても，借家権は合意解除により消滅するものであり，右の場合に附加価値の移転を観念することはできないから，右の取引は消費税法上は『資産の譲渡』とは取り扱われない」とした。

所得税法と消費税法では，定義規定がないまま同一の文言を用いているが，異なる解釈が生じ得るものとして，この「資産の譲渡」(所税33条)のほか，「事業」(法2条1項8号・12号，所税27条1項)がある。

租税法律主義，特に課税要件明確主義の観点からは，同じ租税法の領域で用いられる文言は，同じ意味内容をもつことが望ましい。しかしながら，所得税がある個人の担税力に対する課税であるのに対して，消費税が人(法人を含む)に対する課税でなく，取引に対する課税である限りにおいて[27]，両者の間に解

---

*27　消費税は，最終的には最終消費者が税を負担するのであるが，課税技術としては各取引段階の

釈の差異が出ることは避けられない。例えば，「事業」概念について，所得税法における事業所得の「事業」とは，自己の計算と危険において独立して営まれていること，営利性・有償性を有していること，及び反復継続して遂行する意思と社会的地位が客観的に認められる業務をいうが[*28]，消費税法においては，活動の独立性，継続性及び有償性（対価性）は不可欠であるが，対価を得ている限りにおいて営利性は必須ではなく，例えば趣味で継続的に中古品や収集品を売却する行為も，場合によっては事業とみることができよう。この意味で，消費税法における事業概念は，所得税法におけるそれより広いものと考えられる。

所得税法と消費税法とでの取扱いの差異のみをもって，資産の消滅を「資産の譲渡」としないのは不公平であるとの抗弁は難しい。

6　小　括

租税訴訟において権利の消滅の「資産の譲渡」該当性が争われるとき，法令上その定義規定がないため，判決は「資産の同一性を保持しつつ他人に移転させる」という通達に依拠せざるを得ないのが現状である。

日本の消費税法は，課税対象について「資産」と「役務」とに分類をしているが，「資産」における有形資産と無形資産の取引における差異をふまえ，無形資産としての権利の消滅を内容とする取引も行われていることから，これを資産の譲渡とするのか，役務の提供とするのか，あるいは課税対象とはならないのか，法令上明確にするべきである。

第3　仕入税額控除の適用要件

1　仕入税額控除の性質と立証責任の考え方

仕入税額控除について現行法は，「事業者……が，国内において行う課税仕入れ……若しくは特定課税仕入れ[*29]……については，……課税期間の第45条

対価の金額（付加価値ではない）を課税標準として課税をする。消費税の間接消費税及び流通税の性質につき，Klaus Tipke/ Joachim Lang, Steuerrecht 21. Aufl. (Verlag Dr. Otto Schmidt, 2013), pp. 824-830 (Joachim Englisch 執筆)。

[*28]　事業所得概念の先例として，弁護士の顧問報酬の所得類型が争われた，最判昭56・4・24民集35巻3号672頁・判タ442号88頁・判時1001号24頁参照。

[*29]　2015〔平成27〕年10月1日から施行された，電気通信利用役務（いわゆるデジタル・サー

第3　仕入税額控除の適用要件

第1項第2号に掲げる課税標準額に対する消費税額……から，当該課税期間中に国内において行った課税仕入れに係る消費税額……の合計額を控除する」（消税30条1項）とし，この適用要件として「事業者が当該課税期間の課税仕入れ等の税額の控除に係る帳簿及び請求書等……を保存しない場合には……適用しない」とする（同条7項）。

上記規定の下で，事業者が行う仕入税額控除の可否が裁判で争われる場合に，いずれの当事者が，何を立証すればよいのであろうか。これを考えるにあたり，消費課税制度における仕入税額控除の法的性質を明確にしなければならない。

第1の考え方は，消費課税制度における仕入税額控除が課税要件ではないが，納税義務者である事業者の最終的な納税額を決定する計算過程とするものである。このことを考慮すれば，仕入税額控除の消極要件である「帳簿及び請求書等を保存していない」という事実の立証責任は，課税権者である国側にあるというものである。

第2の考え方は，仕入税額控除を事業者が有する請求権と位置づけ，その請求権行使に際して，仕入税額の立証を事業者に課すというものである。仕入税額控除を請求権とする考え方は，EU域内の付加価値税がとるところであり[30]，控除可能な仕入税額の存否の判断は，インボイスにおいてその内容が示されていることを要件とし，「物品又はサービスについて，指令168条a項[31]により控除をする場合，インボイスを保存しなければならない」（指令178条）と定めている。この積極要件の下では，納税義務者である事業者が「インボイス保存」の事実を立証することになる。

2　積極要件による仕入税額控除

積極要件による仕入税額控除の立証責任について，EU域内の共通ルールに則ったドイツ売上税法を例にみていく。

　　ビス）に対する課税ルールのうち，いわゆるリバースチャージが適用されて課税対象となる仕入れをいう。
*30　EU域内の消費税共通ルールを定める指令では，仕入税額控除を定める章のタイトルは「控除権（right of deduct）の根拠及び範囲」となっている（同指令・第3部第1章）。
*31　同項に，物品及びサービスが納税義務者（その目的や成果を問わず，独立して経済活動を行う者をいう―指令9条1項）の課税取引に利用される限りにおいて，当該納税義務者に供給された物品又はサービスに係る税額を控除することができる権利が認められなければならないというものである。

393

ドイツ売上税法は,「仕入税額控除を行うためには,本法 14 条及び 14a 条に定めるインボイスを保持しなければならない」と規定している（同法 15 条 1 項 1 号 2 文）。この規定により,仕入税額控除を請求する事業者は,仕入税額控除の行使に関する事項,すなわち自らの事業者適格,当該給付*32 が事業のために行われていること,適正な計算がなされていること,及びインボイス発行者・受領者の実在について立証責任を負う*33。

この場合に事業者は,インボイスが実際に存在している（あるいはしていた）ということを証明しなければならず,インボイス原本の存在を無視して他の書類で仕入税額の発生を主張することはできないとされる*34。

3　消極要件による仕入税額控除

仕入税額控除を積極要件ではなく,「帳簿及び請求書等を保存しない場合には,……適用しない」と消極要件で定める場合,租税訴訟における「帳簿及び請求書等を保存していないこと」の立証責任は,仕入税額控除を行う事業者（原告）と課税権者である国（被告）とのいずれにあるのだろうか。

この問題を考えるに際して確認するべきことは,消費課税の仕組みからいっても,条文の位置づけからいっても,仕入税額控除が課税要件ではないということである。課税期間中に国内において行った課税資産の譲渡等に係る消費税額から同期間中に国内において行った課税仕入れに係る消費税額を控除して確定申告を行うことから（法 30 条 1 項・45 条 1 項),仕入税額は納付税額を決定する要素ではあるが,実質的に課税要件であることを理由として国に立証責任を課すと考えるのは困難である。

仕入税額控除の立証責任の分配については,次のように考えられるであろう。

事業者は,法 30 条 1 項を根拠として仕入税額控除を行う。私見によれば,仕入税額控除は事業者が国に対して有する権利（請求権）と考えるが*35,同規定からこれを明確に読み取ることができないために,仮に最終税額を算定するための計算過程とするにしても,事業者は消費税申告において同項に従って仕

---

*32　ドイツ売上税法における「給付」(Leistung) は,日本の消費税法における「資産の譲渡等」と同一概念と考えてよい。
*33　Bunjes / Geist (fn. 15), §15, Rz. 27.
*34　Bunjes / Geist (fn. 15), §15, Rz. 31.
*35　仕入税額控除の法的性質につき,西山由美「仕入税額控除(1)―その法的性質と実体要件」税理 56 巻 11 号（2013）88 頁以下。

第3　仕入税額控除の適用要件

入税額控除を行うことから，同項に定められている事項（法9条1項が適用されない事業者であること，国内において課税仕入れを行っていること）の立証責任は事業者にある。

　法30条1項を受けて，同条2項は課税売上げと非課税売上げが混在するときの計算方法を定め，同条3項から6項は，1項及び2項を補足する規定となっている。そして同条7項は，「帳簿及び請求書等を保存しない場合」の不適用要件を規定しており，立証責任の通説である法律要件分類説に従えば，この不適用要件の立証責任は，仕入税額控除の効果を免れようとする国にあると考えられる。仕入税額控除を請求権と考える立場からも結論は同様で，この規定は権利障害要件に該当するので，立証責任は国にある。

　しかしながら，国にとって「帳簿及び請求書等を保存しない」という不存在の立証は，非常に困難である。この不適用要件の要証事実は，違法判断の基準時に関する通説である処分時説[*36]に従えば，「課税処分時に帳簿及び請求書等が保存されていたか否か」である。課税処分は，税務調査を経て行われるところ（税通24条），帳簿及び請求書等の保存の確認ができる機会は，この税務調査時に限られる。法は，事業者（法9条の小規模事業者を除く）に帳簿の記帳・保存を義務づけ（法58条），課税処分を行うために税務署職員等による質問検査権を認める（平成23年改正前は法62条，現在は国税通則法74条の2[*37]）。この帳簿の記帳・保存義務と質問検査権をふまえ，租税訴訟における帳簿及び請求書等が保存されていないことに関する国の立証は，税務調査時にこれらが保存されていなかったことを示すものとなる。

4　帳簿の保存に関する最高裁判決

　税務調査時の帳簿等の不提示による仕入税額控除の否認については，平成16年12月に2つの最高裁判決が出されている。

　大工工事業を営む個人事業者が，税務調査に際して一部の帳簿しか提示しなかったために仕入税額控除を否認してなされた課税処分の取消訴訟において，

[*36] 処分時説の論拠は，裁判所は行政庁の処分の適法性を事後的に審理するにとどまるべきであるというものである。原田尚彦『行政法要論〔全訂7版・補訂2版〕』（学陽書房，2012）413～414頁。
[*37] 質問検査権に関する規定は，かつては各税法に定められていたが，平成23年改正により，国税通則法に集約されることになった。

第 3 部　租税訴訟における要件事実論の視点からの各論的課題
第 7 章　消費税法における要件事実論

　最高裁は，「帳簿又は*38 請求書等を保存しない場合」とは，「〔事業者が〕法 30 条 7 項に規定する帳簿又は請求書等を整理し，これらを所定の期間及び場所において，法 62 条に基づく税務職員による検査に当たって適時にこれを提示することが可能なように態勢を整えて保存していなかった場合」をいうとの解釈を示した*39（以下「16 日判決」という）。

　この判決は，次のような論理に拠るものである。すなわち，消費税の申告に対してその適正さを確認するための質問検査権が税務職員には認められており（現行の根拠条文は税通 74 条の 2），帳簿（法 58 条により備付けの義務がある）及び請求書等*40 の存在を確認できるのは税務調査時に限られる。さらにこれらの帳簿及び請求書等は，作成されただけでは足りず，その双方を整理し，所定の日から 7 年間保存することが義務づけられている（消税令 50 条 1 項）。このように「帳簿及び請求書等の不存在」の確認は，税務調査時に限られることから，これに関する国の立証は，「適法な税務調査時に，当該事業者は適時に帳簿及び請求書等が提示できるように整理して保存していなかった」ことで足りるというものである。

　ここでいう「適法な税務調査」とは，個々の調査に手続上の違法がないだけでなく，当該事業者に対して行われた調査全体の妥当性も問われることになる。平成 16 年 12 月のもうひとつの最高裁判決*41（以下「20 日判決」という）の控訴審判決*42 では，「税務職員が納税義務者に対し社会通念上当然に要求される程度の努力を行って，適法に帳簿等の提示を求めたにもかかわらず，納税義務者が正当な理由なくこれを拒否した場合には，税務職員は帳簿書類の備付け，記録又は保存が正しく行われていることを確認することができなかったことになる」との判断が示された。租税訴訟において国は，帳簿及び請求書等の保存

---

*38　平成 6 年法律第 109 号「所得税法及び消費税法の一部を改正する法律」により，仕入税額控除のためには帳簿「及び」請求書等の保存となったが，改正前は帳簿「又は」請求書等の保存であった。

*39　最判平 16・12・16 民集 58 巻 9 号 2458 頁・判タ 1175 号 135 頁・判時 1884 号 30 頁。岩品信明「判批」租税判例百選〈5 版〉〔別冊ジュリ 207 号〕162 頁など，判例評釈は多数ある。

*40　帳簿が仕入税額控除を行う事業者の自己作成であるのに対して，請求書は当該事業者の取引相手方作成のものであり，平成 6 年改正によってその双方の保存を求めたことは，インボイス導入の布石とも見られた。なお，「請求書等」には仕入れ側事業者が作成する仕入明細書も含まれるので（法 30 条 9 項 2 号），この場合には自己作成書類となる。

*41　最判平 16・12・20 裁判集民事 215 号 1005 頁・判タ 1176 号 130 頁・判時 1889 号 42 頁・税務訴訟資料 254 号順号 9870。産廃物処理業を営む株式会社の税務調査不協力を理由として，仕入税額控除を否認してなされた課税処分の取消訴訟である。

*42　東京高判平 15・10・23 税務訴訟資料 253 号順号 9457。

の確認のために「社会通念上当然に要求される程度の努力」(調査に赴いた回数，必要事項に関する教示，調査時の状況に応じた対応など)を尽くしたことを示す必要がある[*43]。

また，「適時に」については，「20日判決」の第1審判決[*44]において，「消費税法30条7項に規定する『保存』とは……法令の規定する期間を通じて，定められた場所において税務職員による適法な質問検査権に基づく納税者に対する税務調査により，直ちにその内容を確認することができる状態……での保存を意味する」との解釈が示されたが，帳簿及び請求書が別の場所に保存されているなどの状況も想定されることから，「直ちに」では厳格すぎるために「適時」とされたものである。

5 「20日判決」の反対意見

前述の「16日判決」及び「20日判決」の多数意見で示された，「帳簿及び請求書等の保存されていないこと」は，「税務職員による検査に当たって適時にこれを提示することが可能なように態勢を整えて保存していなかった」という事実をもって立証されるという考え方に対しては，提示の拒否は保存していないことを推認させるにとどまるものであり，さらに，「保存」の通常の意味を超えて「提示」まで含ませることはできないという反対意見が出されている(「20日判決」における滝井繁男裁判官の反対意見)。

この反対意見は，消費課税における仕入税額控除の重要性に根ざしたものである。すなわち，仕入税額控除の制度が税額累積を排除するための仕組みであり，これを税額算定のための「実体上の課税要件にも匹敵する本質的な要素」と捉える。このような仕入税額控除の重要性を考えると，税務調査時に帳簿等を正当な理由なく提示しなかったことをもって仕入税額控除を認めないのは，仕入税額控除の趣旨に反するとするというものである[*45]。そして，青色申告制度の下で，帳簿等を正当な理由なく提示しない場合に青色承認取消事由になるが，これは同制度が承認を受けた者への「特典」であるためとする。

[*43] 「16日判決」第1審の事実認定によれば，担当職員は5回にわたり臨場調査をして帳簿等の提示要求をしたものの，最初の2回は，被調査者が卑怯者発言などを持ち出して提示を拒否した事実が認められている。

[*44] 静岡地判平14・12・12税務訴訟資料252号順号9245。

[*45] 滝井繁男裁判官の反対意見は，消費課税における帳簿提示拒否が罰則の適用にはなることを述べている(平成23年改正前の法68条，現在は国税通則法127条2号)。

第3部　租税訴訟における要件事実論の視点からの各論的課題
第7章　消費税法における要件事実論

　この反対意見は，消費課税における仕入税額控除の法的性質について問題提起をしている点で重要である。なぜならば，その法的性質次第で，事業者が調査時に適時に帳簿及び請求書等が提示できなくても，事後——例えば訴訟段階で——提示することで「保存」が立証されるかどうかの結論が変わるからである。
　第1に，仕入税額控除を事業者に認められた「特典」と考える場合には，青色申告承認取消しと同様，税務調査時に帳簿及び請求書等を提示しないことでその特典が剥奪される。事後になって事業者によって保存が主張されても，これは認められない[*46]。
　第2に，滝井裁判官がいう「課税要件に匹敵する本質的要素」と考える場合には，税務調査時に帳簿及び請求書等の保存がないことを理由に仕入税額控除を否認した課税処分に対して，これらを保存していたことを事後になって事業者が主張することが可能になる。自己に有利な事実につき課税処分の基礎とされた事実と異なる旨の主張を，国が当該処分の基礎となった事実を主張した日以降遅滞なき期間において，主張・立証することができるという規定（税通116条1項）[*47]は，この可能性を根拠づけている。
　第3に，EU域内の付加価値税の共通ルールと同様に，消費課税における仕入税額控除の重要性はふまえつつ，納税義務者である事業者の請求権とする場合には，仕入税額控除の適用要件の立証責任は原則として事業者にある。ただし，日本では適用要件を消極要件で定めていることから，税務調査時に帳簿及び請求書等の保存がないことを理由に仕入税額控除を否認した課税処分の違法性を争う訴訟において，事業者は「調査時に帳簿及び請求書等を保存していた」ことを主張することができると考えられる。「課税要件に匹敵する本質的要素」とする考え方が，適正な税額の把握のために訴訟段階で帳簿及び請求書等を提示することによる主張・立証を認めているのに対し，「請求権」とする考え方は，

　[*46]　「16日判決」の第1審判決（前橋地判平12・5・31税務訴訟資料247号1061頁）は，「納税者が税務職員による適法な提示要求に対して，正当な理由なくして帳簿又は請求書等の提示を拒否したときは，後に不服申立手続または訴訟手続において帳簿又は請求書等を提示しても，これによって仕入税額の控除を認めることはできないというべきである。」とし，訴訟段階での提示による保存の立証を否定している。この判断が，仕入税額控除を特典とみているとは読み取れないが，少なくとも判決中に仕入税額控除の趣旨や機能について触れておらず，法30条7項の趣旨を「効率的な税務調査を実現することによる適正な税収を確保」としていることから，消費課税における仕入税額控除制度の重要性をあまり重視していないものと思われる。
　[*47]　この期間に遅滞して行われた主張・立証は，民事訴訟法157条1項にいう時機に後れた攻撃防御とみなされる（税通116条2項）。

調査時に保存されていたことの主張・立証を事後に認めるものである。

6　帳簿及び請求書等の記載不備の場合

　法30条7項は，仕入税額控除の不適用要件を「帳簿及び請求書等を保存しないこと」とし，続く8項及び9項において，その帳簿及び請求書等に記載すべき事項が規定されていることから，租税訴訟における被告・国は，「所定の事項が記載された帳簿及び請求書が保存されていない」ことを立証しなければならない。

　例えば，帳簿中の仕入先事業者氏名の記載が省略記載や仮名記載などによって実在する者を特定できず[*48]，これが訴訟で争われた場合に，被告・国は，仕入先事業者が帳簿及び請求書等の記載から特定できなかった事実をもって，「所定の事項が記載された帳簿及び請求書等が保存されていない」ことの立証がなされたことになろう。これに対する原告・事業者の抗弁としては，第1に「帳簿及び請求書等に仕入先事業者の正しい氏名・名称が記載できない事情があったこと」，第2に「帳簿及び請求書等以外の書類によって，仕入先事業者の実在が確認できること」が想定される。

　この不備記載の問題について，帳簿に仕入先事業者が仮名で記載されていたために仕入税額控除が否認された課税処分に対する取消訴訟[*49]を素材に，事業者側の抗弁のあり方を検討する。

　この事件は，医家向け専門の医薬品の現金卸業を営むX社が，その仕入先を明らかにしないことが取引上必要であったため，帳簿に仕入先を仮名で記載して消費税の確定申告をしたところ，課税庁により仕入税額控除が否認されたものである。

　X社の第1の主張は，法30条7項括弧書において，課税仕入れの対価が少額である場合や政令の定めがある場合には帳簿のみの保存で足りるとし，これ

[*48] 記載欄が空欄であれば，もとより法30条7項が求める帳簿に該当しない。事業者の実在を特定するためには，氏名・名称だけでなく住所の記載が必要だが，住所の記載は求められていない。これに対して，EU域内の共通ルールによれば，住所，課税事業者番号，区分表示された税額なども必須記載事項となっている（指令226条参照）。

[*49] 第1審は東京地判平9・8・28行集48巻7＝8号600頁・税務訴訟資料228号385頁，控訴審は東京高判平10・9・30税務訴訟資料238号450頁，上告審はその決定によって原審を認容した（最決平11・2・5税務訴訟資料240号627頁）。増田英敏「判批」租税判例百選〈第6版〉〔別冊ジュリ228号〕173頁など，判例評釈は多数ある。

第3部　租税訴訟における要件事実論の視点からの各論的課題
第7章　消費税法における要件事実論

を受けて施行令において，再生資源卸売業などの不特定多数の者から課税仕入れを行う事業については帳簿への仕入先名の記載を省略できるとしていることから（消税令49条2項），真実の氏名を明記できないX社の事業の特殊性も考慮されるべきであり，それがなされなければ再生資源卸売業とX社のような医薬卸売業との間に著しい課税の不公平が生じるというものである。

これに対して裁判所は，再生資源卸売業が通常の形態として，仕入先が不特定多数であり，かつ，取引価格が少額であることから，「大量，反復される租税行政において，一般に想定される事業の性質，取引の態様によって事業者を区分し，その事業の性質，取引の態様に応じた課税措置を採ることをもって不当とすべきものではない。」（第1審判決）との判断を示した。

日々大量に行われる取引に対する課税という消費税の特殊性及び課税の簡素化の要請を重視した判断であるが，法30条8項括弧書が帳簿の記載事項に関する例外規定であることから，例外規定は厳格に解釈するという観点からも，X社の主張を排斥することができよう。すなわち，資源卸売業とX社の医薬卸売業を比較すると，前者の仕入先の大半は個人（あるいは消費税の納税義務のない者）であり，その回収方法からいって仕入先の正確な氏名・名称を確認することは不可能である。しかも仕入額は，通常，極めて少額である。これに対して後者は，仕入先の病院や医院をその交渉過程でX社としては当然把握しており，しかも仕入れの対象となる医薬品の価格は――少なくとも回収資源に比べれば――高価である。現行法の下では，消費税の納税義務のない者（例えば法9条の小規模事業者[50]）からの仕入れについても仕入税額控除が認められてはいるが，仕入先の病院又は医院が課税売上げとしてこれを納税申告していることはほぼ考えられず，税額転嫁と仕入税額控除により機能するという，消費課税の本来の仕組みに合致しない。

さらに，仕入先を明らかにできないという事業の特殊性の主張を認めると，極端な例を挙げれば，違法取引に対して消費課税がなされても，仕入先を特定できない帳簿によって仕入税額控除が可能となってしまう[51]。

---

[50]　日本では一般に「免税事業者」と呼ばれるが，法9条は人的非課税の規定であり，本稿では「小規模事業者」と呼ぶことにする。
[51]　違法取引と消費税に関する欧州司法裁判所の代表的な判例として，「Happy Family事件」（1988年7月5日判決，Case 289/86）及び「Coffeeshop Siberië事件」（1999年6月29日判決，Case 158/98）参照。

X社の第2の主張は，帳簿には正しい氏名・名称が記載されていなくても，帳簿以外の方法で課税仕入れの事実を認めることができれば，仕入税額控除を認めるべきであるというものである。特に本件においては，薬事法上も真実の氏名を記載した帳簿の保存が義務づけられているため，薬事法上の書類等から仕入先の実名を把握できる可能性はある。

　しかしながら，実名記載が可能であるにもかかわらず帳簿に仮名記載をするのは，事業者固有の事情によるものであり，そのような事情を考慮する例外的な場合は，法令の明文規定に拠るべきである。

　このように「所定の事項が記載された帳簿及び請求書等が保存」が原則であるが，仕入税額控除の重要性を考慮すれば，事後に容易に確認できる程度の不備は，追完を認めるべきであろう[52]。この場合，仕入税額控除のために保存しなくてはならない帳簿及び請求書等の修正に関する規定も必要である[53]。

7　小　活

　日本の消費税法では，仕入税額控除の適用要件が消極要件になっていること，帳簿及び請求書の不存在が税務調査時にしか確認できないことから，これに関する国の立証は，税務調査時の帳簿及び請求書等の提示の有無と態様に拠ることになる。

　この場合，仕入税額控除を納税義務者の請求権とするEU域内の付加価値税とは異なり，規定の文言からはその性質が明らかではないため，訴訟段階で事業者が帳簿及び保存の事実を主張できるかどうか，またそれができる場合に，税務調査時の保存の主張に限定されるのか，あるいは訴訟段階ではじめて提示することも可能なのかが法律の規定上明確ではない。

　帳簿及び請求書等の保存の問題は，その存否のみならず，記載不備の場合の取扱いも重要になる。仕入税額控除の重要性に鑑みれば，軽微な不備の修正は認められるべきであるが，その修正に関する規定が必要である。

第4　消費税法における要件事実論の意義

　消費課税は，「税額転嫁」と「仕入税額控除」によって稼働する仕組みであ

---

[52]　Bunjes / Geist (fn. 15), §14, Rz. 63.
[53]　ドイツ売上税法におけるインボイスの記載事項の修正は，同法14c条に規定されている。

るところ，前者にかかわる課税対象としての「資産の譲渡」の存否の立証責任，後者における適用要件充足の有無の立証責任の考察を通して，消費税法及びその施行令にはなお規定の欠缺や不備があることが明らかになった。

　日本の消費税法は，その課税対象を資産の譲渡，資産の貸付け及び役務の提供とし，「資産」と「役務（サービス）」の区別を基本としている。私法上の概念として有形資産と無形資産とを同一カテゴリーにまとめることはできるとしても，消費課税の対象となる取引の観点からみれば，両者の差異を無視することはできない。商品の不存在を前提とする取引は想定しがたいが，権利を消滅させることを内容とする取引は想定できるからである。加えて，「資産の譲渡」の解釈を課税実務及び訴訟の双方において，もっぱら通達に依拠していることも問題である。

　仕入税額控除については，現行消費税法においてその性質が明確ではなく，しかもその適用要件が消極要件で定められているために，納税者の立証責任と国の立証責任が交錯している。加えて，国の立証が不存在の証明であるため，税務調査時の帳簿及び請求書の保存の有無が要証事実となるものの，事後にそれらが提示されたときの取扱いについて，明確な法律規定が存在しない。また，帳簿等の軽微な記載不備は修正可能とするべきであるが，許容される修正に関する規定も整備されていない。

　消費税率が10％に引き上げられる時点で，日本でも軽減税率の導入が予定されている[54]。課税の場でも適用税率の選択が問題になるが，訴訟の場でも適用税率に関する立証責任の問題が生じるであろう[55]。また，軽減税率の導入後に一定の準備期間をもってインボイス（税額票）[56]の導入が検討されており，これが導入された場合に，税率を誤って記載したときの取扱い及び記載事項の修正に関する規定の整備も必要である。これらの法律要件が整備されなければ，軽減税率の導入に伴って増加することが予想される租税訴訟における立証責任の分配が定まらないからである。

---

[54]　軽減税率の問題点につき，西山由美「『税率』の構造⑵―軽減税率に関するドイツの鑑定書」税理56巻8号（2013）69頁以下。

[55]　長年軽減税率を採用しているEUの共通ルールにおいて，軽減税率は原則（標準税率）の例外であるため，その適用は厳格に判断される。Bunjes / Geist (fn. 15), §12, Rz. 6, 8.

[56]　政府与党『平成28年度税制改正大綱』（平27・12・16）79頁によれば，税額票の仮称を「適格請求書」としている。

第8章 租税特別措置法における要件事実論

谷口 智紀

第1 はじめに
第2 租税訴訟における要件事実論——立証責任の分配の問題
第3 租税特別措置法をめぐる問題——要件事実論の視点から
第4 立法趣旨の発見・認識と所得税における譲渡所得課税の特例
第5 立法趣旨の変化と法人税における交際費等課税
第6 結論

第1 はじめに

　裁判官の法的判断の構造を分析する手法である要件事実論は、租税訴訟における納税者と租税行政庁との間の攻撃防御の実体を明らかにするとともに、法的紛争を整理し裁判の見通しを示すことによって紛争を未然に防止する有益な理論である[*1]。

　要件事実論の視点からは、所得税法、法人税法等の一般法に対する特例を規定している租税特別措置法にはいくつかの問題がある。具体的には、租税特別措置、とりわけ租税優遇措置に関する規定の解釈は、一般法に対する例外として制限的に解釈されるべきか、そして、租税優遇措置の適用要件に該当する事実は、納税者側が当然に立証責任を負うべきかという問題である。

　租税法分野では、租税法の解釈・適用過程が租税法律主義の下で厳格に統制されるべきことが要請されているが、租税特別措置法は一般法に対する例外であることを理由に、租税法律主義の要請が緩やかに解されるべきかが問題とな

---

*1 増田英敏『紛争予防税法学』(TKC出版、2015) 62頁以下。

る。いかなる理論的根拠に基づいて租税特別措置法の解釈あるいは立証責任の問題が解決されるべきかが明らかにされないままに、租税法律主義の例外を当然のように受け入れた場合、租税法律主義の形骸化を招くおそれがある。

一般法と租税特別措置法との相違をふまえつつも、租税特別措置法の問題も、租税法律主義の下の租税法の解釈・適用過程の中で適切に位置づけられ、納税者の予測可能性や法的安定性が確保される租税法律関係が構築されるべきである。筆者の問題意識はこの点に凝縮される。

本稿の目的は、租税特別措置法における要件事実論の問題として、規定の解釈の問題と、立証責任の帰属の問題を設定し、とりわけ政策目的という立法趣旨がこれらの問題にいかなる影響を及ぼすかを検討することにある。

本稿の構成は以下のとおりである。**第2**では、租税訴訟における要件事実論の基本的な考え方を概観する。**第3**では、租税特別措置法の意義を確認したうえで、租税特別措置法をめぐる法的紛争上では要件事実論の視点からいかなる問題が生じるのかを指摘する。**第4**、**第5**では、政策目的という立法趣旨が租税特別措置法の問題にいかなる影響を及ぼすかを、所得税における譲渡所得課税の特例の問題と、法人税における交際費等課税の問題を通して検証する。**第6**では、本文での検討をふまえて、租税特別措置法の規定の解釈と立証責任の問題に対する結論を導出する。

第2　租税訴訟における要件事実論——立証責任の分配の問題

要件事実とは、「直接に法律効果の発生・消滅などの根拠となる要件に該当する具体的事実」[*2]である。訴訟上では要件事実に該当する事実の存否が不明である場合、いずれの当事者がその不利益を被るかという立証責任（客観的立証責任）が問題となる。

民事訴訟における立証責任をいずれの当事者が負担するかという立証責任の分配にはいくつかの見解があるが、以下では、現在の通説・判例とされる修正法律要件分類説[*3]と、裁判規範としての民法説を概観する。

修正法律要件分類説とは、「通常、各当事者は、自己に有利なことを定めて

[*2] 伊藤滋夫編著『要件事実小辞典』（青林書院、2011）258頁以下。要件事実は主要事実、主張立証責任対象事実と同一である（同書258頁）。

[*3] 永石一郎「当事者からみた要件事実―当事者代理人に必要な要件事実の基礎知識」伊藤滋夫＝難波孝一編『民事要件事実講座(1)総論Ⅰ』（青林書院、2005）114頁以下。

第2　租税訴訟における要件事実論――立証責任の分配の問題

いる法条の要件に該当する具体的事実についての立証責任を負っているとの前提のもとに，権利の発生を主張する者が権利根拠規定に該当する具体的事実を，これを争う者が，権利障害規定，権利消滅規定，権利阻止規定に該当する具体的事実を立証する責任を負っている」[*4]が，「立証の公平などに反するときには，立証の公平などの実質的考慮を基準として条文の形式とは違った形で法律要件を考え，それを基準に立証責任の分配を考えるとの考え方」[*5]である。

裁判規範としての民法説を主張されている伊藤滋夫教授によると，同説は，第1に，民法の当該制度の趣旨を常に考慮しながら，立証という問題を考慮に入れないで，民法全体を体系的に検討し，民法の規範全体のもつ相互関係を基準として，何が正しい民法の規範構造かを判断したうえで，第2に，民法の規範構造（第1の規範構造）を，立証の困難性を考慮に入れてもなお維持できるかを検討することによって，立証責任対象事実が決定されるという考え方である[*6]。

租税訴訟においても，要件事実（課税要件事実）に該当する事実の存否が不明である場合，原告（納税者），被告（租税行政庁）のいずれがその不利益を被るかという立証責任（客観的立証責任）の分配が問題となる[*7]。租税訴訟における立証責任の分配基準について，公定力を根拠に原告（納税者）が立証責任を負うとする公定力説などの見解が存在したが[*8]，現在，訴訟実務で受け入れられ通説とされるのは法律要件分類説である[*9]。

金子宏教授は，租税行政庁が確定処分を行うためには，課税要件事実の認定が必要であることから，原理的には民事訴訟の通説である法律要件分類説が妥当するとされたうえで，課税要件事実の存否及び課税標準については，原則と

[*4] 難波孝一「主張責任と立証責任」伊藤＝難波編・前掲注（*3）174頁。
[*5] 難波・前掲注（*4）175頁。
[*6] 伊藤滋夫「民事訴訟における要件事実論の租税訴訟における有用性―その例証としての推計課税と実額反証の検討」同編『租税法の要件事実』〔法科大学院要件事実教育研究所報第9号〕（日本評論社，2011）82頁以下。裁判規範としての民法説の詳細については，伊藤滋夫『要件事実の基礎―裁判官による法的判断の構造〔新版〕』（有斐閣，2015）171頁以下参照。
[*7] 租税訴訟における要件事実（課税要件事実）については，増田英敏『リーガルマインド租税法〔第4版〕』（成文堂，2013）95頁以下，松沢智『租税争訟法―異議申立てから訴訟までの理論と実務〔新版〕』（中央経済社，2001）385頁以下参照。租税訴訟における主観的立証責任を論じる文献としては，小柳誠「税務訴訟における立証責任―裁判例の検討を通して」税大論叢50号（2006）313頁以下参照。
[*8] 弘中聡浩「租税証拠法の発展」金子宏編『租税法の発展』（有斐閣，2010）464頁。
[*9] 増田・前掲注（*7）98頁。租税訴訟における立証責任の分配に関する学説を整理，検討する論考としては，岩﨑政明「立証責任」小川英明ほか編『新・裁判実務大系(18)租税争訟〔改訂版〕』（青林書院，2009）212頁以下参照。

して租税行政庁が立証責任を負うべきであり、課税要件事実に関する証拠との距離を考慮に入れると、この原則には利益状況に応じて修正を加えるべきであるとされている[*10]。

増田英敏教授は、租税争訟制度が租税法律主義の機能である納税者の予測可能性と法的安定性の確保を担保する制度として位置づけられており、裁判所も納税者も含む訴訟当事者の立証責任の所在の予測可能性と法的安定性の確保の観点から法律要件分類説が最も優れているとされている[*11]。

今村隆教授は、「租税法規は、租税法律主義の要請が働き、不確定概念が少なく、裁量はほとんどないばかりか、租税法規は、単に処分をするか否かの権限行使・不行使の規定であり、少なくとも要件についてはすべて記述し、完備していることから法律要件分類説になじむ前提がある。」と述べられ、租税法には立証責任を意識して立法されているとみられる規定が存在することからも、租税法規の課税要件の構造から立証責任の分配をする法律要件分類説が妥当するとされている[*12]。

これに対して、前述した裁判規範としての民法説の立場から、伊藤滋夫教授は、「要件事実論という視点からみる限りは、民事法の分野も行政法の分野も、その考え方において異質なものはないであろうと考える。両法の分野とも、当該法制度の趣旨が主張立証責任対象事実の決定基準であると考えるべきである。すなわち、当該法制度の趣旨が、裁判における主張立証を通じて、最も的確に具現できるように、主張立証責任対象事実を考えればよい。」[*13]とされており、民事法と行政法（租税法）とでは個別の制度趣旨は異なっているが、いずれの法域においても、それぞれの法域における法条の制度趣旨を具現するように主張立証責任対象事実が決定されるべきであると述べられている[*14]。この

[*10] 金子宏『租税法〔第21版〕』（弘文堂、2016）1000頁。
[*11] 増田・前掲注（*7）99頁以下。
[*12] 今村隆『課税訴訟における要件事実論〔改訂版〕』（日本租税研究協会、2013）25頁以下。同教授は、法律要件分類説を基調とし、侵害処分・受益処分説、個別具体説の考え方をも取り入れるべきであるとされている（同書25頁以下）。
[*13] 伊藤・前掲注（*6）『租税法の要件事実』88頁。
[*14] 伊藤滋夫教授は、「個別の法条の制度趣旨が、民事法と行政法とで異なることは多い。例えば、行政法（租税法）にしかない『租税法律主義』、さらには、その内容の１つである『課税要件明確主義』といったものを前提とした制度趣旨というものが、民事法にないのは当然である。例えば、課税要件明確主義の内容をなす『国民の権利を侵害する性質を有する課税処分というものは、そのための要件というものが明確に規定されなければならない。』という考え方も、民事法にはない。しかし、このような考え方も、租税法における１つの制度趣旨であるのだから、その制度趣旨が裁判における主張立証を通じて、最も的確に具現できるように、主張立証責任

見解は侵害処分・受益処分説に該当するとされている[*15]。

第3　租税特別措置法をめぐる問題——要件事実論の視点から

1　租税特別措置法の定義

　租税公平主義は，租税負担が担税力に応じて国民間に公平に配分されるべきこと（担税力に応じた課税の実現）と，租税法律関係において国民が平等に取り扱われるべきこと（平等取扱原則）を要請する租税法の基本原則の一つである。租税法の立法過程を統制する立法原理としての側面をもつ担税力に応じた課税は，具体的には，等しい担税力をもつ両者は等しい租税を負担し（水平的公平），異なる担税力をもつ両者は異なる租税を負担する（垂直的公平）ことを意味している[*16]。

　これに対して，租税特別措置は，担税力その他の点で同様の状況にあるにもかかわらず，なんらかの政策目的の実現のために，特定の要件に該当する場合に，税負担を軽減し（租税優遇）あるいは加重する（租税重課）ことを内容とする措置である[*17]。

　租税特別措置は，所得税，法人税等の一般法規定の特例を規定する租税特別措置法に定められているが[*18]，法人税に係る租税優遇措置の規定が多いのが特徴である。具体的には，①分離課税，②加速償却，③準備金，④税額控除，⑤所得控除等の特例的な措置が規定されているが，同様の所得について異なる課税をするものであることから，課税ベースを侵食するとともに，水平的公平の観点からみて問題が多いとされている[*19]。また，一般法の中にも租税優遇措置の性質をもつ規定が存在する[*20]。

　　　　対象事実を考えればよいのである。」（同・前掲注（*6）『租税法の要件事実』88頁）と述べられている。
　[*15]　伊藤滋夫「租税訴訟における主張立証責任の考え方」租税訴訟7号（2014）18頁。
　[*16]　増田・前掲注（*7）17頁以下。
　[*17]　金子・前掲注（*10）87頁以下。
　[*18]　租税特別措置，租税特別措置法の歴史的展開については，石弘光『現代税制改革史』（東洋経済新報社，2008）229頁以下参照。租税特別措置に関する法的視点からの検討については，日本税務研究センター編「政策税制の法的限界の検討」日税研論集58号（日本税務研究センター，2008）参照。
　[*19]　水野忠恒『租税法〔第5版〕』（有斐閣，2011）16頁以下。佐藤英明「租税優遇措置」岩村政彦ほか編『岩波講座現代の法(8)政府と企業』（岩波書店，1997）156頁。
　[*20]　金子・前掲注（*10）88頁。

第3部　租税訴訟における要件事実論の視点からの各論的課題
第8章　租税特別措置法における要件事実論

　占部裕典教授は，租税特別措置法の中には，①特定の政策上の配慮がなかったとすれば，税負担の公平その他の税制の基本原則からは認めがたいと考えられる制度（実質的な意味での特別措置〔政策税制〕）と，②政策税制とは異なり税制の基本原則からみて所得税法，法人税法等の一般法において規定されてしかるべき制度及び現在のところ租税特別措置法に規定されてはいるもののいずれは一般法に吸収されてしかるべきものと考えられる制度があるとされ，租税特別措置の多くは①に属するものであろうが，①，②の区分が必ずしも明確にできないものも存すると指摘されている[*21]。

　すなわち，租税特別措置法は，①租税公平主義の要請する担税力に応じた課税の考え方（水平的公平）には合致せず，特定の政策目的を実現するために税負担を軽減あるいは過重する規定（本来的意味での租税特別措置に関する規定〔政策税制〕）と，②担税力に応じた課税の考え方に合致し，所得税法，法人税法等の一般法に規定されるべきである，あるいは，いずれは一般法に吸収されるべきである規定（担税力に応じた課税の考え方に基づく規定）によって構成されているといえる。

2　一般法と租税特別措置法の関係

　租税特別措置法は所得税法，法人税法等に関する特例を定める法律であることから，所得税法，法人税法等は一般法であり，租税特別措置法は特別法であると位置づけられ，理解されている。

　しかし，一般法自体においても政策税制としての租税特別措置が存在していることからは，一般法，あるいは租税特別措置法のいずれに制度化されているかによって形式的に分類する方法（形式的な意味での特別措置）は有益ではない。当該規定が本来的意味での租税特別措置に関する規定に該当するか，すなわち，特定の政策目的を実現するために税負担を軽減あるいは過重する規定であるかによって実質的に分類する方法（実質的意味での租税特別措置〔非課税措置，重課措置も含む〕＝政策税制）によって，判断すべきである[*22]。

　租税特別措置法の規定は，本来的意味での租税特別措置に関する規定（政策

[*21] 占部裕典「租税特別措置に対する立法的・司法的統制―『租税特別措置の適用状況の透明化等に関する法律の規定』をうけて」村井正先生喜寿記念『租税の複合法的構成』（清文社，2012）26頁。

[*22] 占部・前掲注（*21）27頁。同教授は，租税特別措置から租税政策（租税基本原則の修正）は除かれるとされている（同書27頁）。

税制)と，担税力に応じた課税の考え方に基づく規定によって構成されていることから，一般法と租税特別措置法を含む租税法制度全体の構造から各規定の位置づけを明らかにし，立法趣旨をふまえて当該規定が，一般法(規定)，特別法(規定)のいずれに該当するかが検討されなければならない。

所得税法，法人税法等と租税特別措置法との関係は，一般法と特別法とに位置づけられる絶対的かつ形式的なものではなく，租税法制度全体の構造から一般法(規定)と特別法(規定)とに位置づけられる相対的かつ実質的なものである。

3 租税特別措置法をめぐる問題——規定の解釈の問題と立証責任の帰属の問題

法人税法69条の解釈をめぐって，りそな外税控除否認事件の大阪地判平13・12・14（税務訴訟資料251号順号9035・民集59巻10号2993頁)[*23]は，「租税法律主義の見地からすると，租税法規は，納税者の有利・不利にかかわらず，みだりに拡張解釈したり縮小解釈することは許されないと解される。しかし，税額控除の規定を含む減免規定は，通常，政策的判断から設けられた規定であり，その趣旨・目的に合致しない場合を除外するとの解釈をとる余地もあり，また，これらの規定については，租税負担公平の原則から不公平の拡大を防止するため，解釈の狭義性が要請されるものということができる。」として，租税法律主義の下でも課税減免規定は限定解釈することができると判示している。

また，譲渡所得についての租税優遇措置を規定する租税特別措置法35条，38条の6が適用されるべきか否かが争点とされた大阪地判昭50・2・5（訟月21巻4号889頁）は，「措置法38条の6は所得税法33条に対する特別規定として課税の繰延べを許容するものであることにかんがみると，譲渡所得につき措置法38条の6の規定による計算特別の適用を受けようとする者は，同条の定める要件に該当する事実につき主張立証責任を負う」と判示している。

以上のように，租税法律主義の下では租税法規定の解釈は厳格な文理解釈によるべきであると解されるが，租税特別措置に関する規定は，当該政策の趣旨・目的に合致しない場合を除外するように制限的に解釈されるべきであるとする裁判例や，租税優遇措置であることを理由に，租税優遇措置の適用要件に

[*23] （控訴審）東京高判平15・5・14税務訴訟資料253号順号9341・民集59巻10号3165頁，（上告審）最判平17・12・19民集59巻10号2964頁・判タ1199号174頁・判時1918号3頁。

第3部　租税訴訟における要件事実論の視点からの各論的課題
第8章　租税特別措置法における要件事実論

該当する事実は，納税者が立証責任を負うべきであるとする裁判例が存在する。租税特別措置（法）規定が一般（法）規定に対する例外的な特例であることは，法規定の解釈や立証責任の帰属の問題に影響を及ぼすといえるのであろうか。

とりわけ，租税優遇措置の適用において，制限的な解釈によって適用要件が厳格にされるとともに，適用要件に該当する事実について納税者に立証責任が分配される場合には，その理論的根拠が明らかにされなければ，納税者の予測可能性は大きく低下し，租税訴訟において納税者側は多くの負担を強いられることになる。

裁判規範としての民法説では，主張立証責任対象事実は，「まず立証のことを考えないで，実体法の，ありうる複数の裁判規範構造を検討して正しいと考えるべき規範構造を選択し，その上で立証の困難性を考慮して，そのようにして決めた規範構造が維持できるか，といった思考の過程を経て考えるべきである」[*24]としているが，第1の規範構造（立証の問題を考慮に入れず，法制度の趣旨を考慮しながら，法全体を体系的に検討し，法の規範全体のもつ相互関係を基準として，正しい規範構造を判断する）の考え方からは，租税特別措置法の問題を以下のとおり指摘することができる。

法規定の解釈の問題では，租税特別措置法には本来的意味での政策税制に関する租税特別措置規定と，担税力に応じた課税の考え方に基づく規定が含まれていることから，規定の立法趣旨を探して，当該規定が本来的意味での政策税制に関する租税特別措置規定に該当するかが問題となる。そのうえで，租税特別措置に関する規定であることを理由に，本法に対する例外として制限的に解釈すべきであるとする必要性と合理性が問題となる。納税者の予測可能性との関係からも検討されなければならない。

立証責任の帰属の問題でも，当該規定が租税優遇措置規定であることをいかに決定するかが問題となるとともに，租税優遇措置であることを理由に，適用要件に該当する事実は，納税者が立証責任を負うと解すべきか否かが問題となる。

以上のとおり，本稿では，租税特別措置法の規定の立法趣旨がいかに決定され，さらにそれが規定の解釈，あるいは立証責任の帰属の問題にいかなる影響

[*24] 伊藤・前掲注（*15）17頁。

を与えるのかを検討する。田中治教授は，租税法規定の趣旨目的を確定する際に「問題は，そこにいう規定の趣旨目的とは何か，それをどのように発見または認識するのか，規定の趣旨目的の理解と事案への当てはめが適切かどうかについては，何を基準または根拠として判断しうるか，である。」*25 と述べられているが，とりわけ，租税特別措置法の問題では，当該規定が本来的意味での租税特別措置に関する規定（政策税制）か，あるいは担税力に応じた課税の考え方に基づく規定かを判断しなければならず，いかなる基準により規定の趣旨目的を確定すべきかが重要な問題である。

以下では，譲渡所得課税の特例の問題と，交際費等課税の問題を用いて，前述した裁判例の考え方が許容されるべきか否かを検証する。

第4 立法趣旨の発見・認識と所得税における譲渡所得課税の特例

1 租税特別措置法35条の適用の可否をめぐる争い

譲渡所得の金額は，譲渡所得に係る総収入金額から取得費と譲渡費用を控除し，譲渡所得特別控除額（50万円）を控除して算定する（所税33条3項）。一方で，譲渡所得には，課税除外，課税繰延，特別控除，分離課税の4つの形態を用いた種々の特別措置が規定されている*26。とりわけ，土地の譲渡については，土地神話の打破，土地投機の抑制，宅地の供給促進，公共用地の取得の円滑化，土地の有効利用の促進，土地取引の活発化等，その時々の政策目的の実現のために，様々な特別措置が講じられてきた*27。

租税特別措置法（以下「措置法」という）33条以下では土地の譲渡に関する特別措置が規定されているが*28，例えば，措置法35条1項は，居住用財産の譲

---

*25 田中治「租税訴訟において法の趣旨目的を確定する意義と手法」伊藤編・前掲注（*6）127頁。
*26 金子・前掲注（*10）257頁。
*27 金子・前掲注（*10）268頁。土地税制の歴史的展開については，石・前掲注（*18）427頁以下参照。土地や家屋を譲渡する場合，租税特別措置法抜きに正確な課税関係を理解することができないほどに，土地建物の譲渡と租税特別措置法の関係性は密接である（増井良啓『租税法入門』（有斐閣，2014）87頁）。
*28 租税特別措置法の譲渡所得課税の特例を検討する論考としては，奥谷健「居住用財産の譲渡所得に関する特例とその適用要件について」水野武夫先生古稀記念『行政と国民の権利』（法律文化社，2011）485頁以下，岩﨑政明「行政計画に基づく資産の移転・譲渡と補償金に係る課税特例適用の可否」村井正先生喜寿記念・前掲注（*21）1頁以下参照。

渡に係る譲渡所得についての特別控除（3000万円）を規定している。同条2項は，当該特別控除の適用を受けようとする納税者は，確定申告書に一定の事項を記載するとともに一定の書類を添付しなければならないと規定している。

措置法35条の適用の可否をめぐって，本件では，本件建物と本件土地を親族であるAと共有し本件建物に居住していたX（原告）は，本件土地を第三者に譲渡するにあたり，Xの居住部分となっていた建物部分を取り壊して土地を譲渡したが，Aは残存部分の建物に居住を続けていた。本件の争点は，①本件譲渡に措置法35条に規定する本件特別控除の適用があるか否かと，②本件特別控除の適用がある場合，Xが，本件特別控除の適用を受けようとする旨を記載した確定申告書を提出しなかったことにつき，措置法35条3項にいう「やむを得ない事情」があったといえるか否かである[*29]。

東京地判平21・11・4（税務訴訟資料259号順号11304）は，「措置法35条1項に定める本件特別控除は，個人が自ら居住の用に供している家屋又はその敷地等を譲渡するような場合は，これに代わる居住用財産を取得するのが通常であるなど，一般の資産の譲渡に比して特殊な事情があり，担税力も高くない例が多いことなどを考慮して設けられた特例である」との立法趣旨を確認したうえで，「措置法35条1項は，土地又はその土地上に存する権利の譲渡に関しては，災害により当該土地の上に存する家屋が滅失した場合を除いては，個人の居住の用に供し，又は供されていた家屋が現存し，かつ，その家屋とともにその敷地の用に供されている土地等の譲渡がされる場合のみを本件特別控除の対象」としていることから，家屋を任意に取り壊す等したうえでその敷地の用に供されていた土地のみを譲渡する場合に対する適用を想定していないとした。

しかし，土地取引の事情や，措置法35条1項の趣旨からは，「個人が，その居住の用に供している家屋をその敷地の用に供されている土地を更地として譲渡する目的で取り壊した上，当該土地のみの譲渡をした場合」は，上記の場合に準ずるものとして，当該譲渡は措置法35条1項の要件に該当するとした。また，措置法35条1項の文理のほか，建物の所有権その他の権利の対象としての特性に照らし，同項にいう家屋の譲渡が当該家屋の全体の譲渡を意味するものと解されることを勘案すると，「一部の取壊しが当該部分の敷地の用に供

[*29] 本件については，林仲宣ほか『重要判決・裁決から探る税務の要点理解』（清文社，2015）102頁以下〔谷口智紀〕参照。

第 4　立法趣旨の発見・認識と所得税における譲渡所得課税の特例

されていた土地の部分を更地として譲渡するために必要な限度のものであり，かつ，上記の取壊しによって当該家屋の残存部分がその物理的形状等に照らし居住の用に供し得なくなったということができるとき」は，当該家屋の全体が取り壊された場合に準ずるものとして，当該譲渡には措置法35条1項を適用できるとして，取り壊された家屋が共有物であった場合も同一の基準に従って判断すると判示した。

　そして，本件家屋部分が取り壊された後も，本件残存家屋部分の1階には本件共用部分及び居室が残存するとともに，2階には取壊し前の居室が従前どおり残存し，かつ，Aが取壊し後も本件残存家屋部分に居住し続けており，取壊しにより本件残存家屋部分が居住の用に供し得なくなったとはいえないことから，本件譲渡には措置法35条1項を適用できないとの判断を下した。

　これに対して，東京高判平22・7・15（判タ1350号181頁・判時2088号63頁）は，措置法35条1項の判断基準について第1審と同様に解しつつも，土地建物について共有持分を有する個人が，その居住の用に供している家屋部分の敷地に相当する部分を分割取得し，これに代わる居住資産を取得するために，当該居住の用に供している家屋部分を取り壊し，分割取得した土地を更地で譲渡した場合も，個人が自ら居住の用に供している家屋又はその敷地等を，これに代わる居住用財産を取得するために譲渡するという点では同じであり，一般の資産の譲渡に比して特殊な事情があり，担税力も高くないと指摘した。

　そのうえで，「土地上に一棟の建物が存する場合において，土地建物それぞれについて共有持分を有し，同建物に居住する者同士が，お互いの共有持分に相当する土地部分の分割に加え，建物についてもお互いの取得する土地上の建物部分についてこれを建物として区分することに合意し，そのうえで一方が自らが分割取得した共有土地部分上に存する建物部分を取り壊したうえで，その敷地に相当する共有土地部分を譲渡し，他の共有者が同じく分割取得した土地上の残存家屋について単独で所有権を取得し，その結果，分割取得した共有土地部分を譲渡した共有者が建物の共有持分を喪失したと認められる場合においては，これを全体としてみる限りは，共有者の一人が自らの土地上に存する自らが所有し居住する建物を取り壊したうえで，その敷地部分を譲渡した場合と同視することができるというべきである。」と判示した。

　本件合意では，本件建物の一部取壊しに際しては，その部分に対するAの

共有持分の放棄がなされることの見合いで、残存家屋部分に対するXの共有持分の放棄がなされることが合意されていたものとみるべきであることから、Xは、一連の手続の結果、本件建物の共有持分を喪失したことが明らかであるとした。自らの所有する土地上に存する自らが所有し居住する建物を取り壊したうえで、敷地部分を第三者に譲渡した場合と同視することができることから、本件譲渡には措置法35条1項を適用できるとの判断を下した。

第1審は、措置法35条1項の適用において、一部の取壊しが当該部分の敷地の用に供されていた土地の部分を更地として譲渡するために必要な限度のものであり、かつ、取壊しによって当該家屋の残存部分がその物理的形状等に照らし居住の用に供し得なくなったときとして、制限的な基準を示した。これに対して、控訴審は、土地建物について共有持分を有し、同建物に居住する者同士が、お互いの共有持分に相当する土地部分の分割に加え、建物についてもお互いの取得する土地上の建物部分についてこれを建物として区分することに合意したうえで、一方の共有者は分割取得した共有土地部分上に存する建物部分を取り壊して共有土地部分を譲渡する場合には、当該共有者の建物の共有持分は喪失したと認められるとして、居住用財産の共有実態を踏まえて判断すべきであるとの基準を示した。

2 譲渡所得課税の特例の意義と立法趣旨の発見・認識

本件においてY（被告〔国〕）は、措置法35条1項は、例外的に認められる優遇措置であり、租税負担公平の原則から不公平の拡大を防止するため、解釈の狭義性、厳格性が要請されるべきであり、当該規定をうけた措置法通達は厳格に適用され、形式的基準によって運用されるべきであると主張している。

そうすると、措置法35条が租税優遇措置であることを理由に、当該規定の適用要件は制限的に解釈されるべきかが問題となる。租税特別措置法が、本来的意味での租税特別措置に関する規定（政策税制）と、担税力に応じた課税の考え方に基づく規定によって構成されていることからは、まずは措置法35条が、特定の政策を実現するために立法された租税特別（優遇）措置に関する規定といえるか否かが検討されなければならない。

伊川正樹教授は、土地に係る譲渡所得課税の特例措置は、①資産の譲渡が本人の自由な意思に基づくものではないこと、②実現した所得に対して課税する

第 4　立法趣旨の発見・認識と所得税における譲渡所得課税の特例

ことにより生活保持に支障が生じることに，その必要性が見出されるとされたうえで，譲渡の前後で納税者の経済状態が実質的に変化していない「投資の継続性」が認めうれる場合には課税繰延べ，それが認められない場合には特別控除の手法が立法化されると述べられている[30]。そのうえで，措置法35条に規定される特別控除の趣旨は，居住用財産の処分は一般の資産の譲渡に比して特殊な事情にあり，とりわけ，居住用財産が個人の生存のために不可欠であることから，担税力に配慮する点に租税優遇措置の正当化事由が認められると指摘されている[31]。

措置法35条に規定する譲渡所得の特別控除の立法目的は，その時々の政策目的を実現するための租税優遇措置の制度としての側面のほか，居住用財産の処分という実態を捉えて，納税者の実質的な担税力の配慮する制度としての側面がある。本件第1審及び控訴審が判示するとおり，措置法35条の立法趣旨では，租税優遇措置の側面よりも，とりわけ後者の，居住用財産の処分は一般の資産の譲渡に比して特殊な事情にあるという担税力への配慮の側面が強調される。

3　譲渡所得課税における租税特別措置法35条の位置づけ

譲渡所得課税の本質は，所有資産の価値の増加益（キャピタル・ゲイン）であり，資産が譲渡によって所有者の手を離れるのを機会に，所有期間中の増加益を清算して課税する（清算所得課税説）ことにある[32]。一方で，最判平18・4・20（裁判集民事220号141頁・判タ1212号81頁・判時1933号76頁）が「所得税法上，抽象的に発生している資産の増加益そのものが課税の対象となっているわけではなく，原則として，資産の譲渡により実現した所得が課税の対象となっているものである。」と判示するとおり，譲渡益課税説への傾斜が指摘されている[33]。

所得税法が，資産の譲渡により実現した所得を譲渡所得の課税の対象としていることからは，措置法35条は，居住用財産という点に着目して，生活保持に支障があることを理由に，実現した所得を課税の対象から除外している（「投

---

[30] 伊川正樹「譲渡所得税の特例措置と財産権保障」税法学566号（2011）29頁。
[31] 伊川正樹「譲渡所得税の特例制度の理論的根拠—課税繰延制度と特別控除制度の対比」税法学565号（2011）15頁。
[32] 金子・前掲注（*10）239頁。
[33] 佐藤英明『スタンダード所得税法〔補正3版〕』（弘文堂，2014）95頁。

資の継続性」が認められないことから，特別控除の手法が用いられている）と理解することができる。

居住用財産という性格上，一般資産と比較した場合における担税力への考慮が必要であり，措置法 35 条に規定する譲渡所得の特別控除は，居住用財産と一般資産との相違に着目し，異なる担税力をもつ両者は異なる租税を負担するという垂直的公平に基づく制度であると位置づけることができる。

確かに，措置法 35 条は一定額の特別控除を認める規定であることから，所得税法 33 条の譲渡所得課税を受ける納税者と比較した場合には，一定の要件を満たすことを理由に，当該納税者を優遇的に取り扱う規定であるかのようにみえる。しかし，措置法 35 条の立法趣旨は担税力の配慮にあり，両者が異なる担税力を有していることから，異なる取扱いがなされているのである。第 1 審のとおり，措置法 35 条が所得税法 33 条の特例であることを理由に，適用要件を制限的に解釈することは問題である[*34]。

所得税法 33 条の規定に従って譲渡所得の金額を計算したうえで，措置法 35 条が規定する一定の要件に該当する場合には，特別控除が認められる。通常の納税者との関係では，一定の要件を充足する納税者に対してのみ，税額の特別な減額が認められることからは，措置法 35 条に規定する適用要件に該当する事実は，納税者が立証責任を負うことになる。

4 租税特別措置法35条3項にいう「やむを得ない事情」の意義と立証責任

ところで，本件では，X は確定申告期限において，確定申告書に措置法 35 条の適用を受ける旨の記載をしておらず，手続要件を充足していなかったという問題も抱えている。居住資産の譲渡特例をめぐっては，特例の適用の前提となる一定の書類の提出が求められるが，手続上の不備を理由に特例が認められないといった事件が起こっている[*35]。

[*34] 伊川正樹教授は，財産権の保障の視点から，「特別控除を含めて譲渡特例という制度は憲法上の要請であることから，その適用にあたってみだりにその要件を厳格に解釈することは適切ではなく，また譲渡特例という制度そのものを廃止することは，違憲の問題を生ずる可能性があることを考慮すべきである。」（同・前掲注（*30）41 頁）と指摘されている。

[*35] 船本洋子「措置法優遇規定における手続要件の瑕疵とその法的効果」税務弘報53巻14号(2005) 55 頁以下，高木良昌「政令で定められた添付書類の提出は住宅借入金特別控除の適用要件に該当するか―政令委任の限界の問題を中心に」税務弘報 63 巻 3 号（2015）155 頁以下。

控訴審（前掲東京高判平22・7・15）は，措置法35条3項にいう「やむを得ない事情」とは，「天災その他本人の責めに帰すことができない客観的事情があって，居住用財産の譲渡所得の特別控除の制度趣旨に照らし，納税者に対して，その適用を拒否することが不当又は酷となる場合をいう」としたうえで，本件における法律解釈の難しさに加え，Xが本件譲渡についての更正の請求を行うに至った経緯に照らして，Xが本件特別控除の適用を受けようとする旨を記載した確定申告書を提出しなかったことについては，措置法35条3項が規定する「やむを得ない事情」があったと判断した。

措置法35条の立法趣旨が居住用財産の性格に着目した担税力への配慮に基づく特例であることを前提とすると，本来，当該特例が適用されるべき納税者が，手続上の不備を理由に，当該特例の適用を受けることができないという結果は，納税者の実質的な担税力の測定という視点から問題である。そうすると，措置法35条3項にいう「やむを得ない事情」は，手続上の不備を理由に特例の適用を受けることができない納税者に対する権利救済規定であると位置づけられるべきであり，制限的に解釈すべきではない。この点からは，控訴審の判断は評価できる。なお，法定申告期限後に手続上の不備を治癒する規定であることから，措置法35条3項の適用に該当する事実は，納税者側が立証責任を負う。

第5　立法趣旨の変化と法人税における交際費等課税

1　交際費等課税の意義

法人税法22条1項は，内国法人の各事業年度の所得の金額は，当該事業年度の益金の額から当該事業年度の損金の額を控除して算定されると規定している。同条3項は，損金の額に算入すべき金額は，別段の定めがあるものを除き，①売上原価，完成工事原価その他これらに準ずる原価の額，②販売費，一般管理費その他の費用の額，③損失の額で資本等取引以外の取引に係るもの，であると規定している。

一方で，措置法61条の4は，法人が支出する交際費等についての損金不算入を規定している。交際費等の範囲について，同条4項は，「交際費，接待費，機密費その他の費用で，法人が，その得意先，仕入先その他事業に関係のある

者等に対する接待，供応，慰安，贈答その他これらに類する行為（以下この項において「接待等」という。）のために支出するもの（次に掲げる費用のいずれかに該当するものを除く。）」と規定している。

措置法が規定する交際費等は企業会計上の費用に該当する。交際費等も，事業と直接の関連がある限り，損金の額に算入されるべきであるが，法人の支出する交際費等の中には事業との関連性の少ないものもあり，交際費等の損金算入を無制限に認めると，いたずらに法人の冗費・濫費を増大させるおそれがあることを理由に，交際費等が損金不算入とされている[*36]。交際費等の損金不算入の制度が租税特別措置として創設されて以来，数度の改正を経て今日に至っているが，元来，租税特別措置法は，法人税に関しては法人の資本充実を図る目的で課税軽減のための種々の特別措置を設けているが，課税の強化が行われているのはこの交際費等に対する課税のみである[*37]。

松沢智教授が，「租税特別措置法については，それが特別の措置として規定され本来期限付であったにもかかわらず，交際費等課税が20年間も継続されていることは，社会的にもその強化が要請されているというべきなのであるから，寧ろより規定の明確化をはかって，寄付金（法人税法37条）のように法人税法本文自体に組み込み恒常化をはかることこそ緊急的課題ではなかろうか。」[*38]と指摘されるとおり，交際費等課税は，政策税制としての租税特別（重課）措置としての側面よりも，法人税法上に規定されるべき担税力に応じた課税を実現するための規定としての側面が，現在では強調されている。

租税特別措置法の分類では，同規定は，租税特別措置法のうち，政策税制とは異なり税制の基本原則からみて所得税法，法人税法等の本法において規定されて，本法に吸収されるべき規定に該当するといえる[*39]。

2　交際費等の該当性と萬有製薬事件

当該支出が交際費等に該当するか否かは，法人にとって重大な利害関係を有

[*36] 金子・前掲注（*10）385頁以下。交際費税を概観する論考としては，渡辺淑夫「交際費・寄附金課税」木下和夫＝金子宏監修／武田昌輔編『21世紀を支える税制の論理(3)企業課税の理論と課題〔2訂版〕』（税務経理協会，2007）363頁以下参照。
[*37] 杉原実「租税特別措置法に於ける交際費」故江口繁先生追悼記念『裁判と倫理』（評論社，1972）267頁。
[*38] 松沢智『新版租税実体法—法人税法解釈の基本原理〔補正第2版〕』（中央経済社，2003）322頁。
[*39] 占部・前掲注（*21）27頁。

第5 立法趣旨の変化と法人税における交際費等課税

する問題である。具体的には、当該支出が交際費等に該当し損金不算入とされるのか、寄附金として損金算入限度額の範囲内で損金に算入されるのか、利益の処分としての役員給与に当たるのか、あるいは広告・宣伝費として全額が損金に算入されるのか等、いずれの費用に分類されるかをめぐって種々の解釈上の問題が生ずる[*40]。そこで、交際費等と他の費用とを区別する交際費等の該当性の要件が議論されてきたが、2要件説と3要件説の対立があった。

2要件説は、①支出の相手方が事業に関係ある者であること（支出の相手方）と、②支出の目的がかかる相手方に対する接待、供応、慰安、贈答その他これらに類する行為のためであること（支出の目的）の2つの要件によって判断する考え方である[*41]。

これに対して、3要件説は、「交際費、接待費、機密費その他の費用」（支出の目的）、「得意先、仕入先その他事業に関係のある者等に対し」（行為の形態）、「接待、きょう応、慰安、贈答その他これに類する行為」（行為の形態）の3つの要件によって判断する考え方である[*42]。

交際費等の該当性の要件が争点とされた萬有製薬事件（以下「本件」という）では、X（原告）は、医薬品を販売している大学病院の医師等から、発表する医学論文が海外の雑誌に掲載されるようにするための英訳文につき、本件英文添削の依頼を受け、アメリカの添削業者2社に外注していた。Xは、医師等からは国内業者の平均的な英文添削の料金を徴収していたものの、外注業者にはその3倍以上の料金を支払い、差額を負担していたが、本件負担額は、平成6年3月期で1億4513万円余、平成7年3月期で1億1169万円余、平成8年3月期で1億7506万円余に及んでいた。本件の争点は、本件負担額が、措置法61条の4第1項にいう「交際費等」に該当するか否かである。

東京地判平14・9・13（税務訴訟資料252号順号9189）は、「交際費等」が、一般的に、取引関係の相手方との親睦を密にして取引関係の円滑な進行を図るために支出であることから、「当該支出が『交際費等』に該当するか否かを判断するには、支出が『事業に関係ある者』のためにするものであるか否か、及び、

[*40] 金子・前掲注（*10）386頁。交際費等以外の費用に分類される具体的な支出と最近の損金不算入の計算方法については、林仲宣ほか『ガイダンス新税法講義〔3訂版〕』（税務経理協会、2015）86頁以下参照。
[*41] 東京高判平5・6・28行集44巻6＝7号506頁。
[*42] 松沢・前掲注（*38）322頁。

支出の目的が接待等を意図するものであるか否かが検討されるべきこととなる。」としたうえで，「支出の目的が接待等のためであるか否かについては，当該支出の動機，金額，態様，効果等の具体的事情を総合的に判断すべきであって，当該支出の目的は，支出者の主観的事情だけではなく，外部から認識し得る客観的事情も総合して認定すべきである。」との判断基準を示して，2要件説の立場に立った。

Xは，添削の依頼者である研究者の所属する取引先との間において，医薬品の販売に係る取引関係を円滑に進行することを目的として本件英文添削を行っていたとして，本件負担額の支出は，措置法61条の4第1項にいう「交際費等」に該当するとの判断を示した。

これに対して，東京高判平15・9・9（判タ1145号141頁・判時1834号28頁）は，「交際費等」が一般的に支出の相手方及び目的に照らして，取引関係の相手方との親睦を密にして取引関係の円滑な進行を図るために支出するものであるとしたうえで，「当該支出が『交際費等』に該当するというためには，〔1〕『支出の相手方』が事業に関係ある者等であり，〔2〕『支出の目的』が事業関係者等との間の親睦の度を密にして取引関係の円滑な進行を図ることであるとともに，〔3〕『行為の形態』が接待，供応，慰安，贈答その他これらに類する行為であること，の三要件を満たすことが必要である」とし，「支出の目的が接待等のためであるか否かについては，当該支出の動機，金額，態様，効果等の具体的事情を総合的に判断して決すべきである。また，接待，供応，慰安，贈答その他これらに類する行為であれば，それ以上に支出金額が高額なものであることや，その支出が不必要（冗費）あるいは過大（濫費）なものであることまでが必要とされるものではない。」との判断基準を示して，3要件説の立場に立った。

交際費課税制度の趣旨に加え，交際費等に該当するためには，行為の形態として「接待，供応，慰安，贈答その他これらに類する行為」であることが必要であることからは，「接待等に該当する行為すなわち交際行為とは，一般的に見て，相手方の快楽追求欲，金銭や物品の所有欲などを満足させる行為をいう」といえる。本件英文添削の差額負担は，通常の接待，供応，慰安，贈答などとは異なり，それ自体が直接相手方の歓心を買えるというような性質の行為ではなく，むしろ学術奨励という意味合いが強いこと，具体的態様等からしても，

第 5 立法趣旨の変化と法人税における交際費等課税

金銭の贈答と同視できるような性質のものではなく，また，研究者らの名誉欲等の充足に結びつく面も希薄なものであること等からは，本件英文添削の差額負担は，措置法 61 条の 4 第 1 項にいう「交際費等」に該当しないとの判断を下した。

3 立法趣旨の変化と交際費等課税の規定の解釈への影響

　交際費等の損金算入を制限する立法がなされた昭和 29 年当時は，交際費等は取引先等の接待のための費用性のある支出であるが，社用族にみられるような冗費的な交際費等の支出を抑制し，法人の資本蓄積を図ることが立法趣旨に掲げられていた。しかも時限的な制限として立法化されたにもかかわらず，現在まで交際費等の損金不算入の制度は継続されており，恒常的な制度になっているといっても過言ではない状況にある。交際費等の損金不算入の制度の立法趣旨が変わってきているのではないかとの指摘がなされる[*43]。立法目的の変化が，交際費等の該当性の要件にいかなる影響を及ぼすかが問題となる。

　Y（被告〔国〕）は，接待，供応，慰安，贈答に続く「その他これらに類する行為」とは，接待，供応，慰安，贈答とは性格が類似しつつも，行為形態の異なるもの，すなわち，その名目のいかんを問わず，取引関係の円滑な進行を図るためにする利益や便宜の供与を広く含むものであると主張している。第 1 審（前掲東京地判平 14・9・13）は，交際費等は，取引関係の相手方との親睦を密にして取引関係の円滑な進行を図るための支出であるとの前提に立っている。Yそして第 1 審は，交際費等は，取引関係の円滑な進行を図るための支出すべてを含むとして，その範囲を広く捉えている。

　これに対して，控訴審（前掲東京高判平 15・9・9）は，交際費等は，企業会計上は費用であり，本来は課税の対象とならない支出に属するが，①交際費は人間の種々の欲望を満たす支出であり，非課税を理由にむだに多額に支出された場合には，企業の資本蓄積が阻害されるおそれがあること，②営利の追求のあまり不当な支出によって，公正な取引が阻害され，価格形成に歪み等が生じること，③交際費で受益する者のみが免税で利益を得ることに対する国民一般の不公平感を防止する必要があること等の理由により，交際費等の損金不算入の

[*43] 今村・前掲注（*12）101 頁。交際費課税の歴史的展開については，大淵博義『法人税法解釈の検証と実践的展開(1)〔改訂増補版〕』（税務経理協会，2013）606 頁以下参照。

制度が設けられているとしている。本来，課税の対象ではない交際費等が，例外的に課税の対象となるとの前提に立っており，控訴審はYの主張，第1審と比べると，その範囲を狭く捉えている。

今村隆教授は，「交際費は，企業会計上は費用であり，事業との関連性もあり元々損金性を有している。この点で，寄附金は，本来利益処分であり，損金性を有していないのとは異なっている。それならば，なぜ，交際費だと損金算入が認められないのであろうか。」とされ，「単なる冗費の抑制だけではなく，競争中立性の確保に求めるべきである。」ことから，3要件説が相当であると指摘されている[*44]。

大淵博義教授は，「現行の全額損金不算入制度は，企業社会には不可欠な事業遂行上の交際費支出又は企業慣行としての儀礼的な支出が存在する以上，もはや，内部資本の充実による資本蓄積という政策立法とは背反するものであるというほかはなく，しかして，交際費等の定義に規定する接待等の行為態様による支出は，社会悪としてのペナルティー課税，つまり，冗費・濫費の交際費支出の損金控除による実質的国庫負担による租税法の不当軽減による納税者間の不公平を是正するという観点において，現行の交際費課税制度はその意義を見い出せるといえよう。」[*45]と述べられ，3要件説の立場に立たれている。

企業会計上の費用に該当し，法人税法上も損金算入が認められるべき交際費等が，租税特別措置法により例外的に損金不算入とされる根拠は，立法当初，冗費，濫費の抑制による内部資本の充実による資本蓄積という政策目的の実現という側面に支えられてきたが，時限立法の度重なる延長と時代の変遷に伴い，公平な取引や価格形成という競争中立性の確保や，交際費等の支出に対する国民の不公平感の是正等の視点という側面が追加された，あるいは前者の側面の重要性の低下に伴い，立法当初から予定されていたが重要性の低かった後者の側面が顕在化したと理解することができる。

増田英敏教授は，「法人の支出する費用とされるものは，すべて事業遂行に直接的もしくは間接的に有益であるはずであり，その支出の相手方が事業関係者でないはずはない。利益極大化を目的とする法人が，事業関連者以外に事業遂行に不要な支出をすることは特別な場合を除き考えられない。そうすると，

[*44] 今村・前掲注（*12）104頁。
[*45] 大淵・前掲注（*43）607頁。

支出の目的と支出の相手先の2要件説にたつと，法人の支出する費用のうちの多くが，この二つの要件を充足するという結果を招く。」[*46]と指摘されている。

　法人税法と企業会計は大きく目的が異なるが，法人税法の目的は，企業会計上の収益・費用の範囲に修正を加えることにより，租税公平主義の要請である担税力を適正に測定し，課税の公平を実現することにある。具体的には「別段の定め」において企業会計上の収益・費用の範囲に修正を加えている[*47]。交際費等の損金不算入の規定は，政策目的を実現するために税負担を過重する，本来的意味での租税特別措置に関する規定（政策税制）ではなく，法人税法22条3項にいう「別段の定め」の規定として理解すべきである。このため，前述したとおり，交際費等の損金不算入の規定は，本来は本法に吸収されるべき規定であると解されることになる。交際費等の損金不算入の規定が措置法に定められているという租税法制度上の形式的な条文の位置づけや，冗費・濫費の抑制による内部資本の充実，資本蓄積という立法当初の趣旨を殊更に強調し，交際費等の範囲を広く捉える解釈には問題がある。

　法人税法上は，交際費等は企業会計上の費用に該当し，損金の額に算入され，課税の対象ではないにもかかわらず，租税負担の公平という観点から，一定の要件を充足する場合に損金の額に算入されないものである。そうすると，交際費等の要件に該当する事実は，租税行政庁が立証責任を負うべきである。

第6　結　論

　本稿の目的は，租税特別措置法における要件事実論の問題として設定した，規定の解釈の問題と，立証責任の帰属の問題について，とりわけ政策目的という立法趣旨がこれらの問題にいかなる影響を及ぼすかを検討することにあった。

　租税特別措置法は，①租税公平主義の要請する担税力に応じた課税の考え方（水平的公平）には合致せず，特定の政策目的を実現するために税負担を軽減あるいは過重する規定（本来的意味での租税特別措置に関する規定〔政策税制〕）と，②担税力に応じた課税の考え方の考え方に合致し，所得税法，法人税法等の一般法に規定されるべきである，あるいは，いずれは一般法に吸収されるべきである規定（担税力に応じた課税の考え方に基づく規定）によって構成されている。租税

[*46]　増田・前掲注（*7）546頁。
[*47]　増田・前掲注（*7）139頁以下。

第3部　租税訴訟における要件事実論の視点からの各論的課題
第8章　租税特別措置法における要件事実論

特別措置法上の規定が，本来的意味での租税特別措置に関する規定（政策税制）に該当するか否かが問題となる。

租税措置法35条は一定額の特別控除を認める規定であることから，所得税法33条の譲渡所得課税を受ける納税者と比較した場合には，一定の要件を満たすことを理由に，当該納税者を優遇的に取扱う規定であるかのようにみえる。しかし，租税措置法35条の立法趣旨は担税力の配慮にあり，居住用財産と一般の財産とが異なる担税力を有していることを理由に，異なる取扱いがなされている。

また，企業会計上の費用に該当し，法人税法上も損金算入が認められるべき交際費等が，租税特別措置法により例外的に損金不算入とされる根拠として，立法当初の，冗費，濫費の抑制による内部資本の充実，資本蓄積という政策目的の実現という側面の重要性は低下している。交際費等の損金不算入の規定は，政策目的を実現するために税負担を過重する，本来的意味での租税特別措置に関する規定（政策税制）ではなく，法人税法22条3項にいう「別段の定め」の規定として存在している。

法規定の適正な解釈は立法の経緯をふまえ，錯綜する関係規定間の正確な位置づけにより導き出すべきであり，いたずらに文言のみ固執すること，文言から離れてしまうことのいずれも租税法律主義の厳格な統制下におかれる租税法の解釈としては問題がある[*48]。

しかし，立法趣旨が明確に確定できなければ，政策の趣旨・目的をふまえた解釈を行うことができず，本文で検討した事件では，立法趣旨の確定における問題が生じている。わが国では各規定の立法目的が明確に確認できる資料が十分に準備されていないこと[*49]，また，各規定は種々の政策目的を実現するために定められることをふまえると，立法趣旨の確定手法を統制することは難しい。租税特別措置法を一般法の例外として取り扱い，租税法律主義の要請を緩やかに解することは，納税者の予測可能性と法的安定性を害する危険性があり，許容することはできない。

[*48] 増田英敏「判批」判評596号〔判時2011号〕(2008) 11頁。
[*49] 田中治教授は，「税法の立法史を探ろうとしても，政府提案により税法の改正案が出され，それに対して条文の目的，文言の意味，法の適用範囲等についてほとんど十分な議論を経ずにして法案が可決成立し，その後，主税局の幹部職員の手になる『改正税法のすべて』によって，改正の趣旨を概括的に理解することができるにすぎないという立法状況」（同・前掲注（*25）129頁）であると述べられている。

第 6 結 論

　租税法律主義の統制下では租税法の厳格な解釈・適用がなされるべきである。課税の公平（担税力に応じた課税）という租税公平主義の要請は立法過程を通して実現されるべきである*50。これと同様に，政策目的がいかに実現されるべきかは立法過程において検討されるべきであり，むやみに租税法の解釈・適用の場面に持ち込むべきではない。

　規定の解釈により導出された課税要件事実のうち，租税優遇措置の適用要件は権利障害要件に該当することから，課税要件事実に該当する事実については，納税者が立証責任を負うべきであると解される*51。通常の納税者との関係では，一定の要件が充足する納税者に対してのみ，租税負担を軽減するという特別の優遇的取扱いをなすことからは，適用要件に該当する事実は納税者が立証責任を負う。一方で，一定の要件を充足する納税者に対してのみ，特別の租税負担を加重する取扱いをなすことからは，租税重課措置の要件に該当する事実は租税行政庁が立証責任を負う。ただし，租税法の各規定間の関係から租税特別措置法上の当該規定の趣旨が明らかされたうえで，原則課税に対する例外であることを適切に位置づけ，立証責任が分配されなければならない。

　本稿では租税特別措置法における要件事実論の問題を網羅的に検討することはできず，規定の解釈の問題と立証責任の帰属の問題に絞り，かつ譲渡所得課税の特例の問題と交際費等課税の問題を検討したにすぎない。訴訟における立証責任の分配や攻撃防御の方法を体系的に理解する考え方である要件事実論の視点からは，種々の政策目的の実現のため制定される租税特別措置法上の各規定が，一般法も含む租税法制度上でいかに位置づけられるか，そして，いかなる基準によって規定が解釈され，立証責任が分配されるか等について，全体を統制する体系的な考え方を明らかにすることが今後の課題である*52。

---

*50　拙著『知的財産権取引と課税問題』（成文堂，2013）6頁。
*51　金子・前掲注（*10）1001頁。
*52　畠山武道教授（同「租税特別措置とその統制―日米比較」租税法研究18号（1990）2頁以下）の，租税特別措置の存続・廃止の手続の統制に関する考え方を参考にしている。

第9章

国際租税法における要件事実論
―― 租税条約における立証責任の転換という手法の採用について

宮 崎 裕 子

第1　国際課税の特徴
第2　国際課税事案における立証責任の分配の考え方
第3　PPT 条項の内容
第4　わが国の源泉徴収制度と PPT 条項

第1　国際課税の特徴

1　国際課税の法源

わが国における所得に関する国際課税に関係する法源は，所得税法，法人税法，租税特別措置法など複数の国内法に跨がって存在しているが，これらの国内法に加えて，二国間で締結される租税条約・租税協定[1]（以下，「租税条約」という）や多国間で締結される租税に関する条約[2]も，国際課税の重要な法源である。このように条約が法源の一つとなる場合があることは，国際課税事案における大きな特徴の一つである。

---

[1] 財務省ウェブサイト（http://www.mof.go.jp/tax_policy/summary/international/182.htm）によると，日本は，所得に関する税について，2016年7月1日現在，54の租税条約（65の国・地域に適用）を締結しているほか，10の国又は地域と租税に関する情報交換を主たる目的とする協定ほか，台湾と民間租税取決めを締結している。日本が締結している租税条約は原則としてOECDモデル租税条約にならってつくられたものが多いが，OECDモデル租税条約とは異なる条文が盛り込まれている例もある。

[2] 多国間で調印されるいわゆるマルチ条約であるが，世界的にみてもその数は非常に少ない。日本が締約しているのは，税務行政執行共助条約（前掲注（*1）の財務省ウェブサイトによると，2016年7月1日現在，日本以外の締約国は60か国である）のみである。

2 国家間における立法管轄権の抵触と租税条約による課税権の配分

　課税権の行使は国家権力の行使であり、課税権限の根拠は法律に定められる。租税法の立法管轄権は、下記3で述べる執行管轄権よりも広く認めることができると解されており、外国においてなされた行為や取引に対して日本が課税するという立法をすることも一定の限度では可能である（ただし、執行可能であるかについては執行管轄権による制約がかかるので、有効であっても執行できないことはあり得る）と解される。そして、それぞれの国（法域を含む。以下同じ）がその立法管轄権に基づいてそれぞれの法律で課税のルールを定めるのであるから、例えば、ある国がある取引から生じた所得がある者に帰属するというルールを定める一方で、他の国が同じ取引から生じた同じ所得について異なる性質決定をする、あるいは当該所得は別の者に帰属するというルールを定めるという現象が起きることも珍しくはない。そのような立法の不一致をなくすための国際間協調の努力がなされることはあり得るとしても、不一致が完全になくなるという保証はない。これは、国際法上、各国の立法管轄権の行使は他の国によって制約を受けることはなく、各国はその立法管轄権を相互に矛盾しないように調整して行使しなければならないという制約もないことから生じる帰結である。

　国がその立法管轄権に基づいて、国際課税に係る立法をする場合については、居住地管轄による課税と源泉地管轄による課税という2つの管轄権が国際的にコンセンサスを得てきた。しかしながら、各国がばらばらに居住地管轄による課税と源泉地管轄による課税をそれぞれの立法管轄権に基づいて国内法で定めて執行すると、結果的に、納税者は、国境を越えて行う経済活動から生じる一つの所得について源泉地管轄を有すると主張する国（一国とは限らない）の租税法による課税を受けるとともに居住地管轄を有する国の租税法による課税も受けるという二重課税状態に置かれることがあり得る。租税条約では、そのような二重課税（法律的二重課税）をできる限り回避することを目的として[*3]、締約国となる二国間における居住地管轄と源泉地管轄の競合の範囲を減らすために、両締約国が、それぞれの源泉地管轄による課税権を留保せずその行使を放

[*3] 最近は、二重課税の回避に加えて租税回避の防止も租税条約の目的として明示的に掲げる内容に変更するという方針が、国際的にコンセンサスを得てきている。本稿**第3**で引用しているBEPS A6最終報告書参照。

棄し（源泉地国による課税免除），あるいは縮減する（源泉地国による軽減税率の適用）という方法で，両国間で課税権を配分する合意がなされてきた。

3 租税条約による国内法に定められた課税要件の変更

租税条約に基づく課税免除や軽減税率の適用は，一般的に租税条約の特典（benefit）と呼ばれる[*4]。日本が非居住者・外国法人の居住地国と租税条約を締結しており，その租税条約の特典が当該非居住者・外国法人の所得に適用される場合には，当該租税条約に定められた納税義務者の属性，課税物件，税率などについて，国内法とは異なるルールが国内法に優先して適用されることによって[*5]，租税条約により国内法に定められている課税要件が変更されることがある。そして，その場合には，源泉地国である日本は，変更された課税要件に従って，課税権を行使することになる。しかし，この課税権の行使は，国内の租税法に基づく作用であって租税条約に基づく作用ではない[*6]。

租税条約の様式及び内容については，OECDモデル条約や国連モデル条約をめぐる国際的な議論やそこで形成されるコンセンサスなどのソフトローのプロセスを通じて相当程度国際的に標準化が進んでいる。他方で，個々の租税条約の特典の内容は，締約国となる二国間の交渉によって決まるものであり，租税条約ごとに異なるから，国内法に定められた課税要件が租税条約によってどのように変更されるかは，非居住者・外国法人がいずれの国又は地域の居住者であるかによって異なることになる。

4 外国には執行管轄権が及ばないこと

課税権の行使は，国家権力の行使であるから，いずれの国もその国の領域外

[*4] 特典というのは納税者側からみた表現であり，水野忠恒『国際課税の制度と理論』（有斐閣，2000）87頁も，「租税条約における軽減税率の適用は特典ではなく，条約上の義務である」とする。

[*5] 租税条約と国内法の関係については，複数の考え方があり得るが，ここでは立ち入らず，本稿では，日本においては条約が法律に優位し，憲法98条2項から租税条約の規定が明確性と完全性の要件を満たす場合には，当該規定は国内法上実施でき，日本の裁判所が規範として用いることができるという通説的見解を前提にする。その他の有力説として，谷口勢津夫『租税条約論』（清文社，1999）32頁参照。なお，条約と国内法の関係については，日本とは異なり，後法優先主義の国もあることに注意が必要である。

[*6] 租税条約自体はそれによって課税権を創設するものではなく，各締約国が課税権をいかなる範囲で有するかについては自国の国内法（憲法，租税法）が定めるところによるという見解は，国際的にも，また日本においても広く受け入れられている国際法上の考え方である。Ekkehart Reimer = Alexander Rust 編『Klaus Vogel On Double Taxation Conventions, 4th Edition』(Kluwer Law International, 2015) Vol. 1, p.28 (Intro. Rz 51) 参照。

第1 国際課税の特徴

において課税執行管轄権を行使することはできないのが国際法上の原則である。このことは、執行面において国内課税と国際課税には違いがあることを意味する。税務当局は、国内の事実については、国内において国内法上付与された調査権限（質問検査権）を行使して、課税標準の計算や他の課税要件の認定に必要な情報や証拠を収集することができるのに対し、外国においてその権限を行使することはできない。いうまでもなく、国の課税執行管轄権は外国（領域外）には及ばないという原則は、すべての国に共通の制約である。

租税条約には、締約国間の情報交換条項（OECDモデル条約26条、国連モデル条約26条参照）が定められるのが通例である。国は、租税条約の情報交換条項を、自国による課税に必要な情報を相手国から受け取る仕組みとして利用することができ、現に利用されている[*7]。その意味では、租税条約のネットワークは、税務当局からみると、外国では課税執行管轄権を行使できないことによる情報収集のハンディキャップを補完する手段になる。情報交換条項による情報収集には制約も多いが[*8]、同条項に基づいて相手国から受け取った情報は、原則として、自ら国内で税務調査によって得た情報と同じように国内における執行のために利用することができるからである。最近は、情報交換条項を利用した国際協調の動きが加速しているが、これは、執行管轄権の行使が制約されていることによる情報収集上のハンディキャップを相互協力という形で補完していこうとする動きでもある。また、国内法上、国際課税の条文には、外国の情報について納税者に届出等の報告義務を課している例が多いが[*9]、これは課税執行管轄権が外国には及ばないことを見越した情報収集のための補完手段でもある。

[*7] 国税庁は、毎年租税条約の情報交換条項に基づく情報交換の方法及び概要を公表している。最新の報告（平成27年11月付「平成26事務年度における租税条約に基づく情報交換事績の概要」）につき、国税庁ホームページ（https://www.nta.go.jp/kohyo/press/press/2015/joho_kokan/pdf/joho_kokan.pd）参照。また、税務行政執行共助条約に基づく取組みの一つである同条約締約国間における自動情報交換プログラムについては、OECDのポータル（http://www.oecd.org/tax/automatic-exchange/）参照。

[*8] 租税条約の相手国への情報提供、相手国から情報の提供要請があった場合の質問検査権などの国内法上の要件、制約については、租税条約等の実施に伴う所得税法、法人税法及び地方税法の特例等に関する法律（以下「実特法」という）8条の2・9条など参照。

[*9] 例えば、租税特別措置（以下「措置法」という）66条の4第7項・15項・66条の6第7項など。

5 源泉徴収の方法による課税がわが国による最終課税になる場合があること

　外国法人は，日本を源泉地国とする一定の種類及び範囲の国内源泉所得については，法人税法に基づく申告納税義務を負う（法税4条3項・145条1項・2項参照）が，より広い範囲の国内源泉所得について，所得税法に基づく源泉所得税の実質的納税義務者ともされている（所税5条4項参照）。非居住者（個人）の場合も，所得税法に基づく申告納税義務を負う場合もあるが，同時に所得税法に基づく源泉所得税の実質的納税義務者ともされている。つまり，源泉所得税は，非居住者・外国法人が申告納税義務を負わない場合にも課され，その場合には，この源泉所得税は，対象となる国内源泉所得の支払者（以下「支払者」ということがある）を源泉徴収義務者とする源泉徴収の方法で課税される。これは，所得税の徴収方法であると同時に，当該非居住者・外国法人の国内源泉所得に対する日本による最終的な課税である。この場合には，非居住者・外国法人が日本の課税当局との関係で直接納税義務者となることはなく[*10]，支払者が納税義務者であるとされる。特に，申告納税義務を負わない外国法人の場合には，外国法人に対する源泉所得税の源泉徴収は最終的な課税であるという点で，内国法人に課される源泉所得税の源泉徴収が申告納税による法人税の前取りであり，申告納税時に所得税額控除によって精算されるのとは実質的に異なる効果を有する。この点も国際課税事案が居住者・内国法人に係る課税と異なる一つの特徴である。

　租税条約の特典は，一方締約国（A国）の居住者である非居住者・外国法人が源泉地国である他方締約国（B国）の国内法上申告納税義務を負う場合のみならず，申告納税義務は負わないが源泉所得税を源泉徴収の方法によって課されることとされている場合にも享受できる。実務上は，租税条約の特典は，A国の居住者が，B国において，B国の国内法上申告納税義務を負わないが源泉徴収の方法によって源泉所得税を課されるべき国内源泉所得を有する場合（例えば，B国が日本であるとすると，A国の法人が日本に支店その他の恒久的施設を有していないが，日本への株式等投資，貸付，技術供与などを行っている場合における配当，利子，

　[*10] ただし，還付を求める場合には，非居住者・外国法人が直接国に対して還付を求めることができるという構成がとられていることにつき，水野・前掲注（*4）84頁参照。

使用料などがこれに当たる)にその源泉所得税の源泉徴収による課税を免除され,又は軽減税率で源泉徴収されるという形で与えられることが多い。この例のB国が日本である場合,わが国では,実特法において,配当,利子,使用料など,非居住者・外国法人に対して国内で支払を行う者(すなわち,支払者)に所得税法上源泉徴収義務が課されている所得について,①当該非居住者・外国法人に所得税の課税免除の特典を与える租税条約の規定の適用がある場合には,源泉徴収義務を課する所得税法の規定の適用はないものとされ(この場合には,支払者がわが国の国内法上源泉徴収義務を負うことはない),②かかる所得について租税条約に限度税率を定める租税条約の規定の適用があるものに対する所得税法上の源泉徴収の税率については,当該租税条約の規定により適用される限度税率によるものと規定されている(実特法3条の2第1項・2項など参照)。

また,A国の居住者が日本の所得税法上源泉徴収の方法により源泉所得税を課される国内源泉所得についてA国と日本との間の租税条約の特典を受ける場合には,所定の書式による租税条約の届出書を課税当局に提出することが義務づけられている[*11]。特に,配当,利子,使用料のみならず,その他の種類の所得に係る特典についても,下記**第3の1**で説明するLOB条項が置かれている租税条約により,源泉地国たる日本の課税の軽減又は免除の特典を受ける場合には,その租税条約に基づいて特典を受けようとするA国居住者は,原則として当該所得に係る支払の前に,租税条約の届出書に加えて特典条項の付表及びA国による居住者証明書などの特典条項関係書類を,支払者を通じて日本の課税当局に提出しなければならないこととされている(実特法省令9条の5参照)。

第2 国際課税事案における立証責任の分配の考え方

1 国内課税事案との比較

ここでは,国内課税事案における立証責任の分配の考え方との比較という観

[*11] 租税条約の実施に伴う所得税法,法人税法及び地方税法の特例等に関する法律の施行に関する省令(以下「実特法省令」という)2条の2参照。なお,実特法12条が課税要件等の定めを省令に委ねたものと解することはできないことを理由として,実特法省令に定める届出書提出義務は,租税条約の特典を受けるための要件ではないと判示するものとして,東京地判27・5・28(平成24年(行ウ)第125号)裁判所ホームページ及び水野・前掲(*4)87頁参照。

点から，国際課税事案における立証責任の分配について，考え方を異ならせるべき理由があるかについて考えてみたい*12。

租税制度や裁判制度は国ごとに違いがあるので，簡単な比較は難しいものの，諸外国の考え方は一様というわけではない。例えば，米国では，そもそも国際課税か国内課税かを問わず，課税処分の違法性について納税者が立証責任を負うことが原則とされており*13，ドイツでは，原則としては，課税当局側が処分の適法性の立証責任を負うとしつつ，ドイツの課税当局は国外での調査を禁じられていることを理由として，法律で，国外の取引については納税者がドイツ領土外にある事実に関する証拠を提出しなければならないと定めている（ドイツの租税基本法（Abgabenordnung）90条2項）。ただし，ドイツのこの規定については，最近のEU内相互協力，二国間，多国間の情報提供の進展という状況下ではこの正当化理由は失われているのではないかという見方もある。

わが国においては，立証対象事実が外国の事実であることだけを理由として立証責任の負担について特別な考慮をすべきであるという考え方は一般にとられていない。また，国際課税の条文が適用されるべき事案であることを理由として，この点につき別異に解すべき理由も原則としてはないと考えられる。外国子会社合算税制を適用して課税処分がなされた事案の処分取消訴訟において，国が外国の事実について納税者に立証責任を負わせるべきであると主張したのに対し，その主張を斥けた近時の裁判例*14もある。そもそも，国際課税といえども，日本の租税法に基づく日本国の課税権の行使による課税であるという意味では，居住者・内国法人の国内における経済活動から生じる所得に対

---

*12 国内課税事案に係る課税処分取消訴訟における立証責任に関する学説，判例・裁判例については，金子宏『租税法〔第21版〕』（弘文堂，2016）999～1004頁，特に999頁の脚注19及び1000頁の脚注20に挙げてある文献参照。

*13 西本靖宏「アメリカ税務訴訟における立証責任論の新動向」山田二郎先生古稀記念『税法の課題と超克』（信山社，2010）583頁・587頁

*14 東京地判平24・10・11（平成22年（行ウ）第725号）裁判所ホームページ・税務訴訟資料262号順号12062及びその控訴審判決である東京高判平25・5・29（平成24年（行コ）第421号）裁判所ホームページ・税務訴訟資料263号順号12220（確定）。これは，外国子会社合算税制における適用除外要件のうち，実体基準及び管理支配基準の充足の有無が争点となった事案であり，裁判所は，条文の構造や課税当局による特定外国子会社等の実体把握が困難であることを理由として納税者に立証責任があるとする国の主張を，条文の構造は決定的なものではなく，この税制のように「別個の法人格を有する外国法人の所得を株主の所得に算入するような措置は極めて異例」と評されていること，証拠との距離は重視されるべきではなく，課税当局には租税条約等によって相手国の課税当局を通じて子会社の情報を収集する手段があること，等を理由として斥け，適用除外要件については課税庁に立証責任があると判示している。

第2　国際課税事案における立証責任の分配の考え方

する課税と租税実体法の基本的な考え方や構造を同じにするものであり，かつ税務訴訟手続については*15，国際課税事案の事件も国内課税事案の事件も，わが国では，同じ裁判制度の下で，同じ訴訟手続法に従って審理される。また，納税義務者，課税物件，課税物件の帰属，課税標準，税率などの課税要件を定める租税実体法という観点からみても，非居住者・外国法人の場合には，課税物件や税率が居住者・内国法人のそれとは異なることがあるものの，課税物件の帰属については法人税法，所得税法上，国際課税事案か国内課税事案かにかかわらず同じルールに服することとされており，所得に係る税の課税標準の計算については，例えば，非居住者・外国法人がわが国の租税法上申告納税義務を負う場合には，非居住者の所得税の課税標準は，所得税法上居住者に適用される規定に準じて計算され，外国法人の法人税の課税標準は，法人税法上内国法人に適用される規定に準じて計算される（所税165条，法税142条1項参照）。したがって，非居住者・外国法人の場合には国内源泉所得のみが課税対象となり，居住者・内国法人の場合には別段の規定がない限り原則として全世界所得が課税対象となるという違いはあるものの（またその違いに伴う技術的な条文の違いはあるものの），どちらの場合も，課税標準の計算については，結局は同じ条文の解釈適用の問題に帰着する。

　国際課税事案では，外国の事実が主要事実として立証対象事実となる場合が国内課税事案に比べて多いということはあるが，国際課税の条文の適用が問題になっていない国内課税事案であっても，外国の事実が立証対象事実になることはあり得ることも考えると，国際課税事案（つまり，国際課税に係る条文が適用される事案）である場合に限って外国の事実の立証責任を納税者に負わせることに理由があると考えるべき理由は原則としてはないと思われる。

　執行管轄権が外国には及ばないこと（上記第1の4）を理由として，外国の事実については納税者に立証責任を負わせるという見解（先に挙げたドイツの立法例はこのような考え方に立つものと思われる）については，一般的に，かつ無限定にこれを妥当と認めることはできないと考えるべきであろう。その点が最も関連するであろうと思われる状況は，居住者・内国法人や日本に恒久的施設を有する

---

*15　国際課税事案の場合には，国内課税事案において利用できる争訟手続以外の紛争解決方法として，二国間租税条約が適用できる場合には，租税条約に基づく権限ある当局間の相互協議に委ねるという方法があるが，そのことが立証責任の分配に影響を及ぼすことはない。

第3部　租税訴訟における要件事実論の視点からの各論的課題
第9章　国際租税法における要件事実論──租税条約における立証責任の転換という手法の採用について

　非居住者・外国法人が申告納税義務を負い，措置法に定められている，移転価格税制（これは，内国法人及び日本に恒久的施設を有する外国法人に対して適用される）（措置法66条の4）*16 や特定外国子会社合算税制（これは，居住者・内国法人に対して適用される）（措置法66条の6）*17 のような国際課税に固有の制度が適用される局面であると思われるが，その場合には，税務当局は日本の納税者に対して国内で質問検査権を行使することができ，かつそのような制度が適用される場合における国外の関係者は日本の納税者の親会社・子会社等の関連当事者であるから，納税者に対して情報提供義務あるいは情報の取得・保存義務をあらかじめ負わせるという手法を立法によって採用することによって情報収集を担保することも可能であり，現にそのような立法手法が採用されていることは上記**第1の4**でも触れたとおりである。加えて，税務当局は，租税条約が適用される国々との情報交換条項による情報取得や多国間税務行政執行共助条約に基づく情報取得という，執行管轄権の補完措置を利用することもできる。また，非居住者・外国法人に対する課税は，あくまでも源泉地国としての課税であるから，課税される所得は日本源泉の所得であり，しかも多くの場合は源泉徴収による課税が最終課税となるのであるから，一般的に，外国の事実が問題となる局面があるかについては疑問がある。そしてその場合も，上記で述べた執行管轄権の補完措置を利用することができることはいうまでもない。

　他方で，そのような補完措置では収集できないような状況にある非居住者・外国法人である納税者に対して，外国の事実を主要事実として課税権を行使するという状況が仮にあるとすると，そもそもそのような課税権を定める立法は，立法管轄権を相当拡大してなされた，かなり例外的なものである可能性があるのではないかという点が懸念される。この点との関係で非常に興味深いのは，先に挙げた特定外国子会社合算税制に係る裁判例（注（*14）の裁判例）が，この税制のように「別個の法人格を有する外国法人の所得を株主の所得に算入するような措置は極めて異例」であることを，同税制に基づく合算課税の適用にあたり，同税制の適用除外要件である実体基準及び管理支配基準（これらは，

---

*16　なお，国際課税事案に係る判例・裁判例の要件事実論の研究として，今村隆『課税訴訟における要件事実論』（日本租税研究協会，2011）第6章147頁以下，租税証拠法上の観点から移転価格税制の裁判例について論ずるものとして，弘中聡浩「租税証拠法の発展─証明責任に関する問題を中心として」金子宏編『租税法の発展』（有斐閣，2010）463頁・472頁以下参照。

*17　前掲注（*15）も参照。

第２　国際課税事案における立証責任の分配の考え方

いずれも外国における事実を主要事実とするものである）に係る立証責任は課税庁にあると判断した理由の一つに挙げている点である。立法管轄権を広く捉えた立法をすればするほど執行管轄権の制約上執行できない立法が増えることになるのは，立法管轄権と執行管轄権にギャップがある以上は論理的にも避けられない帰結であることを考えると，国際課税事案において一般的に外国の事実について課税当局側の立証責任を軽減又は納税者側に転換するということは，そのギャップを立証責任の軽減や転換によって埋め，実質的に執行管轄権の範囲を拡げたのと同じ効果をもたらすという点で，国際法の観点からみて妥当性を欠く面があることは否定できない。その点も勘案すると，国際課税事案における外国の事実について，一般論として立証責任について特別な配慮をすべき理由は乏しいと考えられ，上記の裁判例はその意味でも妥当な判断を示したものといえよう。

2　租税条約に固有の問題と租税条約における立証責任の転換規定の採用

　租税条約の適用が問題となる場合においても，上記第1の3で述べたように，課税権の行使は国内の租税法に従ってなされるという本稿の立場からすると，租税実体法の観点からみても，国際課税であることによって，課税の実体法上の構造が変わるわけではないから，立証責任の考え方について，特に上記1と別異に解すべき理由は原則としてないということになる。

　他方で，租税条約が適用される事案において，租税条約に固有の問題があるとすれば，その最も大きなものは，条約漁りを含む租税条約の不正な利用（Improper Use）である。条約漁り，あるいは租税条約の不正な利用を厳密に定義することは困難であるが，平たくいうと，租税条約の締約国以外の第三国の居住者がその租税条約に定められた特典（課税免除や軽減税率の適用）を様々な形でかつ条約の趣旨・目的に反して，間接的に享受しようとする行為を広く指す[18]。このような問題が起きる理由は，租税条約が二国間の合意として成立し（したがって締約国以外の国の居住者を適用対象とすることはない），かつ各国はすべての租税条

---

[18] OECDモデル条約1条コメンタリー，パラ7以下参照。なお，このような行為を「国際的租税回避」ということもあるが，「国際的租税回避」も「租税回避」も，OECDモデル条約において定義された用語ではなく，その外延はかなり曖昧である。

第 3 部　租税訴訟における要件事実論の視点からの各論的課題
第 9 章　国際租税法における要件事実論——租税条約における立証責任の転換という手法の採用について

約において同じ特典を与えることに合意するわけではないこと，また各国がいずれの国と租税条約を締結するかは各国の事情により様々であるため，各国が有する租税条約網はまちまちであることにある。これは，まさに，租税条約の適用が問題となる国際課税事案に固有の問題である。租税条約の不正な利用への対抗手段の必要性はつとに指摘され，時代とともに国際的にも少しずつ工夫がなされてきたところであるが[19]，不正な利用には決まった形があるわけではなく，線引き（定義）をするとその線のすぐ外でまた新たな条約漁りその他の不正な利用が始まるといういたちごっこの様相を呈するというのがこの問題の解決の難しさである。

　最近，国際課税分野におけるいくつかの主要な懸案問題について，OECD の枠組みを超えて多数国家間のコンセンサスを作り上げることを目指して 2013 年に開始された OECD/G20 の BEPS プロジェクトの成果物として 2015 年 9 月付けで公表された Action（行動計画）6 の最終報告書[20]（以下「BEPS A6 最終報告書」という）において，条約漁り等の租税条約の不正な利用に対する対抗策の一つとして，主たる目的テスト（Principal Purpose Test）を用いて租税条約の特典を得ようとする者に立証責任を負わせるという手法（以下，便宜「立証責任の転換」ということがある）を採用した一般的否認規定（以下「PPT 条項」という）を OECD モデル条約に取り入れる予定であることが公表され，同時に PPT 条項のコメンタリー案（以下「PPT コメンタリー案」という）も BEPS A6 最終報告書の中で公表された。条約漁りを含む租税条約の不正な利用に対する対抗策として，立証責任の転換という手法を OECD モデル条約が採用するのはこれが初めてである。以下では，PPT 条項の内容を本項の検討に関係する限度で紹介したうえで，PPT 条項が採用したこの手法が日本の税務訴訟制度の中に持ち込まれることとなる場合に生じる疑問点について考えてみたい[21]。

[19]　これまでの工夫に関する OECD での議論については，本文で定義する BEPS A6 最終報告書パラ 18 に簡単な要約が記載されている。
[20]　BEPS プロジェクトの歴史，現状については，http://www.oecd.org/ctp/beps.htm（OECD のウェブサイト）を参照されたい。Action（行動計画）6 は租税条約の不正な利用（特に条約漁り）に対する対抗策を採り上げており，BEPS A6 最終報告書のタイトルは，「Preventing the Granting of Treaty Benefits in Inappropriate Circumstances; OECD 2015」である。この報告書は OECD のウェブサイトから入手できる。
[21]　BEPS A6 最終報告書の PPT 条項をめぐる議論については，日本政府内の当局者である財務省主税局の国際租税総合調整官による論文（緒方健太郎「BEPS プロジェクト等における租税回避否認をめぐる議論」ファイナンシャル／レビュー126 号（2016）196 頁，特に 204〜206 頁）が最近公表された。同論文は，租税条約濫用防止規定としての PPT 条項の意義について，OECD

第3 PPT条項の内容

1 新日独租税条約前文と21条8項

2015年12月17日に調印された新しい日独租税協定[*22]（以下「新日独租税条約」という）は，1967年に締結された現行協定（1980年及び1984年に一部改正）（以下では，「旧日独租税条約」という）を全面的に改正するものである。新日独租税条約は，その名称に「租税回避の防止」を明記した点，前文にも「租税回避を通じた非課税又は課税の軽減（第三国の居住者の間接的な利益のためにこの協定において与えられる租税の免除又は軽減を得ることを目的とする条約漁りの仕組みを通じたものを含む。）の機会を生じさせることなく，二重課税を除去するための新たな協定を締結することを意図」した旨を明記した点，そしてPPT条項を定めた点を含めて，BEPS A6最終報告書の内容をいちはやく取り込んだものになっている。

新日独租税協定21条には，租税回避のために租税条約を利用させないようにするための工夫として，旧日独租税協定には置かれていなかった，特典を受ける権利に関する条項（Entitlement of Benefits；以下では「特典権利条項」ということがある）が設けられた。特典権利条項は，①租税条約の特典を受けることができる資格を形式基準によって適格居住者に絞ることによって，第三国の居住者に租税条約を利用させないようにすることを意図した特典制限条項（Limitation-on-Benefits；以下「LOB条項」ということがある）と呼ばれる規定（21条1項〜7項）[*23]と②BEPS A6最終報告書において，LOB条項とともに租税条約の不正

における議論をふまえて述べるものである。同論文には，PPT条項が立証責任の転換という手法を採用したかという点については特に言及がないが，後述するように，少なくともOECDの意図としては，立証責任の転換という手法を採用したものであると考えられる。本稿はその理解を前提として，PPT条項とわが国の国際課税に係る手続制度との関係を検討するものである。租税条約濫用防止（租税条約の不正な利用の防止）対策としてのPPT条項の意義やわが国が締結する租税条約の解釈適用が問題となる場合において，PPT条項が提起する租税実体法上の論点の検討は別の機会に譲る。

*22 正式名称は，「所得に対する租税及びある種の他の租税に関する二重課税の除去並びに脱税及び租税回避の防止のための日本国とドイツ連邦共和国との間の協定」である。2016年7月1日時点でまだ批准されておらず，未発効である。

*23 BEPS A6最終報告書では，次の改訂時にOECDモデル条約に租税条約の不正な利用に対する対抗策の一つとして，LOB条項を盛り込む予定であるとされているが，同報告書では，詳細な条項案は述べられておらず，LOB条項の考え方のみが述べられており，条項案については，2016年前半までに詰めることとされている。原則として，LOB条項の基本的な考え方は，個人，

利用による租税回避対抗対策の一つとして掲げられ，同報告書を受けて改訂される OECD モデル条約に反映される予定の Principal Purpose Test（主要目的テスト；PPT）を取り込んだ特典制限規定案（以下「PPT 条項」という）と同一の文言の規定（21 条 8 項）を含み，PPT 条項は，LOB 条項とは独立に適用される。新日独租税条約に規定された PPT 条項は，次のように定めている（日本語，ドイツ語及び英語はひとしく正文とされ，日本語の本文とドイツ語の本文の解釈に相違がある場合は英語の本文によることとされている）。

> 「この協定の他の規定にかかわらず，全ての関連する事実及び状況を考慮して，この協定の特典を受けることが当該特典を直接又は間接に得ることとなる仕組み又は取引の主たる目的の一つであったと判断することが妥当である場合には，当該特典を与えることがこの協定の関連する規定の目的に適合することが立証されるときを除き，その所得については，当該特典は，与えられない。」

2　PPT 条項の意味とその射程

BEPS A6 最終報告書のパラ 26 には，PPT 条項及び同条項に関する OECD コメンタリー案（以下「PPT コメンタリー案」という）が記載されている。PPT 条項の意味，射程については，この PPT コメンタリー案の中で詳しく解説されており，新日独租税条約 21 条 8 項，さらには今後わが国が租税条約に盛り込まれていくこととなるであろう PPT 条項の解釈にあたっては，日本を含む多くの国において，この PPT コメンタリー案の最終版が解釈の補足的手段として参照されることになろう（条約法に関するウィーン条約 31 条・32 条参照）[*24]。本稿では PPT 条項の解釈を網羅的に論じることはしないが，下記**第 4** で論じる問題との関係で重要と思われる PPT 条項の意味とその射程に関するポイントを

> 一定の条件を満たす公開会社，年金基金など特定の形式的属性を有する者に該当するか，数値基準によって測られる能動的事業活動基準を満たすかなど，いずれも形式的な基準によって，特典を受ける資格のある適格居住者に該当するか否かを判定し，適格居住者に該当しない限り特典は受けられないとするものである。LOB 条項は，これまで，米国，日本，インドなどが締結した租税条約では採用されていたが，OECD モデル条約には盛り込まれていなかった。日本は，2003 年に締結された現行の日米租税条約以降，オランダ，フランス，オーストラリア，イギリスなどの先進国との租税条約改定時に LOB 条項（ただし，その内容については，租税条約ごとに若干の相違がある）を採用している。LOB 条項の一般的な解説及び LOB 条項と PPT 条項の関係に関する OECD での議論をふまえた解説については，緒方・前掲注（*21）199～202 頁参照。

[*24]　最判平 21・10・29 民集 63 巻 8 号 1881 頁・判タ 1311 号 77 頁・判時 2061 号 27 頁も参照。

第3　PPT条項の内容

次にいくつか挙げておく。

(1) PPT条項の目的

　PPTコメンタリー案はその冒頭で，PPT条項は，より有利な課税取扱いを受けることを主たる目的として取引がなされる場合には租税条約に基づく特典を利用させるべきではないという，従前からOECDモデル条約1条のコメンタリーに盛り込まれていた考え方を具体的な条文にしたものであって，租税条約の不正な利用に対する対抗策であることを明らかにしている[*25]。

　LOB条項も租税条約の不正な利用に対する対抗策であるが，LOB条項は形式基準によって特典を受けることができる適格居住者を絞り込むという規定であるため，適格居住者を利用した形の租税条約の不正な利用に対する対抗策としては不十分なところがある。また，これまでにわが国が締結した租税条約のうちLOB条項を置いていないものの中には，例は少ないものの，「所得が生ずる起因となる権利又は財産の設定又は移転に関与した者が，〔源泉地国による配当の軽減税率，利子の軽減税率，使用料の軽減税率，キャピタルゲインの課税免除又はその他所得の課税免除の〕特典を受けることを当該設定又は移転の主たる目的とする場合には，当該所得に対しては，これらの規定に定める租税の軽減又は免除を与えられない。」という内容の規定又はこれと類似の規定を置いているものもある（この類型を，PPT条項と区別するために，「減免制限条項」という）が，これらの条項は，特典を受けることが主たる目的かに注目している点ではPPT条項と似ているが必ずしも同じではなく，また形式基準を用いていないという点でLOB条項とはアプローチが異なる[*26]。

　これに対し，PPT条項は，減免制限条項とはいろいろな点で異なる特徴をもっている。また，わが国は，減免制限条項のほかにも，日米租税条約10条11，11条11，12条5のような，適格居住者を介して第三国の居住者が租税条約の特典を享受するように仕組まれた場合には特典を与えないとするいわゆる

[*25] BEPS A6最終報告書55頁（PPTコメンタリー案パラ1）及びOECDモデル条約1条のコメンタリー，パラ9.5参照。

[*26] OECDモデル条約1条のコメンタリー，パラ21.4参照。また，緒方・前掲注（*21）201頁に，日本がこれまでに締結した租税条約において，LOB条項，減免制限条項，PPT条項が盛り込まれたものを，タイプ別に整理して示してあるので，参照されたい。なお，緒方・前掲注（*21）では，減免制限条項とPPT条項をともに「主たる目的テスト」を採用した規定としてまとめているが，本稿では，「PPT条項」という語を，上記1の末尾で引用した新日独租税条約21条8項と同一内容の規定を指すものとして使用している。

導管取引防止条項も採用しているが，PPT条項はそのような条項と比べてもより広い射程をもつものである。そこで，次に，下記**第4**の検討に必要ないくつかの点に絞って，PPTコメンタリー案を参照しながらPPT条項の特徴を確認しておくこととする。

(2) PPT条項の特徴

(a) **PPT条項の目的**　PPTコメンタリー案には，PPT条項は適格居住者条項及びその他の条約条項（前文を含む）の文脈に沿うように理解されなければならず，このことは，「租税条約の関連する条文の目的」を解釈するにあたって特に重要であること，PPT条項は，租税条約をそれが締結された本来の目的（すなわち，より有利な課税取扱いを求めることを主たる目的とする仕組みにではなく，善意でなされる物やサービスの交換，資本と人の移動に対して特典を与えること）のために適用されることを確実にするためのものであることが明記されている[*27]。

(b) **PPT条項の適用対象となる取引等の種類**　PPTコメンタリー案では，PPT条項の対象となる，「特典を直接又は間接に得ることとなる仕組み又は取引」（以下「PPT対象取引」という）の範囲は，広く解釈されるべきであると解説されており[*28]，法的に拘束力があるか否かを問わず，あらゆる合意，理解，スキーム，取引，複数の一連の取引などを含むだけでなく，特典の対象となる所得を得る者の設立，取得，維持やその者が居住者となるために必要なステップ（例えば，法人の場合において取締役会の開催地国を別の国に変更することによって居住地を変更するという場合にとられるステップ）までも含むとされている[*29]。

(c) **PPT条項の適用対象となる取引等の範囲**　PPT対象取引は「この協定の特典を受けることが当該特典を直接又は間接に得ることとなる」ものでなければならないが，PPTコメンタリー案では，このフレーズには，租税条約の特典を受けようとする者が，主たる目的の一つが特典を受けることではない取引について特典を受けようとする場合も含まれることが意図されていると明記されており，そこでは，S国（問題となる所得の源泉地国），R国（問題となる所得の受領者の居住地国），T国（第三国）においてS国・T国間には租税条約がなく，S国・R国間には利子について課税免除するという特典を定める租税条約があ

[*27] BEPS A6最終報告書56頁（PPTコメンタリー案パラ6）参照。
[*28] BEPS A6最終報告書57頁（PPTコメンタリー案パラ9）参照。
[*29] BEPS A6最終報告書57頁（PPTコメンタリー案パラ9）参照。

り，T国居住者（TCo）がS国居住者（SCo）の従前の親会社からSCoの全株式とSCoに対する債権を取得した場合，取得した債権に含まれていた，従前の親会社からSCoに対するローンは正当な事業目的で行われたものであった（つまり，SCoによる当該ローン債権にかかる利子の支払は正当な事業目的を有するものであることになる）としても，TCoが当該ローンをS国・R国間の租税条約の特典を受けることを主たる目的の一つとしてR国居住者（RCo）に譲渡した場合には，このTCo・RCo間のローンの譲渡取引は「この協定の特典を受けることが当該特典を直接又は間接に得ることとなる」PPT対象取引に該当することになり得るという趣旨の解説がなされている[*30]。もっとも，この設例では，RCoはTCoの子会社であり，SCoもTCoの子会社である。しかし，これらの法人が親子関係にあることがどの程度考慮されたうえでの解説であるかは必ずしも定かではない。いずれにせよ．特典の対象となる所得の起因となる取引だけではなく，上記の設例のようなTCoとRCoとの間のローンの譲渡取引という，借主であるSCoが当事者となっていない取引もまた，「この協定の特典を受けることが当該特典を……間接に得ることとなる」PPT対象取引に含まれると解説されていることには注意しておくべきであろう。

(d) **PPT条項にいう「主たる目的の一つ」の意味**　PPT条項では，「全ての関連する事実及び状況を考慮して，この協定の特典を受けることが〔PPT対象取引の〕主たる目的の一つであったと判断することが妥当」かが問われているが，この中で，「主たる目的の一つ」というその「目的」を何について（あるいは誰について）判断するかという点にも注意しておきたい。減免制限条項では，「所得が生ずる起因となる権利又は財産の設定又は移転に関与した者」の目的が問題とされるような規定ぶりであるのが通常であることと比較すると，PPT条項は，特典を受けようとする者の目的ではなく，「PPT対象取引」という取引の目的を問題にするという規定ぶりである点が異なるからである[*31]。PPTコメンタリー案パラ14にはいくつかの設例（Example）を挙げた解説があるが，その中のExample AとExample Bの解説をみると，特典の対象となる所得（これらの例では配当）を支払う者の目的や特典を受ける者の目的が特典を受けるこ

[*30] BEPS A6最終報告書57頁（PPTコメンタリー案パラ8）参照。
[*31] 上記と同旨であるとはいえないかもしれないが，緒方・前掲注（*21）204頁では，「PPTは純粋な意味で『主観的な』目的規定ではない。……PPTは，外形的に観察できる事実関係から『客観的に』目的を判定する規定である。」と述べられている。

第 3 部　租税訴訟における要件事実論の視点からの各論的課題
第 9 章　国際租税法における要件事実論——租税条約における立証責任の転換という手法の採用について

とにあったと判断することが妥当とはいえない場合であっても，また，PPT 対象取引が非関連者間でなされている場合であっても，PPT 対象取引の内容や条件から特典を受けることが PPT 対象取引の主たる目的の一つだったという判断が妥当であるとされる場合があることは否定できないように思われる[*32]。この「主たる目的の一つ」か否かの判断の妥当性については，「全ての関連する事実及び状況を考慮」しなければならないとされているが，そのこととの関係で，PPT コメンタリー案では，問題となる PPT 対象取引に関わったいずれかの者の主たる目的の一つが特典を得ることであったか否かを判断するためには，当該取引等に関与したか又はその当事者となったすべての者の目的を客観的に分析することが重要であると解説されている[*33]。しかし，その指摘に続けて，「取り決め又は取引の目的が何かは事実の問題であり，それは事案ごとに全ての状況を考慮することによってのみ答えることができる問題である」（傍点は筆者による）という解説もなされていることからすると，やはり PPT 条項において問われている主たる目的とは，行為者の目的ではなく取引の目的であり，PPT 対象取引に関わった者の全員の主たる目的の一つが特典を受けることであったわけではないとしても，それが取引の主たる目的の一つであったと判断することが妥当であるとされることはあり得るというのがこの解説の立場のように思われる。

(e)　「判断が妥当である」の意味　　PPT 条項では，租税条約の特典を受けることが PPT 対象取引の主たる目的の一つであるか否かの判断の程度につい

[*32] Example A と Example B の詳細については，BEPS A6 最終報告書 59 頁を参照されたいが，ごく簡略化して紹介すると，Example A では，T 国・S 国間には租税条約がなく，R 国・S 国間に配当について特典を定める租税条約があるという前提で，T 国居住者 TCo が有する S 国の上場会社 SCo の株式の具体的配当受領権を R 国居住者の非関連者の金融機関 RCo が買い取った例が検討されている。この設例では，SCo は上場会社として多数の株主に対して配当を支払う立場にあると推察されるから，TCo と RCo とがどのような理由で契約をしたかを SCo が知る立場にあるとは考えにくいうえ，RCo は独立の金融機関であるから，RCo がどのような理由，経緯で SCo 株式のような上場株式の具体的配当受領権を取得したかを SCo が知る立場にあることも考えにくいようにみえる。Example B では，SCo は上場会社ではなく，TCo の子会社という設定なので，状況は異なるが，株式については，消費貸借やレポ等による所有権移転も行われ得ることを考えると，大量に株式取引を行う金融機関（例えば，証券会社）がどのような動機や目的，経緯で上場会社の株式の配当の受領者になったかを SCo の側から知ることは難しいという点をどのように評価するのかは，これらの設例の解説からは必ずしも明らかではない。いずれの設例でも，RCo が金融機関として，通常の金融・証券取引の一環として同様の取引を多数の顧客との間で行うこともあり得るという事情があったか否かは特に考慮されていないようにみえる。

[*33] BEPS A6 最終報告書 57 頁（PPT コメンタリー案パラ 10）参照。

第3 PPT条項の内容

て,「妥当(reasonable)」というレベルが求められている。この「妥当(reasonable)」とは,確実であるとか相当程度に確実であるというレベルではなく,一般的にわが国の裁判手続において本証に要求される証明度よりは低いものと思われる[*34]。

(f) **立証責任の転換**　PPT条項の際だった特徴の一つは,PPT条項は,「当該特典を与えることがこの協定の関連する規定の目的に適合すること」の立証(以下では「目的適合性の立証」ということがある)を誰がすべきかを意識してつくられた規定,つまり立証責任を意識してつくられた規定であるという点である。「立証されなければ」(英語版では,unless it is established)という規定ぶり自体,この規定が立証責任を意識した規定であることを示していると解するのが自然であろう。加えて,その点を措いたとしても,目的適合性の立証は,PPT条項に基づいて課税庁によってなされる「PPT条項の適用により特典は与えられないこととなるから国内法に定められた課税要件を適用して課税すべきであるという判断」を阻止しようとする場合にのみ意味のある立証であって,この立証が成功すれば,特典を与えなければならないことになる(つまり,PPT条項を根拠として特典を与えないということはできない)という効果が生じるのであるから,実質的にも,PPT条項においては,この立証は,租税条約の特典を得ようとする者によってこそなされるべきことが想定されていると考えられる。PPTコメンタリー案でも,この目的適合性の立証は,すべての関連する事実及び事情を考慮して,特典を得ることがPPT対象取引の主たる目的の一つであったと判断することが妥当である場合に「その立証がなされなければ特典を与えられないこととなる者(the person to whom the benefit would otherwise be denied)」にその立証を許すものであると明確に述べられている[*35]。

[*34] 伊藤滋夫『民事法学入門』(有斐閣,2012)231頁は,裁判所が,ある事件の要証事実が証明されたと判断して,その要証事実の存在を前提として判決することができるために,その要証事実の存在について,客観的に見て証拠の状況が証明度に達していることが必要であるとし,「証明度」の意味について,最判昭50・10・24民集29巻9号1417頁・判タ328号132頁・判時792号3頁を引用して,「証明されるべき程度について,『高度の蓋然性』のある証明が必要」であり,その証明がされているかの判定は「通常人が疑を差し挟まない程度に真実性の確信を持ちうるものであることを必要とし,かつ,それで足りる」と述べている。これに対して,上記で述べたreasonable(妥当)というのは,思慮分別のある一般人が,特典を得ることがその主たる目的の一つであったと判断する,というレベルであるから,「高度の蓋然性」よりは低いと思われる。

[*35] BEPS A6最終報告書55頁(PPTコメンタリー案パラ2)参照。つまり,少なくともOECDにおけるPPT条項の立案にあたっては,立証責任をどのように分配するかを明確に意識してこの条文が作成されたと理解することができ,この点は,通常わが国の租税法の立法作業におい

443

(g) 「租税条約の関連する条文の目的」の意味　　目的適合性の立証との関係では，「租税条約の関連する条文の目的」をどのように理解すべきかが問題となる。PPT 条項は，上記(a)で述べたように，前文を含む条約の条文の文脈に合致するように理解されなければならず，かつ，「租税条約をそれが締結された本来の目的のために適用されることを確実にするための規定」であることをふまえると，「租税条約の関連する条文の目的」，すなわち，問題とされている特典を定めている条文の目的は，その特典を善意で（正当な事業目的でという意味と解しておく）なされる物やサービスの交換，資本や人の移転に対して与えるという，租税条約が締結された本来の目的と整合的でなければならないはずである。そうすると，この立証は，詰まるところ，所得の起因となる取引が善意の取引であることの立証と実質的に同義に帰着すると考えられる[*36]。しかし，条約漁り等の租税条約の不正な利用は，第三国居住者である TCo が仕組むことによって行われることもあれば，特典を受けようとする者（RCo）が仕組むことによって行われることもある。前者の場合には，所得の起因となる取引は，特典を受けようとする者と源泉地国の支払者の双方にとっては善意の取引であることがあり得るし，後者の場合も，特に源泉地国の支払者が非関連の第三者である場合には，当該支払者にとっては（片面的に）善意の取引であることがあり得る。上記(c)でふれたように，PPT 条項の建て付け上，支払者が PPT 取引の当事者ではないこともあり得る。特に，租税条約の特典を受けようとする所得の直接の起因となった取引以外の取引がその主たる目的の一つが租税条約の特典を受けることにあったとされる PPT 対象取引である場合には，目的適合性の立証の対象をどのように解するのか，目的適合性の立証の対象は当該 PPT 対象取引であるのか，それとも問題となる所得の直接の起因となった取引であるのかという疑問が生じる可能性がある。もし後者であるということになると，PPT 条項を発動する際に，課税庁が主たる目的テストを適用する

　　ては，立証責任の分配を意識した条文作成がなされるわけではないことと比較すると極めて特徴的である。なお，目的適合性の立証には，(注*34)で述べた「高度の蓋然性」のある証明が必要ということになろう。
*36　BEPS A6 最終報告書 56 頁（PPT コメンタリー案パラ5）参照。ここでは，LOB 条項の規定は上場会社に条約漁り取引を行うことを認めるものであると解することはできないことを理由として，PPT 条項による特典は与えられないという結論が導かれている。この解説は，租税条約の条文の目的を解釈するにあたっては，租税条約が締結された本来の目的と整合性があるように解釈されるべきことを前提としていることを示していると思われる。

PPT 対象取引と，目的適合性の立証の対象は同じではないことになる。

(h) **PPT 条項の特徴のまとめ**　　結局のところ，PPT 条項は，租税条約の不正利用や条約漁りという極めて定義困難で線引きがしづらい行為を正面から定義し，定義された行為から生じる所得に対しては特典を与えないと定めるというアプローチ（この場合には，課税庁は，課税権行使の適法性の主張として，そこで定義されている租税条約の不正利用や条約漁りがあったことの根拠となる事実を主張しなければならなくなる）によってではなく，所得の起因となる取引の目的（取引の当事者の意図・目的ではなく）に注目したうえで*37，最終的に特典を受けようとする側に，租税条約の目的に適合する（つまり，善意の）取引であることにつき立証責任を負わせ，その立証がなされなければ特典を与えないという，立証責任の転換という手法を明示的，意識的に採用することによって，租税条約の不正利用に対する租税条約の特典利用を広く否認できるようにつくられた規定であり，従前の租税条約の不正利用対抗策に比べると，対抗策として機能させる範囲が格段と広くなり得るものであることがわかる。

第4　わが国の源泉徴収制度と PPT 条項

1　はじめに

新日独租税条約のように PPT 条項が租税条約に規定された場合には*38，当該条約に基づく特典付与の可否については，同条項は，原則としてわが国による非居住者・外国法人に対する課税において日本における司法手続における裁判規範となる。その際に PPT 条項がどのように働くかについては，今後の運用に委ねられる部分が大きいであろうが，既に述べたように，PPT 対象取引には，租税条約の不正利用ではないものも含まれ得ること，租税条約の特典を得ることがその主たる目的の一つであるという判断については「妥当」というレ

---

*37　BEPS A6 最終報告書57〜58頁（PPT コメンタリー案パラ10）では，問題となる取引に関与した者の意図について，決定的な証拠は必要ではないと明記されているほか，当該取引の効果だけから判断することは通常はできないこと，もしその取引が，租税条約の特典を受けることによってのみ合理的に説明できる場合には，その取引の主たる目的の一つは特典を得ることにあったと判断できるとも解説されている。

*38　緒方・前掲注（*21）204〜205頁は，「PPT は……確認規定であり，PPT が無くとも特典供与は否定できる」というのが BEPS A6 最終報告書の立場であると解説しているが，そのことと，これまでに日本が締結した PPT 条項を含まない租税条約をこの立場に立って解釈適用できるかという問題はまったく別である。

ベルの判断でよいとされている一方で、目的適合性の立証については通常の立証が必要とされること、さらには、訴訟の場面において目的適合性の立証に成功するか失敗するかは、訴訟遂行の巧拙や証拠の質（証拠力）にも左右され得ることなどを勘案すると、目的適合性の立証の担い手が誰であり、そこでどのような立証が要求されるかによっては、租税条約の不正利用ではないかもしれないPPT対象取引にも特典が与えられないこととなる可能性も否定できないように思われる。

　他方で、租税条約の特典は、実務上は非居住者・外国法人が日本の源泉徴収税に服する場合（源泉徴収による源泉所得税が日本による最終課税となる場合）に与えられることが多い。そこで、PPT条項が採用している立証責任の転換という手法が、わが国の源泉徴収制度の下でどのように作用するかに目を向けてみると、PPT条項とわが国の国内法上の源泉徴収制度や源泉徴収義務を争う訴訟手続の構造との間には微妙な論理的不整合という問題があるように思われるのである。この不整合が提起するかもしれない問題を網羅的に挙げて検討することは本稿のなし得るところではないが、まず下記2で問題の所在を示したうえで、さらにこの問題について考えてみたい。

2　問題の所在

　わが国の租税制度上、源泉徴収による所得税は、所得の支払の時に納税義務が確定する税（自動確定の税）である（税通15条2項2号）。そのことと、PPT条項で採用されている立証責任の転換による租税回避対抗策という手法とは手続上概念矛盾を起こしているのではないか、というのがここでの問題意識の出発点である。

　既に述べたように、わが国の租税法上、非居住者・外国法人に対する所得課税においては、所得税法に基づく源泉徴収税が最終的な課税となることが多い。わが国の所得税法上、源泉徴収義務は、当該国内源泉所得（例えば、配当）の支払者（配当の場合には、その配当に係る株式の発行体である内国法人）に課される義務であり、この納税義務は、支払時に確定することとされている（自動確定の税）。源泉徴収される所得税が自動確定の税とされているのは、「これらの租税の課税標準額が明白であり、しかも税額の計算が極めて容易であるため」であり、「所得税法の規定により、所得の支払をする者が源泉徴収義務者であると自動

第4　わが国の源泉徴収制度とPPT条項

的に確定できることを当然の前提としている」*39 と説明されている。源泉徴収義務に基づく支払者による源泉所得税の徴収・納付が過少又は不納付であるとされる場合には，支払者に対して，課税処分ではなく徴収処分である納税の告知（以下「納税告知」という）がなされる（税通36条）。また，支払者による源泉所得税の不納付，過少納付の場合には，支払者に対して加算税及び延滞税の賦課決定処分がなされる*40。

　以上は，所得の支払の受領者である外国法人（R社）の居住地国（R国）が日本と租税条約を締結していない場合を念頭においた説明であるが，R国と日本とが租税条約を締結しており，その租税条約にLOB条項やPPT条項が含まれている場合であっても，この仕組みに変わりはない。しかも，わが国は，租税条約の特典が適用される場合には，まず国内法で定める税率で源泉徴収させ，後に租税条約の特典に相当する金額を還付請求させるという還付方式ではなく，（上記第1の5で述べた実特法により）支払者による所得の支払時に，租税条約の特典に従って，源泉徴収義務はないものとするか，又は軽減税率による源泉徴収するという支払時控除方式を採用している（実特法3条の2第1項・2項など参照）。すなわち，支払者がR国居住者に対して源泉徴収せずに配当を支払い，あるいは租税条約に定められている軽減税率で計算した源泉所得税のみを徴収納付した場合において，日本の課税当局が，PPT条項が適用されるべきであることを理由としてその所得の支払者には所得税法に定める税率で源泉所得税を徴収納付すべき源泉徴収義務があったと判断する場合について考えてみると，その場合でも，源泉徴収による所得税は自動確定の税とされるという点，さらに実質的納税義務者であるR国居住者又は源泉徴収義務者とされる支払者に対して課税処分がなされることはなく，支払者に対して納税告知がなされることになるという点その他国内法の手続規定の適用関係は国内課税事案の場合とまったく同じである。

　納税告知は，徴収処分であって課税処分ではないが，支払者は，納税告知の

---

*39　例えば，大阪地判平24・1・12税務訴訟資料262号順号11852（大阪高判平24・7・19税務訴訟資料262号順号12003により控訴棄却，最判平25・5・27税務訴訟資料263号順号12217上告不受理決定により確定）参照。
*40　源泉徴収税の本税については支払者から受領者に請求することができる（所税222条参照）が，加算税及び延滞税については当然に求償ができるわけではない。契約によって事前に補償の合意をするなどの方法をとることができる場合もあり得るが，100％安全確実な万全の策とはいえないであろう。

第3部　租税訴訟における要件事実論の視点からの各論的課題
第9章　国際租税法における要件事実論——租税条約における立証責任の転換という手法の採用について

取消しの訴えを提起して源泉徴収による所得税の徴収・納付義務の存在又は範囲を争うことができ，この訴えは抗告訴訟と解されている[*41]。実際に，国際課税事案において，納税告知を受けた支払者によってそのような納税告知の取消しを求める抗告訴訟が提起されることは決して珍しくない。課税処分が違法であることを理由としてその取消しを求める訴えは，債務不存在確認訴訟と実質を同じくするといわれるが，国際課税事案に係る納税告知取消訴訟の実質もその点は同じであり，かつ国際課税事案では源泉徴収が日本による最終課税であることも考慮すると，その訴訟における当事者の主張の基本構造についても処分取消訴訟と同様に考えるのが妥当であろう。したがって，原告（源泉徴収義務者とされた支払者）は，請求原因として納税告知が違法であること（つまり，その前提となる納税義務の有無及び範囲を誤ったものであること）を主張し，国がそれに対して納税告知の前提となっている納税義務の根拠となった事実を主張してその納税義務及びその範囲が支払時に確定していたこと（つまり，支払者から受領者に対する所得の支払時点において，源泉徴収義務の課税要件である国内源泉所得の受領者である非居住者・外国法人〔例えば，外国法人R社；以下「受領者」ということがある〕の属性，所得の性質，金額及び税率が確定していたことを示す事実）を主張すべきもの（抗弁）と考えられる。別のいい方をすると，受領者に租税条約上の特典が与えられる場合には，国内法上定められた課税要件が租税条約によって変更されることになると考えられるから，所得税法上の課税要件に基づく納税義務の存否及び範囲を国が先ず抗弁として主張し，支払者が再抗弁として受領者には租税条約の特典が与えられることを主張するという構造と考えるべきではない。受領者が，わが国が租税条約を締結している国の居住者であり，当該租税条約によって国内法に定める課税要件が変更を受ける場合には，支払者が負うべき源泉所得税の納税義務の有無及び範囲は，変更された課税要件に従って制限された範囲でのみ成立し，日本による課税権の行使は，租税条約に定められた制限の範囲内でのみ許されるからである。

　そうすると，納税告知の取消訴訟において，所得の受領者が租税条約の特典を受けるための租税条約上の要件を充足していたかが争点となる場合には，国は，当該受領者が租税条約に定められている特典を受けるための要件のいずれを欠いているかを特定してそのために必要な事実を主張しなければならないこ

[*41]　最判昭45・12・24民集24巻13号2243頁・判時616号28頁・金判250号2頁。

第4　わが国の源泉徴収制度とPPT条項

とになる。例えば，LOB条項を有する租税条約が適用される場合には，問題となる所得の支払時において，「その所得の受領者である非居住者・外国法人が，その租税条約に定められているLOB条項に規定されている適格居住者に該当するか否か」が確定していなければ，その所得の支払者は源泉徴収義務を負うか否か，負うとしてどの税率で負うかを確定することができないことになる。しかるに，この場合には，上記第1の5で述べたように，受領者は，LOB条項に定めるいずれの適格居住者であるかを記入した特典条項の付表を居住地国の税務当局が発行する居住地証明書とともに租税条約の届出書に添付して支払者に提出し，支払者がかかる書面を管轄税務署に提出するという手続が実特法によって定められていることによって，源泉徴収による所得税が自動確定の税であることと形式的には矛盾しないような建前が維持できている（自動確定の税として取り扱われることについて，手続的にもある程度の保証がある）と考えることは可能である。もっとも実特法によって受領者に課されている租税条約届出書等の書類提出義務は，租税条約の特典付与の要件とは解されないこと[*42]を考慮すると，そのように割り切ってよいのかという疑問がないとはいえない。

他方で，「PPT条項を理由として租税条約の特典は与えられないこととなるか否か」が争点になる場合には，PPT条項を納税告知取消訴訟の裁判規範としてそのまま持ち込み，立証責任転換を定めた規定であると解すると，国は納税告知の前提となる納税義務及びその範囲が支払時に適法に確定していたことの主張として（あるいはそれに代えて），PPT条項に従って「すべての関連する事実及び状況を考慮して，この協定の特典を受けることが当該特典を直接又は間接に得ることとなる仕組み又は取引の主たる目的の一つであったと判断することが妥当である」ことを示す事実を主張すれば足りることとなり，「当該特典を与えることがこの協定の関連する規定の目的に適合する」ことが立証されない限り（つまり，目的適合性の立証が成功しない限り），特典を与えず，課税権を行使することができるという結論が得られることになる。この目的適合性の立証責任を国が負うことは論理的にあり得ないから，納税告知取消訴訟においては，この立証責任は原告となる支払者が負わされることになる。

しかし，そうであるとすると，少なくとも，①そもそも，PPT条項が適用される場合における支払者の源泉徴収義務が，その支払時に確定した（自動確

---

*42　前掲注（*11）の東京地判平27・5・28参照。

定の税）といえるのか、②納税告知取消訴訟の原告は租税条約の特典を受けようとする者ではなく、支払者であることから、PPT 条項を上記のように解することは、PPT 条項の意図と合致しているのか、という 2 つの疑問が生じる。

3 わが国の源泉徴収による所得税が自動確定の税とされていることとPPT条項の関係

既に述べたように、PPT 条項の下では、所得の支払者の納税義務の有無又は範囲が、「目的適合性の立証の成否」によって決まる。しかも、この立証の成否は、所得の支払時（つまり源泉徴収義務の自動確定時）には予測できない将来事象である[*43]。一方においては、支払者に課される源泉徴収による所得税の納税義務は支払時に確定すると法定され、他方においては、その納税義務の成否が、判決が出されるまでは予測もできない「立証」の成否によって決まるというのは、法制度としては論理的に矛盾しているようにみえる。支払者自身が条約漁りなどの租税条約の不正な利用の仕組みに関与していたという事案であれば、支払時に、「目的適合性の立証」は成功しないことは本人自身が一番よくわかっているはずであるから、矛盾はないことになる。そして、もし支払者自身がそのような仕組みに関与していなければ、そもそも租税条約の特典を受けることが PPT 対象取引の主たる目的の一つであると判断することが妥当とされることはない、と 100％言い切れるのであれば、実質的に矛盾はないことになるのかもしれないが[*44]、上記**第 3 の 2(2)**で述べたように、PPT コメンタリー案は、必ずしもそのようには理解しがたいところがある。

[*43] LOB 条項の場合と同じように、PPT 条項についても実質的納税義務者から何らかの表明（例えば、この所得について租税条約の特典を受けることは、租税条約の目的に適合するという表明）を事前に取得することもできるかもしれないが、そのような表明によって「当該特典を与えることがこの協定の関連する規定の目的に適合する」ことの立証の成否が決まるわけではないので、根本的な解決にはならないと考えられる。

[*44] この点に関連して、支払者は、受領者が取引を行う目的や背景など、租税条約の特典を受けることがその特典を直接又は間接に得ることとなる仕組み又は取引の主たる目的の一つか否かの判断に関連する「全ての関連する事実及び状況」を確認する義務を負うか、という問題がある。租税条約適用事案ではないが、東京地判平 23・3・4 税務訴訟資料 261 号順号 11635（東京高判平 23・8・3 税務訴訟資料 261 号順号 11727 で控訴棄却、最決平 24・9・18 税務訴訟資料 262 号順号 12038 で上告不受理決定・確定）は、非居住者から日本所在の不動産を購入した内国法人が、売買代金に係る源泉徴収義務の存在を争ったのに対して、裁判所は、その主張を斥け、不動産売買取引の性質上、売主の住所・居所を調査確認等することが予定されていると判示しているが、租税条約上の特典制限が争点となる場合においてこの理由が妥当すると考えることには無理があろう。

また，そもそもPPT条項は，租税条約の不当な利用に対抗するための実質的な特典否認規定であると解されることは上記**第3の2(2)(h)**で述べたとおりである。この特典の否認は，結局租税条約の特典を受けるための要件が形式的には充足されている場合であっても充足されていないものとして扱うということを意味するが，これはいわゆる租税回避行為の否認[*45]と考え方の構造がよく似ている。そのような意味における否認は，納税者が申告納税義務を負う場合であれば，課税当局が更正処分によってなすべきものであって，納税義務者自ら判断してなすべきことではない。そうすると，何ら課税処分を要することなく確定する自動確定の税が否認の対象とされるのは，論理矛盾のように思われるのである。

　PPT条項では，（法人税法132条1項のように）租税回避行為について一定の要件に基づいて課税当局に否認権限を与えるというアプローチではなく，納税者に立証責任を転換するという手法が用いられているが，その手法の背後にある考え方の構造は租税回避行為の否認と実質的に同じであるとすると，その観点からみても，やはりPPT条項は自動確定の税の概念とは相容れないと思われるのである。問題は，この概念矛盾を放置すると，源泉徴収義務者（支払者）の納税義務が自動確定の税である理由，すなわち，その課税標準額が明白であり，税額の計算が極めて容易であるから，という理由が妥当しないことになるという点にある。

4　納税告知取消訴訟の当事者とPPT条項の関係

　次に，わが国の法制度の下では，納税告知取消訴訟は，租税条約の特典を得ようとする者が原告となる訴訟ではなく，源泉徴収義務者とされた源泉地国の支払者を原告とする訴訟となる，つまり，原告は，自ら租税条約の特典を受ける立場にある者ではないという点に注目してみたい。PPTコメンタリー案は，条約漁りは，第三国の居住者のみによって仕組まれることもあれば，特典を受けようとするものによって仕組まれることもあること，条約漁りの仕組みがあることについて支払者の関与や認識がないことも考えられることを示唆してい

[*45]　租税回避とは何かについては諸説あるが，ここでは立ち入らない。通説的見解として，金子・前掲注（*12）126～127頁は，「租税回避があった場合に，当事者が用いた法形式を租税法上は無視し，通常用いられる法形式に対応する課税要件が充足されたものとして取り扱うことを，租税回避行為の否認と呼ぶ」とする。

る。しかるに、上記**第3**の**2(2)(f)**で紹介したように、PPT条項においては、租税条約の特典を得ようとする者に目的適合性の立証をする機会を与えることが意図されているところ、PPT条項をわが国の納税告知取消訴訟にそのまま持ち込むと、この訴訟の構造上PPT条項のその意図をそのまま実現することはできないことになる。なぜならば、特典を受けようとする者は、その訴訟の当事者にはならないからである。ここでは、上記のようなわが国における納税告知取消訴訟の構造との関係では、本来立証を負担することが意図されていたはずの者（租税条約の特典を受けようとする者）が不在の司法手続の中で、原告である支払者にこの立証を負担させることが、PPT条項の解釈として妥当かという疑問が生じる。もし、支払者が（片面的には）善意の取引を行ったという立証ができた場合には目的適合性の立証ありと解することができるのであれば、事実上問題は起きないのかもしれない。しかしながら、もしそのように解することができることになるとすると、第三国の居住者によって仕組まれた条約漁りや受領者によって仕組まれた条約漁りに対しては、PPT条項は、有効な対抗手段とはならないことになり、それではPPT条項を採用した租税条約の締約国の意図とは異なるという問題が起きることにもなる。

　このようなジレンマが生じる理由は、わが国の源泉徴収義務をめぐる法制度（あるいは源泉徴収義務の構造）は、必ずしもPPT条項の意図を実現できるようにはつくられておらず、そこには構造上の不整合があることにあると思われる。この構造上の不整合があるにもかかわらず、PPT条項をその意図通りに適用するとなれば、源泉徴収義務者とされた所得の支払者に訴訟上不当な立証の負担を負わせることになるのではないかという懸念が生じるのである。

5　還付方式の採用は解決策になるか

　PPT条項を採用した新日独租税協定27条には、旧日独租税協定には置かれていなかった「源泉課税に関する手続規則」に関する条項が置かれている。同条項は、1項において、源泉地国は、国内法に基づいて国内法の税率で源泉徴収し、納税者の申請によって特典が適用される限度で還付するという方式、すなわち還付方式を採用する権利があることを定めている。他方、3項では、源泉地国が支払時控除方式（所得の支払時に、租税条約の特典を適用して支払う方式）を採用する場合には国内法において手続規定を設けることができると規定されて

第4　わが国の源泉徴収制度とPPT条項

いる。したがって，27条は還付方式を採用するか支払時控除方式を採用するかについては締約国の選択に委ねられていることを前提とする規定であると思われる。日本の場合には，**第1の5**で述べたように，租税法の特典が源泉徴収による源泉所得税に適用される場合には支払時控除方式によっている。日本が将来還付方式を採用するつもりであるか否かはわからないが，仮に，PPT条項を含む租税条約の特典については還付方式を採用することとなった場合には，上記3及び4で述べた疑問は解消することになるだろうか。

　還付方式にした場合には，支払者は常に国内法に基づく源泉徴収を行うことになり，還付を請求するのは受領者である非居住者・外国法人ということになるから，納税告知取消訴訟ではなく，還付請求を行った受領者に対して，PPT条項を適用して還付請求を棄却する処分がなされ，租税条約の特典を受けようとする者がその処分の違法性を争う訴訟の当事者になるという構造で訴訟が提起されるように制度設計することは不可能ではないであろう。そうなると，原告は特典を受けようとする者自身ということになるから，上記4の構造上の不整合は解消する。他方で，上記3の概念矛盾はやはり残ることにはなろう。ただし，概念矛盾はあるとしても，源泉徴収義務者とされる納税義務者の支払時の源泉徴収義務の有無及び範囲はすべて国内法のみに従うということになるのであれば，明確にはなろう。

　しかし，PPT条項を有する租税条約の特典を受ける場合に還付方式を採用するとなれば，PPT条項を有する租税条約の数が増えるごとに，税務当局側に膨大な事務量が発生し，かつそのうちのどれについてPPT条項を発動するかという判断を税務当局が迅速に行い，必要な税務調査を行うということが果たして実務的に可能かという問題が起こる可能性もある。さらに，株式の配当，負債利子，使用料については，重要なトレーディングパートナー国との間では，租税条約によって源泉地国の課税を相互に免除するという方針を採用することによって，さらに円滑な経済交流を進めることが望ましいという考え方がとられてきた中で，還付方式を採用するのは，時代に逆行している感を免れず，受領者からみると，所得の15%，20%がいわば一時的な支払遅延状態になることから，そのこと自体が日本への投資を躊躇させる要因となって日本市場の競争環境を弱めることにならないか，という懸念についても考える必要がありそうである。もちろん還付が申請後即時になされればそのような懸念は杞憂に終

わるであろうが，仮に還付が申請後数か月以上もかかることになるとなれば，問題が深刻化してもおかしくはない。

このように考えてみると，還付方式を採用することによって問題が100％解消するともいえず，支払時控除方式を継続しつつ，上記3及び4で述べた概念矛盾や構造上の不整合を解消させる方法を，立法論を含めて考えることがやはり望ましい。

6 まとめ

国際課税事案においては，日本で申告納税義務のない非居住者・外国法人との関係では，源泉徴収税がわが国の最終課税となることはやむを得ないという面があるが，支払者に対して課される源泉徴収義務のわが国の法制度上の構造及び源泉徴収義務に関する訴訟構造が，PPT条項の手法や意図と論理的に整合しているかについては上記のとおり疑問がある。

実務的な観点から，さらにこの点について考えてみるに，PPT条項では租税条約の不正な利用を広く射程に捉えることが意図されているため，支払者が特典の対象となる所得の起因となった取引を善意で行ったという事案であっても，課税庁がPPT条項を発動する可能性を否定できない[*46]。善意の支払者が条約目的適合性の立証をなし得る立場にないがゆえにその立証に失敗し，その帰結として，源泉所得税の過少納付又は不納付があったという判断が源泉徴収義務の自動確定後になされるというリスクがあるとなれば，支払者としては，このリスクを回避するために，国内法上源泉徴収義務が課されている支払をする場合には，支払の相手方である非居住者・外国法人に適用される租税条約に特典が規定されている場合であっても，支払時には国内法に定められている税率で源泉所得税を徴収納付し，しかる後に当該租税条約の特典の限度で還付が

[*46] この点については，東京地判平25・11・1（平成23年（行ウ）第124号・136号）税務訴訟資料第263号-203順号12327の事案が参考になる。この事案で納税告知処分を受けた原告（支払者）は，相手方とは非関連かつ善意の独立当事者であるが，原告勝訴の第1審判決の控訴審において，国は，相手方は条約漁りをしていたから租税条約の特典は適用されない，よって支払者は国内法に定めるとおり源泉徴収すべきであったと主張した。東京高裁は，この主張には根拠がないことを理由に，全面的に国の主張を斥けて控訴棄却したが（東京高判平26・10・29〔平成25年（行コ）第401号〕判例集未登載・LEX/DB文献番号25505528，平成28年6月10日付け最高裁上告不受理決定により確定），この事件は，仮にPPT条項を含む租税条約下において同様の事案が将来起きた場合には，課税庁は，善意の支払者に対しても，PPT条項を発動する可能性があることを示唆しているように思われる。

第4　わが国の源泉徴収制度とPPT条項

なされた場合に限ってその還付相当額を支払債務に充当するという条件で支払義務を履行したいと考える方が合理的であろう。しかしながら，国際取引や国際投資の実務上は，相手方がそのような支払条件にすんなり同意することは通常考えがたく，状況によっては源泉所得税のグロスアップを求められることも考えられる。仮に相手方の同意がないにもかかわらず，また相手方が租税条約の適用に必要な届出書を提出しているにもかかわらず，租税条約の特典が適用されないという前提で国内法に定められている税率で源泉徴収すると，支払者は債務不履行のリスクにさらされることにもなる。

　ここでは，租税条約の締約国は租税条約の不正な利用を許すべきではないという命題と，源泉徴収義務者の負担が不当に過大になるべきではないという命題との合理的な衡量が求められる。そして，源泉徴収義務者自身はそもそも実質的納税義務者ではないこと，源泉徴収義務を果たすための内部コストその他の費用も負担せざるを得ない立場に置かれていることなどを考慮すると，源泉徴収義務者が手続的に公正な取扱い（due process）を受けられるようにすることには，十分な配慮がなされるべきである。ところが，少なくとも，上記で述べた構造上の不整合を解消させるための立法措置がとられていないという状況下では，特典の対象となる所得の起因となった取引を善意で行った支払者が原告となる納税告知取消訴訟において，PPT条項の条文の構造を理由として目的適合性の立証責任をかかる支払者に負わせるという解釈に妥当性を見出すことは困難である。

　このように考えると，PPT条項については，これを源泉徴収義務者に対して適用される裁判規範としてわが国に持ち込み，公正に機能させるためには，源泉徴収義務の構造や制度と論理的に相容れない部分があることによって源泉徴収義務者とされる支払者が不当な負担を負うことのないような法制度整備を考える必要があると思われるのである。

第10章 地方税法における要件事実論

岩﨑　政明

第1　問題の所在
第2　住民税に係る取消訴訟における要件事実論
第3　事業税に係る取消訴訟における要件事実論
第4　固定資産税に係る取消訴訟における要件事実論
第5　おわりに

第1　問題の所在

1　地方税法の特色と要件事実論

　地方税は，日本国憲法で認められた財政自治権（憲92条・94条）により，法律の範囲内で，地方議会が制定する条例に基づき（憲93条1項・94条），住民等に課される租税である。地方議会が条例により地方税を自由に規定し，その租税負担や賦課徴収の方法がまちまちになると，どこに居住するかによって国民に経済的不公平が生じ，居住・移転の自由が事実上制約されるおそれがあるので，日本国憲法はそのようなことが生じないように，条例制定権を原則として全国一律に適用される法律の範囲内に制限している。この地方税に関する法律上の範囲を定めているのが地方税法であり（地税2条），同法は，地方財政自治権の範囲を画す枠組みとして機能しているのである。

　地方税法は，地方税の課税主体たる法人を地方団体と呼び，これを都道府県（同法上は道府県と定義されているが，東京都もこれに含められているため〔地税1条2項〕，

第1 問題の所在

以下においては，都道府県と表現する）と市町村とに区分している（地税1条1項1号）。地方税とは都道府県税又は市町村税をいう（地税1条1項4号）。地方団体は，地方税法に規定されている多種多様な税目について，条例によりそれぞれの具体的な課税要件を定めることになるが，それに加えて，地方税法に規定のない税目（法定外普通税・法定外目的税）を設けることも認められている。

地方税法は，地方団体が賦課徴収について共通して必要となる課税要件，すなわち，それぞれの税目に係る納税義務者，課税客体，課税客体の帰属判定基準，課税標準額の計算方法，税率を規定し，また，各種税目に共通する賦課徴収手続，不服申立て・訴訟手続，罰則等を定めている。

とりわけ，国税と比較して，地方税において特徴的なことは，次の点にある。

第1に，個人・法人の住民税所得割のように，前年の国税の課税標準額に調整を加えた金額をもって当年度の課税標準額とするものがある。課税標準の認定判断が実質的に他の課税主体(国)に委ねられているという点で特殊性がある。

第2に，固定資産税のように，課税標準額計算の基礎となる財産価額を，課税主体たる地方団体が評価決定するものがある。

第3に，普通徴収の方法（賦課課税方式）を原則とする租税確定方法が採用され，課税要件事実の認定判断を課税庁が行う税目が多い。

第4に，行政不服審査法の適用による審査請求手続が行われ（しばしば審査請求前置主義が採用されている），国税におけるような独自の不服申立手続は少ない。

以上のように，地方税法は国税に関する租税法規と相当の違いがあるので，本稿ではすべての税目についてその争訟に関する要件事実の特色を検討することは紙数の関係上無理である。そこで，地方税収において重要な位置を占める税目である，住民税，事業税及び固定資産税に絞ってそれぞれの取消訴訟における要件事実論を検討する[*1]。

2 要件事実論に関する視座の設定

要件事実論においては，訴訟当事者のうちのどちらが，法規の定める要件規

[*1] 本稿において，住民税，事業税及び固定資産税の課税標準及び賦課徴収の方法をとりまとめるにあたっては，金子宏『租税法〔第21版〕』（弘文堂，2016）571〜591頁・657〜685頁，碓井光明『要説地方税のしくみと法』（学陽書房，2001）79〜142頁・172〜215頁を，またこれらの税目に係る要件事実論については，大江忠『要件事実租税法（下）』（第一法規，2004）629〜710頁を参照した。

第3部　租税訴訟における要件事実論の視点からの各論的課題
第10章　地方税法における要件事実論

定に適合する事実を主張・立証すべきかが問題となる。それゆえ，主張立証責任の帰属との関係が密接不可分である。租税訴訟に係る主張立証責任の帰属については，諸説あるところ，多数の学説及び裁判例は，原則として，課税主体（国税の場合は国，地方税の場合は地方団体）が原則として主張立証責任を負うと解したうえで，個別具体的な処分の性質に応じて，証明の難易度や証拠との距離を考慮して，例外的に原告納税者側にも主張立証責任を分担させるという考え方，すなわち，民事訴訟法学説における修正法律要件分類説[*2]に類似した，いわゆる個別検討説[*3]と呼ばれる考え方をとっているといわれてきた。筆者も，従前においては，この見解に沿った立場から論述してきた。

しかしながら，個別検討説によれば，申告，納付，課税及び徴収という公権力の行使の基因となる課税要件事実のうちの何を訴訟当事者が主張・立証しなければ敗訴の負担を負うのかが訴訟前において明確ではないことになるから，予測可能性や法的安定性を重視する租税法のような分野における主張立証責任の帰属判定原則としては必要十分とは思われないと感じていた。このような疑問に関連して，2010〔平成22〕年に法科大学院要件事実教育研究所主催「租税法要件事実研究会」に参加し[*4]，伊藤滋夫教授の「裁判規範としての民法説」[*5]による主張立証責任の帰属判定方法，そして，主張立証責任対象事実の考え方を吸収した結果，この考え方は，行政法規や租税法規のような行為規範と裁判規範を兼ねた法規範の適用にあたっても対応可能ではないかと考えるようになった[*6]。

「裁判規範としての民法説」の考え方については，本書第2部第4章「租税

[*2]　修正法律要件分類説の代表的学説としては，青山善充教授の説があげられる（中野貞一郎ほか編『新民事訴訟法講義〔第2版補訂2版〕』（有斐閣，2008）372～373頁〔青山〕）。なお，修正法律要件分類説に対する批判としては，伊藤滋夫『要件事実の基礎〔新版〕』（有斐閣，2015）268～274頁を参照。

[*3]　個別検討説については，雄川一郎『行政争訟法』（有斐閣，1957）214頁，萩原金美「行政訴訟における主張・立証責任論」成田頼明先生退官記念『国際化時代の行政と法』（良書普及会，1993）218頁，塩野宏『行政法Ⅱ〔第5版補正版〕』（有斐閣，2013）162～168頁，鶴岡稔彦「行政訴訟における証明責任」南博方ほか編『条解行政事件訴訟法〔第4版〕』（弘文堂，2014）240～241頁を参照。

[*4]　この研究会の成果論文・討論集が，伊藤滋夫編『租税法の要件事実』〔法科大学院要件事実教育研究所報9号〕（日本評論社，2011）である。

[*5]　「裁判規範としての民法説」の詳細は，伊藤・前掲注（*2）126頁以下参照。なお，伊藤滋夫教授は，2000年に刊行された『要件事実の基礎〔初版〕』以来，一貫して，この見解を提唱しておられる。

[*6]　この点については，伊藤滋夫「民事事件・租税事件の判決を読む（上）―要件事実論の視点から」税経通信910号（2009）24～34頁及び同・前掲注（*2）88～89頁。

訴訟における訴訟物の考え方」においても説示したので，参照されたいが，この考え方を租税法にあてはめて考えると，主張立証責任対象事実を決定する具体的プロセスは，次のように行われることになる*7。すなわち，①まずは主張・立証という問題を考慮しないで，処分に係る根拠条文を法の規範構造に照らして解釈し，当該租税法規の制度趣旨を明らかにする。そのうえで，②その規範構造に係る解釈から導かれる主張立証責任対象事実が，立証の困難性を考慮しても，租税法規の制度趣旨に合致する（制度の趣旨の実現に適う）かどうかを考える。その結果，③当事者のうち，どちらがいかなる事実について主張立証責任を負うかが決まり，当該事実を主張・立証できない場合には，最終的に敗訴のリスクを負担するかも決定されるというものである。

本稿においては，前述した，地方税の主要税目について，当該制度趣旨と規範構造を明らかにしたうえで，取消訴訟における具体的な主張立証責任の帰属について検討を加えることにする。

第2 住民税に係る取消訴訟における要件事実論

1 住民税に係る課税要件及び賦課徴収の特色と主張立証責任の帰属の原則

いわゆる住民税には，納税義務者の区別により，個人住民税と法人住民税とがあり（地税23条以下・292条以下），さらに，課税主体たる地方団体に応じて，それぞれ都道府県民税と市町村民税とに区分される。住民税には独特の課税標準及び税率が設けられている。すなわち，個人住民税においては均等割，所得割，利子割，配当割，株式等譲渡所得割があり，他方，法人住民税については均等割，法人税割，配当割，株式等譲渡所得割がある。これらの課税標準のうち，所得税割や法人税割の金額は，国税である所得税法の規定に基づき計算された個人所得金額や法人税法の規定に基づき計算された法人所得金額を基礎として計算されることになっており（これを所得割の所得税準拠主義・法人税準拠主義という*8），その意味で，課税主体たる地方団体の認定判断によらない事実を基

---

*7 伊藤・前掲注（*2）229～232頁及び伊藤編・前掲注（*4）84～85頁に示された考え方を租税法にあてはめて構成した。
*8 金子・前掲注（*1）572頁・586頁。

礎として課税標準額が計算され，税額が確定するという特色を有している。

　また，住民税の徴収についても，次のような特色がある。まず，個人住民税については，納税義務者の住所地を管轄する市町村が，都道府県民税と市町村民税とを一括して徴収したうえ（地税41条1項・319条2項），納税義務者から提出された課税標準申告書に示された税額に応じて，都道府県民税分を都道府県に交付することとされている。次に，個人住民税は，原則として，普通徴収の方法（地税1条1項7号）によって，確定し，徴収される。普通徴収の方法とは，国税についていう賦課課税方式のことをいい，地方団体が課税要件事実を認定判断したうえ，税額を計算し，納税義務者に対して行政処分をすることにより税額を確定させる方式をいう。納税義務者は，この前提として，自己の課税標準額について記載した課税標準申告書を提出する義務を負うが，この申告書はいわゆる情報申告の一つであって，税額を確定する法的効果をもたないものである。この点で，申告納税方式を原則とする国税と比べて大きな違いがある。

　以上のような，住民税に係る課税要件及び賦課徴収の特色から，住民税に係る賦課決定処分の取消訴訟においては，課税主体たる地方団体は，当該処分が適法であることの評価根拠事実（いわゆる課税要件のうち，評価〔認定判断〕の必要がない税率を除いたもの）について主張・立証をしなければならず，しかも，住民税については，地方税法により，地方団体がこれらの評価根拠事実について認定判断権を有することからして，これらの評価根拠事実に係る証明度については，高度の蓋然性をもった証明をしなければならない。すなわち，地方団体は，賦課決定処分を根拠づける事実につき，原則として，主張立証責任を負うということができる。

　以上の主張立証責任の帰属原則を前提としながら，住民税に係る賦課決定処分の取消訴訟について，住民税の課税標準の違いに応じて，原告納税義務者と被告地方団体とにおいて，それぞれどのような評価根拠事実について具体的にどのような主張・立証をしなければならないかという要件事実論について，次に検討をすることにする[*9]。

2　個人住民税に係る取消訴訟における要件事実

　個人住民税には，都道府県民税と市町村民税とがあるが，いずれも，均等割

[*9]　なお，住民税に係る要件事実論としては，大江・前掲注（*1）644～672頁も参照。

第2 住民税に係る取消訴訟における要件事実論

と所得割の2つの異なる課税標準から構成される。また，都道府県民税として，これら以外に，利子割，配当割，株式譲渡所得割がある。住民税の賦課期日は，各年度の初日の属する年の1月1日である（地税39条・318条）。

(1) 均等割

均等割は，賦課期日において，地方団体内に住所を有する個人及び地方団体内に住所はないものの事務所・事業所・家屋（以下，本稿において「事務所等」という）を有する個人を納税義務者として，単一の標準税率による均等額（都道府県民税1000円，市町村民税3000円〔地税38条・310条〕）により課される住民税である（地税23条1項1号・24条1項1号・2号・292条1項1号・294条1項1号・2号）。なお，生活扶助を受けている者，合計所得金額（地税23条1項13号・292条1項13号）が125万円以下の障害者等（障害者，未成年者，寡婦又は寡夫等をいう）及び前年における合計所得金額が条例で定める金額以下の者等は，均等割が免除されている（地税24条の5第3項・295条3項）。

住民税均等割の賦課決定に係る取消訴訟においては，税率及び税額は法定されていて争いの余地がないので，争点となり得るのは，一般的には，①賦課期日において住所又は事務所等を有していたかどうか，又は②免除対象要件を充足しているかどうかであろう。

取消訴訟の請求原因として，上記①の賦課期日における住所又は事務所等の誤認が争点とされている場合には，被告地方団体は，抗弁として，原告納税義務者が賦課期日において当該地方団体における住民基本台帳に登録（住民登録）されていることや事務所等の登記登録をしていたという具体的事実（ここでは，台帳や登記簿等の形式的な登記登録事実が要件事実となる）として主張・立証しなければならない。これに対して，納税義務者側で，賦課期日において転居していたか事務所等を失っていたにもかかわらず，天変地異や事故等のやむを得ない事情により，住民登録の転入転出届を提出することができなかったことや建物等の所有権移転登記をすることができなかったような事実があるとするならば，再抗弁として，当該具体的事実を障害事実として主張・立証する必要がある。

他方，取消訴訟の請求原因として，上記②の免除対象要件の充足が争われている場合には，被告地方団体は，抗弁として，賦課期日において生活扶助決定が存在しないという評価根拠事実（その根拠となる生活扶助要件に該当する困窮状況にないことを示す様々な具体的事実），合計所得金額が125万円以下の障害者等に該

第3部　租税訴訟における要件事実論の視点からの各論的課題
第10章　地方税法における要件事実論

当しないという評価根拠事実（所得金額を構成する収入金額及び必要経費額，そしてそれぞれの根拠となる具体的事実など），前年における合計所得金額が条例で定める金額を超えていたという評価根拠事実（条例で定める金額は規範であるから証明を要しないが，前年度の合計所得金額については，当該金額を構成する収入金額及び必要経費額，そしてそれぞれの根拠となる具体的事実など）等について，主張・立証しなければならない。これに対して，納税義務者が争う場合には，再抗弁として，これらの事実を破る評価障害事実を主張・立証する必要がある。なお，この場合にも，評価障害事実に係る証明度は，高度の蓋然性をもった証明でなければならない。

(2) 所 得 割

所得割は，賦課期日において，地方団体内に住所を有する個人を納税義務者とする住民税である（地税23条1項2号・24条1項1号・292条1項2号・294条1項1号）。生活扶助を受けている者，合計所得金額が一定額以下の障害者等は，所得割を免除されている（地税24条の5第1項・295条1項）。

所得割の課税物件は賦課期日の属する年の前年の所得である（地税32条1項・313条1項。これを前年課税主義という[10]）。ここにいう前年の所得とは，前述したように，国税である所得税法の規定に基づき計算された前年の個人所得金額（前述した所得割の所得税準拠主義）をいう。その課税標準としては，総所得金額，退職所得金額及び山林所得金額があるところ，これらのうち，退職所得金額だけは，所得税の源泉徴収と同時に住民税も特別徴収の方法（地税1条1項9号。国税における源泉徴収と同様，退職金等の支払者において税額を計算のうえ，徴収納入する方法のこと）で徴収納入するのが便宜であるため，当該所得の発生した年度において賦課徴収することとされている（地税50条の2以下・328条以下・300条以下。これを現年課税という[11]）。また，総所得金額の内容につき，納税義務者が前年中に給与の支払を受けた者であり，かつ当該年度の初日において給与の支払を受けている者であるときは，その者の均等割額及び給与所得に係る所得割額の合計額は，特別徴収の方法で徴収される（地税321条の3第1項）。

課税所得金額の計算にあたっては，上記総所得金額等から各種所得控除が行われ，その種類は所得税法所定のものと同じであるが（地税34条・314条の2），その控除額は，所得税法所定の金額よりも低い。

---

[10]　金子・前掲注（*1）574頁。
[11]　金子・前掲注（*1）574頁。

第2　住民税に係る取消訴訟における要件事実論

　所得割の税額計算は，総所得金額，退職所得金額及び山林所得金額から各種所得控除を行った残額に対して，10％の比例税率（都道府県民税の標準税率4％と市町村民税の標準税率6％の合計割合）を適用して算出される（地税35条1項・314条の3第1項）。

　そして，最後に，所得割の上記税額から，次の税額控除をして，納入すべき税額が計算される。税額控除としては，調整控除（地税37条・314条の6），配当控除（地税附則5条），寄附金控除（地税37条の2・314条の7），外国税額控除（地税37条の3・314条の8）及び住宅ローン控除（地税附則5条の4の2）がある。

　住民税所得割の賦課決定に係る取消訴訟においては，税率は法定されていて争いの余地がないので，争点となり得るのは，①賦課期日において住所又は事務所等を有していたかどうか，②免除対象要件を充足しているかどうか，③総所得金額，退職所得金額及び山林所得金額の計算が正しいかどうか，④所得控除の範囲と金額が正しいかどうか，⑤税額控除の範囲と金額が正しいかどうか，であろう。

　取消訴訟の請求原因として，上記①及び②が争われた場合の要件事実は，均等割の場合とほぼ同じである。

　請求原因が上記③を争うものである場合には，被告地方団体は，抗弁として，総所得金額及び山林所得金額については前年所得額につき，また退職所得金額については現年所得額につき，それらの金額が適正であることを証明する評価根拠事実について主張・立証しなければならない。なお，給与所得金額及び退職所得金額に係る住民税所得割は，特別徴収の方法により納入されるので，当該特別徴収の方法及び金額が適正であることを証明する評価根拠事実について主張・立証することになる。これに対して，原告納税義務者が争う場合には，再抗弁として，総所得金額及び山林所得金額については，当該前年分所得税に係る課税標準（収入金額又は必要経費額）に過誤があることを証明する評価障害事実を主張・立証する必要がある。評価事実の証明度は高度の蓋然性をもった証明でなければならない。他方，給与所得金額又は退職所得金額については，特別徴収の方法がとられているため，当該金額の計算に誤りがあることに基因する更正決定又は滞納処分を争うことができるのは，当該給与等及び退職金等の支払者（特別徴収義務者）であり，当該支払者がこれを争う場合には，再抗弁として，給与所得又は退職所得に係る課税標準又は税額の計算に誤りがあったこ

とを証明する評価障害事実を主張・立証する必要がある。その証明度はやはり高度の蓋然性をもった証明でなければならない。

　そして，請求原因が上記④ないし⑤のような，控除額の当否を争うものである場合には，控除額自体は法定されているので，被告地方団体は，抗弁として，当該控除対象事実の認定が適正であることを証明する評価根拠事実を主張・立証しなければならない。ただし，所得控除のうち雑損控除，医療費控除，社会保険料控除，小規模企業共済等掛金控除，生命保険料控除及び地震保険料控除，そして税額控除のうち配当控除，寄附金控除，外国税額控除及び住宅ローン控除のように，当該評価根拠事実及び金額について，被告地方団体において立証することが困難なものは，立証の負担の公平を考慮して，納税義務者が再抗弁により評価障害事実として主張・立証しなければならない[*12]。

(3)　都道府県民税利子割

　都道府県民税利子割は，都道府県に所在する金融機関が個人に支払う利子等（地税23条1項14号）に対して，都道府県が5％の比例税率で，特別徴収の方法により徴収納入すべき住民税である（地税23条1項3号の2・71条の5～71条の25）。都道府県は，その徴収した利子割の税収の5分の3を，当該区域内の市町村に対して，各市町村に係る個人の都道府県民税の額に按分して交付する（地税71条の26）。

　都道府県民税利子割の特別徴収義務者（金融機関）は，徴収の日の属する月の翌月10日までに，徴収納入すべき課税標準額，税額その他の事項を記載した納入申告書を地方団体の長に提出し，その納入金を当該地方団体に納入しなければならない（地税71条の10第2項）。地方団体の長は，納入申告書の提出があった場合において，その納入申告に係る課税標準額又は税額がその調査したところと異なるときは，これを更正することができ，また，納入申告書の提出がなかったときは，その調査によって，納入申告すべき課税標準額及び税額を決定し，遅滞なくこれを特別徴収義務者に通知しなければならない（地税71条の11）。特別徴収義務者が納入申告又は更正決定により納入すべきこととなった税額を納期限までに納入しないときは，督促のうえ滞納処分がなされる（地税71条の19）。

　都道府県民税利子割の徴収納入が過大になされた場合には，その徴収納入義

[*12]　大江・前掲注（*1）662〜663頁と結果的に同旨。

務は納入申告・更正決定等により確定するので，当該過大納入税額分につき，納税義務者が特別徴収義務者に対して給付を求めるためにも，また，特別徴収義務者が地方団体に対して過納金として還付を求めるためにも，まずはその基礎にある租税確定行為（納入申告・更正決定等）の取消しを求めなければならない。

このうち，都道府県民税利子割の更正決定に係る取消訴訟においては，被告地方団体は，抗弁として，当該更正決定に係る利子割の課税標準額及び税額が適正であることを証明する評価根拠事実を主張・立証しなければならない。これに対して，原告特別徴収義務者は，再抗弁として，当該徴収納入に係る課税標準額（支払利子額）及び税額に過誤があることを証明する評価障害事実を主張・立証する必要がある。これらの金額はいずれも評価事実であり，その証明度は高度の蓋然性をもった証明でなければならない。

(4) 都道府県民税配当割

都道府県民税配当割は，一定の上場株式等のうち，源泉分離課税の対象となる配当等（特定配当等）に対して，都道府県が5％の税率で（地税71条の28），特別徴収の方法により徴収納入すべき住民税である（地税23条1項3号の3・71条の27〜47）。また，申告分離の適用のある特定公社債等の利子等や割引債の償還金についても，配当割と同様に特別徴収の方法により徴収納入される。都道府県は，その徴収した配当割の税収のおおむね5分の3を，当該区域内の市町村に対して，各市町村に係る個人の都道府県民税の額に按分して交付する（地税71条の47・71条の67）。

上記の一定の上場株式等の配当等，一定の特定公社債等の利子等及び割引債の償還金については，これらの支払者が特別徴収納入義務を負うが，当該徴収納入の手続は，都道府県民税利子割のそれとほぼ同じである。また，都道府県民税配当割の更正決定に係る取消訴訟における被告地方団体又は原告特別徴収義務者が行うべき主張立証活動も都道府県民税利子割のそれとほぼ同じである。

(5) 都道府県民税株式譲渡所得割

都道府県民税株式譲渡所得割は，特定口座内の上場株式等及び特定公社債等の譲渡益について，納税義務者が所得税につき源泉徴収口座を設けて15％の税率による源泉分離課税の適用を受けている場合において，このいわゆる特定株式等譲渡所得に対して，住民税についても5％の税率で，特別徴収の方法により徴収納入すべき住民税のことをいう（地税23条1項3号の4・71条の48〜

67)。なお，特定口座内においては，上場株式等の配当等と上場株式等の譲渡損との損益通算及び上場株式等の譲渡損の繰越控除が認められているため，これらの結果，上場株式等の配当額が減額された場合には，減額された金額が都道府県民税配当割の課税標準額となる。都道府県は，その徴収した株式譲渡所得割の税収のおおむね5分の3を，当該区域内の市町村に対して，各市町村に係る個人の都道府県民税の額に按分して交付する（地税71条の47・71条の67）。

　上記の株式譲渡所得割については，特別口座を設けている金融機関が特別徴収納入義務を負うが，当該徴収納入の手続は，都道府県民税利子割・同配当割のそれとほぼ同じである。また，都道府県民税株式譲渡所得割の更正決定に係る取消訴訟における被告地方団体又は原告金融機関が行うべき主張立証活動も都道府県民税利子割・同配当割のそれとほぼ同じである。

3　法人住民税に係る取消訴訟における要件事実

　法人住民税も，個人住民税と同様，都道府県の法人住民税と市町村の法人住民税とがあり，いずれも，均等割と法人税割の2つの異なる課税標準から構成される。また，都道府県民税として，これら以外に，配当割，株式譲渡所得割がある。法人課税信託の受託者は，均等割と法人税割等ごとに別の法人として取り扱われる（地税24条の2・294条の2）。なお，法人住民税の確定と納入は，申告納入の方法による（地税53条以下・321条の8以下）。

(1)　均　等　割

　法人住民税均等割は，地方団体の区域内に事務所又は事業所（以下，本項において「事務所等」という）を有する法人，同区域内に事務所等はないものの寮・宿泊所・クラブその他これに類する施設（以下，本稿において「寮等」という）を有する法人及び同区域内に事務所等又は寮等を有する権利能力のない社団・財団で収益事業を行わないもの（以下，これらを総称して「法人等」という）に対して，均等額により課される住民税である（地税24条1項3号・4号・294条1項3号・4号）。均等割の標準税率は，上記納税義務者たる法人の資本等の金額に応じて，それぞれ均等の年額により定められている（地税52条1項・312条1項）。

　法人住民税均等割の賦課決定に係る取消訴訟においては，税率及び税額は法定されていて争いの余地がないので，争点となり得るのは，一般的には，①賦課期日において上記事務所等を有していたかどうか，又は②収益事業を行って

第2　住民税に係る取消訴訟における要件事実論

いなかったかどうかであろう。

　取消訴訟の請求原因として，上記①の賦課期日における事務所等の存否に係る誤認が争点とされている場合には，被告地方団体は，抗弁として，納税義務者たる法人等が賦課期日において当該地方団体の区域内において事務所等の登記登録がなされていたという具体的事実（ここでは，台帳や登記簿等の形式的な登記登録事実が要件事実となる）を主張・立証しなければならない。これに対して，原告法人等の側で，賦課期日において事務所等を廃止し又は売却して，転出していたにもかかわらず，天変地異や事故等のやむを得ない事情により，登記登録抹消の手続をすることができなかったことや建物等の所有権移転登記をすることができなかったような事実があるとするならば，再抗弁として，当該具体的事実を障害事実として主張・立証する必要がある。

　他方，取消訴訟の請求原因として，上記②の収益事業を行っていなかったかどうかの認定の誤りが争われている場合には，被告地方団体は，抗弁として，当該法人等の活動のいずれが収益事業と認められるのかという評価根拠事実を主張・立証しなければならない。これに対して，当該法人等が争う場合には，再抗弁として，これらの事実を破る評価障害事実を主張・立証する必要がある。なお，この場合にも，評価事実に係る証明度は，高度の蓋然性をもった証明でなければならない。

　(2)　**法人税割**

　法人住民税法人税割は，賦課期日において，前述した地方団体内に事務所等を有する法人等を納税義務者として，前年度の法人税額を課税標準に課される住民税である（地税23条1項3号・292条1項3号）。ここにいう法人税額とは，法人税法その他の法人税に関する法令の規定により計算した国税としての法人税額に対して，一般的には，各種税額控除を適用せず，かつ各種加算税の額を含めないなどの一定の修正をした後の金額（これを「修正法人税額」という）のことをいう（地税23条1項4号・292条1項4号）。法人税割の標準税率は，単一の比例税率であり，平成29年4月1日以後に開始する事業年度からは，都道府県税については1％（ただし，制限税率2％），市町村税については6％（ただし，制限税率8.4％）とされている（地税51条1項・314条の4第1項）。なお，法人税割の金額からは，外国税額控除ができる（地税53条24項・321条の8第24項）。

　法人住民税法人税割の納税義務がある法人等が，2以上の都道府県又は2以

上の市町村に事務所等を有しているときは，当該法人等は法人税割の課税標準額たる上記修正法人税額を事務所等の従業員数に按分して分割し，その分割した額を課税標準として，事務所等の所在する各都道府県又は各市町村ごとに，それぞれの税率を適用して法人税割額を算出し（地税57条・321条の13），当該各都道府県又は各市町村に対して，申告納入しなければならない（なお，この際には，法人税割額と併せて，均等割額も加算して，申告納入しなければならない〔地税53条以下・321条の8以下〕）。

　法人住民税法人税割の更正決定に係る取消訴訟においては，税率は地方税法及び条例により定められていて争いの余地がないので，争点となり得るのは，①賦課期日において事務所等を有していたかどうか，②収益事業を行っていなかったかどうか，③修正法人税額の計算が正しいかどうか，④外国税額控除の範囲と金額が正しいかどうか，であろう。

　取消訴訟の請求原因として，上記①及び②が争われた場合の要件事実は，均等割の場合とほぼ同じである。

　請求原因が上記③及び④を争うものである場合には，被告地方団体は，抗弁として，更正決定等の基礎とした修正法人税額の金額が適正であることを証明する評価根拠事実について主張・立証しなければならない。これに対して，原告法人等が争う場合には，再抗弁として，当該前年分法人税額に係る課税標準（収入金額又は必要経費額）及び外国税額控除の金額に過誤があることを証明する評価障害事実を主張・立証する必要がある。これらの金額はいずれも評価事実であるため，その証明度は高度の蓋然性をもった証明でなければならない。

(3) 道府県民税配当割及び道府県民税株式譲渡所得割

　前記2(4)(5)において個人住民税について述べた都道府県民税配当割及び都道府県民税株式譲渡所得割は，それぞれ法人が収受する一定の配当及び株式等譲渡益に対しても課税される。ただし，前述したように，これら配当割及び株式譲渡所得割は特別徴収の方法により徴収納入される住民税であるから，課税主体たる都道府県に対して徴収納入義務を負うのは，株式発行会社又は証券会社等の金融機関である。これらの租税を負担する法人は，課税主体たる都道府県とは直接の法律関係はない。それゆえ，配当割及び株式譲渡所得割に係る徴収納入の過誤について，取消訴訟を提起する立場にあるのは，それぞれ株式発行会社又は金融機関であって，この点において，個人に対する配当割及び株式譲

渡所得割と何ら変わるところがないので，取消訴訟における要件事実については，前記2(3),(4)(5)を参照されたい。

第3　事業税に係る取消訴訟における要件事実論

1　事業税に係る課税要件及び賦課徴収の特色と主張立証責任の帰属の原則

　事業税は，個人又は法人の事業に対して，その所得又は収入金額ないし外形標準を課税標準として課する都道府県税である。個人事業税は，普通徴収の方法（すなわち，賦課課税）により徴収される（地税72条の49の14）。納税義務者は，その前提として，課税標準申告書を提出しなければならないが（地税72条の55第1項），課税標準申告はいわゆる情報申告の一種であって，租税確定の効果をもつものではない。ただし，前年の所得税（国税）について確定申告又は当年分の都道府県民税（住民税）の申告をしている場合には，事業税の申告書を提出したものとみなされるため（みなし申告制度〔地税72条の55の2〕），課税標準申告を提出する必要はない。この場合には，納税者の確定申告した所得額（又は税務署長による更正決定による所得額）のうち，不動産所得及び事業所得の金額を基準として，都道府県知事（又はその権限委任を受けた都道府県税事務所長。以下同じ）は，事業税に係る課税標準額を算定して，事業税額を賦課決定する（地税72条の50第1項）。なお，このように国税の資料に基づき課税標準額を算定するのが適当でない場合又はこの方法によることができない場合には，都道府県知事は，その調査により，独自に課税標準額を決定することができる（地税72条の50第1項ただし書・2項・3項）。

　他方，法人事業税は，申告納入（中間申告や確定申告による課税標準等又は税額等の確定と，これに基づく税額の納入）の方法が採用されている（地税72条24の12以下）。法人の所得を課税標準とする法人事業税については，国税たる法人税の申告又は更正決定により確定された所得額をもって，法人事業税の算出の際の課税標準（これを「事業税の基準課税標準」という）とされる（地税72条の39第1項）。ただし，法人事業税の納税義務は負うべき法人が，法人税の確定申告を行わなかった場合においても，都道府県知事は，法人税の課税標準に基づいて事業税の決定を

行うこととされており（法人税準拠主義[*13]〔地税72条の39第2項〕），都道府県知事が法人税の課税標準を過少であると認め，あるいは法人税の申告がなされていないことを知ったときには，所轄の税務署長に対し，法人税の更正又は決定をすべき旨を請求することができるとされている（地税72条の40）。他方，法人の収入金額を課税標準とする法人事業税については，都道府県知事は，その独自の調査により，法人事業税の課税標準及び税額を更正又は決定することとされている（地税72条の41）。

以上のような，事業税に係る課税要件及び賦課徴収の特色から，事業税に係る賦課決定処分の取消訴訟においては，課税主体たる地方団体は，当該処分が適法であることの評価根拠事実（いわゆる課税要件のうち，評価〔認定判断〕の必要がない税率を除いたもの）について主張・立証をしなければならず，しかも，個人事業税及び収入金額を課税標準とする法人事業税については，地方税法により，地方団体がこれらの評価根拠事実について認定判断権を有することからして，これらの評価根拠事実に係る証明度については，高度の蓋然性をもった証明をしなければならない。地方団体は，賦課決定処分を根拠づける事実につき，主張立証責任を負うということができる。

以上の主張立証責任の帰属原則を前提としながら，事業税に係る賦課決定処分の取消訴訟について，事業税の課税標準の違いに応じて，原告納税義務者と被告地方団体とにおいて，それぞれどのような評価根拠事実について具体的にどのような主張・立証をしなければならないかという要件事実論について，次に検討をすることにする[*14]。

2 個人事業税に係る取消訴訟における要件事実

地方税法は，個人事業税の課税客体を第一種事業，第二種事業及び第三種事業の三種に区分し，それぞれの所得を課税標準として，異なる税率により，納税義務者たる事業者の事務所又は事業所（以下，本稿において「事務所等」という）の所在する都道府県において賦課課税することとしている（地税72条の2第3項）。第一種事業は商工業ないし営業と呼ばれる事業，第二種事業は，第一次産業ないし原始産業と呼ばれる事業，そして第三種事業は自由業と呼ばれる事業とさ

[*13] 金子・前掲注（*1）586頁。
[*14] なお，事業税に係る要件事実論としては，大江・前掲注（*1）672～682頁も参照。

第3　事業税に係る取消訴訟における要件事実論

れ，それぞれより詳細な事業形態が地方税法の規定に列挙されている（地税72条の2第8項～10項）。ただし，農業，林業，鉱物掘採業等の事業は，課税除外とされている（地税72条の2第9項1～3号各かっこ書・72条の4第2項）。

個人所得税の課税標準は，前年の所得であり（前年課税主義*15〔地税72条の49の11第1項〕），その金額は，所得税法の規定により，不動産所得及び事業所得の金額につき計算される総収入金額から必要経費を控除して算出され（地税72条の49の12），当該所得額から一定額の事業主控除をした残額とされる（地税72条の49の14）。なお，個人が，2以上の都道府県に事務所等を設けて事業を営んでいる場合には，主たる事務所等のある都道府県知事が，課税標準たる所得総額を決定し，それを総務省令の定めるところにより，事務所等の従業員数ごとに按分して関係する都道府県に通知し，各都道府県は当該按分額を課税標準額として事業税の賦課決定及び徴収を行うこととされている。

個人事業税の標準税率は，第一種事業につき5％，第二種事業につき4％，そして第三種事業につき5％（ただし，一部事業については3％）とされている（地税72条の49の17第1項）。

個人事業税の賦課決定に係る取消訴訟においては，税率は法定されていて争いの余地がないので，争点となり得るのは，①賦課期日において事務所等を有していたかどうか，②事業区分（第一種事業ないし第三種事業）の認定判断が適正であるかどうか，③不動産所得及び事業所得の金額の計算が正しいかどうか，④課税標準の按分の基礎とされる各事務所等の従業員数の認定判断が適正であるかどうか，であろう。

取消訴訟の請求原因として，上記①の賦課期日における事務所等の誤認が争点とされている場合には，被告地方団体は，抗弁として，原告納税義務者が賦課期日において事務所等の登記・登録をしていたという具体的事実として主張・立証しなければならない。これに対して，納税義務者側で，賦課期日において転居していたか事務所等を失っていたにもかかわらず，天変地異や事故等のやむを得ない事情により，住民登録の転入転出届を提出することができなかったことや建物等の所有権移転登記をすることができなかったような事実があるとするならば，再抗弁として，当該具体的事実を障害事実として主張・立証する必要がある。

---

*15　金子・前掲注（*1）583頁。

次に，上記②の事業区分の認定判断の過誤が争われている場合には，被告地方団体は，抗弁として，第何種事業という評価根拠事実の根拠とされる個別的な事業内容を示す個々の具体的事実について主張・立証しなければならない。これに対して，納税義務者が争う場合には，再抗弁として，これらの事実を破る評価障害事実を主張・立証する必要がある。なお，この場合にも，評価事実に係る証明度は，高度の蓋然性をもった証明でなければならない。

　上記③の課税標準とされる所得金額の当否が争われている場合には，被告地方団体は，国税の資料等に基づき，不動産所得及び事業所得の金額から算定した事業税の課税標準たる所得額及びその基礎となるそれぞれの収入金額又は必要経費額・損失額を評価根拠事実として，それぞれの根拠となる具体的事実を主張・立証しなければならない。国税の資料によって課税標準額を認定している場合であっても，当該国税の所得額が適正であると判断するに至った評価根拠事実を主張・立証する必要がある。なぜなら，国税の資料に基づき課税標準額を算定するのが適当でない場合又はこの方法によることができない場合には，都道府県知事は，その調査により，独自に課税標準額を決定することができることとされているからである（地税72条の50第1項ただし書・2項・3項）。ただし，地方団体が国税の資料（所得税の確定申告又は更正決定）によって課税標準額を認定した場合には，「要件事実論における等価値の理論」[*16]，すなわち「通常必要とされる要件事実の本質的部分が一部不足しているときは，当該部分が欠落していても，全体として要件事実から発生する法律効果が等価値になると考えてよい事実を補充することにより，適正な立証が果たされていると考える方法」（その意味では，低い証明度による証明を容認する方法）が妥当すると考える。すなわち，この場合には，地方団体が国税当局の保有する所得税に係る租税資料をすべて取得できるわけではないという立証の困難性があるとの状況に照らし，そうした立証が困難であることの評価根拠事実及び国税の資料によることが適正であると判断した評価根拠事実を主張・立証すればよいであろう。他方，地方団体が独自に課税標準額を調査決定した場合は，その課税標準額を導く不動産所得及び事業所得の合計額とそれぞれの収入金額及び必要経費額といった評価根拠事実について主張・立証しなければならないことはいうまでもない。

---

*16　等価値の理論については，伊藤・前掲注（＊2）100～102頁，伊藤編・前掲注（＊4）91頁及び同頁注15を参照。

これに対して，納税義務者が争う場合には，再抗弁として，国税の資料によることが適正とはいえないことを証明する評価障害事実を主張・立証するか，又は，不動産所得及び事業所得の金額から算定した事業税の課税標準たる合計所得額及びその基礎となるそれぞれの収入金額又は必要経費額・損失額を評価障害事実として，それぞれの根拠となる具体的事実とともに主張・立証することができる。評価障害事実に係る証明度は，高度の蓋然性をもった証明でなければならない。

最後に，上記④の課税標準の按分の基礎とされる事務所等の従業員数の認定判断について争われている場合には，被告地方団体は，従業員数を認定した評価根拠事実について主張・立証しなければならない。これに対して，納税義務者が争う場合には，再抗弁として，真実の従業員数を証明する事実に基づき按分計算された個別の事務所等の所得額を評価障害事実として主張・立証することができる。この評価障害事実に係る証明も，高度の蓋然性をもった証明でなければならない。

3　法人事業税に係る取消訴訟における要件事実

法人事業税は，法人の行う事業に対して，その事業内容に対応した課税標準を設け，事務所又は事業所（以下，本稿において「事務所等」という）の所在する都道府県により課される租税である（地税72条の2第1項）。国及び公益法人は事業税を課税除外されており（地税72条の4第1項），公益法人等及び権利能力のない社団・財団も，収益事業に係る所得又は収入金額以外については，課税除外されている（地税72条の5）。

地方税法は，法人事業税の課税客体たる事業を①電気通信業，ガス供給業，生命保険業及び損害保険業（これらを「例外4業種」という〔地税72条4号・72条の2第1項2号・72条の12第2号・72条の24の2〕）と②その他の事業とに区分し，それぞれの課税標準を①収入金額と②所得額と外形標準とを組み合わせて計算される金額（地税72条1号〜3号・72条の2第1項1号・72の12第1号）とに分類している。詳述すると，①資本金等の額が1億円を超える法人に対する課税標準額は付加価値割額，資本割額及び所得割額の合計額（地税72条の2第1項1号イ・72条の12第1号），②資本金等の額が1億円以下の法人に対する課税標準額は所得割額，そして③例外4業種の事業に対する課税標準額は収入割額（地税72条

第3部　租税訴訟における要件事実論の視点からの各論的課題
第10章　地方税法における要件事実論

の2第1項2号)，とされている。

　上記の付加価値割額というのは，法人の各事業年度の付加価値額のことをいい(地税72条の12第1号イ)，具体的には，原則として，各事業年度の報酬給与額(地税72条の15)，純支払利子額(地税72条の16)及び純支払賃借料額(地税72条の17)の合計額(これを「収益配分額」という)と各事業年度の単年度損益(地税72条の18)を合計した金額である(地税72条の14)。資本割額というのは，各事業年度の資本金等の額であり(地税72条の12第1号ロ)，具体的には，原則として，各事業年度終了の日における資本金額又は出資金額と資本積立金額又は連結個別積立金額を合計した金額である(地税72条の21第1項)。ただし，資本等の金額が1000億円を超える法人については，1000億円を基準として，同金額が1000億円を超え5000億円以下の部分についてはその50％相当額だけを加算した額とし，さらに同金額が5000億円を超え1兆円以下の部分についてはその25％相当額だけを加算した金額をもって資本割の課税標準とされている(地税72条の21第7項)。そして，所得割額というのは，各事業年度の所得金額(地税72条の12第1号ハ)をいい，具体的には，国税たる法人税の課税標準である所得の計算の例により，原則として，各事業年度の益金の額から損金の額を控除して計算される(法人税準拠主義[*17]〔地税72条の23第1項〕)。

　なお，法人が2以上の都道府県に事務所等を設けて事業を行っている場合には，課税標準額の総額を各関係都道府県に分割し，当該分割した額を課税標準として事業税額を計算し，その法人事業税額を各関係都道府県に申告納入しなければならない(なお，この場合には，分割明細書を添付しなければならない〔地税72条の48第1項〕)。

　法人事業税の標準税率は，平成28年度以降は，付加価値税割額につき0.96％，資本割額につき0.4％とされ，所得割額については累進税率が適用され，原則として，年400万円以下の所得につき2.5％，年400万円を超え800万円以下の所得につき3.7％，年800万円超の所得につき4.8％とされている(地税72条の24の7第1項)。他方，例外4業種における各事業年度の収入金額に係る事業税の標準税率は，0.9％とされている(地税72条の24の7第2項。ただし，平成26年度改正の地方法人特別税等に関する暫定措置法2条参照)。

　法人事業税の更正又は決定に係る取消訴訟においては，例外4業種の認定や

[*17]　金子・前掲注(*1)586頁。

第3　事業税に係る取消訴訟における要件事実論

　資本割における資本等の金額の認定はそれぞれの設置認可又は法人登記により客観的に判断され，また個々の適用税率は法定されており，さらに2以上の都道府県に事務所等がある場合の課税標準額の按分方法も総務省令で定めらいるので争いの余地がない。それゆえ，争点となり得るのは，①例外4業種の課税標準金額である収入金額の認定計算の当否，②付加価値割額や所得割額の計算が適正であるかどうか，ということになろう。

　取消訴訟の請求原因として，上記①の例外4業種の課税標準金額である収入金額の認定計算の当否が争われたときには，前記1で述べたとおり，法人の収入金額を課税標準とする法人事業税については，都道府県知事は，その独自の調査により，法人事業税の課税標準及び税額を更正又は決定することとされている（地税72条の41）ので，被告地方団体は，抗弁として，当該独自の調査により認定した収入金額という評価根拠事実について主張・立証しなければならない。他方，原告納税義務者は，当該収入金額とは相容れない結果をもたらす評価障害事実とその根拠となる個々の具体的事実について主張・立証する必要がある。これらの主張・立証は，いずれも高度の蓋然性をもった証明でなければならない。

　これに対して，上記②の付加価値割額や所得割額の計算の当否が争われたときには，当該課税標準を基礎とする法人事業税については，申告納入の方法が採用されている（地税72条24の12以下）ものの，その課税標準については，国税たる法人税の申告又は更正決定により確定された所得額をもって，事業税の基準課税標準とされており（地税72条の39第1項），法人事業税の納税義務を負うべき法人が，法人税の確定申告を行わなかった場合においても，都道府県知事は，法人税の課税標準に基づいて事業税の決定を行うこととされており（法人税準拠主義〔地税72条の39第2項〕），都道府県知事が法人税の課税標準を過少であると認め，あるいは法人税の申告がなされていないことを知ったときには，所轄の税務署長に対し，法人税の更正又は決定をすべき旨を請求することができるとされている（地税72条の40）にすぎない。それゆえ，この場合には，地方団体が法人税の確定申告又は更正決定の基礎とされた個々の事実をすべて認識するのは困難であるから，このような立証の困難性を考慮して，「要件事実論における等価値の理論」[*18]，すなわち「通常必要とされる要件事実の本質

---

　*18　伊藤・前掲注（＊2）100〜102頁，伊藤編・前掲注（＊4）91頁及び同頁注15を参照。

的部分が一部不足しているときは，当該部分が欠落していても，全体として要件事実から発生する法律効果が等価値になると考えてよい事実を補充することにより，適正な立証が果たされていると考える方法」(その意味では，低い証明度による証明を容認する方法)が妥当すると解される。すなわち，この場合には，地方団体が国税当局の保有する法人税に係る租税資料をすべて取得できるわけではないという立証の困難性があるとの状況に照らし，抗弁として，そうした立証が困難であることの評価根拠事実及び国税の資料によることが適正であると判断した評価根拠事実を主張・立証すればよいであろう。

他方，原告納税義務者は，再抗弁として，被告の認定した付加価値割額又は所得割額とは相容れない結果をもたらす評価障害事実について主張・立証する必要がある。こちらの主張・立証は，いずれも高度の蓋然性をもった証明でなければならない。

第4 固定資産税に係る取消訴訟における要件事実論

1 固定資産税に係る課税要件及び賦課徴収の特色と主張立証責任の帰属の原則

固定資産税は，土地，家屋及び償却資産(以下，「固定資産」という)を課税客体とし，毎年1月1日の賦課期日(地税359条)における固定資産の時価を課税標準として，原則として，当該固定資産が所在する市町村によって課される(地税342条1項。ただし，東京都のうち特別区の存する区域においては都によって課税される。地税734条1項・736条1項)，財産税である*19。

固定資産税の納税義務者は，市町村に備えられた固定資産課税台帳(正確には，土地課税台帳，土地補充課税台帳，家屋課税台帳，家屋補充課税台帳及び償却資産課税台帳の5種からなる〔地税341条9号〕。なお，市町村はこれらの台帳のほか，土地及び家屋について，土地名寄帳及び家屋名寄帳をも備えなければならない〔地税387条〕)に，賦課期日において，所有者として登録されている者(固定資産の所在する市町村に住民登録をせず又は現に居住しない者をも含む)を納税義務者とし，固定資産課税台帳に

---

*19 最判昭47・1・25民集26巻1号1頁・判タ274号151頁・判時659号53頁，最判昭59・12・7民集38巻12号1287頁・判タ548号130頁・判時1143号60頁，最判平15・6・26民集57巻6号723頁・判タ1127号276頁・判時1830号29頁等。

第4　固定資産税に係る取消訴訟における要件事実論

登録された固定資産の価格を課税標準として課される（台帳課税主義又は名義人課税主義と呼ばれる[*20]）。

市町村長は，土地課税台帳等に登録された土地の所在，地番，地目，地積及び当該土地価格を記載した「土地価格等縦覧帳簿」，家屋課税台帳等に登録された家屋の所在，家屋番号，種類，構造，床面積及び当該家屋の価格を記載した「家屋価格等縦覧帳簿」を毎年3月31日までに作成し（地税415条1項），同年4月1日から4月20日又は当該年度の最初の納期限の日のいずれか遅い日以後の日までの間に，縦覧に供さなければならない（地税416条）。この縦覧に供すべき固定資産の価格等は，固定資産評価員の評価（地税404条～408条）に基づく評価調書を受けて，市町村長が毎年3月31日までに決定し（地税410条1項），固定資産課税台帳に登録される（地税411条1項）。

納税義務者が固定資産課税台帳に登録された価格について不服がある場合は，当該登録の公示の日から納税通知書の交付を受けた日後3月以内に，文書により，固定資産評価審査委員会に審査の申出をすることができる（地税432条1項）。納税義務者が固定資産評価審査委員会の決定に不服があるときは，取消訴訟を提起することができる（地税434条1項）。納税義務者が，固定資産課税台帳に登録された価格について不服がある場合は，固定資産評価審査委員会への申出と同決定を経ないで，取消訴訟を提起することはできない（審査請求前置主義〔地税432条1項・434条2項〕）。

固定資産税の税額は，固定資産課税台帳に登録された固定資産の価格等に，各市町村の条例で定める税率（標準税率は1.4％）を適用して算出される（地税法350条1項・741条）。

そして，固定資産税は普通徴収の方法により徴収される（地税364条1項）。納期限は，4月，7月，12月及び翌年2月中において，市町村の条例により定められた日とされている（地税362条1項）。

以上のように，固定資産税に係る課税要件及び賦課徴収の特色は，納税義務者，課税客体，課税客体の帰属判定，課税標準たる課税客体の価格，税率といった課税要件事実のすべてが，地方団体の作成保有している資料に基づき，一方的に確定される点にある。それゆえ，固定資産税に係る賦課決定処分の取消訴訟においては，課税主体たる地方団体は，当該処分が適法であることの評価根

[*20] 金子・前掲注（＊1）658頁以下参照。

拠事実（いわゆる課税要件のうち，評価〔認定判断〕の必要がない税率を除いたもの）について重い主張立証責任を負い，評価根拠事実に係る証明度については，高度の蓋然性をもった証明をしなければならない。すなわち，地方団体は，賦課決定処分を根拠づける事実につき，原則として，主張立証責任を負うということができる。

　以上の主張立証責任の帰属原則を前提としながら，固定資産税に係る賦課決定処分の取消訴訟について，固定資産税の課税要件該当性又は財産の評価について，原告納税義務者と被告地方団体とにおいて，それぞれどのような評価根拠事実について具体的にどのような主張・立証をしなければならないかという要件事実論について検討をすることにする[*21]。

2　課税要件（財産評価を除く）の認定判断の違法を争う取消訴訟における要件事実

　固定資産税の課税要件（財産評価を除く）としては，納税義務者，課税客体，課税客体の帰属，税率があるが，これらのうち，課税客体（課税除外該当性を除く）の帰属は台帳課税主義に基づき形式的に確定されるし，又，税率も地方税法及び条例により規定されるもので法規そのものであるからあるから，それぞれ争いの余地はない。それゆえ，争点となり得るのは，①納税義務者及び②課税客体の認定判断が適正であるかどうかということになろう。

(1)　納税義務者の認定判断の過誤

　取消訴訟の請求原因として，まず上記①の納税義務者の認定判断の違法が争点とされている場合を考えてみる。

　固定資産税の納税義務者は，前述したとおり，賦課期日における固定資産の所有者であり（地税343条1項・359条），ここにいう所有者とは，土地については土地課税台帳及び土地補充課税台帳に所有者として登録された者であり，家屋については家屋課税台帳及び家屋補充課税台帳に所有者として登録された者であり（地税343条2項），そして償却資産については償却資産課税台帳に所有

[*21]　固定資産税に係る要件事実論については，大江・前掲注（*1）686～710頁のほか，相当数の興味深い先行業績がある。本稿において参照した論稿は，上原健嗣「地方税（固定資産税）」小川英明＝松澤智編『裁判実務大系⑳租税争訟法』（青林書院，1988）524頁，山村恒年「固定資産評価の審査と訴訟」山田二郎先生古稀記念『税法の課題と超克』（信山社，2000）687頁，山田二郎「租税訴訟の訴訟物と租税法の要件事実」伊藤編・前掲注（*4）166頁，特に176～179頁。

第4 固定資産税に係る取消訴訟における要件事実論

者として登録されている者をいう（同条3項）。

これらのうち，土地課税台帳及び家屋課税台帳の記載内容は，それぞれ登記所に備えられている土地登記簿又は建物登記簿の記載内容に対応するものであり，償却資産課税台帳の記載内容は，事業者が法人税又は（事業）所得税の申告にあたり，事業用資産として減価償却をしている資産に対応するものであるから，これらの内容は地方団体において一方的に認定できるものであって，しかも台帳課税主義の採用により，民法上の真実の所有権の有無を問わず，形式的に確定されるものであるから，争いの余地はない[22]。

これに対して，土地補充課税台帳や家屋補充課税台帳に登録された土地又は家屋，そしてそれぞれの登録所有者は，登記所において登記されていない土地又は家屋について，地方団体が調査により認定確定した固定資産であるから，この認定判断に誤りがあることは起こり得る。納税義務を負担した者が，当該認定判断の違法を争う場合には，前述したとおり，まず固定資産評価審査委員会への審査請求を経て，取消訴訟を提起することになる。

取消訴訟においては，被告地方団体は，抗弁として，納税義務を負担した者が賦課期日において当該地方団体の区域内において登記所において登記されていない土地又は家屋を「現に所有している」（地税343条2項後段）ことを評価根拠事実として主張・立証しなければならない。この点について詳しくは後述する。

これに対して，原告の側で，賦課期日において当該土地又は家屋について所有権を有していることとは相容れない事実があるとするならば，再抗弁として，当該事実を評価障害事実として主張・立証する必要がある。評価事実に係る証明度は，高度の蓋然性をもった証明でなければならない。

なお，地方税法は，次の場合には上記台帳課税主義の例外を定めている。すなわち，例外の第1として，台帳課税主義は，財産税としての固定資産税の法的性質又は課税の趣旨からすると，あくまで課税技術上の便宜にすぎないのであるから，所有者として登記又は登録されている個人又は法人が死亡又は解散消滅し，存在していないが，別の個人又は法人がその固定資産を「現に所有している」場合（すなわち，登記は備えていないが，民法上の所有権を有しているものが存

---

[22] 真実の所有者でない者が固定資産税の納税義務を負担した場合には，真実の所有者に対して，納入税額相当額の不当利得返還請求をすることができる。前掲注（[19]）最判昭47・1・25。

在する場合）には，「所有者」という借用概念の意義を民法の本則に立ち返って解釈し，物権としての所有権が帰属する者を納税義務者とすることとしている（地税343条2項後段）。地方団体がした「現に所有する者」に対する固定資産税の賦課決定につき取消訴訟が提起された場合には[*23]，被告地方団体は，抗弁として，台帳に登録されている所有者が不存在であると認定した評価根拠事実及び台帳上の所有者に代えて，「現に所有する者」と認定した評価根拠事実について主張・立証しなければならない。これに対して，納税義務者が争う場合には，再抗弁として，対象固定資産を「現に所有する」とは相容れない状況にあることを証明する評価障害事実について主張・立証する必要がある。これらの主張・立証は，いずれも高度の蓋然性をもった証明でなければならない。

次に，例外の第2として，「震災，風水害，火災その他の事由」により，登記簿等の記録の滅失毀損等があったため，固定資産の所有者が誰であるか不明となった場合又は所有者の所在がそもそも不明である場合には，記録上の所有者という「形式」の不存在のため，現にその固定資産を使用収益することにより利益を享受しているもの（すなわち，固定資産の管理支配により担税力を有しているもの）に対して，固定資産税の法的性質又は課税の趣旨に立ち返って，実質課税をすることとしている（地税343条4項）。地方団体が地方税法343条4項の規定に基づき，固定資産を「現に所有する者」に対して課したことに対し，当該相手方から取消訴訟が提起された場合には，被告地方団体としては，抗弁として，同項に定める災害等の事由により台帳が失われたことを証明する評価根拠事実を主張・立証しなければならず，これに対して，納税義務者は，再抗弁として，事故が対象固定資産を「現に所有する」とは相容れない状況にあることを証明する評価障害事実について主張・立証する必要がある。これらの主張・立証も，いずれも高度の蓋然性をもった証明でなければならない。

(2) 課税客体の認定判断の過誤

固定資産税の課税客体は，前述したとおり，固定資産であり（地税342条1項），その内容は，土地，家屋及び償却資産である（地税341条1号）。ここに土地とは，土地の定着物を除き，あらゆる土地が含まれる（地税341条2号）。家屋もまた，

[*23] この例として，最判平27・7・17裁判集民事250号29頁・判タ1418号86頁・判時2279号16頁がある。解説として，岩﨑政明「地方税法343条2項後段にいう『現に所有する者』の意義」平成27年度重判解〔ジュリ臨増〕(2016) 201頁参照。

あらゆる用途の建物が含まれる（地税341条3号）。さらに，償却資産は，土地及び家屋以外の事業の用に供することができる資産で，その減価償却費が法人税法又は所得税法の規定による所得の計算上損金又は必要経費に算入されるものをいう（地税341条4号）。そして，これらの固定資産は，原則として，賦課期日において，地方団体に備えられている課税台帳に登録されているときに課税客体と認められるので，その存否につき争われることはほとんどない。もちろん，家屋補充課税台帳に登録された未登記の「建物」が実際には民法上の「建物」の定義に合致していない構築物にすぎなかった場合や，増改築部分として登録された建物の一部が実際には修繕にすぎず，資本的支出に相当する独立した構築物には該当しなかったような場合には争われることはあろうが，稀である。

これに対して，しばしば争われるのは，地方団体により課税客体と認定された土地や家屋が課税除外の対象であったかどうかである。近時に訴訟となった例としては，家屋の一部が高架道路を支える脚柱の役割を果たしていたり，ビルやマンション内の通路が公道や地下鉄出入口や商店街と連結していて一般通行人の利用に供されているような場合に，公共用物として課税除外となるか[24]，宗教法人が本来の用に供しているとは必ずしもいえない境内地の一部も課税除外となるか[25]，農業用ため池の上にデッキを構築してその上に建築した建物を賃貸しているような場合でも「公共の用に供するため池」として課税除外の対象となるか[26] などがある[27]。

これらのように，ある土地又は家屋が固定資産税の課税除外に当たるかどうかにつき争われた場合には，地方団体は当該土地又は家屋を課税台帳に登録のうえ固定資産税の賦課決定を行っていると考えられるので，当該賦課決定が適法であることの評価根拠事実として，当該土地又は家屋が課税除外に該当しないことを立証すべきではあるが，そこまでの立証は困難であるので，そのような立証を求めることは地方税法の制度趣旨に反する。それゆえ，被告地方団体としては，抗弁として，当該土地又は家屋を課税客体に当たると認定判断した評価根拠事実について，主張・立証すればよく，これに対して，原告納税義務

[24] このような事例として，大阪高判昭58・3・30行集34巻3号572頁，東京高判平13・10・30（平成13年（行コ）第138号）裁判所ホームページ，福岡高判平26・12・1判自396号23頁など。
[25] 名古屋地判平4・6・12判タ803号102頁・判時1485号29頁。
[26] 大阪地判平20・2・29判タ1281号193頁。
[27] 金子・前掲注（*1）669〜670頁。

者は，公共の用に供していること等の評価障害事実を主張・立証する必要がある。これらの主張・立証も，いずれも高度の蓋然性をもった証明でなければならない。

3　財産評価の違法を争う取消訴訟における要件事実

　固定資産税の課税標準は，前述したとおり，賦課期日における固定資産の価格である。固定資産の価格は，固定資産評価員の評価に基づいて，市町村長が毎年3月末日までに決定することとされている（地税410条）。固定資産評価員は，市町村に置かれる特別職公務員であって（地税404条），毎年少なくとも1回その市町村に所在する固定資産の状況を実地に調査し（地税408条），この調査に基づき賦課期日における固定資産の評価を行って，市町村長に報告しなければならない（地税409条）。この報告を受け，市町村長は，固定資産の価格等を決定し，これを直ちに固定資産課税台帳に登録しなければならず（411条1項），直ちに登録した旨を公示しなければならない（同条2項）。

　固定資産の評価については，総務大臣が，全国的な統一を図り，市町村間の均衡を維持するため，固定資産の評価の基準並びに評価の実施の方法及び手続を定め，これを告示することとされている（地税388条1項）。これが，「固定資産評価基準」と呼ばれるもので，市町村の固定資産評価員は，この固定資産評価基準に従って固定資産の価格を決定しなければならない（地税403条1項）。固定資産評価基準は，地方税法388条1項の委任を受けた告示の形式をとる委任立法であり，法的拘束力を有すると解されている[28]。

　この固定資産評価基準によれば，固定資産の評価の方法として，土地については売買実例価額，家屋については再建築価額，そして償却資産については取得価額を基準として評価を行うものとされている。しかしながら，土地及び家屋については，実際の市場価格とは相当乖離した独特の価額となっており，納税義務者としては，固定資産評価基準に基づく価額が適正なものであるかどうかを判断するのが難しいという問題がある（これに対して，償却資産については，取得価額から法人税法及び所得税法の計算にあたって適用される減価償却率により減価した価額となるので明瞭である）。それゆえ，土地及び建物の評価額の当否をめぐり，固定資産税の賦課決定処分の取消訴訟がしばしば提起されるのである（なお，

---

[28]　金子・前掲注（＊1）680〜681頁。

第4　固定資産税に係る取消訴訟における要件事実論

前述したとおり審査請求前置主義がとられているので，固定資産課税台帳に登録された価格について不服がある場合には，固定資産評価審査委員会に対する審査請求を経なければ，取消訴訟を提起することはできない）。

　取消訴訟においては，被告地方団体は，抗弁として，固定資産評価基準に基づく評価額が固定資産の客観的交換価値の範囲（土地又は家屋の価額は1年の期間の間に高値と低値の間を変動することが社会通念上認められるので，評価額がその変動範囲内にあることを証明する必要がある）に含まれることを評価根拠事実により主張・立証しなければならない。この主張立証方法について，従来の裁判例においては，訴訟物の理解が異なることに応じて，2つの異なる見解が示されてきた[29]。第1は，価格説と呼ばれる考え方で，固定資産評価額の当否をめぐる取消訴訟の訴訟物を「評価額」自体の時価相当性に求め，評価額算出の前提となる固定資産評価基準における個々の評点項目や補正項目，係数等の適用自体は単なる攻撃防御方法にすぎない（したがって，争訟段階で差し替えることも許される）と解する説であり[30]，第2は，評価基準適合説と呼ばれる考え方で，訴訟物を固定資産評価基準の適用の当否に求め，固定資産評価基準における個々の評点項目や補正項目，係数等の適用の当否が誤っていれば，結論としても評価額自体が相当であったとしても，違法となると解する説である[31]。この点は，本書第2部第4章「租税訴訟における訴訟物の考え方」において論じた，訴訟物に関する総額主義と争点主義の対立に相当する。そこでは，かつての通説・判例は総額主義を採用していたが，近時の租税手続法の整備に応じて，最近では争点主義的な見解が有力となっていると分析したところである。固定資産税評価額の当否をめぐる取消訴訟においても，今後の動向が注目される。

　これに対して，原告納税義務者の側では，再抗弁として，価格説をとる場合には，評価額が客観的交換価値の範囲を逸脱していることを示す評価障害事実を主張・立証することになり，他方，評価基準適合説に立つ場合には，被告地方団体が採用した個々の評点項目や補正項目，係数等のいずれかが納税義務者の所有する固定資産には妥当しないことを証明する評価障害事実を主張・立証

---

[29]　この点に関する分析については，山村・前掲注（*21）690〜695頁。
[30]　例えば，神戸地判昭63・3・23判自51号17頁は，この考え方に立つと解される。
[31]　明確にこの立場をとっておられるのは，山田二郎「固定資産税の課税構造を改革するための考察」東海法学17号（1997）1頁，同「財産評価をめぐる救済手続」小川英明ほか編『新・裁判実務大系(18)租税争訟〔改訂版〕』（青林書院，2009）491頁。なお，裁判例の傾向については，山村・前掲注（*21）694〜695頁・713〜715頁及び714〜716頁の注(5)を参照。

することになろう。これら評価事実に係る証明度は，高度の蓋然性をもった証明でなければならない。

第5　おわりに

　以上，本稿においては，地方税収において重要な位置を占める税目である，住民税，事業税及び固定資産税に絞って，それぞれの要件事実論について検討を加えてきた。地方税における要件事実論を考察した文献は，これまであまりないので，本稿で述べた見解は試論の域を出ないかもしれないものの，議論の出発点を提供することはできたのではないかと思われる。

　地方税法は，多くの税目において，課税要件事実の認定判断や租税確定権の行使について課税主体たる地方団体にイニシャティブを与えていたり，他方で，課税標準金額を国税に係る資料により行うなど，他の課税主体の認定判断に委ねていたりするなど，国税に係る租税制度にはない特色をもっている。この特色が，地方税に係る賦課決定処分取消訴訟における主張・立証に，国税に係る課税処分取消訴訟における主張・立証とは異なる検討課題をもたらしている。本稿で行った検討は総論的なもので，具体的な裁判例に関する分析は，紙数の関係上，ほとんど割愛せざるを得なかった。地方税に係る賦課決定処分や徴収処分の取消訴訟において，訴訟当事者の主張・立証について裁判例がどのような立場をとっているか，その傾向を分析することが今後必要であると考えている。

あとがき

　本書『租税訴訟における要件事実論の展開』は，2010年11月27日に開催された法科大学院要件事実教育研究所主催「租税法要件事実研究会」における報告者（パネリスト）及びそれ以外の参加者を中心としながら，新たに租税法・租税訴訟に造詣の深い研究者及び実務家を執筆者に加えて，租税訴訟の分野において生ずる要件事実をめぐる論点について理論的・実務的視点からほぼ網羅的に検討すべく，当時の法科大学院要件事実教育研究所長であり，同研究会の司会も務めた伊藤滋夫（現在，同研究所顧問）と同研究会において報告者（パネリスト）であった岩﨑政明とが共同で企画編集し，執筆をした論文集である。

　本書の構成は，全部で三部からなる。

　第1部では，まず，執筆者である伊藤滋夫の見解である「裁判規範としての民法説」の考え方を中心として，民事訴訟における要件事実論の基本的な考え方を示したうえで，最近の要件事実論の重要な問題である評価的要件，事案の解明義務なども検討している。

　次に，これまで民事訴訟との対比において，あまり論じられてこなかった租税訴訟における要件事実論の基本について，特に，上記「裁判規範としての民法説」の考え方を租税法律関係に具体的に適用して，所得税法における必要経費控除，消費税法における仕入税額控除，タックスヘイブン対策税制，推計課税と実額反証，固定資産税等の財産税における財産評価に係る推定の問題などについて，なるべく共通した要件事実の考え方を探求するという視点から具体的に論じている。

　第2部では，租税訴訟における要件事実論を検討する基礎となる，租税法の制度趣旨の考え方について，租税実体法における制度趣旨の把握の仕方，租税法の文言の解釈における租税法律主義（とりわけ，課税要件明確主義）との関係，租税の確定・徴収といった租税手続法における制度趣旨と要件事実との関係，租税訴訟における訴訟物の考え方，「事実上の推定」の法理，そして，実際の租税争訟の現場における弁護士・税理士・国税局職員の要件事実のとらえ方に

あとがき

ついて，理論と実務の観点から，それぞれ分析・検討をしている。

　そして，第3部では，租税法の基本問題である，不確定概念，借用概念及び租税回避行為の否認規定の要件に関するそれぞれの解釈と要件事実との関係，所得税法・法人税法・相続税法・消費税法・地方税法における制度趣旨の理解と要件事実の関係，租税特別措置法といった本法に対する例外を定めた法規における要件事実の特色，国際租税法（特に租税条約）における要件事実の特色と主張立証責任の考え方について，それぞれの分野に造詣の深い執筆者の方々が考察を加えている。

　本書は，以上のように，租税訴訟において検討を要する要件事実論の諸問題をほぼ網羅的に取り上げ，理論と実務の双方の視点から，かなり掘り下げた議論を展開していただいたもので，比類のない論文集となっている。

　もちろん，本書は，法制度のいわゆる解説書ではなく，研究論文集であることから，要件事実論ないし主張立証責任論としてすでに確立していることを示しているだけではなく，未だ解決していない，または一般には気づかれていない諸問題を指摘し，今後の検討課題を提示している部分もある。そうした諸問題については，本書の執筆者の方々が引き続き検討されることと思われるが，さらに，本書の出版を契機に多くの方々に関心を持たれるようになり，この分野の研究がいっそう進展することを期待している。

　2016年7月

編者　伊　藤　滋　夫
　　　岩　﨑　政　明

事項索引

あ

Action（行動計画）6の最終報告書……436
異議申立て……112
イコール・フッティング論……328
遺言……370
遺産取得税……360
遺産税……360
遺産分割協議……361, 370, 371
意思表示の合致……26
一時所得……303, 305
一般経費……21
一般に公正妥当と認められる会計処理の基準
……184
移転価格税制……158, 216, 217, 221, 434
違法性一般……123, 124
遺留分減殺請求（権）……364, 372
遺留分制度……372
上野事件……366
請負（業）……327, 328
請負契約の要件事実……327
疑わしきは納税者の利益に……259, 264
訴えの変更……117
営利を目的とする継続的行為……304
益金に係る要件事実論……329
エス・ブイ・シー事件……343
LOB条項……437, 439, 449
大竹貿易事件……329, 356
オートオークション事件……350
親子間における事業主の判定……313
オリエンタルランド事件……352

か

買換え特例……57, 60
会計慣行……185
外形標準……473
外国子会社合算税制……432
外国の事実……432, 433, 435
価格説……483
各種所得控除……462
確定決算主義……321
確認訴訟……118
家事関連費……301
貸倒損失……24
課　税
　──の公平……164
　──のタイミング……315, 323, 329
課税繰延べ……415
課税減免規定……409
課税処分……20
　──の制度趣旨……26
　──の取消訴訟の訴訟物……141
課税標準……325
課税物件……325
　法人税の──……325
課税要件……16, 79, 166, 175, 176, 193, 280
　──の付加……184
　行政上課税要件を付するもの……186
課税要件事実……79, 205-207, 209-211,
　　　　　　　　215, 218, 219, 221
課税要件法定主義……48, 73, 175-177, 179,
　　　　　　　　181, 184, 186
課税要件法の欠缺……279
課税要件明確主義……16, 48, 67, 69, 73, 74, 164
課税要件論……164
価値的概念……226
稼得者課税……323
過年度修正……322
過納金の還付請求権……367
株式等譲渡所得割……459, 466
　都道府県民税──……468
仮名記載……399
換価代金等の配当……101
換価分割……371
間接事実……328
間接事実説……203, 207, 288
完全退職……182
管理支配基準……316-318, 331, 335
期間税……319
期間制限……111, 112
企業会計準拠主義……326, 355
基準価格……29

事項索引

基礎控除方式 … 309
規定の解釈 … 409
規範構造 … 19
　──の分析 … 43, 61
規範的要件 … 10, 203, 206, 226, 288, 330
寄附金 … 343
　──が土地の代価を構成 … 198
基本的課税要件事実の同一性 … 210–212, 216, 217
客観的交換価値 … 30
旧二要件説 … 348
給付訴訟 … 118
行政権に基づく命令 … 176
行政処分の違法性一般 … 122
共通法 … 93
共同事業者 … 315
共同相続人の連帯納付の義務 … 364
業務の遂行上必要 … 302
居住者証明書 … 431
居住の用に供している家屋 … 41, 54
居住用財産 … 411
近代法治主義 … 175
均等割 … 459–461, 466
　法人住民税── … 466
具体的事実説 … 79
国と国民の関係 … 15
繰上請求 … 99–101
軽減税率 … 402
経済合理性 … 241, 346
　──の不存在 … 190
経済的帰属説 … 312
経済的実質主義 … 286
経済的な利益の贈与又は無償の供与 … 190–192, 194
経済的利益の供与 … 187, 193
形成訴訟 … 118
形成判決 … 122
継続事業の原則 … 322
契約に基づかない定期金に関する権利 … 369
契約の当事者 … 8
決　定 … 93, 103
厳格解釈の要請 … 296
減額更正 … 113
源泉徴収義務 … 308, 310
　──者 … 95

源泉徴収制度 … 305, 308, 323
　──と PPT 条項 … 445
原則・例外の階層的構造 … 25
限定解釈 … 409
現に所有している … 479
現に所有する者 … 480
現年所得額 … 463
現物分割 … 371
憲法秩序機能説 … 83
権利確定主義 … 316–318, 323, 329, 335, 337
　広義の── … 336
権利救済規定 … 417
権利障害要件 … 202, 203, 216, 425
権利の確定 … 330
権利の消滅 … 383, 389, 392
行為規範 … 78, 90, 208
攻撃防御方法 … 117, 122, 128
抗告訴訟 … 118
交際費等 … 348, 418, 422
　──の該当性 … 418
　──の範囲 … 417
交際費等課税 … 418
更新拒絶の正当事由 … 32
更　正 … 93, 103, 232
更正決定等 … 109, 111
　──の期間制限 … 101, 110
公正処理基準 … 185, 343, 355
公定力根拠説 … 82
高度の蓋然性 … 143, 152, 161
交付要求 … 101
合法性の原則 … 73, 169
合理的な疑いを差し挟む余地のない程度の証明 … 152
合理的理由 … 31
国税不服審判所の主張 … 180
個人事業税 … 469
　──の課税客体 … 470
　──の標準税率 … 471
個人住民税 … 459, 460
個人単位課税 … 323
個人単位主義 … 306
固定資産
　──の価格に関する推定 … 29
　──の評価 … 482
固定資産課税台帳 … 476

事項索引

固定資産税……………………………476
　——の課税客体………………………480
固定資産税額の算出のための評価………33
固定資産税評価基準………………29, 482, 483
　——の優位性……………………………32
固定資産評価審査委員会…………………477
個別具体説………………………………23
個別検討説………………………83, 120, 458
固有概念………………………260, 263, 327
五要件説…………………………………354

さ

裁決取消しの訴え……………………114, 116
債権債務関係………………………………92, 97
債権放棄…………………………………346
最高功績倍率法……………………………232
再抗弁説…………………………………150
催告通知…………………………………113
財産増減法…………………………………152
財産の換価………………………………101
財産の差押え……………………………101
財産評価基本通達…………………………374
再調査……………………………………109
　——決定書……………………………114
再調査の請求……………………112, 114, 115
　——の決定……………………………116
差異調整………………………………216–220
裁判規範………………77, 78, 90, 207, 208, 215, 220
　——としての一般的否認規定…………286
　——としての民法……………8, 253, 261
裁判規範性………………………………211
裁判規範としての民法説……42, 45, 61, 87, 120,
　　　　　　　　　　　　128, 130, 405, 458
債務確定基準……………………………339
　——の趣旨……………………………341
債務確定三要件説…………………………341
債務確定二要件説…………………………341
債務不履行制度という民法の制度の趣旨……6
債務不履行に基づく損害賠償請求事件………5
債務免除等による利益……………………369
詐害行為取消権…………………………102, 103
雑所得………………………………303, 305
三層構造論………………………………356
三要件説……………………………351, 419, 420
残余利益分割法……………216, 217, 219, 220

事案の解明………………………………12, 23
　——義務……………………………13, 24
仕入税額控除……………18, 154, 162, 383, 384, 392, 397
時価との差額……………………………190
時機に後れた攻撃防御方法………………211
支給年度損金経理を行う会計処理………185
事　業……………………………………302
　——区分……………………………471
　——との直接的関連…………………301
事業関連説………………………………344
事業所の所得の帰属の推定………………139
事業税……………………………………469
　——の基準課税標準…………………469
事業主……………………………………312
時　効……………………………………111
自己契約と双方代理………………………36
資産の譲渡……………………………383, 386
資産の贈与，経済的利益の供与………187, 193
事実上の権利推定………………………136
事実上の事実推定………………………136, 137
事実上の推定………………………137, 141, 143
事実上の推定説…………………………148, 156
事実的要件……………………………9, 226
事実認定論………………………………72
事実命題…………………………………10
事実要件…………………………………166
支出した金額が実質的にみてその固定資産の代
　価を構成すべきもの……………………197
事前確定届出給与……………………178, 179
事前通知…………………………………107
市町村民税……………………………459, 460
実額課税…………………………………129
実額反証………………………………28, 149, 158
　——の可否……………………………131
実現があった時…………………………332
実現時期…………………………………320
実現主義…………………………………332
実現の蓋然性……………………………334
執行管轄権………………………………427
実質所得者課税の原則……………………311
実質の贈与………………………………190
実体法としての一般的否認規定…………287
実体法の規範構造…………………………9
実地の調査………………………………108
質問検査権の行使………………………126

489

事項索引

指定寄附金 189
自動確定 310
　──の税 446
　──方式 94, 95, 97, 98, 113
支払者（源泉徴収義務者） 308
私法上の法律構成による否認論 283
私法の借用概念 359
資本割 473, 475
清水惣事件 346
市民間の紛争解決 15
釈明権の行使 12
借用概念 63, 259, 261, 327
主位的主張 211
収　益 329
収益事業の範囲 327
収益を享受する 311
住　所 362
　──の意義 271
　──の推定 138
修正三要件説 352
修正二要件説 350
修正法律要件分類説 119, 382, 404, 458
充　当 113
収　入 329
収入実現の蓋然性 331, 334
収入・必要経費説 79
収入割 473
住民税の賦課期日 461
授益処分 20
受給者（源泉納税義務者・本来の納税義務者） 308
趣旨規定 51
主たる目的テスト（Principal Purpose Test） 436
主張証明責任 165
主張立証責任 72, 90
　──の分配 326
主張立証責任対象事実 4, 17, 75, 76
取得価額の引継ぎ 379
主要事実 328
主要事実説 203, 207, 288
純所得 323
純所得課税 305
消極要件 394
証拠との距離 203, 213, 214

譲渡所得 411
譲渡所得課税 415
　──の特例 414
譲渡所得割 461
使用人兼務役員の使用人給与 178
消費税 155
　──における推計課税 160
消費税法30条 26, 34
条文の構造（形式） 17
情報交換条項 429, 434
証明度 152
条約漁り 435
省　令 176
職務分掌変更等 184
除斥期間 111
所得金額 28
所得説 79
　──の人的帰属 311
所得税準拠主義 459, 462
所得税法
　──27条 26
　──156条の推計 27
所得税法上の要件事実論 326
所得の時間的帰属 315
所得割 459, 461, 462, 473-475
処分の取消しの訴え 115
処分理由の差替え 209
侵害規範 88
侵害処分 20, 142
侵害処分説 43
新株予約権 178
申告是認通知 113
申告納税制度 69
申告納税方式 94, 95, 97, 469
審査請求 112, 114, 115
　──における納税者の主張 180
親族の共同事業性 314
信託の受益者が信託により取得する権利・利益 369
人的帰属 312
新日独租税条約に規定されたPPT条項 438
推計額と実額との相当程度の乖離 29
推計課税 27, 129, 134, 231, 383
　──の本質 148
　──をする必要性と合理性 28

490

事項索引

推計の合理性	130, 149
推計の必要性	130, 149
推　　定	136
推定課税	159
税額確定手続	92
税額控除	463
制限納税義務者	362
政策税制	408, 423
正当な理由	114, 115, 242
制度趣旨	4, 41
――把握の方法論	41, 50
生命保険契約	377
――に関する権利	368
生命保険保険金等	368
税　　率	16
政　　令	176
世帯単位主義	305
積極要件	393
前期損益修正	320, 321, 323
前年課税主義	462, 471
前年所得額	463
占有権	333
総額主義	124, 209, 210, 483
総所得金額	304
相続財産	366
――の評価	374
相続税	358, 360, 366, 380
――と所得税の二重課税の排除	376
――の基礎控除額の引下げ	381
――の申告と確定	360
――の租税回避の防止	375
――の納税義務者	362
――の納税義務の発生	360
――の非課税財産	370
――の要件事実	359
――の連帯納付の義務	363
相続税基本通達19の2－8	372
相続税法	380
送達の推定	138
争点主義	125, 126, 209-211, 483
争点整理表	204, 205, 207, 208
贈　　与	343
贈与税	358, 372
訴訟物	117, 167
租税回避	278

租税公平主義	74, 76, 407
租税債務	165
租税実体法	165
租税重課措置	425
租税条約	426
――の特典（benefit）	428, 430
――の届出書	431
――の不正な利用（Improper Use）	435
租税請求要件	280
租税訴訟	163, 405
租税特別措置	407
租税特別措置法	403, 407, 408
租税法の要件	186
租税法律関係	163
租税法律主義	47, 49, 67, 153, 171, 175, 176, 183, 186, 282, 296, 424
――の民主的側面と自由主義的側面	255
租税逋脱	150, 160
租税優遇措置	414, 425
租税要件（理）論	256
その他婚姻を継続し難い重大な事由	37
その他の給与	178, 179
ソフトロー	220
損害賠償金	298
損金経理	181
損金に係る要件事実論	339

た

第一種事業	470
対価性	328
第三種事業	470
代償分割	371
退職給与	178
退職手当金等	368
代替的課税要件規定	280
台帳課税主義	477-479
――の例外	479
第二次納税義務	102, 103
第二種事業	470
滞納処分	99, 100, 113
武富士事件	362
立退料	385, 389
タックスヘイブン対策税制	203, 213-215, 221
脱税経費	343
地方税	456

地方税法の特色	456
地方団体	456, 457
中小企業における事業承継の実態	184
調　査	96, 104–106, 108
——の意義	104
——の手続	104, 106
——終了通知	110
——終了手続	127
徴　収	97
徴収権の消滅時効	101
帳簿及び請求書等の保存	395, 396
直接的関連性	300
直接に要した費用	300
通常かつ必要な経費	187, 193
妻税理士事件	306
妻弁護士事件	306, 307
低額譲受けによる利益	369
定期金に関する権利	369, 377
定期同額給与	178, 179
低廉譲渡	191
——の際の対価の額と時価との差額	190, 192
適正な帰属	320
適正な時価	29, 30
——の判断構造	34
適用除外要件	203, 213–215
手続的保障原則	73, 126, 127
当該支払金額の計算期間の日数	309
当該法制度の趣旨	15
同時履行の抗弁権	331
登録価格	29
督　促	99
特段の事情	334
特定外国子会社合算税制	434
特定株式等譲渡所得	465
特定公益増進法人に対する寄附金	189
特定口座	465, 466
特典権利条項	437
特典条項	
——の付表	431
——関係書類	431
特典制限条項	437
特別縁故者への分与財産	369
特別経費	21
特別控除	412, 415, 416
特別控除制度	54, 57, 60
特別徴収義務者	464
特別徴収の方法	462, 463, 465, 468
匿名組合契約	268, 270
独立企業間価格	158
特例通達	183, 184, 186
突発的な事故	298
——による損害	299
都道府県民税	457, 459–461
トマ・ピケティ	359
ドライブイン事件	349
取消訴訟の排他的管轄	122

な

内国歳入法典162条(a)項	193
長崎年金事件	377
二段階事実認定論	261, 285
二要件説	348, 419, 420
年金受給権	377
年金払保険金	378
年度帰属	315, 319, 323
納期限	99–101
納税義務の成立	93
納税告知取消訴訟 448	
——の原告	450
——の構造	452
納税申告	96
納税申告書	110
納税の告知	98, 99, 103, 113
納　付	97

は

配偶者	274
賠償金	387, 388
配当割	459, 461, 466
都道府県民税——	465, 468
売買代金請求権の要件事実	338
外れ馬券	303
反　証	149
萬有製薬事件	350, 352
比較される法条の本質が同一	35
東日本大震災	14
非課税規定	380
非課税所得	298
非喜捨性	328
引渡基準	338

事項索引

非限定説 …………………………… 339
非事業関連説 ………………………… 344
被相続人の保有期間中の増加益 …… 379, 380
非対価説 …………………………… 344
PPT コメンタリー案 ……………… 436, 438
PPT 条項 …………………………… 436, 438
必要経費 …………………………… 300
評　価 ……………………………… 139
評価基準適合説 …………………… 483
評価根拠事実 ……… 11, 227, 288, 330, 460-465,
　　　　　467, 468, 470, 472, 475, 477, 479, 483
評価障害事実 ……… 11, 227, 462, 463, 465, 467, 468,
　　　　　473, 475, 476, 479, 482, 483
評価阻止事実 ……………………… 331
評価的概念 ………………………… 66, 67
評価の要件 ………………………… 9, 226, 330
評価命題 …………………………… 10
表見代理における正当理由 ……… 32
費用限定説 ………………………… 339
ファイナンス理論 ………………… 379
フィードバック …………………… 47, 63
賦課課税制度 ……………………… 78
賦課課税方式 ……………………… 94, 97
付加価値税 ………………………… 155
付加価値割 ………………………… 473-475
不確定概念 ………………………… 74, 225
賦課決定 …………………………… 103
不作為 ……………………………… 114
普通徴収の方法 …………………… 460, 469, 477
不当性要件 ………………………… 289
不服申立て期間 …………………… 98, 114
不服申立制度 ……………………… 115
不法行為制度という民法の制度の趣旨 … 6
不法行為に基づく損害賠償請求事件 … 5
分掌変更 …………………………… 182, 183
　──による退職給与 …………… 181
文理解釈 …………………………… 49, 88, 91, 255
平均額法 …………………………… 232
平均功績倍率法 …………………… 232
別世界論 …………………………… 129
別段の定め ………………………… 355, 423
ペット葬祭業事件 ………………… 328
BEPS A6 最終報告書 ……………… 436
BEPS プロジェクト ……………… 436
変則的評価的要件 ………………… 36

包括的所得概念 …………………… 297, 323
法人事業税 ………………………… 473
　──の標準税率 ………………… 474
法人住民税 ………………………… 459, 466
法人税準拠主義 …………………… 459, 470, 475
法人税割 …………………………… 459, 466
　──の標準税率 ………………… 467
　法人住民税── ………………… 467
法人組織再編税制 ………………… 375
法治主義根拠説 …………………… 82
法定申告期限 ……………………… 111
法定納期限 ………………………… 98
法的安定性 ………………………… 73, 90, 164
法的三段論法 ……………………… 255
法的実質主義 ……………………… 284
法律上の権利推定 ………………… 136
法律上の事実推定 ………………… 136, 137, 157
法律上の評価推定 ………………… 136
法律の解釈における富士山理論 … 46, 65
法律要件 …………………………… 166
法律要件分類説 …………………… 83, 168, 201, 202
簿外経費 …………………………… 146
補充的課税要件規定 ……………… 280
補充的代替手段説 ………………… 148, 157
保証期間付定期金に関する権利 … 369
補償金 ……………………………… 387, 388
ホステス源泉徴収事件最高裁判決 … 308

ま

マクロ制度趣旨 …………………… 42
ミクロ制度趣旨 …………………… 42
みなし申告制度 …………………… 469
みなし相続財産 …………………… 368
民事訴訟と租税訴訟 ……………… 16
民法 94 条 2 項 …………………… 4
民法の条文と証明 ………………… 7
無関係の第三者 …………………… 8
無条件請求権説 …………………… 331, 337
無制限納税義務者 ………………… 362
無利息貸付け ……………………… 346
名義人課税主義 …………………… 477
目的規定 …………………………… 51
目的適合性の立証 ………………… 443
目的論的解釈 ……………………… 50, 164, 255
最も本質的なこと ………………… 25

事項索引

や

やむを得ない事情……………………417
要件裁量……………………………228
要件事実……………………3, 71, 404
　——の決定基準…………………4, 16
要件事実論………3, 70, 72, 186, 253, 403
　——における等価値の理論……472, 475
　——の基本…………………………16
　——の法創造機能………………276
予測可能性………………70, 73, 90, 164
予備的主張……………211, 217, 218

ら

濫用基準……………………………233
利益衡量………………………61, 64, 66
利益連動給与…………………178, 179
利子割………………………………459, 461
　都道府県民税——………………464
立　証
　——の公平……………………4, 22, 76
　——の困難性………………19, 43, 63
立証責任……………141, 382, 393, 394, 404
　——の帰属…………………129, 409
　——の転換…………………………443
　——の分配…………………………168
立証責任対象事実……………………4
　——の決定…………………………61
　——の決定基準………………4, 42
立法管轄権…………………………427
立法事実……………………………50
立法者意思…………………………44
　——認定の資料……………………50
立法趣旨……………………………424
　——の発見・認識………………411
　——の変化……………………417, 421
立法資料……………………………18
理由の差替え……125, 127, 209–211, 217–219
理由附記………………………111, 126
両立する事実………………………12
例外4業種………………………473, 474
暦年課税……………………………320
連帯納付義務の履行を求める納付通知書……365

判例索引

最高裁判所

最判昭 27・4・15 民集 6 巻 4 号 413 頁	63
最判昭 36・10・27 民集 15 巻 9 号 2357 頁	260, 268, 269
最判昭 38・3・1 民集 17 巻 2 号 290 頁・判時 338 号 23 頁	386
最判昭 38・3・3 訟月 9 巻 5 号 668 頁	89, 142, 144
最判昭 38・5・31 民集 17 巻 4 号 617 頁・判タ 146 号 151 頁	111, 126
最判昭 39・10・22 民集 18 巻 8 号 1762 頁・判タ 169 号 134 頁・判時 391 号 5 頁	97
最判昭 39・11・13 裁判集民事 76 号 85 頁	148, 154, 158
最判昭 42・4・21 裁判集民事 87 号 237 頁・訟月 13 巻 8 号 985 頁	123
最判昭 43・8・2 民集 22 巻 8 号 1571 頁・判タ 226 号 75 頁・判時 533 号 36 頁	170
最判昭 45・12・24 民集 24 巻 13 号 2243 頁・判時 616 号 28 頁・金判 250 号 2 頁	99, 113, 308, 448
最判昭 46・3・25 裁判集民事 102 号 329 頁・訟月 17 巻 8 号 1348 頁	113
最判昭 46・11・9 裁判集民 104 号 197 頁・判タ 269 号 103 頁・判時 649 号 11 頁	333-335
最判昭 46・11・16 刑集 25 巻 8 号 938 頁・判タ 269 号 107 頁・判時 679 号 15 頁	335
最判昭 47・1・25 民集 26 巻 1 号 1 頁・判タ 274 号 151 頁・判時 659 号 53 頁	476, 479
最判昭 47・12・26 民集 26 巻 10 号 2083 頁・訟月 19 巻 1 号 91 頁	268
最決昭 48・7・10 刑集 27 巻 7 号 1205 頁・判タ 298 号 114 頁・判時 708 号 18 頁	106
最判昭 48・9・28 税務訴訟資料 71 号 388 頁	98
最判昭 48・11・16 民集 27 巻 10 号 1333 頁・判タ 303 号 146 頁・判時 725 号 33 頁	296
最判昭 49・4・18 訟月 20 巻 11 号 175 頁	122, 141
最判昭 49・7・19 民集 28 巻 5 号 897 頁・判タ 313 号 242 頁・判時 752 号 22 頁	122
最判昭 50・10・24 民集 29 巻 9 号 1417 頁・判タ 328 号 132 頁・判時 792 号 3 頁	143, 443
最判昭 53・4・21 訟月 24 巻 8 号 1694 頁	226, 289
最決昭 54・11・8 刑集 33 巻 7 号 695 頁・判タ 406 号 113 頁・判時 952 号 131 頁	151, 152
最判昭 55・7・1 民集 34 巻 4 号 535 頁・判タ 426 号 88 頁・判時 982 号 102 頁	364
最判昭 56・4・24 民集 35 巻 3 号 672 頁・判タ 442 号 88 頁・判時 1001 号 24 頁	77, 95, 304, 392
最判昭 56・7・14 民集 35 巻 5 号 901 頁・判タ 452 号 86 頁・判時 1018 号 66 頁	127, 210, 211
最判昭 59・10・25 裁判集民事 143 号 75 頁	291
最判昭 59・12・7 民集 38 巻 12 号 1287 頁・判タ 548 号 130 頁・判時 1143 号 60 頁	476
最判昭 60・4・18 訟月 31 巻 12 号 3147 頁・税務訴訟資料 145 号 65 頁	335
最決昭 60・11・25 刑集 39 巻 7 号 467 頁・判タ 578 号 69 頁・判時 1178 号 155 頁	152
最判昭 61・12・5 裁判集民事 149 号 263 頁・判タ 631 号 119 頁・判時 1225 号 56 頁・訟月 33 巻 8 号 2154 頁	367
最判昭 61・12・5 訟月 33 巻 8 号 2149 頁	367
最決昭 61・12・11 税務訴訟資料 156 号 2233 頁	152
最判昭 63・7・19 裁判集民事 154 号 443 頁・判タ 678 号 73 頁・判時 1290 号 56 頁	260, 265
最判平元・3・28 裁判集民事 156 号 435 頁・判タ 695 号 107 頁・判時 1309 号 76 頁	52, 58, 59, 64
最判平 2・9・27 民集 44 巻 6 号 995 頁・判タ 754 号 137 頁・判時 1380 号 89 頁	372
最判平 3・4・19 民集 45 巻 4 号 477 頁・判タ 756 号 107 頁・判時 1384 号 24 頁	373, 366
最判平 3・4・19 民集 45 巻 4 号 477 頁	373

495

判例索引

最判平 4・2・18 民集 46 巻 2 号 77 頁・判タ 803 号 68 頁・判時 1438 号 46 頁 …………………125, 308
最判平 4・10・29 民集 46 巻 7 号 1174 頁 ……………………………………………………………229
最判平 5・5・28 訟月 40 巻 4 号 876 頁 ………………………………………………………………125
最判平 5・10・8 裁判集民事 170 号 1 頁・判タ 863 号 133 頁・判時 1512 号 20 頁・訟月 40 巻 8 号
　2020 頁 ……………………………………………………………………………………………99, 112
最判平 5・11・25 民集 47 巻 9 号 5278 頁・判タ 842 号 94 頁・判時 1489 号 96 頁 ……………172, 329
最判平 6・4・19 裁判集民事 172 号 363 頁・判タ 864 号 204 頁・判時 1513 号 94 頁 …………………113
最判平 6・9・13 税務訴訟資料 205 号 405 頁 ………………………………………………………113
最決平 6・9・16 刑集 48 巻 6 号 357 頁・判タ 871 号 171 頁・判時 1518 号 146 頁 ……………………343
最判平 8・11・22 税務訴訟資料 221 号 456 頁 ……………………………………………………………90
最判平 9・3・25 税務訴訟資料 222 号 1226 頁 ………………………………………………226, 231
最判平 9・9・9 訟月 44 巻 6 号 1009 頁 …………………………………………………………………274
最判平 9・10・28 税務訴訟資料 229 号 340 頁 ……………………………………………………144
最決平 9・11・21 税務訴訟資料 226 号 3538 頁 ……………………………………………………151
最判平 10・11・10 裁判集民事 190 号 145 頁・判タ 990 号 124 頁・判時 1661 号 29 頁 ……………317
最決平 11・2・5 税務訴訟資料 240 号 627 頁 ……………………………………………………399
最判平 11・6・10 裁判集民事 193 号 315 頁・判タ 1010 号 233 頁・判時 1686 号 50 頁 …………242,
　　249–251
最決平 13・6・14 税務訴訟資料 250 号順号 8923 ……………………………………………………371
最判平 15・4・25 裁判集民事 209 号 689 頁・判タ 1121 号 110 頁・判時 1822 号 51 頁 ……………361
最判平 15・6・26 民集 57 巻 6 号 723 頁・判タ 1127 号 276 頁・判時 1830 号 29 頁 ………………30, 476
最判平 15・7・18 判タ 1139 号 62 頁・判時 1839 号 96 頁 …………………………………………30
最判平 16・10・29 刑集 58 巻 7 号 697 頁・判タ 1167 号 149 頁・判時 1876 号 156 頁 ………………340
最判平 16・11・2 裁判集民事 215 号 517 頁・判タ 1173 号 183 頁・判時 1883 号 43 頁 ……………307
最判平 16・12・16 民集 58 巻 9 号 2458 頁・判タ 1175 号 135 頁・判時 1884 号 30 頁 ………35, 155,
　　　　　　　　　　　　　　　　　　　　　　　　　　　　　　　　　　　　　　　172, 396
最判平 16・12・20 裁判集民事 215 号 1005 頁・判タ 1176 号 130 頁・判時 1889 号 42 頁・税務訴訟資料
　254 号順号 9870 ………………………………………………………………………155, 280, 396
最判平 17・2・21 訟月 52 巻 3 号 1034 頁・判タ 1177 号 150 頁・判時 1893 号 17 頁 ………………268
最決平 17・3・10 税務訴訟資料 254 号順号 9955 …………………………………………………148
最判平 17・12・19 民集 59 巻 10 号 2964 頁・判タ 1199 号 174 頁・判時 1918 号 3 頁 ……………409
最判平 18・1・24 裁判集民事 219 号 285 頁・判タ 1203 号 108 頁・判時 1923 号 20 頁 ……………210
最判平 18・1・24 民集 60 巻 1 号 252 頁・判タ 1208 号 82 頁・判時 1929 号 19 頁 …………………287
最決平 18・2・7 税務訴訟資料 256 号順号 10302 ……………………………………………………154
最判平 18・4・20 裁判集民事 220 号 141 頁・判タ 1212 号 81 頁・判時 1933 号 76 頁 ………………415
最判平 18・4・20 民集 60 巻 4 号 1611 頁・判タ 1217 号 107 頁・判時 1939 号 12 頁 …………243–245
最判平 18・4・25 民集 60 巻 4 号 1728 頁・判タ 1217 号 101 頁・判時 1939 号 17 頁 …………244, 245
最判平 18・7・7 判タ 1224 号 217 頁・判時 1949 号 23 頁 …………………………………………30
最判平 18・10・24 民集 60 巻 8 号 3128 頁・判タ 1227 号 111 頁・判時 1952 号 76 頁 …………244, 246
最判平 19・12・18 民集 61 巻 9 号 3460 頁・判タ 1262 号 76 頁・判時 1995 号 121 頁 …………………52
最判平 20・9・12 裁判集民事 228 号 617 頁・判タ 1281 号 165 頁・判時 2022 号 11 頁・訟月 55 巻 7 号
　2681 頁 ……………………………………………………………………………………………327, 328
最判平 21・6・5 判タ 1317 号 100 頁・判時 2069 号 6 頁 ……………………………………………30
最判平 21・10・29 民集 63 巻 8 号 1881 頁・判タ 1311 号 77 頁・判時 2061 号 27 頁 ………………438
最判平 22・3・2 民集 64 巻 2 号 420 頁・判タ 1323 号 77 頁・判時 2078 号 8 頁・税務訴訟資料 260 号順

判例索引

号 11390 ··· 95, 171, 256, 296, 308
最判平 22・7・6 民集 64 巻 5 号 1277 頁・判タ 1324 号 78 頁・判時 2079 号 20 頁 ············· 377, 380
最判平 22・10・15 民集 64 巻 7 号 1764 頁・判タ 1337 号 73 頁・判時 2099 号 3 頁 ················ 366
最判平 23・2・18 裁判集民事 236 号 71 頁・判タ 1345 号 115 頁・判時 2111 号 3 頁・裁時 1526 号 2 頁
·· 271, 272, 362
最判平 24・1・16 裁判集民事 239 号 555 頁・判タ 1371 号 125 頁・判時 2149 号 58 頁 ········· 246–248
最決平 24・1・26 裁判集民事 239 号 635 頁・判タ 1369 号 124 頁・判時 2148 号 61 頁 ··············· 372
最決平 24・9・18 税務訴訟資料 262 号順号 12038 ·· 450
最判平 25・5・27 税務訴訟資料 263 号順号 12217 ·· 447
最判平 25・7・12 民集 67 巻 6 号 1255 頁・判タ 1394 号 124 頁・判時 2201 号 37 頁 ················ 30
最判平 27・3・10 刑集 69 巻 2 号 434 頁・判タ 1416 号 73 頁・判時 2269 号 125 頁 ················ 303
最判平 27・6・12 民集 69 巻 4 号 1121 頁・判タ 1417 号 64 頁・判時 2273 号 62 頁 ······ 244, 247, 248
最判平 27・7・17 裁時 1632 号 4 頁・判タ 1418 号 86 頁 ·· 171
最判平 27・7・17 裁判集民事 250 号 29 頁・判タ 1418 号 86 頁・判時 2279 号 16 頁 ········· 296, 480
最判平 28・2・29（平成 27 年（行ヒ）第 75 号）裁判所ホームページ ················· 233, 235–239

高等裁判所

大阪高判昭 39・3・27 税務訴訟資料 38 号 237 頁 ·· 191
広島高松江支判昭 45・9・28 税務訴訟資料 60 号 478 頁 ·· 96
大阪高判昭 46・12・21 税務訴訟資料 63 号 1233 頁 ··· 89
東京高判昭 47・5・17 税務訴訟資料 65 号 968 頁 ·· 112
東京高判昭 49・4・24 税務訴訟資料 75 号 203 頁 ·· 113
東京高判昭 49・10・17 行集 25 巻 10 号 1254 頁 ·· 376
大阪高判昭 50・4・16 税務訴訟資料 81 号 205 頁 ·· 341
東京高判昭 50・9・25 行集 26 巻 9 号 1023 頁・判タ 339 号 303 頁・判時 804 号 24 頁 ··········· 376
名古屋高判昭 51・4・19 税務訴訟資料 94 号 134 頁 ·· 104
名古屋高判昭 51・9・29 税務訴訟資料 89 号 792 頁 ·· 104
東京高判昭 52・11・30 行集 28 巻 11 号 1257 頁 ·· 349
大阪高判昭 53・3・30 高民 31 巻 1 号 63 頁・判時 925 号 51 頁・金判 546 号 33 頁 ··············· 346
東京高判昭 58・1・26 高刑 36 巻 1 号 14 頁 ·· 152
大阪高判昭 58・3・30 行集 34 巻 3 号 572 頁 ··· 481
広島高松江支判昭 59・1・25 税務訴訟資料 135 号 8 頁 ·· 345
大阪高判昭 59・7・6 行集 35 巻 7 号 841 頁・判タ 538 号 118 頁 ································ 369
大阪高判昭 59・11・13 訟月 31 巻 7 号 1692 頁 ·· 369
東京高判昭 62・9・9 行集 38 巻 8＝9 号 987 頁・訟月 34 巻 4 号 792 頁 ························ 267
大阪高判昭 62・9・30 高民 40 巻 3 号 117 頁・判タ 653 号 249 頁・訟月 34 巻 4 号 811 頁 ······ 149
大阪高判平 2・9・27 訟月 37 巻 10 号 1769 頁 ·· 103
東京高判平 3・6・6 訟月 38 巻 5 号 878 頁 ··· 314
東京高判平 4・3・26 税務訴訟資料 188 号 958 頁 ·· 341
名古屋高判平 4・10・21 行集 43 巻 10 号 1260 頁 ·· 143
東京高判平 5・6・28 行集 44 巻 6＝7 号 506 頁 ·· 419
名古屋高判平 6・3・18 税務訴訟資料 200 号 1106 頁 ·· 344
東京高判平 6・3・24 税務訴訟資料 200 号 1121 頁 ··· 341
東京高判平 6・3・30 行集 45 巻 3 号 857 頁 ··· 150
大阪高判平 6・6・2 税務訴訟資料 226 号 3586 頁 ·· 151

判例索引

東京高判平 7・3・16 行集 46 巻 2 = 3 号 280 頁	27, 150
東京高判平 7・7・17 税務訴訟資料 213 号 67 頁	150
東京高判平 7・11・27 訟月 47 巻 5 号 1222 頁	250
仙台高判平 8・4・12 税務訴訟資料 216 号 44 頁	90
東京高判平 8・4・26 税務訴訟資料 216 号 311 頁	144
福岡高那覇支判平 8・10・31 行集 47 巻 10 号 1067 頁・判タ 929 号 151 頁	317
東京高判平 10・9・30 税務訴訟資料 238 号 450 頁	399
東京高判平 11・6・21 高民 52 巻 1 号 26 頁・判タ 1023 号 165 頁・判時 1685 号 33 頁	284
大阪高判平 12・1・18 訟月 47 巻 12 号 3767 頁	283, 285
東京高判平 12・1・26 税務訴訟資料 246 号 205 頁	371, 372
東京高判平 13・3・15 判時 1752 号 19 頁	369
東京高判平 13・10・30（平成 13 年（行コ）第 138 号）裁判所ホームページ	481
大阪高判平 13・11・1 判タ 1098 号 148 頁・判時 1794 号 39 頁	370
福岡高判平 13・11・15 税務訴訟資料 251 号順号 9023	340
大阪高判平 14・6・14 訟月 49 巻 6 号 1843 頁・判タ 1094 号 182 頁・判時 1816 号 30 頁	282
東京高判平 15・5・14 税務訴訟資料 253 号順号 9341・民集 59 巻 10 号 3165 頁	409
東京高判平 15・8・27 税務訴訟資料 253 号順号 9416	95
東京高判平 15・9・9 高民 56 巻 3 号 1 頁・判タ 1145 号 141 頁・判時 1834 号 28 頁	352, 354, 420, 421
東京高判平 15・10・15 税務訴訟資料 253 号順号 9455	307
東京高判平 15・10・23 税務訴訟資料 253 号順号 9457	396
東京高判平 16・1・28 判時 1913 号 51 頁	210
広島高判平 16・3・3 訟月 51 巻 3 号 746 頁	351
東京高判平 16・9・21 税務訴訟資料 254 号順号 9754	148
東京高判平 17・8・2 税務訴訟資料 255 号順号 10093	355
東京高判平 17・8・31 税務訴訟資料 255 号順号 10111	355
名古屋高判平 17・9・14 税務訴訟資料 255 号順号 10126	154
名古屋高金沢支判平 17・9・21 訟月 52 巻 8 号 2537 頁	365
仙台高判平 18・4・12 税務訴訟資料 256 号順号 10364	153
東京高判平 18・9・28 税務訴訟資料 256 号順号 10520	150
東京高判平 18・12・13 訟月 57 巻 2 号 417 頁・税務訴訟資料 256 号順号 10600	309
東京高判平 19・1・30 判時 1974 号 138 頁	211
仙台高判平 19・3・27 訟月 54 巻 4 号 983 頁	319
東京高判平 19・10・25 訟月 54 巻 10 号 2419 頁	283
東京高判平 20・1・23 訟月 55 巻 2 号 244 頁・判タ 1283 号 119 頁	273, 283
東京高判平 20・3・6 税務訴訟資料 258 号順号 10912	347
東京高判平 20・6・26 税務訴訟資料 258 号順号 10975	344
東京高判平 20・10・8 税務訴訟資料 258 号順号 11047	150
福岡高判平 20・11・27 訟月 56 巻 2 号 153 頁	366
名古屋高判平 22・6・24 税務訴訟資料 260 号順号 11460	298
東京高判平 22・7・15 判タ 1350 号 181 頁・判時 2088 号 63 頁	413, 417
福岡高判平 22・10・12 税務訴訟資料 260 号順号 11530	298
東京高判平 23・8・3 税務訴訟資料 261 号順号 11727	310, 450
福岡高判平 24・3・22 税務訴訟資料 262 号順号 11916	390
大阪高判平 24・7・19 税務訴訟資料 262 号順号 12003	447
東京高判平 24・9・19 判タ 1387 号 190 頁・判時 2170 号 20 頁	301

判例索引

東京高判平25・3・14 訟月60巻1号149頁	159
大阪高判平25・3・27 税務訴訟資料263号順号12185	155
東京高判平25・5・29 税務訴訟資料263号順号12220	17, 203, 213, 432
広島高判平25・10・17 税務訴訟資料263号順号12309	154
東京高判平25・12・24 訟月60巻5号1187頁	366
東京高判平26・4・23 訟月60巻12号2655頁・金法2004号107頁	322
大阪高判平26・5・9 刑集69巻2号491頁・判タ1411号245頁	303
東京高判平26・10・29（平成25年（行コ）第401号）判例集未登載	454
東京高判平26・11・5 訟月60巻9号1967頁	235, 236, 295
福岡高判平26・12・1 判自396号23頁	481
東京高判平27・3・25 判時2267号24頁	290
東京高判平27・5・13（平成26年（行コ）第347号）裁判所ホームページ	217
東京高判平27・11・26 判例集未登載	348
東京高判平27・12・17 判タ1421号111頁・判時2282号22頁	30
東京高判平28・4・21（平成27年（行コ）第236号）判例集未登載	305

地方裁判所

佐賀地判昭32・12・15 訟月4巻2号163頁	103
東京地判昭33・7・3 判時160号15頁	269
東京地判昭34・11・11 下民10巻11号2410頁・判時210号14頁・税務訴訟資料29号1161頁	113
東京地判昭35・12・21 行集11巻12号3315頁	113
東京地判昭37・5・23 行集13巻5号856頁・判タ132号88頁	376
神戸地判昭38・1・16 行集14巻12号2144頁	344
大阪地判昭38・3・30 行集41巻3号523頁	191
東京地判昭41・6・16 判タ194号162頁・税務訴訟資料44号789頁	113
福岡地判昭42・3・17 行集18巻3号257頁・金判288号7頁・訟月13巻6号747頁	336
鳥取地判昭44・6・19 税務訴訟資料57号27頁	96
東京地判昭45・7・15 税務訴訟資料72号607頁	339
大阪地判昭45・9・22 行集21巻9号1148頁・判タ259号283頁・訟月17巻1号91頁	105, 106
千葉地判昭45・12・25 行集21巻11=12号1460頁	312
東京地判昭46・7・15 行集22巻7号963頁・判タ269号307頁・判時644号29頁	376
大阪地判昭46・9・14 訟月18巻1号44頁・税務訴訟資料63号529頁	105
大阪地判昭48・8・27 税務訴訟資料70号940頁	341
松山地判昭49・1・21 訟月20巻6号158頁・税務訴訟資料74号52頁	306
大阪地判昭49・1・31 訟月20巻7号108頁	104
東京地判昭49・9・30 行集25巻8=9号1141頁	376
大阪地判昭50・2・5 訟月21巻4号889頁	409
東京地判昭50・6・24 行集26巻6号831頁	349
東京地判昭53・1・26 判時882号33頁・訟月24巻3号692頁	351
神戸地判昭53・9・22 訟月25巻2号501頁	89
名古屋地判昭54・1・29 行集30巻1号80頁・訟月25巻5号1448頁	335
東京地判昭54・2・16 判タ386号151頁	151, 152
山形地判昭54・3・28 訟月25巻7号1980頁	344
宇都宮地判昭54・8・30 行集30巻8号1446頁	341
千葉地判昭55・1・30 訟月26巻4号700頁	371

判例索引

鳥取地判昭 55・3・27 行集 31 巻 3 号 727 頁・判時 970 号 149 頁…………………368
東京地判昭 55・12・24 判時 1006 号 117 頁…………………………………………152
鳥取地判昭 57・6・24 税務訴訟資料 123 号 724 頁…………………………………345
横浜地判昭 57・7・28 訟月 29 巻 2 号 321 頁・判タ 480 号 140 頁…………………240
大阪地判昭 57・11・17 行集 33 巻 11 号 2285 頁・判時 1076 号 45 頁・税務訴訟資料 128 号 410 頁…339
静岡地判昭 60・3・14 行集 36 巻 3 号 307 頁…………………………………………265
静岡地判昭 60・3・14 税務訴訟資料 144 号 485 頁…………………………………318
横浜地判昭 60・7・3 行集 36 巻 7 = 8 号 1081 頁・判時 1173 号 51 頁………………322
秋田地判昭 61・5・23 税務訴訟資料 152 号 169 頁…………………………………341
東京地判昭 61・9・29 税務訴訟資料 153 号 839 頁…………………………………347
青森地判昭 61・10・14 訟月 33 巻 7 号 1993 頁………………………………………149
神戸地判昭 63・3・23 判自 51 号 17 頁………………………………………………483
静岡地判平元・6・9 行集 40 巻 6 号 573 頁・判タ 719 号 151 頁・判時 1332 号 63 頁…364
広島地判平 2・2・15 判タ 738 号 94 頁・判時 1371 号 82 頁…………………………241
東京地判平 2・11・28 税務訴訟資料 181 号 417 頁……………………………………306
千葉地判平 3・7・31 税務訴訟資料 186 号 392 頁……………………………………341
東京地判平 3・11・7 行集 42 巻 11 = 12 号 1751 頁・判タ 803 号 201 頁・判時 1409 号 52 頁……194, 347
大阪地判平 4・1・22 判タ 803 号 167 頁・判時 1475 号 62 頁………………………341
佐賀地判平 4・2・14 税務訴訟資料 188 号 284 頁……………………………………345
前橋地判平 4・4・28 行集 43 巻 4 号 702 頁・判タ 803 号 121 頁・判時 1478 号 103 頁…371
名古屋地判平 4・6・12 判タ 803 号 102 頁・判時 1485 号 29 頁……………………481
広島地判平 4・8・6 税務訴訟資料 192 号 324 頁……………………………………341
横浜地判平 4・9・30 行集 43 巻 8・9 号 1221 頁・訟月 39 巻 6 号 1146 頁…………350
京都地判平 4・10・30 税務訴訟資料 226 号 3634 頁……………………………151, 152
名古屋地判平 4・11・27 判タ 822 号 205 頁…………………………………………344
鳥取地判平 6・3・23 判時 1520 号 155 頁……………………………………………152
宮崎地判平 6・5・30 判タ 875 号 102 頁………………………………………………17
名古屋地判平 6・6・15 訟月 41 巻 9 号 2460 頁………………………………………231
東京地判平 6・6・24 税務訴訟資料 201 号 542 頁……………………………………144
仙台地判平 6・8・29 LEX／DB22008521・訟月 41 巻 12 号 3093 頁・税務訴訟資料 205 号 365 頁……22, 89
那覇地判平 6・12・14 行集 47 巻 10 号 1094 頁・判タ 887 号 194 頁・判時 1541 号 72 頁……………317
東京地判平 7・3・28 訟月 47 巻 5 号 1207 頁…………………………………………250
徳島地判平 7・4・28 行集 46 巻 4 = 5 号 463 頁……………………………………318
名古屋地判平 7・9・27 訟月 44 巻 6 号 1015 頁………………………………………274
横浜地判平 8・3・25 税務訴訟資料 215 号 1072 頁……………………………………64
神戸地判平 9・3・24 行集 48 巻 3 号 188 頁…………………………………………383
東京地判平 9・8・8 行集 48 巻 7 = 8 号 539 頁・判タ 977 号 104 頁………………385
東京地判平 9・8・28 行集 48 巻 7 = 8 号 600 頁・税務訴訟資料 228 号 385 頁……399
東京地判平 10・5・28 判タ 1016 号 121 頁……………………………………………365
東京地判平 11・2・25 税務訴訟資料 240 号 902 頁…………………………………371
東京地判平 11・3・30 判タ 1059 号 133 頁・訟月 46 巻 2 号 899 頁………………281
浦和地判平 11・5・31 税務訴訟資料 243 号 61 頁………………………………344, 345
札幌地判平 11・12・10 訟月 47 巻 5 号 1226 頁・判タ 1046 号 112 頁……………232
大阪地判平 12・5・12 訟月 47 巻 10 号 3106 頁………………………………………375
前橋地判平 12・5・31 税務訴訟資料 247 号 1061 頁…………………………………398

判例索引

福井地判平13・1・17 訟月48巻6号1560頁	348
静岡地判平13・5・3 税務訴訟資料250号順号8915	353
大阪地判平13・5・25 訟月48巻8号2035頁	365
東京地判平13・11・9 判タ1092号86頁・判時1784号45頁	210
大阪地判平13・12・14 税務訴訟資料251号順号9035・民集59巻10号2993頁	409
熊本地判平14・4・26 税務訴訟資料252号順号9117	344
東京地判平14・9・13 税務訴訟資料252号順号9189	350, 419, 421
静岡地判平14・12・12 税務訴訟資料252号順号9245	397
熊本地判平15・6・26 税務訴訟資料253号順号9378	145
東京地判平15・6・27 税務訴訟資料253号順号9382	307
東京地判平15・7・16 判時1891号44頁	307
金沢地判平15・9・8 判タ1180号201頁	364
東京地判平15・11・13 税務訴訟資料253号順号9467	315
さいたま地判平16・2・4 税務訴訟資料254号順号9549	351
東京地判平16・4・28 税務訴訟資料254号順号9643	148
名古屋地判平16・8・30 判タ1196号60頁	263, 264
東京地判平17・1・19 税務訴訟資料255号順号9901	354
名古屋地判平17・3・10 税務訴訟資料255号順号9957	154, 155
静岡地判平17・4・14 税務訴訟資料255号順号9998	355
名古屋地判平18・2・23 判タ1223号157頁	215, 216
東京地判平19・5・23 訟月55巻2号267頁	272, 273
東京地判平19・6・12 税務訴訟資料257号順号10725	347
東京地判平19・8・23 判タ1264号184頁	240, 241
大阪地判平19・10・31 判タ1279号165頁	365
東京地判平20・1・25 税務訴訟資料258号順号10871	344
大分地判平20・2・4 訟月56巻2号165頁	366
大阪地判平20・2・29 判タ1281号193頁	481
東京地判平21・7・31 判時2066号16頁	352
名古屋地判平21・9・30 判タ1359号137頁・判時2100号28頁	298
東京地判平21・11・4 税務訴訟資料259号順号11304	412
福岡地判平21・11・16 税務訴訟資料259号順号11313	154, 161
名古屋地判平22・1・18（平成20年（行ウ）第45号ほか）裁判所ホームページ	228
東京地判平23・3・4 税務訴訟資料261号順号11635	310, 450
東京地判平23・5・17（平成21年（行ウ）第333号）裁判所ホームページ	142
東京地判平23・8・9 判タ1383号204頁・判時2145号17頁	301
東京地判平23・12・1 訟月60巻1号94頁	159
大阪地判平24・1・12 税務訴訟資料262号順号11852	447
東京地判平24・10・11 税務訴訟資料262号順号12062	203, 213, 432
東京地判平24・11・28 訟月59巻11号2895頁・税務訴訟資料262号順号12098	348
山口地判平25・4・10 税務訴訟資料263号順号12194	154
大阪地判平25・5・23 刑集69巻2号470頁	303
東京地判平25・6・20（平成24年（行ウ）第243号）裁判所ホームページ	379
東京地判平25・7・30 訟月60巻5号1138頁	366
東京地判平25・10・18 税務訴訟資料263号順号12313	373
東京地判平25・11・1 税務訴訟資料第263号－203順号12327	454

神戸地判平 25・12・13 判時 2224 号 31 頁 300
松江地判平 25・12・26 税務訴訟資料 263 号順号 12365 66
東京地判平 26・1・24 判時 2247 号 7 頁 192
東京地判平 26・3・18 訟月 60 巻 9 号 1857 頁・判時 2236 号 25 頁 235, 295
東京地判平 26・5・9 判タ 1415 号 186 頁 289
東京地判平 26・8・28（平成 23 年（行ウ）第 164 号）裁判所ホームページ 217
東京地判平 27・2・24 判例集未登載 348
東京地判平 27・2・26（平成 24 年（行ウ）第 592 号）LEX／DB 177
名古屋地判平 27・3・5（平成 24 年（行ウ）第 105 号）裁判所ホームページ 346
東京地判平 27・4・24 判例集未登載 346, 348
東京地判平 27・5・14（平成 24 年（行ウ）第 849 号）裁判所ホームページ 304
東京地判平 27・5・28（平成 24 年（行ウ）第 125 号）裁判所ホームページ 431, 449

国税不服審判所

裁決平 4・3・11 裁決事例集 43 集 33 頁 314
裁決平 12・1・25 裁決事例集 59 集 67 頁 313
裁決平 21・2・19 裁決事例 77 集 13 頁 229

編者紹介

伊藤　滋夫（いとう　しげお）

〔現職〕　弁護士，創価大学名誉教授，法科大学院要件事実教育研究所顧問

〔略歴〕　1954年名古屋大学法学部卒，1961年ハーバード・ロー・スクール（マスターコース）卒業（LL.M.），1994年博士（法学）名城大学。1956年東京地家裁判事補，以後，最高裁判所司法研修所教官（民事裁判担当・2回）などを経て，東京高裁部総括判事を最後に，1995年依願退官，弁護士登録。この間，法制審議会部会委員，司法試験考査委員なども務める。退官後，大東文化大学法学部教授，創価大学法科大学院教授，法科大学院要件事実教育研究所長などを歴任。

〔業績〕（題名の前に「編」とあるもの以外は，著書・論文とも単著）

『事実認定の基礎　裁判官による事実判断の構造』（有斐閣，1996），『要件事実の基礎　裁判官による法的判断の構造　新版』（有斐閣，2015）ほか多数。

租税法に関するものとして，編『租税法の要件事実【法科大学院要件事実教育研究所法第9号】』（日本評論社，2011），「説明論文　民事訴訟における要件事実論の租税訴訟における有用性─その例証としての推計課税と実額反証の検討」同書80頁以下，「租税訴訟における主張立証責任の考え方」租税訴訟学会編『租税訴訟第7号──租税公正基準論』（財経詳報社，2014）3頁以下など。

岩﨑　政明（いわさき　まさあき）

〔現職〕　横浜国立大学大学院国際社会科学研究院（法科大学院担当）教授

〔略歴〕　1984年筑波大学大学院社会科学研究科法学専攻修了，法学博士（筑波大学）。愛知大学，富山大学を経て，1993年より横浜国立大学助教授，1997年同教授，2004年より同大学院国際社会科学研究科法曹実務専攻（法科大学院）教授，2007年同研究科法曹実務専攻長（法科大学院長），2009年同研究科国際経済法学専攻長，2013年同研究科の改組により，現職に至る。1998年連合王国ロンドン大学客員研究員，1999～2000年ハーバード・ロー・スクール客員研究員。租税法学会理事（理事長代理），資産評価政策学会副会長，International Fiscal Association日本支部理事，法と経済学会理事，日本公法学会会員。国税庁国税審議会会長（税理士分科会会長・国税審査分科会委員兼務），税務大学校客員教授，神奈川県弁護士会資格審査会委員・同懲戒委員会委員など。

〔業績〕（題名の前に「編」とあるもの以外は，著書・論文とも単著）

『ハイポセティカル・スタディ租税法　第3版』（弘文堂，2010），共編『租税法判例実務解説』（信山社，2011），共編『税法用語辞典　第9版』（大蔵財務協会，2016）。

分担執筆をした共著書として，「租税法における『濫用』概念」金子宏編『租税法の発展』（有斐閣，2010），「実額課税・推計課税の取消訴訟における立証責任」伊藤滋夫編『租税法の要件事実【法科大学院要件事実教育研究所報第9号】』（日本評論社，2011），「パテントボックス税制の法人所得概念への影響」金子宏＝中里実＝J.マーク・ラムザイヤー編『租税法と市場』（有斐閣，2014），「租税訴訟における証明責任」南博方原編，髙橋滋＝市村陽典＝山本隆司編『条解行政事件訴訟法〔第4版〕』（弘文堂，2014）など。

租税訴訟における要件事実論の展開

2016年8月15日　初版第1刷印刷
2016年8月31日　初版第1刷発行

廃止　検印	©編　者　伊　藤　滋　夫
	岩　﨑　政　明
	発行者　逸　見　慎　一

発行所　東京都文京区本郷6丁目4の7　株式会社　青林書院
振替口座　00110-9-16920／電話03(3815)5897〜8／郵便番号116-0033

印刷・シナノ印刷㈱／落丁・乱丁本はお取り替え致します。

Printed in Japan　ISBN978-4-417-01693-9

〈㈳出版社著作権管理機構　委託出版物〉
本書の無断複写は著作権法上での例外を除き禁じられています。複写される場合は，そのつど事前に，㈳出版社著作権管理機構（電話03-3513-6969，FAX03-3513-6979, e-mail: info@jcopy.or.jp）の許諾を得てください。